国家社会科学基金"十二五规划"2012 年度教育学一般课题"新课程背景下的学业负担问题研究"（课题批准号：BHA120046）的成果

学业负担论纲

靳玉乐 罗生全 等 著

XUEYE FUDAN
LUNGANG

西南师范大学出版社
国家一级出版社 全国百佳图书出版单位

图书在版编目(CIP)数据

学业负担论纲 / 靳玉乐等著 . —重庆：西南师范
大学出版社，2016.12
　　ISBN 978-7-5621-7825-5

　　Ⅰ．①学… Ⅱ．①靳… Ⅲ．①学生作业－研究 Ⅳ．
① G424.6

　　中国版本图书馆 CIP 数据核字（2016）第 309661 号

学业负担论纲

靳玉乐　罗生全　等　著

责任编辑:黄　璜　畅　洁
封面设计:魏显锋　谭　玺
排　　版:重庆大雅数码印刷有限公司·张　祥
出版发行:西南师范大学出版社
　　　　　地址:重庆市北碚区天生路 2 号
　　　　　网址:http://www.xscbs.com
　　　　　邮编:400715
印　　刷:重庆紫石东南印务有限公司
开　　本:787mm×1092mm　1/16
字　　数:830 千字
印　　张:32.75
版　　次:2017 年 3 月 第 1 版
印　　次:2017 年 3 月 第 1 次印刷
书　　号:978-7-5621-7825-5

定　　价:128.00 元

前言

学校教育的终极旨趣在于育人。作为教育过程中的人，应该是可以乐学、会学，不断享受教育趣味的人；作为教育结果中的人，应该是整全的、得到良好发展的人。而今，被全社会普遍诟病乃至"声讨"的学生学业负担过重问题，实质上深刻制约着学校教育终极旨趣的实现，这是我们之所以探讨学业负担问题的驱动力。用发展的眼光审视，学业负担问题由来已久，而且在不同时期有着不同的表征，伴随着新世纪课程改革的启动和推进，学业负担问题表现得更加"活跃"、更加被关注，却更加难以把控。由此，学业负担问题到底是一个什么样的问题，影响学业负担问题的深层次原因究竟是什么，我们应当怎样治理学业负担问题等相关问题构成了本研究的逻辑线索，需要深入探索做出回答。

学业负担问题长期处于"扑朔迷离"的状态之中，既有认知的模糊也有研究的混乱，学界希望将其根治，却又只能轻描淡写式地"围观"。在学界广泛的探讨争鸣中，有论者认为学业负担问题是教育问题，有论者认为学业负担问题是社会问题，也有论者认为学业负担问题是政策问题，还有论者认为学业负担问题是多因共果的综合性问题，等等。学业负担问题似乎成了一个变化莫测、奇妙玄虚的问题。显然，学者们站在不同的立场，以不同的视角，形成了关于学业负担问题的不同认识。即便如此，我们依然认为学业负担是学生这一主体角色在成长发展过程中所必须承担的，只是这种负担必须保持在合理的范围之内才真正有助于学生的发展。对学生而言，其学业行为的主阵地是学校，而影响学业行为的主体是教师和学生个体。从这个意义上讲，无论学业负担问题是一个什么样的问题，都应该首先将讨论的视角拉回学校这一场域，将着眼点置于教师和学生这两个主体之上，这是我们确立本研究假设的基本认识。

在中国语境中，学业负担问题在很大程度上已经化约为学业负担过重问题，从这个意义上说，探讨学业负担问题实质上就是要回答如何减轻学生学业负担的

1

问题,就是要探讨影响学业负担问题的深层原因并寻求解决的对策。在已有的众多研究中,通常会从宏观的教育价值观、教育政策以及社会背景上寻求学业负担问题的归因和解决问题的对策,至于如何在学校场域中探讨学业负担问题,研究则相对不够深入。因此,我们的研究着眼于从学业进程中的教师和学生这两个主体进行深层次的分析,通过探究教师的教学效能和学生的学习效能与学业负担的关系,进而发现教学效能和学习效能影响学业负担形成的作用机理。简言之,本研究从教师的教和学生的学,或者说是从教学效能和学习效能入手处理学业负担问题。

处理学业负担问题的关键点在于找准突破口。既然学业负担是学生之所以成为学生这一特定角色必然要承担的,既然教师是学业负担问题的关键要素,因此,关注教师和学生这两个主体在解决学业负担问题中的作用,便成为必然。具体来说,就是要明确教师的教学及其效能和学生的学习及其效能在解决学业负担问题中的角色、功能及其作用机理。换言之,就是要探讨哪些要素影响教师的教学效能和学生的学习效能以及如何通过优化教学效能和学习效能来改善学业负担问题。由此,把学业负担问题定格在学校这一特定场域,基于教学效能和学习效能的立场来探讨学业负担问题的解决,无疑具有创新的意义。

本研究通过对教学效能、学习效能及其与学业负担关系的学理分析,编制了学业负担、教学效能和学习效能三种问卷,在国内九十所中小学进行了深入调研。在处理调研结果时,我们引入大数据的理念和聚类分析的方法,力图揭示学业负担与教学效能、学习效能的内在逻辑关系,并据此提出优化学业负担的路径。

本书是集体智慧的结晶。靳玉乐设计了总体框架,然后由不同研究者分工完成。具体分工如下:前言,靳玉乐;导论,靳玉乐、张铭凯;第一章,罗生全、张铭凯;第二章,靳玉乐、王磊;第三章,罗生全、陶丽、赵佳丽;第四章,靳玉乐、马郑豫、李叶峰;第五章,罗生全、孟宪云;第六章,靳玉乐、孟宪云;第七章,罗生全、张铭凯、全晓洁、孟宪云。最后,由靳玉乐进行统稿和定稿。

在本书即将付梓出版之际,要特别感谢所有参与本项研究工作的博士生、硕士生以及其他做出了贡献的学者,同时也要感谢本书责任编辑所付出的辛劳与智慧。

靳玉乐

第六章　学业负担与学习效能的关系

第七章　学业负担的改善与优化

主要参考文献

导　论

　　学业负担问题有着深刻的历史根源和易变的现实土壤,治理学业负担过重的不懈努力和负担过重依旧,甚至愈演愈烈的境遇刻写出学业负担本身的难缠,也折射出学业负担治理行动的尴尬。因此,扫描学业负担治理的历史图景,在新课程背景下重新绘制并生成学业负担治理的新图像,关键就是要在反思已有学业负担治理之路的偏误中探寻新的路向。基于这样的基本认识,我们重新划定学业负担的生成场域并研判学业负担的运作机理,从学生通过学业实现自身发展和成长必须承受一定的负担,即一定的学业负担是必不可少的这一理解出发,明确学校这一场域是学生学业负担生成的重要场域,而教师的教与学生的学直接影响着学业负担的状况。换言之,在课程与教学发生深刻变革的新课程背景下,重新审理学业负担问题,就是要把这一问题拉回学校这一主场域,同时着眼于教师教学效能和学生学习效能这两个关键视点进行深入检视。具体而言,新课改以来,学业负担问题处于何种情境之中? 教师的教学效能和学生的学习效能以及学生的学业负担竟如何? 对这些问题的客观回应是探讨学业负担问题的前提之思。由此,首先勾勒新课程背景下学业问题的背景及研究该问题的意义,进而回视相关已有研究明确本研究的学理基点,基于此对本研究的整体设计进行说明,这些构成了本章的主要内容。

一、背景与意义

　　学业负担问题是学界老生常谈的话题,也是中国教育的一块顽疾,几十年的减轻中小学生过重的学业负担(简称"减负")历程步履维艰、收效甚微,甚至陷入"山重水复疑无路"的困境。"中国式减负"为何越减愈累,有令不行、有禁不止已成为学界普遍关注的问题。因此,学生减负不能旧调重弹,需要找到问题的关键对症下药。新世纪以来,"减负"问题几乎与新课程改革如影随形,时至今日,"减负"俨然沦为教育之伤,民族之痛。审视新课改以来关于减负问题的研究,客观地讲,研究成果不可谓不丰富、关注面不可谓不广阔、参与群体不可谓不多元,然而,"减负"的成效确也并不那么"理直气壮"。"减负"越减越重、越减越多的判断和责难似乎成为全社会的共识。如此一来,"减负"问题就成了教育领域甚至全社会的一块"痼疾",时而隐痛却又难以"确诊"。因此,学生减负不能旧调重弹,需要找到问题的关键对症下药。

　　学业负担问题为何成为全社会关注乃至"声讨"的对象,这与其生成的复杂机制有关,当然也与长期以来我们对于该问题化解的路径偏差不无关系。伴随着新世纪课程改革的实施和推进,大力发展素质教育和提高教育质量成为全社会的共同诉求,人们对于好的教育期许比以往任何时候都要更为强烈。与之形成鲜明对比的是,学生的学业负担越来越重,因而一

导
论

波接一波的减负呼声此起彼伏。学业负担问题既背离了素质教育和新课改的本然旨趣,也成为素质教育深入推进和新课改有效实施的掣肘。那么,我们究竟应该如何认识新课改背景下的学业负担问题?如何测度基于各种不同变量的学生学业负担状况?又该怎样找寻学业负担问题化解的路径和策略?怎样以学业负担问题的有效化解推进素质教育和新课改的深化?⋯⋯这些问题既是我们探讨新课程改革背景下学业负担问题的逻辑起点,也是在新课程改革深化期研究学业负担问题本身的意义和价值所在。

二、文献评论

新课改以来,学业负担问题广受关注。这一方面表明学业负担问题本身的重要性,另一方面也反衬出社会对于当前学业负担问题相关研究不尽如人意的判读。那么,回视并反思新课改以来学业负担问题的相关研究成果,就不仅仅是为了发现现有研究已经做了什么,未来研究还能做什么,更重要的是要在已有成果的清理中找寻更深入研究的学理基础,这将为后续研究打下坚实的基础。正是基于这样的理解,我们详细梳理了新课改以来学业负担问题研究的相关成果,其主要聚焦于以下三个方面:

(一)学业负担的内涵研究

对于本质内涵的追问是学业负担问题研究的逻辑起点,这一部分的研究根本上是要回答三个问题,即学业负担是什么,什么是过重学业负担,合理学业负担和过重学业负担的表征是什么。

首先,关于学业负担是什么的研究。就这一问题,可谓众说纷纭,目前还没有统一的关于学业负担的界定。梳理一下,主要有如下观点:一是"统摄说",即学业负担包括什么。比如有研究者认为学生学业负担包括课业负担、心理负担和经济负担三个方面,此三者是相互联系、互为因果的,其核心是课业负担和心理负担。[①] 也有研究者指出学业负担表现为学生在学校的学习和发展过程中承担的课业任务(课业负担)、学习职责、学业竞争压力、身心发展代价和生命成本付出。[②] 二是"辨别说",即区分学业负担的相关类属概念。比如有研究者从学业负担、学习负担、学生负担和课业负担的对比出发,认为学习负担是人类个体在对人类经验吸纳、加工以认识和适应生存环境的过程中带来的压力的一种体验,以及为此而消耗的生命。[③] 课业负担是伴随特定教学活动和任务而产生,并在学生身体和心理上反映出来的一种状态。[④] 也有研究者通过梳理文献指出当前研究者对这几种概念的理解在包含关系上存在明显分歧。[⑤] 三是"描述说",即描述学业负担是什么样。比如有研究者从分类的角度描述了外加负担与自寻负担、生理负担与心理(精神)负担、学科负担与活动负担、校内负担与校外负

---

①鲁林岳.综合辩证论"减负"[J].教育研究,2007(5):69—72.

②刘合荣.学业负担问题理性的事实判断与缓解策略[J].教育研究与实验,2008(5):7—12.

③肖建彬.学习负担:涵义、类型及合理性原理[J].教育研究,2001(5):53—56.

④董辉,杨兰.课业负担的学校层面变量研究综述[J].全球教育展望,2012(12):40—48.

⑤胡惠闵,王小平.国内学界对课业负担概念的理解:基于500篇代表性文献的文本分析[J].教育发展研究,2013(6):18—24.

担;①亦有研究者按照来源分类,将学业负担分为课程与作业量的负担、思维与理解的负担、考试与排名的负担。② 也有研究者从多不多、难不难、累不累三个问题进行追问,通过对学生的调查,描述了中小学生课业负担的现状。③ 需要指出的是,关于学业负担的界说,无论哪种说法,其实质都是聚焦在对学业负担的主客价值判断上。如有研究者认为学业负担是一种主观感受,把"课业负担"定义为,学习者在学习的过程中,以其个人以往的体验经历,对课业内容所施加给他们的某种责任、义务与压力的一种主观的身心上的体验。④ 它是学生知觉到的要在学习中承担的认知加工任务量,认知负荷是学生学习中学业负担的核心与本质,是反映学生学业负担轻重与否的核心指标。⑤ 学业负担是因教育者(家长、教师等)提出的要求超出学生的身心承受能力或违背学生意愿需求以及学生对学习后果的担心等所造成的疲劳性身心体验。⑥ 也有研究者认为学业负担是一种客观存在。客观存在的学业负担,并不针对某个具体的承担者,它是教育实施者(如学校)施加到学生身上统一的可以量化的客观物,如规定的学习科目、上课时间、作业及考试等。⑦ 还有研究者认为学业负担是主客统一体,既有客观属性,也有主观属性。有研究者指出,分析学生的学业负担的具体内容时,应该包括以学习时间和数量为代表的客观负荷,以及对学习的态度和喜欢程度为代表的主观感受两大类。⑧ 他们试图从教育学、心理学、哲学等不同学科角度对学业负担概念进行阐释,这几个视角之间似乎并没有明确的界限,而是相互交错、纵横贯穿的,例如学业负担界定的主客说与分类说中的显隐性负担分类就呈现同质思想。我们认为,在看待学业负担问题时,无法人为地将其割裂为主观或是客观,而是认为它是一个主客统一的概念。无论如何,学生的个人智力与非智力因素对学业负担的产生与量度唇齿相依,从这一层面上来说,学生作为学业负担的承受者(客体),同时也是学业负担的施予者(主体),学生的学习效能更是影响学业负担举足轻重的因素。由是论之,目前学界对于学业负担是什么的讨论还不完全相同,主要存在着"统摄说""辨别说"和"描述说"三种不同说法。需要指出的是,我们在讨论学业负担问题时,不去纠结其与"课业负担""学生负担"和"学习负担"的差别,而是用"学业负担"这一指称涵括性表达。

其次,关于什么是过重学业负担的研究。如果说学业负担是一个不带价值判断的中性词,即必要的学业负担是学生掌握科学文化知识和人类文明成果所必需的,那么过重的学业负担就是有问题的了。究竟什么是过重的学业负担?对于这一层面问题的研究大概依循两条逻辑路线展开:一是从"过重"与"过轻"的负担失衡中进行对比界说。比如有研究者指出,分析我国中小学生的学习负担应该有一种辩证的和复杂的思维方式,"重"与"轻"是相对而言的,即既要看到学生学习负担过重的一面,又要看到负担过重背后所隐匿的负担较轻乃至过

① 肖建彬.学习负担:涵义、类型及合理性原理[J].教育研究,2001(5):53—56.
② 马开剑,杨春芳."减负"的内涵与视角[J].当代教育科学,2015(14):50—53.
③ 秦玉友,赵忠平.多不多?难不难?累不累?——中小学生课业负担调查研究[J].课程·教材·教法,2014(4):42—49.
④ 肖建彬.学习负担:涵义、类型及合理性原理[J].教育研究,2001(5):53—56.
⑤ 赵俊峰.解密学业负担:学习过程中的认知负荷研究[M].北京:科学出版社,2011:59—60.
⑥ 肖建彬.学习负担:涵义、类型及合理性原理[J].教育研究,2001(5):53—56.
⑦ 胡惠闵,王小平.国内学界对学业负担的理解——基于500篇代表性文献的文本分析[J].教育发展研究,2013(6):18—23.
⑧ 顾志跃.中小学生学业负担问题[J].教育科学研究,2004(11):15—16.

轻的一面。[①] 也有研究者指出我们当前讨论的课业负担过重实质上只是"考业"负担过重,这是一种偏狭的认识,因而也无视了课业负担过轻的事实。[②] 二是从负担对学生的不利影响反证推导。比如有研究者指出过重的课业负担将使处于生长发育阶段的中小学生的身心负荷超载,[③]疲劳超过了一定的限度,多数学生即使休息后也难以调整恢复,甚至产生某种生理疾病或心理偏差。[④] 总的来讲,过重的学业负担实际上来自因训练方式、难度、时间、观念等失当而带给学生的身心负担或额外身心负担。[⑤] 简言之,过重的课业负担指的是课程学习使身心所承载的负荷超越个人的承受能力范围。[⑥] 这些研究试图从"轻"与"重"的对比中,抑或从过重负担的不良后果分析中揭示什么是过重的学业负担,可以说有其合理性,这至少说明较之于"轻"的负担,也有"重"负担的存在,那些可能引起身心不适或不良反应的负担也属于"重"负担的范畴。

最后,关于合理学业负担与过重学业负担的表征是什么的研究。正如我们所认为的,学业负担是学生学习过程中客观存在的,这说明无负担的学业是不可能的。因此,也就自然存在合理的学业负担与过重的学业负担。有研究者直截了当地指出当前中小学生课业负担过重的三方面表征:一是教学"超标";二是"超时";三是"超量"。[⑦] 如此使得学生睡眠时间不足、大范围近视、整体体质下降并出现各种心理问题。[⑧] 相应地,合理的学习负担既是学习的压力,更是学习的动力,减轻学生的学业负担并不与之对立。[⑨] 而这种负担是伴随学习活动所必然产生的负担,是培养符合时代要求的个性、人格及学习基本的知识技能所必须付出的代价。[⑩] 总的来讲,关于学业负担及过重学业负担的表征研究大概集中在以下方面:一者是以学业负担外显的、具体的因素为表征。有学者分析了我国中小学生的课业负担状况,表现为上课时数过多、作业量大、学习时间过长以及简单机械的重复性训练过于频繁。[⑪] 这是对学业负担的客观层面的测量,即学生承载的学习时间和学习任务在绝对量上与学生的身心承载能力的较量。二者是以学业负担主观的、抽象的因素为表征。如有研究者指出,过度的课业负担将使学习个体在主观上感受到学习时间太长、任务太重、效果不好等而产生负面的情绪体验,并由此产生某种疾病或心理偏差,如视力减退、厌学情绪、考试综合征等。[⑫] 这是关注学生的生理体验和情绪感受。相比而言,主观层面学业负担的分析和判断要复杂得多,一般来说,中小学生的学业负担和客观层面的学习时间和任务量成正比关系,但与此同时,学习

①扈中平,刘朝晖.减负:不仅仅是"减"[J].教育研究与实验,2004(3):45—48.

②杨启亮.课业负担过重与学业质量评价失衡[J].课程·教材·教法,2013(1):12—17.

③杨光,等.课业负担监测预报模型建构研究[J].中国教育学刊,2014(11):96—99.

④姚庆霞.对中小学"减负"的辩证思考[J].当代教育科学,2011(8):55—56.

⑤苏丹兰.论减负问题的虚拟性、可能性与现实性[J].教育研究与实验,2014(3):53—56.

⑥鲁林岳.综合辩证论"减负"[J].教育研究,2007(5):69—72.

⑦郭振有."减负"的难为与可为[J].中国教育学刊,2009(4):卷首语.

⑧黄首晶."学生负担过重沦为民族之痛"困境的反思[J].中国教育学刊,2014(1):14—18.

⑨傅禄建.简论减轻过重学业负担的六大关系[J].上海教育科研,2005(5):41—43.

⑩么加利.审视"减负"问题[J].江西教育科研,2001(3):16—18.

⑪扈中平.对我国中小学生学习负担的辩证分析[J].课程·教材·教法,2002(2):13—15.

⑫艾兴.中小学生学业负担:概念、归因与对策——基于当前基础教育课程改革的背景[J].西南大学学报(社会科学版),2015(7):93—97.

时间和任务量并不直接决定中小学生对学习负担的主观感受——同样的学习时间和任务量，不同的学习个体受到自身因素的影响，其产生的学业负担感受可能并不一致。个体对学习时间长短的认知，任务难易程度的判断等，都受到中小学生个体的学习意愿、学习能力、学习效果等因素的影响。关于学业负担的轻重测度问题分为"辩证说"和"差异说"。有学者认为对中小学生学习负担的分析应该有一种辩证的和复杂的思维方式，既要看到学生学习负担过重的一面，又要看到负担过重背后所隐匿的负担较轻乃至过轻的一面。"重"与"轻"之间存在着辩证的关系，"重"与"轻"是相对应的，是相对而言的，我国中小学生的课业负担问题表现出"量重质轻"的特点。① 人们往往关注负担量的方面，忽视负担的更重要的质的方面，或者说结构合理性方面。课业负担重只是不需要的负担，即无效的、低效的、负效的教育劳动（学与教的活动）太多了，而有效的、高效的、正效的教育劳动含量太低了。② 差异说认为学业负担具有个体性、具体性和独特性，学习负担轻重的量度是因人、因时、因具体的学习情景而异的，取决于每一个学生个体的生理和心理承受能力的强弱和身心健康水平的高低；取决于个体的学习需要与自我发展动力的强弱；取决于学生提高学习成效的潜能大小；取决于学生是否热爱学习和热爱劳动的态度和价值观念。③ 引入差异性假设，学生学业负担就不再是简单的"过重"问题，而是与学生的内在能力、家庭期望、个人抱负以及所在学校和班级的氛围等密切相关的问题，也是一个比较和相对的问题。④ 上述研究期望通过找出学业负担的表征、界定其轻重测度以探寻学业负担最优化的阈值。这些研究共同指向两点：第一，减负，不仅仅是"减"，我国中小学生当前的学习主要是局限于接受现成的知识，学生的学习过程在很大程度上被教师的教所替代，而且学生的学习方式已经基本上模式化、套路化，所以学生的学业负担向"较轻"倾斜，论者所揭示的学生负担过轻的一面实际上是对教学过程中教师主导作用与学生主体性发挥不足的中肯批评。第二，不同的学习个体因为对学习任务的主观认识、价值判断不同，及受自身素质、学习能力、学习效果等因素的影响，对学业负担的认识和感受具有鲜明的个性差异。同样的学习强度有人视为苦役，有人却甘之如饴，学业负担的量度要建立在具体的、活的生命基础上，与学生的学习态度、动机、期望、策略息息相关，这正是学生学习效能的核心要素。实际上，我们有一个共识，那就是合理学业负担与过重学业负担体现在"度"上，合理还是过重就是看负担与"度"的距离。然而，问题的关键在于我们如何认识这个"度"，这直接关系着我们对于学业负担的理解。

（二）学业负担的归因研究

由上述对学业负担的本质内涵探讨梳理可以得出，学业负担本身不是问题，我们当前探讨的学业负担问题实际上已化约成了学业负担过重的问题。那么，是什么原因导致了学业负担过重"病症"的出现并滋长成为久治不愈的"顽疾"？这是找寻学业负担问题解决路向的现实根基。梳理已有相关研究，发现相关研究主要集中在两个层面：一是深度重点归因论；二是系统综合归因论。比如着眼于教育学的视点，有研究者认为造成中小学生学习负担过重的最

① 扈中平，刘朝晖.减负：不仅仅是"减"[J].教育研究与实验，2004(3)：45－48.
② 刘合荣.学业负担问题：理性的事实判断与缓解策略[J].教育研究与实验，2008(5)：7－12.
③ 刘合荣.学业负担问题：理性的事实判断与缓解策略[J].教育研究与实验，2008(5)：7－12.
④ 张灵，黄学军.也谈减轻学生课业负担：差异性假设视角[J].中国教育学刊，2012(2)：12－15.

根本的原因是,没有正确的教育价值取向的引导,进而分析了社会本位的我国现行教育价值取向何以成为学生学习负担的根源。① 也有研究者剖析出课业负担的深层原因在于教育竞争失序、教师作业布置失控、学生学习时间失调,此三者之间环环紧扣,"合谋"制造了中小学课业的"陷阱"。② 还有学者认为课业数量多导致学习负荷过重,学习内容不平衡导致课程结构性负担,作息安排欠合理导致休息时间不足,课外学习过多导致学习来源负担问题。③ 着眼于社会学的视点,有研究者指出学业负担重的社会根源在于公众对于教育万能的社会认知、对人力资本论的社会诉求以及教育价值观的社会偏向,此三者紧密连接、环环相扣,构成一个牢不可破的社会循环系统,每一次循环都让学生学业负担愈加沉重,每一环都让学生学习举步维艰。④ 着眼于学习者这一学业负担的价值承担主体,有研究者认为衡量学业负担需要引入差异性假设,中小学生的课业负担是与学生的内在能力,家庭期望,个人抱负以及所在学校和班级的氛围等因素密切相关的。⑤ 有研究者将纷繁复杂的个体层面非智力因素归入九个方面:对家长、教师期望的感知,学习自我效能感,学业自我概念,心理承受力,师生关系,家庭氛围,学习兴趣,学习习惯和方法。这些非智力因素通过对学业成绩的影响,最终影响学生感知到的学习压力。⑥ 在对学生主体因素的剖析中,对学习效能的研究尤为突出,有研究者认为学生对学业负担有主观感知的体验和客观担当的责任,其学习效能是学业负担产生的内发因素。⑦ 也有研究者通过实证研究发现,数学学习自我效能感对于数学成绩有较强的预测能力,通过学习策略来间接影响学业成绩。⑧ 需要指出的是,这些从某一学科视角进行的探讨,表明了研究者试图从不同角度审视学业负担这一复杂问题,但这并不代表他们认为学业负担问题就是某一种单一原因作祟。相比于这些独特视角的深度审视,大多数研究者秉持"系统观",即认为学业负担问题是涉及面广、牵涉主体多、影响程度深的"多元高次"方程,应持系统的观念看待其成因。比如有研究者指出学业负担问题产生的社会、政府、学校、家庭和学生五方面原因;⑨也有研究者从社会、家庭、教育机构和学生自身四个方面分析了学业负担问题的成因;⑩还有研究者从教育体制因素、社会意识因素和竞争环境因素三个方面探讨了学业负担问题的成因,进一步指出其根本原因来自现实激烈的教育竞争,而竞争的不断加剧则使学生学业负担愈发加重。⑪ 这些从系统层面论述学业负担问题生成原因的研究,在一定程度上超越了仅仅局限于教育学视角探讨这一问题的视野圈囿,为我们描绘了学业负担的

① 许杰.论我国现行教育价值取向与学生的学习负担[J].教育科学,2003(2):25—28.
② 范永丽.中小学课业负担的深层成因与综合防治[J].课程·教材·教法,2014(10):52—57.
③ 陈传锋,等.中学生课业负担过重:程度、原因与对策——基于全国中学生学习状况与可与负担的调查 [J].中国教育学刊,2011(7):11—16.
④ 罗生全,李红梅.学业负担的社会机制[J].教育发展研究,2014(24):45—50.
⑤ 张灵,黄学军.也谈减轻学生课业负担:差异性假设视角[J].中国教育学刊,2012(2):12—15.
⑥ 文剑冰.课业负担的个体层面变量研究综述[J].全球教育展望,2012(12):24—30.
⑦ 罗生全.学业负担与学习效能的关系及优化[J].中国教育学刊,2015(8):40—44.
⑧ 焦彩珍.初中生数学学习兴趣及自我效能与数学学业成绩的关系[J].数学教育学报,2008(2):44—46.
⑨ 中国农工民主党上海市委员会课题组.中小学生过重学业负担的综合分析与研究[J].教育发展研究, 2006(1):47—52.
⑩ 谢利民.顺境下学生负担问题成因分析[J].湖南师范大学教育科学学报,2005(3):37—41.
⑪ 王博.减轻学生学业负担的政策工具选择与体系设计[J].中国教育学刊,2014(4):38—42.

"全景"。然则,这些系统的归因不免有泛泛而谈之嫌,似乎欲全方位探寻学业负担的生成机理,却恰恰因追求了面面俱到而难免浅尝辄止。

据上而论,就学生学业负担问题本身而言,学校层面的原因自然是举足轻重的,而教师教学又是学校工作的重中之重,教师怎样教学很大程度上决定了学生的负担状况。换句话说,虽然对学业负担有多重归因,但众多因素中,关键因素是教师的教学效能。一言以蔽之,学业负担的归因与教学效能的价值是"不谋而合"的,这为解决学业负担而研究教学效能提供了一种学理依据,但仍需要全面透视教学效能的哪些要素对学业负担有深刻影响。

(三)学业负担的对策研究

自学业负担问题被社会所诟病以来,研究者对于这一问题的研究就没有停止过。特别是随着新世纪课程改革的实施和推进,关于学业负担过重的"声讨"和减负的"呼声"可谓一浪高过一浪。为此,各方力量加入学业负担问题的研究,试图为"减负"出谋划策。在减轻过重学业负担的对策探讨上,研究者主要论及三个基本问题:一是"谁来减"的问题。对于"谁来减"问题的探讨与学业负担归因一样分为两条路径:重点因素论和系统联系论。"重点因素论"主要从重点单因素出发,从某一视角展开"重拳出击",例如有学者聚焦社会层面,认为学业负担过重的问题其实是一个社会问题而不是教育问题,其主要原因在于教育领域以外一系列公共政策的失当。改革之所以难以持久,其中一个重要的原因就是改革只局限在教育领域,缺乏必要的社会环境支撑。[1] 有学者聚焦教育系统,认为学生学业负担过重问题发生在教育领域,首先表现为学业量的超负荷,其次表现为由此而引起的一系列身体上、思想上的非常规发展,这严重违背了教育的根本目的。教育行政部门和学校作为教育责任主体本身,应当首先为减负负责。[2] 有学者聚焦学生层面,认为学生学业负担来源于个体学习方式、学习性向和学习效能的差异。因此,解决学生学业负担过重问题需要观照学生本体并着眼其学习本身。[3] 需要指出的是,虽然以上论点侧重论述某一方面,但是并不意味其作者认为学业负担问题的解决仅靠单一力量就能解决,而是重点突出其认为"受力"较重的主体,相较而言,"系统联系论"则更加强调"普遍联系""众志成城"的观点,有学者认为学生学业负担过重不仅是一个教育问题,而且也是一个社会问题,它是一项全面、系统的工程,要家庭、学校、社会、政府共同来完成,共同来营造青少年健康成长的良好条件和氛围,逐渐落实艰巨而又复杂的减负工作。[4] 我们需明确的一点在于无论减负的责任人如何多元,学生无疑是最直接、最核心、最突出的减负主体,又由于"学业负担"是在学习的过程中形成的,该问题的治理与学习效能各个因素紧密联系。二是"减多少"的问题。对于"减多少"这一问题,大部分学者所持观点一致,都认为应树立理性的减轻负担和寻求负担合理化的态度,论述多从注重调配负担的适宜度和类型的协调度两个理论基点展开。一方面,调配负担的适宜度遵循量力原则。一定的学业负担是学生完成学业所必需的,关键是如何把握负担的"量"和"度"的问题,不能只是看到

①项贤明.教育改革中的问题辨析[J].中国教育学刊,2015(1):1—5.
②许蔚萍.学业负担过重是教育问题还是社会问题——兼与项贤明先生商榷[J].中国教育学刊,2015(8):1—3.
③罗生全.学业负担与学习效能的关系及优化[J].中国教育学刊,2015(8):40—44.
④中国农工民主党上海市委员会课题组.中小学生过重学业负担的综合分析与研究[J].教育发展研究,2006(1B):47—52.

课业负担在数量上的轻重和大小,要重视课业负担在个体感受性方面的特点,根据学生主体因素的差异形成量力负担。例如有学者认为"课业负担"过重才需要减轻,也就是说,不"过重"就不要减,而且是"减轻",不是"减掉",不是"减"到没有。① 另一方面,调整负担类型的协调度需坚持辩证观,减负不仅仅是实质意义上的减,而是优化。有学者指出相较于负担量的方面,它的质的方面,也就是结构合理性方面更为重要,应减掉无效的、低效的、负效的教育劳动,增加有效的、高效的、正效的教育劳动含量。② 总之,减负的程度深浅的标杆主要是学生具体的主观心理、生理体验,情绪上的苦和乐、身体上的累与悠,都取决于学生在从事学习活动中的学习期望预设、学习目标定位、学习态度取向,以及学习策略掌握、学习能力丰匮,这都是学习效能的重要组成因素。三是"怎样减"的问题。和对于学业负担问题的归因类似,研究者对于如何解决这一问题也是延循两种思考逻辑:一是重点突破策略;二是全面突围策略。比如有研究者着眼于教师教学效能,提出学业负担问题解决的教学效能逻辑在于建构以教学效能为旨归的教师专业发展策略体系,以学习者为中心的教学信念体系和以个性化学业测评的教学文化体系;③也有研究者提出减轻学生负担应当从提高教学时效入手,追求教学时效的最大化。④ 此外,有研究者着眼于"减负"中教师作用的发挥,指出正确解读"减负"的意义、转变育人观念、提高教育水平是教师之于"减负"作为的逻辑。⑤ 也有研究者着眼于作业设计,探讨了课业负担问题解决的有效作业之道。⑥ 还有研究者基于政府的视角,探讨了学业负担问题解决的行政逻辑。⑦ 着眼于学习者及其学习效能,有研究者提出减负的关键是要发挥学生的自主性,因为"主体的发展最终只能是个体自主进行意义采择而实现的发展,这是任何有意义的他人都无法代替的"⑧。也有研究者从学习品质入手,提出四个"培养",即"培养学生认真学习的习惯、培养学生刻苦钻研的意志品质、培养一丝不苟的科学态度、培养灵活多样的学习方法"⑨。此外,有学者从学习效能入手,提出学习效能的优化是学业负担问题解决的逻辑起点,提出"以成功体验和成败归因为指引的'心理场'历练、策略转换和能力提升为依托的'文化场'营造以及相依相促和问题解决为旨趣的'网络场'建构中觅得基于学习效能的学业负担突围之路"⑩。这些研究虽立足于不同的视点,但是基于特定角度对学业负担问题解决的对策探讨,在一定程度上具有切实可行的操作性,不失为学业负担问题解决的突围路径。需要指出的是,学业负担问题是一个复杂的多因素交织而生的"顽疾",这已成为共识。因而,多数研究者对于学业负担问题解决的策略探讨倾向于系统扫描基础上的综合路向探

① 刘永和."减负"不能这样"综合"论——与鲁林岳先生商榷[J].上海教育科研,2007(12):37—38.
② 刘合荣.学业负担问题:理性的事实判断与缓解策略[J].教育研究与实验,2008(5):7—1.
③ 李红梅,罗生全.学业负担问题解决的教学效能逻辑[J].教育发展研究,2014(10):69—74.
④ 蔡伟.提高教学时效减轻学生负担[J].中国教育学刊,2000(4):41—43.
⑤ 陈艳华.论教师在"减负"过程中作用的发挥[J].学科教育,2001(7):24—26.
⑥ 肖正德."减负"背景下有效作业的设计策略探究[J].课程·教材·教法,2014(4):50—55.
⑦ 张辰.减轻中小学生过重学业负担:区县政府的思考[J].教育发展研究,2005(11):13—14.
⑧ 杨启亮.基础教育改造中几个基础性问题的解释[J].当代教育科学,2003(7):3—16.
⑨ 笪敏."减负"要重视学习品质的培养[J].人民教育,2000(5):34—35.
⑩ 罗生全.学业负担与学习效能的关系及优化[J].中国教育学刊,2015(8):40—44.

寻。比如有研究者从社会、政府、学校、家庭和学生五方面探讨了学业负担问题的解决之道;[①]也有研究者指出"减负"是社会化的一项教育工程,是社会、家长、学校"三重减压""三位一体"的综合防治工程,进而提出了课业负担过重"顽疾"的综合防治之路。[②] 还有研究者基于多重制度逻辑的视角,提出解决学业负担问题,思维的转换和行动的跟进是一项须长期坚持的解决之道,而基于复杂思维的认识,多方治理的实践和社会、家庭、教师的共同参与是具体路径。[③] 这些研究大都以"顶层设计"的姿态出现,试图扮演学业负担问题解决的不二选择。客观地讲,这种系统的、融合的、多元的思考,确实在"减负"的漫漫征程中不可或缺,然而也正因探讨的众说纷纭,使得研究落入"乱花渐欲迷人眼"的表象繁盛,而忘却了"浅草才能没马蹄"的朴素追求。

由此而言,欲解决学生学业负担问题,无论什么对策都离不开教师的教与学生的学这一主渠道,自然也都需要从教学效能和学习效能上下功夫:教师既可以成为学生乐学、好学、会学的引路人,也可成为学生苦学、厌学、误学的"导火线",这说明教师及其教学效能在学业负担的生成过程中发挥着举足轻重的作用,学业负担的解决与教学效能的目标实质上是"殊途同归"的。而学生作为学业负担价值的客观承担者,其可以不断端正学习动机、改善学习方法、提升学习成效进而获得学习效能感,以此在学习效能的有效提升中将客观的学业负担框限于合理的范围之内。因而,探寻学业负担问题解决的教师教学效能和学生学习效能逻辑,是根治这一"顽疾"的可行路径。

综上所论,新课程改革以来,学业负担问题的研究主要围绕内涵、归因和对策三大主题展开,且其与教师的教学效能和学生的学习效能在本真、价值和目标上有着对应的内在关系,回视并反思这些已有成果,是我们探寻学业负担与教学效能关系的学理基础。第一,学业负担内涵的研究一直围绕学业负担是什么、什么是过重学业负担、何以区分合理负担与过重负担三大问题展开,事实上,至今也未形成对这些问题的一致认同。换句话说,对于学业负担内涵的研究还是"迷离"的。然则,从这些探讨中,我们也可以析出关于学业负担内涵的基本内核,即学业负担具有主客二重性:一方面,学生完成必要的学习任务,理应有所负担,这是客观的;另一方面,教师的认知偏差和对"度"把握的失衡,加之学生个体的差异等,使得学生身心处在过重的"负担中",这是主观的。过重的学业负担实际上与教学效能的本真意蕴相背离,因为教学效能根本上就是要实现寓教于乐、寓学于乐的教学价值。从这个意义上讲,学业负担内涵的已有探讨既为我们揭开了就其基于教学效能的反思之窗,也将是基于教育效能的学业负担问题研究的逻辑起点。第二,学业负担问题的形成受制于多重因素共同作用,但细究起来,学校层面的因素无疑是共识性的最重要因素。据此推知,教学作为学校工作的重中之重,学生作为学习的自然主体,教与学之于学业负担问题的形成紧密相关。实际上,学业负担的归因研究也都涉及教师的教学和学生的学习这一层面,但是还处于浅层次的推论,也没有深入剖析教师或者教学具体在哪些方面以及如何成了学业负担的铸成因素,也未见相关研究就学生的学习效能如何作用于学业负担的形成及其过重负担的化解进行深层次探讨。其实,通过

---

① 中国农工民主党上海市委员会课题组.中小学生过重学业负担的综合分析与研究[J].教育发展研究,2006(1):47—52.

② 范永丽.中小学课业负担的深层成因与综合防治[J].课程·教材·教法,2014(10):52—57.

③ 梁倩,等.多重制度逻辑下的课业负担问题治理[J].教育发展研究,2013(6):36—40.

对影响教师教学的关键因素和学生学习效能的主要变量进行深入分析以探求提升教学的效能和学习的效能,这是教学效能与学习效能的实然追求,也必将有益于消解学业负担。从这个意义上来讲,从教学效能和学习效能的角度剖析学业负担的深层归因,是学业负担研究的现实根基,其意义是不言而喻的。第三,当前对于学业负担解决的策略研究集中表现为两重误区:一是系统论的泛化——从多层面多角度泛泛而谈学业负担的解决之道;二是重点论的浅表——局限于口号式的呼喊而缺学理性的论证。从教学的角度来看,学业负担解决的策略探讨中既有从学校层面的逻辑点出教学之于其意义,也有从教学层面单独探讨其何以成为学业负担解决的选择。从学生的层面看,研究者也注意到了不同的学习者个体在承担同一学业任务时不同的身心体验,负担具有明显的个体差异性。这说明,研究者们已经普遍认识到教学及其学习本身在学业负担问题解决中的重要价值,而教学效能和学习效能的提高又是解决该问题的重要途径。然而,学业负担的解决到底指望教学与学习何为? 或者教学效能和学习效能终将以什么方式助力于学业负担的解决? 这是我们试图从教学效能和学习效能的视角寻求学业负担问题解决的逻辑根源和学理基础。

三、研究设计

学业负担问题由来已久,着眼于作业量减少、学习时间缩短、评价方式改变的一系列呼声证明这难以成为化解学业负担问题的有效之策。因此,欲从根本上解决学业负担问题还需要从深层次诊断学业负担问题生成的"病理",进而对症下药。

立场:实际上,学业作为学生成长发展过程中必需的经历,一定的、合理的负担是必要的也是必需的。学业这一行为与教师的教和学生的学有着根本的关联,找寻学业负担问题化解的根本之策离不开对教师的教与学生的学以及影响教师教的因素和影响学生学的因素进行深入的挖掘。在此基础上,解决当前备受诟病的学业负担问题,不是要"消灭"负担,使学生无任何负担,而是要"规范"负担,使得学生担负他们成长成才必需的,同时又符合他们身心健康和长远发展的合理的负担。

视角:基于对已有研究的研究视角进行分析,加上我们自身对于学业负担的判读,我们认为教师的教和学生的学是影响学业负担的内源性因素,因而也必然成为研究学业负担问题的基本视角,即我们着眼于从教师教学效能和学生学习效能的角度探讨学业负担问题的治理之道。具体而言,教师的教学效能又分为从主客两个层面进行观测,主观层包括教学认知、教学情绪和教学期望,客观层包括教学能力、教学策略、教学业绩和教学环境。学生的学习效能也分为从主客两个层面进行观测,主观层包括学习态度、学习动机和学习期望,客观层包括学习能力、学习策略和学习环境。在此基础上,通过深入分析教学效能和学习效能主客层面分别与学业负担的交互关系,进而探明学业负担生成的教学效能和学习效能机理,为化解学业负担问题寻觅出路。

假设:学生在成长成才的过程中需要掌握必要的科学文化知识和基本的技能,也就是必然要承担一定的学业任务,因此一定的学业负担是不可或缺的。着眼于学业负担与教学效能和学习效能的内在关系,学业负担受制于教学效能和学校效能的状况。大致而言,高教学效能和高学习效能都有助于保持学业负担处于较低范围,进一步推之,着眼于教学效能和学校效能的视角探讨学业负担问题的化解之道,就是要着力于教学效能和学习效能的提升,在此过程中,不断优化学业负担使其保持在合理的范围之内。

方法与技术路线:基于我们的研究立场、视角和假设,也基于我们欲想深刻觉知新课程改革以来我国教师的教学效能和学生的学习效能状况,进而从源头上探寻学业负担问题的解决之道,我们编制了学业负担、教学效能和学习效能三份问卷进行调查,在对调研数据的处理上,我们尝试引入大数据和聚类分析的方法,力图在方法突破的同时实现研究实效的提升。具体的技术路线如下:

研究对象:为保证样本的全面性和均衡性,避免方差变异,本研究在全国范围内按照7大经济区域(东北、西北、华北、华东、华中、华南、西南)抽取8个省(区)、2个直辖市和1个计划单列市,包括辽宁省、甘肃省、河北省、河南省、广西壮族自治区、山东省、云南省、浙江省、天津市、重庆市和深圳市等,按照分层随机抽样的方式选取90所中小学校的教师作为研究对象。

研究工具:本研究采用问卷调查法,问卷属于自编问卷,其中教学效能问卷和学习效能问卷内容包括二阶七维度,学业负担问卷内容分为三大部分。教学效能问卷内容的二阶是指个人自我效能感和一般教学效能,七维度是指个人自我效能感中的教学认知、教学情绪、教学期望和一般教学效能中的教学能力、教学策略、教学业绩以及教学环境;学习效能问卷内容的二阶是指个人自我效能感和一般学习效能,七维度是指个人自我效能感中的学习态度、学习动机、学习期望和一般学习效能中的学习能力、学习策略、学业成就以及学习环境;学业负担问卷内容的三部分分别是:学生个人基本信息,包括4项,分别为性别、年级、年龄和学校所在地,题目形式为填空题。第二部分是学生学习基本情况,也即学业负担的客观层面,包括学习时间安排和学习任务及效果两项,题目形式为填空题。"学习时间"项目包含平时作业时间、周末参加辅导班时间和睡眠时间等。"学习任务及效果"项目包含考试次数、作业量和学习效果等。第三部分是学生的学习状态及主观感受,包括认知过程、情绪体验、行为反应、教学场域感知四个项目。

研究数据处理:本研究着眼于学生学业负担与教师教学效能和学生学习效能的内在关系,试图在学理上挖掘此三者之间关系的生成逻辑,并通过问卷调查及其数据的分析,更加明晰并修正这种关系,进而构建基于教师教学效能和学生学习效能提升的学生学业负担优化路向。因此,在量化研究部分,特别是在调研数据的处理中,我们尝试引入大数据和聚类分析的一些理念与方法,以期通过方法的突破创新研究的成果。

大数据本身是一个比较抽象的概念,对于大数据尚未有一个公认的定义,但都是从其特征出发,通过这些特征的阐述和归纳试图给出其准确定义。学界认为,大数据有5个"V"字开头的特征,即数据体量巨大(Volume)、数据类型繁多(Variety)、数据处理速度快(Velocity)、数据真实性强(Veracity)、数据的可用价值密度低(Value),这些特征检释了大数据技术的各项优势。①

第一,数据体量巨大。从TB级别已经跃升到PB乃至EB级别。例如,互联网数据中心最近发布的报告就预测称,到2020年,全球的数据量将扩大50倍。要想知道现在的数据量有多大,可以举几个形象的例子,现在存储1PB数据大概需要两万台配备了50GB硬盘的电脑,到目前为止,人类生产的所有印刷材料的数据总量大概是200PB,而历史上所有人类说过的所有的话语的数据总量大约是5EB。② 目前,大数据的规模仍然是一个不断变化的指标和

①方巍,等.大数据:概念、技术及应用程序综述[J].南京信息工程大学学报,2014(5):405-419.
②冯伟.大数据时代面临的信息安全机遇和挑战[J].中国科技投资,2012(34):49-53.

数据,各种意想不到的来源都能产生数据,单一数据集的规模范围将会越来越大。第二,数据类型繁多。这是大数据概念区别于从前有关数据管理的一个重要特征,传统的数据管理主要是对结构化数据加以分析利用,而大数据则更加强调对于半结构化和非结构化数据的分析和应用。数据类型的增加主要是由于新型多结构数据,以及包括社交媒体、手机通话记录及互联网搜索等数据类型造成的。这种类型的多样性也导致数据被分为结构化数据与非结构化数据两类。相对于以往以文本为主的便于存储的结构化数据,越来越多的非结构化数据占据了主流。另外由于互联网和通信技术近年来的迅猛发展,如今的数据类型早已不是以往单一的文本形式。[①] 第三,数据处理速度快。这是大数据与传统数据挖掘途径最显著的区别特征,这到了需要对数据进行近乎实时分析处理的地步,当前系统越来越复杂、采集的数据越来越多,安全监测对于时间响应的及时性要求却并没有减弱。如果对于汹涌而来的数据不能及时处理,就将被数据淹没。第四,大数据中的内容是与真实世界息息相关的,研究大数据就是从庞大的网络数据中提取能够解释和预测现实事件的过程。第五,数据的可用价值密度低。弥足珍贵的有用信息需要从大量不相关的信息中浪里淘沙,某种程度上,价值密度的高低与数据总量的大小会成反比,强调海量数据中蕴含着重要的价值。数据是物理世界的数字反映,数据在价值上不同于数字,数据背后是有对象的,而这些对象是有立场、有价值归属的。大数据的体量很大,所蕴含的价值总量也是客观的,但是平均到单条信息的价值却很低,即价值密度很低。

本研究通过问卷调研了全国七大经济区,发放教学效能、学习效能和学业负担三种问卷共计三万余份,每种问卷又有不同的题项设计,将这些调研结果汇集起来就是一个大数据的样本。对这一样本数据进行分析所体现的恰恰就是大数据的思维,即更多、更杂和更好的大数据思维变革。"更多"就是追求全体数据而不是随机样本;"更杂"就是着眼混杂性而不是探究精确性;"更好"就是关注相关关系而不是执迷于因果关系。[②] 本研究在对学业负担与教学效能和学习效能之间关系的学理分析基础上,进行大量的问卷调查就是为了收集尽可能具有整体性的数据,就是为了让实实在在的数据自己"发声",就是为了在深层次上探寻它们之间到底是如何相关的。这就超越了以往对学业负担问题研究时先入为主的偏见和只进行理论推理的"虚幻"。从这个意义上讲,运用大数据的思维和理念对相关调研结果进行分析,对本研究旨趣的实现将更有裨益。

聚类分析是本研究在具体调研数据分析时使用的另一方法,意在对不同水平的学业负担、教学效能和学习效能进行水平划分与特征刻画。聚类就是按照某个特定标准,一般为距离准则,把一个数据集分割成不同的类或簇,使得在同一个簇内的数据对象的相似性尽可能地高,同时不在同一个簇中的数据对象的差异性也尽可能地高。也就是说,聚类后同一类别的数据尽可能地聚集在一起,而不同的数据尽量分离。[③] 这是一种在没有任何先验信息条件下,将现有无标记数据进行归类的数据分析过程,其结果是使得同一类中任意两个数据对象之间的距离要小于属于不同类的两个数据对象之间的距离。换句话说,聚类的目标就是要挖

---

① 汪莉莉.智慧的大数据洞察新价值[J].中国建设信息,2013(6):10—13.

② [英]维克托·迈尔-舍恩伯格,肯尼思·库克耶.大数据时代[M].盛杨燕,周涛译.杭州:浙江人民出版社,2015:27—98.

③ 杨小兵.聚类分析中若干关键问题的分析[D].浙江大学硕士学位论文,2005:17.

掘出数据的内在结构,为进一步的数据分析提供有意义的信息。一个完整的聚类分析过程主要包括四个阶段:

特征选择和特征提取:特征选择是指对于待处理的数据,选择其最具代表性或区分度的一组特征作为进一步处理的对象;特征提取是指从原始数据中通过某种变换产生一组有意义的特征,然后应用于聚类分析。特征选择和特征提取对接下来的聚类算法设计和数据处理过程有非常重要的影响。质量好的特征可以简化算法复杂度,提高算法效率,并且能够获得理想的聚类效果,特别对于高维数据或复杂数据类型,如文本数据集和图像数据集,特征选择和特征提取策略显得尤为重要。

聚类算法设计:在算法设计中,需要解决两个问题,即如何确定相似性或距离的度量方式以及如何构建目标函数。数据对象间的距离度量与数据的结构特点及具体的应用要求有关,大多数聚类算法会直接或间接给出具体的距离度量方式。此外,算法目标函数的建立将聚类问题转化为对于数据对象分割的优化问题,进而采用合适的解法求出聚类结果。显然,算法所采用的距离度量方式和目标函数不同,算法的效率和聚类结果也不同。在实际应用中,需要根据具体情况选择合适的算法。

聚类结果评估:由于聚类分析的无监督特性,对于聚类结果的评估并不像有监督的分类问题那样显而易见。对于同一数据集合,不同的算法通常会得到不同的聚类结果。有时,对于同一个算法,设定的参数不同或者算法的初始状态不同,得到的结果也不一样。因此,有效的聚类结果评估标准对于聚类问题的分析也是至关重要的。一般来说,聚类的评估方法主要分为三类:外部指标评估、内部指标评估和相对指标评估。外部指标方法将已知的数据结构作为标准来评价所得到的聚类结果;内部指标方法不依赖于外部的先验信息,而是根据某种内部衡量标准直接检验聚类后得到的数据结构;相对指标方法则是对不同方法的聚类结果进行比较,从而得出评估结论。

聚类结果解读:聚类结果反映了原始数据的潜在结构和特征,对于某一特定应用领域,专家可利用聚类所得到的数据划分作为基础信息,进一步解决更多复杂问题。

在本研究中,使用聚类分析方法,主要考虑到学业负担问题的个人属性,即个体差异性。具体而言,无论是影响学业负担的教师教学效能还是学生学习效能,还是学业负担本身,其在不同的个体之间都会表现各异。因此,"一刀切"式的学业负担治理路径只能诱导这一问题不断驶向因徒困境。然而,这也并不意味着治理学业负担就非要根据不同个体"量身定做",这既不可能也不必要。实际上,处于某种特定教学效能的教师他们有着一些共同的特征,处于一定学习效能的学生在面对学业负担时也会有相似的表现,同一客观的学业负担在针对某一教与学的群体时也有着某种特定的属性。这就是说,在面对学业负担这个问题上,可以按照教师的教学效能水平、学生的学习效能水平和学业负担本身表征出来的水平进行类的聚合,以聚类思维而不是独立思维找寻通达学业负担问题优化的道路,是可行的也是必需的。

第一章

学业负担的定义与假设

学业负担问题究竟是一个什么样的问题,怎样认识这一问题,这既是学业负担内涵的自明过程,也是学业负担视点的确立过程。实际上,自学业负担成为一个被学界关注的问题以来,关于其内涵和生成及其运行机理的探讨就没有停止过。就一般研究逻辑而言,回答学业负担是什么的问题是研究学业负担问题的起点。中国语境中的学业负担问题已经演化为学业负担过重的问题,也就是说,解决学业负担问题基本上等同于"减负"问题。那么,什么样的学业负担将会被认为是过重的,"减负"又要减到什么程度? 这都与学业负担的内涵即我们如何认识学业负担紧密相关。在厘定学业负担内涵的基础上,基于何种视角认识学业负担成为确立这一问题研究框架的必要思考。让学业负担问题探讨的视域回归学校,视点定位教学效能和学习效能是本研究的整体思路。那么,学校场域中的学业负担指的是什么? 教学效能与学业负担的关系是怎样的? 学习效能与学业负担具有何种关系? 对这些问题的回应正是本章的主要内容:一方面在于明确学业负担的内涵,清晰学业负担研究的认识基础,另一方面在于诠释学业负担与教学效能和学习效能的逻辑关系,为基于教学效能和学习效能的学业负担治理探寻路向。

一、定义: 内容、外延、特点

　　综观学业负担的已有研究成果,不同研究者对于学业负担给出了多重定义,这些定义都从某一层面或在某种程度上揭示了学业负担的所指与边界,但正是由于这种众说纷纭,使得化解学业负担的努力陷入模糊的逻辑之中。因此,在文献梳理的基础上,理清已有对于学业负担的定义,进而基于本研究的框架重新定义学业负担,这是我们的基本认识。

　　已有关于学业负担的界定主要有三种代表性的观点:一种观点认为学业负担是一种主观感受。由于不同学生个体在学习能力、压力承受能力等方面的差异,其所体验和感受到的学业负担是不同的。第二种观点认为学业负担是一种客观存在。作为客观存在的学业负担,并不针对某个具体的承担者,它是教育实施者(如学校)施加到学生身上统一的可以量化的客观物,如规定的学习科目、上课时间、作业及考试等。也就是说,学业负担是学生个体之所以成为学生之必然担负。第三种观点认为学业负担既是一种客观存在,也是一种主观感受。学业负担的客观属性就是面对全体学生,不因个体差异而变;学业负担的主观属性就是面对同样的负担,不同学生的身心觉知是有差异的。[①]

[①]艾兴.中小学生学业负担:概念、归因与对策——基于当前基础教育课程改革的背景[J].西南大学学报
　(社会科学版),2015(4):93—97.

上述三种代表性的定义,是学界对于学业负担的整体认知,也确立了学业负担定义的整体框架。然而,学业负担这一问题不是现在才有,这也就意味着其不仅应有本体性定义,还应该有发展性定义。结合到本研究,就是要厘清新课程改革以来学业负担的内涵与外延,这是我们探讨新课改背景下学业负担问题的逻辑起点。基于这样的思考,我们从对"学业"和"负担"这两个核心要素深入分析的基础上,重新定义学业负担。对于中小学生而言,学业其实指他们的学习。需要说明的是,这里的学习有可能发生在学校之外,但它不包括由学校主体之外的社会教育机构,中小学生家长及学生自身对学校教育目标之外的学习行为,如中小学生参加的各类辅导班、特长班等方面的学习。负担,它指的是人们在达成目标、实现任务、履行责任的过程中必然产生的承载和消耗。就中小学生来讲,负担是在学习时间、学习数量、学习精力、情感投入以及压力感受的交织与相互作用过程中的学生对学业的承载和消耗的体验。这与学校的教育目标、学习任务、学习难度、学习时间等客观因素直接相关,同时也与中小学生对学校教育目标、任务和责任的价值判断,自身的素质,学习动机及学习能力等主观因素有紧密关系。

根据以上对"学业"和"负担"这两个基本概念的分析,我们定义"中小学生学业负担"为:中小学生在承担学校教育的学习任务、达成学校教育目标的过程中所承载的生命消耗及承载个体对这种消耗的认知和感受。这一定义的内涵表现在以下两个方面:在客观层面,学业负担是中小学生达成学校教育目标所要承担的学习任务及由此带来的生命消耗。学习任务是中小学生在学校实现教育和培养目标的前提条件,学习任务主要表现为中小学生在学校学习中需要完成的学习课程,需要完成的课程作业、测评,需要达成的学习目标等。在主观层面,中小学生在承载学习任务达成教育目标的过程中对其时间消耗和身心投入会产生一定的主观体验。这种主观体验和学校学习任务对学生而言的难度、学生投入学习的时间和心力的程度有关,也和学生的学习意愿、学习能力尤其是他们的学习效果密不可分。

据上而言,学业负担概念的这一界定体现出两层意思[1]:首先,学业负担是一种客观存在。有学习就必然会有学习任务的承载和学习时间、个体精力的消耗。因此,对中小学生而言,只要在学校开展学习,学习个体就会有学业负担。其次,学业负担也是一种主观体验。不同的学习个体因为对学习任务的主观认识、价值判断不同,及受自身素质、学习能力、学习效果等因素的影响,对学业负担的认识和感受具有鲜明的个性差异。

从认知和感受角度而言,个体对学业负担的认识最终落脚于个体的主观体验。因此,对学业负担的认识需要观照到中小学生的个体差异。

根据前面有关学业负担的概念界定和内涵分析,结合教育部对中小学生学业负担状况的评价指标框架,我们认为,对中小学学业负担的认识,既包括了对学校层面有关上课时间、作业时间、课程教学、考试、测验等客观因素的测量和评价,也包括了中小学生个体对学习任务、学习难易程度,对学习的自我效能感等方面的主观体验和个人感受。

客观层面学业负担的认识主要包括对中小学生学习时间和任务量的测量。学习时间包括学生在校学习的统一时间,也包括中小学生在学校外,完成学习任务达成学校教育目标的必要时间。学习任务指的是中小学生在学校需要学习的各类课程,需要参加的各种教学活动及这些课程、活动所需要完成的作业、测验和考试等。

[1] 艾兴.中小学生学业负担:概念、归因与对策——基于当前基础教育课程改革的背景[J].西南大学学报(社会科学版),2015(4):93—97.

相比而言,主观层面学业负担的分析和判断要复杂得多,个体对学习时间长短的认知,任务难易程度的判断等,都受到中小学生个体的学习意愿、学习能力、学习效果等因素的影响。如何开发一定的评价工具和分析模型对主观层面的学业负担进行评估和分析,是当前学业负担研究的一个难点。

实际上,中小学生的学业负担和客观层面的学习时间和任务量成正比关系,一般而言,学习时间越长,任务越重,中小学生的学习负担就越大。但与此同时,学习时间和任务量并不直接决定中小学生对学习负担的主观感受——同样的学习时间和任务量,不同的学习个体受到自身因素的影响,其产生的学业负担感受可能并不一致。一般而言,学习能力越强,学习效果越好,学生感受到的学习压力越小。

由此可见,中小学生学业负担反映了学校内外、主客体、主客观的各种因素交互作用而形成的一种复杂关系。对中小学生学业负担的认识,既要从整体上、宏观上把握国家、社会、学校层面对中小学生在教育目标、学习任务上的具体要求,又要从个体上、微观上深入了解中小学生的价值观念、学习效果,将两者进行有机结合,联动分析。有学者认为学业负担不是一个简单的教育问题,而是一个具有多元主体和多重逻辑的复杂问题,因此必须运用复杂的思维去驾驭它,以整体的、辩证的、发展的眼光去解析学业负担的内涵与构成。①

二、学业负担与教学效能的关系

通过对相关文献的梳理,我们总结出了学业负担与教学效能的三重关系:第一,学业负担内涵与教学效能的本真的"唇齿相依":教学效能的本真在于使学生能在身心承受的合理范围之内进行有效学习,如若超过这种可承受范围,既造成了学生的负担,也背离了教学效能的本真。因此,学业负担的内涵与教学效能的本真是"唇齿相依"的,这是应然的思考向度。第二,学业负担归因与教学效能价值的"不谋而合":就学生学业负担问题本身而言,学校层面的原因自然是举足轻重的,而教师教学又是学校工作的重中之重,教师怎样教很大程度上决定了学生的负担状况。换句话说,虽然对学业负担有多重归因,但众多因素中,关键因素是教师的教学效能。一言以蔽之,学业负担的归因与教学效能的价值是"不谋而合"的,这为解决学业负担而研究教学效能提供了一种学理依据,需要全面透视教学效能的哪些要素对学业负担有深刻影响。第三,学业负担解决与教学效能目标的"殊途同归":欲解决学生学业负担问题,无论什么对策都离不开教学这一主渠道,自然也都需要从教学效能上下功夫:教师既可以成为学生乐学、好学、会学的引路人,也可成为学生苦学、厌学、误学的"导火线",这说明教师及其教学效能在学业负担的生成过程中扮演着举足轻重的角色,学业负担的解决与教学效能的目标实质上是"殊途同归"的。因而,探寻解决学业负担问题的教师教学效能逻辑,是根治这一"顽疾"的可行路径。

这表明,学业负担与教学效能有着密切的内在关系,理清这种关系的表现样态及其生成逻辑,是我们基于二者关系找寻学业负担化解之道的必然之思。实际上,学业负担的内涵研究揭示出了其具有的主客二分属性,而其归因与解决对策的探讨更加明晰了其与教学效能的必然关联。基于此,我们认为,对于学业负担本身和其形成机制的探讨以及其治理之道的探

---

① 梁倩,等.多重制度逻辑下的课业负担问题治理[J].教育发展研究,2013(6):36—40.

索都离不开对教学效能的观照。着眼于教学效能的视点,重新理解学业负担,发现其与教学效能存在主观、客观和主客互动三个层面的关系。正因此,找寻学业负担问题的突围之路,关键在于从深层次上探寻学业负担与教学效能关系的生成逻辑。①

(一)学业负担主观判断与教学效能主体理解的体认内化

学业负担是学生主体对学业客体的主观感受和体验,而教师主体对其教学效能的认知深刻影响学生的这种感受和体验。因此,从主观生成这一属性来看,我们对于学业负担本身的认识、学业负担的影响因素、学业负担的表征等等都是主观判断的结果,自然带有主体性;从教师教学效能的主观表征来看,其教学认知、教学情绪和教学期望等也是受制于主观判断的。就此而言,学业负担的主观生成与教学效能的主观表征必将深刻影响学生学业负担的主观判断。在这里,教师的自我认知将是一个重要的前提因素,而这又是一个包含多重要素的复杂问题:从宏观上讲,包含着教师的教育哲学,即教师如何看待教育及其对学生发展的价值与作用;从中观上讲,包含着教师的个体认知,即教师如何看待自己所从事的职业,如何理解自己的情绪、期望等对于学生发展将产生的影响及其这种影响的可能限度;从微观上讲,包含着教师的教学理解,即教师怎样看待教学之于不同学生成长发展的意义以及如何让这种意义朝着更合乎每一个学生成长方向发展等。如此,以教育哲学——个体认知——教学理解为关键刻度,将形成内化于教师内心深处的教育教学观并将或隐或显地影响其教育教学实践。由此论之,教师的自我认知在学生学习过程中的作用不容小觑,我们首先应该要认识到教师对于学生学业指引作用的发挥逻辑。从当前我们对于学生学业负担的内涵剖析及其成因分析来看,无论是在教育哲学还是个体认知抑或是教学理解上,都存在明显的差别,比如有教师认为教育是培养祖国未来建设者和接班人的最重要途径,教育的质量决定国家的前途命运,从而以一种崇高使命感进行教育教学;也有教师认为自己将对学生未来发展起到重要指引作用,学生成长成才离不开教师指导,从而以研究的态度进行教育教学;还有教师认为自己要真正有效地"传道、授业、解惑",脚踏实地为学生学习发展助一臂之力。这样的教师具有强烈的使命感和责任感,也具有较高的自我效能感,当然不会成为学生学业负担的羁绊。与此相反的是,有的教师由于对教育的理解还不到位,对自我定位也欠妥,对自己的教育教学工作也是将就而为,如此,也就不会意识到、更不会去反思自己已然成了学生学业负担的重要因素。据此,我们认为,学生学业负担的主观生成深受教师教学效能主观表征的影响,这是学业负担主观判断的体认内化之果。教师到底是成为学生学业负担的铸造者还是消解者,取决于其教育哲学、个体认知和教学理解,而其教学认识、教学情绪和教学期望将是最直接的作用因素。

(二)学业负担客观表征与教学效能客观表现的运行轨迹

合理的学业负担在学生学习过程中是必然存在的,教师教学效能的客观表现将直接影响这种负担是否在合理的限度内。因此,从客观存在这一属性来看,学生作为学习科学文化知识和人类文明成果的主体,一定的学业负担是必要的也是必然的;从教师教学效能的客观表

---

① 靳玉乐,张铭凯.探寻学业负担与教学效能的关系——基于新世纪以来文献的分析[J].课程·教材·教法,2015(5):3—11.

现来看,其教学能力、教学策略、教学业绩和教学环境等,是学生学业负担的客观变量。诚然,学生的学习是必须要耗费一定的时间、投入一定的精力,可能还有一定的心理压力的,这些使得学生学业负担有着必然的、客观的一面。而在一定场域、一定时间、一定条件、一定环境内的教师,其教学能力、教学策略、教学业绩和教学环境等也具有相对客观性。虽然基于教学能力强、教学策略选择恰当、教学环境适宜、教学业绩突出等要素的教学成效可能更高,学生的学业负担可能更轻,但是特定时空不可能实现每一个教师教学效能的集体跃升,因而也就使得提高教学效能成为解决学业负担问题的路径之一。在已有的研究中,由于少有对学业负担和教学效能客观属性的探讨,归因与对策也就没有从教学效能的客观表征中进行深究,因而在学业负担问题的解决路途中,教学效能的价值式微甚至被遮蔽。观照当前解决学业负担问题的教学效能逻辑,由于对学业负担和教学效能的客观性考虑不足,加之对学业负担客观表征何以呈现的探讨的缺失,导致了教学中的一些异化和扭曲现象,这已经大大远离甚至背离了教学的本真意蕴。具体表现为,教学目的观的"失准"、教学实施观的"失当"、教学关系观的"失真"、教学评价观的"失范"等等,已经绑架并挟持着教学在一条险象丛生的道路上步履维艰地前行着。而这些,无形中铸成并加剧了学生的学业负担。我们认为,教师的教学价值观、教学目的观、教学关系观、教学评价观等都统摄于教师的教学哲学,而教师的教学能力、教学策略、教学业绩和教学环境都是其教学哲学落地生根的必然支点。从这个意义上讲,只有依托教师教学效能客观表征四个方面的改善,才有助于确立正确的教师教学哲学,也才可能塑造教师正确的教学信念体系,而这不仅有助于现今学业负担问题的解决,也将从根本上保障学生的学业是在寓教于乐、寓学于乐的过程中处于合理的负担限度内。

(三)学业负担与教学效能主客互动的相互作用图式

已有相关文献清楚地表明,学生学业负担的最终形成是主客交互作用的结果,学业负担的主客二重属性和教学效能的主客两层表征缔结了学业负担与教学效能的"关系网"。通过对学业负担已有研究的总结梳理,我们分析得出了学业负担的生成机理:学校教育追求的异化——教师认知的失范——教学实践的迷失,此三者相互牵引拉扯,进而结成了学业负担问题牢不可破之网。基于此,从学业负担的主客二重属性和教学效能的主客两层表征反推学业负担问题的突围之路,在于以其交互作用为突破点,重点着眼于学业负担生成的教学效能根源和学业负担问题解决的教学效能作为,旨在重返教学促进学生健康良好发展的理性之道,规范教师作为学生学习最重要指引的认知和重塑学校教育对于学生作为"全人"发展的本真追求。正是出于这样的考虑,我们反复思考并多次研讨论证,提出学生学业负担问题解决的教师教学效能向度,这包括主客观两大层面:主观层面包括教学认知、教学情绪和教学期望;客观层面包括教学能力、教学策略、教学业绩和教学环境。这两个层面七大要素相互作用,彼此相连,共同形成教学效能"环式结构",将学业负担紧紧包围、合力击破。将这七大要素共冶一炉,成为解决学业负担问题源源不断的动力源,而这一动力机制的运行也有着严密的逻辑:具体来讲,主观层面的教学认知、教学情绪和教学期望共同形成并作用于教师教学哲学,构成学业负担问题解决的原动力;客观层面的教学能力、教学策略、教学业绩和教学环境共同形成并作用于教师教学效能感,构成学业负担问题解决的过程动力。原动力与过程动力相依相促,符合解决学业负担问题的复杂性要求,也保证了解决学业负担问题不会因动力不足甚至枯竭而浅尝辄止。

综上所论，从对学业负担问题的已有研究中找寻研究的突围之路，关键在于探明学业负担与教学效能的内在关系，即从主观层面探究学业负担主观判断与教学效能主体理解的体认内化；从客观层面理清学业负担客观表征与教学效能客观表现的运行轨迹；从交互层面明确学业负担与教学效能主客互动的相互作用图式。以此，探索解决学业负担问题的教学效能之道既符合学业负担的生成逻辑，也符合教学效能的本真追求。

三、学业负担与学习效能的关系

通过对已有相关研究文献的回顾，从学习效能的视角窥视学业负担问题，发现学业负担问题的内涵、归因和对策的相关研究与学习效能的本真、价值和目标有着紧密的内在逻辑关系，这成为我们深入剖析两者关系的学理基础，更是探寻以学习效能优化为逻辑起点解决学业负担问题的学理基础。第一，在内涵探讨层面，我们发现，失衡的学业负担给学生带来生理和心理双重负担，生理负担表现为外在客观的学习时间过长、任务量过大或任务难度过甚；心理负担是由外在的生理负担造成的内隐性心理创伤和精神极度危机，这无疑与学习效能的本真背道而驰，学习效能优化的宗旨在于合理调控学习目标、期望和态度，改善学习策略、认知能力和学习品质，正向驱动学习效果。从这个角度而言，基于学生的学习效能理性审思学生学业负担过重问题应是基本的逻辑起点，而优化学生学业负担以学生学习效能为重要着眼点是可行之道。第二，在归因分析层面，学业负担问题的形成是各类因素交互共振的结果，但其中学生自身因素是最直接、最关键的因素所在，而在学生自身因素中的学业负担因素更是重中之重。学业负担的产生和量度都与学习者本身的主观感知密切相关，是基于自身的心理素质、学习能力和学习品质对其学习状况的主观体验，从这一角度上说，学生对学业负担的主观感知与其对自身个体学习效能感的自我认知是相互契合的。第三，在对策探寻层面，大部分研究在策略提出时都意识到，学业负担是在学生学习过程中产生的，作为学习的主体，应对学业负担问题的优化起着举足轻重的作用，部分研究更进一步关照了学生学习过程中的学习兴趣、学习策略、学习态度等因素的作用。这说明，研究者们已经普遍认识到学习者本身在学业负担问题解决中的重要价值，而学习效能的提高又是解决该问题的重要途径。然而，学习效能中哪些具体成分对学业负担影响最大，究竟从学习效能出发建立怎样的学业负担优化路径等相关问题的深入研究，为我们走出学业负担问题这一"暗室"打开了一扇窗。实际上，我们认为，不合理的学业负担会扼杀学生的学习兴趣和创造力、损害学生身心健康、阻碍教育质量提升，更为重要的是会遮蔽教育本体功能和社会功能的有效发挥。然而，中国几十年减负历程都将视野定格在"外围"，进而在不断放大了的外因中"打转"，以致忽视甚至漠视了学生个体的本体因素对自身学业负担的客观担当。从内生归因的角度审视，学生学业负担来源于个体学习方式、学习性向和学习效能的差异。因此，解决学生学业负担过重问题需要观照学生本体并着眼于学习本身，在寻觅优化学业负担的学习效能机理的同时找到学业负担问题治理的"内发式"突围之路。实际上，学生对学业负担的主体感知和客观担当是厘清学业负担与学习效能之间逻辑关系的重要因子，因此，探寻学业负担的学习效能机理关键在于辨明学业负担与学习效能的关系。从主客二分及其主客互动的角度加以审视，可发现学业负担与学习效能之间存在着三种关系。①

---

① 罗生全.学业负担与学习效能的关系及优化[J].中国教育学刊,2015(8):40—44.

（一）学业负担主观感知与学习效能自我认知的契合

学业负担是学生在学习过程中产生的生理和心理双重负担：生理负担表现为外在客观的学习时间过长、任务量过大或任务难度过甚；心理负担是由外在的生理负担造成的内隐性心理创伤和精神极度危机，无论生理负担抑或心理负担都是学生作为学业主体基于自身的承受能力、认知能力、学习习惯和学习品质对其学习状况的主观感知。学习过程必然伴随不同主体对学业负担的不同感受和体验，如人饮水，冷暖自知。从这个意义上讲，学生对学业负担的主观感知与其对自身个体学习效能感的自我认知是相契合的，学习效能感强则感知到的学业负担在合理范围之类，反之则感觉学业负担过重，如此形成了学业负担与个体学习效能感的相依相促。客观地讲，学习本身就是一个苦乐兼备的旅程，而趋利避害、趋乐避苦是人的本性，那种只想通过快乐的学习活动转化、内化知识的观点和企图将学习活动从负担转化为纯粹的一种需要的观点，是一种试图消灭学业负担的空想，正所谓体验是主观的，消耗（时间、生理、心理）是客观的。[①] 实际上，如若忽略学生对自身学业负担的主观感知及其与自我学习效能感的这种契合，我们所能消灭的无疑只是学业负担的外在躯壳，这种优化学业负担的实践也只会陷入穷途末路的绝境。

（二）学业负担主体担当与学习效能客观存在的统一

从学生学业负担的学校生成机制看，其是学生学习效能、教师教学效能以及学校领导效能共同作用的结果，虽然学生的学习体现为教师主导下学生的主体性活动，学生的学习离不开传统意义上教师对整个教学活动的主导作用，但学生的学习效能才是其中最为关键、直接和核心的要素，因为，学习这一"事件"最终是学生亲历着的，必要的负担是学生学习科学文化知识和成长成才所必需的。从这个角度而言，基于学生的学习效能理性审思学生学业负担过重问题应是基本的逻辑起点，而优化学生学业负担就要以学生学习效能为重要着眼点，深入挖掘优化学习效能的理论意义和实践价值，确立解决学业负担问题的学习效能理路。此外，学业负担是绝对与相对的统一。学业负担的客观存在是绝对的，只要有学习就必然有负担，学生成长需要合理的学业负担。然而，学业负担又是相对性的存在，其本身就具有主体差异性、情景具体性和难以测量性，对待学业负担问题不能一概而论，应该根据具体情境、时间、科目和承受主体等的不同而做具体分析。正如某学者指出，学业负担是不断变化、不可测量、不确定的，是学习者个体对学习活动量的主观感受，而每个学习者是具体的、有差异的，所以他们不可能有相同的学业负担或相同的负担承受能力。[②] 这说明学业负担客观担当的效能理路指在承认学业负担客观性的基础上，动态性、情境性、个体性地把握其关系。

（三）学业负担与学习效能主客统一的作用图式

由上论之，学生既是学业负担的承受主体，也是学业负担产生的直接根源。由于学生在学习方式、学习性向和学习效能等方面具有差异，因此学业负担因人而异。例如，在同一个班

---

① 肖建彬.学习负担：涵义、类型及合理性原理[J].教育研究,2001(5):53-55.
② 王安全.论学生学业负担过重的不确定性[J].内蒙古师范大学学报（教育科学版）,2006(8):24-26.

集体中,同一个教师用相同的教学方式和教学进度教授同样的教学内容,有的学生学得快,有的学生学得慢,而学得慢的学生必然要承受随之而来的学业压力和负担。因此,学生的学习方式、学习习惯和学习能力等的差异是学习效能和学业成绩异质的重要原因。要解决学生学业负担过重问题需要以学生自身的学习效能为动力和源泉,厘清学业负担与学习效能之间的逻辑关联,寻觅学业负担问题的学习效能归因。优化学生学业负担与提升学生学习效能在学理逻辑和实践操作上都具有内在一致性。学生的学习效能能集中反应于学生个体在学习过程的主体认知和外化表征以及二者的交互印证之中,其中,主体认知是指学生对自己在学习过程中学习态度、学习动机及学习期望等学习品质的觉察和体认,这是影响学习心境和学习意志的重要因素;外化表征是指学习能力、学习策略和学业成就在学习场域的综合体现。因此,优化学业负担的实质意义就在于提高学习者在学习过程中的主体认知能力以及学习者自觉承担自身学业负担责任的魄力和勇气。

就上而论,学生对学业负担有主观感知的体验和客观担当的责任,其学习效能是学业负担产生的内发因素。基于此,明晰学业负担主观感知与学习效能自我认知的契合、学业负担主体担当与学习效能客观存在的统一以及学业负担与学习效能主客统一的作用图式此三重关系,这既是学业负担与学习效能的逻辑关系所在,也是基于学习效能探寻学业负担优化之道的逻辑起点。

第二章

学业负担的水平及特征

学业负担的水平及特征,本是学业负担问题域中的一大核心问题,应该在理论探究和"减负"实践中得到足够的重视。然而长期以来,无论是在社会大众的印象中,还是在专家学者的讨论中,学业负担的水平与特征似乎"不成问题"——学生学业负担普遍过重,成为大家不辩自明的共识,而学生学业负担的种种特征表现,也被视为显露无遗、俯拾皆是的现象。但事实并非如此,学生学业负担的实际水平及特征要比人们想象中的更加复杂隐晦,大多数人对其的认知其实一直是笼统、表层甚至片面的,而这直接制约了人们对学业负担问题其他层面的理解与把握,并进而影响到学业负担问题解决的整体进度与效果。无论从事实角度还是价值角度来看,学业负担的水平与特征这一问题在当前都值得深究。有鉴于此,我们认为亟须对其进行更加深入、有效的科学研究,以促成对其全面、深刻的揭示。

一、研究设计

(一)研究假设、目标与内容

1.研究假设的确立

研究假设是在研究之前对研究问题的规律或原因所做出的一种推测性论断和假定性解释,[1]对其的明晰与确立是教育研究的核心环节。特别是对于实证研究,其更是一项前提性工作。在研究过程中,研究假设将起到纲领性作用,规定着研究的内容与方向,影响到研究方法与工具的选择,乃至制约着研究结果的实现。对于学业负担的水平与特征,我们所持的基本假设关涉到两方面,一是源自学业负担的本质,二是源自学业负担的特性。这一内容在前文中有过部分论述,在此对其进一步地细化和明确。

依据第一章中我们对学业负担的定义,关于学业负担的本质,我们认同这样的观点:学业负担是客观学习任务与学生主观感受的统一。但在研究过程中,我们也持有一基本倾向,即更加关注和重视学业负担的主观层面。我们认为,尽管学习任务是学生学业负担的客观诱因与基础,没有学习任务的刺激与施压,学生便不会有所谓的学业负担产生,但在测量学生学业负担的程度或水平时,却不能仅以任务量的多少作为度量标准。因为面对同样的学习任务,不同学生会有着不同的负担感受,过轻、过重或适中都有可能。用学习时间、学习科目、作业

---

① 裴娣娜.教育研究方法导论[M].合肥:安徽教育出版社,2002:104.

量或考试次数等客观指标来衡量学业负担的实际程度，只能反映出一些表层现象，而不能揭示出内在真相及规律。实际上，将客观学习任务作为学业负担的度量标准，最终只会得出要减轻学习任务（或时间）的简单结论，而这便是以往许多"减负"研究的普遍误区，也是"减负"实践效果不力的根源所在。基于此，我们秉持的第一个基本假设为：在测量学业负担水平时，应该把学生的学习状态与主观感受作为主要度量标准，而把客观的学习任务作为辅助指标。

在重新界定与理解学业负担本质的基础上，结合已有的相关研究，我们对于学生学业负担的特性也有几点构想：首先，学业负担的水平与表征具有阶段化的特性，即同一学段学生的学业负担表现出一定程度的同质性，而不同学段学生的学业负担则会表现出明显的差异性。这一特征的出现是由学校教育的阶段性和学生身心发展的阶段性共同决定的。在探索学生学业负担各种水平与表征时，必须要对具体学段加以明确与区分，而不能笼统论之。在本研究中，我们便是严格地遵照小学、初中和高中的学段之分，对学生学业负担问题进行具体分析和论证。其次，学生学业负担呈现出层次化差异的特征。基于对学业负担现状的了解，我们认为，"学生的学业负担普遍过重"含有臆断成分，并非基本事实。"不是所有学生的所有方面的学业负担都过重，存在着负的性质、结构、规模、主体承受力、区域和学校特点、学段年级和课程门类等方面的差异。"[1]特别是当我们聚焦于学业负担的主观层面之时，不同学生之间的差异就可能更加多样与显著。不过，尽管个体之间差异是绝对的、不规则的，但若将这种差异置于整个学生群体来看，其就表现出层次化的特征。不同类型的学生学业负担的性质、水平与表征都可能会出现层次化的差异。这一特性能够为我们带来的启示就是：基于某种科学标准，通过采用有效的技术手段与工具，对学生群体进行分类，就可能探寻到学业负担的不同类型或水平。另外，学业负担水平具有结构化的特性。在学业负担的每一水平上，各种表征也即学生的各种主观感受之间并非杂乱无序，而是存有内在关联、彼此影响，共同呈现出一定的结构或模式。若承认学业负担水平具有内在特性或规律，那便是指这一内在结构。对学业负担每一水平的分析，其目的也在于通过透视各种外在表征，达成对其内在结构的揭示。

2.研究的目标与内容

依照本课题研究的总体目的，基于上文所述的研究假设，此部分的研究目标与内容主要包括两方面，其一是分析与刻画学生学业负担的不同水平，其二是总结与描绘学生学业负担的整体现状。

首先，在学业负担问题域中，对学业负担水平的分析与刻画是一个基础性问题。区分与辨别学生学业负担的不同水平，及确认与刻画不同水平上的特征表现，是解决学业负担其他层面问题的前提。在这一问题上的理解与探索程度，影响并决定着整体学业负担问题解决的进度与成败。因此，无论是在理论探究中，还是在具体实践中，都需要首先着力于此问题上。而就问题性质而言，学业负担的水平分析又是一个事实性问题。众所周知，若想达成对事实的准确判断，严谨的态度、客观的立场和科学的方法均是不可缺少的。然而长期以来，社会大众乃至不少学界同仁对于此问题的探讨，大多为依赖主观经验的感性判断，而较少有基于客观实证的理智辨认。对学业负担水平的区分，即学业负担究竟有几种水平、每种水平的特征如何等问题，人们或由于潜在预设而对其无意识地规避，或由于方法所限而"浅尝辄止"，从而

---

[1]刘合荣.学业负担问题缓解——课堂内外的探索与行动[M].武汉:华中科技大学出版社,2010:36—37.

导致此问题在实质上一直悬而未决。因此,本研究力图基于实证分析而对其进行更深层次的尝试,以期对学业负担问题的深化解决做出一定贡献。

其次,对学业负担整体现状的客观总结与描绘,也是解决学业负担问题的重要层面。在理论探究中,为了更加透彻地理解学业负担问题的本质,我们需要从微观入手,剥去表层因素,直指和侧重于学业负担的个体层面,但在"减负"实践中,我们则必须兼顾到其他层面因素,对学业负担问题进行全息透视,方能找寻到有效的、具备可操作性的应对之策。因此,对学业负担在教育系统内的现状描绘就显得十分必要。勾勒学生学业负担的总体轮廓,比较不同性别、不同区域、不同学校和不同年级学生学业负担的细节差异,不仅能帮助人们深化对学业负担问题的理解与认识,也能为教育政策的制定、减负举措的实施提供有价值的参考意见,本研究即致力于此。

（二）研究思路与方法

相较于以往关于学业负担问题的研究,本研究在研究思路上有了新的转向,主要表现为研究切入点的转移以及研究取向的改变,同时在研究方法上有了新趋向与突破,主要表现为定性分析视角的微观深入以及数据分析方法上的创新。

1.研究思路的转向

对于同样的研究问题,不同的研究思路可能导向不同的研究结论,进而产生不同的对策与方法。因此,为了探求解决学业负担问题的新"良药",本研究在评判与反思已有研究成果的基础上,对研究思路进行了重新厘定。

(1)已有研究思路简评

在学界讨论中,学业负担问题已被视为个体问题、教育问题和社会问题的集合体,兼具个体性、教育性与社会性三种属性。基于这三种属性,大致形成了三种不同的研究取向,为不同的研究者所采用,其分别为心理学取向(之于个体性)、教育学取向(之于教育性)和社会学取向(之于社会性)。

持心理学取向的研究者强调学生学业负担中的生理及心理层面,较多着眼于探究学生个体产生学业负担的心理机制,论证个体的各种智力因素与非智力因素在此机制中所起的作用,从而在此基础上提出学业负担问题的解决策略。在此思路下,个体的认知风格、态度动机、自我概念、心理阈限、情绪调控以及行为习惯等心理因素被视为学生学业负担产生或增减的重要原因。持教育学取向的研究者一般将学业负担问题置于当前的学校教育现实,通过对课程难度、学习任务量、教学方式、考试评价、教育制度、教育政策及教育观念等相关教育因素的考查,来分析学业负担的内容、表征形式、归因及作用过程。基于此种研究思路而得出的结论成为国家颁布"减负"政策的主要依据,也成为地方和学校"减负"努力的方向与着力点。而持社会学取向的研究者则主张要立于更宏观的社会层面来看待学业负担问题。此种取向的研究思路一般为从历时和共时两大角度对学业负担问题的本质与特征、产生及发展进行全方位的透视。在历时态层面,研究者通过回溯学业负担问题在不同时期的内涵与表征,梳理我国在减负历程中的众多措施与努力,从而揭示其中的普遍性与差异性,总结相应的经验与教训,为当前乃至以后的"减负"实践提供参照与帮助。在共时态层面,研究者基于当前的国情社情,从经济利益、社会心理、文化传统等不同视角对学业负担问题进行横向剖析,力图探寻出学业负担问题的社会根源及形成机理,从而加深对学业负担问题本质的理解与把握。

上述的三种研究取向及思路对学业负担问题都具有不同程度的解释意义和价值,但同时也皆表现出各自的不足:心理学取向研究虽然能够对学业负担的心理机制给予较为科学的实证分析,但由于方法所限——为了追求所谓的精确性而必须严格控制各种因素,复杂的教育教学情境被简化为心理变量的组合,许多重要的教育因素遭到忽视或遗漏,所证得的"实验室"结论无法在"减负"实践中得到充分利用;教育学取向研究虽然可以基于教育现实提出较为实际的"减负"方略,但囿于教育学取向的狭窄视域,这些方略的科学性及实效性尚显有限,实践中经常会导致"为减负而减负"的无奈之举;社会学取向研究虽然能够拓宽人们理解学业负担问题的视域,但其过于关注与强调教育系统之外的宏观社会因素,所提出的"减负"策略与方法也多为求助于社会层面的改变。然而,社会层面的改变往往是缓慢而又曲折的,将学业负担问题的解决寄托于此,注定不会有大的成效。

同时,如果对三种取向研究的具体内容加以整理与归类的话,我们还会发现,它们均未真正涉及学业负担问题的一个重要层面,即学业负担的不同水平及相应表征。究其原因,一方面可能是由于不少研究者已经对"学业负担过重"这一伪事实深信不疑,认为没有必要再去探讨学业负担的具体水平与表征,另一方面则可能是因为任何单一取向的研究根本无力解决"学业负担的水平与表征"这一难题,从而使有此意向的研究者"望而却步"。从现实来看,后一原因无疑是更主要的。

(2)研究思路的重新厘定

单一取向的研究思路对于学业负担问题的解决已经"有心无力"。因此,不少研究者尝试要将三种取向进行综合运用,从而确立新的研究思路,力图达成对学业负担问题的全面破解。但通过对已有此类研究的整理,笔者发现,这些新的努力并没有达到我们所预期的研究效果。究其原因,这三种研究取向在基本立场、关注焦点、研究目标与方法上都有所不同,生硬地将三种取向绑到一起,并不能给我们带来任何新的发现,三种取向的"各自为政"反而会导致自相矛盾的研究结论。当然,要做到多种取向并行,也并非决然不可。三种取向的划分,不过是不同研究者的研究习惯使然,他们之间的区别并非逻辑层面上的绝对互斥。不同取向之间的融合,关键在于要找到一个合适的切入点。这个切入点必须是影响学业负担问题的关键因素,并能够为不同研究取向提供"各显神通"的平台。

对切入点的重新寻找,必须回返到学业负担问题产生及活动的各种场域之中。学业负担问题的三种属性对应着三个不同层次的场域,即微观层面的教学场域、中观层面的教育场域和宏观层面的社会场域。在不同的场域之中,学业负担问题会以不同的样态、结构、规模及发展形式存在着,相应的合适的切入点自然也就不同。就本研究而言,我们聚焦在微观层面的教学场域,所找寻到的切入点是教学实践中的"效能"——教学效能和学习效能。

将"效能"作为切入点的构思与设想,首先源自我们对教学效能、学习效能和学业负担之间关系的认识。我们认为,"效能"和"负担"是教与学活动中必须予以同等、同时重视的两种维度。"负担"因追求"效能"而产生,它与"效能"的关系就如同"投入"与"产出"的关系。"效能"是产出,是评判学生投入即学业负担的价值标准,学业负担之于学生的积极或消极影响应该基于最终的"效能"来衡量,只有结合教学实践中所产出的实际"效能","学业负担"这一中性词汇才能被赋予价值色彩。同时,效能也是诊断与区分学业负担不同水平的参照系,界定学业负担水平的轻、重或合理都应以"效能"为尺度。以往仅凭客观的任务量来界定学业负担轻重的做法不仅在理论层面难以自立,在实践中也是屡遭质疑。而透过"效能"之眼,对"负担"与"效能"进行综合权衡,学生学业负担水平的轻、重抑或合理便可得以洞悉。

其次,从"效能"切入来分析学业负担问题,也有其理论与方法上的优越之处。因为关于"效能"的研究,在心理学中已经形成了一些比较成熟的理论与方法,同时对教学效能与学习效能的探讨,在教育学界也已经掀起浪潮。这样在研究过程中,我们便可以融合教育学和心理学两种取向,既能适当地采用心理学的相关理论与方法,又能从教育学视角对庞杂的教育因素予以全面关照,从而对"效能""负担"以及二者之间的关系进行重新解读。因此,将"效能"作为切入点,为我们探究"学业负担的水平与特征"这一难题不仅提供了理论基础上的支撑,也启发了实践方法上的改进。

具体说来,对学业负担水平与特征的探究,大致遵循着以下技术路线:首先,通过梳理、分析和评议已有的相关研究,我们对学业负担的本质进行了重新界定,更加强调学业负担的个体层面与主观层面,将学生的学习状态与主观感受作为学业负担水平的主要度量标准;其次,通过综合运用教育学与心理学的视角,我们对学业负担的构成要素进行了新的解读,将学生的学业负担进一步细化为学生在认知过程、学业情绪以及学习行为三个层面上的负担;接着,在前期定性分析的基础上,我们编制了学生学业负担的调查问卷,并在全国多个省市及地区进行发放,收集到了关于学生学业负担的大量数据;最后,通过借鉴与采用大数据的分析工具与方法,我们对所收集的数据进行相应的定量分析,从而去探寻学业负担的不同水平及表征。

2.研究方法的趋向

在研究方法上,本课题综合采用了定性研究和定量研究两种方法,其中定性研究部分涉及文献分析、访谈和观察等,定量研究部分主要为问卷调查。尽管就研究方法本身,对比以往研究,本研究并没有大的改变,但在方法的实际运用上却有了新的趋向与突破。

(1)定性研究:感性让位于理性,宏观让位于微观

对于学业负担问题的态度与理解,无论是官方文件,还是民间舆论,乃至学界讨论,最初大多属于感性的判断,较少有理性的分析。学业负担问题在各方因素的催化之下不断发酵与膨胀,使得人们对其的认知变得盲目、随意和不耐烦。人们多是有感于"学生负担过重"现实的严重性与迫切性,在未经过严谨的逻辑求证之下,便对学业负担问题进行了感性、直观的定性,并纷纷呼吁要求减轻学生的学业负担,敦促教育系统做出相应的改变。我们知道,单凭感性经验与直觉,人的认知往往会走入误区。这一时期由于人们过于关注和强调学业负担的表层"负面"特质,对于学业负担的本质、归因、类别与水平等基本问题缺乏深入、客观的认识,最终所提出的策略也多为宏观的教育政策或教育口号。这些感性、宏观的策略,要么由于缺乏操作性而在实际中搁浅,要么由于流于形式而对现实贡献甚微。更有甚者,一些策略由于考虑不周全而给教育系统带来负面影响。

当"减负"措施屡屡不奏效,教育质量也开始出现无法遏制的下滑趋势,人们才意识到学业负担问题的解决需要建立在更加理性、入微的思考与探索之上。在对学业负担问题的定性研究中,感性需要让位于理性,宏观需要让位于微观。本研究即朝此方向努力,具体做法有:①研究伊始,我们便将自己原有的关于学业负担的主观认识与判断悬置起来,不对"学业负担"做任何的价值预设,以中立的态度重新观察与思考学业负担现象。本研究认为,学业负担

现象在教育领域内是永恒的客观存在,归根到底,它反映的是学习投入与学习产出的矛盾与统一关系。同时,学业负担问题是不断发展与变化的,不存在一劳永逸的解决策略与方法。②在对学业负担的本质进行再界定时,本研究在承认客观学业负担(学习任务)的基础上,更加强调学业负担的主观层面——学生在学习中的主观体验与个人感受。③区别于以往对学业负担水平的单一判断,本研究认为学生学业负担存在着多种水平,每种水平都有着相应的内在结构与外在表征。根据学业负担不同水平与表征,我们可以为每类学生制定个性化的学业负担优化方案。④对于学业负担问题的解决,本研究摒弃了"减"这一单向、感性的思维模式,而采用"优化"的思维模式,试图通过调控学业负担的关联因素来促使学业负担合理化。

(2)定量研究:"用数据说话"走向"让数据发声"

鉴于以往学业负担定性研究中的"乱象丛生",不少研究者也开始尝试采用定量分析方法,主张"用数据说话",以期使学业负担研究走向具体与精确。但综观这些研究,无论是其定量研究方式,还是其数据分析方法,都存在着效用不足的问题。首先,以往的定量研究多为区域内小样本的调查研究,这种研究虽然易于操作与分析,也能得以发现一定的规律,但由于受小样本抽样中随机性与偶然性过大的影响,研究结论的精确度与适用范围都存在论证不够充分的嫌疑与缺陷。也正如有的研究者所说,"目前能散见在不同地区以小规模非长期的调研数据来呈现局部小众的样本情况,但是对于大面积、长期的'学生课业负担'却缺乏大型数据库来勾连这种'个人的困扰'与'公众议题',为恰当而不是陷入执行困境与怪圈的'减负'政策提供有价值而扎实的实证基础"。其次,以往定量研究所采用的数据分析方法多为浅层次的描述性统计,而缺乏对所得数据内部结构的深度分析,从而造成对数据的大量浪费,也失去了探寻其内部教育规律的良机。因此,对学业负担问题的定量研究,需要更大范围、更大样本的调查分析,也需要更加合适与有效的数据分析方法。

另外,实质上传统的"用数据说话"的定量研究方法,本身并不是如其使用者所宣称的那么客观。"用数据说话"仍暗含着研究者过多的主观预设与干预。因为在此模式下,收集到的各种数据很多时候仅被用来论证研究者的某一观点,过后便弃之不用,这样数据所蕴含的信息及其价值自始至终都被限定在研究者先入为主的构想之中。数据表面看似客观,但其实已经在很大程度上被人为主观化了。形象地说,"用数据说话"类似于研究者在控制着数据,决定着其该说哪些话或不该说哪些话。对于定量研究而言,数据信息的不完全呈现,一定程度上便是一种不客观。

可见,"用数据说话"思维决定下的定量研究,无论是在效用上,还是在客观性上,都无法满足解决学业负担问题的当前需要。我们必须转变思维,寻找新的技术与工具,来促使学业负担问题的定量研究更加科学、有效。为此,本研究在对学业负担水平进行定量分析时,借鉴和引入了大数据的理念、技术与方法。

大数据理念与技术兴于现代 IT 行业,后逐渐被广泛应用于其他行业领域之中,如公共卫生、政府决策、商业服务、学校教育乃至科学研究等。大数据正开启着一次重大的时代转型,将带来一场生活、工作与思维的大变革,其社会价值和科学价值日益被人们所认可与推崇。就社会科学研究尤其是定量研究而言,大数据为其带来了新的思维方式与技术手段。首先,在对数据的理解与利用上,大数据力推最大限度地"让数据发声",主张要保持数据的完整性和大量性,要乐于接受数据的纷繁复杂,强调不再痴迷于寻求难以捉摸的因果关系,应转而关注事物的相关关系。① "让数据发声"意味着数据将变得更加客观、全面与自由,不再受到过多的人为删减与简化。其次,大数据能够提供一些新的数据分析技术与工具,从而确保"让数据发声"的实现。数据的真实价值在于使用,而不在于占有本身。数据分析技术与工具的优劣,决定着我们所能挖掘到的数据真实价值的多少。如大数据专家维克托(Viktor)所说,"数据的真实价值就像漂浮在海洋中的冰山,第一眼只能看到冰山一角,而绝大部分则隐藏在表面之下"。② 大数据的分析工具与技术,将会使更多以前未曾料想的数据内部联系得到揭示,也将使更多的微观细节信息得以被捕捉。

大数据理念与方法的引入,使得本研究对学业负担的定量分析区别于以往的定量研究。这主要体现为两点不同:第一,在数据收集阶段,也即问卷编制与施测阶段,本研究比以往的定量研究收集了更多的数据。不同于以往关于学生学业负担的调查研究,本研究的调查内容不再仅局限于学生的学业负担状况,而是针对学生的总体日常学习情况,其除了包括学生学业负担的一些客观指标,如学习时间、睡眠时间、考试次数和作业情况等,以及学生平时学习中在认知过程、情绪体验与行为反应等层面上的具体表现外,还涉及学生对其所处教学场域的感知,如对师生关系、学习环境、教师教学能力等方面的感知等。收集更多数据,其目的是为了对学生的学习状态进行全面了解,也类似于为每位学生建立一个学习信息档案。大量学生的学习信息档案汇集在一起,就形成了一个小具规模的数据库。通过对数据库的深度分析,我们就可以探寻到更多、更全面的学业负担的规律与特征。第二,在数据分析阶段,对学业负担水平的划分,我们采用了大数据分析的思路,引入了无监督学习算法。无监督学习是机器学习的一种,在学习过程中,由于输入数据没有类标记,全靠计算机来识别数据特性,自动进行分类,所以称其为无监督学习。运用无监督学习算法,可以最大限度地保持数据原貌,避免人为操控与干预所带来的数据偏差或失真。在本研究的实际操作中,除了对原始数据进行简单的预处理以便分析之外,未对数据进行任何的筛选与调整。这样,所调查学生学习信息的数据库经过无监督学习,就被自动分为若干类,每一类数据代表着一种学习状态,然后通过对每一类数据的再次深度分析,便可以探求到学业负担的不同类型或水平。

3.研究工具:问卷编制情况

在实证分析部分,本研究所采用的主要研究工具为自编问卷,下面对问卷的编制与实施情况做简要说明。

(1)问卷编制过程

整份问卷的最终形成是课题组成员共同努力的结果,其过程大致经历以下几个阶段:①研究问题的明确与研究变量的确定。2013年10月,课题组开展第一次讨论会,在会上课题负责人首先对课题的总体思路、基本假设及研究问题做了详细阐述,然后组织其他成员针对研究问题进行深入讨论。经过讨论,课题组成员对学业负担的本质及构成要素,达成基本共识,并因此确立了具体的研究变量——客观学业负担(即学习任务)和主观学业负担(即

---

① [英]维克托·迈尔-舍恩伯格,肯尼思·库克耶.大数据时代——生活、工作和思维的大变革[M].盛杨燕,周涛译.杭州:浙江人民出版社,2013:29.

② [英]维克托·迈尔-舍恩伯格,肯尼思·库克耶.大数据时代——生活、工作和思维的大变革[M].盛杨燕,周涛译.杭州:浙江人民出版社,2013:134.

学习感受)。②问卷结构的拟定。2013年11月,收集及整理已有关于学业负担的研究问卷,分析其基本结构及维度划分,并加以借鉴。课题组针对学业负担的维度划分进行数次讨论,将客观学业负担细化为学习时间、作业时间、睡眠时间、考试次数等子维度,将主观学业负担细化为认知过程、情绪体验、行为反应等子维度,最终形成问卷的基本结构。③问卷题项及格式的确定。2013年12月,根据问卷结构及维度划分,收集相关资料,确定问卷的具体题型及格式,并编写相关题目。④初步问卷的形成。2014年2月,课题组对问卷题项的内容、设问方式、语言运用等进行多次商议,并咨询数名教育学与心理学专家,根据其意见与建议进行调整与修改,最终形成初步问卷。⑤问卷前测与修订。2014年3月,选取重庆市6所中小学进行问卷前测,利用前测数据对问卷进行项目分析、因素分析、信效度检验等,依据分析与检验结果对问卷题目进行删减。另外,根据被试人员的反馈意见,对问卷布局、形式、题项及言语等方面进行再次斟酌与优化。⑥正式问卷形成并发放。2014年5月,课题组成员针对问卷修订开展最后一次讨论会,形成正式问卷,并确定问卷发放地点、方式与时间流程。

(2)问卷结构与内容

通过教育学、心理学等有关专家对问卷的审议以及试测后的进一步优化与修订,最终形成了共计31个题项的调查问卷。整体问卷共分为三个部分。第一部分调查的是学生个人基本信息,包括4项,分别为性别、年级、年龄和学校所在地,题目形式为填空题。第二部分调查的是学生学习基本情况,也即学业负担的客观层面,包括学习时间和学习任务及效果两项,题目形式为填空题。"学习时间"项目包含平时作业时间、周末参加辅导班时间和睡眠时间等。"学习任务及效果"项目包含考试次数、作业量和学习效果等。第三部分调查的是学生的学习状态及主观感受,包括认知过程、情绪体验、行为反应、教学场域感知四个项目。其中,认知过程、情绪体验和行为反应三项为学业负担的主观层面。

依照本研究对学业负担本质及特性的界定,调查问卷中认知过程、情绪体验和行为反应三个项目被作为调查学生学业负担程度的主要维度。

"认知过程"项目测查的是学生在认知过程中的负担表现。认知过程是指主体认识客观事物的过程,也即对信息进行加工处理的过程,其包括感觉、知觉、记忆、思维和想象等一系列的心理活动。在认知过程中,每一项心理活动都需要个体付出一定的身心投入,因而产生相应的身心负担。心理学中有关于认知负荷的研究,其主要通过对认知过程中人的各项生理和心理指标的测量来评判学习者的负担程度。这一方法虽然较为科学地揭示了个体认知负荷的产生机理与特征,但并不适用于对学生学业负担的测量。因为认知负荷的测量是在短暂、特定的学习情境中进行的,而学生平时的学习活动则是长期、多样与复杂的。所以我们只能从整体出发,依据学生平时的认知学习表现,来估量学生在认知过程中的负担程度。为此,在本研究编制的问卷中,"认知过程"项目涉及学生的任务完成情况、对学习内容的理解水平以及最终的学习效果等,其中"任务完成"维度反映的是任务量给学生带来的认知负荷,"理解水平"维度反映的是任务的性质(即难度)给学生带来的认知负荷,"学习效果"维度反映的是总体学习活动给学生带来的认知负荷。

"情绪体验"项目测查的是学生在情绪体验层面的负担表现。情绪体验是指主体在外界刺激的作用下所产生的一种唤醒或激活状态的身心感受。人的情绪体验受外界情境影响很大,有些情绪体验可以维持很久,有些却又转瞬即逝。个体因学习而产生的情绪体验多种多样,但对于学业负担的情绪表现而言,我们必须要侧重于学生学习生活中较为常态、稳定的体验状态。为此,本研究舍弃了如高兴、紧张、惊吓、愤怒等短时情绪,而选择了四种较为稳定和突出的体验状态,分别为疲劳感、胜任感、焦虑感和厌恶感。四种情绪体验因指向对象不同而在性质方面有所区别,其中疲劳感是指学生对任务强度的身体感知,胜任感是指学生在学习活动中的成败体验,焦虑感是学生因学习而产生的心理压力,厌恶感是指学生对学习的心理倾向。

"行为反应"项目测查的是学生在行为反应层面的学业负担表现。行为反应是个体对外界刺激所表现出的活动倾向。在不同程度的学业负担之下,学生对学习会表现出不同程度的活动倾向,因此可以根据学生日常学习中的活动倾向来判断学业负担程度的高低。问卷中,"行为反应"项目包含了承受性、自觉性、专注性和主动性四个子维度,其中"承受性"维度测查的是学生对学习的身心适应程度,"自觉性"维度测查的是学生对学习所表现出的自觉自愿程度,"专注性"维度测查的是学生学习精力的集中程度,"主动性"维度测查的是学生学习内在驱动力的高低。

(3)问卷的发放与施测

为保证样本的代表性与全面性,本研究采取分层随机抽样的方式,在全国范围内按照7大区域(东北、西北、华北、华东、华中、华南、西南)抽取8个省(自治区)、2个直辖市和1个计划单列市,包括辽宁省、甘肃省、河北省、河南省、广西壮族自治区、山东省、云南省、浙江省、天津市、重庆市和深圳市,选取90所中小学校的学生作为研究对象,共发放问卷15500份,回收问卷13809份,剔除无效问卷433份,有效问卷13376份,有效回收率为86.30%。调查对象的基本情况包括性别、学习阶段、学校类别和学校区位等。其中,男生6334人,女生6838人,204人性别信息缺失;小学生4396人(考虑到小学生的认知发展水平,一、二、三年级不在调查范围之内),初中生4687人,高中生4293人;示范学校学生4473人,普通学校学生8901人,2人学校类别信息缺失;城市学生6593人,县城学生2620人,农村学生4155人,8人学校所在地信息缺失。

(4)问卷的信效度检验

本研究采用Cronbach's α分析方法进行信度分析,检验问卷的可靠性、稳定性和内部一致性。通过分析,整个问卷的内部一致性系数为0.850,各分量表的内部一致性系数介于0.525~0.812之间,其中认知过程为0.657,情绪体验为0.812,行为反应为0.525,由此表明该问卷的内部一致性良好,达到团体施测要求。

采用AMOS 20.0构建结构方程模型,对该问卷进行了结构效度分析。具体结果如表2-1。

表 2-1 学业负担问卷验证性因素分析拟合指数表

X^2	df	CMIN/df	GFI	AGFI	NFI	RFI	IFI	CFI	RMSEA
2204.101	41	53.759	0.97	0.952	0.96	0.946	0.96	0.96	0.063

由表2-1数据可以看出,各拟合指数均达到可接受水平,这表明所编制的问卷具有较好的结构效度。

（三）数据的分析与处理

1.数据分析方法介绍

在以往社会科学的定量研究中,由于数据收集与存储技术不发达,收集和存储数据既耗时又耗力,研究者只能选择小样本研究,所得数据也十分有限。如今随着科学技术的发展,收集和存储数据变得容易,各种各样的数据都能很快地得到收集与整理,这促使研究者越来越敢于进行大样本的定量研究。数据的易得大大地助推了定量研究的发展,但同时也为其带来新的挑战。因为大量数据的涌入,对数据分析方法提出了更高的要求。传统的数据分析方法只适用于小数据,对于大数据库中的海量数据则无从下手。因此,在如今的定量研究中,数据分析方法的选择成为制约研究成果与质量的最关键因素。就本研究而言,为了通过实证分析来探求学生学业负担的不同水平与特征,我们在全国各地进行了大范围的抽样调查,收集到大量数据,而在处理这些数据时,我们便引入了一项大数据分析技术——聚类分析。由于在前面的章节,关于聚类分析的基本原理已有详细论述,此处仅对将聚类分析引入本研究的原因和意义做如下解释。

从根本而言,将聚类分析方法引入对学业负担水平及特征的定量研究之中,是为了纠正长期以来人们在认知和辨别学业负担水平及特征时的主观性与随意性。我们知道,对学业负担不同水平及特征的揭示,实质上也是对不同学生的学业负担进行分类,而分类的前提在于标准的确立,因为标准的合理与否决定着分类的效果与质量。那么,如何找到科学合理的分类标准,成为有效揭示学业负担水平及特征的关键。以往关于学业负担水平的划分标准由于过多地掺杂了人们的主观经验判断,带有很大的主观性与预设性,从而在客观性与科学性上大打折扣。在本研究中,引入聚类分析的理念与方法,便是为了克服这一难题。

由聚类分析的一般原理可知,聚类分析与传统的分类有所不同,主要表现为聚类之前数据对象的类标号是未知的,也即我们事先不知道数据对象的分类标准。聚类分析是一种机器学习方法,即分析过程完全由计算机自动完成。聚类分析中的簇类划分不需要人事先设定划分标准,而是通过聚类算法基于数据自身特性而自动生成。经聚类分析之后,数据对象将会自动分为若干簇或组,这些簇或组可以被视作潜在的类,然后通过对各簇进行深度分析,就可以发掘出事先未知的群组。聚类分析的这一功能特性,可以为我们界定与区分学业负担不同水平带来很多启示与帮助。采用聚类算法,一方面可以消除诸多有意或无意的人为因素,促使我们对学业负担水平及特征的认识与判断更加客观,另一方面也可以处理更大容量的数据库,使所收集数据得到充分利用,提高对学业负担水平实证分析的精确程度。具体说来,在本研究中,引入聚类算法,首先意味着我们除了对学业负担的基本内涵与维度有所界定之外,未预设其他的主观标准来评判学业负担水平,如究竟学业负担有几种水平、每种水平的学业负担的突出特征是什么以及何种学业负担水平为合理等问题将更多地由数据本身来裁决。其次,聚类算法可以实现将所收集数据几乎"完封不动"地参与其中。利用聚类算法在对学生学业负担水平进行分类时,不再像以往那样将之简化为学业负担总体上的比较,而是先具体到每一属性的比较,然后再汇集到总体,从而能够将数据本身所蕴含的丰富差异尽可能地保留下来,这样所划分的类别自然也就会更加接近学生学业负担的实际状态。另外,运用聚类算法并不意味着就排除了其他数据分析方法。在本研究中,我们将聚类算法与部分传统的数据分析方法并用,具体做法为:先通过聚类分析将学生学业负担数据分为不同的簇或组,然后用其他数据分析方法在每一簇上进行深度分析,这样既可以从结果上论证聚类的质量,又能够最大限度地挖掘数据的内在特征。

总之,我们希望通过聚类分析,将学生的学业负担科学客观地分为若干类别,进而在分析类别间相异性与类别内相似性的基础上,揭示和刻画出学业负担不同的水平及特征。

2.数据处理过程

根据聚类分析的一般运作程序,数据处理过程包含了数据预处理、聚类运算、聚类结果分析、聚类质量评估四个阶段。

（1）数据预处理

数据预处理主要包括两个环节:第一,删除或修改错误数据（或样本）。在这一环节中,针对客观题、主观题数据中的一些错误信息,我们进行了相应的删除或者修改,最大限度地提升数据质量,降低不良数据对结果的消极影响。举例来说,在学业负担调查问卷的学习基本情况部分,有部分学生将平均每天的睡眠时间填写为低于 4 小时,或者高于 15 小时,又如,将周一至周五平均每天完成课后作业时间填写为高于 8 小时,对于这些携带异常数据的样本,我们需要进一步考虑其合理性,然后进行删除或修改。第二,提取主观题（五度选择题）数据。在这一环节中,对反向题进行了重新编码,与其他题项保持一致。

（2）聚类阶段:采用流行的 K-means 算法进行聚类

步骤 1: 数据软化

其目的是在一定程度上弥补调查问卷设计上的原有不足,即在保持数据稳定性的条件下,同时使数据呈现差异性。具体来讲,我们依次将主观题数据中的数据"1""2""3""4""5"进行离散化,使得离散化后的数据保持近似正态分布。

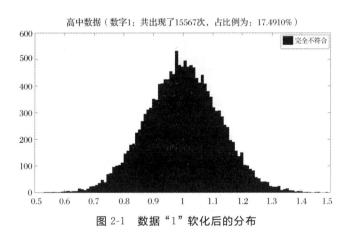

图 2-1　数据"1"软化后的分布

图 2-1 是针对数据中所有的"1"进行的,其中"1"共出现了 15567 次,占总体数目的 17.4910%,软化后的结果如图 2-1 所示。即我们将 15567 个数据"1"分散化,使得它们位于区间 [0 ,1.5] 内,并以"1"为中心呈正态分布。下面的图 2-2 到图 2-5 则是依次对数据"2""3""4""5"进行分散化的结果示意图。（说明:由于四舍五入的原因,百分比之和未必是 100%。后同。）

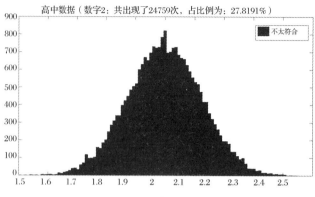

图 2-2　数据"2"软化后的分布

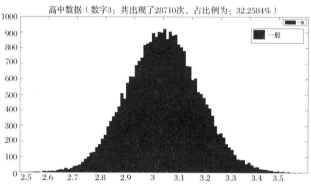

图 2-3　数据"3"软化后的分布

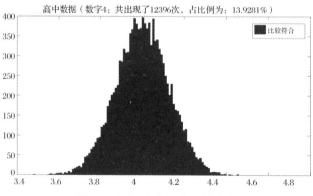

图 2-4　数据"4"软化后的分布

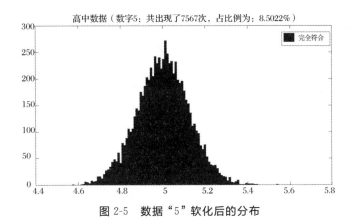

图 2-5　数据"5"软化后的分布

步骤 2：数据归一化

降低数据量级对结果的影响。目前流行的归一化方法主要有如下两种：

(1) $X_1 = \dfrac{x_i - \text{mean}(x_i)}{\text{var}(x_i)}, i = 1, 2, 3, \cdots, n.$

我们采取第(1)种。

(2) $X_1 = \dfrac{x_i - \min(x_i)}{\max(x_i)}, i = 1, 2, 3, \cdots, n.$

其中 $x_1, x_2, \cdots x_n$ 为原始数据，而 $X_1, X_2, \cdots, X_n$ 为归一化后所得的数据。

而 $\text{mean}(x_i), \text{var}(x_i), \min(x_i), \max(x_i)$ 依次表示原始数据的均值，方差，最小值，最大值。

步骤 3：K-means 算法实现聚类

K-means 算法是最为经典的聚类方法，是十大经典数据挖掘算法之一。

该类算法结构简单，耗时较短，目前已得到广泛的应用。K-means 算法的基本思路是：以空间中 k 个点为中心进行聚类，对最靠近它们的对象归类。

通过迭代的方法，逐次更新各聚类中心的值，直至得到最好的聚类结果。

具体地，我们给出如下的 K-means 算法：

输入：聚类个数 k，样本 $x[1], x[2], x[3], \cdots, x[n]$。

输出：每一聚类簇样本总体 $S[1], S[2], \cdots, S[k]$。

第一步：选择初始迭代中心 $c[1], c[2], \cdots, c[k]$。

第二步：依次计算与迭代中心 $c[1], c[2], \cdots, c[k]$ 最近的样本，并将其相应地归为 $S[1]$，$S[2], \cdots, S[k]$。

第三步：计算所得簇 $S[1], S[2], \cdots, S[k]$ 的中心，并将所获中心依次对应地赋值给 $c[1]$，$c[2], \cdots, c[k]$。

第四步：重复第二步和第三步，直到满足一定的终止条件。

第五步：输出最终聚类样本总体 $S[1], S[2], \cdots, S[k]$。

(3)聚类结果分析阶段：刻画学生学业负担的不同等级

借助 K-means 算法，我们得到了若干个不同的学业负担簇总体。为了进一步刻画学生学业负担等级，我们首先对所获簇样本进行了简单的统计。表 2-2 以聚类簇样本总体 $S[1]$ 为例，给出了 $S[1]$ 中样本数据的一些统计信息：

表2-2 学业负担聚类结果统计

	完全不符合	不太符合	一般	比较符合	完全符合
属性1	4.01%	22.08%	42.03%	20.72%	11.17%
属性2	23.36%	45.35%	22.85%	6.56%	1.88%
属性3	58.31%	34.95%	5.71%	0.85%	0.17%
属性4	50.98%	40.41%	8.53%	0.00%	0.09%
属性5	6.56%	43.05%	43.90%	5.71%	0.77%
属性6	45.61%	44.84%	9.04%	0.43%	0.09%
属性7	7.42%	19.10%	43.22%	21.65%	8.61%
属性8	13.38%	36.23%	37.34%	9.63%	3.41%
属性9	29.50%	50.38%	19.35%	0.51%	0.26%
属性10	8.18%	37.17%	38.28%	13.04%	3.32%
属性11	44.76%	44.93%	9.55%	0.51%	0.26%
属性12	36.23%	44.50%	16.88%	1.45%	0.94%
属性13	0.85%	6.48%	23.96%	40.84%	27.88%
属性14	9.89%	27.54%	40.07%	18.93%	3.58%
属性15	6.65%	27.88%	42.03%	17.31%	6.14%
属性16	25.49%	51.92%	19.69%	2.13%	0.77%
属性17	4.26%	30.86%	44.33%	16.71%	3.84%
属性18	19.18%	49.62%	24.81%	5.63%	0.77%
属性19	32.57%	39.98%	20.72%	5.20%	1.53%
属性20	9.46%	38.02%	38.45%	9.38%	4.69%

此外,由于 K-means 算法的划分是依据簇的中心点来设计的,因此一般来讲,不同簇的差异可以通过其聚类中心来刻画。为此,我们计算出每一簇的中心点,以期借助中心点的信息得到学生学业负担等级的刻画标准。下面,我们给出 5 个聚类中心点:

$$c[1] = \begin{bmatrix} 3.13 & 2.18 & 1.50 & 1.58 & 2.51 & 1.65 & 3.05 & 2.53 & 1.92 & 2.66 \\ 1.67 & 1.86 & 3.88 & 2.79 & 2.88 & 2.01 & 2.85 & 2.19 & 2.03 & 2.62 \end{bmatrix}$$
——其均值为2.3745

$$c[2] = \begin{bmatrix} 4.08 & 3.50 & 3.00 & 3.27 & 3.74 & 3.46 & 4.28 & 3.27 & 3.49 & 3.80 \\ 2.56 & 3.53 & 2.44 & 3.45 & 3.92 & 3.62 & 4.26 & 3.59 & 4.04 & 4.02 \end{bmatrix}$$
——其均值为3.5660

$$c[3] = \begin{bmatrix} 3.98 & 2.99 & 1.84 & 1.98 & 3.06 & 2.18 & 3.90 & 2.81 & 2.39 & 3.70 \\ 2.07 & 2.84 & 3.20 & 2.79 & 3.73 & 2.50 & 3.89 & 2.72 & 2.54 & 3.72 \end{bmatrix}$$
——其均值为2.9415

$$c[4] = \begin{bmatrix} 2.44 & 1.58 & 1.26 & 1.25 & 1.75 & 1.28 & 2.16 & 2.30 & 1.53 & 1.90 \\ 1.32 & 1.37 & 4.43 & 2.56 & 1.86 & 1.46 & 1.75 & 1.65 & 1.59 & 1.60 \end{bmatrix}$$
——其均值为1.8520

$$c[5] = \begin{bmatrix} 3.21 & 2.39 & 2.61 & 2.74 & 2.75 & 2.59 & 3.33 & 2.94 & 2.85 & 2.87 \\ 2.26 & 2.47 & 3.34 & 3.30 & 2.76 & 2.73 & 3.00 & 2.89 & 3.22 & 2.80 \end{bmatrix}$$
——其均值为2.8525

就各簇中心点的均值来看,我们不难发现:它们的取值皆位于区间[2,4]内,且有向左端倾斜的趋势。这与原始数据的特征信息匹配。

(4)聚类结果辅助论证:客观题对所获主观题聚类结果进行间接论证

聚类分析的最后一个环节是对聚类结果进行质量评估,即需要通过对结果及其他相关因素的分析来论证聚类效果的好坏。为此,我们对不同簇学生在客观题的表现情况进行了统计和对比,主要的统计信息如图2-6、2-7、2-8所示(以高中生第1个簇为例):

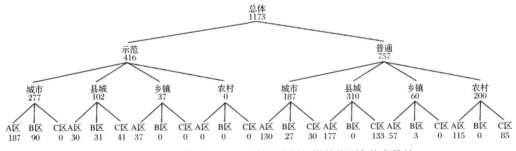

图2-6 三维度(学校分区,学校所在地,学校类别)信息统计

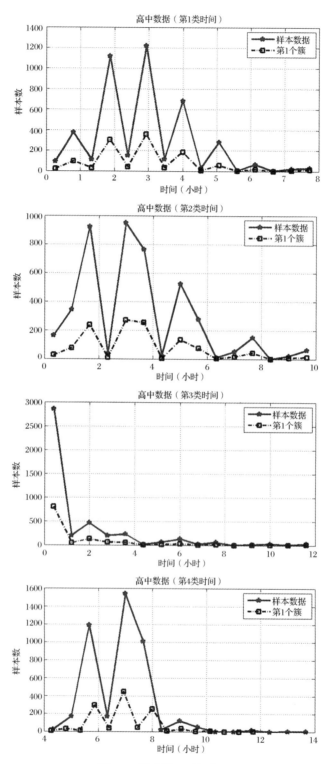

图 2-7 学生学习时间统计

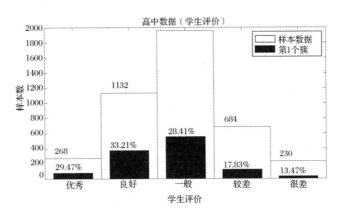

图 2-8　学生评价信息统计

二、小学生的学业负担水平

　　对学业负担水平的划分,首要工作在于分类标准的确立。若要使分类标准足够客观、科学与有效,就必须尽量排除各种人为的主观预设,竭力让数据本身生成标准。如前文所述,为了达成这一目的,我们借鉴了大数据的思想与理念,决定采用聚类分析的工具与方法,让数据本身自动划分为不同类别,然后基于对聚类结果的质量评估,并结合对学业负担特性的基本认识,对其进行合理的调整与优化,从而区分出学业负担的不同水平。下面将根据数据分析结果,对学业负担不同水平上的内在结构和外在表征进行揭示与描绘。

　　通过聚类运算,小学生学业负担数据被划分为三簇。按照聚类的一般原理,经过聚类之后所得的每簇数据内部有着较大的相似性,而各簇之间却又有着较为明显的差异性。基于此,所得三簇小学生学业负担数据即可被理解为小学生学业负担的三种不同表现。而通过对每簇数据中小学生学业负担的表现情况进行深度分析,我们发现这三种不同表现在整体水平上有着非常明显的高低之分。这从每簇数据中学生学业负担水平的均值可以看出:三簇数据中学生学业负担均值分别为 $a_1=1.31$、$a_2=2.06$、$a_3=2.99$,三个均值之间的差距较为显著。因此,我们最终将这三种不同表现视为小学生学业负担的三种不同水平。学生学业负担的不同水平会表现出不同的特征,基于本研究对学业负担的基本定义以及调查问卷的维度设计,对小学生学业负担各水平的特征描述与分析将从认知过程、情绪体验和行为反应三个层面来展开。

　　首先,学生学业负担的水平及特征表现在对学习任务的认知、完成及效果。对此,我们在问卷中设计了三个问题,分别为 T1、T5 和 T7,其中 T1 是调查学生对学习任务的完成程度,T5 是说明学生对学习内容的理解水平,T7 表明了学生实际的学习效果。这三道题均为正向题,学生在每一题项上的得分越高,说明负担水平越高。处于不同学业负担水平的学生,在此三道题上的表现可能会有所不同。

　　其次,学生在学习中所产生的情绪体验也是学业负担的重要表征因素。对此,我们在问卷中设计了四道题,分别为 T12、T15、T17 和 T20。其中 T12 是调查学生对学习的厌恶感程度,T15 是说明学生对学习的焦虑程度,T17 表明了学生对学习的胜任感程度,T20 则是描述学生在学习中所产生疲劳感的程度。这四道题也均为正向题,学生在每一题项上的得分越高,说明负担水平越高。同样,处于不同学业负担水平的学生,在此四道题上的表现可能会有所不同。

最后,学生学业负担水平与特征还体现在具体的学习行为反应中。对此,我们在问卷中设计了四个问题,分别为 T2 、T8 、T10 和 T13。其中,T2 是调查学生对学习的承受性,T8 是描述学生学习的自觉性,T10 是说明学生的专注性,T13 则表明了学生学习主动性的高低。其中 T8 为反向题,经过数据重新编码处理后,学生在每一题项的得分越高,说明负担水平越高。处于不同学业负担水平的学生,在此四道题上的表现也可能会有所不同。

需要指出的是,基于自编问卷结构及题项设计的特点,加上数据呈现结果的佐证,我们通过得分区间对学生学业负担表现进行了程度划分,具体如下:区间[1,1.5]为很低(轻)水平,区间[1.5,2]为较低水平,区间[2,2.5]为略低水平,区间[2.5,3]为一般水平,区间[3,3.5]为略高(重)水平,区间[3.5,4]为较高水平,区间[4,5]为很高水平。其中,对于临界点数据的区间归属,文中讨论时将根据具体情况加以判定。

(一)小学生学业负担第一水平

经聚类分析之后,在本研究所调查的小学生中,处于学业负担第一水平的学生样本数为 2446,占所调查样本数的 55.64%。此水平上学生学业负担得分均值为 $a_1 = 1.31$,为三个水平之中最轻的一级。

1.整体表征描绘

图 2-9 描绘的是处于第一水平的小学生在各维度上的得分情况。

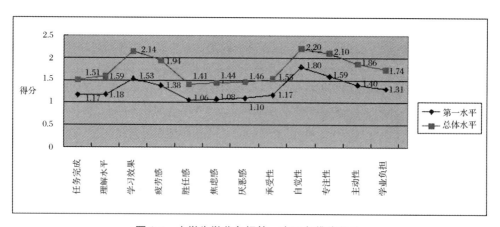

图 2-9　小学生学业负担第一水平各维度得分

由图 2-9 可以看出,处于第一水平小学生学业负担得分均值小于总体水平,落于区间[1,1.5];各维度上得分也均低于总体平均值,且差值比较明显;各维度中除"学习效果""专注性"和"自觉性"得分处于区间[1.5,2],其他维度得分均在区间[1,1.5]。以上说明,从整体来看,处于第一水平的小学生学业负担程度很低,同时在各个层面上的特征表现也均不明显。

首先,在认知过程层面,处于这一水平上的小学生学业负担表现情况为:在"任务完成"题项上得分均值为 1.17,标准差为 0.538;在"理解水平"题项上得分均值为 1.18,标准差为 0.439;在"学习效果"题项上得分均值为 1.53,标准差为 0.794。具体内容见表 2-3。

表 2-3 小学生学业负担的认知过程层面（第一水平）

N		任务完成	理解水平	学习效果
N	有效	2446	2446	2446
	缺失	0	0	0
均值		1.17	1.18	1.53
中值		1.00	1.00	1.00
众数		1	1	1
标准差		0.538	0.439	0.794
极小值		1	1	1
极大值		5	4	5

从表 2-3 的统计数据可以看出，在这一水平之中，学生在学业负担认知过程层面的得分均值约为 1.29，这表明在小学生学业负担水平的第一水平上，源自学习任务认知过程层面的学业负担很轻。另外，学生在各题项上的得分中值均为 1.00，众数均为 1，这表明学生在各题项上的选择大多为"完全不符合"，也即意味着处于第一水平的学生能够很好地完成学习任务，对学习内容有着很高的理解水平，也取得了很好的学习效果。

其次，在情绪体验层面，此水平的小学生学业负担表现为：在测查"厌恶感"题项上得分均值为 1.10，标准差为 0.437；在"焦虑感"题项上得分均值为 1.08，标准差为 0.350；在"胜任感"题项上得分均值为 1.06，标准差为 0.255；在"疲劳感"题项上得分均值为 1.38，标准差为 0.733。具体内容见表 2-4。

表 2-4 小学生学业负担的情绪体验层面（第一水平）

N		厌恶感	焦虑感	胜任感	疲劳感
N	有效	2446	2446	2446	2446
	缺失	0	0	0	0
均值		1.10	1.08	1.06	1.38
中值		1.00	1.00	1.00	1.00
众数		1	1	1	1
标准差		0.437	0.350	0.255	0.733
极小值		1	1	1	1
极大值		5	5	5	5

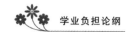

从表 2-4 的统计数据可以看出,处于这一水平的小学生在学业负担的情绪体验层面的得分均值约为 1.16,十分接近于 1,这意味着,此类学生在情绪体验层面所表现出的学业负担很轻。另外,学生在各题项上的得分中值均为 1.00,众数均为 1,这说明其在各题项上的选择大多为"完全不符合",也即表明处于这一水平的小学生对学习的胜任感很高,而厌恶感、焦虑感和疲劳感都很低。

最后,在学习行为反应层面,处于此水平的小学生学业负担表现为:在测查学习"承受性"选项上得分均值为 1.17,标准差为 0.456;学习"自觉性"选项上得分均值为 1.80,标准差为 1.372;学习"专注性"选项上得分均值为 1.59,标准差为 0.923;学习"主动性"选项上得分均值为 1.40,标准差为 0.806。具体数据见表 2-5。

表 2-5 小学生学业负担的行为反应层面(第一水平)

		承受性	自觉性	专注性	主动性
N	有效	2446	2446	2446	2446
	缺失	0	0	0	0
均值		1.17	1.80	1.59	1.40
中值		1.00	1.00	1.00	1.00
众数		1	1	1	1
标准差		0.456	1.372	0.923	0.806
极小值		1	1	1	1
极大值		5	5	5	5

从表 2-5 中的统计数据可以得出,处于这一水平的学生在学业负担行为层面上的得分均值为 1.49,这即意味着他们在学习行为层面所表现出的学业负担也很轻;学生在各题项上的得分中值均为 1.00,众数均为 1,这说明他们在各题项上的选择大多为"完全不符合",也即意味着此类学生在平时学习中表现出很强的承受性,很好的主动性与专注性,以及较高的自觉性。

2.特征分析及结构阐释

描绘学业负担每一水平的整体表征,可以促成我们对其的宏观认知与总体把握,但这仅为基础性工作。对学业负担水平的分析,还需探寻到每一水平的突出特征以作为其主要标识,揭示其内在结构以对其进行深度刻画。就小学生学业负担第一水平而言,其有以下几个突出特征。

第一,在认知过程层面上,学生在任务完成以及对学习内容的理解方面表现突出,具体表现为学生能够很好地完成各项学习任务,对学习内容也有着很高的理解水平。这在相应题项上的学生选择的分布可以看出,如图 2-10 和图 2-11 所示。

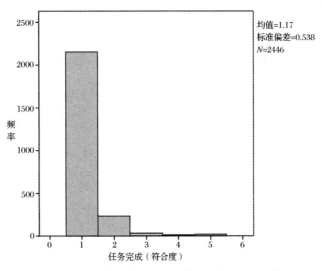

图 2-10　小学生学习任务完成情况（第一水平）

　　从图 2-10 可以看出,此题项上学生选择很明显地集中于"1"即"完全不符合"选项,选择"3"及以上的学生仅占到极小的比例。这说明此类学生能够在平时学习生活中很好地完成各项学习任务,也即意味着学习任务量并没有给此类学生造成明显的学业负担。

　　从图 2-11 中可以看出,学生在此题项上的选择也是很明显地集中于"1"即"完全不符合",有少量学生选择"2",极少有学生选择"3"及以上。这表明此类学生对学习内容有着很好的理解水平,也意味着学习内容的难度层面不会对学生构成明显的学业负担。

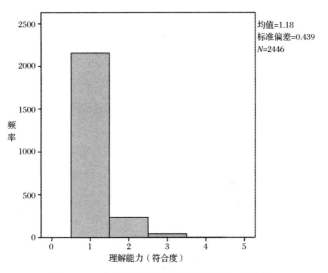

图 2-11　小学生理解水平表现（第一水平）

第二章　学业负担的水平及特征

　　第二,在情绪体验层面上,学生的突出表现为胜任感极高,同时焦虑感与厌恶感极低。这从学生在对应题项上的选择频率可以看出,具体如图 2-12、图 2-13 与图 2-14 所示。

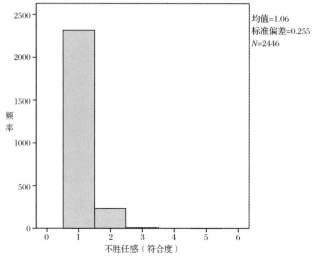

均值=1.06
标准偏差=0.255
N=2446

频率

不胜任感（符合度）

图 2-12　小学生胜任感表现（第一水平）

　　图 2-12 描绘的是处于学业负担第一水平的小学生的胜任感表现情况。从中可以看出,学生选择很明显地集中于"1"选项,有少量学生选择"2"选项,几乎没有学生选择"3"及以上选项。这充分说明此类学生对学习普遍拥有极高的胜任感,也即意味着此类学生能够很好地胜任平时的学习任务,在学习活动中游刃有余,不会因此而产生明显的负担感受。

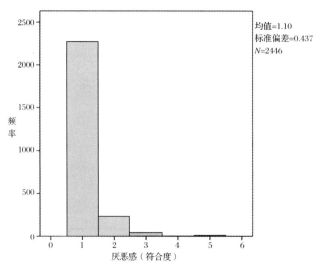

均值=1.10
标准偏差=0.437
N=2446

频率

厌恶感（符合度）

图 2-13　小学生厌恶感表现（第一水平）

图 2-13 所描绘的是此类学生的厌恶感表现情况。从中可以看出,学生选择同样很明显地集中于"1"选项,在"2""3"选项上有少量学生选择,"4""5"选项上的学生选择几乎可以忽略不计。这表明此类学生对学习的厌恶感极低,即意味着学生有着很高的学习兴趣。

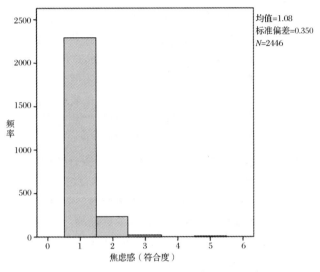

图 2-14　小学生焦虑感表现(第一水平)

图 2-14 所描绘的是此类学生的焦虑感表现情况。从中可以看出,学生选择呈现出十分明显的集中趋势,选择"1"选项的学生远远多于其他选项,选择"3"及以上选项的学生数量几乎可以忽略不计。这表明此类学生对学习的焦虑感极低,并没有因为学习而产生较重的心理压力。

第三,在学习行为及反应层面,相比其他行为反应,学生在学习承受性上的特征表现更为突出。

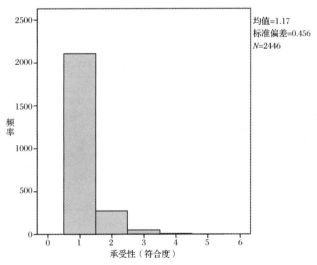

图 2-15　小学生学习承受性表现情况(第一水平)

图 2-15 所描绘的是此类学生的学习承受性表现情况。从中可以看出,绝大多数学生选

择"1"选项,有少量学生选择"2"选项,极少有学生选择"3"及以上选项。这表明此类学生对自己目前的学习生活表现出很强的承受性,没有出现因学习造成的身体不舒服现象。

根据个体心理过程的一般规律以及负担产生的基本机理,我们认为学生的学业负担将会在其认知、情绪及行为层面都会有所反映,同时这三个层面上的实际反映有着内在的联系。一般而言,三个层面上的负担表现是相互对应的,即学生若在认知层面表现出高(或低)负担特征,相应地在情绪及行为层面也会出现高(或低)负担的症状,反之亦然。从数据分析的结果来看,小学生学业负担第一水平的整体表征和突出特征便基本验证了这一前期假设。

处于第一水平的小学生,其整体的学业负担程度很低,并且无论是在认知过程层面,还是情绪体验层面和行为反应层面上,均未出现明显的学业负担表现(各题项上得分均值都低于2)。相较而言,此类学生在"任务完成""理解程度""胜任感""焦虑感""厌恶感"和"承受性"等子维度上的表现,可以视为其学业负担的突出特征。统观此水平上学生学业负担的各项特征,我们不难发现:①此类学生能够很好地完成各项学习任务,同时对学习内容有着很高的理解水平,这意味着日常学习任务的"量"与"质"(难度)都不会给此类学生构成明显的认知困扰,学生将不需要诉诸较大的心理努力,便可以取得很好的学习效果;②由于认知层面的"轻松",此类学生在完成学习任务过程中将会产生很高的胜任感,由此会将学习视为一件轻松、愉快的事情,自然也就不会有明显的焦虑感或厌恶感出现;③在认知和情绪层面所获得的轻松经历与积极体验,将会渗透到此类学生的学习行为之中,促进其良好学习行为及反应的产生与维持,其中首要表现便是此类学生对学习生活会表现出很好的承受性与适应性,日常的任务量不会对学生的身体状态产生消极影响,其次是此类学生对学习会表现出良好的行为倾向,他们在学习过程中能够保持足够的专注性、自觉性和主动性。

(二)小学生学业负担第二水平

在本研究所调查的小学生中,处于学业负担第二水平的学生有1494名,占所调查样本数的33.99%,负担水平均值为$a_2=2.06$,在小学生学业负担水平的三个水平之中居于中间。

1.学业负担水平的整体表征描绘

图2-16描绘的是处于第二水平的小学生在各维度上的得分情况。

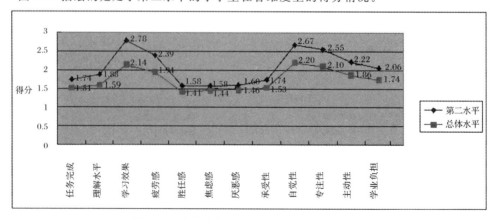

图2-16 小学生学业负担第二水平各维度得分

由图 2-16 可以看出:处于第二水平的小学生学业负担的均值落于区间[2,2.5],略高于总体水平;各维度的得分也均高于总体水平,且除"任务完成""胜任感""焦虑感""厌恶感"和"承受性"外,其他维度得分与总体平均值差距比较明显;得分最高的维度"学习效果"与得分最低的维度"胜任感""焦虑感"差值达到 1.2;相比总体水平的得分曲线,第二水平的得分曲线更加弯曲、多变。以上特征说明处于第二水平小学生学业负担虽高于总体平均值,但仍属于较低水平,同时其在各层面上的特征表现开始出现分化现象,即不同维度上的得分均值差异逐渐明显。

首先,在认知过程层面,处于这一水平上的小学生学业负担表现情况为:在测查"任务完成"题项上得分均值为 1.74,标准差为 0.991;在"理解水平"题项上得分均值为 1.88,标准差为 0.840;在"学习效果"题项上得分均值为 2.78,标准差为 1.134。具体内容见统计量表 2-6。

表 2-6　小学生学业负担的认知过程层面(第二水平)

		任务完成	理解水平	学习效果
N	有效	1494	1494	1494
	缺失	0	0	0
均值		1.74	1.88	2.78
中值		1.00	2.00	3.00
众数		1	2	3
标准差		0.991	0.840	1.134
极小值		1	1	1
极大值		5	5	5

从表 2-6 中的统计数据可以看出,小学生在学业负担认知过程层面的得分均值为 2.13,这意味着在小学生学业负担的第二水平上,源自学习任务认知过程层面的学业负担略轻。在"任务完成"题项上学生得分均值落于区间[1.5,2],且中值为 1.00,众数为 1,说明学生大多选择"完全不符合",这意味着此类学生能够较好地完成各项学习任务;在"理解水平"题项上得分均值位于区间[1.5,2],且中值为 2,众数为 2,说明学生大多选择"不太符合",这意味着此类学生对学习内容表现出较高的理解水平;在"学习效果"题项上学生得分均值接近于 3,且中值为 3,众数为 3,说明学生大多选择"一般符合",这意味着此类学生仅取得了一般的学习效果。

其次,在情绪体验层面,处于第二水平的小学生在学业负担上的整体表现情况为:在测查"厌恶感"题项上得分均值为 1.60,标准差为 0.949;在"焦虑感"题项上得分均值为 1.58,标准差为 0.880;在"胜任感"题项上得分均值为 1.58,标准差为 0.793;在"疲劳感"题项上得分均值为 2.39,标准差为 1.155。具体内容见表 2-7。

从表 2-7 的统计数据可以看出,处于这一水平的小学生在学业负担的情绪体验层面的得分均值约为 1.79,位于区间[1.5,2],这表明此类学生在情绪体验层面的负担表现较轻。在测

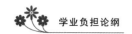

查"厌恶感""焦虑感"和"胜任感"题项上的学生得分均值均位于区间[1.5,2],中值均为1.00,众数均为1,这表明学生在这些题项上的选择大多为"完全不符合"或"不太符合",也即说明此类学生在平时学习中的胜任感较高,而厌恶感和焦虑感都较低;在测查"疲劳感"选项上的学生得分均值位于区间[2,2.5],中值为2.00,众数为3,这表明此类学生平时会因完成学习任务而产生一定的疲劳感,不过程度略低。

表 2-7 小学生学业负担的情绪体验层面(第二水平)

		厌恶感	焦虑感	胜任感	疲劳感
N	有效	1494	1494	1494	1494
	缺失	0	0	0	0
均值		1.60	1.58	1.58	2.39
中值		1.00	1.00	1.00	2.00
众数		1	1	1	3
标准差		0.949	0.880	0.793	1.155
全距		4	4	4	4
极小值		1	1	1	1
极大值		5	5	5	5

最后,在学习行为层面,处于此水平的学生学业负担具体表现为:在测查学习"承受性"选项上得分均值为1.74,标准差为0.943;在学习"自觉性"选项上得分均值为2.67,标准差为1.421;在学习"专注性"选项上得分均值为2.55,标准差为1.268;在学习"主动性"选项上得分均值为2.22,标准差为1.168。具体数据见表2-8。

表 2-8 小学生学业负担的行为反应层面(第二水平)

		承受性	自觉性	专注性	主动性
N	有效	1494	1494	1494	1494
	缺失	0	0	0	0
均值		1.74	2.67	2.55	2.22
中值		1.00	3.00	2.00	2.00
众数		1	1	2	1
标准差		0.943	1.421	1.268	1.168
全距		4	4	4	4
极小值		1	1	1	1
极大值		5	5	5	5

从表 2-8 中的统计数据可以看出:在测查学习"承受性"题项上得分均值位于区间 [1.5,2],且中值为 1.00,众数为 1,这表明此类学生对学习任务表现出较好的承受能力;在测查"自觉性"题项上得分均值落于区间 [2.5,3],且中值为 3.00,众数为 1,这表明此类学生平时学习的自觉性一般;在测查"专注性"题项上得分均值近似于 2.5,且中值为 2.00,众数为 2,这表明此类学生平时学习中的专注性一般,有时会因其他事务干扰而无法专心学习;在测查"主动性"题项上得分均值落于区间 [2,2.5],且中值为 2.00,众数为 1,这表明此类学生在平时学习中表现出略高的主动性,遇到困难时会主动寻求解决办法。从总体来看,处于这一水平的学生在学业负担行为层面上的得分均值约为 2.30,位于区间 [2,2.5],这意味着他们在学习行为层面所表现出的学业负担略轻。

2.特征分析及结构阐释

对于处于第二水平的小学生而言,其学业负担的突出特征可以通过与处于第一水平的小学生对比得到揭示。通过对比,如果发现第二水平在某些层面或维度上的得分有比较明显的增幅,就说明这些层面或维度对第二水平的影响最大,进而就可以将这些层面或维度上的学生表现视为第二水平的突出特征。

图 2-17 为处于第一、二水平的小学生在各层面上的得分对比情况。

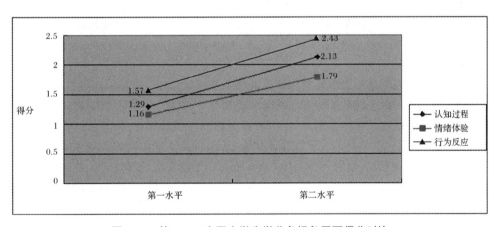

图 2-17　第一、二水平小学生学业负担各层面得分对比

由图 2-17 可以看出,相比第一水平,第二水平的小学生在"认知过程""情绪体验"和"行为反应"得分均有明显增长,且从趋势来看,认知过程层面和行为反应层面的增幅大致相同,情绪体验层面的增幅相比前二者较低。这说明,第二水平的学生在"认知过程"和"行为反应"层面上表现出更加明显的负担特征。

图 2-18 为处于第一、二水平小学生在各具体维度上的得分对比情况。

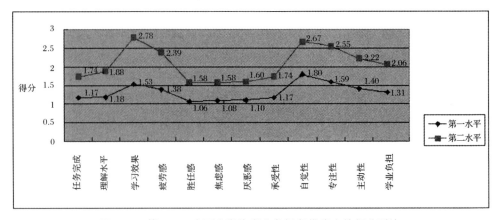

图 2-18　第一、二水平小学生学业负担各维度上的得分对比

图 2-18 显示,处于第二水平的小学生在学业负担各维度的得分均高于第一水平的小学生,且增幅明显(差值均等于或超过 0.5);在认知过程层面,处于第二水平的小学生"学习效果"得分最高,接近于 3,且与第一水平相比增幅最大(1.25);在情绪体验层面,处于第二水平的小学生"疲劳感"得分最高,且与第一水平相比增幅最大(1.01);在行为反应层面,处于第二水平的小学生"自觉性"得分最高(2.67),"专注性"得分增幅最大(0.96)。以上结果说明在学业负担的第二水平上,"学习效果""疲劳感""自觉性""专注性"特征表现比较突出,具体为:①学生所取得的学习效果一般;②学习中产生轻微的疲劳感;③学生学习的自觉性和专注性均为一般。

单从学业负担各层面的突出特征与其他表现来说,可以看出:①在认知过程层面,第二水平学生所取得的学习效果与其任务完成情况及理解水平出现了不对等现象,这说明另有其他层面因素的干扰。②在情绪体验层面,学生的疲劳感程度明显提升,但其他体验只是略有加重,这说明此类学生学业负担仍主要为身体体验,尚未触及较深层次的心理体验。③在行为反应层面,学生学习的消极倾向开始明显,尤其表现在自觉性与专注性上。若将各层面的突出特征加以综合考虑,还可发现:①第二水平的小学生在认知过程层面的表现与其行为反应存有明显的内在关联。具体说来,此类学生学习效果的变差除受自身认知能力的影响外,还很可能是由消极的学习行为所致,如学生学习的自觉自愿程度降低、学习精力分散等都可以制约最终的学习效果。②从个体情绪对行为的影响关系来看,鉴于其他情绪体验的不明显,疲劳感加重可能是导致第二水平学生注意力不集中、自觉性降低的主要原因。疲劳感不断加重,会导致学生逐渐对学习产生逃避心理,其浅层次的行为表现为不愿面对学习或者在学习过程中出现注意力转移现象。

(三)小学生学业负担第三水平

在本研究所调查的 4396 名小学生中,处于学业负担第三水平的学生有 456 名,占所调查样本数的 10.37%。此水平上的学业负担均值为 $a_3 = 2.99$,属于小学生学业负担层级中最重的一个等级。

1.整体表征描绘

图 2-19 描绘的是处于第三水平的小学生在各维度上的得分情况。

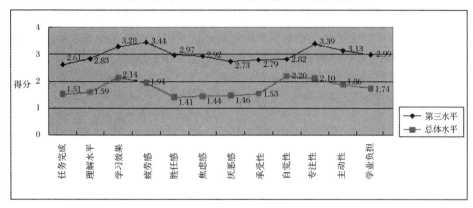

图 2-19　小学生学业负担第三水平各维度得分

由图 2-19 可以看出:处于第三水平的小学生学业负担均值在 3 左右,在各维度的得分均明显高于总体水平,且除"自觉性"维度外,其他维度得分与总体水平差值均大于 1;各维度的得分均分布在 3 左右,彼此差值较小,得分曲线比较平整。以上特征表明:处于第三水平的小学生学业负担程度虽明显高于总体平均,但仅属于略高水平;学生在各层面均有明显的负担表现,且层面间的差异不大。

首先,在认知过程层面,处于这一水平上的小学生学业负担表现情况为:在测查"任务完成"题项上得分均值为 2.61,标准差为 1.276;在"理解水平"题项上得分均值为 2.83,标准差为1.128;在"学习效果"题项上得分均值为 3.28,标准差为1.234。具体内容如表 2-9。

表 2-9　小学生学业负担的认知过程层面(第三水平)

		任务完成	理解水平	学习效果
N	有效	456	456	456
	缺失	0	0	0
均值		2.61	2.83	3.28
中值		2.00	3.00	3.00
众数		2	3	3
标准差		1.276	1.128	1.234
极小值		1	1	1
极大值		5	5	5

从表2-9的统计数据可以看出,处于此水平上的小学生在测查"任务完成"题项上的得分均值位于区间[2.5,3],这表明此类学生在平时学习中偶尔会出现无法按时完成学习任务的情形;在测查"理解程度"题项上的得分均值接近于3,且中值为3.00,众数为3,这表明此类学生日常学习中对学习内容的理解程度一般;在测查"学习效果"题项上的得分均值落于区间[3,3.5],且中值为3.00,众数为3,这表明此类学生所取得的学习效果略差。总体来说,第三水平的小学生在学业负担认知过程层面的得分均值约为2.91,近似于3,这说明此类学生基本符合问卷题项中所描绘的学业负担情形,也即意味着在小学生学业负担第三水平上,源自学习任务认知过程层面的学业负担略重。

其次,在情绪体验层面,此水平上小学生的学业负担表现情况为:在测查"焦虑感"题项上得分均值为2.92,标准差为1.369;在"胜任感"题项上得分均值为2.97,标准差为1.284;在"厌恶感"题项上得分均值为2.73,标准差为1.240;在"疲劳感"题项上得分均值为3.44,标准差为1.264。具体内容见描述统计量表2-10。

表 2-10　小学生学业负担的情绪体验层面(第三水平)

		胜任感	厌恶感	焦虑感	疲劳感
N	有效	456	456	456	456
	缺失	0	0	0	0
均值		2.97	2.73	2.92	3.44
中值		3.00	3.00	3.00	3.00
众数		3	3	3	3
标准差		1.284	1.240	1.369	1.264
极小值		1	1	1	1
极大值		5	5	5	5

从表2-10的统计数据可以看出,处于此水平的小学生在测查"胜任感"题项上的得分均值位于区间[2.5,3],且中值为3.00,众数为3,这表明此类学生对学习的胜任感略低,即学习过程中有时会出现力不从心的感觉;在测查"厌恶感"和"焦虑感"题项上的得分均值均十分接近于3,且中值均为3.00,众数均为3,这表明此类学生对学习产生了略高的厌恶感和焦虑感;在测查"疲劳感"题项上得分均值接近于3.5,且中值为3.00,众数为3,这表明此类学生平时生活中因学习而产生的疲劳感较高。总体来看,处于学业负担第三水平的小学生在情绪体验层面的负担得分均值约为3.02,这表明他们基本符合问卷题项中所描绘的学业负担情形,也即意味着此类学生在情绪体验层面的负担表现略重。

最后,在学习行为及反应层面,此水平上小学生的学业负担表现情况为:在测查学习"承受性"选项上得分均值为2.79,标准差为1.256;在学习"自觉性"选项上得分均值为2.82,标准差为1.310;在学习"专注性"选项上得分均值为3.39,标准差为1.274;在学习"主动性"选项上得分均值为3.13,标准差为1.328。具体数据见表2-11。

从表 2-11 的统计数据可以看出,处于第三水平的小学生在测查"承受性"题项得分均值位于区间[2.5,3],且中值为 3.00,众数为 3,这表明此类学生在平时学习中表现出略差的承受性,即学生有时会因学习任务繁重而出现身体不舒服的现象;在测查"自觉性"题项上得分均值略低于 3,且中值为 3.00,众数为 3,这说明此类学生的学习自觉性略差,在完成学习任务时偶尔需要他人的督促;在测查"专注性"题项上得分均值位于区间[3,3.5],且中值为 3.00,众数为 3,这表明此类学生平时学习中的专注程度较差,容易受外界事务的干扰;在测查"主动性"题项上得分均值略高于 3,且中值为 3.00,众数为 3,这说明此类学生在平时学习中的主动性较差,遇到困难时表现得消极、被动。而总体看来,处于第三水平的小学生在学习行为及反应层面上的得分均值约为 3.03,这意味着他们在学习行为层面表现出略重的学业负担。

表 2-11　小学生学业负担的行为反应层面（第三水平）

		承受性	自觉性	专注性	主动性
N	有效	456	456	456	456
	缺失	0	0	0	0
均值		2.79	2.82	3.39	3.13
中值		3.00	3.00	3.00	3.00
众数		3	3	3	3
标准差		1.256	1.310	1.274	1.328
极小值		1	1	1	1
极大值		5	5	5	5

2.特征分析及结构阐释

对于处于第三水平的小学生而言,其学业负担的突出特征可以通过与处于第二水平的小学生对比得到揭示。图 2-20 为处于第二、三水平的小学生在各层面上的得分对比情况。

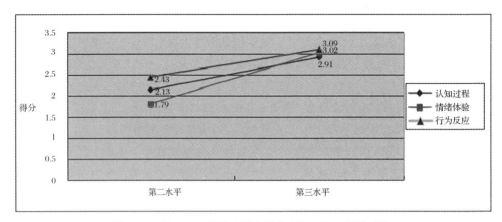

图 2-20 第二、三水平小学生学业负担各层面得分对比

由图 2-20 可以看出,相比第二水平,第三水平的小学生在"认知过程""行为反应"和"行为反应"得分均有明显增长,但增幅有所不同。从增长趋势来看,情绪体验层面的增幅明显高于认知过程层面与行为反应层面。这说明,第三水平的小学生在情绪体验层面的学业负担表现更加突出。

图 2-21 为处于第二、三水平学生在各具体维度上的得分对比情况。

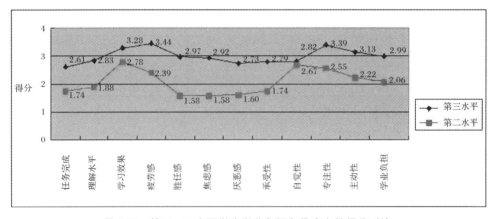

图 2-21 第二、三水平学生学业负担各维度上的得分对比

图 2-21 显示,相比第二水平,处于第三水平的小学生在各维度的得分均有所增长,但增幅各有区别:在认知过程层面,"理解水平"与"任务完成"得分增幅明显,增值均接近 1,高于"学习效果"的得分增幅;在情绪体验层面,四个子维度的得分增幅均非常明显,增值均超过 1;在行为反应层面,"承受性""专注性""主动性"三个维度的得分增幅明显,但"自觉性"维度得分增幅不明显。以上表明,在小学生学业负担第三水平上,"任务完成""理解水平""承受性""专注性""主动性"以及情绪体验层面的负担表现可以作为其突出特征,具体为:①学生在日常学习中,无法按时完成学习任务的情形时有发生,且对学习内容的理解程度为一般;②学生在情绪体验层面的各种负担表现均开始凸显;③学生出现身心不适应现象,学习也变得消极、被动。

统观第三水平小学生在学业负担各层面的具体表现,可以看出:①在认知过程层面,尽管学生的任务完成情况及理解水平明显变差,但学习效果并没有出现同等程度的下降,这说明有其他积极因素的影响。②在情绪体验层面,各种负面的学业情绪均比较明显,尤其是一些深层次的心理体验如焦虑感和厌恶感等也凸显出来。③在行为反应层面,学生的负担表现明显加重,但学生学习的自觉程度与第二水平相比并无显著下降。

若将各层面的负担特征加以关联与分析,可有以下发现:首先,从学习行为对认知过程的影响关系来看,第三水平小学生之所以在学习效果上未继续大幅度下滑,可能是与学生学习的自觉性未明显下降有关。众所周知,自觉性是个体努力程度的一个重要体现,而个体努力程度则是影响学生学习效果的主要因素之一。因此,对于第三水平小学生来说,尽管其任务完成情况与理解水平明显变差,但由于仍能保持一定的学习自觉性,所以学习效果并未出现相应的大幅下滑。其次,从学业情绪对学习行为的影响关系来看,第三水平小学生消极行为反应的凸显是受其负面学业情绪加重所致,如学生的疲劳感持续加重,会导致学生产生诸多的身心不适应;学生焦虑情绪的加深,会影响学生学习的专注程度;而学生厌恶感的出现,则抑制了学生学习的主动性。不过,需要指出的是,第三水平小学生的焦虑感的加深,也为其学习带来一些积极影响。学生对学习产生焦虑,意味着学生对学习过程或结果十分重视,这在一定程度上能够促使学生保持学习的自觉水平。

(四)小学生学业负担水平演变的内在规律

在前文中,我们分别对小学生学业负担不同水平进行了分析,描绘出不同水平的整体表征,也刻画了不同水平的突出特征。下面,我们要对不同水平的学业负担表现进行统一分析与对比分析,以期揭示出不同水平演变的内在规律。依照我们对学业负担表现的维度划分,不同水平的对比分析将首先针对各层面上的综合表现进行,然后再具体到各层面的子维度上。表2-12和图2-22展示的是小学生学业负担不同水平各层面的得分对比情况。

表 2-12 小学生学业负担不同水平对比

学业负担	认知过程	情绪体验	行为反应
第一水平	1.29	1.16	1.57
第二水平	2.13	1.79	2.43
第三水平	2.91	3.02	3.09

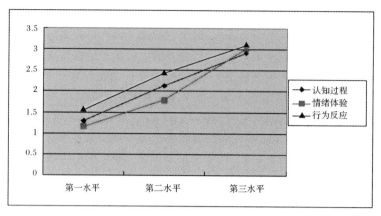

图 2-22　小学生学业负担不同水平对比

由表 2-12 和图 2-22 可以看出,在小学生学业负担不同水平上,行为反应层面的学业负担程度一直是最重的,情绪体验层面在第一水平上影响最小,但在第三水平上其影响已与其他层面持平;从演变趋势来看,小学生学业负担表现首先主要反映在行为反应层面,其次是认知过程层面,最后是情绪体验层面。

小学生学业负担水平所呈现出的这种演变趋势,与小学阶段学习的性质以及小学生的心理发展特点密切相关。首先,在小学阶段,学生的主要压力来自对学校学习生活的适应。因为小学生虽然已进入校园学习,但由于仍深受家庭私人生活模式的影响,加上小孩子固有的自由天性,其在规训化的学校公共生活中会表现出诸多的不适应。在学习活动中,给小学生带来诸多困扰的往往不一定是学习任务本身,而是各种学校规则、班级规定或教师命令对其学习行为的约束。其次,随着课程学习要求与难度的提升,小学生可能会在认知过程层面逐渐出现明显的负担表现。由于制约认知负担产生的因素相对外显、可控,因此其增长趋势会比较稳定,即如图 2-22 所示,增长趋势为直线形状。另外,小学生"情绪体验"负担表现得相对"滞后",主要是由于小孩子的性格与情绪特性使然。小孩子秉性单纯、自然,在低水平学业负担下,即使偶尔有消极情绪,也可能会很快忘记,不会维持很久。但在高水平学业负担下,消极的情绪体验可能会因变为常态而表露出来。

表 2-13 与图 2-23 展示的是小学生学业负担不同水平的得分对比情况。首先,在认知过程层面,不同水平得分对比情况如表 2-13 与图 2-23 所示。

表 2-13　小学生学业负担不同水平对比（认知过程层面）

	第一水平	第二水平	第三水平
任务完成	1.17	1.74	2.61
理解水平	1.18	1.88	2.83
学习效果	1.53	2.78	3.28

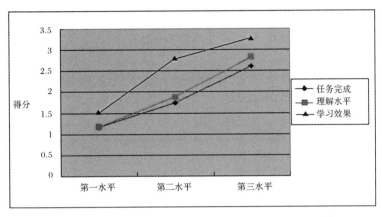

图 2-23　小学生学业负担不同水平对比（认知过程层面）

　　由表 2-13 和图 2-23 可以看出，在不同水平上，相比其他子维度，"学习效果"上的得分一直是最高的，这表明"学习效果"是小学生"认知过程"上负担表现的主要贡献因素；在第二水平上，"学习效果"得分已经接近 3，这说明在第二水平上，"学习效果"上的负担表现已经比较明显；"理解水平"和"任务完成"在不同水平上的得分均大致相等，增长趋势相似，这说明"理解水平"和"任务完成"对小学生认知负担的影响程度大致相同，另外二者在前两水平上的得分一直都低于 2，只是到了第三水平方急剧升高，这说明二者的负担表现只有在高水平上才会变得明显。因此，从演变趋势来看，认知过程层面负担表现首先反映在"学习效果"维度，其次是"理解水平"和"任务完成"维度。

　　其次，在情绪体验层面，不同水平得分对比情况如表 2-14 与图 2-24 所示。

表 2-14　小学生学业负担不同水平对比（情绪体验层面）

	第一水平	第二水平	第三水平
疲劳感	1.38	2.39	3.44
胜任感	1.06	1.58	2.97
焦虑感	1.08	1.58	2.92
厌恶感	1.10	1.60	2.73

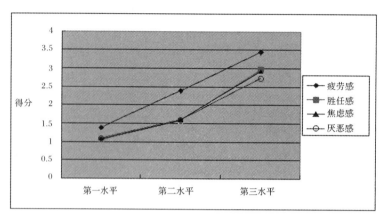

图 2-24　小学生学业负担不同水平对比（情绪体验层面）

注：由于"焦虑感"和"胜任感"的数据十分相近，所以在图中线条几乎重合。

由表 2-14 和图 2-24 可以看出，在第一水平上，情绪体验层面各子维度上的负担表现均非常轻，但到了第二水平，"疲劳感"上的负担表现迅速加重，与其他子维度区别明显，乃至在第三水平上，"疲劳感"上的得分仍明显高于其他子维度，这表明"疲劳感"是小学生"情绪体验"上负担表现的主要贡献因素；"胜任感"和"焦虑感"在不同水平上的得分均大致相等，在前两水平一直较低，这说明二者对小学生情绪体验负担的影响程度大致相同，并且二者在第三水平才出现明显的负担体验（得分接近 3）；"厌恶感"上的负担表现一直比较轻，加重趋势也低于其他子维度，这说明"厌恶感"上的负担表现只有在高水平上才会凸显。因此，从演变趋势来看，情绪体验层面负担表现首先反映在"疲劳感"维度，其次是"胜任感"和"焦虑感"维度，最后是"厌恶感"维度。

最后，在行为反应层面，不同水平得分对比情况如表 2-15 与图 2-25 所示。

由表 2-15 和图 2-25 可以看出，"自觉性"维度上的得分在前两水平一直最高，但到了第三水平，"自觉性"上的得分就几乎变为最低，这说明"自觉性"维度仅在低水平上对行为反应层面负担表现的影响较大；"专注性"维度上的得分在前两水平仅略低于"自觉性"，到第三水平已成为最高，这说明"专注性"维度是行为反应层面负担表现的主要贡献因素；"主动性"维度上得分一直略低于"专注性"维度，但增长趋势与其大致相同，这说明"主动性"维度对行为反应层面的影响仅次于"专注性"维度；"承受性"维度上得分一直最低，且在前两水平上得分均未超过 2，只是到第三水平才急剧升高，这说明小学生"承受性"上负担表现只有到高水平方会凸显出来。因此，从演变趋势来看，行为反应层面负担表现首先反映在"自觉性"，其次是"专注性"，然后是"主动性"，最后是"承受性"。

表 2-15	小学生学业负担不同水平对比（行为反应层面）		
	第一水平	第二水平	第三水平
承受性	1.17	1.74	2.79
自觉性	1.80	2.67	2.82
专注性	1.59	2.55	3.39
主动性	1.40	2.22	3.13

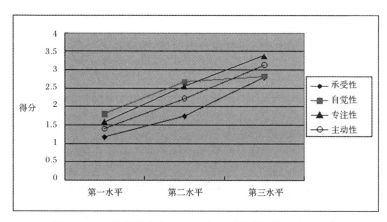

图 2-25　小学生学业负担不同水平对比（行为反应层面）

三、初中生的学业负担水平

　　按照个体身心发展的一般规律,随着年龄的增长,学生个体之间的差异性会更加多元、显著。相比小学生而言,初中学生在学习态度、情绪、能力及行为反应上会呈现出更多样的差异,因而在学业负担上也将会表现出更多的类型与水平。鉴于此,我们在对初中学生的学业负担调查数据进行聚类分析时,事先假定其簇类数会多于小学,后经过多次的运算尝试以及对聚类结果的质量评估,最终将其划分为五簇,所得的五簇数据中学生学业负担得分均值分别为 $a_1=1.44$、$a_2=2.14$、$a_3=2.36$、$a_4=2.94$、$a_5=3.68$。可以看出,五个均值中除 a_2、a_3 差值相对较小,其他各个均值之间的差值(达到 0.5)都比较明显,因此我们将其界定为初中生学业负担的五个不同水平。其中,之所以将 a_2 与 a_3 所对应的两簇数据也视为学业负担的两个不同水平,是因为通过对 a_2、a_3 所对应簇类数据的进一步分析,我们发现虽然 a_2 与 a_3 的差值不够明显,但这两簇数据在内部结构上却有明显的不同。换句话说,即虽然两类学生在学业负担的总体水平相差不大,但他们于各层面上的具体表现却存有明显差异。如果硬将二者合为同一水平,将会对学业负担水平与特征的有效揭示造成干扰。所以,我们将二者也视为初中生学业负担的两个不同水平。下面我们将对这五个水平分别进行分析与刻画。

（一）初中生学业负担第一水平

经聚类分析之后，在本研究所调查的初中生中，处于学业负担第一水平的学生数为1091，占所调查样本数的23.28%。此水平上的负担均值为$a_1 = 1.44$，在初中生学业负担层级中为最轻的一级。

1.整体表征描绘

图2-26描绘的是处于第一水平的初中生在学业负担各维度上的得分情况。由图2-26可以看出，处于第一水平初中生学业负担得分落于区间[1,1.5]，明显低于总体水平；各维度上得分均低于相应的总体平均值，且差值（均在0.5以上）比较明显；各维度中，除"学习效果""主动性""专注性"三个维度上的得分高于1.5，其他维度得分均位于区间[1,1.5]。以上说明，从整体来看，处于第一水平的初中生学业负担程度很低，同时在各个层面上的特征表现也均不明显。

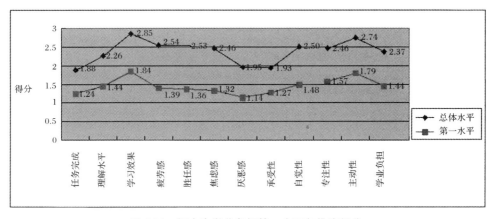

图2-26　初中生学业负担第一水平各维度得分

首先，在认知过程层面，处于这一水平上的初中生学业负担表现情况为：在"任务完成"题项上得分均值为1.24，标准差为0.681；在"理解水平"题项上得分均值为1.44，标准差为0.642；在"学习效果"题项上得分均值为1.84，标准差为0.953。具体内容见表2-16。

从表2-16的统计数据可以看出，此类学生在测查"任务完成"和"理解水平"题项上的得分均值都落于区间[1,1.5]，且中值均为1.00，众数均为1，这表明他们在日常学习中能够很好地完成各项学习任务，对学习内容也表现出很高的理解水平；在测查"学习效果"题项上的得分均值位于区间[1.5,2]，且中值为2.00，众数为1，这表明他们取得了较好的学习效果。总体来看，此类学生在认知过程层面的得分均值约为1.51，这说明在初中生学业负担第一水平上，反映在认知过程层面的学业负担很轻。

表 2-16 初中生学业负担的认知过程层面（第一水平）

		任务完成	理解水平	学习效果
N	有效	1091	1091	1091
	缺失	0	0	0
均值		1.24	1.44	1.84
中值		1.00	1.00	2.00
众数		1	1	1
标准差		0.681	0.642	0.953
极小值		1	1	1
极大值		5	5	5

　　其次,处于这一水平的初中生在情绪体验层面的负担表现情况为:在测查"厌恶感"题项上得分均值为 1.14,标准差为 0.477;在"焦虑感"题项上得分均值为1.32,标准差为 0.631;在"胜任感"题项上得分均值为1.36,标准差为 0.647;在"疲劳感"题项上得分均值为 1.39,标准差为 0.722。具体内容见表 2-17。

表 2-17 初中生学业负担的情绪体验层面（第一水平）

		胜任感	厌恶感	焦虑感	疲劳感
N	有效	1091	1091	1091	1091
	缺失	0	0	0	0
均值		1.36	1.14	1.32	1.39
中值		1.00	1.00	1.00	1.00
众数		1	1	1	1
标准差		0.647	0.477	0.631	0.722
极小值		1	1	1	1
极大值		5	5	5	5

　　从表 2-17 的统计数据可以看出,处于这一水平的初中生在情绪体验层面各子维度上的得分均值都落于区间 $[1,1.5]$,且中值均为 1.00,众数均为 1,这说明学生在各题项上的选择都集中于"完全不符合"选项,即意味着此类学生对学习有着很高的胜任感,同时在学习过程中的厌恶感、焦虑感和疲劳感都很低。从总体来看,此水平上的初中生在情绪体验层面的得分均值约为 1.30,由此可判定此类学生在情绪体验层面所表现出的学业负担很轻。

最后,在学习行为反应层面,此水平上初中生的学业负担表现情况为:在测查学习"承受性"选项上得分均值为1.27,标准差为0.563;学习"自觉性"选项上得分均值为1.48,标准差为0.906;学习"专注性"选项上得分均值为1.57,标准差为0.821;学习"主动性"选项上得分均值为1.79,标准差为0.952。具体数据见表2-18。

表2-18　初中生学业负担的行为反应层面（第一水平）

		承受性	自觉性	专注性	主动性
N	有效	1091	1091	1091	1091
	缺失	0	0	0	0
均值		1.27	1.48	1.57	1.79
中值		1.00	1.00	1.00	2.00
众数		1	1	1	1
标准差		0.563	0.906	0.821	0.952
极小值		1	1	1	1
极大值		5	5	5	5

从表2-18的统计数据可以看出,此类学生在测查"承受性""自觉性"题项上的得分均值均位于区间[1,1.5],且中值均为1.00,众数均为1,这表明他们能够很好地适应日常学习生活,并且总是能很自觉地完成各项学习任务;此类学生在测查"专注性""主动性"题项上的得分均值略高于1.5,且众数均为1,这表明他们平时学习中的专注性与主动性都很高。总体来看,此类学生在行为反应层面上的得分均值约为1.53,这意味着在初中生学业负担第一水平上,表现在行为反应层面的负担很轻。

2.特征分析及结构阐释

总体来看,在初中生学业负担水平层级中,第一水平为负担最轻的一级,其在各个层面均未出现学业负担过重的表现。具体到各层面来看,通过各维度间得分的对比,可以发现此水平上学生学业负担有以下几个较为突出的特征:

第一,在认知过程层面上,学生在任务完成以及对学习内容的理解方面表现突出,具体为学生总是能够很好地完成各项学习任务,同时对学习内容拥有很高的理解水平。这从相应题项上的学生选择频率分布表可以看出。

表 2-19 初中生任务完成情况（第一水平）①

		频率	百分比	有效百分比	累积百分比
有效	1	917	84.1	84.1	84.1
	2	126	11.5	11.5	95.6
	3	20	1.8	1.8	97.4
	4	12	1.1	1.1	98.5
	5	16	1.5	1.5	100.0
	合计	1091	100.0	100.0	

注："1"指代"完全不符合"，"2"指代"不太符合"，"3"指代"一般符合"，"4"指代"比较符合"，"5"指代"完全符合"。

从表 2-19 的统计数据可以看出，有 95.6％的初中生选择了"完全不符合"和"不太符合"。只有 2.6％的学生选择"比较符合"和"完全符合"。这表明，处于这一水平的学生能够很好地完成老师布置的学习任务。

表 2-20 初中生理解水平表现（第一水平）

		频率	百分比	有效百分比	累积百分比
有效	1	690	63.3	63.3	63.3
	2	336	30.8	30.8	94.1
	3	54	4.9	4.9	99.0
	4	10	0.9	0.9	99.9
	5	1	0.1	0.1	100.0
	合计	1091	100.0	100.0	

注："1"指代"完全不符合"，"2"指代"不太符合"，"3"指代"一般符合"，"4"指代"比较符合"，"5"指代"完全符合"。

从表 2-20 的统计数据可以看出，在 1091 名学生之中，选择"完全不符合"和"不太符合"的学生比例达到了 94.1％，而选择"比较符合"和"完全符合"则仅占 1.0％。这表明处于这一水平的学生对学习内容有着很高的理解水平。

第二，在情绪体验层面上，学生的突出表现为厌恶感极低。这从学生在对应题项上的选择频率可以看出。

①由于数据四舍五入的原因，合计数据有可能稍低于或稍高于 100.00。后同。

表 2-21　初中生厌恶感表现（第一水平）

		频率	百分比	有效百分比	累积百分比
有效	1	980	89.8	89.8	89.8
	2	80	7.3	7.3	97.1
	3	22	2.0	2.0	99.1
	4	6	0.5	0.5	99.6
	5	3	0.3	0.3	99.9
	合计	1091	99.9	99.9	

注:"1"指代"完全不符合","2"指代"不太符合","3"指代"一般符合","4"指代"比较符合","5"指代"完全符合"。

从表 2-21 中的统计数据可以看出,有 97.1% 的学生选择了"完全不符合"和"不太符合",而只有 0.8% 的学生选择"比较符合"和"完全符合"。这表明处于这一水平的学生在学习中极少有厌恶情绪产生,一直保持着很高的学习兴趣与热情。

第三,在行为反应层面,相比其他行为反应,学生在学习承受性上的特征表现更为突出。

表 2-22　初中生承受性表现（第一水平）

		频率	百分比	有效百分比	累积百分比
有效	1	855	78.4	78.4	78.4
	2	188	17.2	17.2	95.6
	3	42	3.8	3.8	99.4
	4	4	0.4	0.4	99.8
	5	2	0.2	0.2	100.0
	合计	1091	100.0	100.0	

注:"1"指代"完全不符合","2"指代"不太符合","3"指代"一般符合","4"指代"比较符合","5"指代"完全符合"。

从表 2-22 统计数据可以看出,此题项上选择"完全不符合"和"不太符合"的初中生达到了 95.6%,而选择"比较符合"和"完全符合"的只有 6 名学生,所占比重仅有 0.6%。这表明处于第一水平的初中生对自己目前的学习生活表现出很强的承受性,极少出现身心不适的现象。

综上所述,学生在"任务完成""理解水平""厌恶感""承受性"上的表现可以作为初中生学业负担第一水平的主要标识。依据学业负担的心理发生机制,可发现这几个突出特征之间存有密切关联,其中学生的任务完成情况与理解水平是动因所在,厌恶感很低可视为其内部反应,承受性很强则为外在表现。具体说来,学生能够很好地完成各项学习任务、理解所学内容,这就意味着其在认知过程中只需要投入较少的心理努力即可。而当学生的心理努力程度远低于其感觉阈限时,内在的消极情绪便不会遭到诱发,进而在外部行为上也就不会表现出不适应的倾向。返回到各层面来看,这几个突出特征与其他负担表现的关系如下:①在认知过程层面,学生的良好学习效果的取得,可归因于学生的任务完成表现与理解水平的双重促进作用。②在情绪体验层面,学生的厌恶感很低这一表现可能是其他情绪体验共同影响的结果。处于学业负担第一水平的初中生在日常学习中能够获得很高的胜任感,且没有明显的焦虑感和疲劳感产生,在此情形之下,学生能够从学习中感受到自信与快乐,进而激发出很高的学习兴趣与热情,自然也就不会有厌恶情绪产生。③在行为反应层面,由于第一水平的初中生对学习生活形成了很好的身心适应,有利于其他良好行为倾向的产生与维持,所以他们在学习的自觉性、专注性与主动性上表现得也非常好。

(二)初中生学业负担第二水平

在本研究所调查的初中生中,处于学业负担第二水平的学生有 734 名,占所调查样本数的 15.66%,负担水平均值为 $a_2 = 2.14$,为学业负担水平较轻的一类。

1.整体表征描绘

图 2-27 描绘的是处于第二水平的初中生在各维度上的得分情况。

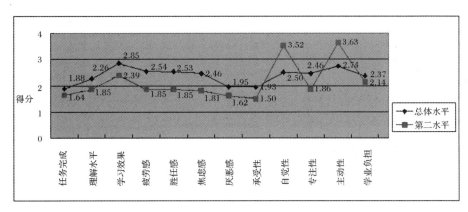

图 2-27　初中生学业负担第二水平各维度得分

图 2-27 显示:处于第二水平的初中生学业负担均值位于区间[2,2.5],略低于总体水平;在各维度上,除"自觉性""主动性"外,其他维度得分均低于总体水平的平均值,但差值有区别;得分最高的维度"主动性"与得分最低的维度"承受性"差值近似于 2;相比总体水平的得分曲线,第二水平的得分曲线更加弯曲、多变。以上结果表明,处于第二水平初中生学业负担属于较低水平,其在各层面上的特征表现有明显的分化现象,即部分维度上的得分均值差异比较明显。

首先,在认知过程层面,处于这一水平上的初中生学业负担表现情况为:在"任务完成"题项上得分均值为 1.64,标准差为 0.827;在"理解水平"题项上得分均值为 1.85,标准差为 0.731;在"学习效果"题项上得分均值为 2.39,标准差为 1.033。其中,具体内容见表 2-23。

表 2-23　初中生学业负担的认知过程层面（第二水平）

		任务完成	理解水平	学习效果
N	有效	734	734	734
	缺失	0	0	0
均值		1.64	1.85	2.39
中值		1.00	2.00	2.00
众数		1	2	2
标准差		0.827	0.731	1.033
极小值		1	1	1
极大值		5	4	5

　　从表 2-23 的统计数据可以看出,此类学生在测查"任务完成"题项上的得分均值略高于 1.5,且中值为 1.00,众数为 1,这表明他们平时能够较好地完成各项学习任务;在测查"理解水平"题项上的得分均值位于区间[1.5,2],且中值为 2.00,众数为 2,这说明此类学生对所学内容的理解属于较高水平;在测查"学习效果"题项上的得分均值位于区间[2,2.5],且中值为 2.00,众数为 2,这说明此类学生所取得的学习效果略好。总体来看,此类学生在认知过程层面的得分均值为 1.96,近似于 2,这意味着在初中生学业负担第二水平上,源自认知过程层面的学业负担较轻。

　　其次,在情绪体验层面,处于第二水平的初中生在学业负担的情绪体验层面的整体表现情况为:在测查"厌恶感"题项上得分均值为 1.62,标准差为 0.877;在"焦虑感"题项上得分均值为 1.81,标准差为 0.865;在"胜任感"题项上得分均值为 1.85,标准差为 0.810;在"疲劳感"题项上得分均值为 1.85,标准差为 0.917。具体内容见表 2-24。

表 2-24　初中生学业负担的情绪体验层面（第二水平）

		胜任感	厌恶感	焦虑感	疲劳感
N	有效	734	734	734	734
	缺失	0	0	0	0
均值		1.85	1.62	1.81	1.85
中值		2.00	1.00	2.00	2.00
众数		2	1	1	1
标准差		0.810	0.877	0.865	0.917
极小值		1	1	1	1
极大值		5	5	5	5

从表 2-24 的统计数据可以看出,此类学生在情绪体验层面上的各项得分均位于区间[1.5,2],总体均值为 1.78,这表明他们在平时学习中的胜任感、疲劳感、焦虑感较高,且厌恶感较低。从总体来看,这意味着在初中生学业负担第二水平上,反映在情绪体验层面的负担表现较轻,即学生尚未显露出明显的负面学业情绪。

最后,在学习行为层面,处于此水平的学生学业负担具体表现为:在测查学习"承受性"选项上得分均值为 1.50,标准差为 0.727;学习"自觉性"选项上得分均值为 3.52,标准差为 1.284;学习"专注性"选项上得分均值为 1.86,标准差为 0.902;学习"主动性"选项上得分均值为 3.63,标准差为 1.031。具体数据见表 2-25。

表 2-25　初中生学业负担的行为反应层面(第二水平)

N		承受性	自觉性	专注性	主动性
N	有效	734	734	734	734
	缺失	0	0	0	0
均值		1.50	3.52	1.86	3.63
中值		1.00	4.00	2.00	4.00
众数		1	4	1	3[a]
标准差		0.727	1.284	0.902	1.031
极小值		1	1	1	1
极大值		5	5	5	5

注:a 表示存在多个众数,显示最小值。

从表 2-25 中的统计数据可以看出,处于这一水平的初中生在学业负担行为层面各题项上的得分有较大差异,在测查"承受性"和"专注性"题项的得分区位于区间[1.5,2],而在"自觉性"和"主动性"题项上的得分位于区间[3.5,4]。这表明此类学生在平时学习中表现出较强的承受性和较好的专注性,但也表现出较差的自觉性与主动性。而总体说来,此类学生在学业负担为层面的得分均值约为2.63,接近于3,这说明他们基本符合问卷题项中所描述的学业负担状况,即意味着他们已经表现出一些消极的学习行为反应。

2.特征分析及结构阐释

对于处于第二水平的初中生而言,其学业负担的突出特征可以通过与处于第一水平的初中生对比得到揭示。图 2-28 为处于第一、二水平的初中生在各层面上的得分对比情况。

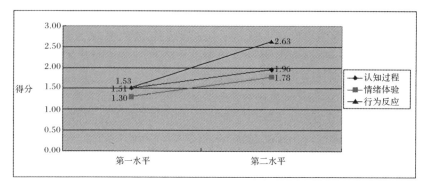

图 2-28　第一、二水平初中生学业负担各层面得分对比

由图 2-28 可以看出，相比第一水平，处于学业负担第二水平的初中生在"认知过程""情绪体验"和"行为反应"上的得分均有增长；从增长趋势来看，行为反应层面的增幅最为明显，增值超过 1，而认知过程层面和情绪体验层面的增幅大致相同，增值均在 0.5 左右。这说明，第二水平的初中生在行为反应层面上表现出更加明显的负担特征。

图 2-29 为处于第一、二水平初中生在各维度上的得分对比情况。

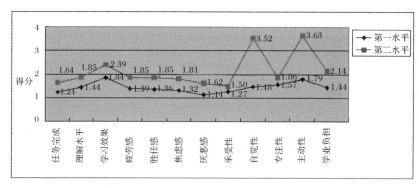

图 2-29　第一、二水平初中生学业负担各维度上的得分对比

图 2-29 显示，处于第二水平的初中生在学业负担各维度的得分均高于第一水平，但增幅各有区别；就认知过程层面而言，学生在"学习效果"上的得分最高，位于区间[2,2.5]，且增幅相对比较明显；就情绪体验层面而言，学生在各维度的得分近似相等，增幅也大致相同；就行为反应层面而言，学生在"自觉性"和"主动性"上的得分很高，且增幅十分明显，而在"承受性""专注性"上的得分增幅则不太明显。以上显示结果表明：学生在"自觉性""主动性"上的实际表现，为初中生学业负担第二水平的突出特征。

综上所述，通过学业负担各层面及维度的得分对比，我们发现导致初中生第二水平的学业负担程度高于第一水平的主要原因是第二水平初中生在行为反应层面的负担明显加重，而其中最主要的因素便是学生的自觉性与主动性较差。需要指出的是，第二水平初中生的自觉性与主动性较差，肯定与其认知负担加重、不良学业情绪积累有一定的因果关系，但考虑到其与认知过程及情绪体验层面表现的严重不协调，所以可能有其他外部因素的干扰与影响，对其原因需要进一步探究。

（三）初中生学业负担第三水平

在本研究所调查的初中生中,处于学业负担第三水平的学生数量为1244名,占所调查样本数的26.54％,负担水平均值为$a_3 = 2.36$,为学业负担水平略轻的一类。

1.整体表征描绘

图2-30描绘的是处于第三水平的初中生在各维度上的得分情况。

由图2-30可以看出:处于第三水平的初中生学业负担均值位于区间[2,2.5],与总体水平十分接近,且各维度上的得分和对应的总体平均值相差不大,得分曲线与总体水平得分曲线接近重合,这说明处于第三水平的初中生学业负担程度与总体水平持平;各维度间的得分存在一定差异,得分最高维度与得分最低维度差值达到1,得分曲线表现出不规则、多变的特征,这说明处于第三水平的初中生在各层面的负担程度存在差异,部分维度上的负担表现比较明显。

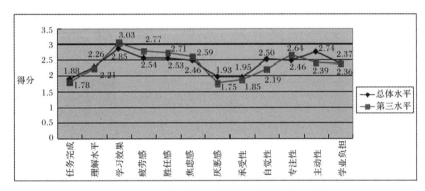

图2-30 初中生学业负担第三水平各维度得分

首先,在认知过程层面,处于这一水平上的初中生学业负担表现情况为:在"任务完成"题项上的得分均值为1.78,标准差为0.916;在"理解水平"题项上的得分均值为2.21,标准差为0.793;在"学习效果"题项上的得分均值为3.03,标准差为1.091。具体内容见表2-26。

表2-26 初中生学业负担的认知过程层面（第三水平）

		任务完成	理解水平	学习效果
N	有效	1244	1244	1244
	缺失	0	0	0
均值		1.78	2.21	3.03
中值		2.00	2.00	3.00
众数		1	2	3
标准差		0.916	0.793	1.091
极小值		1	1	1
极大值		5	5	5

从表 2-26 中的统计数据可以看出,处于第三水平的初中生在"任务完成"题项上的得分略低于 2,这表明此类学生在平时的学习中能够较好地完成学习任务;在"理解水平"题项上的得分略高于 2,这表明此类学生对学习内容有着略高的理解水平;在"学习效果"题项上的得分均值近似于 3,这表明此类学生取得了一般的学习效果。而总体说来,此类学生在学业负担认知过程层面的得分均值为 2.34,这意味着在初中生学业负担第三水平上,源自学习任务认知过程层面的学业负担略轻。

其次,在情绪体验层面,此水平上初中生的学业负担表现情况为:在测查"厌恶感"题项上的得分均值为 1.75,标准差为 0.912;在"焦虑感"题项上的得分均值为 2.59,标准差为 1.028;在"胜任感"题项上的得分均值为 2.71,标准差为 1.025;在"疲劳感"题项上的得分均值为 2.77,标准差为 1.124。具体内容见表 2-27。

表 2-27　初中生学业负担的情绪体验层面(第三水平)

		胜任感	厌恶感	焦虑感	疲劳感
N	有效	1244	1244	1244	1244
	缺失	0	0	0	0
均值		2.71	1.75	2.59	2.77
中值		3.00	2.00	3.00	3.00
众数		3	1	3	3
标准差		1.025	0.912	1.028	1.124
极小值		1	1	1	1
极大值		5	5	5	5

从表 2-27 的统计数据可以看出,此类学生在测查"胜任感""焦虑感""疲劳感"三个题项上的得分均值均在区间[2.5,3],中值均为 3.00,众数均为 3,这表明此类学生在平时学习中表现出一般的胜任感、略低的焦虑感与疲劳感。在测查"厌恶感"题项上,此类学生的得分均值在区间[1.5,2],众数为 1,这表明此类学生对学习的厌恶感较低。如果从总体说来,处于第三水平的初中生在学业负担的情绪体验层面的得分均值为 2.46,这说明此类学生在情绪体验层面所表现出的学业负担略轻。

最后,在行为反应层面,此水平上初中生的学业负担得分情况为:在测查"承受性"选项上的得分均值为 1.85,标准差为 0.876;"自觉性"选项上的得分均值为 2.19,标准差为 1.071;"专注性"选项上的得分均值为 2.64,标准差为 1.098;"主动性"选项上的得分均值为 2.39,标准差为 0.986。具体数据见表 2-28。

表 2-28		初中生学业负担的行为反应层面（第三水平）			
		承受性	自觉性	专注性	主动性
N	有效	1244	1244	1244	1244
	缺失	0	0	0	0
均值		1.85	2.19	2.64	2.39
中值		2.00	2.00	3.00	2.00
众数		1	2	2	3
标准差		0.876	1.071	1.098	0.986
极小值		1	1	1	1
极大值		5	5	5	5

从表 2-28 中的统计数据可以看出,处于这一水平的初中生在学业负担行为层面各维度上的表现有一定差异:在测查"承受性"题项上的得分均值落在区间[1.5,2],且中值为 2.00,众数为 1,这表明此类学生在平时学习中表现出较好的承受性,较少出现身心不适现象;在"自觉性"与"主动性"题项上的得分均值落在区间[2,2.5],这表明此类学生学习的自觉性与主动性略好;在"专注性"题项上的得分均值落在区间[2.5,3],这表明此类学生学习的专注性一般,学习中不时会出现精力不集中现象。而总体说来,此类学生在学业负担行为层面的得分均值约为2.27,属于区间[2,2.5],这意味着处于第三水平的初中生在行为反应层面还未表现出比较明显的负担特征。

2.特征分析及结构阐释

就处于第三水平的初中生而言,其学业负担的突出特征可以通过与处于第二水平的初中生对比得到揭示。图 2-31 为处于第二、三水平的初中生在各层面上的得分对比情况。

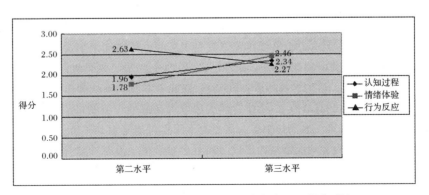

图 2-31　第二、三水平初中生学业负担各层面得分对比

由图 2-31 可以看出,相比第二水平,处于学业负担第三水平的初中生在认知过程层面和情绪体验层面的得分有所增长,但增幅略有不同,其中情绪体验层面的增幅明显高于认知过程层面。这说明,在初中生学业负担第三水平上,情绪体验层面的负担表现更加突出。

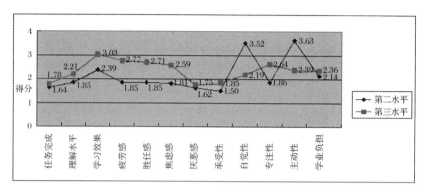

图 2-32　第二、三水平初中生学业负担各维度上的得分对比

图 2-32 显示,相比第二水平,处于第三水平的初中生在各维度上的得分增减程度不一:在认知过程层面,"学习效果"维度上学生得分最高,且增幅最为明显,而"任务完成"和"理解水平"维度得分增幅不太明显;在情绪体验层面,"疲劳感""胜任感""焦虑感"维度得分均位于区间[2.5,3],且增幅均比较明显,而"厌恶感"维度得分增幅则不明显;在行为反应层面,"专注性"维度得分增幅比较明显,"承受性"维度得分增幅不太明显,"自觉性"与"主动性"维度得分有明显下降。以上表明,初中生学业负担第三水平的突出特征集中体现在"学习效果""疲劳感""焦虑感""胜任感"和"专注性"等维度上,具体表现为:①学生所取得的学习效果略差;②学生在学习中产生了明显的疲劳感与不胜任感,并伴有一定的焦虑感;③学生学习的专注性一般,注意力不集中现象时有发生。

单从各层面来说,以上几个突出特征与其他表现的关系如下:①在认知过程层面,第三水平初中生所取得的学习效果与其任务完成表现及理解水平不太相符。与第二水平相比,他们在任务完成及理解水平的表现并没有明显变差,但所取得的学习效果却明显下降,这说明有来自其他层面的消极影响。②在情绪体验层面,相比第二水平,第三水平初中生的不胜任感、疲劳感和焦虑感等负面情绪均明显加重,但并没有引起厌恶感的明显变化。③在行为反应层面,学生的承受性表现与专注性表现存在不一致现象,即学生对学习表现出较好的身心适应性,但专注性一般。若将上述的突出特征置于第三水平的整体表征之下进行分析,可以发现:①从认知过程与学习行为的相互关系来看,第三水平初中生学习效果之所以明显下降,与其专注性变差有较大关系。学生学习的专注性变差,意味着其投入到认知学习中的时间与精力会遭到削减,而没有足够的身心投入,学生自然无法取得良好的学习效果。②从学业情绪与学习行为的相互关系来看,第三水平初中生专注力的下降很可能是由其不胜任、疲劳感和焦虑感等负面情绪的加重所致。负面情绪的形成与加重会对学生学习时的选择性注意和持续性注意产生干扰,从而使学生的注意力不能保持长久稳定的状态。另外,第三水平初中生的厌恶感程度与其承受性表现有内在关联。由于此类学生具有较强的承受能力,能够较好地适应平时的学习生活,因此即便受到一些负面情绪的影响,也不至于对学习产生较重的厌恶感。

（四）初中生学业负担第四水平

在本研究所调查的初中生中,处于学业负担第四水平的学生有 1211 名,占到所调查样本数的 25.84%,其得分均值为 $a_4=2.94$,在初中生学业负担水平层级中属于略重的一级。

1.整体特征描绘

图 2-33 描绘的是处于第四水平的初中生在各维度上的得分情况。

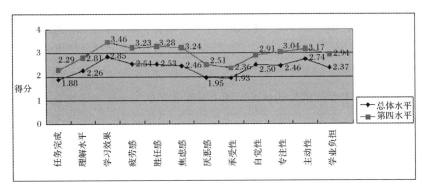

图 2-33 初中生学业负担第四水平各维度得分

图 2-33 显示:处于第四水平的初中生学业负担均值近似于 3,明显高于总体水平;各维度上的得分也均高于总体水平的平均值,且差值比较明显;各维度间得分总体差异不大,除"任务完成"与"承受性"维度外,其他维度得分均略低或略高于 3。以上结果表明,处于第四水平的初中生学业负担程度略重,其在各层面上均有明显表现。

首先,在认知过程层面,处于这一水平上的初中生学业负担表现情况为:在"任务完成"题项上得分均值为 2.29,标准差为 0.976;在"理解水平"题项上得分均值为 2.81,标准差为 0.885;在"学习效果"题项上得分均值为 3.46,标准差为 1.095。具体内容见表 2-29。

表 2-29 初中生学业负担的认知过程层面（第四水平）

		任务完成	理解水平	学习效果
N	有效	1211	1211	1211
	缺失	0	0	0
均值		2.29	2.81	3.46
中值		2.00	3.00	3.00
众数		2	3	3
标准差		0.976	0.885	1.095
极小值		1	1	1
极大值		5	5	5

从表 2-29 中的统计数据可以看出，处于第四水平的初中生在"任务完成"题项上的得分均值略高于 2，且中值为 2.00，众数为 2，这说明大部分学生的选择为"不太符合"，也即表明他们平时基本能够做到按时完成各项学习任务；在"理解水平"题项上得分均值位于区间 [2.5,3]，且中值为 3.00，众数为 3，这表明此类学生对学习内容的理解水平略差；在"学习效果"题项上得分均值近于 3.5，这表明此类学生所取得的学习效果略差。而总体说来，此类学生在学业负担认知过程层面的得分均值约为 2.85，这意味着在初中生学业负担的第四水平上，源自认知过程层面的学业负担略重。

其次，在情绪体验层面，此水平上初中生的学业负担表现情况为：在测查"厌恶感"题项上得分均值为 2.51，标准差为 1.037；在"焦虑感"题项上得分均值为 3.24，标准差为 1.027；在"胜任感"题项上得分均值为 3.28，标准差为 1.008；在"疲劳感"题项上得分均值为 3.23，标准差为 1.103。具体内容见表 2-30。

表 2-30　初中生学业负担的情绪体验层面（第四水平）

		胜任感	厌恶感	焦虑感	疲劳感
N	有效	1211	1211	1211	1211
	缺失	0	0	0	0
均值		3.28	2.51	3.24	3.23
中值		3.00	2.00	3.00	3.00
众数		3	2	3	3
标准差		1.008	1.037	1.027	1.103
极小值		1	1	1	1
极大值		5	5	5	5

从表 2-30 的统计数据可以看出，此类学生在测查"胜任感""焦虑感""疲劳感"三个题项上的得分均值均在区间 [3,3.5]，中值均为 3.00，众数均为 3，这表明此类学生在平时学习中表现出略低的胜任感，且伴有较为明显的焦虑感与疲劳感。在测查"厌恶感"题项上，此类学生的得分均值位于区间 [2.5,3]，这表明此类学生有一定的厌学情绪。总体说来，处于第四水平的初中生在学业负担的情绪体验层面的得分均值约为 3.07，这说明此类学生在情绪体验层面的表现基本符合问卷题项中所描绘的学业负担情形，即意味着处于第四水平的初中生在情绪体验层面表现出略重的负担特征。

最后，在行为反应层面，此水平上初中生的学业负担得分情况为：在测查"承受性"题项上得分均值为 2.36，标准差为 1.045；在"自觉性"题项上得分均值为 2.91，标准差为 1.033；"专注性"题项上得分均值为 3.04，标准差为 1.132；"主动性"题项上得分均值为 3.17，标准差为 1.073。具体数据见表 2-31。

表 2-31		初中生学业负担的行为反应层面（第四水平）			
		承受性	自觉性	专注性	主动性
N	有效	1211	1211	1211	1211
	缺失	0	0	0	0
均值		2.36	2.91	3.04	3.17
中值		2.00	3.00	3.00	3.00
众数		2	3	3	3
标准差		1.045	1.033	1.132	1.073
极小值		1	1	1	1
极大值		5	5	5	5

从表 2-31 中的统计数据可以看出,处于这一水平的初中生在测查"自觉性""专注性"和"主动性"题项上的得分相近,三者均值都近似于 3,且中值均为 3.00,众数也均为 3,这表明此类学生平时学习中在自觉性、专注性和主动性上均表现得略差;在"承受性"题项上的得分位于区间 [2,2.5],这表明此类学生对学习表现出略好的承受性。而总体说来,此类学生在学业负担行为层面的得分均值为 2.87,接近于 3,这意味着处于第四水平的初中生在行为层面所表现出的负担程度一般。

2.特征分析及结构阐释

就处于第四水平的初中生而言,其学业负担突出特征的揭示,可以通过与第三水平的对比得到实现。图 2-34 为处于第三、四水平的初中生在各层面上的得分对比情况。

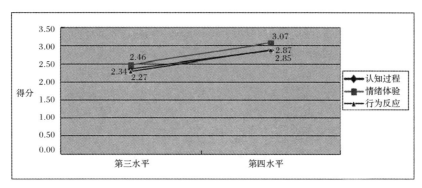

图 2-34　第三、四水平初中生学业负担各层面得分对比

由图 2-34 可以看出,相比第三水平,处于学业负担第四水平的初中生在认知过程层面、情绪体验层面、行为反应层面得分均有明显增长,且增幅大致相同,同时三个层面上的得分也均在

3 附近,这表明在初中生学业负担第四水平上,各层面上所表现出的负担程度大致相似。这也意味着单从各层面得分的对比中,无法找到第四水平的突出特征,需要细化到各维度上的得分对比。

图 2-35 为处于第三、四水平的初中生在各维度上的得分对比情况。

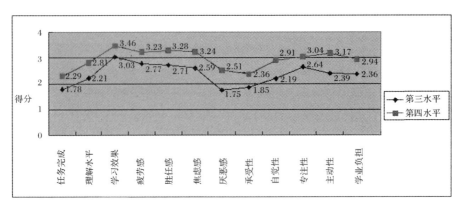

图 2-35　第三、四水平初中生学业负担各维度上的得分对比

图 2-35 显示,相比第三水平,处于第四水平的初中生在各维度得分均有所增长,但增幅不一:在认知过程层面,"理解水平"维度上学生得分接近于 3,且增幅最为明显;在情绪体验层面,"焦虑感""厌恶感"维度得分增幅明显;在行为反应层面,"自觉性""主动性"维度上学生得分增幅明显。以上表明,初中生学业负担第四水平的突出特征集中体现在"理解水平""焦虑感""厌恶感""自觉性""主动性"等维度上,具体表现为:①学生对所学内容的理解有些吃力;②学生在日常学习中产生了较为明显的焦虑感,同时伴有一定的厌恶情绪;③学生学习的自觉性与主动性略差。

单就各层面来说,将以上突出特征与其他表现进行对比,可以看出:①在认知过程层面,导致第四水平初中生学习效果较差的主要因素是其对学习内容的理解水平。一般而言,学生的学习效果取决于个体所投入的心理努力和自身理解水平两个因素。个体的心理努力越多,理解水平越高,所取得的学习效果就会越好,反之则反。由前文分析可知,第四水平初中生在任务完成上的表现略好,即表明他们在学习中付诸了大量的心理努力,但他们最终所取得的学习效果却较差,由此可以判定其学习效果较差是受理解水平略差的影响所致。此类学生对学习内容的理解水平略差,可能是由于学习内容的客观难度过高,也有可能是由于其认知学习的策略与方法不得当。不过,鉴于前几水平初中生的理解水平普遍较高,说明学习内容的难度对于一般初中生而言不会过高,因此后者的可能性无疑更大。②在情绪体验层面,相比第三水平,第四水平初中生的不胜任感、疲劳感和焦虑感等消极情绪持续加重,因而导致学生对学习的厌恶感开始凸显出来。这说明学生的厌恶感是更为消极、极端的情绪体验,只有当其他负面情绪不断累积至一定程度,其才会遭到诱发与唤醒。③在行为反应层面,虽然第四水平初中生在自觉性、专注性和主动性上都显露出明显的消极倾向,但学生的承受性表现仍属于略好水平。

若将以上突出特征返置于第四水平的整体表征之中,还可有以下发现:①从认知过程与学业情绪的相互关系来看,第四水平初中生的消极学业情绪的产生与学习任务量的关系不大,更多可能是由自身理解水平及学习效果所引起。因为根据此类学生在认知过程层面上的表现,可以判定其认知负担的主要来源并非学习的任务量,而是对学习内容的理解以及最终的学习效果。在认知学习中,若学生对学习内容一直难以理解,就容易产生认知疲劳及不胜任感,而若学生所取得的学习效果较差,则就很可能会诱发焦虑与厌学情绪。②从认知过程与学习行为的相互关系来看,第四水平初中生的"承受性"表现与其"任务完成"表现存有较大关联。因为虽然此水平上学生的学业负担程度略重,并且在大部分子维度上的特征表现均比较明显,但在"任务完成"及"承受性"上却没有表现出与之相似的负担程度。

(五)初中生学业负担第五水平

在本研究所调查的初中生中,处于学业负担第五水平的学生数量为407名,占所调查样本数的8.68%,负担水平均值为$a_5 = 3.68$,为学业负担水平层级中较重的一级。

1.整体特征描绘

图2-36描绘的是处于第五水平的初中生在学业负担各维度上的得分情况。

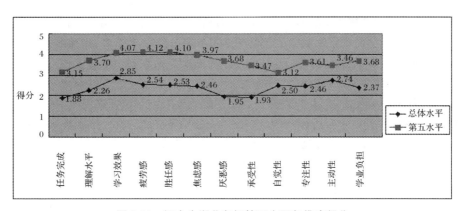

图2-36 初中生学业负担第五水平各维度得分

由图2-36可以看出:处于第五水平的初中生学业负担均值位于区间[3.5,4],远高于总体水平;各维度上的得分均高于相应的总体平均值,且差值较大(普遍在1以上);各维度间的得分差异不大,最大值与最小值之间相差不到1,得分曲线整体比较平整、少变。以上表明,处于第五水平的初中生学业负担程度较重,明显高于总体水平,且其在各层面的负担表现都很明显。

首先,在认知过程层面,处于这一水平上的初中生学业负担表现情况为:在"任务完成"题项上得分均值为3.15,标准差为1.114;在"理解水平"题项上得分均值为3.70,标准差为1.029;在"学习效果"题项上得分均值为4.07,标准差为1.076。具体内容见表2-32。

表 2-32 **初中生学业负担的认知过程层面（第五水平）**

		任务完成	理解水平	学习效果
N	有效	407	407	407
	缺失	0	0	0
均值		3.15	3.70	4.07
中值		3.00	4.00	4.00
众数		3	4	5
标准差		1.114	1.029	1.076
极小值		1	1	1
极大值		5	5	5

从表 2-32 的统计数据可以看出,处于第五水平的初中生在"任务完成"题项上的得分均值位于区间[3,3.5],且中值为 3.00,众数为 3,这表明此类学生在平时学习中经常无法完成学习任务;在"理解水平"题项上得分均值位于区间[3.5,4],且中值为 4.00,众数为 4,这表明此类学生对学习内容的理解属于较差水平;在"学习效果"题项上得分均值近似于 4,且中值为 4.00,众数为 5,这表明此类学生取得了较差的学习效果。而总体说来,此类学生在学业负担认知过程层面的得分均值为 3.64,位于区间[3.5,4],这意味着在初中生学业负担第五水平上,源自认知过程层面的学业负担较重。

其次,在情绪体验层面,此水平上初中生的学业负担表现情况为:在测查"厌恶感"题项上得分均值为 3.68,标准差为 1.154;"焦虑感"题项上得分均值为 3.97,标准差为 1.087;"胜任感"题项上得分均值为 4.10,标准差为 0.996;"疲劳感"题项上得分均值为 4.12,标准差为 1.057。具体内容见表 2-33。

表 2-33 **初中生学业负担的情绪体验层面（第五水平）**

		胜任感	厌恶感	焦虑感	疲劳感
N	有效	407	407	407	407
	缺失	0	0	0	0
均值		4.10	3.68	3.97	4.12
中值		4.00	4.00	4.00	4.00
众数		5	5	5	5
标准差		0.996	1.154	1.087	1.057
极小值		1	1	1	1
极大值		5	5	5	5

从表 2-33 中的统计数据可以看出，第五水平的初中生在测查"胜任感""疲劳感"题项上的得分均值都超过 4，且中值为 4.00，众数为 5，这表明他们平时经常感觉无法胜任各项学习任务，且经常会因学习而产生严重的疲劳感；在"焦虑感"题项上得分均值近似于 4，且中值为 4.00，众数为 5，这表明他们对学习的焦虑程度很高，心理压力很大；在"厌恶感"题项上得分均值位于区间[3.5,4]，且中值为 4.00，众数为 5，这表明他们在日常学习中已经表露出较严重的厌学情绪。总体来看，此类学生在情绪体验层面上的得分均值约为 3.97，这意味着在初中生学业负担第五水平上，学生表现出非常多且严重的负面学业情绪。

最后，在行为反应层面，此水平上初中生的学业负担得分情况为：在测查"专注性"题项上得分最高，均值达到 3.61，标准差为 1.254；在"自觉性"题项上的得分最低，均值为 3.12，标准差为 1.227。另外，在"承受性"题项上得分均值为 3.47，标准差为 1.217；在"主动性"题项上得分均值为 3.46，标准差为 1.235。具体数据见表 2-34。

表 2-34　初中生学业负担的行为反应层面（第五水平）

		承受性	自觉性	专注性	主动性
N	有效	407	407	407	407
	缺失	0	0	0	0
均值		3.47	3.12	3.61	3.46
中值		4.00	3.00	4.00	4.00
众数		3	3	5	3
标准差		1.217	1.227	1.254	1.235
极小值		1	1	1	1
极大值		5	5	5	5

从表 2-34 中的统计数据可以看出，处于这一水平的初中生在测查"承受性""主动性"题项上的得分均值都略低于 3.50，且中值均为 4.00，众数均为 3，这表明此类学生对日常学习生活产生了一定的身心不适应，且学习的积极性和主动性略差；在"自觉性"题项上的得分略高于 3，且中值为 3.00，众数为 3，这表明此类学生学习的自觉性一般，有时会需要别人的督促；在"专注性"题项上得分均值位于区间[3.5,4]，且中值为 4.00，众数为 5，这说明此类学生在平时学习中经常会被外界事物所干扰。而总体说来，此类学生在学业负担行为层面的得分均值约为 3.42，位于区间[3,3.5]，这意味着在初中生学业负担第五水平上，学生的各种消极行为反应已经表现得较为明显。

2.特征分析及结构阐释

初中生学业负担第五水平突出特征的寻找与分析，可以通过与第四水平的得分情况对比得到实现。图 2-37 为处于第四、五水平的初中生在各层面上的得分对比情况。

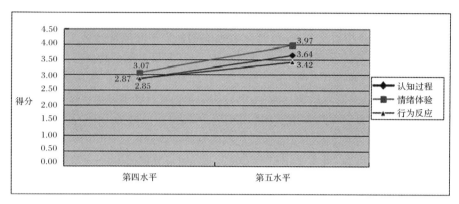

图 2-37　第四、五水平初中生学业负担各层面得分对比

由图 2-37 可以看出,相比第四水平,处于学业负担第五水平的初中生在各层面的得分均有明显增长,其中情绪体验层面的增幅最为明显,增值接近1,认知过程层面增幅其次,行为反应层面增幅最小,但增值也超过 0.5。这说明,在初中生学业负担第五水平上,学生各层面的负担表现都更加明显,其中情绪体验层面的负担表现最为突出。

图 2-38 为处于第四、五水平的初中生在各维度上的得分对比情况。

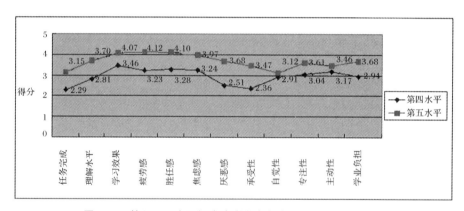

图 2-38　第四、五水平初中生学业负担各维度上的得分对比

图 2-38 显示,相比第四水平,处于第五水平的初中生在各维度上的得分均有所增长,但增幅不一:在认知过程层面,"任务完成"和"理解水平"维度得分增幅明显,增值均超过 0.8;在情绪体验层面,四个子维度得分增幅均比较明显,尤其是"厌恶感"维度,其得分增值超过1;在行为反应层面,"承受性"和"专注性"维度得分增幅明显,尤其是"承受性"维度,其得分增值超过1,"主动性"和"自觉性"维度则增幅不明显。以上表明,初中生学业负担第五水平的突出特征集中体现在"任务完成""理解水平""专注性""承受性"和"情绪体验"各子维度上,具体表现为:①学生经常无法按时完成学习任务,对学习内容的理解水平较差;②学生学业负担的情绪表现非常明显,如学习过程中会经常感到很疲劳,经常感觉无法胜任各项学习活动,心理压力很大,且对学习有较重的"厌学"情绪;③学生对学习表现出较严重的不适应行为,经常无法集中精力学习。

单就各层面来说,将以上突出特征与其他表现进行对比,可以看出:①在认知过程层面,相比第四水平,第五水平初中生的任务完成表现和理解水平均明显变差,这导致学生的学习效果进一步下滑。需要特别指出的是,在五个水平当中,只有处于第五水平的初中生在日常学习中经常无法按时完成学习任务。②在情绪体验层面,相比第四水平,第五水平初中生的各种负面学业情绪更加严重,特别是受其他负面情绪的累积与诱发,学生的厌学情绪表露得非常明显。③在行为反应层面,相比第四水平,第五水平初中生表现出更多、更明显的消极行为倾向,比如在学习中开始出现身体不适现象,注意力分散更加严重,学习变得更加被动。不过,第五水平初中生的自觉性表现相比第四水平并没有明显下降。

若将各层面的负担特征加以关联与分析,还可发现:①与此类学生在认知过程和行为反应层面上的负担表现相比,他们在情绪体验层面所表现出的学业负担程度更加严重。就学生个体的学业负担而言,认知过程及行为反应为其外显表现,而情绪体验则为内隐表现。由此可见,第五水平初中生的"真实"学业负担要比其"表露于外"的学业负担更重。②相比其他学习行为,第五水平初中生在自觉性上的表现尚可,但考虑到其所表露出的种种负面学业情绪,其自觉性并非发自对学习本身的内在兴趣,更多可能是来源于其对学习重要性的认识或迫于外在督学的压力。

(六)初中生学业负担水平演变的内在规律

在前文中,我们分别对初中生学业负担的不同水平进行了分析,描绘出不同水平的整体表征,也刻画了不同水平的突出特征。下面,我们要对不同水平的负担表现进行统一分析与对比分析,以期揭示出不同水平演变的内在规律。依照我们对学业负担表现的维度划分,不同水平的对比分析将首先针对各层面上的综合表现进行,然后再具体到各层面的子维度上。表 2-35 和图 2-39 展示的是学业负担各层面在不同水平上的得分对比情况。

表 2-35　初中生学业负担不同水平得分对比

	认知过程	情绪体验	行为反应
第一水平	1.51	1.30	1.53
第二水平	1.96	1.78	2.63
第三水平	2.34	2.46	2.27
第四水平	2.85	3.07	2.87
第五水平	3.64	3.97	3.42

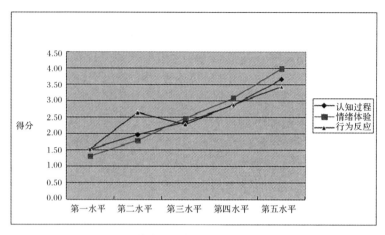

图 2-39 初中生学业负担不同水平得分对比

由表 2-35 和图 2-39 可以看出,除第二水平中行为反应层面出现异常得分外,学业负担的三个层面在前四水平上的得分都比较接近,均在第四水平上开始出现明显的负担表现,这说明初中生学业负担反映在各层面的特征表现几乎是同时出现的;从增长趋势来看,情绪体验层面得分增速最快,虽然在第一水平得分最低,但到第三水平以后,得分就一直保持最高,并且与其他层面的得分间距越来越大,这说明随着学业负担水平的升高,情绪体验层面的影响越来越大。

上述的演变趋势与初中生的身心发展特点不无关系。由个体发展的阶段性规律可知,初中生一般刚刚步入青春期,处于个体发展最为迅速与明显的阶段。在这一时期,各种急促的生理与心理变化,会使初中生的身心一直处于一种非平衡状态,这尤其反映在情绪体验层面。从现实来看,初中生的情绪普遍表现出易激性、易感性的特征,任何一件生活小事都可能导致其产生很大的情绪波动。受这一情绪特质的影响,初中生在面对学校生活中繁重的学习任务、激烈的成绩竞争以及多变的人际关系时,很容易产生并积累各种负面的学业情绪。同时,由于初中生尚不具备较好的情绪调控能力,其负面情绪会因得不到疏导而不断积累并发酵,从而造成极大的心理压力。

表 2-36、2-37、2-38 与图 2-40、2-41、2-42 展示的是学业负担各个子维度在初中生不同水平上的得分对比情况。首先,在认知层面,不同水平得分对比情况如表 2-36 与图 2-40 所示。

表 2-36 初中生学业负担不同水平对比(认知过程层面)

	第一水平	第二水平	第三水平	第四水平	第五水平
任务完成	1.24	1.64	1.78	2.29	3.15
理解水平	1.44	1.85	2.21	2.81	3.70
学习效果	1.84	2.39	3.03	3.46	4.07

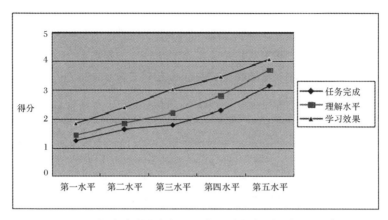

图 2-40 初中生学业负担不同水平对比（认知过程层面）

由表 2-36 和图 2-40 可以看出，相比其他子维度，"学习效果"在不同水平上的得分均是最高的，这表明"学习效果"是初中生"认知过程"负担的主要贡献因素；在第三水平上，"学习效果"的得分首先达到 3，这说明"学习效果"上的负担特征在第三水平上已经表现得比较明显；"理解水平"上的得分在第四水平上首次接近 3，这说明其负担特征到第四水平才凸显出来；"任务完成"在不同水平上的得分均是最低值，且仅在第五水平得分超过 3，这说明"任务完成"对认知过程层面负担的影响最小，只有在最高水平时才会有较为明显的负担表现。因此，从演变趋势来看，认知过程层面负担表现首先反映在"学习效果"维度，其次是"理解水平"维度，最后是"任务完成"维度。

其次，在情绪体验层面，不同水平得分对比情况如表 2-37 与图 2-41 所示。

由表 2-37 和图 2-41 可以看出，"疲劳感""胜任感"与"焦虑感"三个维度在各水平上的得分均大致相等，都在第三水平上首次接近 3，这说明这三个维度对情绪体验层面负担的影响大致相同，比较明显的负担表现也几乎同时出现；"厌恶感"一直是各维度中得分最低的，并且在高水平上与其他维度的差距更加显著，其在第五水平的得分首次超过 3。这说明"厌恶感"对情绪体验层面负担的影响较小，其在最高水平才会表现出比较明显的负担特征。因此，从演变趋势来看，情绪体验层面负担表现首先反映在"疲劳感""胜任感"和"焦虑感"等维度，最后是"厌恶感"维度。

最后，在行为反应层面，不同水平得分对比情况如表 2-38 与图 2-42 所示。

表 2-37　初中生学业负担不同水平对比（情绪体验层面）

	第一水平	第二水平	第三水平	第四水平	第五水平
疲劳感	1.39	1.85	2.77	3.23	4.12
胜任感	1.36	1.85	2.71	3.28	4.10
焦虑感	1.32	1.81	2.59	3.24	3.97
厌恶感	1.14	1.62	1.75	2.51	3.68

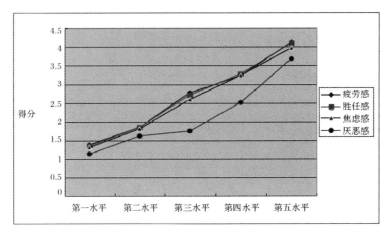

图 2-41　初中生学业负担不同水平对比（情绪体验层面）

由表 2-38 和图 2-42 可以看出：相比其他子维度，"主动性"维度在不同水平上的得分均为或接近最高值，且在第二、四、五水平上的得分都超过 3，这表明"主动性"维度是行为反应层面的主要贡献因素，最早表现出比较明显的学业负担特征；"专注性"维度在前两水平的得分较低，但从第三水平开始有了明显升高，成为或接近各维度中的最高值，这说明其随着学业负担水平的提高会有非常明显的变化，也即意味着其为反映学业负担水平高低的良好指标；"自觉性"维度于不同水平上的得分趋势与"主动性"相似，但得分均略低于"主动性"维度，这说明"自觉性"维度对行为反应层面的影响要弱于"主动性"维度；"承受性"在前四水平上的得分均为最低值，仅在第五水平与其他维度得分持平，且只有第五水平的得分超过 3，这说明"承受性"维度对行为反应层面负担的影响较小，仅在整体学业负担较重时才会有明显表现。因此，从演变趋势来看，行为反应层面负担表现首先反映在"主动性"，其次是"专注性"，然后是"自觉性"，最后是"承受性"。

表 2-38　初中生学业负担不同水平对比（行为反应层面）

	第一水平	第二水平	第三水平	第四水平	第五水平
承受性	1.27	1.50	1.85	2.36	3.47
自觉性	1.48	3.52	2.19	2.91	3.12
专注性	1.57	1.86	2.64	3.04	3.61
主动性	1.79	3.63	2.39	3.17	3.46

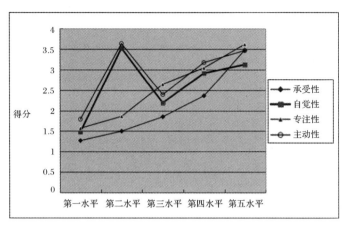

图 2-42 初中生学业负担不同水平对比（行为反应层面）

四、高中生的学业负担水平

虽然相比小学生和初中生而言,高中生的心智成熟度更高,但由于其正处于向成年人过渡的关键时期,急剧的身心变化、成人世界价值观的逐渐渗透以及学业考试的逼压,会使得高中生的学业心理倾向与能力更加多元与复杂。高中生学业负担的个体差异也因此更加突出与明显,这反映为:无论是在整体水平,还是在具体表征上,高中生学业负担情况都会呈现出多样性的特征。基于此,我们在对高中生学业负担情况调查数据进行聚类运算时,经过多次的运算尝试以及对聚类结果的评估,最终将其划分为五簇,各簇数据中学生学业负担得分均值分别为 $a_1=2.05$、$a_2=2.52$、$a_3=3.02$、$a_4=3.27$、$a_5=3.93$。可以看出,除均值 a_3 与 a_4 的差值(达到 0.25)不够明显,其他各个均值之间的差值(0.5 上下)都比较明显。通过对 a_3、a_4 所对应簇类数据的深入分析,我们发现虽然 a_3 与 a_4 的差值比起其他簇间差值不够明显,但这两簇学业负担数据内部结构有着明显的不同,即尽管两类学生的学业负担总体得分差距不大,但他们在各个维度上的表现却有着诸多差异,所以我们仍将二者视为学业负担的两个不同水平。这样,高中生学业负担也被划分为五个不同水平。下面我们将对这五个水平分别进行描述与分析。

（一）高中生学业负担第一水平

经聚类运算之后,在本研究所调查的 4293 名高中生中,处于学业负担第一水平的学生样本数为 834 名,占所调查样本数的 19.43%,负担水平均值为 $a_1=2.05$,为五个水平当中较轻的一级。

1.整体表征描绘

图 2-43 描绘的是处于第一水平的高中生在各维度上的得分情况。

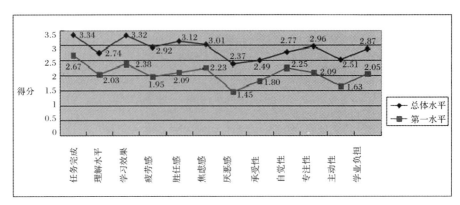

图 2-43　高中生学业负担第一水平各维度得分

由图 2-43 可以看出,处于第一水平的高中生学业负担得分近似于 2,明显低于总体水平;各维度上的得分均低于相应的总体平均值,且差值(均在 0.5 以上)比较明显,其中除"任务完成"维度得分高于 2.5,其他维度得分均在 2 上下。以上说明,从整体来看,处于第一水平的高中生学业负担程度较低,同时在各个层面上的特征表现也均不明显。

首先,在认知过程层面,处于这一水平上的高中生学业负担表现情况为:在"任务完成"题项上得分均值为 2.67,标准差为 1.047;在"理解水平"题项上得分均值为 2.03,标准差为0.808;在"学习效果"题项上得分均值为 2.38,标准差为 1.137。具体内容见表 2-39。

表 2-39　高中生学业负担的认知过程层面（第一水平）

		任务完成	理解水平	学习效果
N	有效	834	834	834
	缺失	0	0	0
均值		2.67	2.03	2.38
中值		3.00	2.00	2.00
众数		3	2	3
标准差		1.047	0.808	1.137
极小值		1	1	1
极大值		5	5	5

从表2-39中的统计数据可以看出,处于第一水平的高中生在"任务完成"题项上的得分位于区间[2.5,3],且中值为3.00,众数为3,这表明此类学生在任务完成层面的表现为一般,即意味着他们在平时学习时基本能够按时完成各项学习任务;在"理解水平"题项上的得分近似于2,且中值为2.00,众数为2,这表明此类学生对学习内容有着略高的理解水平,也意味着学习内容的难度不会对此类学生带来明显的认知负担;在"学习效果"题项上的得分均值位于区间[2,2.5],且中值为2.00,众数为3,这表明此类学生取得了略好的学习效果。而总体说来,此类学生在学业负担认知过程层面的得分均值为2.36,落于区间[2,2.5],这意味着在高中生学业负担的第一水平上,源自学习任务认知过程层面的学业负担略轻。

其次,处于这一水平的高中生在情绪体验层面的负担表现情况为:在测查"胜任感"题项上得分均值为2.09,标准差为0.918;在"厌恶感"题项上得分均值为1.45,标准差为0.719;在"焦虑感"题项上得分均值为2.23,标准差为1.053;在"疲劳感"题项上得分均值为1.95,标准差为0.972。具体内容见表2-40。

表2-40 高中生学业负担的情绪体验层面(第一水平)

		胜任感	厌恶感	焦虑感	疲劳感
N	有效	834	834	834	834
	缺失	0	0	0	0
均值		2.09	1.45	2.23	1.95
中值		2.00	1.00	2.00	2.00
众数		2	1	2	1
标准差		0.918	0.719	1.053	0.972
极小值		1	1	1	1
极大值		5	5	5	5

从表2-40中的统计数据可以看出,在测查"胜任感"的题项上,此类学生的得分均值近似于2,且中值为2.00,众数为2,这表明他们对学习有着较高的胜任感,能够在各项学习活动中游刃有余;在"焦虑感"题项上,此类学生的得分均值位于区间[2,2.5],且中值为2.00,众数为2,这表明他们因学习而产生的焦虑感略轻,平时的学习生活不会给他们造成明显的心理压力;在"疲劳感"选项上,此类学生的得分均值略小于2,且中值为2.00,众数为1,这表明他们在平时学习中所产生的身体疲劳感较轻;在测查"厌恶感"题项上,此类学生的得分均值低于1.5,且中值为1.00,众数为1,这表明此类学生对学习的厌恶感很轻。从总体说来,处于第一水平的高中生在学业负担的情绪体验层面的得分均值为1.93,略低于2,这说明此类学生在情绪体验层面的表现不太符合问卷题项中所描绘的学业负担情形,即意味着他们在情绪体验层面表现出较轻的学业负担。

最后,在学习行为反应层面,此水平上高中生的学业负担表现情况为:在测查学习"承受性"选项上得分均值为1.80,标准差为0.946;学习"自觉性"选项上得分均值为2.25,标准差为1.057;学习"专注性"选项上得分均值为2.09,标准差为0.936;学习"主动性"选项上得分均值为1.63,标准差为0.828。具体数据见表2-41。

表 2-41 高中生学业负担的行为反应层面（第一水平）

		承受性	自觉性	专注性	主动性
N	有效	834	834	834	834
	缺失	0	0	0	0
均值		1.80	2.25	2.09	1.63
中值		2.00	2.00	2.00	1.00
众数		1	2	2	1
标准差		0.946	1.057	0.936	0.828
极小值		1	1	1	1
极大值		5	5	5	5

从表 2-41 中的统计数据可以看出，在测查"承受性"题项上，此类学生的得分均值落在区间[1.5,2]，且中值为2.00，众数为1，这表明此类学生对学习表现出较好的承受性，很少出现因学习而产生的身心不舒服现象；在"自觉性"题项上，此类学生的得分均值位于区间[2,2.5]，且中值为2.00，众数为2，这表明此类学生学习的自觉性略好，平时学习中基本能够做到自觉完成各项学习任务；在"专注性"题项上，此类学生的得分均值近似于2，且中值为2.00，众数也为2，这表明此类学生学习的专注性较好，在平时学习中能够较好地排除外界干扰；在"主动性"选项上的得分均值位于区间[1.5,2]，且中值为1.00，众数为1，这说明此类学生在平时学习中表现出较好的主动性，遇到学习困难时也会积极寻求帮助或其他解决办法。而总体说来，此类学生在学业负担行为层面的得分均值约为1.94，属于区间[1.5,2]，这意味着处于第一水平的高中生在行为反应层面所表现出的学业负担较轻。

2.特征分析及结构阐释

总体来看，在高中生学业负担第一水平上，各个层面大多未表现出明显的负担特征。而具体说来，通过各维度间得分的对比，可以发现此水平上学生学业负担有以下几个突出特征：

第一，在认知过程层面上，尽管处于学业负担第一水平，但此类高中生的任务完成情况并不是很好，这从相应题项上的学生选择频率分布表可以看出。

从表 2-42 中的统计数据可以看出，在"任务完成"题项上，仅有46.1%的高中生选择了"完全不符合"和"不太符合"，有34.1%的学生选择了"一般符合"，另有19.9%的学生选择"比较符合"和"完全符合"，这表明处于这一水平的学生在日常学习中的任务完成情况一般，有时会无法按时完成老师布置的学习任务。

表 2-42 高中生任务完成情况（第一水平）

		频率	百分比	有效百分比	累积百分比
有效	1	103	12.4	12.4	12.4
	2	281	33.7	33.7	46.1
	3	284	34.1	34.1	80.2
	4	118	14.1	14.1	94.3
	5	48	5.8	5.8	100.1
	合计	834	100.1	100.1	

注："1"指代"完全不符合"，"2"指代"不太符合"，"3"指代"一般符合"，"4"指代"比较符合"，"5"指代"完全符合"。

第二，在情绪体验层面上，高中生学业负担第一水平的突出表现为厌恶感极低。这从学生在对应题项上的选择频率统计表可以看出。

表 2-43 高中生厌恶感表现（第一水平）

		频率	百分比	有效百分比	累积百分比
有效	1	546	65.5	65.5	65.5
	2	222	26.6	26.6	92.1
	3	55	6.6	6.6	98.7
	4	3	0.4	0.4	99.1
	5	8	1.0	1.0	100.1
	合计	834	100.1	100.1	

注："1"指代"完全不符合"，"2"指代"不太符合"，"3"指代"一般符合"，"4"指代"比较符合"，"5"指代"完全符合"。

从表 2-43 中的统计数据可以看出，有 92.1％的学生选择了"完全不符合"和"不太符合"，而只有 1.4％的学生选择"比较符合"和"完全符合"。这表明处于这一水平的高中生对学习的厌恶感普遍很低，对学习持有很高的学习兴趣与热情。

第三，在情绪体验层面，相比其他行为反应，学生在学习"承受性"与"主动性"上的特征表现更为突出。这从学生在对应题项上的选择频率可以看出。

表 2-44 高中生承受性表现（第一水平）

		频率	百分比	有效百分比	累积百分比
有效	1	393	47.1	47.1	47.1
	2	277	33.2	33.2	80.3
	3	109	13.1	13.1	93.4
	4	44	5.3	5.3	98.7
	5	11	1.3	1.3	100.0
	合 计	834	100.0	100.0	

注："1"指代"完全不符合"，"2"指代"不太符合"，"3"指代"一般符合"，"4"指代"比较符合"，"5"指代"完全符合"。

从表 2-44 中的统计数据可以看出，在"承受性"题项上，有 80.3％的高中生选择了"完全不符合"和"不太符合"，而仅有 6.6％的高中生选择"比较符合"和"完全符合"。这表明处于第一水平的高中生对自己目前的学习生活表现出很高的承受水平，没有出现身心不适应的现象。

表 2-45 高中生主动性表现（第一水平）

		频率	百分比	有效百分比	累积百分比
有效	1	461	55.3	55.3	55.3
	2	248	29.7	29.7	85.0
	3	99	11.9	11.9	96.9
	4	22	2.6	2.6	99.5
	5	4	0.5	0.5	100.0
	合 计	834	100.0	100.0	

注："1"指代"完全不符合"，"2"指代"不太符合"，"3"指代"一般符合"，"4"指代"比较符合"，"5"指代"完全符合"。

表 2-45 统计结果显示，在"主动性"题项上，选择"完全不符合"和"不太符合"的学生比例达到 85.0％，而选择"比较符合"和"完全符合"的学生比例仅占到 3.1％，这表明处于第一水平的高中生平时学习的内在动力很强，在遇到学习困难时能够积极主动地寻求解决办法。

综上所述，学生在"任务完成""厌恶感""承受性""主动性"等维度上的实际表现可以作为此水平的主要标识。

单从各层面来说，将以上突出特征与其他表现进行对比，可以发现：①在认知过程层面，第一水平的高中生在任务完成上的表现与其理解水平存在一定的不对称性，即他们对学习内容有着较高的理解水平（均值为 2.03），但其在任务完成方面的表现则仅为略好（均值为

2.67),其至趋于一般(众数为3)。一般说来,学生在任务完成层面的表现主要受两方面制约,一是学习任务量的大小,二是学习任务难度的高低。由于处于第一水平的高中生对学习内容有着较高的理解水平,也即学习任务的难度对于他们来说相对较低,所以此类学生在任务完成上受任务量影响更大,也即意味着学习任务给处于第一水平的高中生所带来的学业负担主要来自任务量方面,而非难度层面。②在情绪体验层面,第一水平高中生由于未出现明显的疲劳感与焦虑感,且对学习拥有较高的胜任感,所以能够产生并维持浓厚的学习兴趣,极少出现厌学情绪。③在行为反应层面,第一水平高中生的承受性和主动性表现很好,意味着其能很好地适应日常学习生活,且内在动力很足,这有利于催生学生的其他良好行为倾向,比如较好的自觉性与专注性。

若将以上突出特征返置于第一水平的整体表征之中,还可发现:①第一水平高中生积极学业情绪的产生与其理解水平及学习效果有很大关系,如此类学生能够较好地理解所学内容,便会因此而产生较高的胜任感,同时取得了良好的学习效果,便不会产生过高的焦虑感。②从学业情绪与学习行为的相关关系来看,第一水平高中生之所以能够表现出良好的行为倾向,可归因于其内在的积极学业情绪。此类学生在学习中未产生明显的疲劳感与焦虑感,且能拥有较高的胜任感,自然就会对学习表现出很好的适应性,而学生极低的厌学情绪则能激发并维持学生学习的主动性。

（二）高中生学业负担第二水平

经聚类运算之后,在本研究所调查的4293名高中生中,处于学业负担第二水平的学生样本数为1087,占所调查样本数的25.32%,负担水平均值为$a_1=2.52$,为五个水平之中略轻的一类。

1.整体表征描绘

图2-44描绘的是处于第二水平的高中生在各维度上的得分情况。

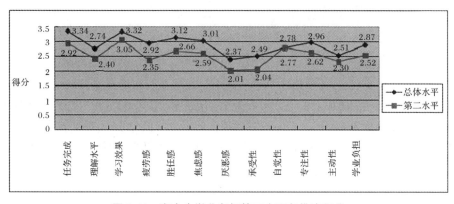

图2-44　高中生学业负担第二水平各维度得分

图2-44显示:处于第二水平的高中生学业负担均值接近2.5,略低于总体水平;在各维度上,除"自觉性"外,其他维度得分均略低于相应的总体平均值;各维度间得分差异明显,得分最低值与最高值相差达到1,得分曲线整体弯曲、多变。以上结果表明,处于第二水平高中生学业负担整体程度略低,仅在部分维度上的负担表现较为明显。

首先,在认知过程层面,处于这一水平上的高中生学业负担表现情况为:在"任务完成"题项上的得分均值为2.92,标准差为0.970;在"理解水平"题项上的得分均值为2.40,标准差为0.720;在"学习效果"题项上的得分均值为3.05,标准差为0.980。具体内容见表2-46。

从表2-46中的统计数据可以看出,处于学业负担第二水平的高中生在测查"任务完成"的得分均值近似于3,且中值为3.00,众数为3,这表明此类学生在任务完成层面的表现为一般,即他们日常学习中有时会无法按时完成学习任务;在"理解水平"题项上的得分均值落于区间[2,2.5],且中值为2.00,众数为2,这表明此类学生对学习内容有着略高的理解水平,也意味着学习内容的难度层面不会对此类学生带来过重的认知负担;在"学习效果"题项上的得分均值略高于3,且众数为3,这表明此类学生在平时学习中仅取得了一般的学习效果。而总体而言,此类学生在学业负担认知过程层面的得分均值为2.79,落于区间[2.5,3],这意味着处于第二水平的高中生在学习任务认知过程层面表现出一定的学业负担,但不够明显。

表 2-46　高中生学业负担的认知过程层面（第二水平）

		任务完成	理解水平	学习效果
N	有效	1087	1087	1087
	缺失	0	0	0
均值		2.92	2.40	3.05
中值		3.00	2.00	3.00
众数		3	2	3
标准差		0.970	0.720	0.980
极小值		1	1	1
极大值		5	5	5

其次,在情绪体验层面,处于第二水平的高中生在学业负担的情绪体验层面的整体表现情况为:在测查"胜任感"题项上的得分均值为2.66,标准差为0.833;在"厌恶感"题项上的得分均值为2.01,标准差为0.815;在"焦虑感"题项上的得分均值为2.59,标准差为0.878;在"疲劳感"题项上的得分均值为2.35,标准差为0.815。具体内容见表2-47。

表 2-47	高中生学业负担的情绪体验层面（第二水平）			
		胜任感	厌恶感	焦虑感	疲劳感

N	有效	1087	1087	1087	1087
	缺失	0	0	0	0
均值		2.66	2.01	2.59	2.35
中值		3.00	2.00	3.00	2.00
众数		3	2	3	2
标准差		0.833	0.815	0.878	0.815
极小值		1	1	1	1
极大值		5	5	5	5

从表 2-47 中的统计数据可以看出，此类学生在测查"胜任感"题项上的得分均值位于区间 [2.5,3]，且中值为 3.00，众数为 3，这表明他们对学习仅表现出一般的胜任感，在某些学习活动中可能会出现无法胜任的现象；在"厌恶感"题项上的得分均值几近于 2，且众数也为 2，这表明他们对学习的厌恶感较低，能够维持着足够高的学习兴趣；在"焦虑感"题项上的得分均值略高于 2.5，且众数为 3，这表明他们对学习的焦虑程度略高，会因此产生一定的心理压力；在"疲劳感"题项上的得分均值落于区间 [2,2.5]，且中值为 2.00，众数为 2，这表明他们在学习中所产生的疲劳感略低，有足够的精力去应对各种学习任务。从总体说来，此类高中生在学业负担情绪体验层面的得分均值约为 2.40，落在区间 [2,2.5]，这意味着他们在情绪体验层面所表现出的学业负担略轻。

最后，在学习行为层面，处于此水平的学生学业负担具体表现为：在测查学习"承受性"题项上的得分均值为 2.04，标准差为 0.799；学习"自觉性"题项上的得分均值为 2.78，标准差为 0.916；学习"专注性"题项上的得分均值为 2.62，标准差为 0.890；学习"主动性"题项上的得分均值为 2.30，标准差为 0.913。详细数据见表 2-48。

表 2-48		高中生学业负担的行为反应层面(第二水平)			
		承受性	自觉性	专注性	主动性
N	有效	1087	1087	1087	1087
	缺失	0	0	0	0
均值		2.04	2.78	2.62	2.30
中值		2.00	3.00	3.00	2.00
众数		2	3	2	2
标准差		0.799	0.916	0.890	0.913
极小值		1	1	1	1
极大值		5	5	5	5

从表 2-48 的统计数据可以看出,在测查"承受性"题项上,此类高中生的得分均值几近于 2,且中值为 2.00,众数为 2,这表明他们对学习任务表现出较好的承受性,很少因学习而引起身体不舒服现象;在"自觉性"题项上,此类学生的得分均值位于区间[2.5,3],且中值为 3.00,众数为 3,这表明他们在学习自觉性上表现一般,日常学习中偶尔需要别人的督促;在"专注性"题项上的得分均值落于区间[2.5,3],且中值为 3.00,这表明此类学生学习的专注性一般,在日常学习生活中有时会受到外界事务干扰;在"主动性"题项上的得分均值位于区间[2,2.5],且中值为 2.00,众数为 2,这表明此类学生平时学习的主动性略好。而总体说来,此类学生在学业负担行为层面的得分均值约为 2.44,位于区间[2,2.5],这意味着处于第二水平的高中生在行为层面所表现出的学业负担略轻。

2.特征分析及结构阐释

对于处于第二水平的高中生而言,其学业负担的突出特征可以通过第一水平高中生的得分对比得到揭示。图 2-45 为处于第一、二水平的高中生在各层面上的得分对比情况。

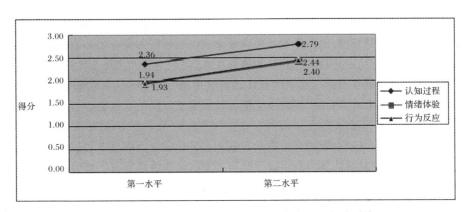

图 2-45　第一、二水平高中生学业负担各层面得分对比

注:由于"情绪体验"和"行为反应"数据十分相近,所以图中线几乎重合。

　　由图 2-45 可以看出,相比第一水平,处于学业负担第二水平的高中生在认知过程层面、情绪体验层面、行为反应层面得分均有明显增长,且增幅大致相同,同时三个层面上的得分也均在 2.5 附近,这表明在高中生学业负担第二水平上,各层面上所表现出的负担程度大致相似。这也意味着单从各层面得分的对比,无法找到第二水平的突出特征,需要细化到各维度上的得分对比。

　　图 2-46 为处于第一、二水平学生在各维度上的得分对比情况。

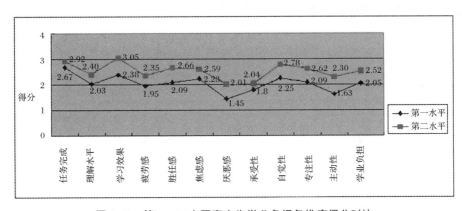

图 2-46　第一、二水平高中生学业负担各维度得分对比

　　图 2-46 显示,处于第二水平的高中生在学业负担各维度的得分均高于第一水平,但增幅各有区别;就认知过程层面而言,学生在"学习效果"得分达到 3,且增幅最为明显;就情绪体验层面而言,学生在"胜任感"上的得分增幅最为明显,增值超过 0.5;就行为反应层面而言,学生在"主动性"维度上得分增幅比较明显,但"主动性"上得分略低,尚位于区间[2,2.5]。以上显示结果表明,高中生学业负担第二水平的突出特征集中体现在"学习效果""胜任感""自觉性""专注性"等维度上,具体表现为:①学生所取得的学习效果一般;②学生对学习产生了轻微的不胜任感;③学生学习的自觉性一般,注意力不集中现象出现得比较频繁。

　　单从各层面来说,将以上突出特征与其他表现进行对比,可以看出:①在认知过程层面,相比第一水平,第二水平高中生的任务完成表现与理解水平并没有明显下降,但学习效果却

有明显下滑,这说明有来自其他层面因素的消极影响。②在情绪体验层面,由于此类学生对学习产生了轻微的不胜任感,因而导致焦虑感的形成。③在行为反应层面,相比第一水平,第二水平高中生的自觉性、专注性与主动性均明显变差,但承受性表现并未有明显变化。

若将以上突出特征置于第二水平的整体表征之中进行分析,还可发现:①从认知过程与学习行为的相互关系来看,第二水平高中生学习效果明显下降与其自觉性与专注性表现有较大关系。相比第一水平,此类学生学习的自觉性和专注性明显变差,意味着学生在学习中的身心投入会大大减少,从而会影响学生的学习效果。②从学业情绪与学习行为的相互关系来看,第二水平高中生消极行为倾向的出现是受其负面的学业情绪所致。此类学生对学习不再拥有较高的胜任感,无法感受到学习的快乐,从而会抑制学生学习的自觉性,而学生焦虑感的出现则会干扰学生学习的专注力。

(三)高中生学业负担第三水平

通过聚类运算,在本研究所调查的4293名高中生中,被划分到学业负担第三水平的学生共有1014名,所占比重为23.62%。第三水平的高中生学业负担得分均值为$a_3 = 3.02$,在五个水平当中,其属于略重的一类。

1.整体表征描绘

图2-47描绘的是处于第三水平的高中生在各维度上的得分情况。

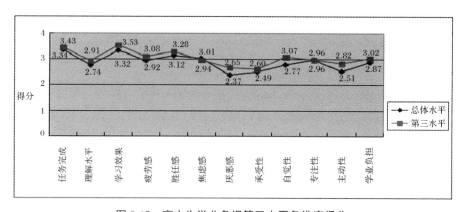

图2-47　高中生学业负担第三水平各维度得分

由图2-47可以看出:处于第三水平的高中生学业负担均值近似于3,与总体水平十分接近,且各维度上的得分和对应的总体平均值也相差不大,得分曲线与总体水平得分曲线接近重合,这说明处于第三水平的高中生学业负担程度略重,与总体水平持平;各维度上的得分均在3左右浮动,彼此之间差异不大,这说明处于第三水平的高中生在各层面均表现出略微明显的负担特征。

首先,在认知过程层面,处于这一水平上的高中生学业负担表现情况为:在“任务完成”题项上的得分均值为3.43,标准差为0.998;在“理解水平”题项上的得分均值为2.91,标准差为0.797;在“学习效果”题项上的得分均值为3.53,标准差为0.943。详细数据见表2-49。

表 2-49 高中生学业负担的认知过程层面（第三水平）

N		任务完成	理解水平	学习效果
	有效	1014	1014	1014
	缺失	0	0	0
均值		3.43	2.91	3.53
中值		3.00	3.00	4.00
众数		3	3	3
标准差		0.998	0.797	0.943
极小值		1	1	1
极大值		5	5	5

从表 2-49 中的统计数据可以看出，处于第三水平的高中生在"任务完成"题项上的得分位于区间 [3,3.5]，且中值为 3.00，众数为 3，这表明此类学生基本符合题项中所描述的学习状态，即他们在任务完成层面的表现为略差；在"理解水平"题项上的得分均值略低于 3，且中值为 3.00，众数为 3，这表明此类学生对学习内容仅有着一般的理解水平，也意味着学习内容的难度可能对他们造成一定的认知负担；在"学习效果"题项上的得分均值近似于 3.5，且中值为 4.00，众数为 3，这表明此类学生取得的学习效果略差。而总体说来，此类学生在认知过程层面的得分均值为 3.29，落于区间 [3,3.5]，这意味着在高中生学业负担的第三水平上，源自学习任务认知过程层面的学业负担略重。

其次，在情绪体验层面，此水平上高中生的学业负担表现情况为：在测查"胜任感"题项上的得分均值为 3.28，标准差为 0.869；在"厌恶感"题项上的得分均值为 2.65，标准差为 0.899；在"焦虑感"题项上的得分均值为 2.94，标准差为 0.885；在"疲劳感"题项上的得分均值为 3.08，标准差为 0.858。具体内容见表 2-50。

从表 2-50 中的统计数据可以看出，此类学生在测查"胜任感"题项上的得分均值位于区间 [3,3.5]，且中值为 3.00，众数为 3，这表明他们对学习的胜任感略低，在日常学习中不时会出现力不从心的感觉；在"厌恶感"题项上的得分均值略高于 2.5，众数为 3，这表明他们在学习中产生的厌恶感略高，学习兴趣会因此而受到一定影响；在"焦虑感"题项上的得分均值近似于 3，且众数为 3，这表明他们对学习的焦虑程度略高，会表现出明显的心理压力；在"疲劳感"题项上的得分均值略高于 3，且众数为 3，这表明他们在学习中所产生的疲劳感稍高，不时会出现精力不足的现象。从总体说来，此类高中生在学业负担情绪体验层面的得分均值约为 2.99，这表明他们基本符合题项中所描绘的学业负担情形，也意味着处于第三水平的高中生在情绪体验层面所表现出的学业负担略重。

表 2-50 高中生学业负担的情绪体验层面（第三水平）

		胜任感	厌恶感	焦虑感	疲劳感
N	有效	1014	1014	1014	1014
	缺失	0	0	0	0
均值		3.28	2.65	2.94	3.08
中值		3.00	3.00	3.00	3.00
众数		3	3	3	3
标准差		0.869	0.899	0.885	0.858
极小值		1	1	1	1
极大值		5	5	5	5

最后，在行为反应层面，此水平高中生的学业负担得分情况为：在测查"承受性"选项上得分均值为2.60，标准差为0.932；在"自觉性"选项上得分均值为3.07，标准差为0.959；"专注性"选项上得分均值为2.96，标准差为0.903；"主动性"选项上得分均值为2.82，标准差为1.034。具体数据见表2-51。

表 2-51 高中生学业负担的行为反应层面（第三水平）

		承受性	自觉性	专注性	主动性
N	有效	1014	1014	1014	1014
	缺失	0	0	0	0
均值		2.60	3.07	2.96	2.82
中值		3.00	3.00	3.00	3.00
众数		3	3	3	3
标准差		0.932	0.959	0.903	1.034
极小值		1	1	1	1
极大值		5	5	5	5

从表2-51中的统计数据可以看出，在测查"承受性"题项上，此类高中生的得分均值略高于2.5，且中值为3.00，众数为3，这表明他们对学习任务仅表现出一般的承受性，偶尔会因学习而出现身心不适的现象；在"自觉性"题项上，此类学生的得分均值略高于3，且众数为3，这

表明他们在学习自觉性上表现略差,日常学习中不时会需要老师或家长的督促;在"专注性"题项上的得分均值近似于3,且众数为3,这表明此类学生日常学习中的专注性略差,容易受到其他事务干扰;在"主动性"选项上的得分均值略低于3,且众数为3,这表明他们平时学习的主动性略差,遇到困难时容易选择逃避,而不去积极寻求解决办法。从总体说来,此类学生在学业负担行为层面的得分均值约为2.86,接近于3,这意味着处于第三水平的高中生在行为层面会表现出略重的学业负担。

2.特征分析及结构阐释

就处于第三水平的高中生而言,其学业负担的突出特征可以通过与处于第二水平的高中生的对比得到揭示。图2-48为处于第二、三水平的高中生在各层面上的得分对比情况。

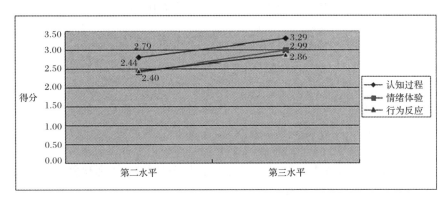

图 2-48　第二、三水平高中生学业负担各层面得分对比

由图2-48可以看出,相比第二水平,处于学业负担第三水平的高中生在认知过程层面、情绪体验层面、行为反应层面得分均有所增长,且增幅大致相同,同时三个层面上的得分也均在3附近,这表明在高中生学业负担第三水平上,各层面上所表现出的负担程度大致相似。这也意味着单从各层面得分的对比,无法找到第三水平的突出特征,需要具体细化到各维度上的得分对比。

图2-49为处于第二、三水平的高中生在各维度上的得分对比情况。

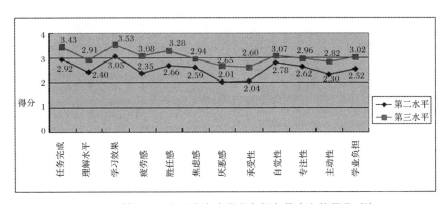

图 2-49　第二、三水平高中生学业负担各维度上的得分对比

图 2-49 显示,相比第二水平,处于第三水平的高中生在各维度得分均有所增长,但增幅略有区别:在认知过程层面,三个子维度上学生得分增幅大致相同,增值均在 0.5 左右,其中"理解水平"维度上学生得分首次接近于 3;在情绪体验层面,"疲劳感""厌恶感"维度上学生得分增幅明显;在行为反应层面,"承受性""主动性"维度上学生得分增幅明显。以上表明,高中生学业负担第三水平的突出特征集中体现在"理解水平""疲劳感""厌恶感""承受性"以及"主动性"等维度上,具体表现为:①学生对学习内容的理解水平略差;②学生在学习中产生了较为明显的疲劳感,并出现了轻微的厌学情绪;③学生对学习表现出轻微的身心不适应,且学习的内在动力稍显不足。

单从各层面来说,以上几个突出特征与其他表现的关系如下:①在认知过程层面,相比第二水平,第三水平高中生对所学内容的理解水平明显变差,这导致其任务完成表现及学习效果也有了一定下降。②在情绪体验层面,由于第三水平高中生的疲劳感进一步加重、胜任感持续降低,其厌学情绪遭到诱发。③在行为反应层面,第三水平高中生对学习开始表现出轻微的不适应,这导致其自觉性和主动性有所削弱。

总体说来,将各层面的突出特征及其他表现加以关联与分析,还可发现:①从认知过程与学业情绪的相互关系来看,第三水平高中生种种负面学业情绪的凸显是由其认知负担的加重所致。其中,疲劳感的加重与其任务完成表现有关,胜任感的降低是受其理解水平变差所致,厌学情绪的产生则部分归因于其学习效果的下滑。②从学业情绪与学习行为的相互关系来看,第三水平高中生之所以会表露出各种消极行为倾向,是因为负面学业情绪的积累与发酵。例如,学生的疲劳感若不断加重并累积,会外化为学生轻微的身心不适现象;厌学情绪一旦触发,就很容易削弱学生学习的主动性。

(四)高中生学业负担第四水平

经聚类运算之后,在本研究所调查的 4293 名高中生中,共有 833 名学生被划分到学业负担第四水平,占所调查样本数的 19.40%。这一水平上的高中生学业负担得分均值为 $a_4 = 3.27$,为五个水平之中较重的一类。

图 2-50 描绘的是处于第四水平的高中生在各维度上的得分情况。

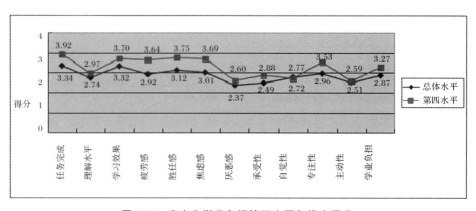

图 2-50　高中生学业负担第四水平各维度得分

图 2-50 显示,处于第四水平的高中生学业负担均值位于区间[3,3.5],略高于总体水平;部分维度得分明显高于相应的总体平均值,但也有部分维度上的得分与总体水平差距不大;各维度间得分存在差异,整体得分曲线弯曲、多变,最低值与最高值之间差值达到 1.33。以上结果表明,处于第四水平的高中生学业负担程度略重,其在各层面表现出的负担程度存在差异,部分维度上的负担表现十分明显。

首先,在认知过程层面,处于这一水平上的高中生学业负担表现情况为:在"任务完成"题项上的得分均值为 3.92,标准差为 0.952;在"理解水平"题项上的得分均值为 2.97,标准差为0.851;在"学习效果"题项上的得分均值为 3.70,标准差为 1.051。具体内容见表 2-52。

表 2-52　高中生学业负担的认知过程层面(第四水平)

		任务完成	理解水平	学习效果
N	有效	833	833	833
	缺失	0	0	0
均值		3.92	2.97	3.70
中值		4.00	3.00	4.00
众数		4	3	4
标准差		0.952	0.851	1.051
极小值		1	1	1
极大值		5	5	5

从表 2-52 中的统计数据可以看出,处于学业负担第四水平的高中生在测查"任务完成"的得分均值近似于 4,且中值为 4.00,众数为 4,这表明此类学生在任务完成层面的表现较差,即他们经常无法按时完成各项学习任务;在"理解水平"题项上得分均值近似于 3,且众数为3,这表明此类学生对学习内容的理解程度属于略差水平,因而也意味着学习内容的难度层面会给他们带来一定的认知负担;在"学习效果"题项上的得分均值略低于 4,且中值为 4.00,众数为 4,这表明此类学生平时学习中所取得的学习效果较差。总体而言,此类学生在学业负担认知过程层面的得分均值为 3.53,这意味着处于第四水平的高中生在认知过程层面表现出较重的学业负担。

其次,在情绪体验层面,此水平上高中生的学业负担表现情况为:在测查"胜任感"题项上的得分均值为 3.75,标准差为 0.875;在"厌恶感"题项上的得分均值为 2.60,标准差为 1.007;在"焦虑感"题项上的得分均值为 3.69,标准差为 0.986;在"疲劳感"题项上的得分均值为3.64,标准差为 0.951。具体内容见表 2-53。

表 2-53	高中生学业负担的情绪体验层面（第四水平）			
		胜任感	厌恶感	焦虑感	疲劳感

		胜任感	厌恶感	焦虑感	疲劳感
N	有效	833	833	833	833
	缺失	0	0	0	0
均值		3.75	2.60	3.69	3.64
中值		4.00	3.00	4.00	4.00
众数		4	3	4	3
标准差		0.875	1.007	0.986	0.951
极小值		1	1	1	1
极大值		5	5	5	5

从表 2-53 中的统计数据可以看出，此类学生在测查"胜任感"题项上的得分均值位于区间[3.5,4]，且中值为 4.00，众数为 4，这表明他们对学习的胜任感较低，在日常学习活动中经常会产生力不从心的感觉；在"厌恶感"题项上的得分均值略高于 2.5，且中值为 3.00，众数为 3，这表明他们对学习抱有一定的厌恶感，学习兴趣会因此受到抑制；在"焦虑感"题项上的得分均值落于区间[3.5,4]，且中值为 4.00，众数为 4，这表明他们对学习产生了较高的焦虑感，表现出较重的心理压力；在"疲劳感"题项上的得分均值也位于区间[3.5,4]，且中值为 4.00，众数为 3，这表明他们在学习中所产生的疲劳感较高，较易出现精疲力尽的感觉。从总体说来，此类高中生在学业负担情绪体验层面的得分均值为 3.42，这表明他们比较符合题项上中所描绘的学业负担情形，也即意味着处于第四水平的高中生在情绪体验层面所表现出的学业负担较重。

最后，在行为反应层面，此水平上高中生的学业负担得分情况为：在测查学习"承受性"选项上的得分均值为 2.88，标准差为 1.100；学习"自觉性"选项上的得分均值为 2.72，标准差为 0.999；在学习"专注性"选项上的得分均值为 3.53，标准差为 1.030；学习"主动性"选项上的得分均值为 2.59，标准差为 1.117。具体数据见表 2-54。

从表 2-54 中的统计数据可以看出，在测查"承受性"题项上，此类高中生的得分均值略低于 3，且众数为 3，这表明他们对学习任务表现出略差的承受性，在平时学习中不时会出现身心不舒服现象；在"自觉性"题项上，此类学生的得分均值略高于 2.5，且众数为 3，这表明他们在学习自觉性上表现一般，平时学习中偶尔会需要他人的督促；在"专注性"题项上的得分均值略高于 3.5，且众数为 3，这表明此类学生的学习专注性较差，日常学习生活中经常会被其他事务所干扰；在"主动性"选项上的得分均值近似于 2.5，且众数为 2，这表明他们平时学习的主动性一般，在应对学习困难时偶尔会显得消极被动。从总体说来，此类学生在学业负担行为层面的得分均值为 2.93，接近于 3，这意味着处于第四水平的高中生在行为层面会表现出略重的学业负担。

表 2-54		高中生学业负担的行为反应层面（第四水平）			
		承受性	自觉性	专注性	主动性
N	有效	833	833	833	833
	缺失	0	0	0	0
均值		2.88	2.72	3.53	2.59
中值		3.00	3.00	4.00	2.00
众数		3	3	3	2
标准差		1.100	0.999	1.030	1.117
极小值		1	1	1	1
极大值		5	5	5	5

2.特征分析及结构阐释

就处于第四水平的高中生而言，其学业负担突出特征的揭示，可以通过与第三水平的对比得到实现。图 2-51 为处于第三、四水平的高中生在各层面上的得分对比情况。

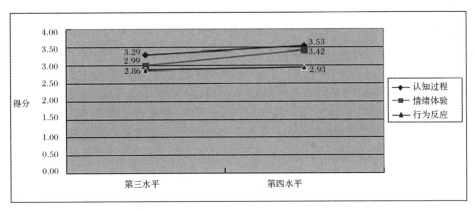

图 2-51　第三、四水平高中生学业负担各层面得分对比

由图 2-51 可以看出，相比第三水平，处于学业负担第四水平的高中生在认知过程层面、情绪体验层面、行为反应层面上的得分均有所增长，但增幅不一。具体说来，"情绪体验"层面上的得分增幅比较明显，增值接近 0.5，而认知过程层面和行为反应层面上的得分增幅则不太明显。这表明高中生学业负担第四水平的突出特征表现在"情绪体验"层面。

图 2-52 为处于第三、四水平的高中生在各维度上的得分对比情况。

第二章　学业负担的水平及特征

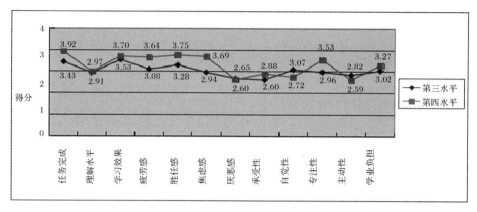

图 2-52　第三、四水平高中生学业负担各维度上的得分对比

图 2-52 显示,与第三水平相比,处于第四水平的高中生在各维度上的得分增减情况不一:就认知过程层面而言,"任务完成"维度上学生得分接近 4,增幅比较明显,而"理解水平"和"学习效果"维度上学生得分增幅则不明显;就情绪体验层面而言,"疲劳感""胜任感""焦虑感"上学生得分增幅比较明显,而"厌恶感"维度上学生得分则无增长;就行为反应层面而言,"专注性"维度上学生得分增幅比较明显,"承受性"维度上学生得分增幅不太明显,"自觉性"和"主动性"维度上学生得分甚至略有下降。以上表明,高中生学业负担第四水平的突出特征集中体现在"任务完成""焦虑感""疲劳感""胜任感""专注性"等维度上,具体表现为:①学生经常无法按时完成学习任务;②学生对学习表现出明显的不胜任感,在学习过程中经常感到疲劳,并伴有较重的焦虑感;③学生专注性较差,学习中容易受外界事物干扰。

单从各层面来说,将以上突出特征与其他表现进行对比,可以看出:①在任务完成层面,与第三水平相比,第四水平高中生在任务完成上的表现明显变差,但其理解水平及学习效果并无明显下降,尤其是此类学生对所学内容的理解水平仍尚可(得分均值未超过 3)。②在情绪体验层面,相比第三水平,第四水平高中生的疲劳感、不胜任感及焦虑感等负面情绪明显加重,但并未引起厌学情绪的明显变化。③在行为反应层面,相比第三水平,第四水平高中生除专注性明显变差外,其他消极行为倾向并无加重迹象,甚至自觉性与主动性都有所改观。

从总体上来说,将各层面上的突出特征及其他表现加以关联与分析,还可发现:①从认知过程与学业情绪的相互关系来看,第四水平高中生疲劳感、不胜任感负面学业情绪的加重主要是受任务完成表现持续变差的影响,而其厌学情绪之所以没有明显加深,则可能是由于其理解水平及学习效果并没有多大变化。②从学业情绪与行为反应的相互关系来看,尽管第四水平高中生的负面学业情绪明显加重,但其在行为反应层面并无表现出同样的变化。之所以会出现这种现象,可能与学业情绪对学习行为的影响机制有关。学业情绪对学习行为的影响并非是线性的,而是多面、复杂甚至矛盾的。在同一种学业情绪的影响下,学生可能同时表现出积极与消极两种不同的行为倾向。比如,焦虑感的加重,一方面可能会严重干扰学生的专注力,使学生无法专心学习,另一面则又有可能激发和增强学生学习的自觉性与主动性,上述第四水平高中生在行为反应层面的矛盾表现即是源于此。

（五）高中生学业负担第五水平

经聚类分析之后，在本研究所调查的4293名高中生中，被划归到学业负担第五水平的学生有525名，占样本总量的12.23%。处于这一水平的高中生学业负担得分均值为$a_5=3.93$，在五个水平之中，属于学业负担最重的一级。

1.整体特征描绘

图2-53描绘的是处于第五水平的高中生在学业负担各维度上的得分情况。

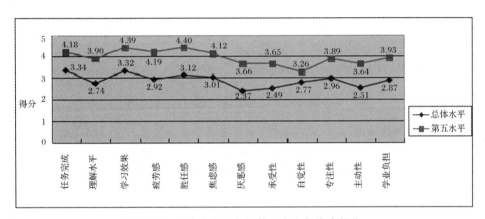

图 2-53　高中生学业负担第五水平各维度得分

由图2-53可以看出，处于第五水平的高中生学业负担均值接近4，远高于总体水平（差值超过1）；在维度上的得分均高于相应的总体平均值，且差值较大（大多在1以上）；各维度间得分差异不大，最大值与最小值之间相差不到1，得分曲线整体比较平整、少变。以上表明，处于第五水平的高中生学业负担程度很重，且在各层面上的负担程度相似，即负担表现都非常明显。

首先，在认知过程层面，处于这一水平上的高中生学业负担表现情况为：在"任务完成"题项上的得分均值为4.18，标准差为1.026；在"理解水平"题项上的得分均值为3.90，标准差为0.948；在"学习效果"题项上的得分均值为4.39，标准差为0.879。详细内容见表2-55。

从表2-55中的统计数据可以看出，处于第五水平的高中生在"任务完成"题项上的得分位于区间[4,4.5]，且中值为5.00，众数为5，这表明此类学生十分符合题项中所描述的学习状态，即他们总是很难按时完成老师布置的学习任务；在"理解水平"题项上的得分均值近似于4，且中值为4.00，众数为4，这表明此类学生对所学内容的理解程度属于较差水平，也意味着学习内容的难度会对他们造成较重的认知负担；在"学习效果"题项上的得分均值高达4.39，且中值为5.00，众数为5，这表明此类学生所取得的学习效果很差。而总体说来，此类学生在认知过程层面的得分均值约为4.16，落于区间[4,4.5]，这表明他们十分符合题项中所描述的学业负担情形，也即意味着在高中生学业负担的第五水平上，反映在认知过程层面的学业负担很重。

表 2-55　高中生学业负担的认知过程层面（第五水平）

		任务完成	理解水平	学习效果
N	有效	525	525	525
	缺失	0	0	0
均值		4.18	3.90	4.39
中值		5.00	4.00	5.00
众数		5	4	5
标准差		1.026	0.948	0.879
极小值		1	1	1
极大值		5	5	5

其次，在情绪体验层面，此水平上高中生的学业负担表现情况为：在测查"胜任感"题项上的得分均值为 4.40，标准差为 0.801；在"厌恶感"题项上的得分均值为 3.66，标准差为 1.078；在"焦虑感"题项上的得分均值为 4.12，标准差为 1.027；在"疲劳感"题项上的得分均值为 4.19，标准差为 0.989。具体内容见表 2-56。

表 2-56　高中生学业负担的情绪体验层面（第五水平）

		胜任感	厌恶感	焦虑感	疲劳感
N	有效	525	525	525	525
	缺失	0	0	0	0
均值		4.40	3.66	4.12	4.19
中值		5.00	4.00	4.00	5.00
众数		5	3	5	5
标准差		0.801	1.078	1.027	0.989
极小值		1	1	1	1
极大值		5	5	5	5

从表 2-56 的统计数据可以看出，在测查"胜任感"的题项上，此类学生的得分均值高达 4.40，且中值为 5.00，众数为 5，这表明他们的学习胜任感很低，在参与学习活动时经常遭遇到各种挫败；在"厌恶感"题项上的得分均值位于区间 [3.5,4]，且中值为 4.00，众数为 3，这表明他们对学习的厌恶感较高，学习兴趣受到明显抑制；在"焦虑感"题项上的得分均值高于 4，且中值为 4.00，众数为 5，这表明他们对学习产生了很高的焦虑感，由此会形成过重的心理压力；在"疲劳感"题项上的得分均值也高于 4，且中值为 5.00，众数为 5，这表明他们在日常学习过

程中产生的疲劳感很高,经常觉得心力交瘁。从总体说来,此类高中生在学业负担情绪体验层面的得分均值约为4.09,这说明他们比较符合题项中所描述的学业情绪状态,即在情绪体验层面表现出很重的学业负担。

最后,在行为反应层面,此水平上高中生的学业负担得分情况为:在测查"承受性"题项上得分均值为3.65,标准差为1.147;"自觉性"题项上的得分均值为3.26,标准差为1.077;"专注性"题项上的得分均值为3.89,标准差为1.075;"主动性"题项上的得分均值为3.64,标准差为1.160。具体数据见表2-57。

表 2-57 **高中生学业负担的行为反应层面(第五水平)**

		承受性	自觉性	专注性	主动性
N	有效	525	525	525	525
	缺失	0	0	0	0
均值		3.65	3.26	3.89	3.64
中值		4.00	3.00	4.00	4.00
众数		3	3	5	5
标准差		1.147	1.077	1.075	1.160
极小值		1	1	1	1
极大值		5	5	5	5

从表2-57的统计数据可以看出,在测查"承受性"题项上,此类高中生的得分均值位于区间[3.5,4],且中值为4.00,众数为3,这表明他们对学习任务表现出较差的承受性,经常因学习而出现身心不舒服的现象;在"自觉性"题项上,此类学生的得分均值位于区间[3,3.5],且中值为3.00,众数为3,这表明他们在学习自觉性上的表现略差,日常学习会依赖别人的督促;在"专注性"题项上的得分均值近似于4,且中值为4.00,众数为5,这表明此类学生学习的专注性较差,平时经常会因受外界干扰而无法专心学习;在"主动性"题项上的得分均值位于区间[3.5,4],且中值为4.00,众数为5,这表明此类学生平时学习的主动性较差,遇到学习困难时经常表现得十分消极被动。而总体说来,此类学生在学业负担行为层面的得分均值为3.61,落于区间[3.5,4],这表明他们比较符合题项中所描绘的学习行为状态。换言之,处于第五水平的高中生在行为反应层面表现出较重的学业负担。

2.特征分析及结构阐释

高中生学业负担第五水平突出特征的寻找与分析,可以通过与第四水平的得分情况对比得到实现。图2-54为处于第四、五水平的高中生在各层面上的得分对比情况。

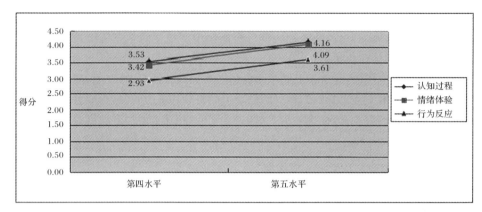

图 2-54　第四、五水平高中生学业负担各层面得分对比

图 2-54 显示，相比第四水平，处于学业负担第五水平的高中生在认知过程层面、情绪体验层面、行为反应各层面上的得分均有明显增长（增值均在 0.5 以上），且增幅大致相同。这意味第五水平学业负担在各层面上的特征表现都比较明显。

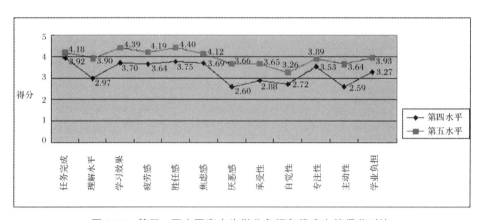

图 2-55　第四、五水平高中生学业负担各维度上的得分对比

图 2-55 显示，相比第四水平，处于第五水平的高中生在各维度上的得分均有所增长，但增幅不一：在认知过程层面，"理解水平"和"学习效果"维度上的得分增幅明显，尤其是"理解水平"维度，增值接近 1；在情绪体验层面，"厌恶感"和"胜任感"维度得分增幅明显，其中"厌恶感"增值超过 1；在行为反应层面，"承受性"和"主动性"维度得分增幅明显，其中"主动性"增值超过 1。以上表明，高中生学业负担第五水平的突出特征集中体现在"理解水平""学习效果""胜任感""厌恶感""承受性"和"主动性"，具体表现为：①学生对学习内容的理解水平很低，所取得的学习效果也很差；②学生在学习过程中经常感觉力不从心，并产生了较重的厌学情绪；③学生对学习表现出比较明显的身心不适应，学习过程中比较消极被动。

单从各层面来说，将以上突出特征与其他表现进行对比，可以看出：①在认知过程层面，相比第四水平，第五水平高中生对所学内容的理解水平明显下降，且达到非常低的程度（得分接近 4），这导致学生的学习效果变得更差。②在情绪体验层面，相比第四水平，此类学生的疲劳感、不胜任感及焦虑感等负面学业情绪持续加深，并达到非常严重的程度（得分均超过 4）。受此影响，学生的厌学情绪更加明显。③在行为反应层面，第五水平高中生对学习表现出较为严重的不适应，也因而大大削弱了学生学习的主动性。

从总体来说，将各层面的突出特征及其他表现加以关联与分析，还可发现：①从认知过程与学业情绪的相互关系来看，第五水平高中生各种负面学业情绪的凸显是因其理解水平及学习效果明显变差所致。学生若总是无法理解所学内容，也无法取得较好的学习效果，会使不胜任感不断累积，进而诱发并加深学生的厌学情绪。②从学业情绪与学习行为的相互关系来看，第五水平高中生种种消极行为倾向的出现是由于负面学业情绪的干扰与影响。例如，长期高度的焦虑感与疲劳感会使学生在学习中表现出严重的身心不适，持续加深的厌学情绪会磨灭学生的斗志，使学生学习变得十分被动消极。③相比其他行为倾向，第五水平高中生的学习自觉性并不是特别差（得分略高于 3），但考虑到其所产生的各种负面学业情绪，其自觉性的动因并非对学习本身的喜爱，更多可能是迫于升学压力。

（六）高中生学业负担水平演变的内在规律

在前文中，我们分别对高中生学业负担的不同水平进行了分析，描绘出不同水平的整体表征，也刻画了不同水平的突出特征。下面，我们要对不同水平的负担表现进行统一分析与对比分析，以期揭示出不同水平演变的内在规律。依照我们对学业负担表现的维度划分，不同水平的对比分析将首先针对各层面上的综合表现进行，然后再具体到各层面的子维度上。表 2-58 和图 2-56 展示的是学业负担各层面在高中生不同水平上的得分对比情况。

由表 2-58 和图 2-56 可以看出：认知过程层面在每一水平上的得分均高于其他层面，且于第二水平便已经接近 3，这表明认知过程层面是影响与反映高中生学业负担程度的主要因素；情绪体验层面与行为反应层面在前三水平上的得分均大致相等，但自第四水平开始，"情绪体验"层面得分急速升高，乃至与认知过程层面得分基本持平，这表明随着学业负担水平的升高，情绪体验层面的影响越来越大。另外从整体来看，情绪体验层面在不同水平上的得分增幅均比较明显，这表明情绪体验层面在不同水平上的负担表现均有明显差异，也即意味着其为测量与确认高中生学业负担不同水平的良好指标；行为反应层面在学业负担较低水平上的得分与其他层面差距不大，但在较高水平上的得分明显低于其他层面，这表明随着学业负担水平的升高，行为反应层面的影响相对越来越小。

表 2-58　高中生学业负担不同水平得分对比

	认知过程	情绪体验	行为反应
第一水平	2.36	1.93	1.94
第二水平	2.79	2.40	2.44
第三水平	3.29	2.99	2.86
第四水平	3.53	3.42	2.93
第五水平	4.16	4.09	3.61
总体水平	3.20	2.97	2.76

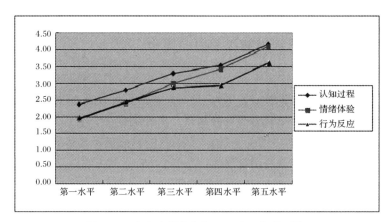

图 2-56　高中生学业负担不同水平得分对比

　　上述演变趋势可能主要归因于高中生所处的学习环境及自身学习心理。首先,高中生的学业负担主要反映在认知过程层面,这与当前高中阶段"应试教育"盛行的现实环境不无关系。在应试教育体系中,"题海战术"被视为提升学生成绩的重要法宝。受此理念驱使,教师会倾向于布置过量的学习任务以确保学生的学习效果,学生也可能为自己设置额外任务以提高应试能力。在此情形之下,学习任务的功能逐渐被异化——任务的"量"重于"质",高中生每天都埋首于许多不必要的学习任务之中,从而造成过重的认知负担。其次,高中生在行为反应层面的负担症状相对较轻,则主要受惠于其学习心理的成熟。比如,高中生的学习动机发展为由内部动机主导,从而导致其学习的依赖性减弱,主动性增强;高中生心智更加理性、自我意识增强,利于其觉察并纠正自己的消极行为倾向。

　　表 2-59、2-60、2-61 与图 2-57、2-58、2-59 展示的是学业负担各个子维度在高中生不同水平上的得分对比情况。首先,在认知层面,不同水平得分对比情况如表 2-59 与图 2-57 所示。

表 2-59	高中生学业负担不同水平对比（认知过程层面）				
高中	第一水平	第二水平	第三水平	第四水平	第五水平
任务完成	2.67	2.92	3.43	3.92	4.18
理解水平	2.03	2.40	2.91	2.97	3.90
学习效果	2.38	3.05	3.53	3.70	4.39

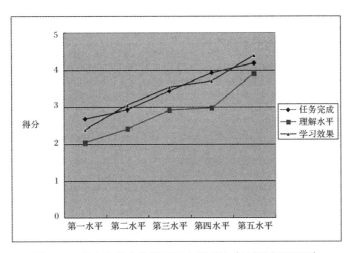

图 2-57　高中生学业负担不同水平对比（认知过程层面）

　　由表 2-59 和图 2-57 可以看出，"任务完成"在第一水平上的得分便接近于 3，这表明"任务完成"维度上的负担特征最早凸显出来；"学习效果"维度在第二水平得分首次达到 3，这表明"学习效果"维度在第二水平便表现出比较明显的负担特征；除第一水平外，"任务完成"和"学习效果"维度在各水平上的得分均十分接近，且都明显高于"理解水平"维度，这说明二者是高中生认知过程层面负担的主要影响因素；与其他子维度相比，"理解水平"维度上的得分在各个水平上均为最低值，于第三水平首次接近 3，至第五水平有了急速增长，这表明"理解水平"维度对认知过程层面负担的影响较小，仅在学业负担较高水平时才会表现出比较明显的负担特征。从演变趋势来看，认知过程层面负担表现首先反映在"任务完成"，其次是"学习效果"，最后是"理解水平"。

　　其次，在情绪体验层面，不同水平得分对比情况如表 2-60 与图 2-58 所示。

表2-60	高中生学业负担不同水平对比（情绪体验层面）				
高中	第一水平	第二水平	第三水平	第四水平	第五水平
胜任感	2.09	2.66	3.28	3.75	4.40
厌恶感	1.45	2.01	2.65	2.60	3.66
焦虑感	2.23	2.59	2.94	3.69	4.12
疲劳感	1.95	2.35	3.08	3.64	4.19

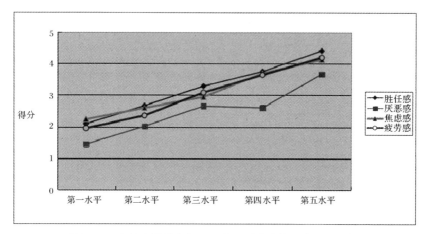

图 2-58　高中生学业负担不同水平对比（情绪体验层面）

由表 2-60 和图 2-58 可以看出，在情绪体验层面的各子维度中，"胜任感"维度于各水平上的得分为或接近最高值，这说明"胜任感"维度是高中生学业负担情绪体验层面的主要影响因素；"疲劳感"与"焦虑感"维度在各水平上的得分均比较接近，这说明二者对情绪体验层面负担的影响大致相同；在各个水平上，"厌恶感"维度得分均明显低于其他子维度得分，且只有第五水平的得分超过 3，这表明"厌恶感"对高中生情绪体验层面负担的影响较小，其只有在整体学业负担很高时才会表现出比较明显的负担特征。从演变趋势来看，高中生情绪体验层面的负担表现首先反映在"胜任感"维度，其次是"疲劳感"和"焦虑感"维度，最后是"厌恶感"维度。

最后，在行为反应层面，不同水平得分对比情况如表 2-61 与图 2-59 所示。

表 2-61 高中生学业负担不同水平对比（行为反应层面）

高中	第一水平	第二水平	第三水平	第四水平	第五水平
承受性	1.80	2.04	2.60	2.88	3.65
自觉性	2.25	2.78	3.07	2.72	3.26
专注性	2.09	2.62	2.96	3.53	3.89
主动性	1.63	2.30	2.82	2.59	3.64

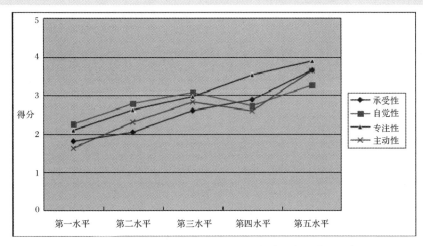

图 2-59 高中生学业负担不同水平对比（行为反应层面）

由表 2-61 和图 2-59 可以看出：在行为反应层面各子维度中，"专注性"维度于不同水平上的得分为或接近最高，尤其是在第四与第五水平，其得分明显高于其他子维度，这表明"专注性"维度对行为反应层面负担的影响最大；相比其他子维度，"自觉性"维度上的得分在前三水平均为最高，且于第二水平便接近 3，但在第四、第五水平却又变为最低，这说明"自觉性"维度虽最早表现出明显的负担特征，但随着整体负担水平的升高，其对行为反应层面负担的影响逐渐下降；与其他子维度相比，"承受性"维度在前三水平的得分相对较低，仅在第四水平才首次接近 3，这说明"承受性"维度对行为反应层面学业负担的影响较小，仅在较高水平时才会出现明显的负担特征。从演变趋势来看，行为反应层面负担表现首先反映在"自觉性"，其次是"专注性"，然后是"主动性"，最后是"承受性"。

五、学生学业负担的外部特征

前文中，通过引入聚类运算的理念和方法，我们对学生学业负担的各级水平进行了分析与刻画，在阐述其基本结构的基础上，揭示出了每种水平上学业负担的具体表现，这些可被视为学业负担的内部特征。实质上，通过我们的研究发现，学生学业负担还呈现出一些外部特征，这主要反映为其在性别、生源地、学校类别及年级等背景因素上的差异化表现。

（一）小学生学业负担的外部特征

1.小学生学业负担的性别差异

性别差异可能会导致学生在学习认知、情绪及行为上的不同，从而影响学生的学业负担水平。所以，性别因素是分析学生学业负担水平时需要考虑的重要方面。为考查不同性别学生之间在学业负担上的水平差异，我们进行了男女生之间的独立样本 t 检验，下面两个统计量表 2-62、2-63，分别是性别差异的描述性统计结果和独立样本 t 检验结果。

表 2-62　小学生学业负担性别差异的描述统计

	性别	N	均值	标准差	均值的标准误
学业负担	男生	2235	19.7978	7.29426	0.15429
	女生	2090	18.4445	6.60519	0.14448
认知过程	男生	2235	5.3718	2.37470	0.05023
	女生	2090	5.0785	2.21630	0.04848
情绪体验	男生	2235	6.4573	3.10043	0.06558
	女生	2090	6.0096	2.71035	0.05929
行为反应	男生	2235	7.9687	3.13911	0.06640
	女生	2090	7.3565	2.88751	0.06316

学业负担性别差异的描述性统计结果表明，共有 2235 名小学男生参与调查，学业负担均值为 19.7978，标准差为 7.29426；共有 2090 名小学女生参与调查，学业负担均值为 18.4445，标准差为 6.60519。其中，在认知过程层面，小学男生得分均值为 5.3718，标准差为 2.37470，而小学女生得分均值为 5.0785，标准差为 2.21630；在情绪体验层面，小学男生得分均值为 6.4573，标准差为 3.10043，而小学女生得分均值为 6.0096，标准差为 2.71035；在行为反应层面，小学男生得分均值为 7.9687，标准差为 3.13911，而小学女生得分均值为 7.3565，标准差为2.88751。具体内容见表 2-62。

表 2-63　小学生学业负担性别差异的独立样本 t 检验

		方差方程的 Levene 检验		均值方程的 t 检验					差分的 95% 置信区间	
		F	Sig.	t	df	Sig.（双侧）	均值差值	标准误差值	下限	上限
学业负担	假设方差相等	23.386	0.000	6.381	4323	0.000	1.35327	0.21208	0.93748	1.76905
	假设方差不相等			6.402	4318.557	0.000	1.35327	0.21138	0.93886	1.76768

		方差方程的 Levene 检验		均值方程的 t 检验						
		F	Sig.	t	df	Sig.（双侧）	均值差值	标准误差值	差分的95%置信区间	
									下限	上限
认知过程	假设方差相等	21.749	0.000	4.192	4323	0.000	0.29334	0.06997	0.15616	0.43052
	假设方差不相等			4.202	4322.984	0.000	0.29334	0.06981	0.15648	0.43021
情绪体验	假设方差相等	43.579	0.000	5.041	4323	0.000	0.44770	0.08880	0.27360	0.62180
	假设方差不相等			5.064	4303.636	0.000	0.44770	0.08841	0.27438	0.62102
行为反应	假设方差相等	7.993	0.005	6.662	4323	0.000	0.61222	0.09190	0.43205	0.79239
	假设方差不相等			6.681	4321.833	0.000	0.61222	0.09164	0.43256	0.79189

性别差异的独立样本 t 检验结果显示，方差齐性检验结果显著（$P<0.05$），即小学男女生之间的方差不齐。小学男生和女生在学业负担整体水平上存在显著差异（$t=6.402$，$df=4318.557$，$P<0.05$），即小学男生的学业负担整体水平明显高于女生。其中，在认知过程层面，t 检验结果显示，小学男生和女生存在显著差异（$t=4.202$，$df=4322.984$，$P<0.05$），即小学男生在认知过程层面上的负担水平明显高于女生；在情绪体验层面，t 检验结果显示，男生和女生之间也存在显著差异（$t=5.064$，$df=4303.636$，$P<0.05$），即小学男生在情绪体验层面的负担水平明显高于女生；在行为反应层面，t 检验结果显示，男生和女生之间同样存在显著差异（$t=6.681$，$df=4321.833$，$P<0.05$），即小学男生在行为反应层面的负担水平也明显高于女生。

在小学阶段，女生学业负担水平明显轻于男生，这可能与男女生身心发展规律有关。生理学及心理学的相关研究揭示，女生的身体及心智发育普遍要早于男生。儿童期的女生在认知、情绪和行为等方面的成熟水平都要高于同龄男生。在日常学习中，女生相比男生能够理解与认知更高难度的学习内容，能够更好地表达与调整自己的情绪，也会表现出更好的行为意识与习惯，其学业负担水平自然也就相对较轻。

2.小学生学业负担的地域差异

本研究把所调查学校所在地位置划分为城市、县城和农村，以此来比较不同地域学生的学业负担水平的差异情况。为此，我们进行了区域差异的单因素方差分析，分别进行了描述统计、方差齐性检验、方差分析、事后多重比较等。

表 2-64　小学生学业负担地域差异的描述统计

		N	均值	标准差	标准误	均值的95%置信区间		极小值	极大值
						下限	上限		
学业负担	城市	2541	18.3869	6.46245	0.12820	18.1355	18.6382	11.00	51.00
	县城	345	19.6928	7.73422	0.41640	18.8738	20.5118	11.00	49.00
	农村	1508	20.4164	7.51837	0.19361	20.0367	20.7962	11.00	52.00
	总数	4394	19.1859	7.00939	0.10574	18.9786	19.3932	11.00	52.00
认知过程	城市	2541	4.8890	2.07371	0.04114	4.8084	4.9697	3.00	15.00
	县城	345	5.7188	2.71501	0.14617	5.4313	6.0063	3.00	15.00
	农村	1508	5.7215	2.46879	0.06357	5.5968	5.8462	3.00	15.00
	总数	4394	5.2399	2.30722	0.03481	5.1716	5.3081	3.00	15.00
情绪体验	城市	2541	6.0079	2.67578	0.05308	5.9038	6.1120	4.00	20.00
	县城	345	6.2232	2.96776	0.15978	5.9089	6.5375	4.00	20.00
	农村	1508	6.6804	3.26957	0.08420	6.5152	6.8455	4.00	20.00
	总数	4394	6.2556	2.93157	0.04423	6.1689	6.3423	4.00	20.00
行为反应	城市	2541	7.4900	2.96176	0.05876	7.3748	7.6052	4.00	20.00
	县城	345	7.7507	3.24690	0.17481	7.4069	8.0945	4.00	20.00
	农村	1508	8.0146	3.08535	0.07945	7.8587	8.1704	4.00	19.00
	总数	4394	7.6905	3.03688	0.04581	7.6007	7.7803	4.00	20.00

　　表 2-64 为不同地域的描述统计结果,共有 2541 名城市小学生参与调查,其整体"学业负担"均值为 18.3869,标准差为 6.46245;在认知过程层面得分均值为4.8890,标准差为2.07371,在情绪体验层面得分均值为6.0079,标准差为2.67578,在行为反应层面得分均值为7.4900,标准差为 2.96176。

共有 345 名县城小学生参与调查,其整体"学业负担"均值为 19.6928,标准差为 7.73422;在认知过程层面得分均值为 5.7188,标准差为 2.71501;在情绪体验层面得分均值为 6.2232,标准差为 2.96776;在行为反应层面得分均值为 7.7507,标准差为 3.24690。

共有 1508 名农村小学生参与调查,其整体"学业负担"均值为 20.4164,标准差为 7.51837;在认知过程层面得分均值为 5.7215,标准差为 2.46879;在情绪体验层面得分均值为 6.6804,标准差为 3.26957;在行为反应层面得分均值为 8.0146,标准差为 3.08535。

表 2-65　不同地域的方差齐性检验

	Levene 统计量	$df1$	$df2$	显著性
学业负担	23.140	2	4391	0.000
认知过程	43.183	2	4391	0.000
情绪体验	37.061	2	4391	0.000
行为反应	0.645	2	4391	0.525

表 2-65 为不同地域的方差齐性检验结果,就"学业负担"检验变量而言,Levene 统计量的 F 值等于 23.140,$P = 0.000 < 0.05$,达到显著水平,这表明不同地域样本的方差存在显著差异,即不同地域样本方差不齐。就"认知过程"检验变量而言,Levene 统计量的 F 值等于 43.183,$P = 0.000 < 0.05$,达到显著水平,这表明不同地域样本的方差存在显著差异,即不同地域样本方差不齐。就"情绪体验"检验变量而言,Levene 统计量的 F 值等于 37.061,$P = 0.000 < 0.05$,达到显著水平,这表明不同地域样本的方差存在显著差异,即不同地域样本方差不齐。就"行为反应"检验变量而言,Levene 统计量的 F 值等于 0.645,$P = 0.525 > 0.05$,未达到显著水平,这表明不同地域样本的方差未存在显著差异,即不同地域样本方差齐性。

表 2-66　小学生学业负担地域差异的方差分析

		平方和	df	均方	F	显著性
学业负担	组间	3994.466	2	1997.233	41.398	0.000
	组内	211840.625	4391	48.244		
	总数	215835.091	4393			
认知过程	组间	741.719	2	370.860	71.917	0.000
	组内	22643.455	4391	5.157		
	总数	23385.174	4393			

续表

		平方和	df	均方	F	显著性
情绪体验	组间	428.392	2	214.196	25.198	0.000
	组内	37325.596	4391	8.500		
	总数	37753.988	4393			
行为反应	组间	261.827	2	130.913	14.281	0.000
	组内	40253.235	4391	9.167		
	总数	40515.062	4393			

从上述方差分析摘要表 2-66 中的数据可以看出:就"学业负担""认知过程""情绪体验""行为反应"四个因变量而言,整体检验的 F 值分别为 41.398($P=0.000<0.05$),71.917($P=0.000<0.05$)、25.198($P=0.000<0.05$)、14.281($P=0.000<0.05$),均达到显著水平,这表明不同地域的小学生无论在整体的学业负担水平上,还是在具体的认知过程、情绪体验、行为反应等层面上均存在显著差异。

表 2-67　小学生学业负担区域差异的事后多重比较

因变量	(I)学校所在地	(J)学校所在地	均值差 (I-J)	标准误	显著性	95%置信区间 下限	95%置信区间 上限
学业负担 Tamhane	城市	县城	-1.30590*	0.43569	0.009	-2.3504	-0.2613
		农村	-2.02959*	0.23221	0.000	-2.5844	-1.4748
	县城	城市	1.30590*	0.43569	0.009	0.2613	2.3504
		农村	-0.72369	0.45921	0.308	-1.8238	0.3764
	农村	城市	2.02959*	0.23221	0.000	1.4748	2.5844
		县城	0.72369	0.45921	0.308	-0.3764	1.8238
认知过程 Tamhane	城市	县城	-0.82982*	0.15185	0.000	-1.1939	-0.4657
		农村	-0.83247*	0.07572	0.000	-1.0134	-0.6515
	县城	城市	0.82982*	0.15185	0.000	0.4657	1.1939
		农村	-0.00264	0.15940	1.000	-0.3846	0.3793
	农村	城市	0.83247*	0.07572	0.000	0.6515	1.0134
		县城	0.00264	0.15940	1.000	-0.3793	0.3846

続表

因变量		(I)学校所在地	(J)学校所在地	均值差(I-J)	标准误	显著性	95%置信区间	
							下限	上限
情绪体验	Tamhane	城市	县城	-0.21532	0.16837	0.491	-0.6189	0.1883
			农村	-0.67250*	0.09953	0.000	-0.9103	-0.4347
		县城	城市	0.21532	0.16837	0.491	-0.1883	0.6189
			农村	-0.45718*	0.18061	0.035	-0.8897	-0.0246
		农村	城市	0.67250*	0.09953	0.000	0.4347	0.9103
			县城	0.45718*	0.18061	0.035	0.0246	0.8897
行为反应	Scheffe	城市	县城	-0.26076	0.17372	0.324	-0.6861	0.1646
			农村	-0.52462*	0.09842	0.000	-0.7656	-0.2836
		县城	城市	0.26076	0.17372	0.324	-0.1646	0.6861
			农村	-0.26386	0.18070	0.344	-0.7063	0.1786
		农村	城市	0.52462*	0.09842	0.000	0.2836	0.7656
			县城	0.26386	0.18070	0.344	-0.1786	0.7063

注:* 表示均值差的显著性水平为0.05。

就"学业负担"因变量而言,由于不同地域的方差齐性检验结果表明方差不齐,故选用Tamhane法进行各组平均值之间的多重比较。表2-67中不同地域的事后多重比较结果表明:农村小学生和县城小学生的整体学业负担水平明显高于城市小学生,而农村小学生与县城小学生之间在整体学业负担水平上无显著差异。就认知过程层面而言,由于不同地域的方差齐性结果表明方差不齐,故选用Tamhane法进行各组平均值之间的多重比较。由表2-67中的数据可以看出:农村小学生和县城小学生在认知过程层面的负担水平明显高于城市小学生,而农村小学生与县城小学生之间并无显著差异。就情绪体验层面而言,由于不同地域的方差齐性结果表明方差不齐,故同样选用Tamhane法进行各组平均值之间的多重比较。表2-67中不同地域的多重比较结果表明:农村小学生在情绪体验层面的负担水平明显高于县城和城市小学生,而县城小学生与城市小学生之间在情绪体验层面的表现并无明显差异。就行为反应层面而言,由于不同地域的方差齐性结果表明方差同质,故选用Scheffe法进行各组平均值之间的多重比较。表2-67中不同地域的多重比较结果表明:农村小学生在行为反应层面的负担水平明显高于城市小学生,农村小学生与县城小学生之间无明显差异,城市小学生与县城小学生之间也无明显差异。

总体看来,在小学阶段,农村学生和县城学生的整体学业负担水平明显高于城市学生,这可能与现实中城乡学校教育教学理念的差异有关。相比农村和县城学校,城市学校得益于各种主客观条件,能够更为迅速地接受与运用先进的教学理念,跳出"知识中心"教育取向的牢笼,更加重视学生身心的全面、和谐发展。同时,在减负政策的推进中,城市学校贯彻得更加彻底,如减量家庭作业、规范在校时间、保障睡眠时间,采用科学、合理、先进的教学设备和教学方法,这些都在一定程度上对学生学业负担的缓解起到了作用。另外,农村小学生在情绪体验层面表现出的学业负担最重,这可能是由于相比县城与城市小学生,他们在平时学习中所得到的关注与支持不够。农村小学生中很多为留守子女,学习中遇到困难时无法得到家长及时的关心与帮助,更容易产生消极的学业情绪。

3.小学生学业负担的学校差异

学校类别是影响学生学业负担形成与表现的重要因素。受学校办学理念、条件及实效等方面的影响,不同学校学生的学业负担可能会表现出不同的水平与特征。在本研究中,所调查的学校有两类,一类为示范学校,一类为普通学校。为考查这两类学校学生在学业负担水平上的差异状况,我们进行了独立样本 t 检验。表 2-68、2-69,分别是学校差异的描述性统计结果和独立样本 t 检验结果。

表 2-68　小学生学业负担学校差异的描述统计

	学校类别	N	均值	标准差	均值的标准误
学业负担	示范学校	1586	18.5845	6.76012	0.16975
	普通学校	2810	19.5221	7.12446	0.13440
认知过程	示范学校	1586	4.9294	2.14198	0.05379
	普通学校	2810	5.4142	2.37765	0.04485
情绪体验	示范学校	1586	6.1179	2.81018	0.07056
	普通学校	2810	6.3324	2.99493	0.05650
行为反应	示范学校	1586	7.5372	2.98876	0.07505
	普通学校	2810	7.7754	3.06064	0.05774

学校差异的描述性统计结果显示:共有 1586 名来自示范学校的小学生参与调查,其学业负担均值为 18.5845,标准差为 6.76012,其中在认知过程层面的得分均值为 4.9294,在情绪体验层面的得分均值为 6.1179,在行为反应层面的得分均值为 7.5372;共有 2810 名来自普通学校的小学生参与调查,其整体学业负担均值为 19.5221,标准差为 7.12446,其中在认知过程层面的得分均值为 5.4142,在情绪体验层面的得分均值为 6.3324,在行为反应层面的得分均值为 7.7754。

表 2-69　小学生学业负担学校差异的独立样本 t 检验

		方差方程的 Levene 检验		均值方程的 t 检验					差分的 95% 置信区间	
		F	Sig.	t	df	Sig.（双侧）	均值差值	标准误差值	下限	上限
学业负担	假设方差相等	5.533	0.019	-4.268	4394	0.000	-0.93757	0.21970	-1.36829	-0.50686
	假设方差不相等			-4.330	3433.717	0.000	-0.93757	0.21651	-1.36208	-0.51307
认知过程	假设方差相等	22.549	0.000	-6.725	4394	0.000	-0.48485	0.07209	-0.62619	-0.34352
	假设方差不相等			-6.923	3579.330	0.000	-0.48485	0.07003	-0.62216	-0.34754
情绪体验	假设方差相等	7.473	0.006	-2.331	4394	0.020	-0.21448	0.09201	-0.39486	-0.03409
	假设方差不相等			-2.373	3465.038	0.018	-0.21448	0.09040	-0.39171	-0.03724
行为反应	假设方差相等	0.270	0.603	-2.500	4394	0.012	-0.23824	0.09532	-0.42511	-0.05138
	假设方差不相等			-2.516	3353.622	0.012	-0.23824	0.09469	-0.42390	-0.05259

　　学校差异的独立样本 t 检验结果显示,方差齐性检验结果显著($P=0.019<0.05$),即两类学校学生样本的方差不齐。示范学校小学生和普通学校小学生在学业负担整体水平上存在显著差异($t=-4.330, df=3433.717, P=0.000<0.05$),即普通学校小学生的学业负担整体水平明显高于示范学校小学生。另外,t 检验结果还显示,无论在认知过程层面,还是在情绪体验层面和行为反应层面,示范学校小学生和普通学校小学生均存在显著差异(三者的 Sig.值均小于 0.05),即普通学校小学生的负担水平明显高于示范学校小学生。

　　在小学阶段,普通学校小学生的负担水平明显高于示范学校小学生,这可能与二者整体效能上的差异有关。相比普通学校,示范学校在师资力量与学生素质上均有明显的优势。首先,示范学校的优厚待遇能够招揽到更优秀的师范毕业生,同时能够保证教师能够获取更丰富的教育资源、有机会接受更多的职前职后培训,促使教师积淀了较为丰厚的教育教学知识,树立了较为先进的教育教学理念,掌握了较为科学的教育教学方法,这些因素汇集起来最终会反映在更优的教师教学效能之上。其次,示范学校能够竞争到更优质的生源,同时能够为学生提供更优越的学习环境与条件,营造更浓厚的学习氛围,促使学生取得较高的学习效能。高效能的教师能够通过改善教学来减轻学生的学业负担,高效能的学生能够通过自我调节来缓解自身的学业负担,在这双重优势之下,示范学校小学生的学业负担水平自然也就要低于普通学校小学生。

学业负担论纲

4.小学生学业负担的年级差异

年级差异是分析学业负担特征时必须予以考虑的重要因素。这可以从两个层面得到辨认：首先，从客观层面来说，按照一般的学制安排，不同年级的学生有着不同的学习目标、内容及要求，因而在日常学习中会面临不同的学习任务。这种学习任务的不同不仅会反映在"量"的多少上，也会体现为"质"的高低。其次，就主观层面而言，不同年级对应着学生的不同年龄，也就意味着个体身心发展的不同阶段与时期。因此，不同年级的学生在心理倾向、情绪情感以及行为能力等方面自然会有着一定差异。来自主客观双重层面的诸多不同，最终可能会导致学生在学业负担水平及特征上表现出年级差异。在小学阶段，考虑到一至三年级学生的心智成熟程度尚低，因此仅将四、五、六年级小学生列为调查与分析对象。为考查不同年级的小学生在学业负担整体水平及具体特征上的差异情况，我们采用了单因素方差分析方法，分别进行了描述统计、方差齐性检验、方差分析、事后多重比较等。

表 2-70 小学生学业负担年级差异的描述统计

		N	均值	标准差	标准误	均值的95%置信区间		极小值	极大值
						下限	上限		
学业负担	四年级	1493	18.9571	7.02338	0.18177	18.6006	19.3137	11.00	51.00
	五年级	1380	18.9558	6.61981	0.17820	18.6062	19.3054	11.00	44.00
	六年级	1523	19.6126	7.31529	0.18745	19.2449	19.9803	11.00	52.00
	总数	4396	19.1838	7.00891	0.10571	18.9766	19.3911	11.00	52.00
认知过程	四年级	1493	5.3282	2.39682	0.06203	5.2065	5.4499	3.00	15.00
	五年级	1380	5.1812	2.22040	0.05977	5.0639	5.2984	3.00	14.00
	六年级	1523	5.2049	2.29295	0.05875	5.0896	5.3201	3.00	15.00
	总数	4396	5.2393	2.30695	0.03479	5.1711	5.3075	3.00	15.00
情绪体验	四年级	1493	6.0670	2.89162	0.07484	5.9202	6.2138	4.00	20.00
	五年级	1380	6.1181	2.82146	0.07595	5.9691	6.2671	4.00	20.00
	六年级	1523	6.5634	3.04183	0.07794	6.4105	6.7163	4.00	20.00
	总数	4396	6.2550	2.93111	0.04421	6.1683	6.3417	4.00	20.00

		N	均值	标准差	标准误	均值的 95% 置信区间		极小值	极大值
						下限	上限		
行为反应	四年级	1493	7.5620	3.03416	0.07853	7.4079	7.7160	4.00	20.00
	五年级	1380	7.6565	2.91170	0.07838	7.5028	7.8103	4.00	19.00
	六年级	1523	7.8444	3.14354	0.08055	7.6864	8.0024	4.00	19.00
	总数	4396	7.6895	3.03672	0.04580	7.5997	7.7793	4.00	20.00

表 2-70 为不同年级的描述统计表,由表中数据可以看出:共有 1493 名四年级学生参与调查,其学业负担整体均值为 18.9571,标准差为 7.02338,其中在认知过程层面得分均值为 5.3282,标准差为 2.39682,在情绪体验层面得分均值为 6.0670,标准差为 2.89162,在行为反应层面得分均值为 7.5620,标准差为 3.03416。

共有 1380 名五年级学生参与调查,其学业负担整体均值为 18.9558,标准差为 6.61981,其中在认知过程层面得分均值为 5.1812,标准差为 2.22040,在情绪体验层面得分均值为 6.1181,标准差为 2.82146,在行为反应层面得分均值为 7.6565,标准差为 2.91170。

共有 1523 名六年级学生参与调查,其学业负担整体均值为 19.6126,标准差为 7.31529,其中在认知过程层面得分均值为 5.2049,标准差为 2.29295,在情绪体验层面得分均值为 6.5634,标准差为 3.04183,在行为反应层面得分均值为 7.8444,标准差为 3.14354。

表 2-71 小学生不同年级的方差齐性检验

	Levene 统计量	$df1$	$df2$	显著性
学业负担	4.807	2	4393	0.008
认知过程	2.219	2	4393	0.109
情绪体验	7.681	2	4393	0.000
行为反应	2.486	2	4393	0.083

表 2-71 为不同年级的方差齐性检验结果,就整体的"学业负担"而言,Levene 统计量的 F 值等于 4.807,$P=0.008<0.05$,达到显著水平,这表明不同年级样本的方差存在显著差异,即不同年级样本方差不齐。就"认知过程"检验变量而言,Levene 统计量的 F 值等于 2.219,$P=0.109>0.05$,未达到显著水平,这表明不同年级样本的方差不存在显著差异,即不同年级样本方差齐性。就"情绪体验"检验变量而言,Levene 统计量的 F 值等于 7.681,$P=0.000<0.05$,达到显著水平,这表明不同年级样本的方差存在显著差异,即不同年级样本方差不齐。就"行为反应"检验变量而言,Levene 统计量的 F 值等于 2.486,$P=0.083>0.05$,未达到显著水平,这表明不同年级样本的方差未存在显著差异,即不同年级样本方差齐性。

学业负担论纲

表 2-72　小学生学业负担年级差异的方差分析

		平方和	df	均方	F	显著性
学业负担	组间	428.489	2	214.244	4.368	0.013
	组内	215474.998	4393	49.050		
	总数	215903.487	4395			
认知过程	组间	18.270	2	9.135	1.717	0.180
	组内	23371.977	4393	5.320		
	总数	23390.247	4395			
情绪体验	组间	223.455	2	111.728	13.076	0.000
	组内	37535.685	4393	8.544		
	总数	37759.140	4395			
行为反应	组间	62.325	2	31.162	3.383	0.034
	组内	40466.830	4393	9.212		
	总数	40529.155	4395			

从方差分析摘要表 2-72 中的数据可以看出：就"学业负担""情绪体验"和"行为反应"这三个变量而言,其整体检验的 F 值分别为 4.368($P=0.013<0.05$)、13.076($P=0.000<0.05$)、3.383($P=0.034<0.05$),均达到显著水平,这表明不同年级小学生不仅在整体学业负担水平上存在显著差异,同时在具体的情绪体验和行为反应层面也存在显著差异;就"认知过程"因变量而言,其整体检验的 F 值为 1.717($P=0.180>0.05$),未达到显著水平,这表明不同年级学生在认知过程层面上的负担表现差别不大。

表 2-73　小学生学业负担年级差异的多重比较

因变量		(I)所在年级	(J)所在年级	均值差(I-J)	标准误	显著性	95%置信区间	
							下限	上限
学业负担	Tamhane	四年级	五年级	0.00134	0.25455	1.000	-0.6068	0.6095
			六年级	-0.65547*	0.26111	0.036	-1.2793	-0.0317
		五年级	四年级	-0.00134	0.25455	1.000	-0.6095	0.6068
			六年级	-0.65681*	0.25863	0.033	-1.2747	-0.0389
		六年级	四年级	0.65547*	0.26111	0.036	0.0317	1.2793
			五年级	0.65681*	0.25863	0.033	0.0389	1.2747
认知过程层面	Scheffe	四年级	五年级	0.14704	0.08613	0.233	-0.0639	0.3579
			六年级	0.12334	0.08400	0.340	-0.0824	0.3290
		五年级	四年级	-0.14704	0.08613	0.233	-0.3579	0.0639
			六年级	-0.02370	0.08572	0.963	-0.2336	0.1862
		六年级	四年级	-0.12334	0.08400	0.340	-0.3290	0.0824
			五年级	0.02370	0.08572	0.963	-0.1862	0.2336
情绪体验层面	Tamhane	四年级	五年级	-0.05114	0.10663	0.950	-0.3059	0.2036
			六年级	-0.49638*	0.10805	0.000	-0.7545	-0.2382
		五年级	四年级	0.05114	0.10663	0.950	-0.2036	0.3059
			六年级	-0.44525*	0.10883	0.000	-0.7053	-0.1852
		六年级	四年级	0.49638*	0.10805	0.000	0.2382	0.7545
			五年级	0.44525*	0.10883	0.000	0.1852	0.7053
行为反应层面	Scheffe	四年级	五年级	-0.09457	0.11334	0.706	-0.3721	0.1829
			六年级	-0.28243*	0.11054	0.038	-0.5531	-0.0118
		五年级	四年级	0.09457	0.11334	0.706	-0.1829	0.3721
			六年级	-0.18786	0.11280	0.250	-0.4641	0.0883
		六年级	四年级	0.28243*	0.11054	0.038	0.0118	0.5531
			五年级	0.18786	0.11280	0.250	-0.0883	0.4641

注：* 表示均值差的显著性水平为 0.05。

就"学业负担"因变量而言,由于不同年级的方差齐性检验结果表明方差不齐,故选用Tamhane法进行各组平均值之间的多重比较。表 2-73 中不同年级的事后多重比较结果表明:六年级学生的整体学业负担水平明显高于四、五年级学生,而四、五年级学生之间在整体学业负担水平上无显著差异。具体说来,就情绪体验层面而言,表 2-73 中不同年级的多重比较结果表明:六年级学生在情绪体验层面的负担水平明显高于四、五年级学生,而四、五年级学生之间并无明显差异。就行为反应层面而言,表 2-73 中不同年级的多重比较结果表明:六年级学生在行为反应层面的负担水平明显高于四年级学生,而四年级学生与五年级学生之间无明显差异,五年级学生与六年级学生之间也无明显差异。

在小学阶段,六年级学生的整体学业负担水平明显高于四、五年级学生,而四、五年级学生之间在整体学业负担水平上无显著差异,这可能与六年级这一阶段的特殊性有关。六年级是小学阶段的最后一年,虽然没有升学考试的压力,但是仍不可避免地面临着用考试分数进行成绩分层的压力,加上学生也亟须为进入初中的更高强度的学习打下坚实基础做最后的努力,因此这一阶段的学习受到学校、教师以及家长的高度重视与期望,这自然会在一定程度上加重学生的学业负担。另外,在认知过程方面,三个年级学生学业负担水平并没有出现明显差异,这说明小学生学业负担年级差异的来源并不在于学习任务本身。

(二)初中生学业负担的外部特征

同小学生学业负担外部特征分析一样,本研究对初中生学业负担在性别、生源地、学校类型及年级等背景因素上的差异表现进行了检验与分析。

1.初中生学业负担的性别差异

为考查不同性别初中生之间在学业负担上的水平差异,我们进行了男女生之间的独立样本 t 检验,其中既包括整体学业负担水平的性别差异检验,又涉及学业负担各个层面上的性别差异检验。表 2-74、2-75 分别是性别差异的描述性统计结果和独立样本 t 检验结果。

表 2-74 初中生学业负担性别差异的描述统计

	性别	N	均值	标准差	均值的标准误
学业负担	男生	2243	26.7735	8.70712	0.18385
	女生	2369	25.4538	7.89878	0.16228
认知过程	男生	2243	7.1480	2.72603	0.05756
	女生	2369	6.8455	2.42606	0.04984
情绪体验	男生	2243	9.7178	4.20602	0.08881
	女生	2369	9.2575	3.75444	0.07714
行为反应	男生	2243	9.9077	3.18280	0.06720
	女生	2369	9.3508	3.00882	0.06182

学业负担性别差异的描述性统计结果表明,共有 2243 名初中男生参与调查,均值为 26.7735,标准差为 8.70712;共有 2369 名初中女生参与调查,均值为 25.4538,标准差为 7.89878。其中,在认知过程层面,初中男生得分均值为 7.1480,标准差为 2.72603,而初中女生 得分均值为 6.8455,标准差为 2.42606;在情绪体验层面,初中男生得分均值为 9.7178,标准差 为 4.20602,而初中女生得分均值为 9.2575,标准差为 3.75444;在行为反应层面,初中男生得 分均值为 9.9077,标准差为 3.18280,而初中女生得分均值为 9.3508,标准差为 3.00882。

表 2-75　初中生学业负担性别差异的独立样本 t 检验

		方差方程的 Levene 检验		均值方程的 t 检验						
		F	Sig.	t	df	Sig.(双侧)	均值差值	标准误差值	差分的95%置信区间	
									下限	上限
学业负担	假设方差相等	21.936	0.000	5.396	4610	0.000	1.31974	0.24458	0.84025	1.79923
	假设方差不相等			5.382	4506.557	0.000	1.31974	0.24523	0.83897	1.80051
认知过程	假设方差相等	28.204	0.000	3.986	4610	0.000	0.30251	0.07590	0.15371	0.45131
	假设方差不相等			3.973	4480.043	0.000	0.30251	0.07614	0.15324	0.45179
情绪体验	假设方差相等	29.601	0.000	3.925	4610	0.000	0.46030	0.11727	0.23039	0.69020
	假设方差不相等			3.913	4484.375	0.000	0.46030	0.11763	0.22968	0.69091
行为反应	假设方差相等	3.477	0.062	6.109	4610	0.000	0.55693	0.09117	0.37819	0.73567
	假设方差不相等			6.099	4554.172	0.000	0.55693	0.09131	0.37792	0.73595

初中生性别差异的独立样本 t 检验结果显示,方差齐性检验结果显著($P<0.05$),即男女 生之间的方差不齐。男生和女生在学业负担整体水平上存在显著差异($t=5.382, df=4506.557$, $P<0.05$),即初中男生的学业负担整体水平明显高于女生。其中,在认知过程层面,t 检验结 果显示,男生和女生存在显著差异($t=3.973, df=4480.043, P<0.05$),即初中男生在认知过 程层面上的负担水平明显高于女生;在情绪体验层面,t 检验结果显示,男生和女生之间也存 在显著差异($t=3.913, df=4484.375, P<0.05$),即初中男生在情绪体验层面的负担水平明 显高于女生;在行为反应层面,t 检验结果显示,男生和女生之间同样存在显著差异($t=6.099, df=4554.172, P<0.05$),即初中男生在行为反应层面的负担水平也明显高于女生。

在初中阶段,男生学业负担无论在整体水平还是在各个层面上都明显高于女生,这可能 与男女生身心发展规律有关。生理学及心理学的相关研究揭示,女生的身体及心智发育普遍要早于男生,其中在青春期阶段表现最为明显。初中阶段的女生在认知、情绪和行为等方面的成熟水平都要高于同龄男生。认知能力的快速发展使得女生相比男生能够理解更高难度的学习内容,情绪管理与行为调控能力的相对成熟使得女生能够更好地处理与消减学业所带来的心理压力,表现出更好的行为意识与习惯,这些优势最终使得女生的学业负担水平要低于男生。

2.初中生学业负担的地域差异

同小学生学业负担区域差异分析一样,为考查不同区域学生在学业负担整体水平及具体特征的差异状况,我们采用了单因素方差分析方法,分别进行了描述统计、方差齐性检验、方差分析、事后多重比较等。

表 2-76　初中生学业负担地域差异的描述统计

		N	均值	标准差	标准误	均值的95%置信区间		极小值	极大值
						下限	上限		
学业负担	城市	2486	24.9960	8.02616	0.16097	24.6803	25.3116	11.00	55.00
	县城	702	28.6752	7.52968	0.28419	28.1172	29.2332	11.00	55.00
	农村	1495	26.7278	8.83450	0.22849	26.2796	27.1759	11.00	55.00
	总数	4683	26.1004	8.32777	0.12169	25.8618	26.3389	11.00	55.00
认知过程	城市	2486	6.5531	2.49010	0.04994	6.4552	6.6510	3.00	15.00
	县城	702	7.8148	2.32149	0.08762	7.6428	7.9868	3.00	15.00
	农村	1495	7.3338	2.70485	0.06996	7.1966	7.4710	3.00	15.00
	总数	4683	6.9915	2.58333	0.03775	6.9175	7.0655	3.00	15.00
情绪体验	城市	2486	9.1070	3.92103	0.07864	8.9528	9.2612	4.00	20.00
	县城	702	10.5228	3.68386	0.13904	10.2498	10.7958	4.00	20.00
	农村	1495	9.6154	4.13574	0.10696	9.4056	9.8252	4.00	20.00
	总数	4683	9.4815	3.98655	0.05826	9.3673	9.5957	4.00	20.00
行为反应	城市	2486	9.3359	3.02229	0.06062	9.2170	9.4547	4.00	20.00
	县城	702	10.3376	2.93607	0.11081	10.1200	10.5552	4.00	20.00
	农村	1495	9.7786	3.26227	0.08437	9.6131	9.9441	4.00	20.00
	总数	4683	9.6274	3.10849	0.04542	9.5383	9.7164	4.00	20.00

表 2-76 为不同地域的描述统计表,结果显示:调查对象中来自城市的初中生共有 2486 名,其整体"学业负担"均值为 24.9960,标准差为 8.02616;在认知过程层面得分均值为6.5531,标准差为 2.49010;在情绪体验层面得分均值为 9.1070,标准差为 3.92103;在行为反应层面得分均值为 9.3359,标准差为 3.02229。

来自县城的初中生有 702 名,其整体"学业负担"均值为 28.6752,标准差为7.52968;在认知过程层面得分均值为 7.8148,标准差为 2.32149;在情绪体验层面得分均值为 10.5228,标准差为 3.68386;在行为反应层面得分均值为10.3376,标准差为 2.93607。

来自农村的初中生有 1495 名,其整体"学业负担"均值为 26.7278,标准差为 8.83450;在认知过程层面得分均值为 7.3338,标准差为2.70485;在情绪体验层面得分均值为 9.6154,标准差为 4.13574;在行为反应层面得分均值为 9.7786,标准差为3.26227。

表 2-77 初中生不同地域的方差齐性检验

	Levene 统计量	$df1$	$df2$	显著性
学业负担	20.483	2	4680	0.000
认知过程	15.045	2	4680	0.000
情绪体验	12.269	2	4680	0.000
行为反应	7.923	2	4680	0.000

表 2-77 为不同地域的方差齐性检验结果,由此可以看出:就"学业负担""认知过程""情绪体验"和"行为反应"四个检验变量而言,其 Levene 统计量的 F 值分别为 20.483、15.045、12.269 和 7.923,且 P 值均小于 0.05,达到显著水平,这表明不同地域样本的方差存在显著差异,即不同地域样本方差不齐。

表 2-78 初中生学业负担地域差异的方差分析

		平方和	df	均方	F	显著性
学业负担	组间	8274.723	2	4137.361	61.192	0.000
	组内	316430.106	4680	67.613		
	总数	324704.829	4682			
认知过程	组间	1128.797	2	564.399	87.705	0.000
	组内	30116.861	4680	6.435		
	总数	31245.658	4682			

续表

		平方和	df	均方	F	显著性
情绪体验	组间	1136.633	2	568.316	36.299	0.000
	组内	73272.520	4680	15.657		
	总数	74409.153	4682			
行为反应	组间	599.529	2	299.764	31.426	0.000
	组内	44641.242	4680	9.539		
	总数	45240.771	4682			

从表 2-78 中的数据可以看出:就"学业负担""认知过程""情绪体验""行为反应"四个因变量而言,整体检验的 F 值分别为 $61.192(P=0.000<0.05)$、$87.705(P=0.000<0.05)$、36.299 $(P=0.000<0.05)$、$31.426(P=0.000<0.05)$,均达到显著水平,这表明来自不同地域的初中生无论在整体的学业负担水平上,还是在具体的认知过程、情绪体验、行为反应等层面上均有显著差异存在。

表 2-79　初中生学业负担区域差异的事后多重比较

因变量	(I)学校所在地	(J)学校所在地	均值差(I-J)	标准误	显著性	95%置信区间 下限	95%置信区间 上限
学业负担 Tamhane	城市	县城	-3.67924*	0.32661	0.000	-4.4602	-2.8983
		农村	-1.73178*	0.27950	0.000	-2.3995	-1.0640
	县城	城市	3.67924*	0.32661	0.000	2.8983	4.4602
		农村	1.94745*	0.36465	0.000	1.0758	2.8191
	农村	城市	1.73178*	0.27950	0.000	1.0640	2.3995
		县城	-1.94745*	0.36465	0.000	-2.8191	-1.0758
认知过程层面 Tamhane	城市	县城	-1.26172*	0.10085	0.000	-1.5029	-1.0206
		农村	-0.78068*	0.08595	0.000	-0.9860	-0.5753
	县城	城市	1.26172*	0.10085	0.000	1.0206	1.5029
		农村	0.48104*	0.11212	0.000	0.2130	0.7490
	农村	城市	0.78068*	0.08595	0.000	0.5753	0.9860
		县城	-0.48104*	0.11212	0.000	-0.7490	-0.2130

因变量		(I)学校所在地	(J)学校所在地	均值差(I-J)	标准误	显著性	95％置信区间	
							下限	上限
情绪体验	Tamhane	城市	县城	-1.41579*	0.15974	0.000	-1.7977	-1.0338
			农村	-0.50839*	0.13276	0.000	-0.8256	-0.1912
		县城	城市	1.41579*	0.15974	0.000	1.0338	1.7977
			农村	0.90741*	0.17542	0.000	0.4881	1.3267
		农村	城市	0.50839*	0.13276	0.000	0.1912	0.8256
			县城	-0.90741*	0.17542	0.000	-1.3267	-0.4881
行为反应	Tamhane	城市	县城	-1.00173*	0.12631	0.000	-1.3038	-0.6997
			农村	-0.44271*	0.10389	0.000	-0.6909	-0.1945
		县城	城市	1.00173*	0.12631	0.000	0.6997	1.3038
			农村	0.55901*	0.13928	0.000	0.2261	0.8919
		农村	城市	0.44271*	0.10389	0.000	0.1945	0.6909
			县城	-0.55901*	0.13928	0.000	-0.8919	-0.2261

注：* 表示均值差的显著性水平为 0.05。

由于表 2-78 中四个检验变量的方差齐性检验结果均表明方差不齐，故对四个因变量皆选用 Tamhane 法进行各组平均值之间的多重比较。就"学业负担"因变量而言，表 2-79 中的多重比较结果表明：县城初中生的整体学业水平明显高于农村初中生，同时农村初中生的整体学业负担水平又明显高于城市初中生。就认知过程层面而言，表 2-79 中的多重比较结果表明：县城初中生在认知过程层面的学业负担水平明显高于农村初中生，同时农村初中生又明显高于城市初中生。就情绪体验层面而言，县城初中生情绪体验层面的学业负担水平明显高于农村初中生，同时农村初中生又明显高于城市初中生。就行为反应层面而言，县城初中生在行为反应层面的学业负担水平明显高于农村初中生，同时农村初中生又明显高于城市初中生。

县城初中生的学业负担水平明显高于农村与城市初中生，这可能与学校布局与教育资源配置有关。县城初中一般为该地区内为数不多的示范学校，集中着该区域最多、最优秀的教育资源，因而会引起该地区学生的激烈竞争，特别是一些优秀的农村学子为了得到更好的教育，会"舍近求远"而涌入县城初中，而县城初中为了招揽优质生源，也会有意推动这一竞争局势。在现实中，县城初中生面临着更大学业竞争压力，其最明显体现即为班额过大现象十分突出且普遍，这一点已经为不少研究者所揭示，同时在本研究的实地调查中也得到印证。为了争取到有限的优质教育资源，县城初中生必须要与更多人进行竞争，必须要投入更多的学习时间与精力，势必会因而产生更重的学业负担。

3.初中生学业负担的学校差异

在本研究中,所调查初中学校也被划分为两类,一类为示范学校,一类为普通学校,为考查这两类学校学生在学业负担水平上的差异状况,我们进行了独立样本 t 检验。下面两个统计量表 2-80、2-81,分别是学校差异的描述性统计结果和独立样本 t 检验结果。

表 2-80 初中生学业负担学校差异的描述统计

	学校类别	N	均值	标准差	均值的标准误
学业负担	示范学校	1409	25.0930	8.05110	0.21449
	普通学校	3278	26.5372	8.41005	0.14689
认知过程	示范学校	1409	6.6820	2.45261	0.06534
	普通学校	3278	7.1275	2.62756	0.04589
情绪体验	示范学校	1409	9.0852	3.90165	0.10394
	普通学校	3278	9.6516	4.01105	0.07006
行为反应	示范学校	1409	9.3258	3.03735	0.08092
	普通学校	3278	9.7581	3.13052	0.05468

学校差异的描述性统计结果显示:共有 1409 名来自示范学校的初中生参与调查,其学业负担均值为 25.0930,标准差为 8.05110,其中在认知过程层面的得分均值为 6.6820,在情绪体验层面的得分均值为 9.0852,在行为反应层面的得分均值为 9.3258;共有 3278 名来自普通学校的初中生参与调查,其整体学业负担均值为 26.5372,标准差为 8.41005,其中在认知过程层面的得分均值为 7.1275,在情绪体验层面的得分均值为 9.6516,在行为反应层面的得分均值为 9.7581。

就"学业负担"变量而言,Levene 检验结果不显著($P=0.156>0.05$),即两类学校学生样本的方差齐性。对照"假设方差相等"情形下的 t 检验结果,可以看出,示范学校初中生和普通学校初中生在学业负担整体水平上存在显著差异($t=-5.460,df=4685,P=0.000<0.05$),即普通学校初中生的学业负担整体水平明显高于示范学校初中生。另外,就学业负担表现的三个具体层面而言,t 检验结果显示,无论在认知过程层面,还是在情绪体验层面和行为反应层面,示范学校初中生和普通学校初中生也均存在显著差异(三者的 Sig.值均小于 0.05),即普通学校初中生的负担水平明显高于示范学校初中生。

表 2-81 初中生学业负担学校差异的独立样本 t 检验

		方差方程的 Levene 检验		均值方程的 t 检验						
		F	Sig.	t	df	Sig.（双侧）	均值差值	标准误差值	差分的95%置信区间	
									下限	上限
学业负担	假设方差相等	2.017	0.156	-5.460	4685	0.000	-1.44424	0.26452	-1.96284	-0.92565
	假设方差不相等			-5.556	2776.097	0.000	-1.44424	0.25996	-1.95399	-0.93450
认知过程	假设方差相等	6.114	0.013	-5.428	4685	0.000	-0.44547	0.08207	-0.60636	-0.28458
	假设方差不相等			-5.579	2842.678	0.000	-0.44547	0.07985	-0.60203	-0.28891
情绪体验	假设方差相等	1.205	0.272	-4.469	4685	0.000	-0.56645	0.12674	-0.81492	-0.31798
	假设方差不相等			-4.519	2735.283	0.000	-0.56645	0.12535	-0.81224	-0.32066
行为反应	假设方差相等	0.670	0.413	-4.374	4685	0.000	-0.43232	0.09884	-0.62610	-0.23854
	假设方差不相等			-4.427	2741.765	0.000	-0.43232	0.09766	-0.62381	-0.24083

在初中阶段，示范学校学生的学业负担水平明显低于普通学校学生，其原因可能与小学生学业负担学校差异的原因一样，即也是归结于示范学校在办学理念、师资力量与生源质量上的优势。示范学校办学理念的科学性更利于学校回归教育本真，摒弃知识中心、应试中心的落后教育观，强调学生的全面发展，从而能够减轻学生因"异化的学习"而产生的学业负担；示范学校的教师在学校办学理念及自身教育观念的引领下，能够通过调整教学目标、改进教学方法、提升教学能力等途径，从而减轻学生的学业负担；相比普通学校学生，示范学校学生往往有着更为扎实的学业基础、更为科学的学习方法与习惯，这些优势能够助益学生的"自我减负"。

4.初中生学业负担的年级差异

为考查不同年级的初中生在学业负担整体水平及具体特征上的差异情况，我们采用了单因素方差分析方法，分别进行了描述统计、方差齐性检验、方差分析、事后多重比较等。

表 2-82 初中生学业负担年级差异的描述统计

		N	均值	标准差	标准误	均值的95%置信区间		极小值	极大值
						下限	上限		
学业负担	初一	1662	23.6937	8.04215	0.19727	23.3068	24.0807	11.00	55.00
	初二	1606	26.6357	7.99267	0.19944	26.2445	27.0269	11.00	55.00
	初三	1419	28.3221	8.31553	0.22075	27.8890	28.7551	11.00	55.00
	总数	4687	26.1031	8.32929	0.12166	25.8645	26.3416	11.00	55.00
认知过程	初一	1662	6.4868	2.52014	0.06182	6.3655	6.6080	3.00	15.00
	初二	1606	7.0791	2.48195	0.06193	6.9576	7.2006	3.00	15.00
	初三	1419	7.4905	2.66416	0.07072	7.3518	7.6292	3.00	15.00
	总数	4687	6.9936	2.58405	0.03774	6.9196	7.0676	3.00	15.00
情绪体验	初一	1662	8.2515	3.79778	0.09316	8.0688	8.4342	4.00	20.00
	初二	1606	9.8076	3.91590	0.09771	9.6159	9.9993	4.00	20.00
	初三	1419	10.5525	3.90208	0.10359	10.3493	10.7557	4.00	20.00
	总数	4687	9.4813	3.98654	0.05823	9.3672	9.5955	4.00	20.00
行为反应	初一	1662	8.9555	3.08876	0.07577	8.8069	9.1041	4.00	20.00
	初二	1606	9.7491	3.01955	0.07535	9.6013	9.8969	4.00	20.00
	初三	1419	10.2791	3.07768	0.08170	10.1188	10.4393	4.00	20.00
	总数	4687	9.6281	3.10881	0.04541	9.5391	9.7171	4.00	20.00

表 2-82 为初中生不同年级的描述统计表,其数据显示:共有 1662 名初一学生参与调查,其学业负担整体均值为 23.6937,标准差为 8.04215;在认知过程层面得分均值为 6.4868,标准差为 2.52014;在情绪体验层面得分均值为 8.2515,标准差为 3.79778;在行为反应层面得分均值为 8.9555,标准差为 3.08876。

共有 1606 名初二学生参与调查,其学业负担整体均值为 26.6357,标准差为 7.99267;在认知过程层面得分均值为 7.0791,标准差为 2.48195;在情绪体验层面得分均值为 9.8076,标准差为 3.91590;在行为反应层面得分均值为 9.7491,标准差为 3.01955。

共有 1419 名初三学生参与调查,其学业负担整体均值为 28.3221,标准差为 8.31553;在认知过程层面得分均值为 7.4905,标准差为 2.66416;在情绪体验层面得分均值为 10.5525,标准差为 3.90208;在行为反应层面得分均值为 10.2791,标准差为 3.07768。

表 2-83　初中生不同年级的方差齐性检验

	Levene 统计量	$df1$	$df2$	显著性
学业负担	2.059	2	4684	0.128
认知过程	3.503	2	4684	0.030
情绪体验	1.343	2	4684	0.261
行为反应	0.862	2	4684	0.423

　　表 2-83 为初中生不同年级的方差齐性检验结果,由此可以看出:就整体的"学业负担"而言,Levene 统计量的 F 值等于 2.059,$P=0.128>0.05$,未达到显著水平,这表明不同年级样本的方差不存在显著差异,即不同年级样本方差齐性。就"认知过程"检验变量而言,Levene 统计量的 F 值等于 3.503,$P=0.030<0.05$,达到显著水平,这表明不同年级样本的方差存在显著差异,即不同年级样本方差不齐。就"情绪体验"检验变量而言,Levene 统计量的 F 值等于 1.343,$P=0.261>0.05$,未达到显著水平,这表明不同年级样本的方差不存在显著差异,即不同年级样本方差齐性。就"行为反应"检验变量而言,Levene 统计量的 F 值等于 0.862,$P=0.423>0.05$,未达到显著水平,这表明不同年级样本的方差不存在显著差异,即不同年级样本方差齐性。

表 2-84　初中生学业负担年级差异的方差分析

		平方和	df	均方	F	显著性
学业负担	组间	17090.383	2	8545.192	129.949	0.000
	组内	308010.843	4684	65.758		
	总数	325101.226	4686			
认知过程	组间	789.021	2	394.510	60.585	0.000
	组内	30500.787	4684	6.512		
	总数	31289.808	4686			
情绪体验	组间	4312.859	2	2156.430	143.968	0.000
	组内	70159.257	4684	14.978		
	总数	74472.116	4686			
行为反应	组间	1376.747	2	688.373	73.427	0.000
	组内	43912.067	4684	9.375		
	总数	45288.814	4686			

从方差分析摘要表 2-84 中的数据可以看出：就"学业负担"变量而言，整体检验的 F 值为 129.949（$P=0.000<0.05$），达到显著水平，这说明不同年级初中生在学业负担整体水平上存在显著差异。就"认知过程""情绪体验"和"行为反应"三个因变量而言，整体检验的 F 值分别为 60.585（$P=0.000<0.05$）、143.968（$P=0.000<0.05$）和 73.427（$P=0.000<0.05$），均达到显著水平，这表示不同年级初中生在学业负担各层面上的表现也均存在显著差异。

表 2-85 初中生学业负担年级差异的多重比较

因变量		(I)所在年级	(J)所在年级	均值差(I-J)	标准误	显著性	95%置信区间	
							下限	上限
学业负担	Scheffe	初一	初二	-2.94200*	0.28374	0.000	-3.6368	-2.2472
			初三	-4.62832*	0.29310	0.000	-5.3460	-3.9107
		初二	初一	2.94200*	0.28374	0.000	2.2472	3.6368
			初三	-1.68632*	0.29544	0.000	-2.4097	-0.9629
		初三	初一	4.62832*	0.29310	0.000	3.9107	5.3460
			初二	1.68632*	0.29544	0.000	0.9629	2.4097
认知过程	Tamhane	初一	初二	-0.59232*	0.08750	0.000	-0.8014	-0.3833
			初三	-1.00372*	0.09393	0.000	-1.2281	-0.7793
		初二	初一	0.59232*	0.08750	0.000	0.3833	0.8014
			初三	-0.41141*	0.09401	0.000	-0.6360	-0.1868
		初三	初一	1.00372*	0.09393	0.000	0.7793	1.2281
			初二	0.41141*	0.09401	0.000	0.1868	0.6360
情绪体验	Scheffe	初一	初二	-1.55609*	0.13542	0.000	-1.8877	-1.2245
			初三	-2.30100*	0.13989	0.000	-2.6435	-1.9585
		初二	初一	1.55609*	0.13542	0.000	1.2245	1.8877
			初三	-0.74491*	0.14100	0.000	-1.0902	-0.3997
		初三	初一	2.30100*	0.13989	0.000	1.9585	2.6435
			初二	0.74491*	0.14100	0.000	0.3997	1.0902

因变量		(I)所在年级	(J)所在年级	均值差(I-J)	标准误	显著性	95%置信区间	
							下限	上限
行为反应	Scheffe	初一	初二	-0.79359*	0.10714	0.000	-1.0559	-0.5313
			初三	-1.32359*	0.11067	0.000	-1.5946	-1.0526
		初二	初一	0.79359*	0.10714	0.000	0.5313	1.0559
			初三	-0.53000*	0.11155	0.000	-0.8031	-0.2569
		初三	初一	1.32359*	0.11067	0.000	1.0526	1.5946
			初二	0.53000*	0.11155	0.000	0.2569	0.8031

注:*表示均值差的显著性水平为 0.05。

就"学业负担"因变量而言,由于不同年级的方差齐性检验结果表明方差齐性,故选用 Scheffe 法进行各组平均值之间的多重比较。表 2-85 中不同年级的事后多重比较结果表明:初三学生的整体学业负担水平明显高于初二学生,而初二学生在整体学业负担水平上又明显高于初一学生。具体说来,就"认知过程"因变量而言,表 2-85 中不同年级的事后多重比较结果表明:初三学生在认知过程层面的负担程度明显高于初二学生,而初二学生又明显高于初一学生。就"情绪体验"因变量而言,表 2-85 中不同年级的事后多重比较结果表明:初三学生在情绪体验层面的负担程度明显高于初二学生,而初二学生又明显高于初一学生。就"行为反应"因变量而言,表 2-85 中不同年级的事后多重比较结果表明:初三学生在行为反应层面的负担程度明显高于初二学生,而初二学生又明显高于初一学生。

总的看来,在初中阶段,随着年级的升高,学生的学业负担无论是在整体水平,还是在各个具体层面上的负担表现,均有不断加重的趋势。这是由于,在中国的教育体制下,从初中阶段开始,随着年级的升高,高考"紧箍咒"就会越箍越紧,作业量的加大、考试频率的提升、在校学习时间的延长、课余活动的削减都不可避免地加重学生的学业负担。

(三)高中生学业负担的外部特征

1.高中生学业负担的性别差异

同前文所述,为考查不同性别高中生之间在学业负担上的水平差异,我们进行了男女生之间的独立样本 t 检验,其中既包括学业负担整体水平的性别差异检验,又涉及学业负担各个层面上的性别差异检验。以下两个统计量表 2-86、2-87,分别是性别差异的描述性统计结果和独立样本 t 检验结果。

学业负担论纲

表 2-86 高中生学业负担性别差异的描述统计

	性别	N	均值	标准差	均值的标准误
学业负担	男生	1856	31.7888	7.85575	0.18235
	女生	2379	31.3678	7.03085	0.14415
认知过程	男生	1856	9.3233	2.50176	0.05807
	女生	2379	9.4784	2.28570	0.04686
情绪体验	男生	1856	11.4935	3.69599	0.08579
	女生	2379	11.3560	3.24247	0.06648
行为反应	男生	1856	10.9720	2.95415	0.06857
	女生	2379	10.5334	2.70284	0.05541

学业负担性别差异的描述性统计结果表明，共有 1856 名高中男生参与调查，均值为 31.7888，标准差为 7.85575；共有 2379 名高中女生参与调查，均值为 31.3678，标准差为 7.03085。其中，在认知过程层面，高中男生得分均值为 9.3233，标准差为 2.50176，而高中女生得分均值为 9.4784，标准差为 2.28570；在情绪体验层面，高中男生得分均值为 11.4935，标准差为 3.69599，而高中女生得分均值为 11.3560，标准差为 3.24247；在行为反应层面，高中男生得分均值为 10.9720，标准差为 2.95415，而高中女生得分均值为 10.5334，标准差为 2.70284。

由表 2-87 可以看出，就"学业负担"的性别差异而言，Levene 检验结果显示，方差齐性检验结果不显著（$P < 0.05$），即男女生之间的方差不齐，故选择"假设方差不相等"情形下的 t 检验，其结果显示，高中男生和女生之间的学业负担水平差异不显著（$t = 1.811, df = 3754.208$，$P > 0.05$），即高中男女生之间在学业负担整体水平差别不大；就认知过程层面而言，独立样本 t 检验的结果显示，高中男女生存在显著差异（$t = -2.078, df = 3800.462, P < 0.05$），即女生在认知过程层面上的负担水平明显高于男生；就情绪体验层面而言，独立样本 t 检验的结果显示，高中男女生不存在显著差异（$t = 1.267, df = 3708.474, P > 0.05$），即高中男女生之间在情绪体验层面上的负担表现差别不大；就行为反应层面而言，独立样本 t 检验的结果显示高中男女生之间存在显著差异（$t = 4.974, df = 3803.596, P < 0.05$），即高中男生在行为反应层面上的负担水平明显高于女生。

表 2-87 高中生学业负担性别差异的独立样本 t 检验

		方差方程的 Levene 检验		均值方程的 t 检验						
		F	Sig.	t	df	Sig.（双侧）	均值差值	标准误差值	差分的 95% 置信区间	
									下限	上限
学业负担	假设方差相等	22.485	0.000	1.836	4233	0.066	0.42099	0.22929	-0.02854	0.87052
	假设方差不相等			1.811	3754.208	0.070	0.42099	0.23244	-0.03473	0.87672
认知过程	假设方差相等	16.224	0.000	-2.101	4233	0.036	-0.15508	0.07379	-0.29975	-0.01040
	假设方差不相等			-2.078	3800.462	0.038	-0.15508	0.07462	-0.30138	-0.00878
情绪体验	假设方差相等	30.734	0.000	1.287	4233	0.198	0.13750	0.10680	-0.07189	0.34689
	假设方差不相等			1.267	3708.474	0.205	0.13750	0.10853	-0.07529	0.35029
行为反应	假设方差相等	9.834	0.002	5.029	4233	0.000	0.43857	0.08720	0.26760	0.60953
	假设方差不相等			4.974	3803.596	0.000	0.43857	0.08816	0.26571	0.61142

在认知过程层面，高中女生的负担表现明显高于男生，这可能是由于高中课程特点以及男女生的思维差异所导致。相比小学课程，高中课程的理论性明显增强，需要学生具备较高的抽象思维，而一般来说，男生比女生更擅长抽象思维，因此在课程学习中会比女生相对轻松。在行为反应层面，高中男生的负担表现明显高于女生，这可能是由于男女生的性格差异所造成。因为女生相比男生更有耐心，所以也就更能适应枯燥、单调的高中学习生活。

2.高中生学业负担的地域差异

为考查不同区域高中生在学业负担整体水平及具体特征的差异状况，我们同样采用了单因素方差分析方法，分别进行了描述统计、方差齐性检验、方差分析、事后多重比较等。

第二章 学业负担的水平及特征

<table>
<tr><th>表 2-88</th><th colspan="11">高中生学业负担地域差异的描述统计</th></tr>
</table>

		N	均值	标准差	标准误	均值的95％置信区间		极小值	极大值
						下限	上限		
学业负担	城市	1566	30.4476	7.76134	0.19613	30.0629	30.8323	11.00	55.00
	县城	1573	31.8684	7.19166	0.18133	31.5127	32.2241	11.00	55.00
	农村	1152	32.6007	6.95825	0.20501	32.1985	33.0029	14.00	55.00
	总数	4291	31.5465	7.39557	0.11290	31.3252	31.7678	11.00	55.00
认知过程	城市	1566	9.0319	2.47032	0.06242	8.9095	9.1544	3.00	15.00
	县城	1573	9.5931	2.34814	0.05921	9.4770	9.7093	3.00	15.00
	农村	1152	9.6684	2.25625	0.06648	9.5380	9.7988	3.00	15.00
	总数	4291	9.4085	2.38639	0.03643	9.3371	9.4800	3.00	15.00
情绪体验	城市	1566	11.0441	3.62508	0.09161	10.8644	11.2237	4.00	20.00
	县城	1573	11.4730	3.36368	0.08481	11.3066	11.6393	4.00	20.00
	农村	1152	11.8446	3.25104	0.09578	11.6567	12.0325	4.00	20.00
	总数	4291	11.4162	3.44624	0.05261	11.3131	11.5194	4.00	20.00
行为反应	城市	1566	10.3716	2.91188	0.07358	10.2273	10.5160	4.00	20.00
	县城	1573	10.8023	2.73832	0.06904	10.6669	10.9377	4.00	20.00
	农村	1152	11.0877	2.74837	0.08097	10.9288	11.2465	4.00	20.00
	总数	4291	10.7217	2.81967	0.04304	10.6374	10.8061	4.00	20.00

表2-88为不同地域的描述统计表,数据结果显示:调查对象中来自城市的高中生共有1566名,其整体"学业负担"均值为30.4476,标准差为7.76134;在认知过程层面得分均值为9.0319,标准差为2.47032;在情绪体验层面得分均值为11.0441,标准差为3.62508;在行为反应层面得分均值为10.3716,标准差为2.91188。

来自县城的高中生有1573名,其整体"学业负担"均值为31.8684,标准差为7.19166;在认知过程层面得分均值为9.5931,标准差为2.34814;在情绪体验层面得分均值为11.4730,标准差为3.36368;在行为反应层面得分均值为10.8023,标准差为2.73832。

来自农村的高中生有1152名,其整体"学业负担"均值为32.6007,标准差为6.95825;在认知过程层面得分均值为9.6684,标准差为2.25625;在情绪体验层面得分均值为11.8446,标准差为3.25104;在行为反应层面得分均值为11.0877,标准差为2.74837。

表 2-89 高中生学业负担地域差异的方差齐性检验

	Levene 统计量	$df1$	$df2$	显著性
学业负担	5.286	2	4288	0.005
认知过程	2.945	2	4288	0.053
情绪体验	7.178	2	4288	0.001
行为反应	3.451	2	4288	0.032

表 2-89 为不同地域的方差齐性检验结果,由此可以看出:就"学业负担""情绪体验"和"行为反应"三个检验变量而言,其 Levene 统计量的 F 值分别为 5.286($P=0.005<0.05$)、7.178($P=0.001<0.05$)和 3.451($P=0.032<0.05$),且 P 值均小于 0.05,达到显著水平,这表明不同地域样本的方差存在显著差异,即不同地域样本方差不齐。就"认知过程"检验变量而言,其 Levene 统计量的 F 值为 2.945($P=0.053>0.05$),未达到显著水平,这表明不同地域样本方差不存在显著差异,即不同地域样本方差齐性。

表 2-90 高中生学业负担地域差异的方差分析

		平方和	df	均方	F	显著性
学业负担	组间	3334.189	2	1667.095	30.905	0.000
	组内	231305.285	4288	53.942		
	总数	234639.475	4290			
认知过程	组间	353.509	2	176.754	31.479	0.000
	组内	24077.339	4288	5.615		
	总数	24430.848	4290			
情绪体验	组间	433.383	2	216.691	18.393	0.000
	组内	50517.248	4288	11.781		
	总数	50950.631	4290			
行为反应	组间	356.403	2	178.202	22.640	0.000
	组内	33751.358	4288	7.871		
	总数	34107.761	4290			

从方差分析摘要表 2-90 中的数据可以看出:就"学业负担""认知过程""情绪体验""行为反应"四个因变量而言,整体检验的 F 值分别为 30.905($P=0.000<0.05$),31.479($P=0.000<0.05$),18.393($P=0.000<0.05$)、22.640($P=0.000<0.05$),均达到显著水平,这表明来自不同

地域的高中生无论在学业负担的整体水平上,还是在认知过程、情绪体验和行为反应等具体层面上均有显著差异存在。

表 2-91　高中生学业负担区域差异的事后多重比较

因变量		(I)所在年级	(J)所在年级	均值差(I-J)	标准误	显著性	95%置信区间	
							下限	上限
学业负担	Tamhane	城市	县城	-1.42077*	0.26711	0.000	-2.0589	-0.7826
			农村	-2.15306*	0.28372	0.000	-2.8309	-1.4752
		县城	城市	1.42077*	0.26711	0.000	0.7826	2.0589
			农村	-0.73229*	0.27369	0.022	-1.3862	-0.0783
		农村	城市	2.15306*	0.28372	0.000	1.4752	2.8309
			县城	0.73229*	0.27369	0.022	0.0783	1.3862
认知过程	Scheffe	城市	县城	-0.56121*	0.08459	0.000	-0.7683	-0.3541
			农村	-0.63647*	0.09198	0.000	-0.8617	-0.4113
		县城	城市	0.56121*	0.08459	0.000	0.3541	0.7683
			农村	-0.07527	0.09189	0.715	-0.3003	0.1497
		农村	城市	0.63647*	0.09198	0.000	0.4113	0.8617
			县城	0.07527	0.09189	0.715	-0.1497	0.3003
情绪体验	Tamhane	城市	县城	-0.42892*	0.12484	0.002	-0.7272	-0.1307
			农村	-0.80056*	0.13254	0.000	-1.1172	-0.4839
		县城	城市	0.42892*	0.12484	0.002	0.1307	0.7272
			农村	-0.37164*	0.12794	0.011	-0.6773	-0.0660
		农村	城市	0.80056*	0.13254	0.000	0.4839	1.1172
			县城	0.37164*	0.12794	0.011	0.0660	0.6773
行为反应	Tamhane	城市	县城	-0.43064*	0.10090	0.000	-0.6717	-0.1896
			农村	-0.71603*	0.10941	0.000	-0.9774	-0.4546
		县城	城市	0.43064*	0.10090	0.000	0.1896	0.6717
			农村	-0.28538*	0.10641	0.022	-0.5396	-0.0311
		农村	城市	0.71603*	0.10941	0.000	0.4546	0.9774
			县城	0.28538*	0.10641	0.022	0.0311	0.5396

注:* 表示均值差的显著性水平为 0.05。

依照前文中的不同地域的方差齐性检验结果,就"学业负担""情绪体验""行为反应"三个因变量而言,由于检验结果显示其方差不齐,故选用 Tamhane 法进行各组平均值之间的多重比较。就"认知过程"因变量而言,由于检验结果显示其方差齐性,故选用 Scheffe 法进行各组平均值之间的多重比较。

表 2-91 显示的内容为不同地域的事后多重比较,结果表明:①在学业负担的整体水平上,农村高中生明显高于县城高中生,同时县城高中生又明显高于城市高中生。②高中生学业负担在各个具体层面上的地域差异表现出类似特征,即无论是在认知过程层面,还是在情绪体验层面和行为反应层面,农村高中生的负担水平均明显高于县城高中生,同时县城高中生的负担水平又均明显高于城市高中生。

在高中阶段,农村高中生的学业负担水平明显高于县城与城市高中生,这可能与以下三方面的因素有关。首先,由于经历了小学与初中阶段的"劣势积累"与"过度应试",农村高中生的学业基础一般较为薄弱,且综合素质偏低,因此在应对更加艰深、多样的高中课程时,往往会比县城和城市高中生显得更加吃力;其次,农村高中生所背负的自我期望与家长期望要远远高于县城与城市高中生,在平时学习中会因而产生较重的心理压力;另外,农村高中生得到的学习支持明显不足,相比县城与城市高中生,其在学校办学质量、教师能力、家长支持等方面都处于劣势,这也是造成其学业负担较重的主要原因。

3.高中生学业负担的学校差异

在本研究中,高中学校同样被划分为示范学校和普通学校两类,为考查这两类学校学生在学业负担水平上的差异状况,我们进行了独立样本 t 检验。统计量表 2-92、2-93,分别是学校差异的描述性统计结果和独立样本 t 检验结果。

表 2-92　高中生学业负担学校差异的描述统计

	学校类别	N	均值	标准差	均值的标准误
学业负担	示范学校	1478	31.0413	7.58167	0.19721
	普通学校	2813	31.8070	7.28309	0.13732
认知过程	示范学校	1478	9.3322	2.46023	0.06399
	普通学校	2813	9.4465	2.34591	0.04423
情绪体验	示范学校	1478	11.1962	3.52812	0.09177
	普通学校	2813	11.5290	3.39697	0.06405
行为反应	示范学校	1478	10.5129	2.79753	0.07277
	普通学校	2813	10.8315	2.82579	0.05328

学校差异的描述性统计结果显示:共有 1478 名来自示范学校的高中生参与调查,其学业负担均值为 31.0413,标准差为 7.58167,其中在认知过程层面的得分均值为 9.3322,在情绪体

验层面的得分均值为 11.1962,在行为反应层面的得分均值为 10.5129;共有 2813 名来自普通学校的高中生参与调查,其整体学业负担均值为 31.8070,标准差为 7.28309,其中在认知过程层面的得分均值为 9.4465,在情绪体验层面的得分均值为 11.5290,在行为反应层面的得分均值为 10.8315。

表 2-93　高中生学业负担学校差异的独立样本 t 检验

		方差方程的 Levene 检验		均值方程的 t 检验						
		F	Sig.	t	df	Sig.（双侧）	均值差值	标准误差值	差分的 95% 置信区间	
									下限	上限
学业负担	假设方差相等	3.642	0.056	-3.226	4289	0.001	-0.76570	0.23732	-1.23097	-0.30042
	假设方差不相等			-3.186	2898.557	0.001	-0.76570	0.24031	-1.23689	-0.29450
认知过程	假设方差相等	3.193	0.074	-1.491	4289	0.136	-0.11429	0.07665	-0.26457	0.03598
	假设方差不相等			-1.469	2880.032	0.142	-0.11429	0.07779	-0.26683	0.03824
情绪体验	假设方差相等	2.369	0.124	-3.009	4289	0.003	-0.33276	0.11060	-0.54960	-0.11593
	假设方差不相等			-2.973	2904.339	0.003	-0.33276	0.11191	-0.55219	-0.11333
行为反应	假设方差相等	0.012	0.913	-3.522	4289	0.000	-0.31864	0.09047	-0.49601	-0.14127
	假设方差不相等			-3.533	3027.999	0.000	-0.31864	0.09019	-0.49548	-0.14181

表 2-93 为不同学校的独立样本 t 检验结果,数据显示:就"学业负担"变量而言,Levene 检验结果不显著($P=0.056>0.05$),表明两类学校学生样本的方差齐性。对照"假设方差相等"情形下的 t 检验结果,可以看出,示范学校高中生和普通学校高中生在学业负担整体水平上存在显著差异($t=-3.226,df=4289,P=0.001<0.05$),即普通学校高中生的学业负担整体水平明显高于示范学校高中生。

另外,就认知过程层面而言,t 检验结果显示:示范学校高中生和普通学校高中生在认知过程层面的负担表现不存在显著差异($t=-1.491,df=4289,P=0.136>0.05$),即普通学校高中生和示范学校高中生在认知过程层面上的表现差别不大。就情绪体验层面而言,t 检验结果显示:示范学校高中生和普通学校高中生在情绪体验层面的负担表现存在显著差异($t=-3.009,df=4289,P=0.003<0.05$),即普通学校高中生在情绪体验层面的负担水平明显高于示范学校高中生。就行为反应层面而言,t 检验结果显示:示范学校高中生和普通学校高

中生在行为反应层面的负担表现存在显著差异($t=-3.522, df=4289, P=0.000<0.05$),即普通学校高中生在行为反应层面的负担水平明显高于示范学校高中生。

在高中阶段,示范学校学生的学业负担整体水平明显低于普通学校学生,这一特征与小学、初中阶段大体相似,其原因也基本一致。但有所不同的是,两类学校学生的显著差异主要表现在情绪体验与行为反应层面,而在认知层面则不明显。其中,认知层面差异的不明显,可能与高中学习生活的特性有关。高中阶段的课程更具难度、任务愈加繁重,任何高中生于此情形之下都会产生不小的认知负担,所以在不同学校之间并没有显著差异。而情绪体验层面与行为反应层面的显著差异,可能与学校的办学理念与学习环境有关。相比而言,示范学校在办学理念及实际举措上更加重视与趋近素质教育,注重反思并削弱应试教育的不良影响,其在学习环境的营造上更具人性化,会顾及学生的学业情绪与实际体验,关切学生的学习反应并加以干预,而这些均有利于减轻学生在情绪体验与行为反应上的负担表现。

4.高中生学业负担的年级差异

为考查不同年级的高中生在学业负担整体水平及具体特征上的差异状况,我们采用了单因素方差分析方法,分别进行了描述统计、方差齐性检验、方差分析、事后多重比较等。

表2-94　高中生学业负担年级差异的描述统计

		N	均值	标准差	标准误	均值的 95% 置信区间		极小值	极大值
						下限	上限		
学业负担	高一	1669	31.8203	7.46069	0.18262	31.4621	32.1784	11.00	55.00
	高二	1533	31.2407	7.56168	0.19313	30.8619	31.6195	11.00	55.00
	高三	1091	31.5555	7.03800	0.21308	31.1374	31.9735	11.00	55.00
	总数	4293	31.5460	7.39484	0.11286	31.3247	31.7673	11.00	55.00
认知过程	高一	1669	9.5123	2.39516	0.05863	9.3973	9.6273	3.00	15.00
	高二	1533	9.3027	2.43017	0.06207	9.1809	9.4244	3.00	15.00
	高三	1091	9.3969	2.30380	0.06975	9.2600	9.5337	3.00	15.00
	总数	4293	9.4081	2.38613	0.03642	9.3367	9.4795	3.00	15.00
情绪体验	高一	1669	11.5183	3.43234	0.08402	11.3535	11.6831	4.00	20.00
	高二	1533	11.2596	3.55346	0.09076	11.0816	11.4376	4.00	20.00
	高三	1091	11.4785	3.30558	0.10008	11.2821	11.6748	4.00	20.00
	总数	4293	11.4158	3.44592	0.05259	11.3127	11.5189	4.00	20.00

续表

		N	均值	标准差	标准误	均值的95%置信区间		极小值	极大值
						下限	上限		
行为反应	高一	1669	10.7897	2.84967	0.06975	10.6529	10.9265	4.00	20.00
	高二	1533	10.6784	2.82109	0.07205	10.5371	10.8197	4.00	20.00
	高三	1091	10.6801	2.76998	0.08386	10.5156	10.8447	4.00	20.00
	总数	4293	10.7221	2.81925	0.04303	10.6377	10.8065	4.00	20.00

表 2-94 为不同年级高中生的描述统计结果,其数据显示:共有 1669 名高一学生参与调查,其学业负担整体均值为31.8203,标准差为 7.46069;在认知过程层面得分均值为9.5123,标准差为 2.39516;在情绪体验层面得分均值为 11.5183,标准差为 3.43234;在行为反应层面得分均值为 10.7897,标准差为 2.84967。

共有 1533 名高二学生参与调查,其学业负担整体均值为31.2407,标准差为7.56168;在认知过程层面得分均值为 9.3027,标准差为 2.43017;在情绪体验层面得分均值为11.2596,标准差为 3.55346;在行为反应层面得分均值为10.6784,标准差为2.82109。

共有 1091 名高三学生参与调查,其学业负担整体均值为31.5555,标准差为7.03800;在认知过程层面得分均值为9.3969,标准差为 2.30380;在情绪体验层面得分均值为11.4785,标准差为3.30558;在行为反应层面得分均值为10.6801,标准差为2.76998。

表 2-95 高中生学业负担年级差异的方差齐性检验

	Levene 统计量	$df1$	$df2$	显著性
学业负担	2.682	2	4290	0.069
认知过程	1.231	2	4290	0.292
情绪体验	3.378	2	4290	0.034
行为反应	0.545	2	4290	0.580

表 2-95 为不同年级的方差齐性检验结果,数据显示:就"学业负担"检验变量而言,Levene 统计量的 F 值等于 2.682,$P=0.069>0.05$;就"认知过程"检验变量而言,Levene 统计量的 F 值等于 1.231,$P=0.292>0.05$;就"行为反应"检验变量而言,Levene 统计量的 F 值等于 0.545,$P=0.580>0.05$。三者均未达到 0.05 的显著水平,表示三组样本方差差异均未达显著水平,即三组样本方差均同质。而就"情绪体验"检验变量而言,Levene 统计量的 F 值等于 3.378,$P=0.034<0.05$,达到显著水平,这表明该组样本的方差存在显著差异,即该组样本方差不齐。

表 2-96		高中生学业负担年级差异的方差分析				
		平方和	df	均方	F	显著性
学业负担	组间	268.513	2	134.257	2.457	0.086
	组内	234433.651	4290	54.647		
	总数	234702.164	4292			
认知过程	组间	35.291	2	17.646	3.102	0.045
	组内	24401.707	4290	5.688		
	总数	24436.998	4292			
情绪体验	组间	59.202	2	29.601	2.495	0.083
	组内	50905.607	4290	11.866		
	总数	50964.809	4292			
行为反应	组间	12.476	2	6.238	0.785	0.456
	组内	34100.996	4290	7.949		
	总数	34113.472	4292			

从方差分析摘要表 2-96 中的数据可以看出:就"学业负担""情绪体验""行为反应"三个因变量而言,整体检验的 F 值分别为 2.457($P=0.086>0.05$)、2.495($P=0.083>0.05$)、0.785($P=0.456>0.05$),均未达到显著水平,这说明不同年级高中生不仅在学业负担整体水平上无显著差异,同时在情绪体验层面和行为反应层面也无显著差异。

就"认知过程"因变量而言,整体检验的 F 值为 3.102($P=0.045<0.05$),达到显著水平,这说明不同年级高中生在认知过程层面的负担表现存在显著差异。但至于是哪对组别间的差异达到显著水平,需要进行事后比较方能得知。

由于不同年级高中生在"学业负担""情绪体验"和"行为反应"间均无显著差异存在,因此无须对此三个变量进行事后比较。就"认知过程"变量而言,由于不同年级的方差齐性检验结果表明方差齐性,故选用 Scheffe 法进行各组平均值之间的多重比较。表 2-96 中不同年级的事后多重比较结果表明:高一学生在认知过程层面的负担水平明显高于高二学生,而高一学生和高三学生之间无明显差异,高二学生和高三学生之间也无明显差异。

表 2-97 高中生学业负担年级差异的多重比较

因变量		(I)所在年级	(J)所在年级	均值差(I-J)	标准误	显著性	95％置信区间 下限	95％置信区间 上限
学业负担	Scheffe	高一	高二	0.20961*	0.08437	0.046	0.0030	0.4162
			高三	0.11540	0.09285	0.462	-0.1120	0.3428
		高二	高一	-0.20961*	0.08437	0.046	-0.4162	-0.0030
			高三	-0.09421	0.09447	0.608	-0.3255	0.1371
		高三	高一	-0.11540	0.09285	0.462	-0.3428	0.1120
			高二	0.09421	0.09447	0.608	-0.1371	0.3255
认知过程	Tamhane	高一	高二	0.20961*	0.08538	0.042	0.0056	0.4136
			高三	0.11540	0.09112	0.498	-0.1023	0.3331
		高一	高一	-0.20961*	0.08538	0.042	-0.4136	-0.0056
			高三	-0.09421	0.09337	0.676	-0.3173	0.1289
		高一	高一	-0.11540	0.09112	0.498	-0.3331	0.1023
			高二	0.09421	0.09337	0.676	-0.1289	0.3173

注：* 表示均值差的显著性水平为 0.05。

　　总的来说,不同于小学生与初中生,高中学生学业负担的年级差异并不明显。此种现象的出现可能与高中阶段的升学"怪象"有较大关系。在小学与初中阶段,升学压力一般仅在毕业班学生身上有明显的表现。但高中阶段与此大不相同,受愈加严峻的高考竞争形势的逼迫,升学压力逐渐"前移"至低年级学生,具体表现为低年级学生的课程学习计划提前、进度加快与强度加剧。在此情形下,低年级学生所承受的学习任务及升学压力与高年级学生"并无二致",因此在学业负担的表现上也就没有明显差异。另外,由于要经历一定的学习"适应期",低年级学生甚至可能会在某些方面表现出比高年级学生更高的学业负担水平。

第三章

教学效能的水平与特征

探讨教师教学效能与学业负担的关系,离不开对教学效能和学业负担本身结构的考查,厘清各自的内涵和现实状况是探讨二者关系的基础。本章对教师教学效能的水平与特征进行了探索,具体包括三个部分。第一部分对教学效能概念及数据搜集进行了说明;第二、三、四部分分别考查了小学教师的教学效能、初中教师的教学效能和高中教师的教学效能,涉及教学效能的水平、特征和影响因素三个方面。

一、教学效能的概念重建与数据说明

对教学效能的考查,首先涉及的是教学效能的概念问题。基于当前学业负担问题解决的背景和已有的教学效能研究,从更好解决问题的角度,我们重建了教学效能概念,并依据这一概念和其指标体系编制出了相应的教学效能调研工具,在全国范围内进行了调研。

(一)教学效能概念重建的背景

中国共产党第十七次全国代表大会报告中提出"减轻中小学生课业负担",把"减负"工作提到了史无前例的高度。① 在《教育部关于推进中小学教育质量综合评价改革的意见》文件中指出,学业负担"主要考查学生的客观学习负担和主观学习感受,可以通过学习时间、课业质量、课业难度、学习压力等关键性指标进行评价,促进减轻学生过重的课业负担,提高学习的有效性和学习乐趣",②指出了优化学业负担的必要性。

引起学生学业负担的原因是多方面的,既可能是客观的学业负担过重,如教学内容不适切,教学量过大,也有可能是学生的心理承受能力较弱,不能承受对其他学生来说较合理的课业量和课业难度,还有可能是在教学内容合理之下师生教学互动过程无效能。从这个角度来说,优化学业负担,需要考虑主体性的因素、客体性的因素以及主客互动的因素。

如果这种学业的价值是经过专家论证和认可的,那负担产生的关键就不是对学业内容的质疑,而是具体学校场域中学生所感受到的教育影响,也就是课堂教学中的师生互动。换句话说,单纯的主体性因素和客体性因素,都不是学业负担产生的根本原因,二者之间的相互作用,才使学业成为一种为学生所不能承受的负担。因此,从教师、学生、教学内容、教学环境这

---

①刘合荣.学业负担问题:理性的事实判断与缓解策略[J].教育研究与实验,2008(5):7.
②教育部关于推进中小学教育质量综合评价改革的意见[EB/OL].http://www.edu.cn/zong_he_778/
　20130619/t20130619_968994_1.shtml.

些主体性因素和客体性因素的相互作用而言,课堂教学成为优化学生学业负担的焦点场域。正是在课堂教学中,所有的主体性因素和客体性因素融为一体:教学内容在教师的理解、建构和诠释之下变成一种教育影响,对学生产生作用。在师生课堂互动中,学生领受到了教师所诠释的教育教学影响,课本、教学内容也在教师的诠释之下具有了生动性和个体性。从另外一个角度讲,学业负担实际上是一种冲突,学生的心理及生理承受状态与教学内容、教师的作业量(及难度)、教学环境等等不相适宜,才产生了冲突。单纯的因素不足以产生冲突,只有在因素与因素的关系作用中且处于失衡状态时,冲突才可能产生。因此,解决学业负担的关键在于从关系最聚焦的地方入手,即课堂教学领域。也有学者更为直接地指出,从课程变革的角度来讲,课堂教学是最为关键的变革场域。① 因此,关注课堂领域里的教学是优化学业负担的着手点。

　　教学是由教师和学生两个主体的互动而产生的。有效的教学通常都能使师生获得愉快的体验,学业可能有难度,需要付出一定的努力,但在教师的指导下都在学生的最近发展区内,不至于使学业成为一种负担。已有较多研究证明,有着较高教学效能的教师,其实际的教学表现和教学水平也较好,学生的学业成就和学习感受也较积极。换句话说,教师的教学效能与课堂教学的有效性是成正比的,一定程度上,教学效能成为预测教师实际表现和学生学业成就的一个关键点。因此,对教师教学效能的思考,也成为我们优化学业负担的关键点。

　　值得指出的是,已有研究中不乏对教学效能的研究,以往的教学效能概念主要是源于班杜拉的"自我效能"(self-efficacy)提法。其后又经过了一些发展,从概念阐释到测量工具,已形成了几套相对较完备的模式,在国内外也得到了广泛的应用。这些研究的贡献是不容忽视的,但其主要是从心理学的角度来考量教师的教学效能,缺乏一种教育学的视角。我们所要了解的教学效能是基于新课程改革下对学业负担的优化这一背景,因此教学效能就不仅仅是一般意义上的教师个体教学效能和一般教学效能,而是带有新课改这一具体的背景。

　　简言之,对教学效能定义及工具的重建,主要是基于两个方面的原因:第一,从"效能"本身的含义来讲,所谓效能,在《近现代辞源》中的解释是"事物所蕴藏的有利的作用"。通俗地说,就是效果、实效、业绩、绩效。因而,对效能的考查应包含客观的层面。第二,从新课改背景下学业负担的含义来讲,学业负担包括学生的主观学习感受和客观学习负担。这是从主观和客观两个维度对学业负担进行考查。受这一启发,我们认为,教学效能也包括教师主观的教学能力认知和客观的教学效果。以往的研究多是对教师主观教学能力认知的研究,而较少对教师客观的教学效果进行考查,效能成为一种偏重于心理学的概念。对教师教学效能从主观和客观两个方面考查,也是优化学业负担这一课题的现实要求。

(二)教学效能的内涵与指标体系

　　近年来,人们越来越关注教师如何看待自己的教学效果,以及这种看法与学生成绩之间的关系等问题。已有的研究表明,教师对自己影响学生学习行为和学习成绩的能力的主观判

---

① 刘庆昌.教育改革的正当性之思[J].教育发展研究,2014(21):1—12.

断与他们的教学效果之间密切相关[1]，人们把教师对自己影响学生学习行为和学习成绩的能力的这种主观判断定义为教师的教学效能感(the sense of efficacy)[2]。对教师教学效能感的研究最早是由 Armor 和 Berman(1976，1977)在"教师教学效果评估研究"中进行的，他们的研究表明，教师的教学效能感是提高学生学习并对其进行预测的变量。

教师的教学效能感概念在理论上来源于班杜拉的自我效能概念。班杜拉认为，所谓自我效能，是指个人对自己在特定情景中是否有能力去完成某行为的期望，它包括两个成分，即结果预期(outcome expectation)和效能预期(efficacy expectation)，其中结果预期是指个体对自己的某种行为可能导致什么样结果的推测，效能预期是指个体对自己实施某行为的能力的主观判断。在班杜拉的理论中，自我效能是作为个体行为的认知中介而出现的，个体的自我效能期望能反映出其行为的性质和范围，特别是，它反映了个体面对困难时所付出的努力程度和坚持性。[3]

这是在心理学领域当中的教师效能感的发展情况，而在社会学和领导学中，"效能"指功用、业绩、效果，更侧重于从客观的一面来理解效能。在课程与教学领域近来的研究中，也有一些学者开始从客观的角度来理解教学效能，将效能作为对学校、集体、教师、个人相互作用的综合效果或结果。

如前所述，基于教学效能概念重建的学业负担背景，本课题当中的教学效能侧重于从主观和客观两个层面来进行理解。教学效能的主观层面指，教师对自身完成教学任务、实现教学目标所需心理能力的知觉，客观层面指教师对自身完成教学任务、实现教学目标所需的一般行为能力的感知，即指教师所感知到的自身实际的教学能力。在一定程度上，主观层面类似于效能预期，客观层面类似于结果预期。

综上所述，教学效能指教师对自身完成特定教学目标所需行为过程的能力的判断，以及对自身完成这些教学目标的实际教学效果的感知，包括主观和客观两个层面。

1.教学效能的主观层面

教学效能的主观层面是指教师在一般意义上(而非侧重于具体的学科)，对自己完成一定教学目标所需行为过程的心理能力的知觉和信念。对教学效能主观层面的考查，实际上是侧重于对教师的心理能力进行考查，主要从教学认知、教学情绪、教学期望三个心理维度来考查教师的知觉和信念。

就教师的心理来说，包括信念、态度、认知、情绪、动机、期望等多种因素，之所以将认知、情绪、期望三者作为教师教学效能主观层面的构成要素，则是出于将教师的心理能力看作一座冰山，而认知、情绪、期望则是冰山的一角。教学认知作为信念的核心层面，是属于冰山下面未浮出水面的一层，而期望则是其中的中间层次，情绪则是浮出水面的一角，相较于其他几

①Ashton. P. T.. Motivation and the teacher's sense of efficacy. In C. Ames & R. Ames (Eds.), Research on motivation in education: Vol. 2 The classroom milieu (PP. 141−174)[M]. Orlando. FL: Academic Press (1985).

②Gibson, S. & Dembo, M. H. Teacher efficacy: A construct validation[J]. Journal of Educational Psychology, (1984).76(4), 569−582.

③辛涛,申继亮,林崇德.教师个人教学效能感量表试用常模修订[J].心理发展与教育,1995(4):22.

个维度来说,我们认为这几个要素更能体现教学效能在主观层面的情况。

教学认知是教学效能主观层面中的核心层面,它涉及教师对教学价值的看法,涉及教师根本的价值观和取向,在一定程度上也等同于教师信念。教学认知包括对教学价值的认知和自身教学价值的认知。教师对教学价值的认知主要是指教师认为"教学有用/无用"。如,"教学对学生影响很大"则表明教师认为教学很有用。教师对自身教学价值的认知主要指自身的教学对学生的影响程度的大小,即"教学影响学生的全部/部分发展"。如,"我的教学对学生的影响主要在知识增长方面"就体现了教师认为自己对学生的影响只是部分的,主要体现在知识增长方面。

教学情绪主要是指教师的情绪表达和情绪调控能力,包括自我情绪调控和学生情绪调控的能力。教师"自我情绪调控"指教师自身的情绪体验和情绪管理。如,"给学生上课是一件挺有意思的事"就表达了教师在教学中体验到一种积极的情绪。"我总能及时调整情绪,不会让不愉快的事影响上课"则是教师对自身情绪调控的一种表达方式。教师"学生情绪调控"指教师对学生情绪的调控,如"我总是能想办法及时疏导学生的负面情绪"。

教学期望主要是指教师对自我发展和对学生发展的期望。在自我发展方面的期望主要包括生存需要、尊重需要和自我实现需要,如,"为了更好的生活,我认真教学"属于生存需要,"我希望通过努力教学获得社会的认可"属于尊重需要,"教学能实现我的人生价值"则属于自我实现的需要。教师对学生发展的期望包括对学生认知发展、情感发展和行为发展三方面的期望,如"我希望通过教学不断提升学生解决问题的能力"属于教师对学生认知发展方面的期望,"我希望教学能促进学生情感的发展"属于教师对学生情感发展方面的期望,"我希望通过教学使学生养成良好的行为习惯"则属于教师对学生行为发展方面的期望。

2.教学效能的客观层面

对教学效能客观层面的考查,侧重于考察教师潜在的实际教学能力。当我们将"教学效能的客观层面"定义为"教师潜在的实际教学能力"时,有一个不可忽视的疑问:既然是寻求一种客观的效果和能力表征,那就不应仅从教师一方面来考察,而应从教师、学生等多个角度来互证,如此才有客观性。但若从教师角度进行考察,则不能说是对其潜在实际教学能力的考察,而仅仅是教师所感知的自身教学能力,或者是教师通过回答这些提问所不经意间体现出来的一种教学看法或教学理解,是教师对教学所需一般能力的理解。而这种观念上所理解的能力和教师潜在所具备的能力,是有很大差异的。这种考察方式的科学性和准确性、信度和效度可能引起很大的怀疑。但根据较多的研究显示,有着积极感知的教师,一般来说,更可能会产生积极的教育教学行为意向和行动。① 因此,基于这样一种正态分布的假设,我们有理由相信,教学效能的客观层面能够作为考察教师潜在实际教学能力的一种工具,换句话说,在一定意义上,教学效能的客观层面可以预测教师实际的教学能力:教师在教学效能的客观层面获取的得分越高,一般来说,其也更倾向于拥有较高的实际教学能力。

教学效能的客观层面由教学能力、教学策略、教学业绩和教学环境四个因素构成。意在通过这四方面,考察教师在课堂教学中实际的教学水平。教学能力和教学策略是考察教师教学水平的核心因素,这是直接从教师主体的角度来考察教师的教学水平。教学业绩和教学环

---

① 尹弘飚,李子建.课程实施与教师心理变化[J].全球教育展望,2006(10):20—25.

境则是从环境因素和科研、学校脉络来考察教师的教学水平。这一考察的路线是从教师主体的教学能力延展到教师所处的学校环境、人际关系等脉络。

教学能力是教师教学效能客观层面中的核心因素，是指教师在教学设计、教学交往、教学管理、教学评价与反思、教学研究与创新五个方面上所体现的能力。具体来说，教师的教学设计能力指教师的目标设计和内容设计能力。如，"我总是能制订清晰明确的教学目标"体现了教师的目标设计能力，"我总能恰当地选择或组织教学内容"则是对教师内容设计能力的考查。教学交往能力主要是指教师的表达能力，如，"我总能很好地引导学生参与课堂讨论"表明教师认为自己具有较高的交往能力。教学评价和反思能力主要指教师准确评价学生的能力和教师进行自我反思的能力，如，"学业成绩是我评价学生最重要的标准"体现了教师以学业成绩为主要评价标准的一种相对片面的评价观。教学研究与创新能力主要指教师进行教学研究的能力以及教师的教学创新能力，如"我经常研究如何解决教学问题"是对教师教研能力考察的一种方式，教师在此项题上的回答越肯定，则教师的教研能力越高；"我总能创造性地开展教学"则是对教师教学创新能力进行考察的一种方式，教师在此项题上的回答越肯定，则教师相应的潜在的教学创新能力就越高。

教学策略是教师教学能力的一种直观表现。如果说教学能力是从较深层、较隐性的一面来考察教师的教学水平，那么教学策略则是从相对较显性的一面来考察教师的教学水平。教学策略由教学元认知策略、教学认知策略和资源管理策略三个方面构成。教学元认知策略是指教师的教学监控能力，如教师在"我总能有意识地反思正在进行的教学活动"这一题项上的回答越肯定，则教师潜在的教学监控能力越高。教学认知策略主要是指教师的复述能力，如教师在"我熟知所教学科的知识体系"这一题项上的回答越肯定，则教师潜在的教学复述能力越高。资源管理策略主要是指教师的时间管理、方法利用和资源利用能力。如，"我能有效地掌控课堂教学节奏"体现了教师较好的时间管理能力的倾向，"我总能灵活运用不同的方法进行课堂教学"则体现了教师较好的方法利用能力倾向，"在教学中，我总是能充分利用各种教学资源"则体现了教师较好的资源利用能力倾向。

教学业绩主要是指教师的教学、科研成果及课堂教学效果。这是从更为直观和显现的层面来考察教师的教学水平。教师的教学、科研成果包括教师的教学获奖和科研论著，如，"我经常获得各种荣誉"表明教师教学获奖较多，"我经常写论文或做课题"表明教师的科研论著较多。课堂教学效果主要包括自我评价和他人评价，如，"我教的学生成绩都有普遍提升"表明教师对自身课堂教学效果的评价较高，"领导和同事们都觉得我是很有能力的老师"则表明教师所感知到的他人评价都较积极和正面。

教学环境包括教师所处的人际环境和人文环境。人际环境主要是指教师与同事之间的关系，以及教师与学生之间的关系。如，教师在题项"我经常与同事谈论教学问题，分享教学经验"上的肯定程度越高，则表明教师所处的同事关系越积极的倾向；在题项"我和学生的关系很好"上的肯定程度越高，则表明师生关系越积极和谐的倾向。人文环境主要是指教师对学校的认同感，如，"我非常满意所任教的学校"表明了教师对所在学校认同感较高的倾向。

这两个层面七个因素共同构成了一个完整的教师教学效能指标体系。据此，我们编制出了教学效能问卷。问卷涵盖32道选择题，所有题项均采用李克特五点量表计分方式。

（三）教学效能的调研工具与数据处理

针对所编制的教师教学效能问卷,我们进行了信效度检测。在保证问卷良好的信效度基础上,我们在全国范围内展开了教师教学效能现状的调查研究,并针对回收回来的数据进行了大数据聚类分析和 SPSS 统计分析。其具体情况如下:

1.调研的工具与对象

（1）信度效度分析

研究采用 Cronbach's α 分析方法检验问卷的信度。所谓信度是指问卷的可靠性、稳定性和内部一致性,信度系数越高即表示该问卷的结果越可靠、稳定与一致。通过分析,整个问卷的内部一致性系数为 0.954,各分量表的内部一致性系数均介于 0.592～0.891 之间。其中,教学认知为 0.592,教学情绪为 0.691,教学期望为 0.829,教学能力为 0.891,教学策略为 0.834,教学业绩为 0.666,教学环境为 0.672,表明该问卷的内部一致性良好,其结果具有较高的稳定性和可信度。

内容效度的检验通常以题目分布的合理性来判断,属于一种命题的逻辑分析。本问卷是在参考已有教学效能问卷的基础上,结合我国基础教育课程改革的价值特点以及遵循学业负担问题有效化解的逻辑起点编制而成。在初步拟定问卷之后邀请教育学、心理学等相关专家进行审查,同时发放 200 份问卷进行预测,根据相关专家们提出的修正意见以及问卷的预测结果对问卷进行修订,最终形成了包含 32 道题项的中小学教师教学效能调查问卷。这在一定程度上保证了问卷工具能够真实地反映出当前我国中小学教师教学效能的特点和存在样态,因而具有良好的内容效度。

在结构效度方面,本研究运用因素分析的方法来对此进行检验。分析结果显示,问卷各维度之间的相关性在 0.442～0.616 之间,呈现中低度相关,说明问卷各维度之间具有一定的独立性;各维度与总问卷之间的相关系数介于 0.679～0.947 之间,达到了高度相关。这表明测量工具的七个维度能较好地反映所要测量的内容,具有良好的结构效度。

（2）研究对象

为保证样本的全面性和均衡性,避免方差变异,本研究在全国范围内按照 7 大区域(东北、西北、华北、华东、华中、华南、西南)抽取 8 个省(自治区)、2 个直辖市和 1 个计划单列市,包括辽宁、甘肃、河北、河南、广西、山东、云南、浙江、天津、重庆和深圳,按照分层随机抽样的方式选取 90 所中小学校的教师作为研究对象,共发放问卷 3000 份,回收有效问卷 2380 份,有效回收率为 79.33%。调查对象的基本情况包括性别、教龄、任教阶段、学历和区位等。其中男性教师 762 人,女性教师 1618 人;小学教师 625 人,初中教师 889 人,高中教师 866 人。

2.调研数据的处理

教学效能数据的处理方式与学业负担大体相同,运用的处理工具主要是大数据聚类分析和 SPSS 统计分析。在数据预处理阶段,我们对客观题和主观题的错误数据进行了删除和修改,以尽可能地保证数据所代表的样本的准确性。依据前期的假设,小初高每一个阶段内的教师教学效能数据可能呈现出不同的水平,由此,我们运用大数据 K-means 算法进行了聚类,以期对每一类别或水平的教师教学效能及其内部结构有所把握。同时,运用 SPSS 分析工具,对每一水平的整体结构状况进行了描述性分析,以辅佐和更完整地呈现每一水平的特征情况。对于客观变量部分,我们也运用了 SPSS 差异分析和大数据描述分析相结合的方法,以对各变量之间的差异进行描述分析并进行显著性检验,刻画每一水平上各变量的差异情况。

二、小学教师的教学效能

本部分从水平、突出特征和影响因素三方面对小学教师的教学效能进行了考查和刻画。其中，水平涉及三个问题：教学效能的水平划分、教学效能的总体状况及教学效能三个等级水平的结构表征。突出特征是在此内部结构分析上所探寻到的小学教学效能三个水平之间相互区别的特征。影响因素则是对影响教师教学效能的相应人口变量的考查。我们力图从这三个方面较完整地刻画出小学教学效能的状况。

（一）教学效能的水平

对教学效能水平的划分及刻画是我们探索的重点。本部分在大数据聚类分析和 SPSS 差异分析的基础上，对小学教学效能的水平划分、总体描述、各等级水平的内部结构特征做了描述和探讨。

1.小学教学效能的水平划分

小学教师教学效能有效问卷为 625 份。通过聚类的方法，我们将小学教师的教学效能数据具体分成了三个簇：原始簇 1、原始簇 2 和原始簇 3，并对这三个簇按其中心点值大小由低到高依次排列出三个等级水平。

第一水平（最低水平），对应原始簇 3（中心点均值为 3.29）；第二水平（中等水平），对应原始簇 1（中心点均值为 3.95）；第三水平（最高水平），对应原始簇 2（中心点均值 4.56）。

第一水平共 107 个样本，占样本总数的 17.12％，其中心点均值为 3.29，为其中最低水平；第二水平共 290 个样本，占样本总数的 46.40％，其中心点均值为 3.95，为其中中等水平；第三水平为 228 个样本，占样本总数的 36.48％，其中心点均值为 4.56，为其中最高水平。

2.小学教学效能的总体描述

表 3-1　小学教师教学效能各维度整体情况分析

	平均分	标准差
教学认知	4.0848	0.68055
教学情绪	4.1029	0.62552
教学期望	4.2629	0.59603
教学能力	4.1086	0.56252
教学策略	4.0973	0.58189
教学业绩	3.4024	0.60337
教学环境	4.2480	0.64205
教学效能中心点值	4.0586	0.50732

基于对小学教学效能的整体情况分析,如表 3-1 所示,发现影响小学教师教学效能水平高低的核心因素是教学期望,其次是教学环境、教学能力、教学情绪、教学策略、教学认知和教学业绩。教师在教学期望上得分最高,反映出小学教师无论是对自我发展,还是对学生发展都抱有很高的期望。一定程度上,教师保持教学高期望有利于改善个体教学认知、调整教学情绪,并能不断提高个人教学能力,进而对教学环境形成积极影响。此外,小学教师表现出较低的教学业绩,说明教学业绩与教学效能之间的相关性不大或不明显。

3.小学教学效能三个等级水平的结构表征

(1)第一水平的结构

①教学认知

在教学认知这一维度,主要划分为两级维度,即对教学价值的认知和对自身教学的认知,其中对教学价值的认知主要指向教学的有用或无用,对自身教学的认知指向对学生的影响程度。

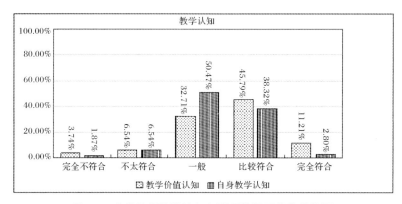

图 3-1　小学教师教学认知各题项选择百分比柱状图

教学认知维度(如图 3-1 所示),就小学教师对教学价值的认知而言,有42.99％的教师选择"一般"及以下,45.79％的教师选择"比较符合",11.21％的教师选择"完全符合",说明57.00％的教师较认同"教师对学生影响最大"这一观点。就教师对自身教学的认知而言,50.47％的教师选择"一般",说明此水平中有一半的小学教师不确定"我的教学对学生的影响主要在知识增长方面"。

概言之,在教学效能第一水平,教师对教学认知存在偏向,尤在对自身教学认知上态度消极,其教学价值认知处最低水平。

②教学情绪

教学活动是师生共同构筑的活动,主要指向教师主体和学生主体。在教师教学情绪这一维度,主要分为自我情绪调控和学生情绪调控两个方面,其中教师自我情绪调控维度主要体现为情绪体验和情绪管理;学生情绪调控维度主要体现在情绪管理上。

教学情绪维度(如图 3-2),就小学教师对自我情绪的调控而言,在情绪体验方面,45.79％的教师选择"一般",42.06％的教师选择"比较符合",4.67％的教师选择"完全符合",说明近46％的教师不确定"给学生上课是一件挺有意思的事",也有近同样多的教师对此持较认同态度;在自我情绪管理方面,55.14％的教师选择"一般",39.25％的教师选择"比较符合"及以上,说明约55％的教师对"我总能及时调整情绪,不会让不愉快的事影响上课"持不确定态度,而近40％的教师对此持认同态度。

就教师对学生情绪调控而言,60.75％的教师选择"一般",说明近61％的教师不确定能及时疏导学生的负面情绪。

总而言之,在教学效能第一水平,小学教师教学情绪存在明显偏向,一半左右的教师都持不确定态度,在自我情绪调控和学生情绪调控方面存在较多问题,在教学情绪上处最低水平。

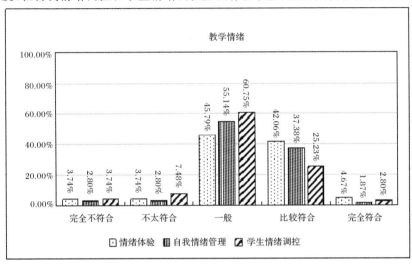

图 3-2   小学教师教学情绪各题项选择百分比柱状图

③教学期望

在我们所编制的问卷中,教学期望由两个部分构成:教师对自身发展的期望和教师对学生发展的期望。教师对自身发展的期望包括生存需要、尊重需要和自我实现需要三个方面,教师对学生发展的期望表现在认知、情感和行为三个方面。

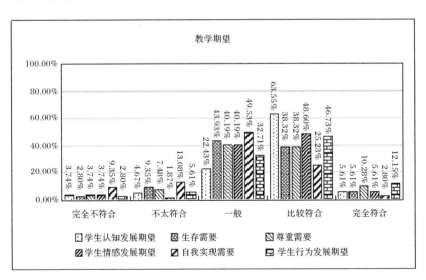

图 3-3   小学教师教学期望各题项选择百分比柱状图

在第一水平的教师教学期望这一维度（如图 3-3），就教师生存需要而言，43.93％的教师选择"一般"，38.32％的教师选择"比较符合"，仅 12.15％的教师选择"不太符合"及以下，表明第一水平近 44％的小学教师对"为了更好的生活，我认真教学"持不确定态度。就教师尊重需要而言，40.19％的教师选择"一般"，38.32％的教师选择"比较符合"，11.22％的教师选择"不太符合"及以下，10.28％的教师选择"完全符合"，说明第一水平约 40％的教师都不确定"我希望通过努力教学获得社会的认可"。就教师自我实现需要而言，49.53％的教师选择"一般"，25.23％的教师选择"比较符合"，22.43％的教师选择"不太符合"及以下，2.80％的教师选择"完全符合"，说明第一水平近 50％的教师不确定"教学能实现我的人生价值"。

就教师对学生认知发展期望而言，63.55％的教师选择"比较符合"，5.61％的教师选择"完全符合"，22.43％的教师选择"一般"，8.41％的教师选择"不太符合"及以下，说明第一水平约 69％的小学教师较认同"我希望通过教学不断提升学生解决问题的能力"。就教师对学生情感发展期望而言，48.60％的教师选择"比较符合"，5.61％的教师选择"完全符合"，40.19％的教师选择"一般"，5％左右的教师选择"不太符合"及以下，说明第一水平约 54％的教师比较认同"我希望教学能促进学生情感的发展"。就教师对学生行为发展期望而言，46.73％的教师选择"比较符合"，12.15％的教师选择"完全符合"，32.71％的教师选择"一般"，8％左右的教师选择"不太符合"及以下，说明第一水平近 59％的小学教师较认同"我希望通过教学使学生养成良好的行为习惯"。

简言之，此水平小学教师在自我发展期望（即生存需要、尊重需要、自我实现需要）上持不确定态度的占到一半左右，多数教师对自我发展鲜抱有希望，而在学生发展期望上的态度相对积极，一半以上的教师对学生发展满怀希望，相较于其他两水平教师教学期望，该水平教学期望整体处于最低水平。

④教学能力

在我们所编制的问卷中，教师的教学能力由五个部分构成：教学设计能力、教学交往能力、教学管理能力、教学评价与反思能力、教学研究与创新能力。教学设计能力包括目标设计能力和内容设计能力两个方面；教学交往能力主要指的是教师的表达能力；教学管理能力包括课堂秩序管理能力和突发事件处理能力；教学评价与反思能力包括评价学生的能力和自我反思能力；教学研究与创新能力包括教研能力和创新能力两个方面。

对于第一水平教师教学能力维度（如图 3-4 所示），在教学设计能力上，就教师教学目标设计能力而言，45.79％的教师选择"一般"，42.99％的教师选择"比较符合"，0.93％的教师选择"完全符合"，8.41％的教师选择"不太符合"，表明此水平近 46％的教师都不确定"我总是能制订清晰明确的教学目标"，近 44％的教师对比持较认同态度。就教师教学内容设计能力而言，52.34％的教师选择"一般"，37.38％的教师选择"比较符合"，表明第一水平约 52％的小学教师不确定"我总能恰当地选择或组织教学内容"。

就教师教学交往能力而言，71.96％的教师选择"一般"，16.82％的教师选择"比较符合"，表明第一水平近 72％的教师都不确定"我总能很好地引导学生参与课堂讨论"。

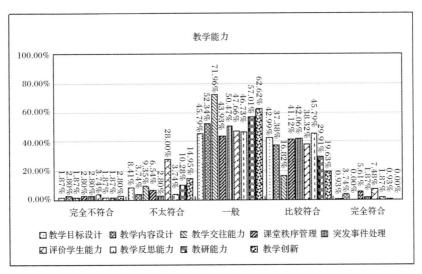

图 3-4　小学教师教学能力各题项选择百分比柱状图①

就教师教学管理能力而言,在课堂秩序管理上,43.93%的教师选择"一般",41.12%的教师选择"比较符合",5.61%的教师选择"完全符合",表明此水平近44%的小学教师都不确定"我总是能够维持良好的课堂秩序",同时近47%的教师对此持较认同态度。在教师突发事件处理能力上,50.47%的教师选择"一般",42.06%的教师选择"比较符合",1.87%的教师选择了"完全符合",说明第一水平约一半的小学教师都不确定"我能巧妙地处理课堂上的突发事件",而有近44%的教师对此持较认同态度。

就教师教学评价与反思能力而言,在教师评价学生能力上,47.66%的教师选择"一般",38.32%的教师选择"比较符合",7.48%的教师选择"完全符合",表明第一水平近48%的小学教师都不确定"我总能很好地引导学生参与课堂讨论",而有近46%的教师对此持较认同态度。就教师教学反思能力而言,46.73%的教师选择"一般",45.79%的教师选择"比较符合",1.87%的教师选择"完全符合",说明此水平近47%的小学教师对"课后我经常思考自己教学存在的问题"持不确定态度,而也有约同样多的人对此持较认同态度。

就教师教学研究与创新能力而言,在教研能力上,57.01%的教师选择"一般",29.91%的教师选择"比较符合",表明约57%的小学教师不确定"我经常研究如何解决教学问题"。在教学创新能力上,62.62%的教师选择"一般",19.63%的教师选择"比较符合",14.95%的教师选择"不太符合",表明第一水平近63%的小学教师不确定"我总能创造性地开展教学"。

整体而言,此水平小学教师在教学设计能力、教学管理能力、教学评价与反思能力、教学研究与创新能力上,有一半左右的教师持不确定态度。这显示出第一水平教师在教学能力维

①在教师的教学创新这一题项上,对于第一水平教师而言,选择"完全符合"的教师为0.00%,表明选择"完全符合"的教师人数占到教师总体样本人数的比例为0.00%,即在这一题项上,第一水平教师没有人选择"完全符合"。由于此处所谈及的是百分比数值下单一选项人数之于整体选项人数的比例,反映的是第一水平教师全体选择的倾向性问题,因此即使某个选项选择人数为0,亦统一用百分比数值来表示。后同。

度上表现得十分消极,这一水平教师的整体教学能力处于最低水平。

⑤教学策略

在我们所编制的问卷中,教师教学策略由教学元认知策略、教学认知策略和资源管理策略由三部分构成。教学元认知策略是指教师的监控策略,资源管理策略是指教师的时间管理、方法利用和资源利用策略。

对于第一水平教师教学策略维度(如图3-5所示),在教学元认知策略上,60.75％的教师选择"一般",35.51％的教师选择"比较符合",表明第一水平近61％的小学教师都不确定"我总能有意识地反思正在进行的教学活动"。

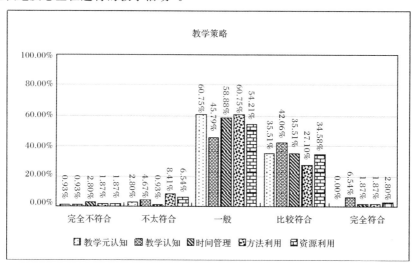

图3-5 小学教师教学策略各题项选择百分比柱状图

就教师教学认知策略而言,45.79％的教师选择"一般",42.06％的教师选择"比较符合",6.54％的教师选择"完全符合",表明第一水平中近49％的小学教师都较认同"我熟知所教学科的知识体系",同时有近46％的教师对此持确定态度。

就教师资源管理策略而言,于时间管理策略,58.88％的教师选择"一般",35.51％的教师选择"比较符合",1.87％的教师选择"完全符合",表明第一水平近59％的小学教师对"我能有效地掌控课堂教学节奏"持不确定态度。约37％的教师对此持较认同态度。于教师的方法利用策略,60.75％的教师选择"一般",27.10％的教师选择"比较符合",1.87％的教师选择"完全符合",表明第一水平近61％的小学教师不确定"我总能灵活运用不同的方法进行课堂教学"。于教师的资源利用策略,54.21％的教师选择"一般",34.58％的教师选择"比较符合",2.80％的教师选择"完全符合",表明第一水平约54％的小学教师不确定"在教学中,我总是能充分利用各种教学资源",约37％的教师对此持较认同态度。

整体而言,此水平小学教师在教学元认知策略、资源管理策略上持不确定态度的人数占到近3/5,表现十分消积,这一水平小学教师的教学策略处最低水平。

⑥教学业绩

在我们所编制的问卷中,教师的教学业绩由两个部分构成:教学、科研成果及课堂教学成果。教学、科研成果包括教师的教学获奖和科研论著情况两方面。课堂教学效果包括班级排名和他人评价两方面。

于第一水平小学教师而言（如图3-6所示），在教学业绩维度，主要表现在教学、科研成果上。于教学获奖，52.34％的教师选择"一般"，28.04％的教师选择"不太符合"，12.15％的教师选择"比较符合"，表明约52％的教师不确定"我经常获得各种荣誉"；就科研论著而言，42.06％的教师选择"不太符合"，12.15％的教师选择"完全不符合"，32.71％的教师选择"一般"，表明约54％的教师对"我经常写论文或做课题"持不认同态度，近33％的教师对此持不确定态度。

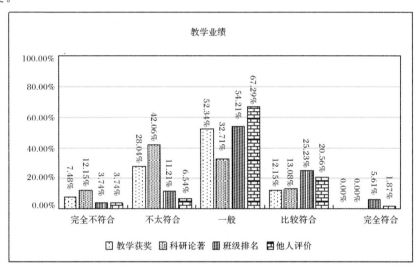

图3-6　小学教师教学业绩各题项选择百分比柱状图

就教师课堂教学成果而言，于班级排名，54.21％的教师选择"一般"，25.23％的教师选择"比较符合"，11.21％的教师选择"不太符合"，表明约54％的教师不确定"我任教的班级在同年级排名靠前"。于他人评价，20.56％的教师选择"比较符合"，67.29％的教师选择"一般"，表明约67％的教师都不确定"领导和同事们都觉得我是很有能力的老师"。

整体而言，此水平的小学教师对教学、科研成果和课堂教学成果持不确定态度的占到3/5左右，表现十分消极，这一水平小学教师在教学业绩上处最低水平。

⑦教学环境

在我们所编制的问卷中，教师的教学环境由两个部分构成：人际环境和人文环境。人际环境包括师师关系和师生关系两方面。人文环境指的是教师对学校的认同感。

就第一水平小学教师教学环境维度（如图3-7所示）而言，于人际环境，在师师关系上，43.93％的教师选择"比较符合"，11.21％的教师选择"完全符合"，39.25％的教师选择"一般"，表明此水平约55％的教师都较认同"我经常与同事谈论教学问题，分享教学经验"；在师生关系上，50.47％的教师选择"比较符合"，9.35％的教师选择"完全符合"，35.51％的教师选择"一般"，表明近60％的教师都较认同"我和学生的关系很好"。

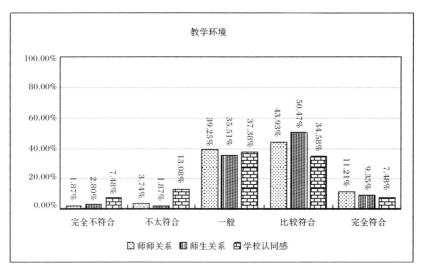

图 3-7　小学教师教学环境各题项选择百分比柱状图

就人文环境(学校认同感)而言,37.38％的教师选择"一般",34.58％的教师选择"比较符合",7.48％的教师选择"完全符合",表明第一水平约 42％的教师都较认同"我非常满意所任教的学校",约 37％的教师对此持不确定态度。

总体而言,第一水平小学教师在人际环境和人文环境上持较认同态度的占到一半左右,仍有近 2/5 的教师持不确定态度,与教学效能的其他两个水平比较而言,第一水平的教师在教学环境上处最低水平。

(2)第一水平整体说明

表 3-2　小学教师第一水平教学效能状况

变量	小学教师第一水平教学效能状况		排序
	平均分	标准差	
教学认知	3.4393	0.70947	2
教学情绪	3.2960	0.56880	5
教学期望	3.4174	0.58294	3
教学能力	3.2793	0.42444	6
教学策略	3.3215	0.43242	4
教学业绩	2.8598	0.51186	7
教学环境	3.4735	0.61265	1
教学效能中心点值	3.2891	0.38721	

第一水平是小学教师教学效能的最低水平,教师在各个维度的表现相对均衡,其中教学环境最高,教学业绩最低,整体教学效能得分最低。

就小学教师总体教学效能与第一水平教师教学效能相比较，具体如下：

表 3-3　小学教师总体教学效能与第一水平教师教学效能的比较表

变量	小学教师第一水平教学效能状况		小学教师总体教学效能状况		平均分差值
	平均分	标准差	平均分	标准差	
教学认知	3.4393	0.70947	4.0848	0.68055	0.6455
教学情绪	3.2960	0.56880	4.1029	0.62552	0.8069
教学期望	3.4174	0.58294	4.2629	0.59603	0.8455
教学能力	3.2793	0.42444	4.1086	0.56252	0.8293
教学策略	3.3215	0.43242	4.0973	0.58189	0.7758
教学业绩	2.8598	0.51186	3.4024	0.60337	0.5426
教学环境	3.4735	0.61265	4.2480	0.64205	0.7745
教学效能中心点值	3.2891	0.38721	4.0586	0.50732	0.7695

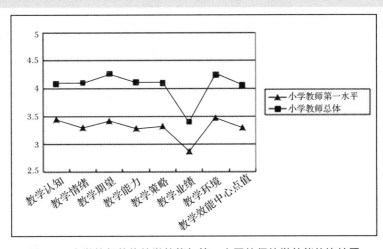

图 3-8　小学教师总体教学效能与第一水平教师教学效能的比较图

从表 3-3 和图 3-8 中可看出，相对于小学教师总体教学效能，第一水平的小学教师教学效能均处于总体教学效能水平之下，二者得分趋势相同且有波动，说明此水平教师教学效能表现不如总体教学效能。其突出特征表现在教学期望、教学能力与教学情绪三个维度上，这三个维度的得分均与总体呈现较大差距。

第三章　教学效能的水平与特征

(3)第二水平的结构

①教学认知

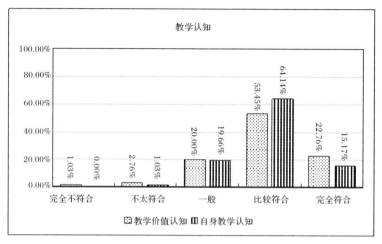

图 3-9　小学教师教学认知各题项选择百分比柱状图

在教学认知维度(如图 3-9 所示),就小学教师对教学价值的认知而言,有 53.45％的教师选择"比较符合",22.76％的教师选择"完全符合",有 20.00％的教师选择"一般",表明此水平约 76％的教师比较认同"教师对学生影响最大"。就小学教师对自身教学的认知而言,64.14％的教师选择"比较符合",15.17％的教师选择"完全符合",19.66％的教师选择"一般",说明此水平中约 79％的教师都比较认同教师教学对学生影响主要在知识增长方面。

总体而言,在教学效能第二水平,小学教师对教学认知持积极取向的占到近 4/5,相较于第一水平教师而言,其教学价值认知处中等水平。

②教学情绪

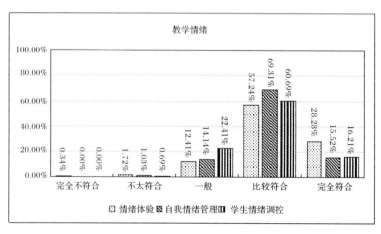

图 3-10　小学教师教学情绪各题项选择百分比柱状图

在教学情绪维度(如图 3-10 所示),就小学教师对自我情绪的调控而言,在情绪体验方面,12.41％的教师选择"一般",57.24％的教师选择"比较符合",28.28％的教师选择"完全符合",近86％的小学教师认同"给学生上课是一件挺有意思的事",说明教师在教学中存在较好的情绪体验;在自我情绪管理方面,14.14％的教师选择"一般",69.31％的教师选择"比较符合",15.52％的教师选择"完全符合",说明近85％的教师都较认同在教学过程中对自我情绪能进行及时调整,不会让不愉快的心情影响上课。

就教师对学生情绪调控而言,22.41％的教师选择"一般",60.69％的教师选择"比较符合",16.21％的教师选择"完全符合",说明近77％的教师都较认同自己能及时想办法疏导学生的负面情绪。

总而言之,在教学效能第二水平,无论是对自我情绪的管理还是对学生情绪的管理,4/5左右的小学教师都持较认同态度,较第一水平教师而言,这一水平的教师教学情绪处中等水平。

③教学期望

在第二水平教师教学期望这一维度(如图 3-11 所示),就教师在生存需要上的期望而言,55.52％的教师选择"比较符合",34.48％的教师选择"完全符合",5.52％的教师选择"一般",表明第二水平90.00％的小学教师比较认同"为了更好的生活,我认真教学"。就教师在尊重需要上的期望而言,55.17％的教师选择"比较符合",28.97％的教师选择"完全符合",14.83％的教师选择"一般",表明第二水平约84％的小学教师比较认同"我希望通过努力教学获得社会的认可"。就教师自我实现需要的期望而言,51.38％的教师选择"比较符合",12.41％的教师选择"完全符合",30.69％的教师选择"一般",说明第二水平近64％的教师较认同"教学能实现我的人生价值"。

就教师对学生认知发展期望而言,54.48％的教师选择"比较符合",42.76％的教师选择"完全符合",2.41％的教师选择"一般",说明第二水平约97％的教师都较认同"我希望通过教学不断提升学生解决问题的能力"。就教师对学生情感发展期望而言,54.14％的教师选择"比较符合",43.10％的教师选择"完全符合",2.41％的教师选择"一般",说明此水平约97％的小学教师都较认同"我希望教学能促进学生情感的发展"。就教师对学生行为发展期望而言,51.38％的教师选择"比较符合",44.14％的教师选择"完全符合",说明第二水平近96％的小学教师都较认同"我希望通过教学使学生养成良好的行为习惯"。

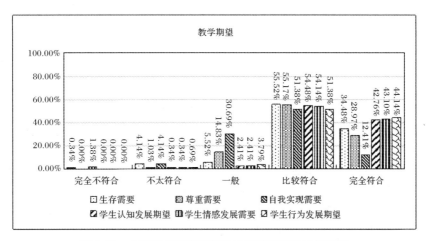

图 3-11　小学教师教学期望各题项选择百分比柱状图

简言之,第二水平小学教师在自我发展期望(即生存需要、尊重需要、自我实现需要)上的态度相对积极,多数教师对自我发展都抱有希望,不过在自我实现需要方面存在疑虑或不自信;在学生发展期望上的态度比较积极,大多教师对学生发展满怀希望,其教学期望整体处于中等水平。

④教学能力

在第二水平小学教师教学能力这一维度(如图 3-12 所示),在教学设计能力上,就教师教学目标设计能力而言,64.14%的教师选择"比较符合",28.97%的教师选择"完全符合",5.86%的教师选择"一般",表明第二水平约 93%的教师都比较认同"我总是能制订清晰明确的教学目标";就教师教学内容设计能力而言,72.76%的教师选择"比较符合",11.72%的教师选择"完全符合",14.48%的教师选择"一般",表明第二水平约 84%的小学教师都较认同"我总能恰当地选择或组织教学内容"。

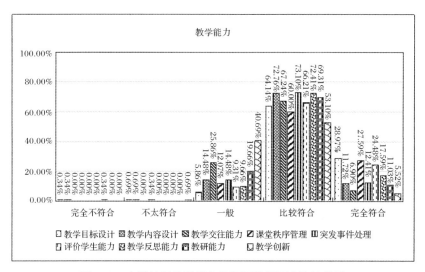

图 3-12 小学教师教学能力各题项选择百分比柱状图

就教师教学交往能力而言,67.24%的教师选择"比较符合",25.86%的教师选择"一般",6.90%的教师选择"完全符合",表明第二水平约 93%的教师认同"我总能很好地引导学生参与课堂讨论"。

就教师教学管理能力而言,在课堂秩序管理上,60.00%的教师选择"比较符合",27.59%的教师选择"完全符合",表明第二水平近 88%的小学教师都较认同"我总是能够维持良好的课堂秩序"。在教师突发事件处理能力上,73.10%的教师选择"比较符合",12.41%的教师选择"完全符合",没有教师选择"不太符合"及以下,说明第二水平近 86%的小学教师都较认同"我能巧妙地处理课堂上的突发事件"。

就教师教学评价与反思能力而言,在教师评价学生能力上,66.21%的教师选择"比较符合",24.48%的教师选择"完全符合",没有教师选择"不太符合"及以下,表明第二水平约 91%的小学教师较认同"我总能很好地引导学生参与课堂讨论"。就教师教学反思能力而言,72.41%的教师选择"比较符合",17.59%的教师选择"完全符合",9.66%的教师选择"一般",说明第二水平 90.00%的小学教师都较认同"课后我经常思考自己教学存在的问题"。

就教师教学研究与创新能力而言,在教研能力上,69.31％的教师选择"比较符合",11.03％的教师选择"完全符合",表明第二水平约80％的小学教师都比较认同"我经常研究如何解决教学问题"。在教学创新能力上,53.10％的教师选择"比较符合",5.52％教师选择"完全符合",40.69％的教师选择"一般",表明第二水平近59％的小学教师都较认同"我总能创造性地开展教学"。

整体而言,此水平上的小学教师在教学设计能力、教学交往能力、教学管理能力和教学评价与反思能力上表现相对积极,而在教学研究与创新能力上的表现略弱。相较于第一水平教师,第二水平小学教师整体教学能力表现相对平稳,在各维度上的表现相对积极,据此可判断第二水平的小学教师教学能力处于中等水平。

⑤教学策略

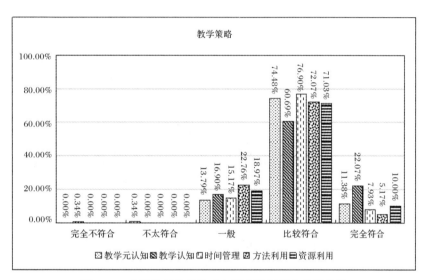

图 3-13　小学教师教学策略各题项选择百分比柱状图

在第二水平小学教师教学策略这一维度(如图 3-13 所示),于教学元认知策略,74.48％的教师选择"比较符合",11.38％的教师选择"完全符合",表明第二水平近86％的小学教师都较认同"我总能有意识地反思正在进行的教学活动"。

就教师教学认知策略而言,60.69％的教师选择"比较符合",22.07％的教师选择"完全符合",16.90％的教师选择"一般",表明第二水平中近83％的小学教师都较认同"我熟知所教学科的知识体系"。

就教师资源管理策略而言,于时间管理策略,76.90％的教师选择"比较符合",7.93％的教师选择"完全符合",表明第二水平近85％的小学教师对"我能有效地掌控课堂教学节奏"持较认同态度。于教师的方法利用策略,72.07％的教师选择"比较符合",5.17％的教师选择"完全符合",表明第二水平约77％的小学教师较认同"我总能灵活运用不同的方法进行课堂教学"。于教师的资源利用策略,71.03％的教师选择"比较符合",10.00％的教师选择"完全符合",表明第二水平约81％的小学教师都较认同"在教学中,我总是能充分利用各种教学资源"。

整体而言,此水平小学教师在教学策略上的表现突出,在各维度持较认同态度的占到4/5左右,相较于前一水平教师,该水平教师的教学策略整体居中等水平。

⑥教学业绩

于第二水平小学教师而言,在教学业绩维度(如图3-14所示),主要表现在教学、科研成果上。于教学获奖,58.28％的教师选择"一般",21.72％的教师选择"比较符合",16.21％的教师选择"不太符合",表明约58％的教师对"我经常获得各种荣誉"持不确定态度;于科研论著,53.45％的教师选择"一般",23.45％的教师选择"比较符合",表明约53％的教师不确定"我经常写论文或做课题"。

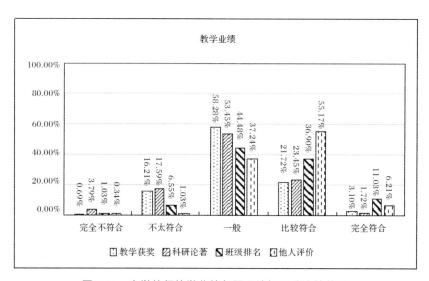

图 3-14　小学教师教学业绩各题项选择百分比柱状图

就教师的课堂教学成果而言,于班级排名,44.48％的教师选择"一般",36.90％的教师选择"比较符合",11.03％的教师选择"完全符合",表明近48％的教师较认同"我任教的班级在同年级排名靠前"。于他人评价,55.17％的教师选择"比较符合",6.21％的教师选择"完全符合",表明第三水平约61％的教师比较认同"领导和同事们都觉得我是很有能力的老师"。

整体而言,此水平半数左右的小学教师对教学、科研成果的判断多持不确定态度,半数左右的教师对课堂教学效果持认同态度,相较于前一水平,该水平教师在教学业绩上处中等水平。

⑦教学环境

第二水平教师在教学环境维度(如图3-15所示)上,于人际环境,师师关系上,61.03％的教师选择"比较符合",27.93％的教师选择"完全符合",表明此水平近89％的教师都比较确定"我经常与同事谈论教学问题,分享教学经验";师生关系上,62.07％的教师选择"比较符合",31.38％的教师选择"完全符合",没有教师选择"不太符合",表明约93％的教师都比较认同"我和学生的关系很好"。

在人文环境(学校认同感)上,47.24％的教师选择"比较符合",31.03％的教师选择"完全符合",表明此水平约78％的教师较认同"我非常满意所任教的学校"。

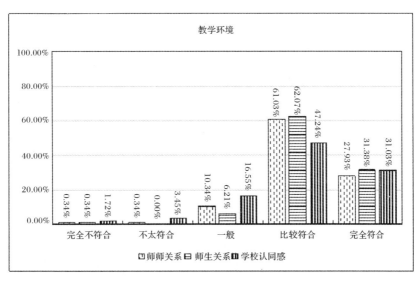

图 3-15　小学教师教学环境各题项选择百分比柱状图

　　总体而言,此水平小学教师在人际环境和人文环境上的判断多持积极态度,对前者持积极态度的占到 90% 左右,其中在人文环境上的判断相对弱于人际环境。相较于前一水平,第二水平的教师在教学环境上处中等水平。

　　(4)第二水平整体说明

表 3-4　小学教师第二水平教学效能状况

变量	小学教师第二水平教学效能状况		排序
	平均分	标准差	
教学认知	3.9379	0.54195	5
教学情绪	4.0103	0.41996	3
教学期望	4.1994	0.36785	1
教学能力	3.9847	0.24090	4
教学策略	3.9345	0.28670	6
教学业绩	3.3207	0.46056	7
教学环境	4.1414	0.46103	2
教学效能中心值	3.9483	0.18972	

　　第二水平是小学教师教学效能的中等水平,教师在各维度的表现均比较均衡。

第三章　教学效能的水平与特征

就小学教师总体教学效能与第二水平教师教学效能相比较,具体表现如下:

表 3-5 小学教师总体教学效能与第二水平教师教学效能的比较表

变量	小学教师第二水平教学效能状况		小学教师总体教学效能状况		平均分差值
	平均分	标准差	平均分	标准差	
教学认知	3.9379	0.54195	4.0848	0.68055	0.1469
教学情绪	4.0103	0.41996	4.1029	0.62552	0.0926
教学期望	4.1994	0.36785	4.2629	0.59603	0.0635
教学能力	3.9847	0.24090	4.1086	0.56252	0.1239
教学策略	3.9345	0.28670	4.0973	0.58189	0.1628
教学业绩	3.3207	0.46056	3.4024	0.60337	0.0817
教学环境	4.1414	0.46103	4.2480	0.64205	0.1066
教学效能中心点值	3.9483	0.18972	4.0586	0.50732	0.1103

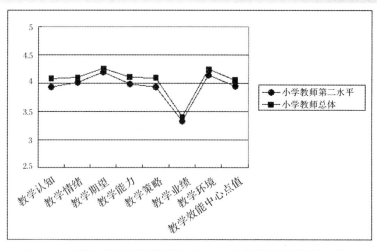

图 3-16 小学教师总体教学效能与第二水平教师教学效能的比较图

从表 3-5 和图 3-16 中可以看出,相对于小学教师总体教学效能,第二水平小学教师在各个维度上的表现与教师总体的表现一致,与总体平均水平相接近,但略低于它。值得注意的是,其突出特征表现在教学认知、教学能力和教学策略三个维度上,其得分表现与总体呈现较大差距。

(5)第三水平的结构

①教学认知

在教学认知这一维度(如图 3-17 所示),就小学教师对教学价值认知而言,有 94.30% 的教师选择"完全符合"和"比较符合",仅有1.32%的教师选择"不太符合",表明此水平中约94%的小学教师都较认同"教学对学生影响最大",能明确教学对学生是有用还是无用。就小学教师对自身教学的认知而言,有98.24%的教师选择"比较符合"和"完全符合",没有教师选择"完全不符合"或"不太符合",说明约98%的小学教师都较认同"我的教学对学生的影响主要在知识增长方面",个人的教学是能影响学生全部发展或部分发展的。

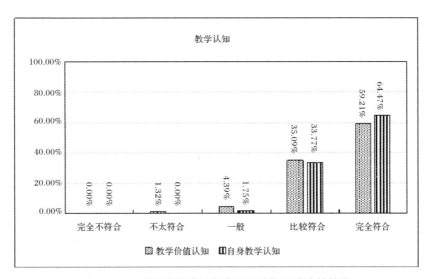

图 3-17　小学教师教学认知各题项选择百分比柱状图

总体而言,在教学效能第三水平,小学教师有清晰的教学认知,其对教学价值的认知或对自身教学的认知整体处最高水平。

②教学情绪

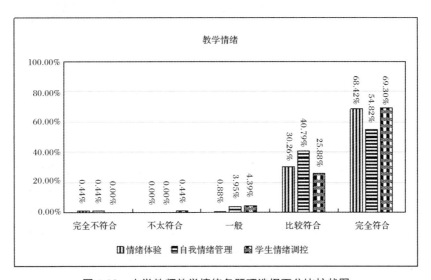

图 3-18　小学教师教学情绪各题项选择百分比柱状图

在教学情绪这一维度（如图 3-18 所示），就小学教师对自我情绪的调控，在情绪体验方面，98.68％的教师选择"比较符合"和"完全符合"，说明近99％的教师都较认同"给学生上课是一件挺有意思的事"，教师在教学中有积极向上的情绪体验；在自我情绪管理方面，有54.82％的小学教师选择"完全符合"，40.79％的教师选择"比较符合"，说明近96％的教师在教学中能及时调整个人情，有较好的自我情绪调控能力。

就教师对学生情绪的调控，有95.18％的教师选择"比较符合"和"完全符合"，说明此水平中约95％的小学教师能够及时有效地疏导学生的负面情绪。

总而言之，第三水平的小学教师拥有好的教学情绪，其自身有好的情绪体验并能对自身或学生的情绪进行恰当调控，整体在教学情绪上处最高水平。

③教学期望

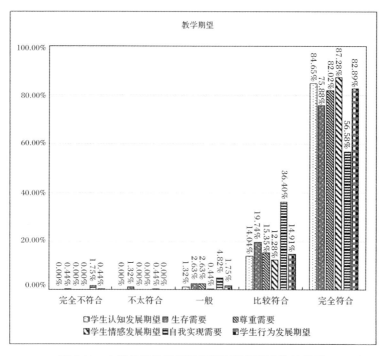

图 3-19　小学教师教学期望各题项选择百分比柱状图

在第三水平教师教学期望这一维度（如图 3-19 所示），就教师在生存需要上的期望，75.88％的教师选择"完全符合"，19.74％的教师选择"比较符合"，2.63％的教师选择"一般"，表明近96％的小学教师较认同"为了更好的生活，我认真教学"。就教师在尊重需要上的期望，82.02％的教师选择"完全符合"，15.35％的教师选择"比较符合"，2.63％的教师选择"一般"，没有教师选择"不太符合"及以下，表明约97％的小学教师较认同"我希望通过努力教学获得社会的认可"。就教师自我实现需要的期望，56.58％的教师选择"完全符合"，36.40％的教师选择"比较符合"，4.82％的教师选择"一般"，说明近93％的小学教师较认同"教学能实现我的人生价值"。

就教师对学生认知发展期望而言,84.65％的教师选择"完全符合",14.04％的教师选择"比较符合",没有教师选择"不太符合"及以下,说明近99％的教师都较认同"我希望通过教学不断提升学生解决问题的能力"。就教师对学生情感发展的期望,87.28％的教师选择"完全符合",12.28％的教师选择"比较符合",说明第三水平几乎全部小学教师都较认同"我希望教学能促进学生情感的发展"。就教师对学生行为发展期望,82.89％的教师选择"完全符合",14.91％的教师选择"比较符合",说明第三水平近98％的小学教师较认同"我希望通过教学使学生养成良好的行为习惯"。

简而言之,此水平小学教师在自我发展期望(即生存需要、尊重需要、自我实现需要)上整体表现得非常积极,无论是对生存需要,还是尊重与自我实现需要的满足,多数教师对自我发展满怀期望。在学生发展期望上表现得也很积极向上,近98％的教师对学生发展满怀希望。由此判断第三水平的小学教师其教学期望处于最高水平。

④教学能力

第三水平教师在教学能力维度(如图3-20所示),于教学设计能力,在教师教学目标设计能力方面,78.51％的教师选择"完全符合",19.30％的教师选择"比较符合",表明第三水平教师中近98％的人都较认同"我总是能制订清晰明确的教学目标";就教师教学内容设计能力,64.04％的教师选择"完全符合",34.65％的教师选择"比较符合",表明近99％的小学教师都较认同"我总能恰当地选择或组织教学内容"。

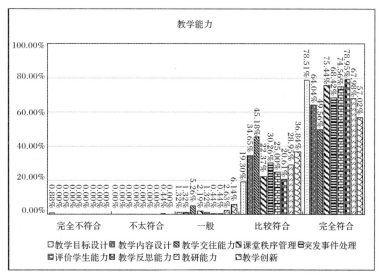

图3-20　小学教师教学能力各题项选择百分比柱状图

就教师教学交往能力,49.56％的教师选择"完全符合",45.18％的教师选择"比较符合",表明此水平近95％的教师都较认同"我总能很好地引导学生参与课堂讨论"。

就教师教学管理能力,在课堂秩序管理能力上,75.44％的教师选择"完全符合",22.37％的教师选择"比较符合",表明此水平近98％的小学教师都较认同"我总是能够维持良好的课堂秩序"。在教师突发事件处理能力上,68.42％的教师选择"完全符合",30.26％的教师选择

"比较符合",说明第三水平近99%的小学教师较认同"我能巧妙地处理课堂上的突发事件"。

就教师教学评价与反思能力,在教师评价学生能力上,74.56%的教师选择"完全符合",25.00%的教师选择"比较符合",表明几乎所有的教师都较认同"我总能很好地引导学生参与课堂讨论"。在教学反思能力上,78.95%的教师选择"完全符合",20.61%的教师选择"比较符合",表明第三水平几乎所有的小学教师都较认同"课后我经常思考自己教学存在的问题"。

在教师教学研究与创新能力中,于教研能力,67.98%的教师选择"完全符合",28.95%的教师选择"比较符合",表明第三水平近97%的小学教师都较认同"我经常研究如何解决教学问题"。于教学创新能力,57.02%的教师选择"完全符合",36.84%的教师选择"比较符合",剩余6.14%的教师选择"一般",表明第三水平近94%的小学教师都较认同"我总能创造性地开展教学"。

整体而言,此水平小学教师在教学设计能力、教学交往能力、教学研究与创新能力上表现非常积极,而在教学管理能力、评价与反思能力上的表现最为突出,其积极态度接近100%,充分说明此水平小学教师整体教学能力突出,在各维度上的表现都较积极,据此可判断第三水平的小学教师教学能力处最高水平。

⑤教学策略

第三水平教师在教学策略这一维度(如图3-21所示),于教学元认知策略,75.00%的教师选择"完全符合",24.12%的教师选择"比较符合",表明约99%的小学教师都较确定"我总能有意识地反思正在进行的教学活动"。

就教师教学认知策略,72.37%的教师选择"完全符合",25.44%的教师选择"比较符合",表明此水平约98%的教师都较认同"我熟知所教学科的知识体系"。

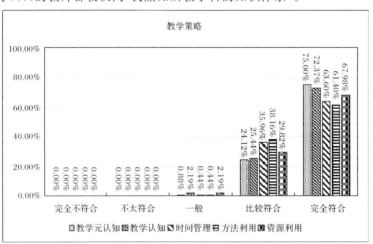

图3-21　小学教师教学策略各题项选择百分比柱状图

在教师资源管理策略上,于时间管理策略,63.60%的教师选择"完全符合",35.96%的教师选择"比较符合",表明第三水平99.56%的小学教师对"我能有效地掌控课堂教学节奏"持较认同态度。于教师的方法利用策略,61.40%的教师选择"完全符合",38.16%的选择"比较符合",没有人选择"不太符合"及以下,表明几乎所有教师都较认同"我总能灵活运用不同的方法进行课堂教学"。于教师的资源利用策略,67.98％的教师选择"完全符合",29.82％的选择"比较符合",表明第三水平约 98％的小学教师都较确定"在教学中,我总是能充分利用各种教学资源"。

整体而言,此水平小学教师的教学策略表现最为突出,尤其是教学元认知策略和教学资源管理策略中的方法利用,据此判断第三水平小学教师的教学策略处最高水平。

⑥教学业绩

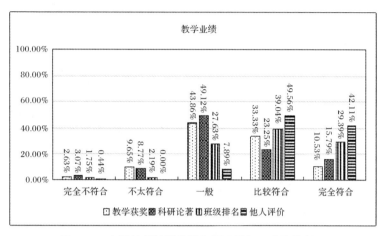

图 3-22　小学教师教学业绩各题项选择百分比柱状图

于第三水平小学教师而言,在教学业绩维度(如图 3-22 所示),主要表现在教学、科研成果上。就教学获奖,43.86％的教师选择"一般",33.33％的教师选择"比较符合",仅 10.53％的教师选择"完全符合",表明近 44％的教师对"我经常获得各种荣誉"持确定态度,也有近同样多的人对此持不确定态度;就科研论著,49.12％的教师选择"一般",23.25％的教师选择"比较符合",15.79％的教师选择"完全符合",表明有近 39％的教师对此持较认同态度。

就教师的课堂教学成果,于班级排名,39.04％的教师选择"比较符合",29.39％的教师选择"完全符合",说明 68.43％的教师较认同"我任教的班级在同年级排名靠前";于他人评价,49.56％的教师选择"比较符合",42.11％的教师选择"完全符合",表明第三水平 91.67％的教师对"领导和同事们都觉得我是很有能力的老师"持肯定态度。

整体而言,此水平小学教师在教学、科研成果上的判断有一半左右持不确定态度,在课堂教学成果上的判断一半以上持积极态度,特别体现于他人评价。据此,第三水平教师在教学业绩上处于最高水平。

⑦教学环境

第三水平教师在教学环境维度(如图 3-23 所示),于人际环境,在师师关系(题 33)上,78.07％的教师选择"完全符合",20.18％的教师选择"比较符合",表明此水平约 98％的教师都较认同"我经常与同事谈论教学问题,分享教学经验";在师生关系上,84.21％的教师选择"完全符合",15.79％的教师选择"比较符合",没有教师选择"一般"及以下,表明所有教师都认同"我和学生的关系很好"。

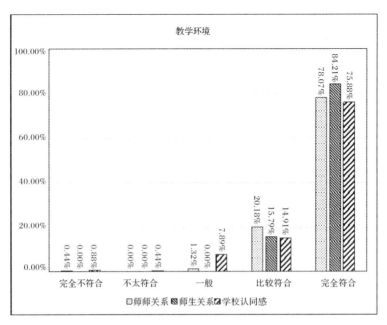

图 3-23　小学教师教学环境各题项选择百分比柱状图

于人文环境(学校认同感),75.88％的教师选择"完全符合",14.91％的教师选择"比较符合",表明此水平近 91％的教师都较认同"我非常满意所任教的学校"。

总体而言,第三水平上绝大多数教师在人际环境和人文环境都表现积极,整体在教学环境上处于最高水平。

(6)第三水平整体说明

表 3-6　小学教师第三水平教学效能状况

变量	小学教师第三水平 教学效能状况		排序
	平均分	标准差	
教学认知	4.5746	0.44639	6
教学情绪	4.5994	0.36670	5
教学期望	4.7405	0.27282	2
教学能力	4.6555	0.26018	4
教学策略	4.6684	0.30598	3
教学业绩	3.7610	0.57613	7
教学环境	4.7471	0.37398	1
教学效能中心点值	4.5599	0.21121	

第三水平是小学教师教学效能的最高水平。除在教学业绩维度外,该水平在其他各个维度上的表现都比较均衡,处于最高得分。

就小学教师总体教学效能与第三水平教师教学效能相比较,具体如下:

表 3-7 小学教师总体教学效能与第三水平教师教学效能的比较表

变量	小学教师第三水平教学效能状况		小学教师总体教学效能状况		平均分差值
	平均分	标准差	平均分	标准差	
教学认知	4.5746	0.44639	4.0848	0.68055	-0.4898
教学情绪	4.5994	0.36670	4.1029	0.62552	-0.4965
教学期望	4.7405	0.27282	4.2629	0.59603	-0.4776
教学能力	4.6555	0.26018	4.1086	0.56252	-0.5469
教学策略	4.6684	0.30598	4.0973	0.58189	-0.5711
教学业绩	3.7610	0.57613	3.4024	0.60337	-0.3586
教学环境	4.7471	0.37398	4.2480	0.64205	-0.4991
教学效能中心点值	4.5599	0.21121	4.0586	0.50732	-0.5013

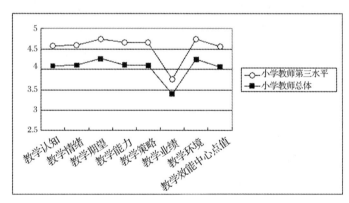

图 3-24 小学教师总体教学效能与第三水平教师教学效能的比较图

从表 3-7 和图 3-24 中可以看出,相对于小学教师总体教学效能,第三水平小学教师在各维度上的表现均优于总体,处于小学教师总体教学效能水平上方,且二者整体得分趋势大体相同。该水平的突出特征表现在教学能力和教学策略两个维度上,这两个维度的得分表现与总体呈现较大差距。

第三章 教学效能的水平与特征

（二）教学效能的特征

教师教学效能的突出特征是研究探索的重点，也是难点所在。小学教师教学效能由三个等级水平构成，这与初中教师教学效能、高中教师教学效能的突出特征有一定的差异。

根据已有论述，小学教师教学效能第一水平的突出特征表现在教学情绪、教学期望和教学能力三个维度，第二水平的突出特征表现在教学认知、教学能力和教学策略三个维度，第三水平的突出特征表现在教学能力和教学策略两个维度。

具体分析小学教师教学效能三个等级水平相互区别的突出结构特征如表3-8所示：

表3-8　小学教师教学效能三个等级水平相互区别的突出特征

	教学认知	教学情绪	教学期望	教学能力	教学策略	教学业绩	教学环境
第一水平		不良情绪偏多，情绪管理不佳	期望度低	能力偏弱			
第二水平	教学立场坚定，认知明确			能力偏中，有待强化	内外策略失衡		
第三水平				能力偏强	内外策略统一		

第一，小学教师教学效能第一水平的突出特征是不良情绪偏多、情绪管理无力，教学发展期望度低，研创能力欠缺且不自信，此类教师属于"消极无力型"教师。

具体言之，在教学情绪上，小学教师长期存在不良情绪，不能把教学当作一个愉快或享受的过程，无论是对个人还是学生，其情绪管理能力偏弱；在教学期望上，多数小学教师不确定自我在教学中的意义所在，不确定教学是为更好的生存或生活，还是指向自我或社会认同需要的满足，在教学过程中难以实现自我价值或社会价值；在教学能力方面，教师缺乏有效的教学设计、交往、管理、评价与反思能力，尤其是教研与创新能力较为欠缺，表现为教学无力且不自信。特将此类教师归为"消极无力型"教师。

第二，小学教师教学效能第二水平的突出特征是教学立场坚定、教学认知体系较为清晰，能力一般但存在强化空间，外部教学策略应用强于内部教学策略，此类教师属于"强教潜力型"教师。

具体言之，在教学认知上，小学教师认同教学对学生问题解决能力和情意发展的深刻影响，坚定教学以学生为本的理念。在教学能力上，教师对自我的教学设计能力、教学交往能力、评价与反思能力等认知清晰，在教学管理方面统筹性较差，在创造性地开展教学与科学处理教学问题方面存在盲区或疑虑，意识与能力相脱节。在教学策略上，较依赖于外部资源或手段，强力推进教学过程，缺乏对自我不断地监控与管理。特将此类教师划归为"强教潜力型"教师。

第三,小学教师教学效能第三水平的突出特征是教学能力突出,策略性强且善于运用,此类教师属于"善教上进型"教师。

具体言之,在教学能力上,多数小学教师教学能力均衡发展,自我能制订清晰的教学目标,引导学生积极参与课堂教学而完成知识能力的传递,注重学生问题解决能力的提升,能及时反思教学,在整个教学过程中表现出较强的创新与教研能力。在教学策略上,多数教师拥有较深厚的学科知识,能有意识地反思个体教学过程,并能灵活应用不同教学方法、资源,有效把握教学节奏。整体而言,这一水平教师具有较强的元认知、认知与资源管理策略,注重内外策略的一向应用。特将此类教师划归为"善教上进型"教师。

(三)教学效能的影响因素

教学效能的影响因素指的是对教师教学效能产生影响的教师背景变量或人口变量。本部分探讨了区域分布、学校类别、性别、学校所在地、年级、最高学历、职称和教龄八个背景变量对小学教师教学效能的影响。

对小学教师教学效能影响因素予以客观分析,结合簇类中心点均值,将教学效能水平由低至高排列,具体结果为:最低水平——原始簇3(中心点均值3.29);中等水平——原始簇1(中心点均值3.95);最高水平——原始簇2(中心点均值4.56)。

1.区域分布

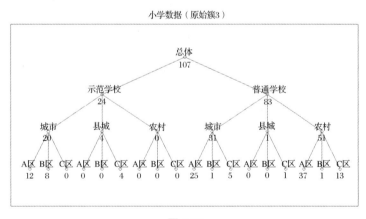

图 3-25

在教学效能水平最低的原始簇3(如图3-25所示),共107个教师样本,其中,来自示范学校小学教师有24名,普通学校83名。在24名的示范学校教师中,20名来自城市,4名来自县城。83名普通学校教师中,31名教师来自城市,1名来自县城,51名来自农村。纵观这一水平,来自东部地区(即A区)的教师共有74名,来自中部地区(即B区)的教师一共有10名,来西部地区(即C区)的教师一共有23名。

第三章　教学效能的水平与特征

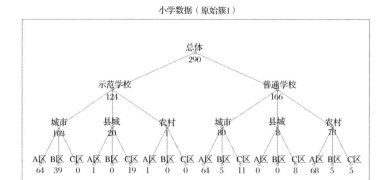

图 3-26

在教学效能水平中等的原始簇 1(如图 3-26 所示),共 290 个教师样本,其中,来自示范学校小学教师有 124 名,普通学校 166 名。在 124 名的示范学校教师中,103 名来自城市,20 名来自县城,1 名来自农村。166 名普通学校教师中,80 名教师来自城市,8 名来自县城,78 名来自农村。纵观这一水平,来自东部地区(即 A 区)的教师共有 198 名,来自中部地区(即 B 区)的教师一共有 49 名,来自西部地区(即 C 区)的教师一共有 43 名。

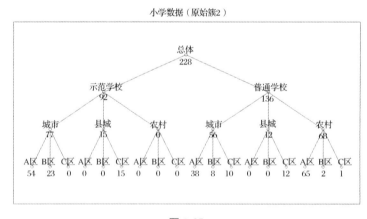

图 3-27

在教学效能水平最高的原始簇 2(如图 3-27 所示),共 228 个教师样本,其中,来自示范学校小学教师有 92 名,普通学校 136 名。在 92 名的示范学校教师中,77 名来自城市,15 名来自县城。136 名普通学校教师中,56 名教师来自城市,12 名来自县城,68 名来自农村。纵观这一水平,来自东部地区(即 A 区)的教师共有 157 名,来自中部地区(即 B 区)的教师一共有 33 名,来自西部地区(即 C 区)的教师一共有 38 名。

2.学校类别

小学教师教学效能有效问卷为 625 份。依据学校类别划分,625 名小学教师中,示范学校教师有 240 名,普通学校教师有 385 名。

表 3-9 小学教师教学效能学校类别差异分析

	学校类别	均值	标准差	t 值
教学认知	示范学校	4.1000	0.65680	0.441
	普通学校	4.0753	0.69563	
教学情绪	示范学校	4.1847	0.62836	2.593*
	普通学校	4.0519	0.61910	
教学期望	示范学校	4.3250	0.55575	2.112*
	普通学校	4.2242	0.61738	
教学能力	示范学校	4.1769	0.53822	2.439*
	普通学校	4.0661	0.57374	
教学策略	示范学校	4.1542	0.56486	1.934
	普通学校	4.0618	0.59022	
教学业绩	示范学校	3.4531	0.60303	1.662
	普通学校	3.3708	0.60221	
教学环境	示范学校	4.3417	0.57769	3.001**
	普通学校	4.1896	0.67324	
教学效能	示范学校	4.1220	0.47834	2.479*
	普通学校	4.0190	0.52128	

注:* 表示 $P<0.05$,表示差异显著;** 表示 $P<0.01$,表示差异非常显著;*** 表示 $P<0.001$,表示差异极其显著。

据表 3-9 可知,不同学校教师教学效能存在显著差异,示范学校教师教学效能整体高于普通学校。就具体维度来看,不同学校教师的教学认知、教学策略与教学业绩不存在显著差异;而在教学环境上差异非常显著,在教学情绪、教学期望与教学能力上差异显著。

不同学校类别在各水平分布如下所示(如图 3-28 至图 3-30 所示)①。

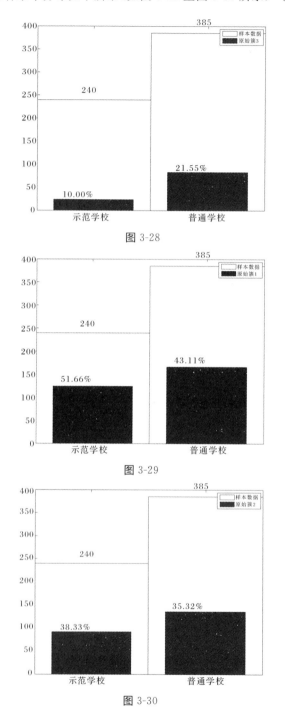

图 3-28

图 3-29

图 3-30

---

①需说明的是,三幅图中三个教学效能水平人数分布的数据其和应为 100%,实际加起来不足 100% 或略超 100%,这是由于数据处理时的四舍五入造成的。后同。

据图 3-28 至图 3-30 显示,240 名来自示范学校的教师中,10.00％的教师分布于教学效能的第一水平(如图 3-28 所示),51.66％的教师分布于教学效能的第二水平(如图 3-29 所示),38.33％的教师分布于教学效能第三水平(如图 3-30 所示)。

385 名来自普通学校的教师中,21.55％的教师分布于教学效能的第一水平(如图 3-28 所示),43.11％的教师分布于教学效能的第二水平(如图 3-29 所示),35.32％的教师分布于教学效能的第三水平(如图 3-30 所示)。

总体而言,在教学效能水平最高和中等一层,示范学校教师分布多于普通学校,而在教学效能水平最低一层,普通学校教师分布多于示范学校教师。由此可知,示范学校教师教学效能整体高于普通学校。

3.性别

小学教师教学效能有效问卷为 625 份。依教师性别予以区分,在 625 名小学教师中,男教师有 125 名,女教师有 500 名。

表 3-10 小学教师教学效能性别差异分析

	性别	均值	标准差	t 值
教学认知	男	4.0040	0.72539	-1.486
	女	4.1050	0.66811	
教学情绪	男	4.0133	0.61259	-1.794
	女	4.1253	0.62731	
教学期望	男	4.1200	0.62526	-3.017**
	女	4.2987	0.58370	
教学能力	男	4.0311	0.57400	-1.725
	女	4.1280	0.55852	
教学策略	男	4.0928	0.58395	-0.096
	女	4.0984	0.58196	
教学业绩	男	3.2760	0.72667	-2.266*
	女	3.4340	0.56483	
教学环境	男	4.1600	0.64841	-1.716
	女	4.2700	0.63921	
教学效能	男	3.9718	0.52265	-2.145*
	女	4.0803	0.50160	

注:* 表示 $P < 0.05$,表示差异显著;** 表示 $P < 0.01$,表示差异非常显著;*** 表示 $P < 0.001$,表示差异极其显著。

据表 3-10 可知,从性别差异来看,小学女性教师教学效能整体优于男性教师教学效能。其中,女性教师在教学期望、教学业绩两个维度与男性教师存在显著差异,且在教学期望上二者之间差异极其显著,而在教学认知、教学情绪、教学能力、教学策略与教学环境几个维度上差异不显著。

不同性别教师在各水平分布如图 3-31 至图 3-33 所示。

据图 3-31 至图 3-33 显示,125 名男教师中,27.2%的教师分布于教学效能的第一水平(如图 3-31),41.6%的教师分布于教学效能的第二水平(如图 3-32),31.2%的教师分布于教学效能的第三水平(如图 3-33)。

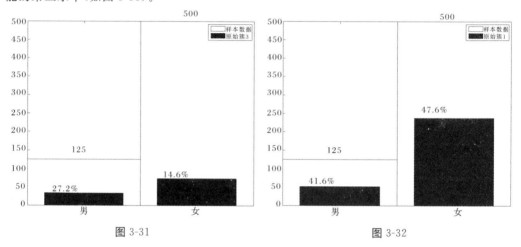

图 3-31   图 3-32

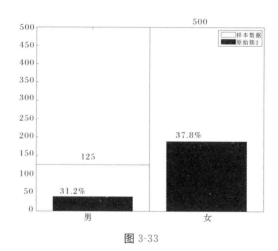

图 3-33

500 名女教师中,14.6%的教师分布于教学效能的第一水平(如图3-31),47.6%的教师分布于教学效能的第二水平(如图 3-32),37.8%的教师分布于教学效能的第三水平(如图 3-33)。

总体而言,在教学效能水平最高和中等的一层,小学女教师分布多于男教师,而在教学效能水平最低一层,男教师分布比例高于女教师。由此可知,女教师教学效能整体优于男教师。

4.学校所在地

小学教师教学效能有效问卷为 625 份。依据学校所在地划分,625 名小学教师中,学校所在地为城市的教师有 367 名,学校所在地为县城的教师有 60 名,学校所在地为农村的教师有 198 名。

表3-11 小学教师教学效能学校所在地差异分析

	学校所在地	均值	标准差	F 值	事后多重比较
教学认知	城市	4.1199	0.62118	1.191	
	县城	4.0250	0.79950		
	农村	4.0379	0.74372		
教学情绪	城市	4.1671	0.58356	6.265**	1>3
	县城	4.1333	0.68670		
	农村	3.9747	0.66407		
教学期望	城市	4.3188	0.52958	6.212**	1>3
	县城	4.3250	0.62468		
	农村	4.1406	0.68215		
教学能力	城市	4.1517	0.52858	5.014**	1>3,2>3
	县城	4.1852	0.54651		
	农村	4.0056	0.61470		
教学策略	城市	4.1253	0.55337	2.424	
	县城	4.1667	0.54762		
	农村	4.0242	0.63679		
教学业绩	城市	3.4428	0.58569	3.014*	1>3
	县城	3.4417	0.52555		
	农村	3.3157	0.64966		
教学环境	城市	4.3088	0.59112	9.122***	1>3,2>3
	县城	4.3889	0.52853		
	农村	4.0926	0.73189		
教学效能	城市	4.1045	0.46136	6.178**	1>3
	县城	4.1198	0.49451		
	农村	3.9549	0.57503		

注:* 表示 $P<0.05$,表示差异显著;** 表示 $P<0.01$,表示差异非常显著;*** 表示 $P<0.001$,表示差异极其显著。

据表 3-11 可知,地处城市的教师教学效能明显优于农村小学教师。具体而言,不同学校所在地教师在教学业绩表现上存在显著差异,在教学情绪、教学期望和教学能力表现上差异非常显著,在教学环境上表现差异极其显著,而在教学认知和教学策略上表现不存在差异。其中,城市教师的教学情绪和教学业绩表现优于县城和农村教师;在教学能力和教学环境上,城市教师表现优于农村教师,县城教师优于农村教师。因此,这说明农村教师教学效能水平不及城市和县城地区教师。其在每个水平上的分布如图 3-34 至图 3-36 所示。

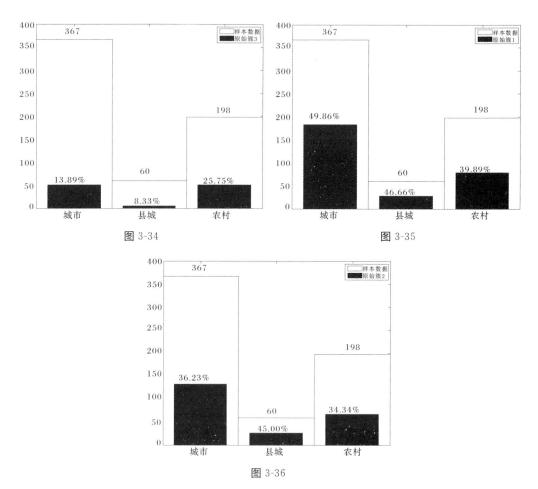

图 3-34

图 3-35

图 3-36

据图 3-34 至图 3-36 显示,学校所在地为城市的 367 名教师中,13.89% 的教师分布于第一水平(如图 3-34),49.86% 的教师分布于第二水平(如图 3-35),36.23% 的教师分布于第三水平(如图 3-36)。

学校所在地为县城的 60 名教师中,8.33% 的教师分布于第一水平(如图 3-34),46.66% 的教师分布于第二水平(如图 3-35),45.00% 的教师分布于第三水平(如图 3-36)。

学校所在地为农村的 198 名教师中,25.75% 的教师分布于第一水平(如图 3-34),39.89% 的教师分布于第二水平(如图 3-35),34.34% 的教师分布于第三水平(如图 3-36)。

总体而言,在教学效能最低的第一水平,县城教师人数分布比例最少,城市教师其次,农村教师最多,说明学校所在地为农村,教师表现最差。在教学效能最高和中等层次,县城教师人数分布比例最多,城市教师其次,农村教师分布比例最少,说明学校所在地为农村,教师表现最差,其整体教学效能最低,但不能看出县城教师与城市教师教学效能是否有显著性差异。

5.年级

小学教师教学效能有效问卷为 625 份。依据教师所在年级,625 名小学教师中,四年级教师有 195 名,五年级教师有 212 名,六年级教师有 218 名。

表 3-12　小学教师教学效能任教年级差异分析

	年级	均值	标准差	F 值	事后多重比较
教学认知	四年级	4.0564	0.72467		
	五年级	4.0542	0.66968	1.098	
	六年级	4.1399	0.64929		
教学情绪	四年级	4.0735	0.68175		
	五年级	4.1352	0.59270	0.505	
	六年级	4.0979	0.60515		
教学期望	四年级	4.2350	0.68061		
	五年级	4.2752	0.56095	0.310	
	六年级	4.2760	0.54814		
教学能力	四年级	4.0530	0.62471		
	五年级	4.1473	0.52197	1.508	
	六年级	4.1208	0.54010		
教学策略	四年级	4.0482	0.62188		
	五年级	4.1245	0.54899	1.023	
	六年级	4.1147	0.57591		
教学业绩	四年级	3.3923	0.65846		
	五年级	3.4186	0.56940	0.117	
	六年级	3.3956	0.58618		

续表

	年级	均值	标准差	F 值	事后多重比较
教学环境	四年级	4.2154	0.66001	0.424	
	五年级	4.2736	0.61626		
	六年级	4.2523	0.65196		
教学效能	四年级	4.0212	0.56726	0.799	
	五年级	4.0815	0.47518		
	六年级	4.0697	0.48058		

依据小学教师任教年级对样本进行单因素方差分析,发现任教四至六年级的教师教学效能之间不存在显著差异。其在每个水平上的分布如图 3-37 至图 3-39 所示。

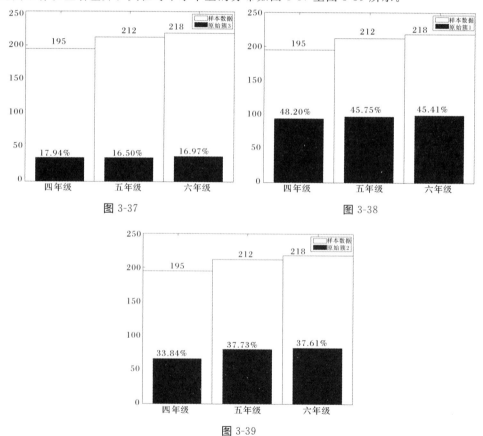

图 3-37

图 3-38

图 3-39

据图 3-37 至图 3-39 显示,在四年级的 195 名教师中,17.94％的教师分布于第一水平(如图 3-37),48.20％的教师分布于第二水平(如图3-38),33.84％的教师分布于第三水平(如图 3-39)。

在五年级的 212 名教师中,16.50％的教师分布于第一水平(如图3-37),45.75％的教师分布于第二水平(如图 3-38),37.73％的教师分布于第三水平(如图 3-39)。

在六年级的 218 名教师中,16.97％的教师分布于第一水平(如图3-37),45.41％的教师分布于第二水平(如图3-38),37.61％的教师分布于第三水平(如图 3-39)。

总体而言,在教学效能水平最高和中等层次,四、五、六年级小学教师所占的比例十分接近;在教学效能水平最低的那一层,各年级教师所在比例差异亦不大,说明不同年级的教师其教学效能差异并不明显。

6.最高学历

小学教师教学效能有效问卷为 625 份。依据教师最高学历,625 名小学教师中,最高学历为大专及以下的教师有 162 名,最高学历为本科的教师有 444 名,最高学历为研究生的教师有 19 名。

表 3-13　小学教师教学效能学历差异分析

	最高学历	均值	标准差	F 值	事后多重比较
教学认知	大专及以下	3.9537	0.73045	4.345*	1<2
	本科	4.1261	0.66250		
	研究生	4.2368	0.51013		
教学情绪	大专及以下	4.0144	0.62317	2.243	
	本科	4.1321	0.62476		
	研究生	4.1754	0.62231		
教学期望	大专及以下	4.1132	0.61935	7.544**	1<2,1<3
	本科	4.3097	0.58608		
	研究生	4.4474	0.37290		
教学能力	大专及以下	4.0309	0.56442	2.418	
	本科	4.1401	0.56230		
	研究生	4.0351	0.50383		

续表

	最高学历	均值	标准差	F 值	事后多重比较
教学策略	大专及以下	3.9914	0.56408	3.7458*	1<2
	本科	4.1320	0.58727		
	研究生	4.1895	0.51413		
教学业绩	大专及以下	3.2469	0.59304	7.413**	1<2
	本科	3.4572	0.59425		
	研究生	3.4474	0.70009		
教学环境	大专及以下	4.0926	0.67719	7.493**	1<2
	本科	4.3108	0.61377		
	研究生	4.1053	0.76217		
教学效能	大专及以下	3.9416	0.51466	5.908**	1<2
	本科	4.0997	0.50219		
	研究生	4.0954	0.42408		

注：* 表示 $P<0.05$，表示差异显著；** 表示 $P<0.01$，表示差异非常显著；*** 表示 $P<0.001$，表示差异极其显著。

据表 3-13 可知，最高学历为本科和研究生的小学教师教学效能表现优于大专及以下学历的教师，且本科教师与大专及以下教师之间差异非常显著。具体而言，各层次教师在教学情绪和教学能力维度表现不显著之外，教师在教学认知和教学策略维度上存在显著差异，在教学期望、教学业绩和教学环境上差异非常显著。其中，本科教师在教学认知、教学期望、教学策略、教学业绩与教学环境维度优于大专及以下教师的教学效能。在教学期望维度，研究生学历教师优于本科及大专以下教师，研究生学历与大专及以下教师之间差异非常显著。在任意一维度，大专及以下学历的教师教学效能表现都不及本科及以上学历教师。因此，这说明学历越高教师教学效能表现越好。其在各水平的分布如图 3-40 至图 3-42 所示。

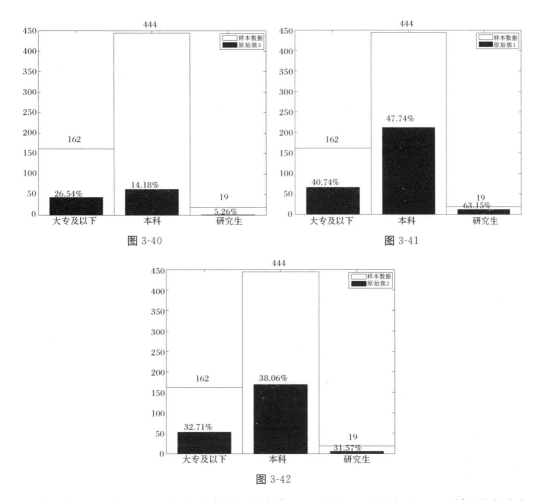

图 3-40

图 3-41

图 3-42

据图 3-40 至图 3-42 显示,在最高学历为大专及以下的 162 名教师中,26.54％的教师分布于第一水平(如图 3-40),40.74％的教师分布于第二水平(如图 3-41),32.71％的教师分布于第三水平(如图 3-42)。

在最高学历为本科的 444 名教师中,14.18％的教师分布于第一水平(如图 3-40),47.74％的教师分布于第二水平(如图 3-41),38.06％的教师分布于第三水平(如图 3-42)。

在最高学历为研究生的 19 名教师中,5.26％的教师分布于第一水平(如图 3-40),63.15％的教师分布于第二水平(如图 3-41),31.57％的教师分布于第三水平(如图 3-42)。

总体而言,在教学效能水平最高和中等层次,研究生教师分布比例最多,本科其次,大专及以下教师最少,这说明学历越高,教师教学效能表现越好;在教学效能水平最低层面,大专及以下教师分布比例最多,本科学历教师其次,研究生学历教师最少,这亦证明学历越高的教师其教学效能表现越好。

7.职 称

小学教师教学效能有效问卷为 625 份。依据教师职称,625 名小学教师中,职称高级教师有 73 名,一级教师有 351 名,二级教师有 106 名,三级教师有 24 名,其他教师 56 名。(根据三维视图,教师职称人数为 610 人,而小学教师教学效能有效问卷为 625 份,这其中的 15 份可能因未填写职称选项,被作缺失值处理。)

表 3-14 小学教师教学效能与职称的差异分析

	职称	均值	标准差	F 值	事后多重比较
教学认知	高级	4.1575	0.75864	3.049*	1<5,2<5
	一级	4.0285	0.68497		
	二级	4.0377	0.65719		
	三级	4.1250	0.74089		
	其他	4.3482	0.53868		
教学情绪	高级	4.2694	0.63260	2.113	
	一级	4.0807	0.64989		
	二级	4.0535	0.59475		
	三级	3.9306	0.56448		
	其他	4.1548	0.53923		
教学期望	高级	4.3516	0.60894	3.049*	1>2,2<5
	一级	4.1975	0.62061		
	二级	4.3050	0.55467		
	三级	4.2778	0.44955		
	其他	4.4524	0.49921		
教学能力	高级	4.2770	0.51955	2.477*	1>2,1>3,1>4
	一级	4.0788	0.57858		
	二级	4.0776	0.54717		
	三级	3.9537	0.55111		
	其他	4.1488	0.54691		
教学策略	高级	4.2192	0.62286	1.332	
	一级	4.0769	0.58623		
	二级	4.1057	0.55426		
	三级	3.9417	0.50898		
	其他	4.0929	0.60056		

	职称	均值	标准差	F 值	事后多重比较
教学业绩	高级	3.5000	0.64684	1.419	
	一级	3.3746	0.61000		
	二级	3.4410	0.58407		
	三级	3.2188	0.45032		
	其他	3.4464	0.55333		
教学环境	高级	4.4018	0.65253	3.281*	1>2,1>3,1>4
	一级	4.2099	0.65413		
	二级	4.1824	0.61400		
	三级	4.0556	0.71334		
	其他	4.4286	0.54943		
教学效能	高级	4.1884	0.50016	2.425*	1>2,1>4
	一级	4.0221	0.52473		
	二级	4.0501	0.48387		
	三级	3.9388	0.43433		
	其他	4.1484	0.47225		

注：*表示 $P<0.05$，表示差异显著；**表示 $P<0.01$，表示差异非常显著；***表示 $P<0.001$，表示差异极其显著。

据表 3-14 可知，高级职称教师教学效能整体表现优于一级、二级、三级和其他职称的教师，且高级与一级之间，高级与三级之间差异显著。具体而言，教师在教学认知、教学期望、教学能力和教学环境上存在显著差异，在教学情绪、教学策略和教学业绩上不存在显著差异。其中，在教学认知、教学期望和教学环境维度，其他职称的教师表现优于高级、一级、二级和三级职称教师。在教学认知维度，其他职称教师与高级、一级教师之间差异显著；在教学期望上，高级职称教师与一级、其他职称教师之间差异显著；在教学环境维度，高级职称教师与一级、二级、三级职称教师之间差异显著。在教学能力维度，高级职称教师与一级、二级、三级职称教师之间差异显著。整体来看，三级职称教师在各维度表现均处于较低水平。因此，这说明教师职称越高，其教学效能表现较优越。其在各水平的分布如图 3-43 至图 3-45 所示。

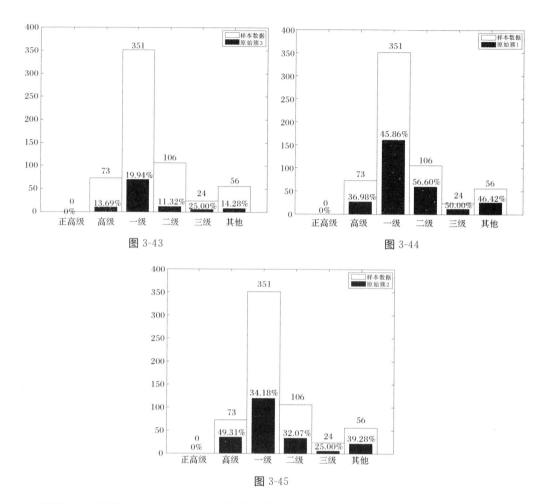

图 3-43

图 3-44

图 3-45

据图 3-43 至图 3-45 显示,在职称为高级的 73 名教师中,13.69％的教师分布于第一水平(如图 3-43),36.98％的教师分布于第二水平(如图3-44),49.31％的教师分布于第三水平(如图 3-45)。

在职称为一级的 351 名教师中,19.94％的教师分布于第一水平(如图 3-43),45.86％的教师分布于第二水平(如图 3-44),34.18％的教师分布于第三水平(如图 3-45)。

在职称为二级的 106 名教师中,11.32％的教师分布于第一水平(如图 3-43),56.60％的教师分布于第二水平(如图 3-44),32.07％的教师分布于第三水平(如图 3-45)。

在职称为三级的 24 名教师中,25.00％的教师分布于第一水平(如图3-43),50.00％的教师分布于第二水平(如图 3-44),25.00％的教师分布于第三水平(如图 3-45)。

在职称为其他的 56 名教师中,14.28％的教师分布于第一水平(如图3-43),46.42％的教师分布于第二水平(如图 3-44),39.28％的教师分布于第三水平(如图 3-45)。

总体而言,在教学效能水平最高一簇,依据教师所占比例,发现高级(49.31％)＞其他(39.28％)＞一级(34.18％)＞二级(32.07％)＞三级(25.00％),高级小学教师教学效能水平最高,三级最低,其他职称之间并无显著差别。在教学效能水平最低一簇,发现三级(25.00％)＞一级(19.94％)＞其他(14.28％)＞高级(13.69％)＞二级(11.32％),三级职称的小学教师教学效能水平最低,二级最高,其他职称的教师教学效能水平无太大差异,这也反证了前一条结论,三级的小学教师教学效能水平最低。有意思的是,二级教师既是教学效能水平最高一簇,又是最低一簇,看似矛盾,实则并无差别,二级职称处于中间职称,具有过渡性。说明二级职称的小学教师教学效能表现无差异或不明显。

8.教龄

小学教师教学效能有效问卷为 625 份。依据教师教龄,625 名小学教师中,0—5 年的教师有 98 名,6—10 年的教师有 85 名,11—15 年的教师有 129 名,16—20 年的教师有 125 名,21 年以上的教师有 188 名。

表 3-15　小学教师教学效能与教龄的差异分析

	教龄	均值	标准差	F 值	事后多重比较
教学认知	0—5 年	4.1888	0.62390	2.735*	1>4,2>4,3>4,5>4
	6—10 年	4.1294	0.61312		
	11—15 年	4.1240	0.62821		
	16—20 年	3.9160	0.77962		
	21 年以上	4.0957	0.68901		
教学情绪	0—5 年	4.0782	0.59166	1.003	
	6—10 年	4.1020	0.56583		
	11—15 年	4.0698	0.64908		
	16—20 年	4.0480	0.65815		
	21 年以上	4.1755	0.62947		
教学期望	0—5 年	4.3554	0.53333	2.325	
	6—10 年	4.3725	0.45254		
	11—15 年	4.2674	0.63922		
	16—20 年	4.1667	0.64861		
	21 年以上	4.2261	0.60807		

续表

	教龄	均值	标准差	F 值	事后多重比较
教学能力	0—5 年	4.0272	0.59313	1.394	
	6—10 年	4.0758	0.46803		
	11—15 年	4.1025	0.58509		
	16—20 年	4.0924	0.56369		
	21 年以上	4.1809	0.56620		
教学策略	0—5 年	4.0000	0.60853	0.935	
	6—10 年	4.1012	0.49437		
	11—15 年	4.1101	0.62448		
	16—20 年	4.0960	0.56087		
	21 年以上	4.1383	0.58796		
教学业绩	0—5 年	3.4158	0.59089	1.651	
	6—10 年	3.5029	0.54349		
	11—15 年	3.4574	0.60364		
	16—20 年	3.3800	0.63070		
	21 年以上	3.3271	0.61240		
教学环境	0—5 年	4.2721	0.61174	0.356	
	6—10 年	4.2471	0.52743		
	11—15 年	4.2739	0.66725		
	16—20 年	4.1893	0.61250		
	21 年以上	4.2571	0.70697		
教学效能	0—5 年	4.0459	0.50976	0.416	
	6—10 年	4.0857	0.41643		
	11—15 年	4.0683	0.53609		
	16—20 年	4.0118	0.52479		
	21 年以上	4.0773	0.51429		

注：* 表示 $P<0.05$，表示差异显著；** 表示 $P<0.01$，表示差异非常显著；*** 表示 $P<0.001$，表示差异极其显著。

据表 3-15 可知,各教龄段教师教学效能表现不存在显著差异。具体来看,除教师在教学认知上存在显著差异外,其他维度并无表现差异。其中,在教学认知维度,0—5 年教龄的教师认知表现要好于其他教龄段,16—20 年教龄的教师教学认知表现相对较差,且各教龄段教师与 16—20 年教龄的教师相比,均存在显著性优势。其在各水平分布如图 3-46 至图 3-48 所示。

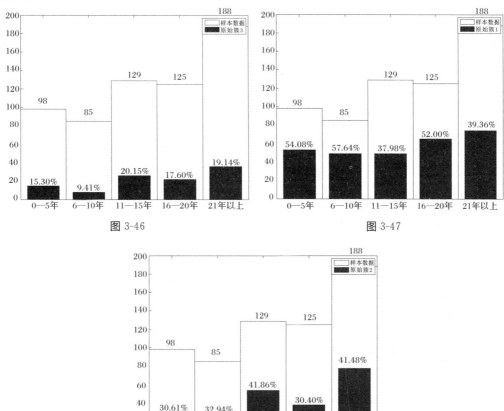

图 3-46

图 3-47

图 3-48

据图 3-46 至图 3-48 所示,教龄在 0—5 年的教师中,15.30％的教师分布于第一水平(如图 3-46),54.08％的教师分布于第二水平(如图 3-47),30.61％的教师分布于第三水平(如图 3-48)。

教龄在 6—10 年的小学教师中,9.41％的教师分布于第一水平(如图 3-46),57.64％的教师分布于第二水平(如图 3-47),32.94％的教师分布于第三水平(如图 3-48)。

教龄在 11—15 年的小学教师中,20.15％的教师分布于第一水平(如图 3-46),37.98％的教师分布于第二水平(如图 3-47),41.86％的教师分布于第三水平(如图 3-48)。

教龄在 16—20 年的小学教师中,17.60％的教师分布于第一水平(如图 3-46),52.00％的教师分布于第二水平(如图 3-47),30.40％的教师分布于第三水平(如图 3-48)。

教龄在 21 年以上的小学教师中,19.14％的教师分布于第一水平(如图 3-46),39.36％的教师分布于第二水平(如图 3-47),41.48％的教师分布于第三水平(如图 3-48)。

第三章 教学效能的水平与特征

总体而言,在教学效能水平最高一簇,依据不同教龄段的教师所占人数比例发现,11—15年(41.86%)＞21年以上(41.48%)＞6—10年(32.94%)＞0—5年(30.61%)＞16—20年(30.40%),教龄在11—15年的教师教学效能表现优于其他教龄段,16—20年的小学教师效能表现最差。在教学效能水平最低一簇,11—15年(20.15%)＞21年以上(19.14%)＞16—20年(17.60%)＞0—5年(15.30%)＞6—10年(9.41%),教龄在11—15年的教学效能表现最差,6—10年的小学教师教学效能表现最好,不难看出,前后结论存在差异。这说明不同教龄段的教师在不同教学效能水平内部表现波动较大,无法判断出其差异明显。

三、初中教师的教学效能

本部分从水平、突出特征和影响因素三方面对初中教师的教学效能进行了考查和刻画。其中,水平涉及三个问题:教学效能的水平划分、教学效能的总体状况及教学效能三个等级水平的结构表征。突出特征是在此内部结构分析上所探寻到的初中教学效能三个水平之间相互区别的特征。影响因素则是对影响教师教学效能的相应人口变量的考察。我们力图从这三个方面较完整地刻画出初中教学效能的状况。

(一)教学效能的水平

对教学效能水平的划分及刻画是我们探索的重点。本部分在大数据聚类分析和SPSS差异分析的基础上,对初中教学效能的水平划分、总体描述、各等级水平的内部结构特征做了描述和探讨。

1.初中教学效能的水平划分

初中教师的教学效能有效问卷为889份。通过聚类的方法,我们将初中教师的教学效能数据分成了五簇:原始簇1、原始簇2、原始簇3、原始簇4和原始簇5,并对这五个簇按其大小由低到高排成了教学效能的五个等级水平。

第一水平(最低水平),对应原始簇1(中心点均值为2.01);第二水平(较低水平),对应原始簇5(中心点均值为3.22);第三水平(中等水平),对应原始簇4(中心点均值为3.68);第四水平(较高水平),对应原始簇2(中心点均值4.10);第五水平(最高水平),对应原始簇3(中心点均值4.63)。

第一水平共10个样本,占样本总数的1.12%,其中心点均值为2.01,为其中最低的水平;第二水平为158个样本,占样本总数的17.77%,其中心点均值为3.22,为其中较低的水平;第三水平为263个样本,占样本总数的29.58%,其中心点均值为3.68,为其中中等的水平;第四水平为268个样本,占样本总数的30.15%,其中心点均值为4.10,为其中较高的水平;第五水平为190个样本,占样本总数的21.37%,其中心点均值为4.63,为其中最高的水平。

2.初中教学效能的总体描述

表 3-16　初中教师教学效能的总体描述

	平均分	标准差
教学认知	3.8566	0.74734
教学情绪	3.9243	0.66536
教学期望	4.0906	0.61346
教学能力	3.9806	0.58150
教学策略	3.9874	0.60547
教学业绩	3.3172	0.65967
教学环境	4.0075	0.68769
教学效能	3.9089	0.53670

由表 3-16 可知,初中教师具有很高的教学期望,却具有很低的教学业绩。这反映出初中教师无论是对于自身发展,还是对于学生发展都具有较高的期待。这种期待既体现为教师对于自身生存需要、尊重需要和自我实现需要都有较高的期许,同时也体现为教师对学生认知、情感和行为发展上的较高期许。初中教师具有很低的教学业绩,可能的原因有很多,最终体现为他们的教学、科研成果及课堂教学效果都处于较低水平。这也说明,教师的理想与现实之间具有较大的差距。但同时,初中教师对教学环境的感知很好,这说明无论是人际环境还是人文环境,教师都从中体验到较积极的氛围。这亦说明,外在环境不是影响教师教学业绩的最重要因素。其次,初中教师的教学认知、教学情绪、教学能力、教学策略和教学效能之间相差不大。在教学认知与教学情绪维度,初中教师的教学情绪要略高于教学认知,说明初中教师的教学情绪要好于其教学认知,即初中教师的自我情绪调控及学生情绪调控水平要好于教师的教学认知水平。

3.初中教学效能五个等级水平的结构表征

(1)第一水平的结构

①教学认知

在教学认知这一维度(如图 3-49),就(第一水平)教师对教学价值的认知而言,70.00％的教师选择了"完全不符合",10.00％的教师选择了"不太符合",10.00％的教师选择了"一般",这表明第一水平教师有 80.00％都不认同"教学对学生影响最大";就教师对自身教学的认知而言,40.00％的教师选择了"完全不符合",20.00％的教师选择了"不太符合",20.00％的教师选择了"一般",剩下 20.00％的教师选择了"比较符合",这表明第一水平教师中有 60.00％不认同"我的教学对学生的影响主要在知识增长方面"。总体而言,第一水平教师在教学价值和自身教学上的判断相当消极,其教学认知处于最低水平。

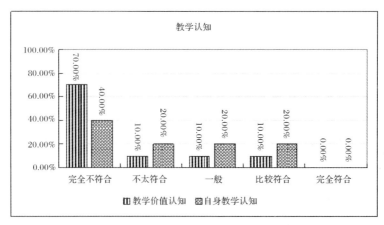

图 3-49　初中教师教学认知各题项选择百分比柱状图

　　这里出现了一个矛盾的现象:绝大多数教师都不认同教学对学生的影响最大,也就是说其他因素如家庭、社会等的影响可能要甚过教师自身教学的影响,这表明这些教师的教学认知度相当低,教师的教育教学信念缺失严重。同时,这些教师也否认了教学对学生的影响主要是在知识增长方面。如此推测,这些教师可能认为,自身仅有的一点对学生的影响并不表现在知识增长方面,而是表现在如人格完善等其他方面;还有另一种可能,即教师认为自身仅有的一点对学生的影响不仅不表现在知识增长方面,可能也不表现在其他任何方面。无论归属于哪一种推测,这些教师的教学认知度都相当低,表现出了极低的教学效能感。

　　②教学情绪

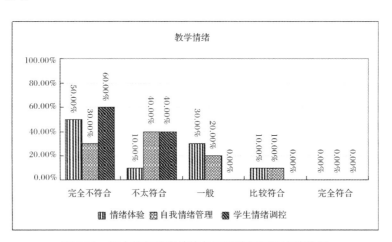

图 3-50　初中教师教学情绪各题项选择百分比柱状图

　　对于第一水平教师而言,在教学情绪这一维度(如图 3-50),就教师自我的情绪体验而言,50.00％的教师选择了"完全不符合",30.00％的教师选择了"一般",10.00％的教师选择了"不太符合",另有 10.00％的教师选择了"比较符合",这表明第一水平教师中有 60.00％的人都不认同"给学生上课是一件挺有意思的事";就教师自我的情绪管理而言,40.00％的教师选择了"不太符合",30.00％的教师选择了"完全不符合",20.00％的教师选择了"一般",剩下 10.00％

的教师选择了"比较符合",这表明第一水平教师中有70.00％的人都不认同"我总能及时调整情绪,不会让不愉快的事影响上课";就教师对学生的情绪管理而言,60.00％的教师选择了"完全不符合",40.00％的教师选择了"不太符合",这表明第一水平教师全部都不赞同"我总是能想办法及时疏导学生的负面情绪"。总体而言,第一水平中学教师在自我情绪调控上的判断相当消极,在学生情绪调控上对自身能力几乎持完全否定态度,其教学情绪处于最低水平。

反观第一水平教师在教学情绪上的表现,其之所以表现水平相当消极,这可能与该教师群体整体的教学效能水平表现是一致的。在初中教师的五个教学效能等级水平中,第一水平的教师整体中心点均值为2.01,是五个水平中最低的一个,与最高水平的4.63相差较多。低教学情绪表现与低教学效能,是该水平教师的特征。就样本的整体分布而言,由于第一水平教师共10个样本,占到样本总数的1.12％。虽然仅有1％的比例,但也引人深思:我们是应该庆幸这部分教师只是占到初中教师群体的极少数,还是应该惋惜在初中教师群体中竟然有如此低教学情绪的教师?对于教育领域来说,虽然这样无法进行情绪调控的教师极少,但其面对的是成百甚至上千的学生,其带给学生的负面教育影响是无法估计的。这些教师也极可能存在着职业厌倦情绪,离岗的可能性较大,这需要引起学校及相关支持教师系统的注意。

③教学期望

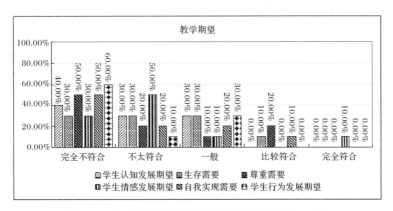

图 3-51　初中教师教学期望各题项选择百分比柱状图

在教学期望这一维度(如图3-51),就第一水平教师在生存需要上的期望而言,30.00％的教师选择了"完全不符合",30.00％的教师选择了"不太符合",30.00％的教师选择了"一般",另有10.00％的教师选择了"比较符合",这表明第一水平教师有60.00％的人都比较不认同"为了更好的生活,我认真教学",30.00％的人对此表示不确定;就教师在尊重需要上的期望而言,50.00％的教师选择了"完全不符合",20.00％的教师选择了"不太符合",20.00％的教师选择了"比较符合",剩下10.00％的教师选择了"一般",这表明第一水平教师中有70.00％的人都比较不认同"我希望通过努力教学获得社会的认可";就教师在自我实现需要上的期望而言,50.00％的教师选择了"完全不符合",20.00％的教师选择了"不太符合",20.00％的教师选择了"一般",10.00％的教师选择了"比较符合",这表明70.00％的教师都比较不认同"教学能实现我的人生价值"。

就教师对学生在认知发展上的期望而言,40.00％的教师选择了"完全不符合",30.00％的教师选择了"不太符合",30.00％的教师选择了"一般",这表明第一水平教师有70.00％的人都比较不认同"我希望通过教学不断提升学生解决问题的能力",30.00％的教师对此表示不确定;就教师对学生在情感发展上的期望而言,50.00％的教师选择了"不太符合",30.00％的教师选择了"完全不符合",10.00％的教师选择了"一般",10.00％的教师选择了"完全符合",这表明第一水平教师中80.00％的人都比较不认同"我希望教学能促进学生情感的发展";就教师对学生在行为发展上的期望而言,60.00％的教师选择了"完全不符合",30.00％的教师选择了"一般",10.00％的教师选择了"不太符合",这表明第一水平教师中70.00％的人都比较不认同"我希望通过教学使学生养成良好的行为习惯"。

总体而言,第一水平初中教师在自身发展的期望(生存需要、尊重需要、自我实现需要)上的判断相当消极,大部分教师对自身发展几乎不抱任何希望,在对学生发展的期望上的判断也相当消极,大部分教师对学生发展也不抱任何希望,其教学期待处于最低水平。

④教学能力

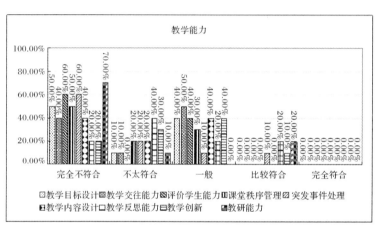

图 3-52　初中教师教学能力各题项选择百分比柱状图

教学能力维度(如图 3-52),在教学设计能力上,就第一水平教师的教学目标设计能力而言,50.00％的教师选择了"完全不符合",40.00％的教师选择了"一般",10.00％的教师选择了"不太符合",这表明第一水平教师中有60.00％的人都比较不认同"我总是能制订清晰明确的教学目标";就教师的教学内容设计能力而言,40.00％的教师选择了"完全不符合",40.00％的教师选择了"一般",20.00％的教师选择了"不太符合",这表明第一水平教师中有50.00％的人都比较不认同"我总能恰当地选择或组织教学内容"。

就教师的教学交往能力而言,50.00％的教师选择了"一般",40.00％的教师选择了"完全不符合",10.00％的教师选择了"不太符合",这表明第一水平教师中有50.00％的人都比较不认同"我总能很好地引导学生参与课堂讨论"。

就教师的教学管理能力而言,在课堂秩序管理能力上,50.00％的教师选择了"完全不符合",30.00％的教师选择了"一般",20.00％的教师选择了"不太符合",这表明第一水平教师中有70.00％的人都比较不认同"我总是能够维持良好的课堂秩序";在教师的突发事件处理能力上,60.00％的教师选择了"完全不符合",20.00％的教师选择了"不太符合",10.00％的教师选择了"一般",这表明第一水平教师中有80.00%的人都比较不认同"我能巧妙地处理课堂上的突发事件"。

就教师的教学评价与反思能力而言,在评价学生能力方面,60.00%的教师选择了"完全不符合",40.00%的教师选择了"一般",这表明第一水平教师中有60.00%的人都完全不认同"我能全面客观地评价我的学生";在自我反思能力方面,40.00%的教师选择了"不太符合",20.00%的教师选择了"完全不符合",这表明第一水平教师中有60.00%的人都比较不认同"课后我经常思考自己教学存在的问题"。

就教师的教学研究与创新能力而言,在教研能力上,70.00%的教师选择了"完全不符合",10.00%的教师选择了"不太符合",这表明第一水平教师中有80.00%的人都比较不认同"我经常研究如何解决教学问题";在教学创新能力上,40.00%的教师选择了"一般",30.00%的教师选择了"不太符合",20.00%的教师选择了"完全不符合",这表明第一水平教师中有90.00%的人都不确定或比较不认同"我总能创造性地开展教学"。

总体而言,第一水平教师在教学设计能力、教学交往能力、教学评价与反思能力上的判断持消极态度的占一半以上,在教学管理能力、教学研究与创新能力上的判断持消极态度的占到70%以上。这显示出,第一水平教师在教学能力维度的表现十分消极,这一水平教师的教学能力处于最低水平。

⑤教学策略

在第一水平教师教学策略这一维度(如图3-53),就教学元认知策略而言,50.00%的教师选择了"不太符合",40.00%的教师选择了"完全不符合",这表明第一水平教师中有90.00%的人都比较不认同"我总能有意识地反思正在进行的教学活动"。

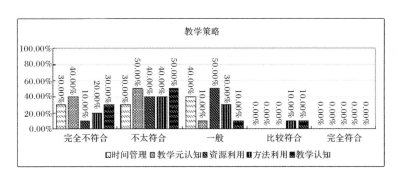

图 3-53　初中教师教学策略各题项选择百分比柱状图

就教师的教学认知策略而言,50.00%的教师选择了"不太符合",30.00%的教师选择了"完全不符合",这表明第一水平教师有80.00%的人都比较不认同"我熟知所教学科的知识体系"。

就教师的资源管理策略而言,在时间管理策略上,40.00%的教师选择了"一般",30.00%的教师选择了"不太符合",30.00%的教师选择了"完全不符合",这表明第一水平教师中有60.00%的人都比较不认同"我能有效地掌控课堂教学节奏";在教师的方法利用策略上,40.00%的教师选择了"不太符合",20.00%的教师选择了"完全不符合",30.00%的教师选择了"一般",这表明第一水平教师中有60.00%的人都比较不认同"我总能灵活运用不同的方法进行课堂教学";在教师的资源利用策略上,50.00%的教师选择了"一般",40.00%的教师选择

了"不太符合",10.00％的教师选择了"完全不符合",这表明第一水平教师中有一半的人都比较不认同"在教学中,我总是能充分利用各种教学资源"。

总体而言,第一水平教师在教学元认知策略和教学认知策略上的判断持消极态度的在80％以上,在教学资源管理策略上的判断持消极态度的占到50％～60％。这显示出,第一水平教师在教学策略维度(尤其是教学元认知策略和教学认知策略)上的表现十分消极,这一水平教师的教学策略处于最低水平。

⑥教学业绩

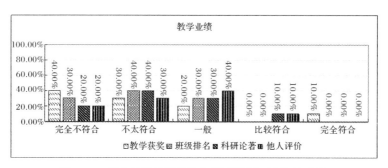

图 3-54　初中教师教学业绩各题项选择百分比柱状图

在第一水平教师教学业绩这一维度(如图 3-54),就教学、科研成果而言,在教学获奖上,40.00％的教师选择了"完全不符合",30.00％的教师选择了"不太符合",20.00％的教师选择了"一般",这表明第一水平教师中有 70.00％的人都比较不认同"我经常获得各种荣誉";就科研论著而言,40.00％的教师选择了"不太符合",20.00％的教师选择了"完全不符合",30.00％的教师选择了"一般",这表明第一水平教师中有 60.00％的人都比较不认同"我经常写论文或做课题"。

就教师的课堂教学成果而言,在班级排名上,40.00％的教师选择了"不太符合",30.00％的教师选择了"完全不符合",30.00％的教师选择了"一般",这表明第一水平教师中有70.00％的人都比较不认同"我任教的班级在同年级排名靠前";在他人评价上,40.00％的教师选择了"一般",30.00％的教师选择了"不太符合",20.00％的教师选择了"完全不符合",这表明第一水平教师中有一半的人都比较不认同"领导和同事们都觉得我是很有能力的老师"。

总体而言,第一水平教师在教学及科研成果、课堂教学成果上的判断持消极态度的在50％以上。这显示出,第一水平教师在教学业绩维度(尤其是教学及科研成果)上的表现十分消极,这一水平教师的教学业绩处于最低水平。

⑦教学环境

对于第一水平教师而言,在教学环境这一维度(如图 3-55),就人际环境而言,在师师关系上,50.00％的教师选择了"完全不符合",20.00％的教师选择了"不太符合",20.00％的教师选择了"一般",这表明第一水平教师中有 70％的人都比较不认同"我经常与同事谈论教学问题,分享教学经验";就师生关系而言,40.00％的教师选择了"一般",30.00％的教师选择了"不太符合",20.00％的教师选择了"完全不符合",这表明第一水平教师中有一半的人都比较不认同"我和学生的关系很好"。

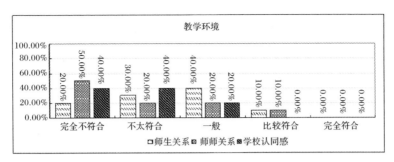

图 3-55　初中教师教学环境各题项选择百分比柱状图

就人文环境（学校认同感）而言,40.00％的教师选择了"不太符合",40.00％的教师选择了"完全不符合",20.00％的教师选择了"一般",这表明第一水平教师中有 80.00％的人都比较不认同"我非常满意所任教的学校"。

总体而言,第一水平教师在人际环境和人文环境上的判断持消极态度的在 50％以上。这显示出,第一水平教师在教学环境维度（尤其是人文环境）上的表现十分消极,这一水平教师的教学环境处于最低水平。

(2)第一水平整体说明

表 3-17　初中教师第一水平教学效能状况

变量	初中教师第一水平教学效能状况		排序
	平均分	标准差	
教学认知	1.9000	0.73786	6
教学情绪	1.8333	0.72436	7
教学期望	1.9667	0.51997	5
教学能力	1.9778	0.58981	4
教学策略	2.1000	0.45461	2
教学业绩	2.2000	0.62138	1
教学环境	2.0333	0.77698	3
教学效能中心点值	2.0094	0.48053	

第一水平是初中教师教学效能水平中最低的水平。其在各个维度上的表现都比较均衡（其中,教学业绩相对最高,教学情绪相对最低）,处于最低的得分。

就初中教师总体教学效能与第一水平教师教学效能相比较,其情况如下：

表 3-18　初中教师总体教学效能与第一水平教师教学效能的比较表

变量	初中教师第一水平教学效能状况		初中教师总体教学效能状况		平均分差值
	平均分	标准差	平均分	标准差	
教学认知	1.9000	0.73786	3.8566	0.74734	1.9566
教学情绪	1.8333	0.72436	3.9243	0.66536	2.0910
教学期望	1.9667	0.51997	4.0906	0.61346	2.1239
教学能力	1.9778	0.58981	3.9806	0.58150	2.0028
教学策略	2.1000	0.45461	3.9874	0.60547	1.8874
教学业绩	2.2000	0.62138	3.3172	0.65967	1.1172
教学环境	2.0333	0.77698	4.0075	0.68769	1.9742
教学效能中心点值	2.0094	0.48053	3.9089	0.53670	1.8995

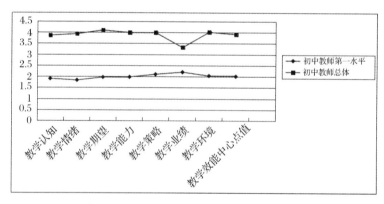

图 3-56　初中教师总体教学效能与第一水平教师教学效能的比较图

从表 3-18 和图 3-56 中可以看出，相对于初中教师教学效能总体而言，初中教师教学效能第一水平在各个方面均低于总体。其突出特征表现在教学情绪、教学期望和教学能力三个维度上，这三个维度的得分均表现出与总体较大的差距。

（3）第二水平的结构

①教学认知

在教学认知这一维度（如图 3-57），就第二水平教师对教学价值的认知而言，51.90％的教师选择了"一般"，24.05％的教师选择了"比较符合"，8.23％的教师选择了"完全符合"，10.76％的教师选择了"不太符合"，这表明第二水平教师中约 52％以上不确定"教学对学生影响最大"，约 32％的教师较认同"教学对学生影响最大"；就教师对自身教学的认知而言，

67.09％的教师选择了"一般"，22.15％的教师选择了"比较符合"，这表明第二水平教师中有近67％的人不确定"我的教学对学生的影响主要在知识增长方面"，近25％的教师较认同"我的教学对学生的影响主要在知识增长方面"。总体而言，第二水平教师有一半以上在"教学有用/无用""教学影响学生的全部/部分发展"上的判断并不确定，其教学认知处于中等偏下水平。

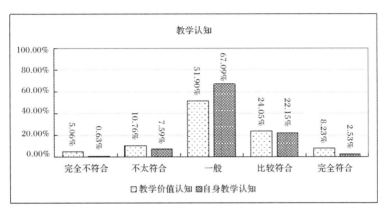

图 3-57　初中教师教学认知各题项选择百分比柱状图

　　有趣的是，较第一水平教师而言，第二水平教师相对较认同教学的价值，但对教学对学生的影响主要在知识增长方面持肯定意见。这也许意味着，该类教师所指的"教学对学生影响最大"，实际上指的是教学对学生的"知识增长"影响最大。虽然从目前新课改所提倡的教育理念来看，这类教师所持的是一种"只教书不育人"的片面教育观，对教学价值的认知上还需改进，但相对于第一水平教师的表现而言，这类教师至少在一定程度上认可了教学的价值以及对自身教学的认可，这是一种教学信念和使命上的进步，是值得肯定的。
　　②教学情绪

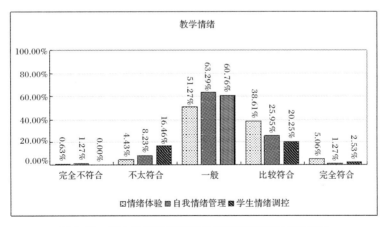

图 3-58　初中教师教学情绪各题项选择百分比柱状图

　　对于第二水平教师而言，在教学情绪这一维度（如图 3-58），就教师自我的情绪体验而言，51.27％的教师选择了"一般"，38.61％的教师选择了"比较符合"，5.06％的教师选择了"完全符合"，另有4.43%的教师选择了"不太符合"，这表明第二水平教师中近44%的人都比较认同"给学生上课是一件挺有意思的事"，约51%的教师对此不确定；就教师自我的情绪管理而言，63.29%的教师选择了"一般"，25.95%的教师选择了"比较符合"，1.27%的教师选择了"完全符合"，8.23%的教师选择了"不太符合"，这表明第二水平教师中近27%的人比较认同"我总能及时调整情绪，不会让不愉快的事影响上课"，约63%的教师对此表示不确定；就教师对学生的情绪调控而言，60.76%的教师选择了"一般"，20.25%的教师选择了"比较符合"，2.53%的教师选择了"完全符合"，这表明第二水平教师中近23%的人比较认同"我总是能想办法及时疏导学生的负面情绪"，约61%的人对此不确定。总体而言，第二水平教师在"自我情绪调控"上的判断较消极，在"学生情绪调控"上的判断也较消极，其教学情绪较第一水平教师而言，处于中等偏下水平。

值得指出的是，在这一水平教师整体教学效能水平较低的情况下，我们发现了一个需要进一步关注的现象：近一半的教师都不确定给学生上课是有趣的事，不确定自身能进行较好的情绪管理，也不确定能及时疏导学生的负面情绪。这类教师在对自我的判断上整体处于犹豫不决的状态，究其原因，或者是其没有进行清晰的思考，或者是其在根本上也不认同教师行业，对自身的整体效能感水平判断都较低。这类教师虽离岗的可能性不如第一水平的教师大，但由于其自身的犹豫不决，非常容易受到其他外在因素的诱惑或影响，也存在较大的离岗和职业倦怠风险。如果不能为这类教师提供一定的支持和引导，这类教师极有可能滑向第一水平较极端的教师类型。

③教学期望

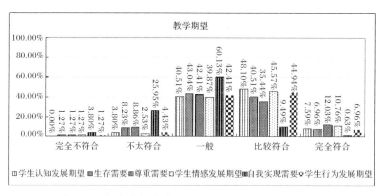

图3-59　初中教师教学期望各题项选择百分比柱状图

在教学期望这一维度（如图3-59），就第二水平教师在生存需要上的期望而言，43.04%的教师选择了"一般"，40.51%的教师选择了"比较符合"，8.23%的教师选择了"不太符合"，另有6.96%的教师选择了"完全符合"，这表明第二水平教师约47%的人都比较认同"为了更好的生活，我认真教学"，约43%的人对此表示不确定；就教师在尊重需要上的期望而言，42.41%的教师选择了"一般"，35.44%的教师选择了"比较符合"，12.03%的教师选择了"完全符合"，8.86%的教师选择了"不太符合"，这表明第二水平教师约47%的人都比较认同"我希望通过努力教学获得社会的认可"，约42%的人对此表示不太确定；就教师在自我实现需要上的期望而言，60.13%的教师选择了"一般"，25.95%的教师选择了"不太符合"，3.80%的教师选择了"完全符合"9.49%的教师选择了"比较符合"，这表明约60%的教师都不确定"教学能实现我的人生价值"，近30%的教师对比持不认同态度。

就教师对学生在认知发展上的期望而言,48.10％的教师选择了"比较符合",40.51％的教师选择了"一般",7.59％的教师选择了"完全符合",这表明第二水平教师有近56％的人都比较认同"我希望通过教学不断提升学生解决问题的能力",约40％的教师对此表示不确定;就教师对学生在情感发展上的期望而言,45.57％的教师选择了"比较符合",39.87％的教师选择了"一般",10.76％的教师选择了"完全符合",这表明第二水平教师近56％的人都比较认同"我希望教学能促进学生情感的发展";就教师对学生在行为发展上的期望而言,44.94％的教师选择了"比较符合",42.41％的教师选择了"一般",6.96％的教师选择了"完全符合",4.43％的教师选择了"不太符合",这表明第二水平教师近52％的人都比较认同"我希望通过教学使学生养成良好的行为习惯"。

总体而言,第二水平教师在自身发展的期望(生存需要、尊重需要和自我实现需要)上的判断较消极,大部分教师对自身发展持不确定态度,在对学生发展的期望上的判断也相对消极,但出现了少部分教师朝向积极期望的一面,其教学期待处于中等偏下水平。

④教学能力

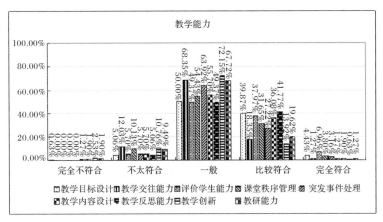

图 3-60　初中教师教学能力各题项选择百分比柱状图

在第二水平教师教学能力这一维度(如图 3-60),在教学设计能力上,就教师的教学目标设计能力而言,50.00％的教师选择了"一般",39.87％的教师选择了"比较符合",这表明第二水平教师中有50.00％的人不确定"我总是能制订清晰明确的教学目标";就教师的教学内容设计能力而言,55.70％的教师选择了"一般",36.08％的教师选择了"比较符合",这表明第二水平教师中有近56％的人都不确定"我总能恰当地选择或组织教学内容"。

就教师的教学交往能力而言,68.35％的教师选择了"一般",18.35％的教师选择了"比较符合",12.03％的教师选择了"不太符合",这表明第二水平教师中约68％的人都不确定"我总能很好地引导学生参与课堂讨论"。

就教师的教学管理能力而言,在课堂秩序管理能力上,54.43％的教师选择了"一般",31.65％的教师选择了"比较符合",10.13％的教师选择了"不太符合",这表明第二水平教师中有约54％的人都不确定"我总是能够维持良好的课堂秩序";在教师的突发事件处理能力上,63.92％的教师选择了"一般",27.22％的教师选择了"比较符合",这表明第二水平教师中有约64％的人都不确定自己能巧妙地处理课堂上的突发事件。

就教师的教学评价与反思能力而言,在评价学生能力方面,49.37%的教师选择了"一般",37.97%的教师选择了"比较符合",6.96%的教师选择了"完全符合",这表明有约49%的教师不确定"我能全面客观地评价我的学生",近45%的教师对此持认同态度。在自我反思能力方面,49.37%的教师选择了"一般",41.77%的教师选择了"比较符合",这表明第二水平教师中约49%的人都不确定"课后我经常思考自己教学存在的问题"。

就教师的教学研究与创新能力而言,在教学研究能力上,67.72%的教师选择了"一般",19.62%的教师选择了"比较符合",这表明第二水平教师中有近68%的人都不确定"我经常研究如何解决教学问题";在教学创新能力上,72.15%的教师选择了"一般",13.92%的教师选择了"比较符合",10.76%的教师选择了"不太符合",这表明第二水平教师中有约72%的人都不确定"我总能创造性地开展教学"。

总体而言,第二水平教师在教学交往能力、教学研究与创新能力上的判断多持不确定态度,在教学设计能力、教学管理能力、教学评价与反思能力上的判断持消极态度的占到一半。这显示出,第二水平教师在教学能力维度的表现持不确定态度,这一水平教师的教学能力处于中等偏下水平。

⑤教学策略

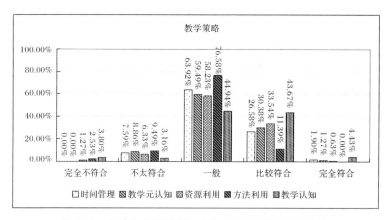

图 3-61　初中教师教学策略各题项选择百分比柱状图

在教学策略这一维度(如图 3-61),就第二水平教师教学元认知策略而言,59.49%的教师选择了"一般",30.38%的教师选择了"比较符合",8.86%的教师选择了"不太符合",这表明第二水平教师中约59%的人都不确定"我总能有意识地反思正在进行的教学活动"。

就教师的教学认知策略而言,44.94%的教师选择了"一般",43.67%的教师选择了"比较符合",4.43%的教师选择了"完全符合",这表明第二水平教师中有近45%的教师对此持不确定态度,约48%的人比较认同"我熟知所教学科的知识体系"。

就教师的资源管理策略而言,在时间管理策略上,63.92%的教师选择了"一般",26.58%的教师选择了"比较符合",表明第二水平教师中有近64%的人对"我能有效地掌控课堂教学节奏"持不确定态度;在教师的方法利用策略上,76.58%的教师选择了"一般",11.39%的教师选择了"比较符合",9.49%的教师选择了"不太符合",2.53%的教师选择了"完全不符合",这表明第二水平教师中有近77%的人持不确定态度,近21%的教师都比较不认同"我总能灵活运用不同的方法进行课堂教学";在教师的资源利用策略上,58.23%的教师选择了"一般",

33.54％的教师选择了"比较符合"，这表明第二水平教师中约58％的教师对此持不确定态度，约34％的人比较认同"在教学中，我总是能充分利用各种教学资源"。

总体而言，第二水平教师在教学元认知策略和教学资源管理策略上的判断有一半以上持不确定态度，在教学认知策略上的判断有近一半教师持较积极态度。这显示出，第二水平教师在教学策略维度（尤其是教学认知策略和教学资源管理策略）的表现较消极，这一水平教师的教学策略处于中等偏下水平。

⑥教学业绩

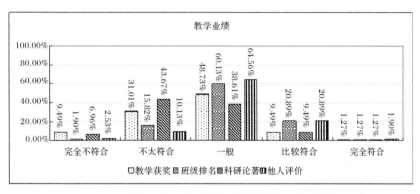

图3-62　初中教师教学业绩各题项选择百分比柱状图

在教学业绩这一维度（如图3-62），就第二水平教师教学、科研成果而言，在教学获奖上，48.73％的教师选择了"一般"，31.01％的教师选择了"不太符合"，9.49％的教师选择了"完全不符合"，这表明第二水平教师中有近41％的人都比较不认同"我经常获得各种荣誉"；就科研论著而言，43.67％的教师选择了"不太符合"，6.96％的教师选择了"完全不符合"，38.61％的教师选择了"一般"，9.49％的教师选择了"比较符合"，这表明第二水平教师中有近51％的人都比较不认同"我经常写论文或做课题"。

就教师的课堂教学成果而言，在班级排名上，60.13％的教师选择了"一般"，15.82％的教师选择了"不太符合"，1.90％的教师选择了"完全不符合"，20.89％的教师选择了"比较符合"，这表明第二水平教师中有约60％的人对"我任教的班级在同年级排名靠前"持不确定态度；在他人评价上，64.56％的教师选择了"一般"，10.13％的教师选择了"不太符合"，20.89％的教师选择了"比较符合"，这表明第二水平教师中有近65％的人对"领导和同事们都觉得我是很有能力的老师"持不确定态度。

总体而言，第二水平教师在教学、科研成果上的判断持否定态度的人数占到50％左右，在课堂教学成果上的判断持不确定态度的人数在60％以上。这显示出，第二水平教师在教学业绩维度上的表现较消极，较前一水平教师而言，这一水平教师的教学业绩处于中等偏下水平。

⑦教学环境

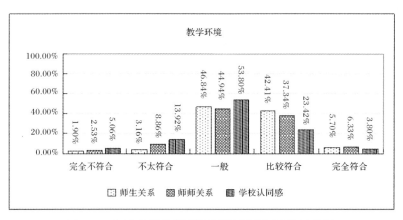

图 3-63　初中教师教学环境各题项选择百分比柱状图

在教学环境这一维度（如图 3-63），就第二水平教师人际环境而言，在师师关系上，44.94％的教师选择了"一般"，37.34％的教师选择了"比较符合"，6.33％的教师选择了"完全符合"，8.86％的教师选择了"不太符合"，这表明第二水平教师中有近 45％的人对"我经常与同事谈论教学问题，分享教学经验"持不确定态度，且有近 44％的人对此持较认同态度；就师生关系而言，46.84％的教师选择了"一般"，42.41％的教师选择了"比较符合"，5.70％的教师选择了"完全符合"，3.16％的教师选择了"不太符合"，这表明第二水平教师中有近 47％的人对"我和学生的关系很好"持不确定态度，且有约 48％的教师对此持较认同态度。

就人文环境（学校认同感）而言，53.80％的教师选择了"一般"，23.42％的教师选择了"比较符合"，3.80％的教师选择了"完全符合"，13.92％的教师选择了"不太符合"，5.06％的教师选择了"完全不符合"，这表明第二水平教师中有近 54％的人对"我非常满意所任教的学校"持不确定态度，同时有约 27％的教师对此持较认同态度。

总体而言，第二水平教师在人际环境和人文环境上的判断持不确定态度的占到一半左右。这显示出，第二水平教师在教学环境维度（尤其是人文环境）上的表现显示出犹豫态度，这一水平教师的教学环境处于中等偏下水平。

（4）第二水平整体说明

表 3-19　**初中教师第二水平教学效能状况**

变量	初中教师第二水平教学效能状况		排序
	平均分	标准差	
教学认知	3.1899	0.58541	6
教学情绪	3.2321	0.35435	4
教学期望	3.4040	0.39157	1
教学能力	3.2553	0.24846	3
教学策略	3.2228	0.31031	5
教学业绩	2.8244	0.44571	7
教学环境	3.2996	0.55445	2
教学效能中心点值	3.2221	0.18073	

第二水平是初中教师教学效能水平中较低的水平。除在教学业绩维度外,该水平在其他各个维度上的表现都比较均衡,处于较低的得分。

就初中教师总体教学效能与第二水平教师教学效能比较而言,其情况如下:

表 3-20　**初中教师总体教学效能与第二水平教师教学效能的比较表**

变量	初中教师第二水平教学效能状况		初中教师总体教学效能状况		平均分差值
	平均分	标准差	平均分	标准差	
教学认知	3.1899	0.58541	3.8566	0.74734	0.6667
教学情绪	3.2321	0.35435	3.9243	0.66536	0.6922
教学期望	3.4040	0.39157	4.0906	0.61346	0.6866
教学能力	3.2553	0.24846	3.9806	0.58150	0.7253
教学策略	3.2228	0.31031	3.9874	0.60547	0.7646
教学业绩	2.8244	0.44571	3.3172	0.65967	0.4928
教学环境	3.2996	0.55445	4.0075	0.68769	0.7079
教学效能中心点值	3.2221	0.18073	3.9089	0.53670	0.6868

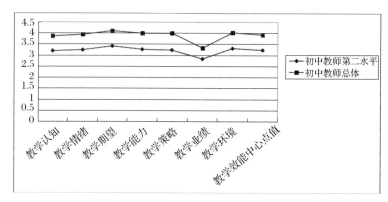

图 3-64　初中教师总体教学效能与第二水平教师教学效能的比较图

从表 3-20 和图 3-64 中可以看出,相对于初中教师教学效能总体而言,初中教师教学效能第二水平在各个方面得分均低于总体得分。其突出特征表现在教学能力和教学策略两个维度上,这两个维度的得分表现出与总体较大的差距。

(5)第三水平的结构

①教学认知

在教学认知这一维度(如图 3-65),就第三水平教师对教学价值的认知而言,47.53％的教师选择了"比较符合",33.46％的教师选择了"一般",11.79％的教师选择了"完全符合",这表明第三水平教师中有约 59％的人较肯定"教学对学生影响最大",总体选项偏向于十分积极的方面;就教师对自身教学的认知而言,53.99％的教师选择了"比较符合",38.02％的教师选择了"一般",6.08％的教师选择了"完全符合",这表明第三水平教师中有约 60％的人较肯定"我的教学对学生的影响主要在知识增长方面",总体选项偏向于较消极的方面。总体而言,第三水平教师在"教学有用/无用"上的判断较积极、在"教学影响学生的全部/部分发展"上的判断较消极,其教学认知处于中等水平。

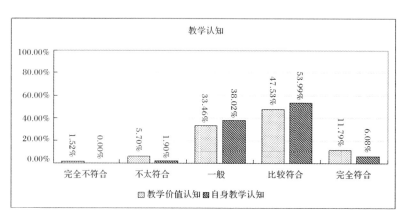

图 3-65　初中教师教学认知各题项选择百分比柱状图

随着教师教学效能水平的升高,教师对教学价值的认知越来越肯定,对自身教学的知识影响也越来越肯定。对于第三水平中学教师而言,认同此观点的人数占到了 50％以上。我们设置"我的教学对学生的影响主要在知识增长方面"该题项的主要目的是检测教师的育人观是否全面,是否兼顾到了学生知识增长与人格培养等多方面的影响。但随着教师教学效能水平的提升,教师在对教学的价值和自身教学影响的认知上都愈发持坚定的态度。这其中可能有几种解释:一是这类教师是属于传统的"教书匠"型的教师,他们对教学有着深刻的情怀和坚定的使命,孜孜不倦地进行着"授业"和"解惑"的工作,并认为这是学生获益最大的方面。他们并不认为"我的教学对学生的影响主要在知识增长方面"是一种错误的表述,而恰恰是一种必要的、不可或缺的影响。我们并不否认该教师的教学使命感,只是说该类教师的教学观念需要更新和深化。二是我们作为研究者的前提假设可能需重新思考:由于该研究是探索性研究,我们之前设定的是"我的教学对学生的影响主要在知识增长方面"是一种不恰当的,或者至少是一种不全面的教育观念,教师若在该题项上的选项越肯定,则表明该教师持有的教育观念越片面。而依现今的数据来看,前三水平的中学教师随着其教学效能水平的逐渐升高,其对自身教学价值的看法反而越片面,这一悖论是否挑战了研究本身的最初假设? 是否"我的教学对学生的影响主要在知识增长方面"这一表述作为一个反向题设置有欠缺,其设置和表述需要重新考虑? 如此种种,我们将在后面的第四水平、第五水平中再进行验证。

②教学情绪

在第三水平教师教学情绪这一维度(如图 3-66),就教师自我的情绪体验而言,60.08%的教师选择了"比较符合",22.05%的教师选择了"一般",15.21%的教师选择了"完全符合",这表明第三水平教师有约 75%的人都认同"给学生上课是一件挺有意思的事";就教师自我的情绪管理而言,53.23%的教师选择了"比较符合",41.06%的教师选择了"一般",4.18%的教师选择了"完全符合",这表明第三水平教师中有约 57%的人都认同"我总能及时调整情绪,不会让不愉快的事影响上课",有约 41%的教师对此表示不确定;就教师对学生的情绪管理而言,47.53%的教师选择了"比较符合",39.16%的教师选择了"一般",6.46%的教师选择了"完全符合",这表明第三水平教师中有近 54%的人认同"我总是能想办法及时疏导学生的负面情绪",约有 39%的人对此表示不确定。总体而言,第三水平教师在自我情绪调控上的判断较中等偏积极,在学生情绪调控上的判断也较中等偏积极,其教学情绪较前两水平教师而言,处于中等水平。

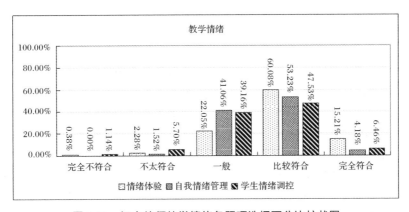

图 3-66　初中教师教学情绪各题项选择百分比柱状图

③教学期望

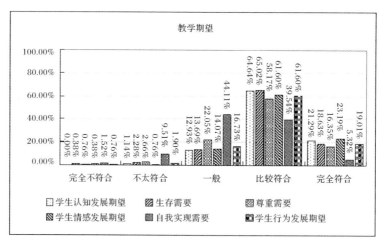

图 3-67 初中教师教学期望各题项选择百分比柱状图

在第三水平教师教学期望这一维度（如图 3-67），就教师在生存需要上的期望而言，65.02％的教师选择了"比较符合"，18.63％的教师选择了"完全符合"，13.69％的教师选择了"一般"，这表明第三水平教师中近 84％的人都比较认同"为了更好的生活，我认真教学"，近 14％的人对此表示不确定；就教师在尊重需要上的期望而言，58.17％的教师选择了"比较符合"，22.05％的教师选择了"一般"，16.35％的教师选择了"完全符合"，这表明第三水平教师中有近 75％的人都比较认同"我希望通过努力教学获得社会的认可"，约 22％的人对此表示不太确定；就教师在自我实现需要上的期望而言，44.11％的教师选择了"一般"，39.54％的教师选择了"比较符合"，9.51％的教师选择了"不太符合"，5.32％的教师选择了"完全符合"，这表明约 44％的教师不确定"教学能实现我的人生价值"，而近 45％的教师比较认同"教学能实现我的人生价值"。

就教师对学生在认知发展上的期望而言，64.64％的教师选择了"比较符合"，21.29％的教师选择了"完全符合"，12.93％的教师选择了"一般"，这表明第三水平教师有近 86％的人都比较认同"我希望通过教学不断提升学生解决问题的能力"，近 13％的教师对此表示不确定；就教师对学生在情感发展上的期望而言，61.60％的教师选择了"比较符合"，23.19％的教师选择了"完全符合"，14.07％的教师选择了"一般"，这表明第三水平教师中近 85％的人都比较认同"我希望教学能促进学生情感的发展"，约 14％的教师对此表示不确定；就教师对学生在行为发展上的期望而言，61.60％的教师选择了"比较符合"，19.01％的教师选择了"完全符合"，16.73％的教师选择了"一般"，这表明第三水平教师中近 81％的人都比较认同"我希望通过教学使学生养成良好的行为习惯"。

总体而言，第三水平教师较前两水平教师而言，其在自身发展的期望（生存需要、尊重需要、自我实现需要）上的判断持肯定态度的逐渐增加，尤其是在生存需要和尊重需要上，有了较大的增长，在自我实现需要上也有了增长，但约一半的教师在"教学能实现我的人生价值"上仍持不确定态度。总体反映出大部分教师对自身发展有了较明确的认知，但集中在生存和尊重等外在动机上,内在动机相对缺乏。在对学生发展的期望上教师的判断较前两水平而言,出现了积极的变化,4/5左右的教师都较明确显示出对学生在认知、情感和行为上的期望。概括之,第三水平教师的教学期望处于中等水平。

④教学能力

在第三水平教师教学能力这一维度(如图3-68),在教学设计能力上,就教师的教学目标设计能力而言,73.38%的教师选择了"比较符合",14.07%的教师选择了"完全符合",11.79%的教师选择了"一般",这表明第三水平教师中有近87%的人都比较认同"我总是能制定清晰明确的教学目标";就教师的教学内容设计能力而言,67.68%的教师选择了"比较符合",10.65%的教师选择了"完全符合",20.91%的教师选择了"一般",这表明第三水平教师中有近78%的人都比较认同"我总能恰当地选择或组织教学内容"。

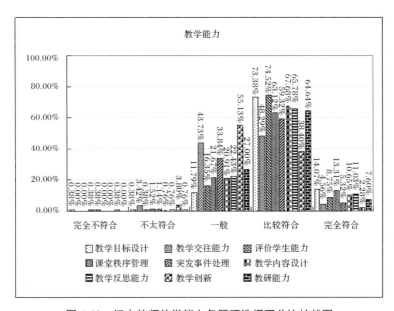

图 3-68　初中教师教学能力各题项选择百分比柱状图

就教师的教学交往能力而言,48.29%的教师选择了"比较符合",43.73%的教师选择了"一般",4.56%的教师选择了"完全符合",这表明第三水平教师中有近53%的人都比较认同"我总能很好地引导学生参与课堂讨论"。

就教师的教学管理能力而言,在课堂秩序管理能力上,63.12%的教师选择了"比较符合",13.31%的教师选择了"完全符合",21.67%的教师选择了"一般",1.52%的教师选择了"不太符合",这表明第三水平教师中约76%的人都比较认同"我总是能够维持良好的课堂秩序";在教师的突发事件处理能力上,59.32%的教师选择了"比较符合",33.84%的教师选择了"一般",5.32%的教师选择了"完全符合",这表明第三水平教师中有近65%的人都比较认同"我能巧妙地处理课堂上的突发事件"。

就教师的教学评价与反思能力而言,在评价学生能力方面,74.52%的教师选择"比较符合",16.35%的教师选择"一般",8.75%的教师选择了"完全符合",这表明有约83%的教师比较认同"我能全面客观地评价我的学生"。在自我反思能力方面,65.78%的教师选择"比较符

合"，22.43％的教师选择"一般"，11.03％的教师选择"完全符合"，这表明第三水平教师中有近77％的人都比较认同"课后我经常思考自己教学存在的问题"。

就教师的教学研究与创新能力而言，在教学研究能力上，64.64％的教师选择了"比较符合"，27.00％的教师选择了"一般"，7.60％的教师选择了"完全符合"，这表明第三水平教师中有约72％的人都比较认同"我经常研究如何解决教学问题"；在教学创新能力上，55.13％的教师选择了"一般"，38.40％的教师选择了"比较符合"，2.28％的教师选择了"完全符合"，这表明第三水平教师中有近41％的人都比较认同"我总能创造性地开展教学"。

总体而言，第三水平教师在教学设计能力上持较积极态度的占到80％左右，在课堂秩序管理能力、教学评价与反思能力、教学研究能力上的判断持较积极态度的占到70％左右，在教学交往能力、教师的突发事件的处理能力、教学创新能力上的判断其持较积极态度的占到40％以上。总的来说，第三水平教师在教学能力维度的总体表现较第一、二水平教师有了较大的积极转向，这一水平教师的教学能力处于中等水平。

⑤教学策略

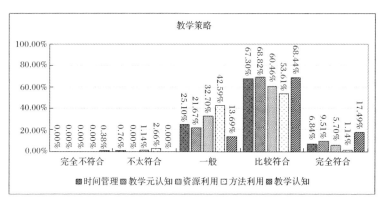

图 3-69　初中教师教学策略各题项选择百分比柱状图

在第三水平教师教学策略这一维度（如图 3-69），就教学元认知策略而言，68.82％的教师选择了"比较符合"，21.67％的教师选择了"一般"，9.51％的教师选择了"完全符合"，这表明第三水平教师中有约78％的人都较认同"我总能有意识地反思正在进行的教学活动"。

就教师的教学认知策略而言，68.44％的教师选择了"比较符合"，17.49％的教师选择了"完全符合"，13.69％的教师选择了"一般"，这表明第三水平教师中有近86％的教师比较认同"我熟知所教学科的知识体系"。

就教师的资源管理策略而言，在时间管理策略上，67.30％的教师选择了"比较符合"，6.84％的教师选择了"完全符合"，25.10％的教师选择了"一般"，这表明第三水平教师中有约74％的人较认同"我能有效地掌控课堂教学节奏"；在教师的方法利用策略上，53.61％的教师选择了"比较符合"，42.59％的教师选择了"一般"，1.14％的教师选择了"完全符合"，这表明第三水平教师中有近55％的人比较认同"我总能灵活运用不同的方法进行课堂教学"；在教师的资源利用策略上，60.46％的教师选择了"比较符合"，5.70％的教师选择了"完全符合"，32.70％的教师选择了"一般"，这表明第三水平"中学"教师中有约66％的教师比较认同"在教学中，我总是能充分利用各种教学资源"。

总体而言，第三水平教师在教学元认知策略和教学认知策略上的判断有80％左右的人持较积极态度，在教学资源管理策略上的判断有50％~80％的教师持积极态度。这显示出，第三水平教师在教学策略维度（尤其是教学元认知策略和教学认知策略）的表现较积极，较前两水平教师而言，这一水平教师的教学策略处于中等水平。

⑥教学业绩

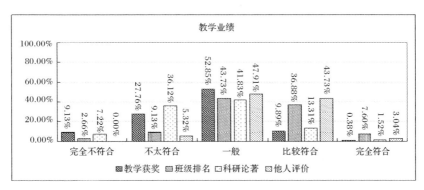

图 3-70　初中教师教学业绩各题项选择百分比柱状图

在教学业绩这一维度（如图3-70），就第三水平教师教学、科研成果而言，在教学获奖上，52.85％的教师选择了"一般"，27.76％的教师选择了"不太符合"，这表明第三水平中学教师中有近53％的人对"我经常获得各种荣誉"持不确定态度；就科研论著而言，41.83％的教师选择了"一般"，36.12％的教师选择了"不太符合"，7.22％的教师选择了"完全不符合"，这表明第三水平教师中有约43％的人都比较不认同"我经常写论文或做课题"，且有约同样多的人对此持不确定态度。

就教师的课堂教学成果而言，在班级排名上，43.73％的教师选择了"一般"，36.88％的教师选择了"比较符合"，7.60％的教师选择了"完全符合"，这表明第三水平教师中有近44％的人对"我任教的班级在同年级排名靠前"持不确定态度，也有约同样多的人对此持认同态度；在他人评价上，47.91％的教师选择了"一般"，43.73％的教师选择了"比较符合"，3.04％的教师选择了"完全符合"，这表明第三水平教师中有近47％的人对"领导和同事们都觉得我是很有能力的老师"持认同态度，也有约同样多的人对此持不确定态度。

总体而言，第三水平教师在教学、科研成果上的判断持否定态度的人数占到40％左右，在课堂教学成果上的判断持不确定态度和认同态度的人数几乎相同，都在45％左右。这显示出，第三水平教师在教学业绩维度上的表现较前两水平教师而言有所进步，但仍较消极，这一水平教师的教学业绩处于中等水平。

⑦教学环境

在第三水平教师教学环境这一维度（如图3-71），就人际环境而言，在师师关系上，61.60％的教师选择了"比较符合"，15.97％的教师选择了"完全符合"，21.67％的教师选择了"一般"，这表明第三水平教师中有近78％的人较认同"我经常与同事谈论教学问题，分享教学经验"；就师生关系而言，66.54％的教师选择了"比较符合"，13.69％的教师选择了"完全符合"，17.87％的教师选择了"一般"，这表明第三水平教师中有约80％的人较认同"我和学生的关系很好"。

第三章　教学效能的水平与特征

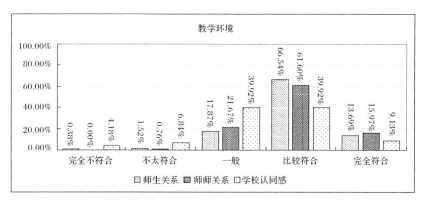

图 3-71　初中教师教学环境各题项选择百分比柱状图

就人文环境（学校认同感）而言，39.92％的教师选择了"一般"，39.92％的教师选择了"比较符合"，9.13％的教师选择了"完全符合"，这表明第三水平教师中有约一半的人较认同"我非常满意所任教的学校"。

总体而言，第三水平教师在人际环境和人文环境上的判断持较认同态度的占到一半以上。这显示出，第三水平教师在教学环境维度（尤其是人际环境）上的表现显示出较积极的态度，较前两水平教师而言，这一水平教师的教学环境处于中等水平。

（6）第三水平整体说明

表 3-21　初中教师第三水平教学效能状况

变量	初中教师第三水平教学效能状况		排序
	平均分	标准差	
教学认知	3.6331	0.54508	6
教学情绪	3.6667	0.41290	5
教学期望	3.8872	0.36716	1
教学能力	3.7714	0.22435	3
教学策略	3.7894	0.25896	2
教学业绩	3.0314	0.47626	7
教学环境	3.7579	0.44564	4
教学效能中心点值	3.6837	0.13655	

第三水平是初中教师教学效能水平中的中等水平。除在教学业绩维度外，该水平在其他各个维度上的表现都比较均衡。

就初中教师总体教学效能与第三水平教师教学效能比较而言，其情况如下：

表 3-22

变量	初中教师第三水平 教学效能状况		初中教师总体 教学效能状况		平均分差值
	平均分	标准差	平均分	标准差	
教学认知	3.6331	0.54508	3.8566	0.74734	0.2235
教学情绪	3.6667	0.41290	3.9243	0.66536	0.2576
教学期望	3.8872	0.36716	4.0906	0.61346	0.2034
教学能力	3.7714	0.22435	3.9806	0.58150	0.2092
教学策略	3.7894	0.25896	3.9874	0.60547	0.1980
教学业绩	3.0314	0.47626	3.3172	0.65967	0.2858
教学环境	3.7579	0.44564	4.0075	0.68769	0.2496
教学效能中心点值	3.6837	0.13655	3.9089	0.53670	0.2252

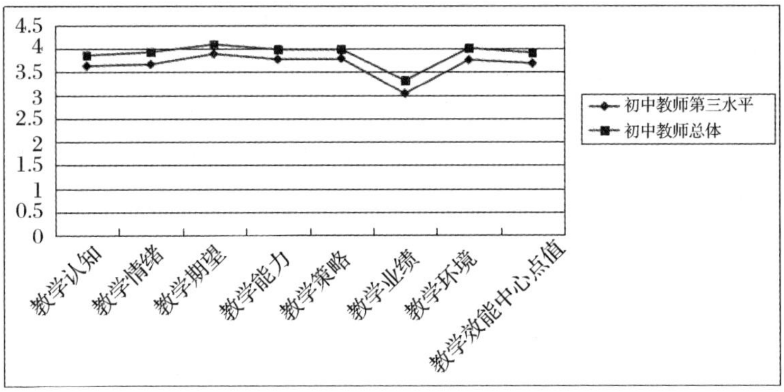

表 3-22　初中教师总体教学效能与第三水平教师教学效能的比较表

图 3-72　初中教师总体教学效能与第三水平教师教学效能的比较图

从表 3-22 和图 3-72 中可以看出,相对于初中教师教学效能总体而言,初中教师教学效能第三水平在各个方面得分均低于总体得分,其走向与总体大致一致。该水平的突出特征表现在教学情绪、教学业绩和教学环境三个维度上,这三个维度的得分表现出与总体得分较大的差距。

(7)第四水平的结构

①教学认知

在第四水平教师教学认知这一维度(如图 3-73),就教师对教学价值的认知而言,49.25%的教师选择了"比较符合",29.48%的教师选择了"完全符合",17.91%的教师选择了"一般",这表明第四水平教师中有近 79%的人较肯定"教学对学生影响最大",总体选项偏向于十分积极的方面;就教师对自身教学的认知而言,64.18%的教师选择了"比较符合",26.12%的教师选择了"完全符合",9.33%的教师选择了"一般",这表明第四水平教师中有约90%的人较肯定"我的教学对学生的影响主要在知识增长方面"。总体而言,第三水平教师在"教学有用/无用"上的判断十分积极,在"教学影响学生的全部/部分发展"上的判断十分消极,其教学认知处于中等偏上水平。

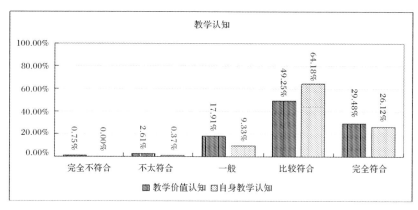

图 3-73 初中教师教学认知各题项选择百分比柱状图

纵观第四水平教师的表现,教师的教学效能水平越高,教师对"教学价值的看法"与教师对"自身教学的看法"都越正向递增。由第四水平教师的表现,我们据此可以初步回答在前面第三水平部分提出的疑惑:教师并不认为"我的教学对学生的影响主要在知识增长方面"是一种错误的表述,也并不认同教师在该选项上越肯定,其教育观念就越片面和落后。相反,教学效能越高的教师越认同这一观点。这一发现给我们的启示是,作为一项探索性研究,本研究在题项 13 的设置上需要进行重新考虑。

②教学情绪

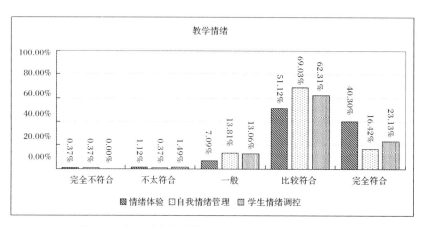

图 3-74 初中教师教学情绪各题项选择百分比柱状图

在第四水平教师教学情绪这一维度(如图 3-74),就教师自我的情绪体验而言,51.12%的教师选择了"比较符合",40.30％的教师选择了"完全符合",这表明第四水平教师中约91％的人都比较认同"给学生上课是一件挺有意思的事";就教师自我的情绪管理而言,69.03％的教师选择了"比较符合",16.42％的教师选择了"完全符合",13.81％的教师选择了"一般",这表明第四水平教师中约85％的人都比较认同"我总能及时调整情绪,不会让不愉快的事影响上课";就教师对学生的情绪管理而言,62.31％的教师选择了"比较符合",23.13％的教师选择了"完全符合",13.06％的教师选择了"一般",这表明第四水平中学教师中约85％的人比较认同"我总是能想办法及时疏导学生的负面情绪"。总体而言,第四水平教师在自我情绪调控上的判断较积极,在学生情绪调控上的判断也较积极,其教学情绪较前三水平教师而言,处于中等偏上水平。

③教学期望

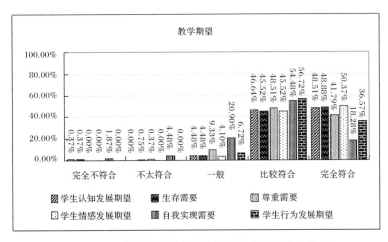

图 3-75　初中教师教学期望各题项选择百分比柱状图

在第四水平教师教学期望这一维度(如图 3-75),就第四水平教师在生存需要上的期望而言,48.88％的教师选择了"完全符合",45.52％的教师选择了"比较符合",4.48％的教师选择了"一般",这表明第四水平教师中 94.40％的人都比较认同"为了更好的生活,我认真教学";就教师在尊重需要上的期望而言,48.51％的教师选择了"比较符合",41.79％的教师选择了"完全符合",9.33％的教师选择了"一般",这表明第四水平中学教师中有约 90％的人都比较认同"我希望通过努力教学获得社会的认可";就教师在自我实现需要上的期望而言,54.48％的教师选择了"比较符合",20.90％的教师选择了"一般",18.28％的教师选择了"完全符合",这表明近 73％的教师都比较认同"教学能实现我的人生价值"。

就教师对学生在认知发展上的期望而言,48.51％的教师选择了"完全符合",46.64％的教师选择了"比较符合",4.48％的教师选择了"一般",这表明第四水平教师有约 95％的人都比较认同"我希望通过教学不断提升学生解决问题的能力";就教师对学生在情感发展上的期望而言,50.37％的教师选择了"完全符合",45.52％的教师选择了"比较符合",4.10％的教师选择了"一般",这表明第四水平教师中近 96％的人都比较认同"我希望教学能促进学生情感的发展";就教师对学生在行为发展上的期望而言,56.72％的教师选择了"比较符合",36.57％的教师选择了"完全符合",6.72％的教师选择了"一般",这表明第四水平教师中约93％的人都比较认同"我希望通过教学使学生养成良好的行为习惯"。

总体而言,第四水平教师较前三水平教师而言,其在自身发展的期望(生存需要、尊重需要、自我实现需要)上的判断持肯定态度的人数有了明显增长,绝大部分教师都明确认可自己在"生存需要"和"尊重需要"上的期望,近3/4的教师都认可教学作为自我实现的需要。这总体反映出大部分教师对自身发展有了较明确认知,生存、尊重等外在动机和自我实现这一内在动机并存。在对学生发展的期望上的判断较前三水平而言,绝大部分教师都较明确显示出对学生在认知、情感和行为上的期望。概括之,第四水平教师比前三水平教师的表现而言,有了很大进步,纵观五个水平的整体水平,第四水平教师的教学期望处于中等偏上水平。

④教学能力

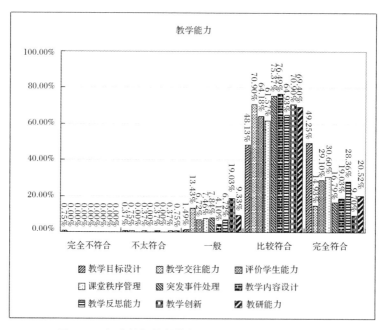

图 3-76　初中教师教学能力各题项选择百分比柱状图

在第四水平教师教学能力这一维度(如图3-76),在教学设计能力上,就教师的教学目标设计能力而言,49.25％的教师选择了"完全符合",48.13％的教师选择了"比较符合",这表明第四水平教师中有约97％的人都比较认同"我总是能制定清晰明确的教学目标";就教师的教学内容设计能力而言,76.49％的教师选择了"比较符合",19.03％的教师选择了"完全符合",这表明第四水平教师中有近96％的人都比较认同"我总能恰当地选择或组织教学内容"。

就教师的教学交往能力而言,70.90％的教师选择了"比较符合",14.93％的教师选择了"完全符合",这表明第四水平教师中有近86％的人都比较认同"我总能很好地引导学生参与课堂讨论"。

就教师的教学管理能力而言,在课堂秩序管理能力上,61.57%的教师选择了"比较符合",30.60%的教师选择了"完全符合",这表明第四水平教师中有约92%的人都比较认同"我总是能够维持良好的课堂秩序";在教师的突发事件处理能力上,75.37%的教师选择了"比较符合",16.79%的教师选择了"完全符合",这表明第四水平教师中有约92%的人都比较认同"我能巧妙地处理课堂上的突发事件"。

就教师的教学评价与反思能力而言,在评价学生能力方面,64.18%的教师选择了"比较符合",29.10%的教师选择了"完全符合",这表明有约93%的教师比较认同"我能全面客观地评价我的学生"。在自我反思能力方面,64.93%的教师选择了"比较符合",28.36%的教师选择了"完全符合",这表明第四水平教师中有约93%的人都比较认同"课后我经常思考自己教学存在的问题"。

就教师的教学研究与创新能力而言,在教学研究能力上,69.40%的教师选择了"比较符合",20.52%的教师选择了"完全符合",这表明第四水平教师中有近90%的人都比较认同"我经常研究如何解决教学问题";在教学创新能力上,70.90%的教师选择了"比较符合",9.70%的教师选择了"完全符合",这表明第四水平教师中有近81%的人都比较认同"我总能创造性地开展教学"。

总体而言,第四水平教师在教学设计能力、教学管理能力、教学评价与反思能力、教学研究能力上的判断上持积极态度的占到90%左右,在教学交往能力、教学创新能力上的判断持积极态度的占到80%左右。这显示出,第四水平教师在教学能力维度的表现较积极,相较于前三水平教师而言,这一水平教师的教学能力处于较高水平。

⑤教学策略

在第四水平教师教学策略这一维度(如图3-77),就教学元认知策略而言,70.52%的教师选择了"比较符合",25.00%的教师选择了"完全符合",这表明第四水平教师中有近96%的人都较认同"我总能有意识地反思正在进行的教学活动"。

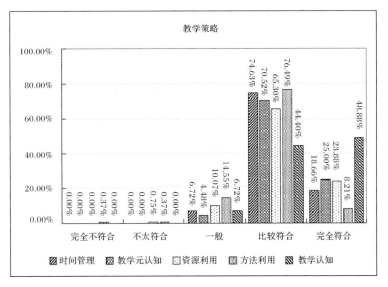

图 3-77　初中教师教学策略各题项选择百分比柱状图

就教师的教学认知策略而言,48.88％的教师选择了"完全符合",44.40％的教师选择了"比较符合",这表明第四水平教师中有约93％的教师比较认同"我熟知所教学科的知识体系"。

就教师的资源管理策略而言,在时间管理策略上,74.63％的教师选择了"比较符合",18.66％的教师选择了"完全符合",这表明第四水平教师中有约93％的人都较认同"我能有效地掌控课堂教学节奏";在教师的方法利用策略上,76.49％的教师选择了"比较符合",8.21％的教师选择了"完全符合",这表明第四水平教师中有近85％的人比较认同"我总能灵活运用不同的方法进行课堂教学";在教师的资源利用策略上,65.30％的教师选择了"比较符合",23.88％的教师选择了"完全符合",这表明第四水平教师中有约89％的教师比较认同"在教学中,我总是能充分利用各种教学资源"。

总体而言,第四水平教师在教学认知策略、教学元认知策略和教学资源管理策略上的判断上有90％左右的人持较积极态度。这显示出,第四水平教师在教学策略维度的表现十分积极,较前三水平教师而言,这一水平教师的教学策略处于较高水平。

⑥教学业绩

在第四水平教师教学业绩这一维度(如图3-78),就教学、科研成果而言,在教学获奖上,48.51％的教师选择了"一般",25.75％的教师选择了"比较符合",这表明第四水平教师中有近49％的人对"我经常获得各种荣誉"持不确定态度;就科研论著而言,52.61％的教师选择了"一般",17.91％的教师选择了"比较符合",这表明第四水平教师中有近53％的人对"我经常写论文或做课题"持不确定态度。

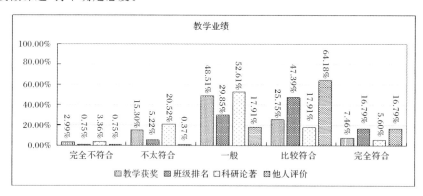

图 3-78　初中教师教学业绩各题项选择百分比柱状图

就教师的课堂教学成果而言,在班级排名上,47.39％的教师选择了"比较符合",16.79％的教师选择了"完全符合",29.85％的教师选择了"一般",这表明第四水平教师中有约64％的人都较认同"我任教的班级在同年级排名靠前";在他人评价上,64.18％的教师选择了"比较符合",16.79％的教师选择了"完全符合",17.91％的教师选择了"一般",这表明第四水平教师中有近81％的人都较认同"领导和同事们都觉得我是很有能力的老师"。

总体而言,第四水平教师在教学、科研成果上的判断多持不确定态度,人数占到一半左右,在课堂教学成果上的判断持积极态度的在60％以上。这显示出,第四水平教师在教学业绩维度上的表现较前三水平教师而言有所进步(尤其在课堂教学成果上较积极),这一水平教师的教学业绩处于较高水平。

⑦教学环境

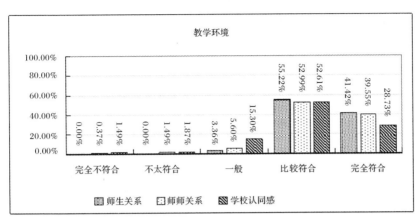

图 3-79　初中教师教学环境各题项选择百分比柱状图

在第四水平教师教学环境这一维度（如图 3-79），就人际环境而言，在师师关系上，52.99％的教师选择了"比较符合"，39.55％的教师选择了"完全符合"，这表明第四水平教师中有约 93％的人较认同"我经常与同事谈论教学问题，分享教学经验"；就师生关系而言，55.22％的教师选择了"比较符合"，41.42％的教师选择了"完全符合"，这表明第四水平教师中有近 97％的人较认同"我和学生的关系很好"。

就人文环境（学校认同感）而言，52.61％的教师选择了"比较符合"，28.73％的教师选择了"完全符合"，这表明第四水平教师中有约 81％的人较认同"我非常满意所任教的学校"。

总体而言，第四水平教师在人际环境和人文环境上的判断持较认同态度的在 80％以上。这显示出，第四水平教师在教学环境维度（尤是人际环境）上的表现显示出较积极态度，较前三水平教师而言，这一水平教师的教学环境处于较高水平。

（8）第四水平整体说明

表 3-23　初中教师第四水平教学效能状况

变量	初中教师第四水平教学效能状况		排序
	平均分	标准差	
教学认知	4.1007	0.56016	6
教学情绪	4.1256	0.39815	5
教学期望	4.2923	0.34101	1
教学能力	4.1488	0.21972	4
教学策略	4.1575	0.27502	3
教学业绩	3.4785	0.48358	7
教学环境	4.2438	0.41540	2
教学效能中心点值	4.0970	0.14133	

第四水平是初中教师教学效能中的中等偏上水平。其在教学期望维度上的表现最高,在教学业绩维度上的表现最低,在教学认知、教学情绪、教学能力、教学策略、教学环境维度上的表现相差不大。

就初中教师总体教学效能与第四水平教师教学效能比较而言,其情况如下:

表 3-24　初中教师总体教学效能与第四水平教师教学效能的比较表

变量	初中教师第四水平教学效能状况		初中教师总体教学效能状况		平均分差值
	平均分	标准差	平均分	标准差	
教学认知	4.1007	0.56016	3.8566	0.74734	-0.2441
教学情绪	4.1256	0.39815	3.9243	0.66536	-0.2013
教学期望	4.2923	0.34101	4.0906	0.61346	-0.2017
教学能力	4.1488	0.21972	3.9806	0.58150	-0.1682
教学策略	4.1575	0.27502	3.9874	0.60547	-0.1701
教学业绩	3.4785	0.48358	3.3172	0.65967	-0.1613
教学环境	4.2438	0.41540	4.0075	0.68769	-0.2363
教学效能中心点值	4.0970	0.14133	3.9089	0.53670	-0.1881

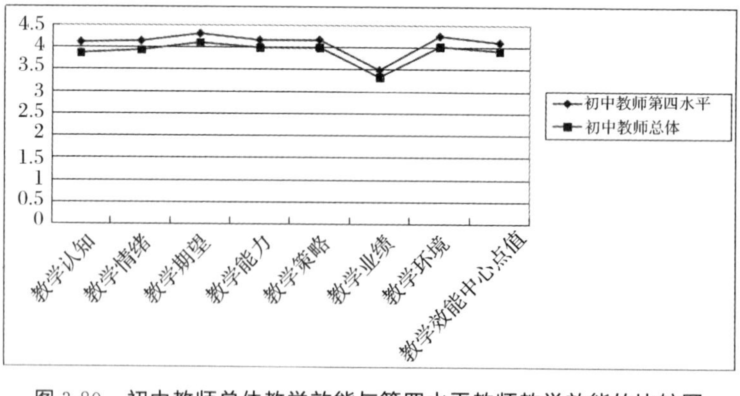

图 3-80　初中教师总体教学效能与第四水平教师教学效能的比较图

从表 3-24 和图 3-80 中可以看出,相对于初中教师教学效能总体而言,初中教师教学效能第四水平在各个方面均高于总体。根据二者间的平均分差值及图表,我们推断,初中教师教学效能第四水平的突出特征表现在教学认知和教学环境两个维度上。其在这两个维度上的得分大大高于总体平均分。

(9)第五水平的结构

①教学认知

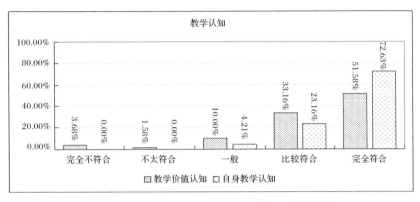

图 3-81　初中教师教学认知各题项选择百分比柱状图

在第五水平教师教学认知这一维度(如图 3-81),就教师对教学价值的认知而言,51.58％的教师选择了"完全符合",33.16％的教师选择了"比较符合",10.00％的教师选择了"一般",这表明第五水平教师有近 85％的人较肯定"教学对学生影响最大",总体选项偏向于积极的方面;就教师对自身教学的认知而言,72.63％的教师选择了"完全符合",23.16％的教师选择了"比较符合",4.21％的教师选择了"一般",这表明第五水平教师中近 96％的人较肯定"我的教学对学生的影响主要在知识增长方面"。总体而言,第五水平教师在"教学有用/无用"上的判断十分积极,其对教学价值的认知处于最高水平。

②教学情绪

在第五水平教师教学情绪这一维度(如图 3-82),就教师自我的情绪体验而言,75.79％的教师选择了"完全符合",20.00％的教师选择了"比较符合",这表明第五水平教师中近 96％的人都比较认同"给学生上课是一件挺有意思的事";就教师自我的情绪管理而言,69.47％的教师选择了"完全符合",29.47％的教师选择了"比较符合",1.05％的教师选择了"一般",这表明第五水平教师中近 99％的人都比较认同"我总能及时调整情绪,不会让不愉快的事影响上课";就教师对学生的情绪管理而言,73.16％的教师选择了"完全符合",21.05％的教师选择了"比较符合",5.26％的教师选择了"一般",这表明第五水平教师中约 94％的人比较认同"我总是能想办法及时疏导学生的负面情绪"。总体而言,第五水平教师在自我情绪调控上的判断十分积极,在学生情绪调控上的判断也十分积极,其教学情绪较前四水平教师而言,处于最高水平。

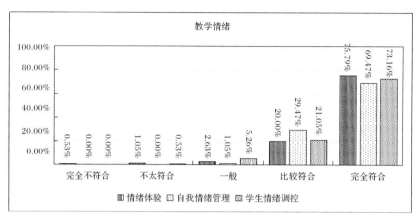

图 3-82　初中教师教学情绪各题项选择百分比柱状图

③教学期望

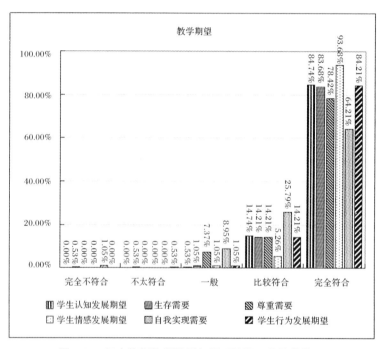

图 3-83　初中教师教学期望各题项选择百分比柱状图

在第五水平教师教学期望这一维度（如图 3-83），就教师在生存需要上的期望而言，83.68％的教师选择了"完全符合"，14.21％的教师选择了"比较符合"，这表明第五水平教师中近 98％的人都比较认同"为了更好的生活，我认真教学"；就教师在尊重需要上的期望而言，78.42％的教师选择了"完全符合"，14.21％的教师选择了"比较符合"，7.37％的教师选择了"一般"，这表明第五水平教师中有近 93％的人都比较认同"我希望通过努力教学获得社会的认可"；就教师在自我实现需要上的期望而言，64.21％的教师选择了"完全符合"，25.79％的教师选择了"比较符合"，8.95％的教师选择了"一般"，这表明 90.00％的教师都比较认同"教学能实现我的人生价值"。

就教师对学生在认知发展上的期望而言,84.74％的教师选择了"完全符合",14.74％的教师选择了"比较符合",这表明第五水平教师中有约99％的人都比较认同"我希望通过教学不断提升学生解决问题的能力";就教师对学生在情感发展上的期望而言,93.68％的教师选择了"完全符合",5.26％的教师选择了"比较符合",这表明第五水平教师近99％的人都比较认同"我希望教学能促进学生情感的发展";就教师对学生在行为发展上的期望而言,84.21％的教师选择了"完全符合",14.21％的教师选择了"比较符合",这表明第五水平教师约98％的人都比较认同"我希望通过教学使学生养成良好的行为习惯"。

　　总体而言,第五水平教师较前四水平教师而言,其在自身发展的期望(生存需要、尊重需要、自我实现需要)上的判断持肯定态度的人数有了明显增长,绝大部分教师都明确认可自己在"生存需要"和"尊重需要"上的期望,都认可教学作为自我实现的需要,教师自我实现需要所占的比例越来越大,是非常积极可喜的变化。这总体反映出绝大部分教师对自身发展需要都有较明确的认知,也有更多的教师立志投身教学这一行业以实现人生需要。在对学生发展的期望上教师的判断较前四水平而言,绝大部分教师都较明确显示出对学生在认知、情感和行为上的期望。概括之,第五水平教师比前四水平教师的表现而言,有了极大的进步,是五水平教师中表现最好的一水平,其教学期望处于最高水平。

　　④教学能力

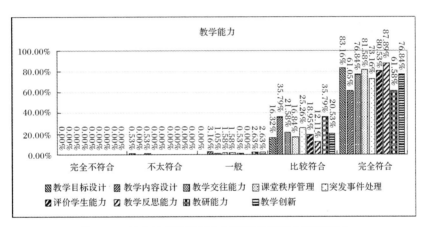

图 3-84　初中教师教学能力各题项选择百分比柱状图

　　在第五水平教师教学能力这一维度(如图 3-84),在教学设计能力上,就教师的教学目标设计能力而言,83.16％的教师选择了"完全符合",16.32％的教师选择了"比较符合",这表明第五水平教师中有约99％的人都比较认同"我总是能制定清晰明确的教学目标";就教师的教学内容设计能力而言,61.05％的教师选择了"完全符合",35.79％的教师选择了"比较符合",这表明第五水平教师中有近97％的人都比较认同"我总能恰当地选择或组织教学内容"。

　　就教师的教学交往能力而言,76.84％的教师选择了"完全符合",21.58％的教师选择了"比较符合",这表明第五水平教师中有约98％的人都比较认同"我总能很好地引导学生参与课堂讨论"。

就教师的教学管理能力而言,在课堂秩序管理能力上,81.58％的教师选择了"完全符合",16.84％的教师选择了"比较符合",这表明第五水平教师中有约98％的人都比较认同"我总是能够维持良好的课堂秩序";在教师的突发事件处理能力上,73.16％的教师选择了"完全符合",25.26％的教师选择了"比较符合",这表明第五水平教师中有约98％的人都比较认同"我能巧妙地处理课堂上的突发事件"。

就教师的教学评价与反思能力而言,在评价学生能力方面,80.53％的教师选择了"完全符合",18.95％的教师选择了"比较符合",这表明有约99％的教师比较认同"我能全面客观地评价我的学生"。在自我反思能力方面,87.89％的教师选择了"完全符合",12.11％的教师选择了"比较符合",这表明第五水平教师中100.00％的人都比较认同"课后我经常思考自己教学存在的问题"。

就教师的教学研究与创新能力而言,在教学研究能力上,61.58％的教师选择了"完全符合",35.79％的教师选择了"比较符合",这表明第五水平教师中有约97％的人都比较认同"我经常研究如何解决教学问题";在教学创新能力上,76.84％的教师选择了"完全符合",20.53％的教师选择了"比较符合",这表明第五水平教师中有约97％的人都比较认同"我总能创造性地开展教学"。

总体而言,第五水平教师在教学交往能力、教学管理能力、教学研究与创新能力上的判断持积极态度的占绝大多数,在教学设计能力、教学评价与反思能力上的判断持积极态度的约100％。这显示出,第五水平教师在教学能力各个维度上的表现都较积极,相较于前四水平教师而言,这一水平教师的教学能力处于最高水平。

⑤教学策略

在第五水平教师教学策略这一维度(如图3-85),就教学元认知策略而言,82.11％的教师选择了"完全符合",17.37％的教师选择了"比较符合",这表明第五水平教师中有约99％的人都较认同"我总能有意识地反思正在进行的教学活动"。

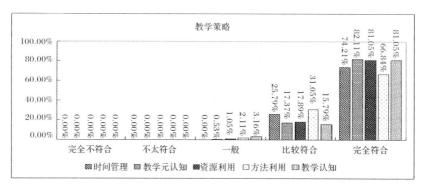

图 3-85　初中教师教学策略各题项选择百分比柱状图

就教师的教学认知策略而言,81.05％的教师选择了"完全符合",15.79％的教师选择了"比较符合",这表明第五水平教师有近97％的教师比较认同"我熟知所教学科的知识体系"。

就教师的资源管理策略而言,在时间管理策略上,74.21％的教师选择了"完全符合",25.79％的教师选择了"比较符合",这表明第五水平教师中100.00％的人都较认同"我能有效地掌控课堂教学节奏";在教师的方法利用策略上,66.84%的教师选择了"完全符合",31.05%的教师选择了"比较符合",这表明第五水平教师中有近98%的人比较认同"我总能灵活运用不同的方法进行课堂教学";在教师的资源利用策略上,81.05%的教师选择了"完全符合",17.89%的教师选择了"比较符合",这表明第五水平教师中有近99%的教师比较认同"在教学中,我总是能充分利用各种教学资源"。

总体而言,第五水平教师在教学元认知策略、教学认知策略、教学资源管理策略上的判断绝大多数持较积极态度。这显示出,第五水平教师在教学策略维度上的表现非常积极,较前四水平教师而言,这一水平教师的教学策略处于最高水平。

⑥教学业绩

在第五水平教师教学业绩这一维度(如图3-86),就教学、科研成果而言,在教学获奖上,36.32%的教师选择了"一般",24.74%的教师选择了"比较符合",23.68%的教师选择了"完全符合",这表明第五水平教师中有约48%的人较认同"我经常获得各种荣誉";就科研论著而言,37.89%的教师选择了"一般",28.42%的教师选择了"比较符合",21.58%的教师选择了"完全符合",这表明第五水平教师中有50.00%的人较认同"我经常写论文或做课题"。

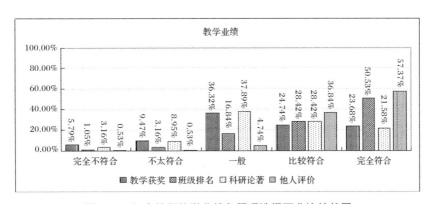

图 3-86　初中教师教学业绩各题项选择百分比柱状图

就教师的课堂教学成果而言,在班级排名上,50.53%的教师选择了"完全符合",28.42%的教师选择了"比较符合",16.84%的教师选择了"一般",这表明第五水平教师中有近79%的人都较认同"我任教的班级在同年级排名靠前";在他人评价上,57.37%的教师选择了"完全符合",36.84%的教师选择了"比较符合",这表明第五水平教师中有约94%的人都较认同"领导和同事们都觉得我是很有能力的老师"。

总体而言,第五水平教师在教学、科研成果上的判断持较积极态度的人数占到一半左右,在课堂教学成果上的判断持积极态度的人数在75%以上。这显示出,第五水平教师在教学业绩维度上的表现较积极,较前四水平教师而言,这一水平教师的教学业绩处于最高水平。

总的来说,纵观这五个教学效能水平的教师,随着教学效能等级水平的增长,其在课堂教学效果上的表现也越来越积极,但在教学、科研成果上的表现普遍较消极。这在一定程度上也从侧面反映出,教学效能五个水平在该教学、科研成果维度上的区别并不明显,也就是说,该维度不能作为五个等级水平相互区别的突出特征。

⑦教学环境

在第五水平教师教学环境这一维度（如图 3-87），就人际环境而言，在师师关系上，86.84％的教师选择了"完全符合"，12.11％的教师选择了"比较符合"，这表明第五水平教师中有近99％的人较认同"我经常与同事谈论教学问题，分享教学经验"；就师生关系而言，82.63％的教师选择了"完全符合"，16.32％的教师选择了"比较符合"，这表明第五水平教师中有近99％的人较认同"我和学生的关系很好"。

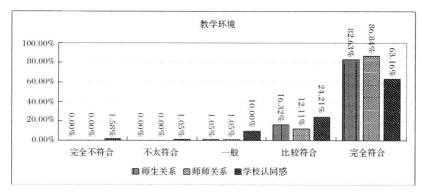

图 3-87　初中教师教学环境各题项选择百分比柱状图

就人文环境（学校认同感）而言，63.16％的教师选择了"完全符合"，24.21％的教师选择了"比较符合"，这表明第五水平教师中有约87％的人较认同"我非常满意所任教的学校"。

总体而言，第五水平教师在人际环境和人文环境上的判断持较认同态度占绝大多数。这显示出，第五水平教师在教学环境维度（尤其是人际环境）上的表现显示出积极态度，较前四水平教师而言，这一水平教师的教学环境处于最高水平。

（10）第五水平整体说明

表 3-25　初中教师第五水平教学效能状况

变量	初中教师第五水平教学效能状况		排序
	平均分	标准差	
教学认知	4.4789	0.58380	6
教学情绪	4.6825	0.36173	5
教学期望	4.7702	0.25393	1
教学能力	4.7415	0.21863	3
教学策略	4.7568	0.25455	2
教学业绩	3.9539	0.62376	7
教学环境	4.7123	0.35836	4
教学效能中心点值	4.6262	0.19499	

第五水平是初中教师教学效能水平中最高的水平。其在教学期望维度上的表现水平最高,在教学业绩维度上的表现水平最低,在教学认知、教学情绪、教学能力、教学策略、教学环境维度上的表现相差不大。

就初中教师总体教学效能与第五水平教师教学效能比较而言,其情况如下:

表 3-26　初中教师总体教学效能与第五水平教师教学效能的比较表

变量	初中教师第五水平教学效能状况		初中教师总体教学效能状况		平均分差值
	平均分	标准差	平均分	标准差	
教学认知	4.4789	0.58380	3.8566	0.74734	-0.6223
教学情绪	4.6825	0.36173	3.9243	0.66536	-0.7582
教学期望	4.7702	0.25393	4.0906	0.61346	-0.6796
教学能力	4.7415	0.21863	3.9806	0.58150	-0.7609
教学策略	4.7568	0.25455	3.9874	0.60547	-0.7694
教学业绩	3.9539	0.62376	3.3172	0.65967	-0.6367
教学环境	4.7123	0.35836	4.0075	0.68769	-0.7048
教学效能中心点值	4.6262	0.19499	3.9089	0.53670	-0.7173

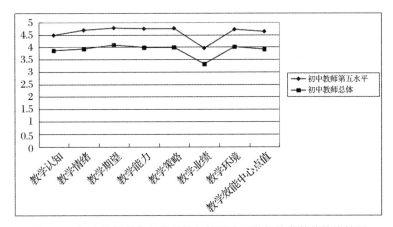

图 3-88　初中教师总体教学效能与第五水平教师教学效能的比较图

从表 3-26 和图 3-88 中可以看出,相对于初中教师教学效能总体而言,初中教师教学效能第五水平在各个方面均高于总体。根据二者间的平均分差值及图表,我们可以看出,初中教师教学效能第五水平的突出特征表现在教学情绪、教学能力和教学策略这三个维度上。其在这三个维度的得分大大高于总体平均分。

（二）教学效能的特征

教师教学效能的突出特征是研究探索的重点，也是难点所在。初中教师教学效能由五个等级水平构成，这与小学教师教学效能三个等级水平的突出特征也有一定的差异。

根据此前的论述，初中教师教学效能第一水平的突出特征表现为教学情绪、教学期望和教学能力三个维度，第二水平的突出特征表现为教学能力和教学策略两个维度，第三水平的突出特征表现为教学情绪、教学业绩和教学环境三个维度，第四水平的突出特征表现为教学认知和教学环境两个维度，第五水平的突出特征表现为教学情绪、教学能力和教学策略三个维度。根据这五个水平的内在结构特征，我们总结出了表 3-27，以更好地呈现初中教师教学效能五个等级水平相互区别的突出特征。

表 3-27　初中教师教学效能五个等级水平突出特征

	教学认知	教学情绪	教学期望	教学能力	教学策略	教学业绩	教学环境
第一水平		负面情绪严重	期待相当低				学校人际关系极度紧张
第二水平				能力不自信	策略不确定		
第三水平		正面情绪居多				业绩不确定	学校人际关系基本满意
第四水平	教学信念坚定						学校人际关系融洽
第五水平		情绪积极		能力很高	善用策略		

第一，初中教师教学效能第一水平的突出特征是负面情绪严重、期待相当低、学校人际关系极度紧张，这类教师属于"问题型"教师。

具体来说，在教学情绪上，教师无法享受到课堂教学乐趣，情绪控制能力差，对学生的负面情绪毫无办法；在教学期望上，教学不为更好的生活，不为获得社会认可，教学无法实现人生价值；在教学环境上，同事隔阂、师生疏离，对学校认同感低。

概括之，这类教师属于"问题型"教师。

第二，初中教师教学效能第二水平的突出特征是能力不自信、策略不确定，这类教师属于"迷糊型"教师。

具体来说，在教学能力上，教师不能判定自身能制定清晰的教学目标，不确定自身能恰当选择及组织教学内容，不确定自己能有效引导学生参与课堂讨论，不确定能维持良好的课堂秩序，不确定能巧妙处理课堂突发事件，不确定课后自己常反思，不确定自己经常研究教学问题，不确定自己能创造性地开展教学。简言之，这一水平的教师对自己的教学设计能力、教学交往能力、教学管理能力、教学评价与反思能力、教学研究与创新能力都十分不确定，自信心很低。

在教学策略上，教师不确定自身能反思教学活动，不确定自身熟知所教学科的知识体系，不确定自身能掌控课堂教学节奏,不确定能灵活运用方法进行课堂教学,不确定能充分利用各种教学资源进行教学。简言之,这一水平的教师对自身运用元认知教学策略、认知教学策略、资源管理策略的情况十分不清楚,自信心很低。

概括之,这类教师属于"迷糊型"教师。

第三,初中教师教学效能第三水平的突出特征是正面情绪居多、业绩不确定、学校人际关系基本满意,这类教师属于"潜力股型"教师。

具体来说,在教学情绪上,教师能享受课堂教学乐趣,大多能及时调整自身情绪,大多能及时疏导学生负面情绪;在教学业绩上,不确定自身荣誉状况;在教学环境上,大多经常与同事谈论教学问题,绝大多数和学生的关系很好,大多满意所在学校。

概括之,这类教师属于"潜力股型"教师,有进一步提升的空间。

第四,初中教师教学效能第四水平的突出特征是教学信念坚定、学校人际关系融洽,这类教师属于"积极上进型"教师。

具体来说,在教学认知上,教师肯定教学对学生的影响最大,肯定自身教学对学生的影响主要在知识增长方面;在教学环境上,绝大多数经常与同事谈论教学问题,绝大多数和学生的关系很好,绝大多数满意所在学校。

概括之,这类教师属于"积极上进型"教师。

第五,初中教师教学效能第五水平的突出特征是情绪积极、能力很高、善用策略,这类教师属于"乐教善教型"教师。

具体来说,在教学情绪上,教师非常享受课堂教学乐趣,能及时调整自身情绪,能及时疏导学生负面情绪。

在教学能力上,教师能制定清晰明确的教学目标,能恰当地选择或组织教学内容,能很好地引导学生参与课堂讨论,能够维持良好的课堂秩序,能巧妙地处理课堂上的突发事件,课后经常思考自己教学存在的问题,经常研究如何解决教学问题,总能创造性地开展教学。简言之,这一水平的教师具有很高的教学设计能力、教学交往能力、教学管理能力、教学评价与反思能力,及教学研究与创新能力。

在教学策略上,教师能有意识地反思正在进行的教学活动,熟知所教学科的知识体系,能有效地掌控课堂教学节奏,能灵活运用不同的方法进行课堂教学,能充分利用各种教学资源进行教学。简言之,这一水平的教师具有很高的元认知教学策略、认知教学策略和资源管理策略。

概括之,这类教师属于"乐教善教型"教师。

(三)教学效能的影响因素

教学效能的影响因素指的是对教师教学效能产生影响的教师背景变量或人口变量。本部分探讨了区域分布、学校类别、性别、学校所在地、年级、最高学历、职称和教龄八个背景变量对教师教学效能的影响。

在此部分,首先需说明的是,以图3-89中数据所显示的五个簇为原始数据中的五个簇,而非我们由低到高进行排列后所呈现的簇。上文行文所呈现的五个由低到高的簇,与原始簇的对应顺序为:簇1(最低水平)——原始簇1(中心点均值为2.01)、簇2(较低水平)——原始

簇 5（中心点均值为 3.22）、簇 3（中等水平）——原始簇 4（中心点均值为 3.68）、簇 4（较高水平）——原始簇 2（中心点均值为 4.10）、簇 5（最高水平）——原始簇 3（中心点均值为 4.63）。下文各个簇的呈现同上。

1.区域分布

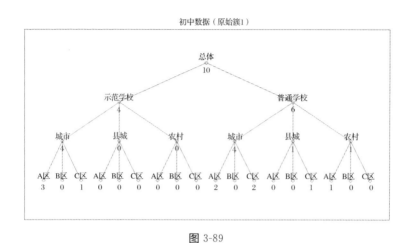

图 3-89

此处对各个水平样本在示范学校/普通学校分布、城乡分布及区域分布情况做一整体说明。

在第一水平中,如图 3-89 所示,共有 10 个教师样本,其中来自示范学校的教师有 4 人,来自普通学校的教师有 6 人。这 4 名来自示范学校的教师,全部来自城市地区;这 6 名来自普通学校的教师,有 4 名分布在城市,1 名分布在县城,1 名分布在农村。纵观这一水平,来自东部地区(即 A 区)的教师一共有 6 人,来自中部地区(即 B 区)的教师一共有 0 人,来自西部地区(即 C 区)的教师一共有 4 人。

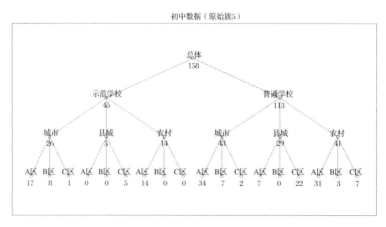

图 3-90

在第二水平中,如图 3-90 所示,共有 158 个教师样本,其中来自示范学校的教师有 45 人,来自普通学校的教师有 113 人。这 45 名来自示范学校的教师，来自城市地区的有 26 人，来自县城的有 5 人，来自农村的有 14 人；这 113 名来自普通学校的教师，来自城市地区的有 43 人，来自县城的有 29 人，来自农村的有 41 人。纵观这一水平，来自东部地区（即 A 区）的教师一共有 103 人，来自中部地区（即 B 区）的教师一共有 18 人，来自西部地区（即 C 区）的教师一共有 37 人。

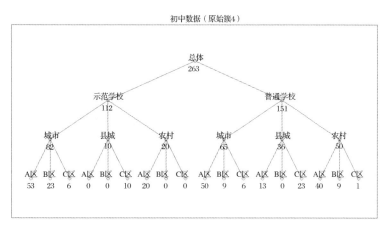

图 3-91

在第三水平中，如图 3-91 所示，共有 263 个教师样本，其中来自示范学校的教师有 112 人，来自普通学校的教师有 151 人。这 112 名来自示范学校的教师，来自城市地区的有 82 人，来自县城的有 10 人，来自农村的有 20 人；这 151 名来自普通学校的教师，来自城市地区的有 65 人，来自县城的有 36 人，来自农村的有 50 人。纵观这一水平，来自东部地区（即 A 区）的教师一共有 176 人，来自中部地区（即 B 区）的教师一共有 41 人，来自西部地区（即 C 区）的教师一共有 46 人。

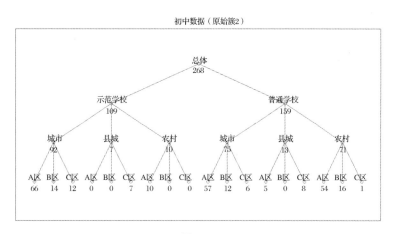

图 3-92

在第四水平中，如图 3-92 所示，共有 268 个教师样本，其中来自示范学校的教师有 109

人，来自普通学校的教师有 159 人。这 109 名来自示范学校的教师，来自城市地区的有 92人，来自县城的有 7 人，来自农村的有 10 人；这 159 名来自普通学校的教师，来自城市地区的有 75 人，来自县城的有 13 人，来自农村的有 71 人。纵观这一水平，来自东部地区（即 A 区）的教师一共有 192 人，来自中部地区（即 B 区）的教师一共有 42 人，来自西部地区（即 C 区）的教师一共有 34 人。

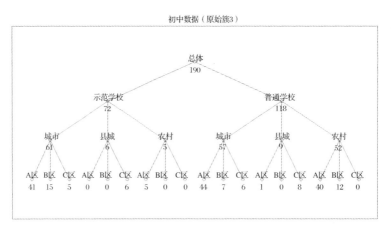

图 3-93

在第四水平中，如图 3-93 所示，共有 190 个教师样本，其中来自示范学校的教师有 72 人，来自普通学校的教师有 118 人。这 72 名来自示范学校的教师，来自城市地区的有 61 人，来自县城的有 6 人，来自农村的有 5 人；这 118 名来自普通学校的教师，来自城市地区的有 57 人，来自县城的有 9人，来自农村的有 52 人。纵观这一水平，来自东部地区（即 A 区）的教师一共有 131 人，来自中部地区（即 B 区）的教师一共有 34 人，来自西部地区（即 C 区）的教师一共有 25 人。

2.学校类别

初中教师的教学效能有效问卷为 889 份。在这 889 名初中教师中，来自示范学校的教师有 342 名，来自普通学校的教师有 547 名。按我们所预期的假设，示范学校的教师教学效能水平普遍应较高，普通学校的教师教学效能水平整体在一定程度上低于示范学校。

表 3-28　初中教师教学效能学校类别差异分析

	学校类别	均值	标准差	t 值
教学认知	示范学校	3.8830	0.76550	0.835
	普通学校	3.8400	0.73598	
教学情绪	示范学校	3.9425	0.63688	0.646
	普通学校	3.9129	0.68289	
教学期望	示范学校	4.0950	0.60973	0.172
	普通学校	4.0878	0.61632	

	学校类别	均值	标准差	t 值
教学能力	示范学校	4.0214	0.54636	1.693
	普通学校	3.9551	0.60151	
教学策略	示范学校	4.0170	0.57622	1.172
	普通学校	3.9689	0.62287	
教学业绩	示范学校	3.3143	0.65871	-0.103
	普通学校	3.3190	0.66086	
教学环境	示范学校	3.9903	0.64675	-0.591
	普通学校	4.0183	0.71246	
教学效能	示范学校	3.9272	0.50688	0.822
	普通学校	3.8974	0.55468	

据表 3-28 可知,不同学校教师教学效能不存在显著差异。示范学校教师教学效能整体高于普通学校。就具体维度来看,不同学校教师教学效能在教学认知、教学情绪、教学能力、教学策略、教学业绩和教学环境上均不存在显著差异。

不同学校类别在各水平中的具体分布如图 3-94 至图 3-98 所示:

在这 342 名来自示范学校的教师中,有 1.169％的教师分布在教学效能的第一水平(即最低水平)中(如图 3-94),13.15％的教师分布在教学效能的第二水平(即较低水平)中(如图 3-95),32.74％的教师分布在教学效能的第三水平(即中等水平)中(如图 3-96),31.87％的教师分布在教学效能的第四水平(即较高水平)中(如图 3-97),21.05％的教师分布在教学效能的第五水平(即最高水平)中(如图 3-98)。

在这 547 名来自普通学校的教师中,1.096％的教师分布在教学效能的第一水平(即最低水平)中(如图 3-94),20.65％的教师分布在教学效能的第二水平(即较低水平)中(如图 3-95),27.60％的教师分布在教学效能的第三水平(即中等水平)中(如图 3-96),29.06％的教师分布在教学效能的第四水平(即较高水平)中(如图 3-97),21.57％的教师分布在教学效能的第五水平(即最高水平)中(如图 3-98)。

由此可见,示范学校的教师分布在第三水平和第四水平的最多,其次分布较多的是第五水平和第二水平。而普通学校的教师分布在第三水平和第四水平的最多,其次分布较多的是第五水平和第二水平。这说明,在学校类别(示范学校和普通学校)这一变量上,教师的教学效能水平区分并不明显,示范学校和普通学校之间教师的教学效能没有太大差异。

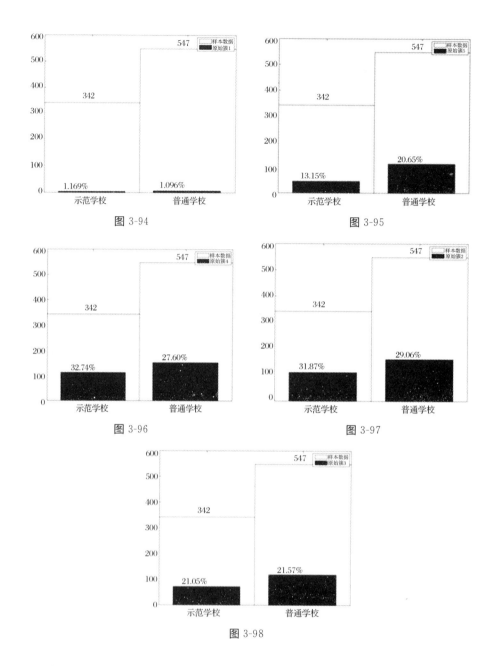

图 3-94

图 3-95

图 3-96

图 3-97

图 3-98

3.性别

初中教师的教学效能有效问卷为 889 份。在这 889 名初中教师中,男教师有 265 名,女教师有 624 名。

通过独立样本 t 检验发现,初中男教师和初中女教师的教学效能差异非常显著。具体来说,女性教师在教学情绪、教学期望、教学能力、教学策略和教学环境上都优于男性教师。其中,在教学能力、教学环境上二者之间差异显著,在教学情绪、教学策略上二者之间差异非常显著,在教学期望上二者之间差异极其显著。除此之外,初中男教师和初中女教师在教学认知和教学业绩维度上差异不显著。

初中教师教学效能性别差异分析

	性别	均值	标准差	t 值
教学认知	男	3.8038	0.78043	-1.374
	女	3.8790	0.73233	
教学情绪	男	3.8189	0.70584	-2.978**
	女	3.9690	0.64278	
教学期望	男	3.9377	0.65873	-4.903***
	女	4.1554	0.58170	
教学能力	男	3.9048	0.61281	-2.541*
	女	4.0128	0.56512	
教学策略	男	3.9042	0.63415	-2.681**
	女	4.0228	0.58985	
教学业绩	男	3.2594	0.69828	-1.704
	女	3.3417	0.64157	
教学环境	男	3.9220	0.71524	-2.422*
	女	4.0438	0.67295	
教学效能	男	3.8175	0.56680	-3.328**
	女	3.9477	0.51901	

注：* 表示 $P < 0.05$，表示差异显著；** 表示 $P < 0.01$，表示差异非常显著；*** 表示 $P < 0.001$，表示差异极其显著。

在每一个水平内部，男教师和女教师之间的教学效能具体差异如图 3-99 至图 3-103 所示：

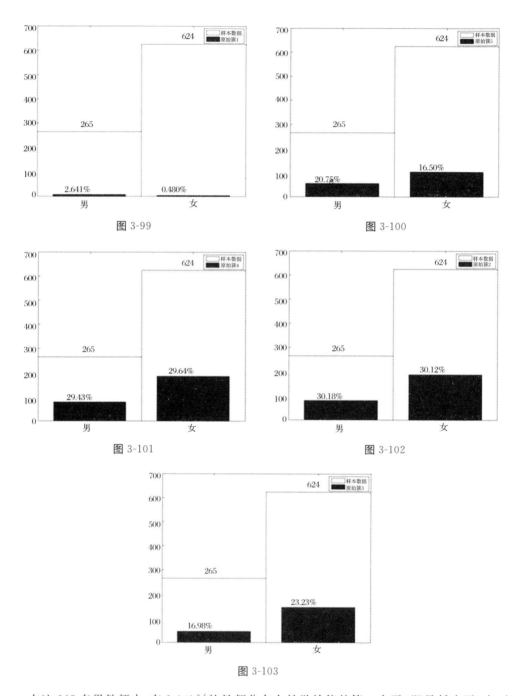

图 3-99

图 3-100

图 3-101

图 3-102

图 3-103

    在这 265 名男教师中,有 2.641% 的教师分布在教学效能的第一水平(即最低水平)中(如图 3-99),20.75% 的教师分布在教学效能的第二水平(即较低水平)中(如图 3-100),29.43% 的教师分布在教学效能的第三水平(即中等水平)中(如图 3-101),30.18% 的教师分布在教学效能的第四水平(即较高水平)中(如图 3-102),16.98% 的教师分布在教学效能的第五水平(即最高水平)中(如图 3-103)。

在这 624 名女教师中,0.480％的教师分布在教学效能的第一水平(即最低水平)中(如图 3-99),16.50％的教师分布在教学效能的第二水平(即较低水平)中(如图 3-100),29.64％的教师分布在教学效能的第三水平(即中等水平)中(如图 3-101),30.12％的教师分布在教学效能的第四水平(即较高水平)中(如图 3-102),23.23％的教师分布在教学效能的第五水平(即最高水平)中(如图 3-103)。

由此可见,男教师分布在第三水平和第四水平的最多,其次分布较多的是第二水平和第五水平。而女教师分布在第四水平和第三水平的最多,其次分布较多的是第五水平和第二水平。分布在第三至第五水平的男教师占其总数的 76.59％,而分布在第三至第五水平的女教师占其总数的 82.99％。这说明,绝大多数女教师的教学效能在中等水平及以上,女教师的教学效能整体水平要高于男教师。

4.学校所在地

初中教师的教学效能有效问卷为 889 份。在这 889 名初中教师中,学校所在地为城市的教师有 509 名,学校所在地为县城的教师有 116 名,学校所在地为农村的教师有 264 名。

表 3-30　初中教师教学效能学校所在地差异分析

	学校所在地	均值	标准差	F 值	事后多重比较
教学认知	城市	3.8998	0.76705	2.934	
	县城	3.7198	0.67980		
	农村	3.8333	0.73134		
教学情绪	城市	3.9502	0.67460	5.950**	1＞2,2＜3
	县城	3.7270	0.65732		
	农村	3.9609	0.63796		
教学期望	城市	4.1212	0.62330	9.834***	1＞2,2＜3
	县城	3.8578	0.62332		
	农村	4.1338	0.56811		
教学能力	城市	4.0321	0.59543	10.451***	1＞2,2＜3
	县城	3.7615	0.52776		
	农村	3.9777	0.55570		
教学策略	城市	4.0409	0.61175	8.301***	1＞2,2＜3
	县城	3.7914	0.58407		
	农村	3.9705	0.58566		
教学业绩	城市	3.3202	0.65984	1.845	
	县城	3.2155	0.62545		
	农村	3.3561	0.67169		

续表

	学校所在地	均值	标准差	F 值	事后多重比较
教学环境	城市	4.0884	0.65361	9.825***	1>2,1>3
	县城	3.8103	0.71455		
	农村	3.9381	0.71672		
教学效能	城市	3.9505	0.54416	9.305***	1>2,2<3
	县城	3.7147	0.50511		
	农村	3.9138	0.51870		

注：* 表示 $P<0.05$，表示差异显著；** 表示 $P<0.01$，表示差异非常显著；*** 表示 $P<0.001$，表示差异极其显著。

据表 3-30 可知，地处城市的教师教学效能明显优于农村和县城教师，其中县城教师表现最差，三者之间的差异极其显著。具体而言，在教学情绪和教学期望上，农村教师表现最好，高于城市教师和县城教师。而在教学能力、教学策略上，城市教师表现最好，优于农村教师和县城教师。在教学环境上，城市教师教学效能明显高于农村教师和县城教师，三者之间的差异极其显著。

在每一个水平内部，学校所在地为城市、县城和农村的初中教师的教学效能具体差异如图 3-104 至图 3-108 所示：

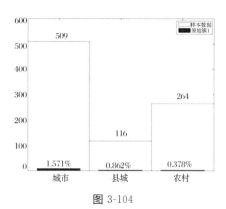

图 3-104

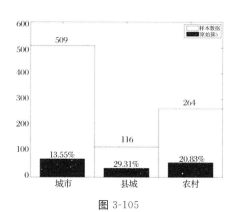

图 3-105

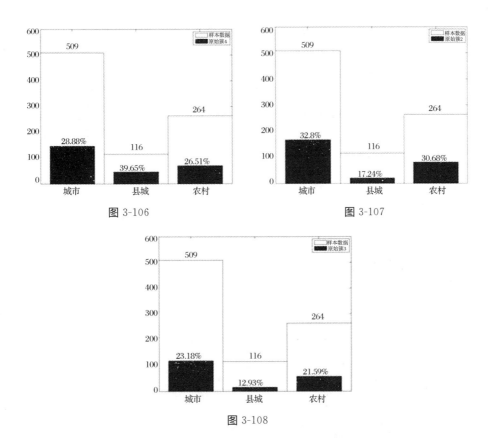

图 3-106   图 3-107

图 3-108

如图 3-104 至图 3-108 所示,在这 509 名学校所在地为城市的教师中,有 1.571% 的教师分布在教学效能的第一水平(即最低水平)中(如图 3-104),13.55% 的教师分布在教学效能的第二水平(即较低水平)中(如图 3-105),28.88% 的教师分布在教学效能的第三水平(即中等水平)中(如图 3-106),32.80% 的教师分布在教学效能的第四水平(即较高水平)中(如图 3-107),23.18% 的教师分布在教学效能的第五水平(即最高水平)中(如图 3-108)。

在这 116 名学校所在地为县城的教师中,有 0.862% 的教师分布在教学效能的第一水平(即最低水平)中(如图 3-104),29.31% 的教师分布在教学效能的第二水平(即较低水平)中(如图 3-105),39.65% 的教师分布在教学效能的第三水平(即中等水平)中(如图 3-106),17.24% 的教师分布在教学效能的第四水平(即较高水平)中(如图 3-107),12.93% 的教师分布在教学效能的第五水平(即最高水平)中(如图 3-108)。

在这 264 名学校所在地为农村的教师中,有 0.378% 的教师分布在教学效能的第一水平(即最低水平)中(如图 3-104),20.83% 的教师分布在教学效能的第二水平(即较低水平)中(如图 3-105),26.51% 的教师分布在教学效能的第三水平(即中等水平)中(如图 3-106),30.68% 的教师分布在教学效能的第四水平(即较高水平)中(如图 3-107),21.59% 的教师分布在教学效能的第五水平(即最高水平)中(如图 3-108)。

总的来说,学校所在地为城市的教师分布在第四水平和第五水平的占到其总数的55.98%,学校所在地为县城的教师分布在第四水平和第五水平的占到其总数的 30.17%,学校所在地为农村的教师分布在第四水平和第五水平的占到其总数的 52.27%。由此可见,在较高及以上的教学效能水平中,学校所在地为城市的教师和学校所在地为农村的教师表现较好,学校所在地为县城的教师表现相对较差。

另一方面,学校所在地为城市的教师分布在第一水平和第二水平的占到其总数的15.121%,学校所在地为县城的教师分布在第一水平和第二水平的占到其总数的30.172%,学校所在地为农村的教师分布在第一水平和第二水平的占到其总数的21.208%。由此可见,在较低及以下的教学效能水平中,较其他两者而言,学校所在地为县城的教师,其教学效能的整体水平表现最差。这也印证了上文的发现。

5.年级

初中教师的教学效能有效问卷为889份。在这889名初中教师中,初一年级的教师有315名,初二年级的教师有286名,初三年级的教师有288名。

表 3-31　**初中教师教学效能任教年级差异分析**

	年级	均值	标准差	F 值	事后多重比较
教学认知	七年级	3.8540	0.69869	1.786	
	八年级	3.7990	0.82119		
	九年级	3.9167	0.71932		
教学情绪	七年级	3.9386	0.63994	2.241	
	八年级	3.8590	0.73821		
	九年级	3.9734	0.61128		
教学期望	七年级	4.1148	0.58083	1.775	
	八年级	4.0344	0.69170		
	九年级	4.1198	0.56173		
教学能力	七年级	3.9704	0.54294	2.154	
	八年级	3.9367	0.68860		
	九年级	4.0355	0.49780		
教学策略	七年级	3.9867	0.56429	1.396	
	八年级	3.9455	0.68822		
	九年级	4.0299	0.55857		

	年级	均值	标准差	F 值	事后多重比较
教学业绩	七年级	3.2722	0.65136	1.591	
	八年级	3.3156	0.68431		
	九年级	3.3681	0.64219		
教学环境	七年级	3.9841	0.64462	0.811	
	八年级	3.9907	0.74765		
	九年级	4.0498	0.67146		
教学效能	七年级	3.9038	0.49809	1.919	
	八年级	3.8679	0.62316		
	九年级	3.9551	0.47994		

注：* 表示 $P<0.05$，表示差异显著；** 表示 $P<0.01$，表示差异非常显著；*** 表示 $P<0.001$，表示差异极其显著。

依据初中教师任教年级对样本进行单因素方差分析，九年级的教学效能高于七年级和八年级的教学效能，但三个年级之间教学效能不存在显著差异（见表 3-31）。

其在每一水平内部分布如图 3-109 至图 3-113 所示：

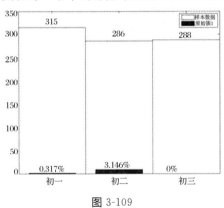

图 3-109

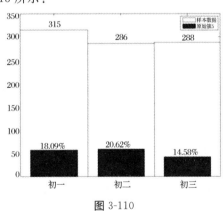

图 3-110

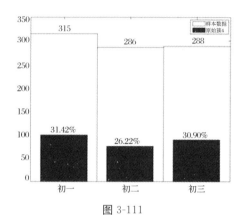

图 3-111

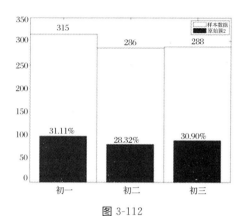

图 3-112

图 3-113

如图 3-109 至图 3-113 所示,在这 315 名初一年级的教师中,有 0.317% 的教师分布在教学效能的第一水平(即最低水平)中(如图 3-109),18.09% 的教师分布在教学效能的第二水平(即较低水平)中(如图 3-110),31.42% 的教师分布在教学效能的第三水平(即中等水平)中(如图 3-111),31.11% 的教师分布在教学效能的第四水平(即较高水平)中(如图 3-112),19.04% 的教师分布在教学效能的第五水平(即最高水平)中(如图 3-113)。

在这 286 名初二年级的教师中,有 3.146% 的教师分布在教学效能的第一水平(即最低水平)中(如图 3-109),20.62% 的教师分布在教学效能的第二水平(即较低水平)中(如图3-110),26.22% 的教师分布在教学效能的第三水平(即中等水平)中(如图 3-111),28.32% 的教师分布在教学效能的第四水平(即较高水平)中(如图 3-112),21.67% 的教师分布在教学效能的第五水平(即最高水平)中(如图 3-113)。

在这 288 名初三年级的教师中,有 0% 的教师分布在教学效能的第一水平(即最低水平)中(如图 3-109),14.58% 的教师分布在教学效能的第二水平(即较低水平)中(如图 3-110),30.90% 的教师分布在教学效能的第三水平(即中等水平)中(如图 3-111),30.90% 的教师分布在教学效能的第四水平(即较高水平)中(如图 3-112),23.61% 的教师分布在教学效能的第五水平(即最高水平)中(如图 3-113)。

总的来说,初一年级的教师分布在第四水平和第五水平的占到其总数的 50.15%,初二年级的教师分布在第四水平和第五水平的占到其总数的 49.99%,初三年级的教师分布在第四水平和第五水平的占到其总数的 54.51%。由此可见,初一、初二、初三年级的教师,在较高及以上的教学效能水平中其表现差异并不明显。

与此相反,初一年级的教师分布在第一水平和第二水平的占到其总数的18.407%,初二年级的教师分布在第一水平和第二水平的占到其总数的23.766%,初三年级的教师分布在第一水平和第二水平的占到其总数的14.58%。由此可见,初一、初二、初三年级的教师,在较低及以下的教学效能水平中其表现还是有一定差异的,初二年级的教师其教学效能的整体水平不及初一和初三年级的教师教学效能水平高。

6.最高学历

初中教师的教学效能有效问卷为889份。在这889名初中教师中,最高学历为大专及以下的教师有57名,最高学历为本科的教师有750名,最高学历为研究生的教师有82名。

表 3-32　初中教师教学效能学历差异分析

	最高学历	均值	标准差	F 值	事后多重比较
教学认知	大专及以下	3.9035	0.75851	1.731	
	本科	3.8380	0.73992		
	研究生	3.9939	0.79928		
教学情绪	大专及以下	3.8421	0.65799	0.530	
	本科	3.9271	0.66668		
	研究生	3.9553	0.66205		
教学期望	大专及以下	3.9269	0.62123	4.718**	1<3,2<3
	本科	4.0860	0.61261		
	研究生	4.2459	0.58749		
教学能力	大专及以下	3.8519	0.53590	1.831	
	本科	3.9840	0.57734		
	研究生	4.0393	0.64111		
教学策略	大专及以下	3.8667	0.63621	2.008	
	本科	3.9869	0.59745		
	研究生	4.0756	0.64837		

学业负担论纲

续表

	最高学历	均值	标准差	F 值	事后多重比较
教学业绩	大专及以下	3.3333	0.70763	1.761	
	本科	3.3020	0.65335		
	研究生	3.4451	0.67703		
教学环境	大专及以下	3.9708	0.62767	2.214	
	本科	3.9938	0.68767		
	研究生	4.1585	0.71669		
教学效能	大专及以下	3.8169	0.51820	2.319	
	本科	3.9048	0.53350		
	研究生	4.0099	0.56906		

注：* 表示 $P < 0.05$，表示差异显著；** 表示 $P < 0.01$，表示差异非常显著；*** 表示 $P < 0.001$，表示差异极其显著。

通过单因素分析，我们发现，研究生学历教师的教学效能高于本科学历教师的教学效能，高于大专及以下学历教师的教学效能，三者之间在总体上不存在显著性差异，但在教学期望这一维度差异非常显著。

在每一个水平内部，学历不同的教师间具体差异如图 3-114 至图 3-118 所示。

如图 3-114 至图 3-118 所示，在这 57 名最高学历为大专及以下的教师中，有 0% 的教师分布在教学效能的第一水平（即最低水平）中（如图 3-114），28.07% 的教师分布在教学效能的第二水平（即较低水平）中（如图 3-115），28.07% 的教师分布在教学效能的第三水平（即中等水平）中（如图 3-116），31.57% 的教师分布在教学效能的第四水平（即较高水平）中（如图 3-117），12.38% 的教师分布在教学效能的第五水平（即最高水平）中（如图 3-118）。

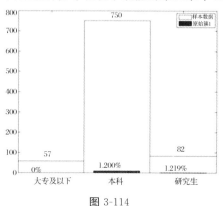

图 3-114

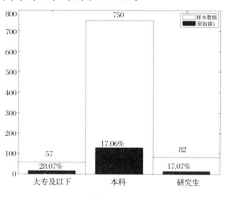

图 3-115

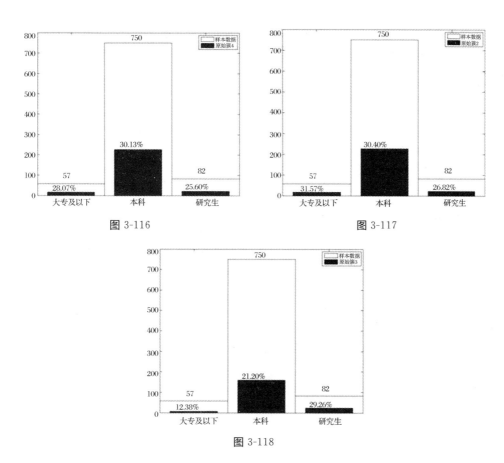

图 3-116　　　　　　　　　　　　　　　　　　图 3-117

图 3-118

在这 750 名最高学历为本科的教师中,有 1.200％的教师分布在教学效能的第一水平(即最低水平)中(如图 3-114),17.06％的教师分布在教学效能的第二水平(即较低水平)中(如图 3-115),30.13％的教师分布在教学效能的第三水平(即中等水平)中(如图 3-116),30.40％的教师分布在教学效能的第四水平(即较高水平)中(如图 3-117),21.20％的教师分布在教学效能的第五水平(即最高水平)中(如图 3-118)。

在这 82 名最高学历为研究生的教师中,有 1.219％的教师分布在教学效能的第一水平(即最低水平)中(如图 3-114),17.07％的教师分布在教学效能的第二水平(即较低水平)中(如图 3-115),25.60％的教师分布在教学效能的第三水平(即中等水平)中(如图 3-116),26.82％的教师分布在教学效能的第四水平(即较高水平)中(如图 3-117),29.26％的教师分布在教学效能的第五水平(即最高水平)中(如图 3-118)。

总的来说,最高学历为大专及以下的教师分布在第四水平和第五水平的占到其总数的 43.95％,最高学历为本科的教师分布在第四水平和第五水平的占到其总数的 51.60％,最高学历为研究生的教师分布在第四水平和第五水平的占到其总数的 56.08％。由此可见,在较高及以上的教学效能水平中,较最高学历为大专及以下的教师、本科学历的教师而言,研究生学历的教师表现最好,但三者之间的差异并不十分明显。

另一方面,最高学历为大专及以下的教师分布在第一水平和第二水平的占到其总数的 28.07％,最高学历为本科的教师分布在第一水平和第二水平的占到其总数的 18.26％,最高学历为研究生的教师分布在第一水平和第二水平的占到其总数的 18.289％。由此可见,在较低及以下的教学效能水平中,较其他两者而言,最高学历为大专及以下的教师,其教学效能的整体表现最差,最高学历为本科和研究生的教师在较低及以下的教学效能水平中,他们的差别不明显。

7.职称

初中教师的教学效能有效问卷为 889 份。在这 889 名初中教师中,职称为正高级的教师有 10 名,高级教师有 165 名,一级教师有 383 名,二级教师有 266 名,三级教师有 12 名,其他教师有 44 名。(根据三维视图,教师职称人数为 880 人,其余 9 人可能未填写职称题项,被作缺失值处理。)

表 3-33　初中教师教学效能职称差异分析

	职称	均值	标准差	F 值	事后多重比较
教学认知	正高级	3.9000	1.07497	1.028	
	高级	3.9606	0.74283		
	一级	3.8616	0.77707		
	二级	3.8120	0.70202		
	三级	3.6667	0.83485		
	其他	3.8068	0.65783		
教学情绪	正高级	3.8000	0.94542	1.142	
	高级	4.0000	0.68669		
	一级	3.9530	0.66150		
	二级	3.8672	0.64680		
	三级	3.8333	0.65905		
	其他	3.8712	0.55785		
教学期望	正高级	4.1500	0.88349	0.620	
	高级	4.1354	0.61502		
	一级	4.0997	0.61327		
	二级	4.0789	0.60156		
	三级	3.8611	0.84037		
	其他	4.0417	0.48107		

	职称	均值	标准差	F 值	事后多重比较
教学能力	正高级	4.2556	1.04894	4.427**	1>5,1>6, 2>4,2>5, 2>6,3>6, 4>6
	高级	4.0747	0.61255		
	一级	4.0160	0.58112		
	二级	3.9294	0.53220		
	三级	3.7130	0.62038		
	其他	3.7172	0.43889		
教学策略	正高级	4.3600	0.80443	4.905***	1>4,1>5,1 >6,2>4, 2>5,2>6, 3>6,4>6
	高级	4.1030	0.63307		
	一级	4.0136	0.59017		
	二级	3.9323	0.58323		
	三级	3.7500	0.72926		
	其他	3.7091	0.50015		
教学业绩	正高级	3.7000	0.81479	3.003**	1>4,1>6, 2>6, 3>6,4>6
	高级	3.3258	0.64947		
	一级	3.3695	0.68663		
	二级	3.2763	0.62477		
	三级	3.4167	0.66856		
	其他	3.0398	0.53631		
教学环境	正高级	4.4333	0.87560	1.809	
	高级	4.0525	0.70032		
	一级	4.0235	0.69426		
	二级	3.9599	0.66608		
	三级	3.6667	1.02494		
	其他	3.9848	0.51817		

续表

	职称	均值	标准差	F 值	事后多重比较
教学效能	正高级	4.1344	0.83763	2.734**	1＞6，2＞4， 2＞6，3＞6
	高级	3.9807	0.56125		
	一级	3.9356	0.54051		
	二级	3.8660	0.49974		
	三级	3.7135	0.62936		
	其他	3.7372	0.40730		

注：* 表示 $P<0.05$，表示差异显著；** 表示 $P<0.01$，表示差异非常显著；*** 表示 $P<0.001$，表示差异极其显著。

据表 3-33 可知，正高级职称的教师整体教学效能优于高级、一级、二级、三级和其他职称的教师。具体而言，不同职称教师在教学能力、教学效能和教学业绩上的差异非常显著，在教学策略上差异极其显著，在教学认知、教学情绪、教学期望和教学环境上不存在显著性差异。其中，在教学能力和教学策略维度，正高级教师教学效能优于高级、一级、二级、三级教师的教学效能。在教学业绩维度，正高级职称的教师的教学效能最高，且高于高级、一级、二级、三级及其他职称的教师。

在每一个水平内部，职称不同的教师间具体差异如图 3-119 至图 3-123 所示。

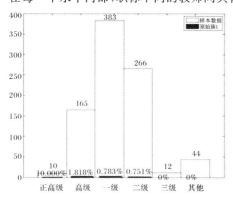

图 3-119

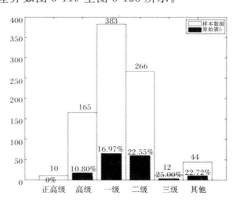

图 3-120

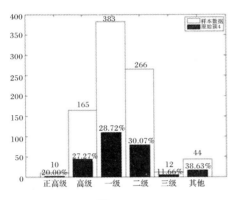

图 3-121

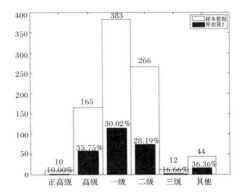

图 3-122

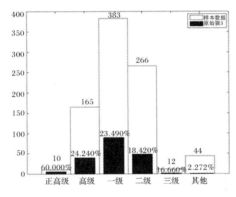

图 3-123

如图 3-119 至图 3-123 所示,在职称为正高级的 10 名教师中,有 10.000％的教师分布在教学效能的第一水平(即最低水平)中(如图 3-119),0％的教师分布在教学效能的第二水平(即较低水平)中(如图 3-120),20.00％的教师分布在教学效能的第三水平(即中等水平)中(如图3-121),10.00％的教师分布在教学效能的第四水平(即较高水平)中(如图 3-122),60.000％的教师分布在教学效能的第五水平(即最高水平)中(如图 3-123)。

在这 165 名高级教师中,有 1.818％的教师分布在教学效能的第一水平(即最低水平)中(如图 3-119),10.80％的教师分布在教学效能的第二水平(即较低水平)中(如图 3-120),27.27％的教师分布在教学效能的第三水平(即中等水平)中(如图 3-121),35.75％的教师分布在教学效能的第四水平(即较高水平)中(如图 3-122),24.240％的教师分布在教学效能的第五水平(即最高水平)中(如图 3-123)。

在这 383 名一级教师中,有 0.783％的教师分布在教学效能的第一水平(即最低水平)中(如图 3-119),16.97％的教师分布在教学效能的第二水平(即较低水平)中(如图 3-120),28.72％的教师分布在教学效能的第三水平(即中等水平)中(如图 3-121),30.02％的教师分布在教学效能的第四水平(即较高水平)中(如图 3-122),23.490％的教师分布在教学效能的第五水平(即最高水平)中(如图 3-123)。

在这 266 名二级教师中,有 0.751％的教师分布在教学效能的第一水平(即最低水平)中(如图 3-119),22.55％的教师分布在教学效能的第二水平(即较低水平)中(如图 3-120),30.07％的教师分布在教学效能的第三水平(即中等水平)中(如图 3-121),28.19％的教师分布在教学效能的第四水平(即较高水平)中(如图 3-122),18.420%的教师分布在教学效能的第五水平(即最高水平)中(如图 3-123)。

在这 12 名三级教师中,有 0%的教师分布在教学效能的第一水平(即最低水平)中(如图 3-119),25.00%的教师分布在教学效能的第二水平(即较低水平)中(如图 3-120),11.66%的教师分布在教学效能的第三水平(即中等水平)中(如图 3-121),16.660%的教师分布在教学效能的第四水平(即较高水平)中(如图 3-122),16.660%的教师分布在教学效能的第五水平(即最高水平)中(如图 3-123)。

其他职称教师共有 44 名,主要分布在教学效能第二、第三和第四水平。这部分教师主要包括未评级教师及代课教师等,暂不在分析范围内,因此不作详解。

总的来说,正高级教师分布在第四水平和第五水平的占到其总数的 70%,高级教师分布在第四水平和第五水平的占到其总数的 59.99%,一级教师分布在第四水平和第五水平的占到其总数的 53.51%,二级教师分布在第四水平和第五水平的占到其总数的 46.61%,三级教师分布在第四水平和第五水平的占到其总数的 33.32%。由此可见,职称越高的教师群体,其教学效能表现越好。职称在一定程度上,对教师的教学效能水平有正面影响。

另一方面,正高级教师分布在第一水平和第二水平的占到其总数的 10%,高级教师分布在第一水平和第二水平的占到其总数的 12.618%,一级教师分布在第一水平和第二水平的占到其总数的 17.753%,二级教师分布在第一水平和第二水平的占到其总数的 23.301%,三级教师分布在第一水平和第二水平的占到其总数的 25%。由此可见,职称越低的教师群体,其教学效能表现越差。这也从反面印证了上文的看法。

8.教龄

初中教师的教学效能有效问卷为 889 份。在这 889 名初中教师中,教龄为 0—5 年的教师有 138 名,教龄为 6—10 年的教师有 167 名,教龄为 11—15 年的教师有 185 名,教龄为 16—20 年的教师有 190 名,教龄为 21 年以上的教师有 209 名。

表 3-34 初中教师教学效能教龄差异分析

	教龄	均值	标准差	F 值	事后多重比较
教学认知	0—5 年	3.8587	0.68878	1.270	
	6—10 年	3.7725	0.68922		
	11—15 年	3.8351	0.77397		
	16—20 年	3.9474	0.77143		
	21 年以上	3.8589	0.78012		
教学情绪	0—5 年	3.8623	0.61441	1.268	
	6—10 年	3.8523	0.63857		
	11—15 年	3.9387	0.69841		
	16—20 年	3.9737	0.65232		
	21 年以上	3.9649	0.69786		

	教龄	均值	标准差	F 值	事后多重比较
教学期望	0—5 年	4.1461	0.54833	0.512	
	6—10 年	4.0868	0.57089		
	11—15 年	4.0577	0.66688		
	16—20 年	4.0684	0.63296		
	21 年以上	4.1061	0.62236		
教学能力	0—5 年	3.8237	0.51520	4.164**	1<3,1<4,1<5,2<4
	6—10 年	3.9388	0.51724		
	11—15 年	3.9976	0.61679		
	16—20 年	4.0667	0.58178		
	21 年以上	4.0245	0.62007		
教学策略	0—5 年	3.8623	0.55200	3.311*	1<3,1<4,1<5,2<4
	6—10 年	3.9210	0.52776		
	11—15 年	4.0054	0.64889		
	16—20 年	4.0779	0.62593		
	21 年以上	4.0249	0.62493		
教学业绩	0—5 年	3.1938	0.58495	2.916*	1<2,1<4
	6—10 年	3.3892	0.60657		
	11—15 年	3.2865	0.69232		
	16—20 年	3.4105	0.68614		
	21 年以上	3.2835	0.68031		
教学环境	0—5 年	4.0652	0.61458	1.436	
	6—10 年	3.9281	0.64536		
	11—15 年	3.9514	0.75704		
	16—20 年	4.0456	0.72433		
	21 年以上	4.0478	0.66414		

续表

	教龄	均值	标准差	F 值	事后多重比较
教学效能	0—5 年	3.8399	0.47725	1.441	
	6—10 年	3.8756	0.48169		
	11—15 年	3.9012	0.57230		
	16—20 年	3.9686	0.55841		
	21 年以上	3.9335	0.55991		

注：* 表示 $P < 0.05$，表示差异显著；** 表示 $P < 0.01$，表示差异非常显著；*** 表示 $P < 0.001$，表示差异极其显著。

据表 3-34 所知，除教学能力、教学策略和教学业绩维度外，其他维度均无显著性差异。其中，在教学能力维度，16—20 年教龄的教师表现最好，其教学效能要高于其他教龄段教师；0—5 年教龄的教师表现较差；几者之间差异非常显著。在教学策略、教学业绩维度，16—20 年教龄的教师表现最好，其教学效能要高于其他教龄段教师，几者之间差异显著。

在每一个水平内部，教龄不同的教师间具体差异如图 3-124 至图 3-128 所示。

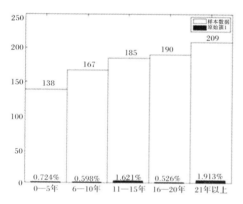

图 3-124

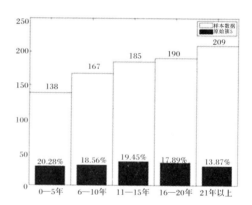

图 3-125

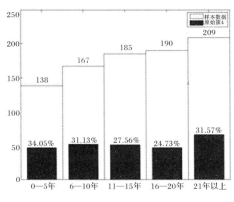

图 3-126

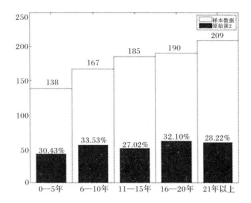

图 3-127

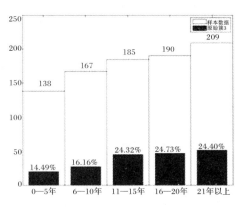

图 3-128

如图 3-124 至图 3-128 所示,在这 138 名教龄为 0—5 年的教师中,有 0.724% 的教师分布在教学效能的第一水平(即最低水平)中(如图 3-124),20.28% 的教师分布在教学效能的第二水平(即较低水平)中(如图 3-125),34.05% 的教师分布在教学效能的第三水平(即中等水平)中(如图 30-126),30.43% 的教师分布在教学效能的第四水平(即较高水平)中(如图 3-127),14.49% 的教师分布在教学效能的第五水平(即最高水平)中(如图 3-128)。

在这 167 名教龄为 6—10 年的教师中,有 0.598% 的教师分布在教学效能的第一水平(即最低水平)中(如图 3-124),18.56% 的教师分布在教学效能的第二水平(即较低水平)中(如图 3-125),31.13% 的教师分布在教学效能的第三水平(即中等水平)中(如图 3-126),33.53% 的教师分布在教学效能的第四水平(即较高水平)中(如图 3-127),16.16% 的教师分布在教学效能的第五水平(即最高水平)中(如图 3-128)。

在这 185 名教龄为 11—15 年的教师中,有 1.621% 的教师分布在教学效能的第一水平(即最低水平)中(如图 3-124),19.45% 的教师分布在教学效能的第二水平(即较低水平)中(如图 3-125),27.56% 的教师分布在教学效能的第三水平(即中等水平)中(如图 3-126),27.02% 的教师分布在教学效能的第四水平(即较高水平)中(如图 3-127),24.32% 的教师分布在教学效能的第五水平(即最高水平)中(如图 3-128)。

在这 190 名教龄为 16—20 年的教师中,有 0.526% 的教师分布在教学效能的第一水平(即最低水平)中(如图 3-124),17.89% 的教师分布在教学效能的第二水平(即较低水平)中

（如图 3-125），24.73％的教师分布在教学效能的第三水平（即中等水平）中（如图 3-126），32.10％的教师分布在教学效能的第四水平（即较高水平）中（如图 3-127），24.73％的教师分布在教学效能的第五水平（即最高水平）中（如图 3-128）。

在这 209 名教龄为 21 年以上的教师中，有 1.913％的教师分布在教学效能的第一水平（即最低水平）中（如图 3-124），13.87％的教师分布在教学效能的第二水平（即较低水平）中（如图 3-125），31.57％的教师分布在教学效能的第三水平（即中等水平）中（如图 3-216），28.22％的教师分布在教学效能的第四水平（即较高水平）中（如图 3-127），24.40％的教师分布在教学效能的第五水平（即最高水平）中（如图 3-128）。

总的来说，教龄为 0—5 年的教师分布在第四水平和第五水平的占到其总数的 44.92％，教龄为 6—10 年的教师分布在第四水平和第五水平的占到其总数的 49.69％，教龄为 11—15 年的教师分布在第四水平和第五水平的占到其总数的 51.34％，教龄为 16—20 年的教师分布在第四水平和第五水平的占到其总数的 56.83％，教龄为 21 年以上的教师分布在第四水平和第五水平的占到其总数的 52.62％。由此可见，在较高及以上的教学效能水平中，教龄为 16—20 年的教师表现最好，其后依次是教龄为 21 年以上的教师、教龄为 11—15 年的教师、教龄为 6—10 年的教师、教龄为 0—5 年的教师。这说明，中年教师教学效能的整体水平较高，新手教师表现最差。其中，教龄为 21 年以上的教师、教龄为 11—15 年的教师、教龄为 6—10 年的教师三者之间的差别并不十分明显。

另一方面，教龄为 0—5 年的教师分布在第一水平和第二水平的占到其总数的 21.004％，教龄为 6—10 年的教师分布在第一水平和第二水平的占到其总数的 19.158％，教龄为 11—15 年的教师分布在第一水平和第二水平的占到其总数的 21.071％，教龄为 16—20 年的教师分布在第一水平和第二水平的占到其总数的 18.416％，教龄为 21 年以上的教师分布在第一水平和第二水平的占到其总数的 15.783％。由此可见，在较低及以下的教学效能水平中，教龄为 11—15 年的教师占的比例最多，是其中表现最差的群体，其前依次是教龄为 0—5 年的教师、教龄为 6—10 年的教师、教龄为 16—20 年的教师、教龄为 21 年以上的教师。来自人数的分布图在一定程度上反映了不同教学效能水平中各年龄群体的聚焦或分散状况，但并不能给出显著性的说明。

四、高中教师的教学效能

本部分从水平、突出特征和影响因素三方面对高中教师的教学效能进行了考察和刻画。其中，水平涉及三个问题：教学效能的水平划分、教学效能的总体状况，及教学效能五个等级水平的结构表征。突出特征是在此内部结构分析上所探寻到的高中教学效能三个水平之间相互区别的特征。影响因素则是对影响教师教学效能的相应人口变量的考察。我们力图从这三个方面较完整地刻画出高中教学效能的状况。

（一）教学效能的水平

对教学效能水平的划分及刻画是我们探索的重点。本部分在大数据聚类分析和 SPSS 差异分析的基础上，对高中教学效能的水平划分、总体描述、各等级水平的内部结构特征做了描述和探讨。

1.高中教学效能的水平划分

高中教师的教学效能有效问卷数 866 份。通过聚类的方法,我们将高中教师的教学效能数据具体聚成五簇:原始簇 1、原始簇 2、原始簇 3、原始簇 4、原始簇 5,按其中心点的大小由低到高依次排列为五个等级水平。

第一水平(最低水平),对应原始簇 4(中心点均值为 2.13);第二水平(较低水平),对应原始簇 1(中心点均值为 3.26);第三水平(中等水平),对应原始簇 3(中心点均值为 3.77);第四水平(较高水平),对应原始簇 5(中心点均值 4.17);第五水平(最高水平),对应原始簇 2(中心点均值 4.63)。

第一水平 8 个样本,占样本总数的 0.92%,其中心点均值为 2.13,为其中最低水平;第二水平共 161 个样本,占样本总数的 18.59%,其中心点均值为 3.26,为其中较低水平;第三水平 299 个样本,占样本总数的 34.53%,其中心点均值为 3.77,为其中中等水平;第四水平 239 个样本,占样本总数的 27.60%,其中心点均值为 4.17,为其中较高水平;第五水平共 159 个样本,占样本总数的 18.36%,其中心点均值为 4.63,为其中最高水平。

2.高中教学效能的总体描述

表 3-35　高中教师教学效能的总体描述

	平均分	标准差
教学认知	3.9192	0.68581
教学情绪	3.9542	0.64777
教学期望	4.1105	0.60954
教学能力	3.9766	0.54223
教学策略	3.9982	0.58442
教学业绩	3.3245	0.64809
教学环境	4.0681	0.61837
教学效能	3.9265	0.50187

由表 3-35 可知,高中教师具有很高的教学期望,但具有很低的教学业绩。这反映出教师的理想与实践存在着较大的差距。教师的高期待既表现为教师对于自身生存需要、尊重需要和自我实现需要的较高的期许,也体现为教师对学生认知、情感和行为发展的较高期许。而高中教师的教学业绩很低,其原因可能是多方面的。最终反映在他们的教学、科研成果,及课堂教学效果的成效低。但同时,高中教师对教学环境的感知很好,这说明无论是人际环境还是人文环境,教师都从中体验到较积极的氛围。这亦说明,外在环境不是影响教师教学业绩的最重要因素。其次,高中教师的教学认知、教学情绪、教学能力、教学策略和教学效能之间相差不大。在教学认知与教学情绪维度,高中教师的教学情绪要略高于教学认知,说明高中教师的教学情绪要好于其教学认知,即高中教师的自我情绪调控及学生情绪调控水平要好于教师的教学认知水平;

而教师的教学策略略高于其教学能力,这说明,相较于教师能力的判别而言,教师更善于在课堂中运用自身所具备的元认知策略、认知策略和监控策略,并能取得较好的效果。

3.高中教学效能五个等级水平的结构表征

(1)第一水平的结构

①教学认知

在教学认知这一维度,主要划分为两级维度,即对教学价值的认知和对自身教学的认知,其中对教学价值的认知主要指向教学的有用或无用,对自身教学的认知指向对学生的影响程度。

在第一水平高中教师教学认知这一维度(如图 3-129),于教师对教学价值的认知,50.00%的教师选择"完全不符合",37.50%和12.50%的教师分别选择"不太符合"和"一般",即在第一水平中近88%的教师较不认同"教学对学生影响最大"。于教师对自身教学的认知,37.50%的教师选择"完全不符合",12.50%的教师选择"不太符合",50.00%的教师选择"一般",说明一半的教师较不认同"我的教学对学生的影响主要在知识增长方面",对学生影响的程度持模糊态度。总而言之,第一水平高中教师在教学认知上处于偏下水平。

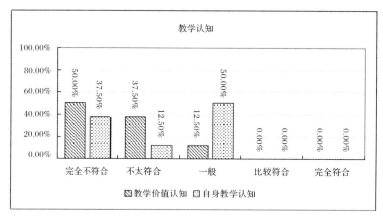

图 3-129 高中教师教学认知各题项选择百分比柱状图

②教学情绪

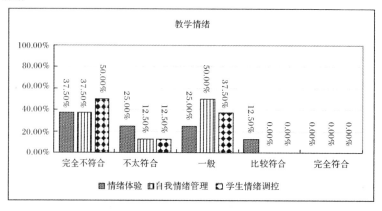

图 3-130 高中教师教学情绪各题项选择百分比柱状图

教学是师生共同构筑的活动,主要指向教师主体和学生主体。在教师教学情绪这一维度,主要分为自我情绪调控和学生情绪调控两级维度,其中教师自我情绪调控维度主要体现在情绪体验和情绪管理两方面;学生情绪调控维度主要体现在情绪管理上。

在教学情绪这一维度(如图 3-130),就第一水平高中教师而言,于自我情绪调控,一方面在情绪体验上,37.50%的教师选择"完全不符合",25.00%的教师选择"不太符合",25.00%的教师选择"一般",说明 62.50%的教师较不认同"给学生上课是一件挺有意思的事";另一方面在自我情绪管理上,50.00%的教师选择"一般",37.50%的教师选择"完全不符合",12.50%的教师选择"不太符合",说明一半的教师对"我总能及时调整情绪,不会让不愉快的事影响上课"持不确定态度,另有一半的教师持较不认同态度。于学生情绪调控,50.00%的教师选择"完全不符合",12.50%的教师选择"不太符合",37.50%的教师选择"一般",说明 62.50%的教师较不认同"我总是能想办法及时疏导学生的负面情绪"。总而言之,此水平中的教师教学情绪整体处于最低水平。

③教学期望

在教学期望这一维度,包括自我发展和学生发展两个层面,一方面,自我发展主要体现在生存需要、尊重需要和自我实现需要三个题上;另一方面,学生发展主要体现在认知、情感和行为三个层面。

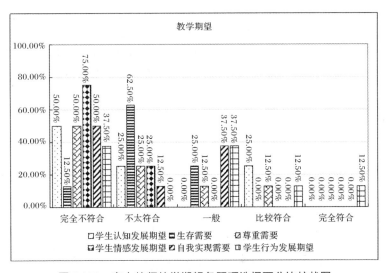

图 3-131　高中教师教学期望各题项选择百分比柱状图

在第一水平教师教学期望这一维度(如图 3-131 所示),就教师在生存需要上的期望而言,62.50%的教师选择了"不太符合",12.50%的教师选择了"完全不符合",25.00%的教师选择了"一般",这表明第一水平高中教师有 75.00%的人都比较不认同"为了更好的生活,我认真教学";就教师在尊重需要上的期望而言,50.00%的教师选择了"完全不符合",25.00%的教师选择了"不太符合",这表明第一水平高中教师中有 75.00%的人都比较不认同"我希望通过努力教学获得社会的认可";就教师在自我实现需要上的期望而言,50.00%的教师选择了"完全不符合",12.50%的教师选择了"不太符合",37.50%的教师选择了"一般",这表明 62.50%的教师都比较不认同"教学能实现我的人生价值"。

就教师对学生在认知发展上的期望而言,50.00%的教师选择了"完全不符合",25.00%的教师选择了"不太符合",25.00%的教师选择了"比较符合",这表明第一水平高中教师有75.00%的人都比较不认同"我希望通过教学不断提升学生解决问题的能力",而25.00%的教师对此表示认同;就教师对学生在情感发展上的期望而言,75.00%的教师选择了"完全不符合",25.00%的教师选择了"不太符合",这表明第一水平高中教师100.00%的人都比较不认同"我希望教学能促进学生情感的发展";就教师对学生在行为发展上的期望而言,37.50%的教师选择了"完全不符合",37.50%的教师选择了"一般",12.50%的教师选择了"比较符合",12.50%的教师选择了"完全符合",这表明第一水平高中教师有37.50%的人完全不认同"我希望通过教学使学生养成良好的行为习惯",37.50%的人对此表示不确定,还有25.00%的人对此表示认同。

总体而言,第一水平高中教师在自身发展的期望(生存需要、尊重需要、自我实现的需要)上的判断相当消极,多数教师对自身发展不抱希望,在"对学生发展的期望"上的判断也很消极,多数教师对学生的认知、情感发展也不抱任何希望,对行为发展则处于不抱希望也不清楚的状态,其教学期待处于最低水平。

④教学能力

作为教学效能的客观组成部分,其中教师教学能力层次与类别多样,在教学效能范畴,主要可将其纳入五个层面,第一个是教学设计能力,包括目标设计和内容设计能力;第二个是教学交往能力,意指教师表达能力;第三个是教学管理能力,包括课堂秩序的管理和突发事件的处理;第四个是教学评价与反思能力,主要体现为对学生的评价和对教师自我的评价,即评价学生和自我反思;第五个是教学研究与创新能力,包括教研能力和创新能力两个层面。

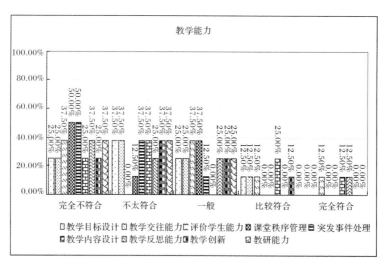

图 3-132　高中教师教学能力各题项选择百分比柱状图

在第一水平教师教学能力这一维度(如图 3-132 所示),在教学设计能力上,就教师的教学目标设计能力而言,37.50%的教师选择了"不太符合",25.00%的教师选择了"完全不符合",25.00%的教师选择了"一般",这表明第一水平教师中有62.50%的人都比较不认同"我总是能制定清晰明确的教学目标";就教师的教学内容设计能力而言,37.50%的教师选择了

"不太符合",25.00％的教师选择了"完全不符合",25.00％的教师选择了"比较符合",12.50％的教师选择了"完全符合",这表明第一水平教师中有62.50％的人都比较不认同"我总能恰当地选择或组织教学内容",37.50％的人对此较认同。

就教师的教学交往能力而言,37.50％的教师选择了"不太符合",25.00％的教师选择了"完全不符合",25.00％的教师选择了"一般",这表明第一水平教师中有62.50％的人都比较不认同"我总能很好地引导学生参与课堂讨论"。

就教师的教学管理能力而言,在课堂秩序管理能力上,50.00％的教师选择了"完全不符合",12.50％的教师选择了"不太符合",37.50％的教师选择了"一般",这表明第一水平教师中有62.50％的人都比较不认同"我总是能够维持良好的课堂秩序";在教师的突发事件处理能力上,50.00％的教师选择了"完全不符合",37.50％的教师选择了"不太符合",这表明第一水平教师中有87.50％的人都比较不认同"我能巧妙地处理课堂上的突发事件"。

就教师的教学评价与反思能力而言,在评价学生能力方面,37.50％的教师选择了"完全不符合",37.50％的教师选择了"一般",12.50％的教师选择了"比较符合",12.50％的教师选择了"完全符合",这表明教师的意见较分散,但总体来说有37.50％的教师完全不认同"我能全面客观地评价我的学生",另有37.50％的教师对此持不确定态度。在自我反思能力方面,37.50％的教师选择了"完全不符合",25.00％的教师选择了"不太符合",这表明第一水平教师中有62.50％的人都比较不认同"课后我经常思考自己教学存在的问题"。

就教师的教学研究与创新能力而言,在教学研究能力上,37.50％的教师选择了"完全不符合",37.50％的教师选择了"不太符合",这表明第一水平教师中有75.00％的人都比较不认同"我经常研究如何解决教学问题";在教学创新能力上,37.50％的教师选择了"不太符合",25.00％的教师选择了"完全不符合",25.00％的教师选择了"一般",这表明第一水平教师中有62.50％的人都比较不认同"我总能创造性地开展教学"。

总体而言,第一水平教师在教学能力上的判断持消极态度的较多。这显示出,第一水平教师在教学能力维度的表现十分地消极,这一水平教师的教学能力处于最低水平。

⑤教学策略

在我们所编制的问卷中,教师的教学策略由三个部分构成:教学元认知策略、教学认知策略和资源管理策略。

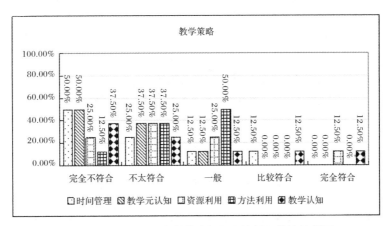

图3-133　高中教师教学策略各题项选择百分比柱状图

教学元认知策略指的是教师的监控策略,教学认知策略指的是教师的复述策略,资源管理策略指的是教师的时间管理、方法利用和资源利用策略。

在第一水平教师教学策略这一维度(如图 3-133 所示),就教学元认知策略而言,50.00％的教师选择了"完全不符合",37.50％的教师选择了"不太符合",这表明第一水平教师中87.50％的人都比较不认同"我总能有意识地反思正在进行的教学活动"。

就教师的教学认知策略而言,37.50％的教师选择了"完全不符合",25.00％的教师选择了"不太符合",这表明第一水平教师中有 62.50％的人都比较不认同"我熟知所教学科的知识体系"。

就教师的资源管理策略而言,在时间管理策略上,50.00％的教师选择了"完全不符合",25.00％的教师选择了"不太符合",这表明第一水平教师中有 75.00％的人都比较不认同"我能有效地掌控课堂教学节奏";在教师的方法利用策略上,37.50％的教师选择了"不太符合",12.50％的教师选择了"完全不符合",50.00％的教师选择了"一般",这表明第一水平教师中有一半的人都比较不认同"我总能灵活运用不同的方法进行课堂教学",还有一半的人对此表示不确定;在教师的资源利用策略上,37.50％的教师选择了"不太符合",25.00％的教师选择了"完全不符合",这表明第一水平教师中有 62.50％的人都比较不认同"在教学中,我总是能充分利用各种教学资源"。

总体而言,第一水平教师在教学元认知策略上的判断其持消极态度的超过 4/5,在教学认知策略和教学资源管理策略上的判断其持消极态度的占到 60％左右。这显示出,第一水平高中教师在教学策略维度(尤其是教学元认知策略)的表现十分消极,这一水平教师的教学策略处于最低水平。

⑥教学业绩

在我们所编制的问卷中,教师的教学业绩由两个部分构成:教学成果、科研成果,及课堂教学成果。教学成果、科研成果包括教师的教学获奖和科研论著情况两方面。课堂教学效果包括班级排名和他人评价两方面。

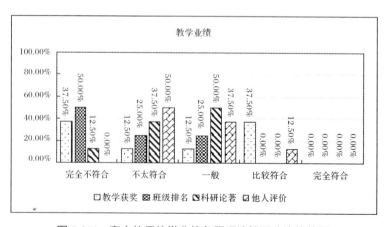

图 3-134　高中教师教学业绩各题项选择百分比柱状图

在第一水平教师教学业绩这一维度(如图 3-134 所示),就教学、科研成果而言,在教学获奖上,37.50％的教师选择了"完全不符合",12.50％的教师选择了"不太符合",12.50％的教选择了"一般",37.50％的教师选择了"比较符合",这表明第一水平教师中有50.00％的人都比较不认同"我经常获得各种荣誉";就科研论著而言,37.50％的教师选择了"不太符合",12.50％的教师选择了"完全不符合",50.00％的教师选择了"一般",这表明第一水平教师中有一半的人都比较不认同"我经常写论文或做课题",同时有一半的人对此持不确定态度。

就教师的课堂教学成果而言,在班级排名上,50.00％的教师选择了"完全不符合",25.00％的教师选择了"不太符合",25.00％的教师选择了"一般",这表明第一水平教师中有75.00％的人都比较不认同"我任教的班级在同年级排名靠前";在他人评价上,37.50％的教师选择了"一般",50.00％的教师选择了"不太符合",这表明第一水平教师中有一半的人都比较不认同"领导和同事们都觉得我是很有能力的老师"。

总体而言,第一水平教师在教学及科研成果、课堂教学成果上的判断持消极态度的有一半左右。这显示出,第一水平教师在教学业绩维度(尤其是课堂教学成果)上的表现十分消极,这一水平教师的教学业绩处于最低水平。

⑦教学环境

在我们所编制的问卷中,教师的教学环境由两个部分构成:人际环境和人文环境。人际环境包括师师关系和师生关系两方面。人文环境指的是教师对学校的认同感。

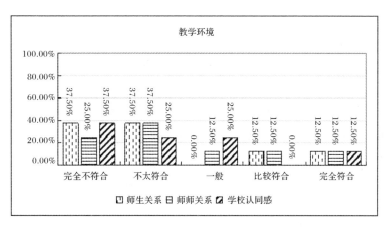

图3-135　高中教师教学环境各题项选择百分比柱状图

在第一水平教师教学环境这一维度(如图3-135所示),就人际环境而言,在师师关系上,37.50％的教师选择了"不太符合",25.00％的教师选择了"完全不符合",这表明第一水平教师中有62.50％的人都比较不认同"我经常与同事谈论教学问题,分享教学经验";就师生关系而言,37.50％的教师选择了"不太符合",37.50％的教师选择了"完全不符合",这表明第一水平教师中有75.00％的人都比较不认同"我和学生的关系很好"。

就人文环境(学校认同感)而言,37.50％的教师选择了"完全不符合",25.00％的教师选择了"不太符合",25.00％的教师选择了"一般",这表明第一水平教师中有62.50％的人都比较不认同"我非常满意所任教的学校"。

总体而言,第一水平教师在人际环境和人文环境上的判断持消极态度的有3/5左右。这显示出,第一水平教师在教学环境维度上的表现总体十分消极,这一水平教师的教学环境处于最低水平。

（2）第一水平整体说明

第一水平是高中教师教学效能水平中最低的水平。其在各个维度上的表现都比较均衡，差距不大（其中，教学环境得分相对最高，教学认知得分相对最低），整体处于最低的得分。

表 3-36　高中教师第一水平教学效能状况

变量	高中教师第一水平教学效能状况		排序
	平均分	标准差	
教学认知	1.8750	0.83452	7
教学情绪	2.0417	0.78553	5
教学期望	1.9583	0.60257	6
教学能力	2.1806	0.76044	3
教学策略	2.1250	0.69230	4
教学业绩	2.3125	0.70394	2
教学环境	2.3333	1.24722	1
教学效能中心点值	2.1289	0.58569	

就高中教师总体教学效能与第一水平教师教学效能比较而言，其情况如下：

表 3-37　高中教师总体教学效能与第一水平教师教学效能的比较表

变量	高中教师第一水平教学效能状况		高中教师总体教学效能状况		平均分差值
	平均分	标准差	平均分	标准差	
教学认知	1.8750	0.83452	3.9192	0.68581	2.0442
教学情绪	2.0417	0.78553	3.9542	0.64777	1.9125
教学期望	1.9583	0.60257	4.1105	0.60954	2.1522
教学能力	2.1806	0.76044	3.9766	0.54223	1.7960
教学策略	2.1250	0.69230	3.9982	0.58442	1.8732
教学业绩	2.3125	0.70394	3.3245	0.64809	1.0120
教学环境	2.3333	1.24722	4.0681	0.61837	1.7348
教学效能中心点值	2.1289	0.58569	3.9265	0.50187	1.7976

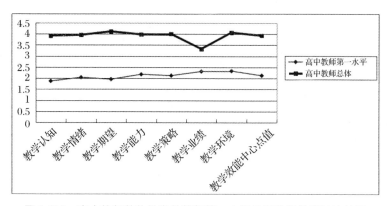

图 3-136　高中教师总体教学效能与第一水平教师教学效能的比较图

从表 3-37 和图 3-136 中可以看出,相对于高中教师教学效能总体而言,高中教师教学效能第一水平在各个方面均低于总体。其突出特征表现在教学认知和教学期望两个维度上,这两个维度的得分均表现出与总体较大的差距。

(3)第二水平的结构

①教学认知

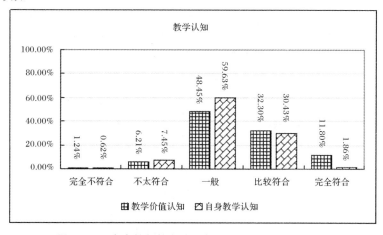

图 3-137　高中教师教学认知各题项选择百分比柱状图

对于第二水平教师而言,在教学认知这一维度(如图 3-137 所示),基于教师对教学价值的认知,48.45%的教师选择"一般",32.30%的教师选择"比较符合",表明在第二水平中有48.45%的高中教师不确定"教学对学生影响最大"。基于教师对自身教学的认知,59.63%的教师选择"一般",30.43%的教师选择"比较符合",表明近 60%的教师不确定"我的教学对学生的影响主要是在知识增长方面"。总体而言,在第二水平上,有一半左右的教师对教学价值和自身教学的认知态度不明确,其教学认知处于中等偏下水平。

②教学情绪

就第二水平教师而言,如图 3-138 所示,基于自我情绪调控,在情绪体验上,45.96%的教师选择"一般",40.37%的教师选择"比较符合",9.94%的教师选择"不太符合",近 46%的教师不确定"给学生上课是一件挺有意思的事";在教师自我情绪管理上,64.60%的教师选择"一

般",24.22%的教师选择"比较符合",1.24%的教师选择"完全符合",剩余教师选择"不太符合",说明在这一水平中,近65%的教师对"我总能及时调整情绪,不会让不愉快的事影响上课"持不确定态度。基于学生情绪调控,52.80%的教师选择"一般",27.33%的教师选择"比较符合",说明近53%的教师对"我总是能想办法及时疏导学生的负面情绪"持不确定态度。总而言之,在教学情绪维度,有一半左右的教师在自我情绪管理和学生情绪管理上持不确定态度,其教学情绪较第一水平教师而言,处于中等偏下水平。

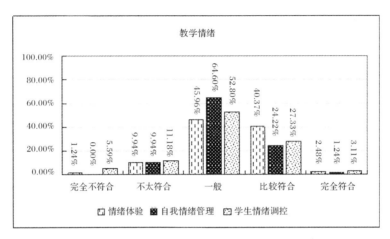

图 3-138　高中教师教学情绪各题项选择百分比柱状图

③教学期望

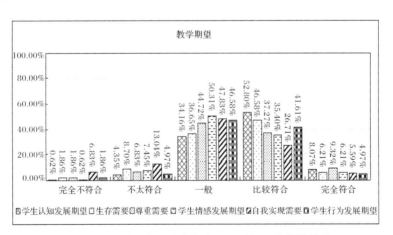

图 3-139　高中教师教学期望各题项选择百分比柱状图

在第二水平教师教学期望这一维度(如图 3-139 所示),就教师在生存需要上的期望而言,36.65%的教师选择了"一般",46.58%的教师选择了"比较符合",6.21%的教师选择了"完全符合",这表明第二水平教师有近53%的人都比较认同"为了更好的生活,我认真教学",近37%的人对此表示不确定;就教师在尊重需要上的期望而言,44.72%的教师选择了"一般",37.27%的教师选择了"比较符合",9.32%的教师选择了"完全符合",这表明第二水平教师中有近47％的人都比较认同"我希望通过努力教学获得社会的认可"，近45％的人对此表示不太确定；就教师在自我实现需要上的期望而言，47.83％的教师选择了"一般"，26.71％的教师选择了"比较符合"，5.59％的教师选择了"完全符合"，这表明近48％的教师都不确定"教学能实现我的人生价值"，约32％的人对此持较认同态度。

就教师对学生在认知发展上的期望而言，52.80％的教师选择了"比较符合"，34.16％的教师选择了"一般"，8.07％的教师选择了"完全符合"，这表明第二水平教师有近61％的人都比较认同"我希望通过教学不断提升学生解决问题的能力"；就教师对学生在情感发展上的期望而言，50.31％的教师选择了"一般"，35.40％的教师选择了"比较符合"，6.21％的教师选择了"完全符合"，这表明第二水平教师约50％的人对"我希望教学能促进学生情感的发展"表示不确定，近42％的教师对此持认同态度；就教师对学生在行为发展上的期望而言，46.58％的教师选择了"一般"，41.61％的教师选择了"比较符合"，4.97％的教师选择了"完全符合"，这表明第二水平教师中近47％的人都比较认同"我希望通过教学使学生养成良好的行为习惯"，也有近同样多的人对此持不确定态度。

总体而言，第二水平教师在自身发展的期望（生存需要、尊重需要、自我实现需要）上的判断较消极，约一半教师对自身发展持不确定态度，在对学生发展的期望上其判断也较消极，总体来说其教学期待处于中等偏下水平。

④教学能力

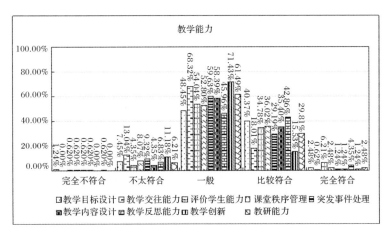

图 3-140　高中教师教学能力各题项选择百分比柱状图

在第二水平教师教学能力这一维度（如图 3-140 所示），在教学设计能力上，就教师的教学目标设计能力而言，48.45％的教师选择了"一般"，40.37％的教师选择了"比较符合"，2.48％的教师选择了"完全符合"，这表明第二水平教师中有约48％的人不确定"我总是能制定清晰明确的教学目标"，近43％的人对此持较认同态度；就教师的教学内容设计能力而言，58.39％的教师选择了"一般"，35.40％的教师选择了"比较符合"，这表明第二水平高中教师中有约58％的人都不确定"我总能恰当地选择或组织教学内容"。

就教师的教学交往能力而言，68.32％的教师选择了"一般"，18.01％的教师选择了"比较符合"，这表明第二水平教师中约68％的人都不确定"我总能很好地引导学生参与课堂讨论"。

第三章　教学效能的水平与特征

就教师的教学管理能力而言,在课堂秩序管理能力上,52.80％的教师选择了"一般",36.02％的教师选择了"比较符合",2.48％的教师选择了"完全符合",这表明第二水平教师中有近53％的人都不确定"我总是能够维持良好的课堂秩序",38.50％的教师对此持较认同态度;在教师的突发事件处理能力上,59.63％的教师选择了"一般",29.19％的教师选择了"比较符合",这表明第二水平教师中有近60％的人都不确定"我能巧妙地处理课堂上的突发事件"。

就教师的教学评价与反思能力而言,在评价学生能力方面,54.04％的教师选择了"一般",34.78％的教师选择了"比较符合",6.21％的教师选择了"完全符合",这表明有约54％的教师不确定"我能全面客观地评价我的学生",近41％的教师对此持较认同态度。在自我反思能力方面,45.96％的教师选择了"一般",42.86％的教师选择了"比较符合",4.35％的教师选择了"完全符合",这表明第二水平教师中有46％的人不确定"课后我经常思考自己教学存在的问题",也有约同样多的人对此持较认同态度。

就教师的教学研究与创新能力而言,在教学研究能力上,61.49％的教师选择了"一般",29.81％的教师选择了"比较符合",这表明第二水平教师中有约61％的人都不确定"我经常研究如何解决教学问题";在教学创新能力上,71.43％的教师选择了"一般",15.53％的教师选择了"比较符合",这表明第二水平教师中有约71％的人都不确定"我总能创造性地开展教学"。

总体而言,第二水平高中教师在教学能力维度的表现中,有40％以上的人对自身教学能力持不确定态度,这一水平教师的教学能力处于中等偏下水平。

⑤教学策略

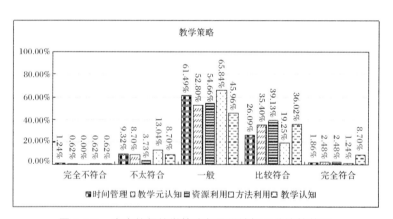

图 3-141　高中教师教学策略各题项选择百分比柱状图

在第二水平教师教学策略这一维度(如图 3-141 所示),就教学元认知策略而言,52.80％的教师选择了"一般",35.40％的教师选择了"比较符合",2.48％的教师选择了"完全符合",这表明第二水平教师中有近53％的人持不确定态度,还有接近38％的人比较认同"我总能有意识地反思正在进行的教学活动"。

就教师的教学认知策略而言,45.96％的教师选择了"一般",36.02％的教师选择了"比较符合",8.70％的教师选择了"完全符合",这表明第二水平教师中有近46％的教师持不确定态度,近45％的人比较认同"我熟知所教学科的知识体系"。

就教师的资源管理策略而言,在时间管理策略上,61.49%的教师选择了"一般",26.09%的教师选择了"比较符合",这表明第二水平教师中有约61%的人对"我能有效地掌控课堂教学节奏"持不确定态度;在教师的方法利用策略上,65.84%的教师选择了"一般",19.25%的教师选择了"比较符合",13.04%的教师选择了"不太符合",这表明第二水平教师中有近66%的人对"我总能灵活运用不同的方法进行课堂教学"持不确定态度;在教师的资源利用策略上,54.66%的教师选择了"一般",39.13%的教师选择了"比较符合",2.48%的教师选择了"完全符合",这表明第二水平教师中有近55%的教师对此持不确定态度,近42%的人比较认同"在教学中,我总是能充分利用各种教学资源"。

总体而言,第二水平教师在教学元认知策略和教学资源管理策略上的判断有一半以上的人持不确定态度,在教学认知策略上的判断有近45%的教师持较积极态度。这显示出,第二水平教师在教学策略维度(尤其是教学认知策略和教学资源管理策略)的表现较消极,这一水平教师的教学策略处于中等偏下水平。

⑥教学业绩

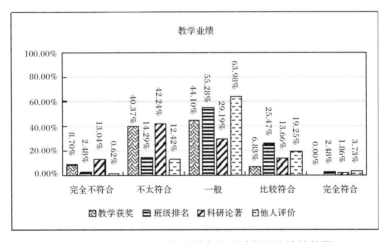

图3-142　高中教师教学业绩各题项选择百分比柱状图

在第二水平教师教学业绩这一维度(如图3-142所示),就教学、科研成果而言,在教学获奖上,44.10%的教师选择了"一般",40.37%的教师选择了"不太符合",8.70%的教师选择了"完全不符合",这表明第二水平教师中有约49%的人都比较不认同"我经常获得各种荣誉";就科研论著而言,42.24%的教师选择了"不太符合",13.04%的教师选择了"完全不符合",29.19%的教师选择了"一般",这表明第二水平教师中有约55%的人都比较不认同"我经常写论文或做课题"。

就教师的课堂教学成果而言,在班级排名上,55.28%的教师选择了"一般",25.47%的教师选择了"比较符合",2.48%的教师选择了"完全符合",这表明第二水平教师中有约55%的人对"我任教的班级在同年级排名靠前"持不确定态度,近28%的人对此持较认同态度;在他人评价上,63.98%的教师选择了"一般",19.25%的教师选择了"比较符合",3.37%的教师选择了"完全符合",这表明第二水平教师中有近64%的人对"领导和同事们都觉得我是很有能力的老师"持不确定态度,近23%的人对此持较认同态度。

总体而言,第二水平教师在教学、科研成果上的判断持否定态度的人数在 50％左右,在课堂教学成果上的判断持不确定态度的人数在 60％左右。这显示出,第二水平教师在教学业绩维度上的表现(尤其是教学、科研成果)较消极,这一水平教师的教学业绩处于中等偏下水平。

⑦教学环境

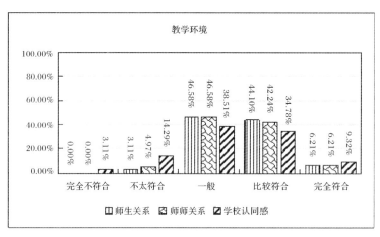

图 3-143　高中教师教学环境各题项选择百分比柱状图

在第二水平教师教学环境这一维度(如图 3-143 所示),就人际环境而言,在师师关系上,46.58％的教师选择了"一般",42.24％的教师选择了"比较符合",6.21％的教师选择了"完全符合",这表明第二水平教师中有约 48％的人对"我经常与同事谈论教学问题,分享教学经验"持较认同态度,且有近 47％的人对此持不确定态度;就师生关系而言,46.58％的教师选择了"一般",44.10％的教师选择了"比较符合",6.21％的教师选择了"完全符合",这表明第二水平教师中有约 50％的教师较认同"我和学生的关系很好",且有近 47％的人对持不确定态度。

就人文环境(学校认同感)而言,38.51％的教师选择了"一般",34.78％的教师选择了"比较符合",9.32％的教师选择了"完全符合",这表明第二水平教师中有近 44％的人较认同"我非常满意所任教的学校",近 39％的人对此持不确定态度。

总体而言,第二水平教师较前一水平其持不确定态度的人数有所下降,持积极态度的人数有所增长。总体而言,这一水平教师的教学环境处于中等偏下水平。

(4)第二水平整体说明

第二水平是高中教师教学效能水平中中等偏下的水平。除在教学业绩维度得分最低外,该水平在其他各个维度上的表现都比较均衡,处于较低的得分(如表 3-38 所示)。

表 3-38 高中教师第二水平教学效能状况

变量	高中教师第二水平教学效能状况		排序
	平均分	标准差	
教学认知	3.3634	0.58627	3
教学情绪	3.2029	0.44748	6
教学期望	3.4141	0.43585	2
教学能力	3.2747	0.25911	5
教学策略	3.2795	0.34733	4
教学业绩	2.8059	0.49606	7
教学环境	3.4534	0.46630	1
教学效能中心点值	3.2585	0.19528	

就高中教师总体教学效能与第二水平教师教学效能比较而言，其情况如下：

表 3-39 高中教师总体教学效能与第二水平教师教学效能的比较表

变量	高中教师第二水平教学效能状况		高中教师总体教学效能状况		平均分差值
	平均分	标准差	平均分	标准差	
教学认知	3.3634	0.58627	3.9192	0.68581	0.5558
教学情绪	3.2029	0.44748	3.9542	0.64777	0.7513
教学期望	3.4141	0.43585	4.1105	0.60954	0.6964
教学能力	3.2747	0.25911	3.9766	0.54223	0.7019
教学策略	3.2795	0.34733	3.9982	0.58442	0.7187
教学业绩	2.8059	0.49606	3.3245	0.64809	0.5186
教学环境	3.4534	0.46630	4.0681	0.61837	0.6147
教学效能中心点值	3.2585	0.19528	3.9265	0.50187	0.6680

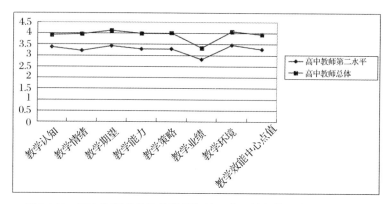

图 3-144　高中教师总体教学效能与第二水平教师教学效能的比较图

从表 3-39 和图 3-144 中可以看出,相对于高中教师教学效能总体而言,高中教师教学效能第二水平在各个方面均低于总体。高中教师教学效能第二水平在教学情绪、教学期望、教学能力和教学策略四个维度上的得分均表现出与总体较大的差距,我们据此将这四个维度作为高中教师教学效能第二水平突出特征。

（5）第三水平的结构

①教学认知

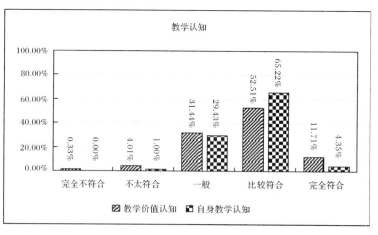

图 3-145　高中教师教学认知各题项选择百分比柱状图

在第三水平教师教学认知这一维度（如图 3-145 所示）,基于教师对教学价值的认知,31.44％的教师选择"一般",52.51％的教师选择"比较符合",11.71％的教师选择"完全符合",这表明约 64％的高中教师比较认同"教学对学生影响最大"。基于教师对自身教学的认知,29.43％的教师选择"一般",65.22％的教师选择"比较符合",4.35％的教师选择"完全符合",没有教师选择"完全不符合",这表明近 70％的教师都比较认同"我的教学对学生的影响主要在知识增长方面"。总而言之,第三水平教师在教学认知的两方面持积极态度的占到 70％左右,处于中等水平。

②教学情绪

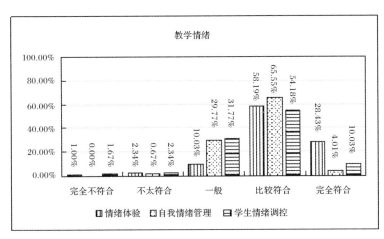

图 3-146　高中教师教学情绪各题项选择百分比柱状图

就第三水平教师自我情绪调控（如图 3-146 所示）而言，一方面在情绪体验上，58.19％的教师选择"比较符合"，28.43％的教师选择"完全符合"，10.03％的教师选择"一般"，说明近87％的教师都比较认同"给学生上课是一件挺有意思的事"，自我情绪体验积极；另一方面在自我情绪管理上，65.55％的教师选择"比较符合"，4.01％的教师选择"完全符合"，29.77％的教师选择"一般"，没有教师选择"完全不符合"，说明近70％的教师都比较认同"我总能及时调整情绪，不会让不愉快的事影响上课"。基于学生情绪调控（如图 3-146 所示），对于学生的情绪管理，54.18％的教师选择"比较符合"，10.03％的教师选择"完全符合"，31.77％的教师选择"一般"，这表明约64％的教师都比较认同"我总是能想办法及时疏导学生的负面情绪"。总而言之，在教学情绪上，第三水平教师处于中等水平。

③教学期望

在第三水平教师教学期望这一维度（如图 3-147 所示），就教师在生存需要上的期望而言，54.18％的教师选择了"比较符合"，27.09％的教师选择了"完全符合"，16.39％的教师选择了"一般"，这表明第三水平教师中约81％的人都比较认同"为了更好的生活，我认真教学"；就教师在尊重需要上的期望而言，61.54％的教师选择了"比较符合"，17.73％的教师选择了"一般"，16.72％的教师选择了"完全符合"，这表明第三水平教师中有约78％的人都比较认同"我希望通过努力教学获得社会的认可"；就教师在自我实现需要上的期望而言，44.48％的教师选择了"比较符合"，35.12％的教师选择了"一般"，6.35％的教师选择了"完全符合"，这表明近51％的教师都较确定"教学能实现我的人生价值"。

就教师对学生在认知发展上的期望而言，68.23％的教师选择了"比较符合"，25.42％的教师选择了"完全符合"，6.35％的教师选择了"一般"，这表明第三水平教师有近94％的人都比较认同"我希望通过教学不断提升学生解决问题的能力"；就教师对学生在情感发展上的期望而言，69.57％的教师选择了"比较符合"，18.73％的教师选择了"完全符合"，11.04％的教师选择了"一般"，这表明第三水平教师约88％的人都比较认同"我希望教学能促进学生情感的发展"；就教师对学生在行为发展上的期望而言，63.21％的教师选择了"比较符合"，25.08％的教

师选择了"完全符合",10.70％的教师选择了"一般",这表明第三水平教师约88％的人都比较认同"我希望通过教学使学生养成良好的行为习惯"。

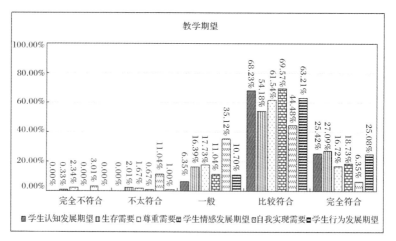

图3-147　高中教师教学期望各题项选择百分比柱状图

　　总体而言,第三水平教师较前两水平教师而言,其在自身发展的期望(生存需要、尊重需要、自我实现需要)上的判断持肯定态度的逐渐增加,尤其是在"生存需要"和"尊重需要"上,有了较大的增长。总体反映出大部分教师对自身发展有了较明确认知,但集中在生存和尊重等外在动机上,内在动机相对缺乏。在对学生发展的期望上教师的判断较前两水平而言,出现了积极的变化,多数教师都较明确显示出对学生在认知、情感和行为上的期望。概括之,第三水平教师的教学期望处于中等水平。

　　④教学能力

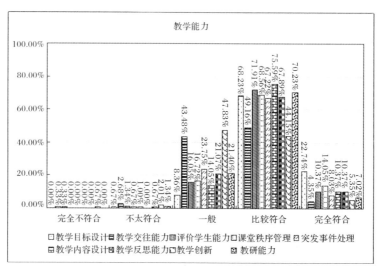

图3-148　高中教师教学能力各题项选择百分比柱状图

在第三水平教师教学能力这一维度（如图 3-148 所示），在教学设计能力上，就教师的教学目标设计能力而言，68.23％的教师选择了"比较符合"，22.74％的教师选择了"完全符合"，8.36％的教师选择了"一般"，这表明第三水平教师中有近 91％的人都比较认同"我总是能制定清晰明确的教学目标"；就教师的教学内容设计能力而言，75.59％的教师选择了"比较符合"，10.37％的教师选择了"完全符合"，14.05％的教师选择了"一般"，这表明第三水平高中教师中有约 86％的人都比较认同"我总能恰当地选择或组织教学内容"。

就教师的教学交往能力而言，49.16％的教师选择了"比较符合"，43.48％的教师选择了"一般"，4.35％的教师选择了"完全符合"，这表明第三水平高中教师有近 54％的人都比较认同"我总能很好地引导学生参与课堂讨论"。

就教师的教学管理能力而言，在课堂秩序管理能力上，68.56％的教师选择了"比较符合"，16.72％的教师选择了"一般"，14.05％的教师选择了"完全符合"，这表明第三水平高中教师中有近 83％的人都比较认同"我总是能够维持良好的课堂秩序"；在教师的突发事件处理能力上，67.22％的教师选择了"比较符合"，23.75％的教师选择了"一般"，8.03％的教师选择了"完全符合"，这表明第三水平高中教师中有约 75％的人都比较认同"我能巧妙地处理课堂上的突发事件"。

就教师的教学评价与反思能力而言，在评价学生能力方面，71.91％的教师选择了"比较符合"，16.05％的教师选择了"一般"，10.37％的教师选择了"完全符合"，这表明有约 82％的教师比较认同"我能全面客观地评价我的学生"。在自我反思能力方面，67.89％的教师选择了"比较符合"，21.07％的教师选择了"一般"，10.37％的教师选择了"完全符合"，这表明第三水平高中教师中有约 78％的人都比较认同"课后我经常思考自己教学存在的问题"。

就教师的教学研究与创新能力而言，在教学研究能力上，70.23％的教师选择了"比较符合"，21.40％的教师选择了"一般"，7.02％的教师选择了"完全符合"，这表明第三水平高中教师中有约 77％的人都比较认同"我经常研究如何解决教学问题"；在教学创新能力上，47.83％的教师选择了"一般"，44.15％的教师选择了"比较符合"，5.35％的教师选择了"完全符合"，这表明第三水平高中教师中有近 50％的人都比较认同"我总能创造性地开展教学"，也有近48％的人对此表示不确定。

总体而言，第三水平高中教师在教学设计能力上持较积极态度的占到 90％左右，教学管理能力、教学评价与反思能力上的判断其持较积极态度的占到 4/5 左右，在教学交往能力、教学研究与创新能力上的判断其持较积极态度的占到一半以上。总的来说，第三水平高中教师在教学能力维度的总体表现较第一水平、第二水平教师有了较大的积极转向，这一水平教师的教学能力处于中等水平。

⑤教学策略

在第三水平教师教学策略这一维度（如图 3-149 所示），就教学元认知策略而言，74.58％的教师选择了"比较符合"，18.06％的教师选择了"一般"，7.02％的教师选择了"完全符合"，这表明第三水平教师中有近 82％的人都较认同"我总能有意识地反思正在进行的教学活动"。

就教师的教学认知策略而言，61.87％的教师选择了"比较符合"，27.42％的教师选择了"完全符合"，10.37％的教师选择了"一般"，这表明第三水平教师中约 89％的人比较认同"我熟知所教学科的知识体系"。

就教师的资源管理策略而言,在时间管理策略上,75.59％的教师选择了"比较符合",5.69％的教师选择了"完全符合",18.06％的教师选择了"一般",这表明第三水平教师中有约81％的人较认同"我能有效地掌控课堂教学节奏";在教师的方法利用策略上,57.53％的教师选择了"比较符合",38.46％的教师选择了"一般",3.01％的教师选择了"完全符合",这表明第三水平教师中有近61％的人比较认同"我总能灵活运用不同的方法进行课堂教学";在教师的资源利用策略上,62.21％的教师选择了"比较符合",7.69％的教师选择了"完全符合",28.09％的教师选择了"一般",这表明第三水平教师中有近70％的教师比较认同"在教学中,我总是能充分利用各种教学资源"。

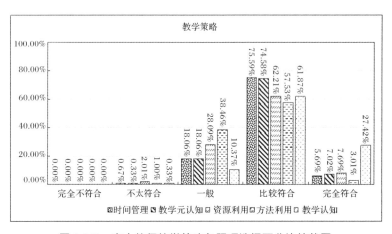

图 3-149　高中教师教学策略各题项选择百分比柱状图

总体而言,第三水平教师在教学元认知策略和教学认知策略上的判断有 4/5 左右的人持较积极态度,在教学资源管理策略上的判断一半以上的教师持较积极态度。这显示出,第三水平教师在教学策略维度的表现较积极,较前两水平教师而言,这一水平教师的教学策略处于中等水平。

⑥教学业绩

在第三水平教师教学业绩这一维度(如图 3-150 所示),就教学、科研成果而言,在教学获奖上,55.85％的教师选择了"一般",19.73％的教师选择了"不太符合",11.37％的教师选择了"完全不符合",这表明第三水平教师中有近 56％的人对"我经常获得各种荣誉"持不确定态度;就科研论著而言,47.83％的教师选择了"一般",28.43％的教师选择了"不太符合",8.70％的教师选择了"完全不符合",这表明第三水平教师中有近 48％的人都对"我经常写论文或做课题"持不确定态度。

就教师的课堂教学成果而言,在班级排名上,42.47％的教师选择了"一般",39.13％的教师选择了"比较符合",7.69％的教师选择了"完全符合",这表明第三水平教师中有近 47％的人较认同"我任教的班级在同年级排名靠前",也有约 42％的人对此持不确定态度;在他人评价上,50.50％的教师选择了"比较符合",4.35％的教师选择了"完全符合",42.14％的教师选择了"一般",这表明第三水平教师中有近 55％的人较认同"领导和同事们都觉得我是很有能力的老师",也有约 42％的人对此持不确定态度。

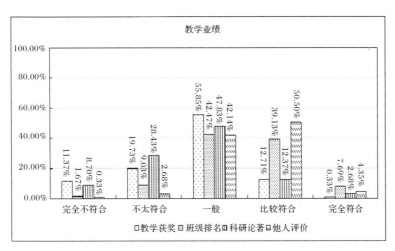

图 3-150　高中教师教学业绩各题项选择百分比柱状图

总体而言,第三水平高中教师在教学、科研成果上的判断持不确定态度的人数占到一半左右,在课堂教学成果上的判断持不确定态度的人占到 40％左右,持认同态度的人数占到 50％左右。这显示出,第三水平教师在教学业绩维度上的表现较前两水平教师而言有所进步,但仍较消极,这一水平教师的教学业绩处于中等水平。

⑦教学环境

在第三水平教师教学环境这一维度(如图 3-151 所示),就人际环境而言,在师师关系上, 63.55％的教师选择了"比较符合",21.07％的教师选择了"完全符合",14.38％的教师选择了"一般", 这表明第三水平教师中有近 85％的人较认同"我经常与同事谈论教学问题,分享教学经验";就师生关系而言,62.54％的教师选择了"比较符合",19.73％的教师选择了"完全符合",17.73％的教师选择了"一般",这表明第三水平教师中有约 82％的人较认同"我和学生的关系很好"。

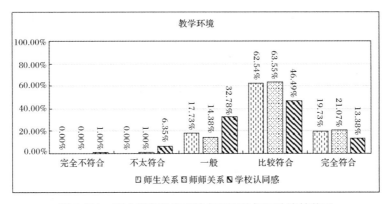

图 3-151　高中教师教学环境各题项选择百分比柱状图

就人文环境(学校认同感)而言,46.49％的教师选择了"比较符合",13.38％的教师选择了"完全符合",32.78％的教师选择了"一般",这表明第三水平教师中有近 60％的人较认同"我非常满意所任教的学校"。

总体而言,第三水平教师在人际环境和人文环境上的判断持较认同态度的占到一半以上。这显示出,第三水平教师在教学环境维度(尤其是人际环境)上的表现显示出较积极态度,较前两水平教师而言,这一水平教师的教学环境处于中等水平。

(6)第三水平整体说明

表 3-40 高中教师第三水平教学效能状况

变量	高中教师第三水平教学效能状况		排序
	平均分	标准差	
教学认知	3.7207	0.49131	6
教学情绪	3.8406	0.41261	4
教学期望	3.9537	0.35891	1
教学能力	3.8391	0.23260	5
教学策略	3.8582	0.29026	3
教学业绩	3.1020	0.50297	7
教学环境	3.9052	0.42430	2
教学效能中心点值	3.7704	0.13425	

第三水平是高中教师教学效能中的中等水平。除在教学业绩维度外,该水平在其他各个维度上的表现都比较均衡(如表 3-40、表 3-41 所示)。

就高中教师总体教学效能与第三水平教师教学效能比较而言,其情况如下:

表 3-41 高中教师总体教学效能与第三水平教师教学效能的比较表

变量	高中教师第三水平教学效能状况		高中教师总体教学效能状况		平均分差值
	平均分	标准差	平均分	标准差	
教学认知	3.7207	0.49131	3.9192	0.68581	0.1985
教学情绪	3.8406	0.41261	3.9542	0.64777	0.1136
教学期望	3.9537	0.35891	4.1105	0.60954	0.1568
教学能力	3.8391	0.23260	3.9766	0.54223	0.1375
教学策略	3.8582	0.29026	3.9982	0.58442	0.1400
教学业绩	3.1020	0.50297	3.3245	0.64809	0.2225
教学环境	3.9052	0.42430	4.0681	0.61837	0.1629
教学效能中心点值	3.7704	0.13425	3.9265	0.50187	0.1561

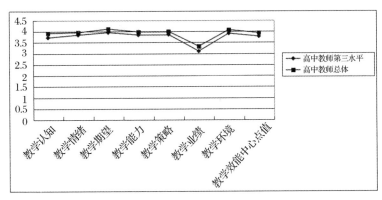

图 3-152　高中教师总体教学效能与第三水平教师教学效能的比较图

从表 3-41 和图 3-152 中可以看出,相对于高中教师教学效能总体而言,高中教师教学效能第三水平在各个方面得分均低于总体,其走向与总体大致一致。该水平的突出特征表现在教学认知和教学业绩两个维度上,这两个维度的得分表现出与总体较大的差距。

(7)第四水平的结构

①教学认知

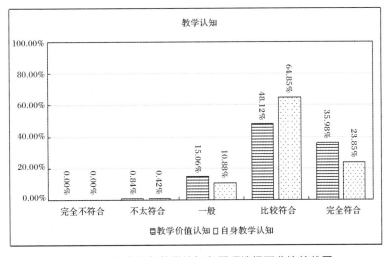

图 3-153　高中教师教学认知各题项选择百分比柱状图

在第四水平教师教学认知这一维度(如图 3-153 所示),基于教师对教学价值的认知,15.06％的教师选择"一般",48.12％的教师选择"比较符合",35.98％的教师选择"完全符合",即 84.10％的教师比较认同"教学对学生影响最大",认为教学是有用的。基于教师对自身教学的认知,10.88％的教师选择"一般",64.85％的教师选择"比较符合",23.85％的教师选择"完全符合",即 88.70％的教师比较认同"我的教学对学生的影响主要在知识增长方面",能比较清晰地认识到自身能够影响学生的发展。总而言之,第四水平教师在教学认知上处于中等偏上水平。

②教学情绪

就第四水平教师而言,基于自我情绪调控(如图 3-154 所示),一方面在情绪体验上,45.19％的教师选择"比较符合",48.95％的教师选择"完全符合",即约 94％的教师比较认同

"给学生上课是一件挺有意思的事";另一方面在自我情绪管理上,65.69%的教师选择"比较符合",18.41%和15.48%的教师分别选择"一般"和"完全符合",整体而言,约81%的教师比较认同"我总能及时调整情绪,不会让不愉快的事影响上课"。基于学生情绪调控(如图3-154所示),在对学生的情绪管理上,53.97%的教师选择"比较符合",32.64%的教师选择"完全符合",10.88%的教师选择"一般",近87%的教师比较认同"我总是能想办法及时疏导学生的负面情绪"。总而言之,较前三水平教师情绪而言,该水平教师情绪处于中等偏上水平。

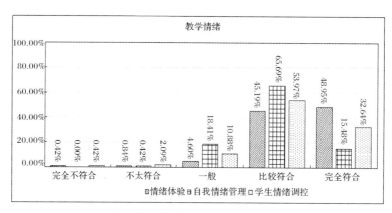

图 3-154　高中教师教学情绪各题项选择百分比柱状图

③教学期望

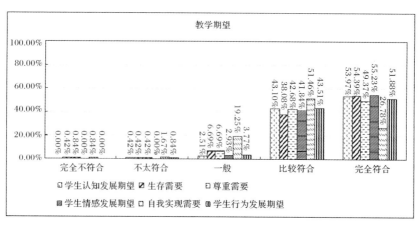

图 3-155　高中教师教学期望各题项选择百分比柱状图

在第四水平教师教学期望这一维度(如图3-155所示),就教师在生存需要上的期望而言,54.39%的教师选择了"完全符合",38.08%的教师选择了"比较符合",6.69%的教师选择了"一般",这表明第四水平教师中约92%的人都比较认同"为了更好的生活,我认真教学";就教师在尊重需要上的期望而言,49.37%的教师选择了"完全符合",42.68%的教师选择了"比较符合",6.69%的教师选择了"一般",这表明第四水平教师中有约92%的人都比较认同"我希望通过努力教学获得社会的认可";就教师在自我实现需要上的期望而言,51.46%的教师选择了"比较符合",26.78%的教师选择了"完全符合",19.25%的教师选择了"一般",这表明约78％的教师都比较认同"教学能实现我的人生价值",而近19％的教师对此表示不确定。

就教师对学生在认知发展上的期望而言,53.97％的教师选择了"完全符合",43.10％的教师选择了"比较符合",2.51％的教师选择了"一般",这表明第四水平教师有近97％的人都比较认同"我希望通过教学不断提升学生解决问题的能力";就教师对学生在情感发展上的期望而言,55.23％的教师选择了"完全符合",41.84％的教师选择了"比较符合",2.93％的教师选择了"一般",这表明第四水平教师约97％的人都比较认同"我希望教学能促进学生情感的发展";就教师对学生在行为发展上的期望而言,51.88％的教师选择了"完全符合",43.51％的教师选择了"比较符合",3.77％的教师选择了"一般",这表明第四水平教师约95％的人都比较认同"我希望通过教学使学生养成良好的行为习惯"。

总体而言,第四水平教师较前三水平教师而言,其在自身发展的期望(生存需要、尊重需要、自我实现需要)上的判断持肯定态度的人数有了明显的增长,绝大部分教师都明确认可自己在"生存需要"和"尊重需要"上的期望,约3/4的教师都认可教学作为自我实现的需要。这总体反映出大部分教师对自身发展有了较明确认知,生存、尊重等外在动机和自我实现这一内在动机并存。在对学生发展的期望上教师的判断较前三水平而言,绝大部分教师都较明确显示出对学生在认知、情感和行为上的期望。概括之,第四水平教师比前三水平教师的表现而言,有了很大的进步,纵观五水平的整体水平,第四水平教师的教学期望处于中等偏上水平。

④教学能力

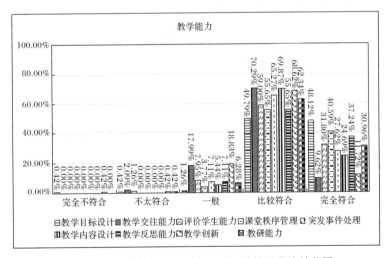

图 3-156　高中教师教学能力各题项选择百分比柱状图

在第四水平教师教学能力这一维度(如图 3-156 所示),在教学设计能力上,就教师的教学目标设计能力而言,49.79％的教师选择了"比较符合",48.12％的教师选择了"完全符合",这表明第四水平教师中有近98％的人都比较认同"我总是能制定清晰明确的教学目标";就教师的教学内容设计能力而言,69.87％的教师选择了"比较符合",24.69％的教师选择了"完全符合",这表明第四水平教师中有近95％的人都比较认同"我总能恰当地选择或组织教学内容"。

就教师的教学交往能力而言,70.29％的教师选择了"比较符合",17.99％的教师选择了"一般",9.62％的教师选择了"完全符合",这表明第四水平教师有近80％的人都比较认同"我总能很好地引导学生参与课堂讨论"。

就教师的教学管理能力而言,在课堂秩序管理能力上,55.65％的教师选择了"比较符合",40.59％的教师选择了"完全符合",这表明第四水平教师中有约96％的人都比较认同"我总是能够维持良好的课堂秩序";在教师的突发事件处理能力上,65.27％的教师选择了"比较符合",27.62％的教师选择了"完全符合",这表明第四水平教师中有近93％的人都比较认同"我能巧妙地处理课堂上的突发事件"。

就教师的教学评价与反思能力而言,在评价学生能力方面,59.00％的教师选择了"比较符合",31.80％的教师选择了"完全符合",这表明有近91％的教师都较认同"我能全面客观地评价我的学生"。在自我反思能力方面,55.65％的教师选择了"比较符合",37.24％的教师选择了"完全符合",这表明第四水平教师中有近93％的人都比较认同"课后我经常思考自己教学存在的问题"。

就教师的教学研究与创新能力而言,在教学研究能力上,62.34％的教师选择了"比较符合",30.96％的教师选择了"完全符合",这表明第四水平教师中有约93％的人都比较认同"我经常研究如何解决教学问题";在教学创新能力上,68.62％的教师选择了"比较符合",11.72％的教师选择了"完全符合",这表明第四水平教师中有约80％的人都比较认同"我总能创造性地开展教学"。

总体而言,第四水平教师在教学设计能力、教学管理能力、教学评价与反思能力、教学研究能力上的判断持积极态度的占绝大多数,在教学交往能力、教学创新能力上的判断持积极态度的占到80％。这显示出,第四水平教师在教学能力维度的表现较积极,相较于前三水平教师而言,这一水平教师的教学能力处于中等偏上水平。

⑤教学策略

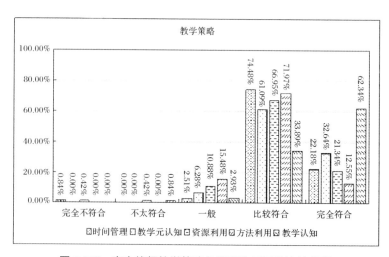

图 3-157　高中教师教学策略各题项选择百分比柱状图

在第四水平教师教学策略这一维度(如图 3-157 所示),就教学元认知策略而言,61.09％

的教师选择了"比较符合"，32.64％的教师选择了"完全符合"，这表明第四水平教师中有近94％的人都较认同"我总能有意识地反思正在进行的教学活动"。

就教师的教学认知策略而言，62.34％的教师选择了"完全符合"，33.89％的教师选择了"比较符合"，这表明第四水平教师有约96％的教师比较认同"我熟知所教学科的知识体系"。

就教师的资源管理策略而言，在时间管理策略上，74.48％的教师选择了"比较符合"，22.18％的教师选择了"完全符合"，这表明第四水平教师中有近97％的人都较认同"我能有效地掌控课堂教学节奏"；在教师的方法利用策略上，71.97％的教师选择了"比较符合"，12.55％的教师选择了"完全符合"，这表明第四水平教师中有近85％的人比较认同"我总能灵活运用不同的方法进行课堂教学"；在教师的资源利用策略上，66.95％的教师选择了"比较符合"，21.34％的教师选择了"完全符合"，这表明第四水平教师中有约88％的教师比较认同"在教学中，我总是能充分利用各种教学资源"。

总体而言，第四水平教师在教学元认知策略、教学认知策略和教学资源策管理略上的判断中，绝大多数的人持较积极态度。这显示出，第四水平教师在教学策略维度（尤其是教学元认知策略和教学认知策略）的表现十分积极，较前三水平教师而言，这一水平教师的教学策略处于中等偏上水平。

⑥教学业绩

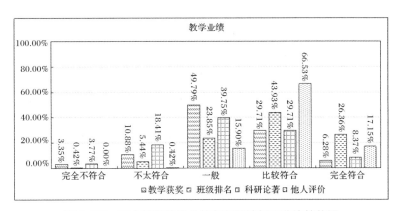

图 3-158　高中教师教学业绩各题项选择百分比柱状图

在第四水平教师教学业绩这一维度（如图 3-158 所示），就教学、科研成果而言，在教学获奖上，49.79％的教师选择了"一般"，29.71％的教师选择了"比较符合"，6.28％的教师选择了"完全符合"，这表明第四水平教师中有近50％的人对"我经常获得各种荣誉"持不确定态度，近36％的人对此持较认同态度；就科研论著而言，39.75％的教师选择了"一般"，29.71％的教师选择了"比较符合"，8.37％的教师选择了"完全符合"，这表明第四水平教师中有近40％的人对"我经常写论文或做课题"持不确定态度，还有约38％的人对此持较认同态度。

就教师的课堂教学成果而言，在班级排名上，43.93％的教师选择了"比较符合"，26.36％的教师选择了"完全符合"，23.85％的教师选择了"一般"，这表明第四水平教师中有约70％的人都较认同"我任教的班级在同年级排名靠前"；在他人评价上，66.53％的教师选择了"比较符合"，17.15％的教师选择了"完全符合"，这表明第四水平教师中有近84％的人都较认同"领导和同事们觉得我是很有能力的老师"。

总体而言,第四水平教师在教学、科研成果上的判断持不确定态度的人数占到40％以上,在课堂教学成果上的判断持积极态度的人占多数。这显示出,第四水平高中教师在教学业绩维度上的表现较前三水平教师而言有所进步(尤其在课堂教学成果上较积极),这一水平教师的教学业绩处于中等偏上水平。

⑦教学环境

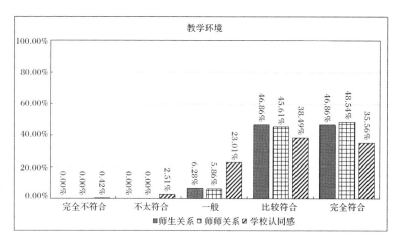

图 3-159　高中教师教学环境各题项选择百分比柱状图

在第四水平教师教学环境这一维度(如图 3-159 所示),就人际环境而言,在师师关系上,48.54％的教师选择了"完全符合",45.61％的教师选择了"比较符合",这表明第四水平教师中有约 94％的人较认同"我经常与同事谈论教学问题,分享教学经验";就师生关系而言,46.86％的教师选择了"比较符合",46.86％的教师选择了"完全符合",这表明第四水平教师中有近 94％的人较认同"我和学生的关系很好"。

就人文环境(学校认同感)而言,38.49％的教师选择了"比较符合",35.56％的教师选择了"完全符合",23.01％的教师选择了"一般",这表明第四水平教师中有约 74％的人较认同"我非常满意所任教的学校"。

总体而言,第四水平教师在人际环境和人文环境上的判断持较认同态度的占大多数。这显示出,第四水平教师在教学环境维度上的表现显示出较积极态度,较前三水平教师而言,这一水平教师的教学环境处于中等偏上水平。

(8)第四水平整体说明

第四水平是高中教师教学效能水平中较高的水平。其在教学期望维度上的表现最高,在教学业绩维度上的表现最低,在教学认知、教学情绪、教学能力、教学策略、教学环境维度上的表现相差不大(如表 3-42 所示)。

表 3-42 高中教师第四水平教学效能状况

变量	高中教师第四水平教学效能状况		排序
	平均分	标准差	
教学认知	4.1569	0.49944	6
教学情绪	4.1799	0.39687	5
教学期望	4.3933	0.32787	1
教学能力	4.1943	0.20049	4
教学策略	4.2134	0.27468	3
教学业绩	3.5900	0.49287	7
教学环境	4.2985	0.39155	2
教学效能中心点值	4.1651	0.11795	

就高中教师总体教学效能与第四水平教师教学效能比较而言,其情况如下:

表 3-43 高中教师总体教学效能与第四水平教师教学效能的比较表

变量	高中教师第四水平教学效能状况		高中教师总体教学效能状况		平均分差值
	平均分	标准差	平均分	标准差	
教学认知	4.1569	0.49944	3.9192	0.68581	-0.2377
教学情绪	4.1799	0.39687	3.9542	0.64777	-0.2257
教学期望	4.3933	0.32787	4.1105	0.60954	-0.2828
教学能力	4.1943	0.20049	3.9766	0.54223	-0.2177
教学策略	4.2134	0.27468	3.9982	0.58442	-0.2152
教学业绩	3.5900	0.49287	3.3245	0.64809	-0.2655
教学环境	4.2985	0.39155	4.0681	0.61837	-0.2304
教学效能中心点值	4.1651	0.11795	3.9265	0.50187	-0.2386

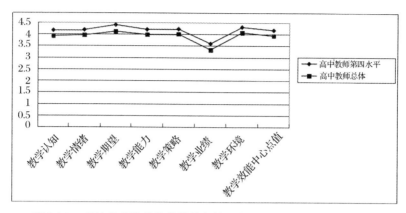

图 3-160　高中教师总体教学效能与第四水平教师教学效能的比较图

从表 3-43 和图 3-160 中可以看出,相对于高中教师教学效能总体而言,高中教师教学效能第四水平在各个方面均高于总体。根据二者间的平均分差值及图表,我们可以看出,高中教师教学效能第四水平的突出特征表现在教学期望和教学业绩两个维度上。其在这两个维度的得分大大高于总体平均分。

(9)第五水平的结构

①教学认知

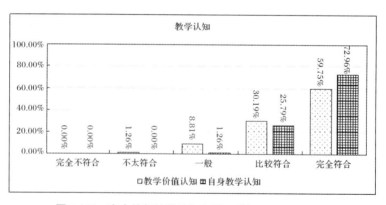

图 3-161　高中教师教学认知各题项选择百分比柱状图

在第五水平教师教学认知这一维度(如图 3-161 所示),基于教师对教学价值的认知而言,30.19％的教师选择"比较符合",59.75％的教师选择"完全符合",表明在第五水平中近 90％的高中教师比较认同"教学对学生影响最大"。基于教师对自身教学的认知而言,25.79％的教师选择"比较符合",72.96％的教师选择"完全符合",说明近 99％的教师比较确定"我的教学对学生的影响主要在知识增长方面"。总体而言,第五水平教师的教学认知判断十分积极,处于最高水平。

②教学情绪

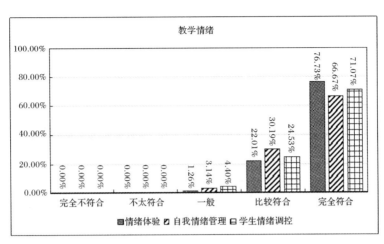

图 3-162　高中教师教学情绪各题项选择百分比柱状图

就第五水平教师而言,基于自我情绪调控(如图 3-162 所示),一方面在情绪体验上,
76.73％的教师选择"完全符合",22.01％的教师选择"比较符合",这表明近 99％的教师都比
较认同"给学生上课是一件挺有意思的事",自我情绪体验较积极;另一方面在自我情绪管理
上,66.67％的教师选择"完全符合",30.19％的教师选择"比较符合",说明近 97％的教师都比
较确定"我总能及时调整情绪,不会让不愉快的事影响上课"。基于学生情绪调控(如图 3-162
所示),对学生情绪的管理上,71.07％的教师选择"完全符合",24.53％的教师选择"比较符
合",说明约 96％的教师都比较确定"我总是能想办法及时疏导学生的负面情绪"。总而言之,
无论是教师自我的情绪调控还是学生情绪调控,较前四水平教师而言,教师在这一维度上整
体处于最高水平。

③教学期望

在第五水平教师教学期望这一维度(如图 3-163 所示),就教师在生存需要上的期望而
言,86.79％的教师选择了"完全符合",9.43％的教师选择了"比较符合",这表明第五水平教师
中约 96％的人都比较认同"为了更好的生活,我认真教学";就教师在尊重需要上的期望而言,
87.42％的教师选择了"完全符合",10.06％的教师选择了"比较符合",这表明第五水平教师中
有约 97％的人都比较认同"我希望通过努力教学获得社会的认可";就教师在自我实现需要上
的期望而言,61.64％的教师选择了"完全符合",27.67％的教师选择了"比较符合",8.81％的
教师选择了"一般",这表明约 89％的教师都比较认同"教学能实现我的人生价值"。

就教师对学生在认知发展上的期望而言,89.31％的教师选择了"完全符合",8.81％的教
师选择了"比较符合",这表明第五水平教师有约 98％的人都比较认同"我希望通过教学不断
提升学生解决问题的能力";就教师对学生在情感发展上的期望而言,92.45％的教师选择了
"完全符合",6.29％的教师选择了"比较符合",这表明第五水平教师近 99％的人都比较认同
"我希望教学能促进学生情感的发展";就教师对学生在行为发展上的期望而言,86.79％的教
师选择了"完全符合",11.95％的教师选择了"比较符合",这表明第五水平教师近 99％的人都
比较认同"我希望通过教学使学生养成良好的行为习惯"。

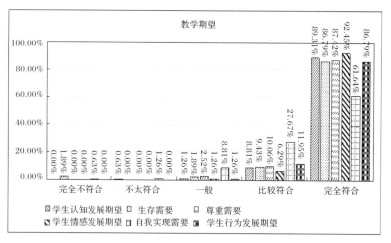

图 3-163　高中教师教学期望各题项选择百分比柱状图

　　总体而言,第五水平教师相较于前四水平教师,其在自身发展的期望(生存需要、尊重需要、自我实现需要)上的判断持肯定态度的人数有了明显增长,95%左右的教师都明确认可自己在"生存需要"和"尊重需要"上的期望,近90%的教师都认可教学作为自我实现的需要,教师自我实现需要所占的比例越来越大,是非常积极可喜的变化。这总体反映出绝大部分教师对自身发展需要都有较明确的认知,也有更多的教师立志投身于教学这一行业以实现人生需要。在对学生发展的期望上教师的判断较前四水平而言,绝大部分教师(98%左右)都较明确显示出对学生在认知、情感和行为上的期望。概括之,第五水平教师较前四水平教师的表现而言,有了极大的进步,是五水平教师中表现最好的一水平,其教学期望处于最高水平。

　　④教学能力

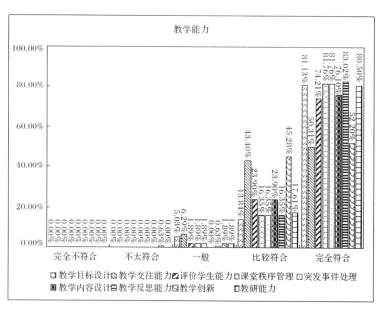

图 3-164　高中教师教学能力各题项选择百分比柱状图

在第五水平教师教学能力这一维度（如图 3-164 所示），在教学设计能力上，就教师的教学目标设计能力而言，81.13％的教师选择了"完全符合"，13.84％的教师选择了"比较符合"，这表明第五水平教师中有近95％的人都比较认同"我总是能制定清晰明确的教学目标"；就教师的教学内容设计能力而言，76.10％的教师选择了"完全符合"，23.90％的教师选择了"比较符合"，这表明第五水平教师中所有的人都比较认同"我总能恰当地选择或组织教学内容"。

就教师的教学交往能力而言，50.31％的教师选择了"完全符合"，43.40％的教师选择了"比较符合"，这表明第五水平教师有近94％的人都比较认同"我总能很好地引导学生参与课堂讨论"。

就教师的教学管理能力而言，在课堂秩序管理能力上，81.76％的教师选择了"完全符合"，16.35％的教师选择了"比较符合"，这表明第五水平教师中有约98％的人都比较认同"我总是能够维持良好的课堂秩序"；在教师的突发事件处理能力上，81.76％的教师选择了"完全符合"，16.35％的教师选择了"比较符合"，这表明第五水平教师中有约98％的人都比较认同"我能巧妙地处理课堂上的突发事件"。

就教师的教学评价与反思能力而言，在评价学生能力方面，74.21％的教师选择了"完全符合"，23.90％的教师选择了"比较符合"，这表明有约98％的教师比较认同"我能全面客观地评价我的学生"。在自我反思能力方面，83.02％的教师选择了"完全符合"，16.35％的教师选择了"比较符合"，这表明第一水平教师中有近约99％的人都比较认同"课后我经常思考自己教学存在的问题"。

就教师的教学研究与创新能力而言，在教学研究能力上，80.50％的教师选择了"完全符合"，17.61％的教师选择了"比较符合"，这表明第五水平教师中有约98％的人都比较认同"我经常研究如何解决教学问题"；在教学创新能力上，52.20％的教师选择了"完全符合"，45.28％的教师选择了"比较符合"，这表明第五水平教师中有约97％的人都比较认同"我总能创造性地开展教学"。

总体而言，第五水平教师在教学设计能力、教学交往能力、教学管理能力、教学评价与反思能力和教学研究与创新能力上的判断其持积极态度的占绝大多数。这显示出，第五水平教师在教学能力各个维度上的表现都较积极，相较于前四水平教师而言，这一水平教师的教学能力处于高水平。

⑤教学策略

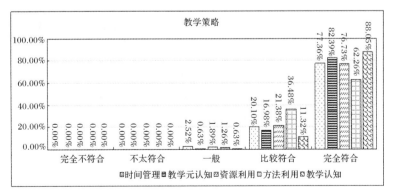

图 3-165　高中教师教学策略各题项选择百分比柱状图

在第五水平教师教学策略这一维度（如图 3-165 所示），就教学元认知策略而言，82.39％的教师选择了"完全符合"，16.98％的教师选择了"比较符合"，这表明第五水平教师中有约99％的人都较认同"我总能有意识地反思正在进行的教学活动"。

就教师的教学认知策略而言，88.05％的教师选择了"完全符合"，11.32％的教师选择了"比较符合"，这表明第五水平教师有约99％的教师比较认同"我熟知所教学科的知识体系"。

就教师的资源管理策略而言，在时间管理策略上，77.36％的教师选择了"完全符合"，20.10％的教师选择了"比较符合"，这表明第五水平教师中有约97％的人都较认同"我能有效地掌控课堂教学节奏"；在教师的方法利用策略上，62.26％的教师选择了"完全符合"，36.48％的教师选择了"比较符合"，这表明第五水平教师中有近99％的人比较认同"我总能灵活运用不同的方法进行课堂教学"；在教师的资源利用策略上，76.73％的教师选择了"完全符合"，21.38％的教师选择了"比较符合"，这表明第五水平教师中有约98％的教师比较认同"在教学中，我总是能充分利用各种教学资源"。

总体而言，第五水平教师在教学元认知策略、教学认知策略、教学资源管理策略上的判断有98％左右的人持较积极态度。这显示出，第五水平教师在教学策略维度上的表现非常积极，较前四水平教师而言，这一水平教师的教学策略处于最高水平。

⑥教学业绩

在第五水平教师教学业绩这一维度（如图 3-166 所示），就教学、科研成果而言，在教学获奖上，42.14％的教师选择了"一般"，32.70％的教师选择了"比较符合"，13.21％的教师选择了"完全符合"，这表明第五水平教师中有近46％的人较认同"我经常获得各种荣誉"，也有约42％的教师对此持不确定态度；就科研论著而言，37.74％的教师选择了"一般"，31.45％的教师选择了"比较符合"，20.75％的教师选择了"完全符合"，这表明第五水平教师中有约52％的人较认同"我经常写论文或做课题"。

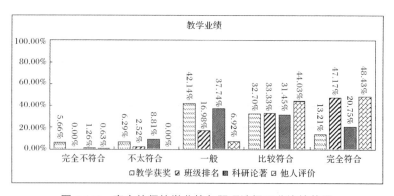

图 3-166　高中教师教学业绩各题项选择百分比柱状图

就教师的课堂教学成果而言，在班级排名上，47.17％的教师选择了"完全符合"，33.33％的教师选择了"比较符合"，16.98％的教师选择了"一般"，这表明第五水平教师中有近81％的人都较认同"我任教的班级在同年级排名靠前"；在他人评价上，48.43％的教师选择了"完全符合"，44.03％的教师选择了"比较符合"，这表明第五水平教师中有约92％的人都较认同"领导和同事们都觉得我是很有能力的老师"。

总体而言,第五水平教师在教学、科研成果上的判断持较积极态度的人数占到一半左右,在课堂教学成果上的判断持积极态度的人数在85%左右。这显示出,第五水平教师在教学业绩维度上的表现较积极,较前四水平教师而言,这一水平教师的教学业绩处于最高水平。

总的来说,纵观这五个教学效能水平的教师,随着教学效能等级水平的增长,其在课堂教学效果上的表现也越来越积极,但在教学、科研成果上的表现五个水平普遍较消极。这在一定程度上反映出,教学效能五个水平在该教学、科研成果维度上的区别并不明显,也就是说,该题项不能作为在教学业绩维度上五个等级水平相互区别的突出特征,而课堂教学效果可能是五个等级水平相互区别于对方的突出特征。

⑦教学环境

在第五水平教师教学环境这一维度(如图 3-167 所示),就人际环境而言,在师师关系上,85.53%的教师选择了"完全符合",13.84%的教师选择了"比较符合",这表明第五水平教师中有约99%的人较认同"我经常与同事谈论教学问题,分享教学经验";就师生关系而言,88.68%的教师选择了"完全符合",8.81%的教师选择了"比较符合",这表明第五水平教师中有约97%的人较认同"我和学生的关系很好"。

就人文环境(学校认同感)而言,64.78%的教师选择了"完全符合",22.64%的教师选择了"比较符合",这表明第五水平教师中有约87%的人较认同"我非常满意所任教的学校"。

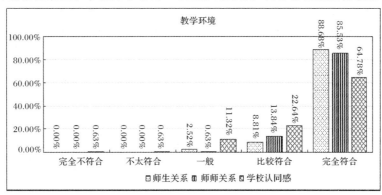

图 3-167 高中教师教学环境各题项选择百分比柱状图

总体而言,第五水平教师在人际环境和人文环境上的判断持较认同态度的在85%以上。这显示出,第五水平教师在教学环境维度上的表现显示出积极态度,较前四水平教师而言,这一水平教师的教学环境处于最高水平。

(10)第五水平整体说明

第五水平是高中教师教学效能水平中最高的水平。除在教学业绩维度外,该水平在其他各个维度上的表现都比较均衡,处于较高的得分。

表 3-44 高中教师第五水平教学效能状况

变量	高中教师第五水平教学效能状况		排序
	平均分	标准差	
教学认知	4.6006	0.45971	6
教学情绪	4.6855	0.32961	5
教学期望	4.7935	0.23455	1
教学能力	4.7093	0.20072	4
教学策略	4.7597	0.24316	2
教学业绩	3.9198	0.54997	7
教学环境	4.7379	0.33829	3
教学效能中心点值	4.6279	0.15644	

就高中教师总体教学效能与第五水平教师教学效能比较而言,其情况如下:

表 3-45 高中教师总体教学效能与第五水平教师教学效能的比较表

变量	高中教师第五水平教学效能状况		高中教师总体教学效能状况		平均分差值
	平均分	标准差	平均分	标准差	
教学认知	4.6006	0.45971	3.9192	0.68581	-0.6814
教学情绪	4.6855	0.32961	3.9542	0.64777	-0.7313
教学期望	4.7935	0.23455	4.1105	0.60954	-0.6830
教学能力	4.7093	0.20072	3.9766	0.54223	-0.7327
教学策略	4.7597	0.24316	3.9982	0.58442	-0.7615
教学业绩	3.9198	0.54997	3.3245	0.64809	-0.5953
教学环境	4.7379	0.33829	4.0681	0.61837	-0.6698
教学效能中心点值	4.6279	0.15644	3.9265	0.50187	-0.7014

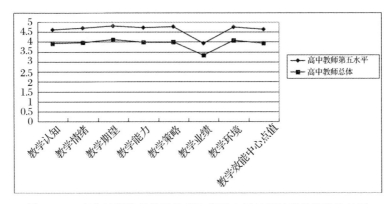

图 3-168 高中教师总体教学效能与第五水平教师教学效能的比较图

从表 3-45 和图 3-168 中可以看出,相对于高中教师教学效能总体而言,高中教师教学效能第五水平在各个方面均高于总体。根据二者间的平均分差值及图表,我们可以看出,高中教师教学效能第五水平的突出特征表现在教学情绪、教学能力和教学策略这三个维度上。其在这三个维度的得分大大高于总体平均分。

(二)教学效能的特征

教师教学效能的突出特征是研究探索的重点,也是研究探索的难点所在。高中教师教学效能由五个等级水平构成,这与初中教师教学效能、小学教师教学效能的突出特征也有一定的差异。

根据此前的论述,高中教师教学效能第一水平突出表现在教学认知和教学期望两个维度上,第二水平表现在教学情绪、教学期望、教学能力和教学策略四个维度上,第三水平的突出特征表现在教学认知和教学业绩两个维度上,第四水平的突出特征表现在教学期望和教学业绩两个维度上,第五水平的突出特征表现在教学情绪、教学能力和教学策略这三个维度上。根据这五个水平的内在结构特征,我们总结出了表 3-46,以更好地呈现高中教师教学效能五个等级水平相互区别的突出特征。

第一,高中教师教学效能第一水平的突出特征是信念虚无、期望反常,这类教师属于"高危反常型"教师。

具体来说,在教学认知上,绝大多数教师不认同教学对学生的影响最大,绝大多不认同自身教学对学生的影响主要在知识增长方面;在教学期望上,绝大多数教师教学不为更好的生活、不为获得社会认可,也不为自我实现,不期待教学促进学生认知的发展,完全不期待教学促进学生情感的发展,少部分期待教学促进学生行为的发展。

概括之,这类教师属于"高危反常型"教师。

第二,高中教师教学效能第二水平的突出特征是情绪负面、期望模糊、能力质疑、策略犹豫,这类教师属于"犹豫徘徊型"教师。

具体来说,在教学情绪上,绝大多数教师享受给学生上课的乐趣、不确定能及时调整自身情绪,半数不确定能及时疏导学生负面情绪。

表 3-46 高中教师教学效能五个等级水平突出特征

	教学认知	教学情绪	教学期望	教学能力	教学策略	教学业绩	教学环境
第一水平	信念虚无		期望反常				
第二水平		情绪负面	期望模糊	能力质疑	策略犹豫		
第三水平	信念笃实					不在意外在业绩,内在较自信	
第四水平			满怀希望			不在意外在业绩,内在自信且满足	
第五水平		情绪积极		能力自信	策略灵活		

在教学期望上,半数教师教学为了更好的生活,半数教学为了获得社会的认可,半数不确定教学能实现自身价值;超过半数教师希望教学能促进学生的认知发展,半数不确定自身是否希望教学能促进学生的情感发展,几乎全部希望教学能促进学生的行为发展。简言之,这一水平的教师对自身发展的期待和对学生发展的期待都很低,但对教学促进学生的行为发展又抱有极大期待,整体处于貌似认同又犹豫不决的状态,期望模糊。

在教学能力上,半数教师不确定自身能制定清晰明确的教学目标,多数不确定自身能恰当地选择或组织教学内容;多数不确定自身能有效引导学生参与课堂讨论,多数不确定自身能维持良好的课堂秩序,多数不确定自身能处理课堂突发事件;多数不确定自身能全面客观地评价我的学生,一半不确定课后经常思考自己教学存在的问题;多数不确定自己经常研究如何解决教学问题,多数不确定能创造性地开展教学。简言之,这一水平的教师多数对自身的教学设计能力、教学交往能力、教学管理能力、教学评价与反思能力、教学研究与创新能力都十分不确定,多对自己有质疑,态度游离模糊,自信心很低。

在教学策略上,半数教师不确定自己能有意识地反思正在进行的教学活动,半数不确定自己熟知所教学科的知识体系,多数不确定自身能有效地掌控课堂教学节奏,多数不确定自己能灵活运用不同的方法进行课堂教学,半数不确定自己能充分利用各种教学资源进行教学。简言之,这一水平的教师对自身运用元认知教学策略、认知教学策略、资源管理策略的情况十分不清楚,态度模糊犹豫,自信心很低。

概括之,这类教师属于"犹豫徘徊型"教师。

第三,高中教师教学效能第三水平的突出特征是信念笃实,不在意外在业绩,内在较自信,这类教师属于"内在驱力型"教师。

在教学认知上,绝大多教师认同教学对学生影响最大,多数认同自身教学对学生的影响主要在知识增长方面。

在教学业绩上,半数教师不确定自己经常获得各种荣誉,半数不确定自己经常写论文或做课题;半数教师认同自己任教的班级在同年级排名靠前,半数认同领导和同事肯定自己的教学能力。简言之,这一水平的教师对自己的教学、科研成果等外在业绩不确定,但对自己的课堂教学成果等内在业绩却较自信。

概括之,这类教师属于"内在驱力型"教师。

第四,高中教师教学效能第四水平的突出特征是满怀希望,不在意外在业绩,内在自信且满足,这类教师属于"成熟积极型"教师。

具体来说,在教学期望上,绝大多数教师教学是为了更好的生活,绝大多数努力教学是希望得到社会认可,大多数希望教学能实现自身人生价值;绝大多数教师希望教学能促进学生的认知发展、情感发展和行为发展。简言之,这一水平的教师具有积极的对自身发展的期望和对学生发展的期望,心态乐观。

在教学业绩上,半数教师不确定自己经常获得各种荣誉,半数不确定自己经常写论文或做课题;多数教师认同自己所任教的班级在同年级排名靠前,绝大多数认同领导和同事肯定自己的教学能力。简言之,这一水平的教师对自己的教学、科研成果等外在业绩不确定,但对自己的课堂教学成果等内在业绩却相当自信。

概括之,这类教师属于"成熟积极型"教师。

第五,高中教师教学效能第五水平的突出特征是情绪积极、能力自信、策略灵活,这类教师属于"乐教善教型"教师。

具体来说,在教学情绪上,教师非常享受课堂教学乐趣,能及时调整自身情绪,能及时疏导学生负面情绪。

在教学能力上,教师能制定清晰明确的教学目标,能恰当地选择或组织教学内容,能很好地引导学生参与课堂讨论,能够维持良好的课堂秩序,能巧妙地处理课堂上的突发事件,课后经常思考自己教学中存在的问题,经常研究如何解决教学问题,总能创造性地开展教学。简言之,这一水平的教师具有很高的教学设计能力、教学交往能力、教学管理能力、教学评价与反思能力,及教学研究与创新能力。

在教学策略上,教师能有意识地反思正在进行的教学活动,熟知所教学科的知识体系,能有效地掌控课堂教学节奏,能灵活运用不同的方法进行课堂教学,能充分利用各种教学资源进行教学。简言之,这一水平的教师具有很高的元认知教学策略、认知教学策略和资源管理策略。

概括之,这类教师属于"乐教善教型"教师。

(三)教学效能的影响因素

教学效能的影响因素指的是对教师教学效能产生影响的教师背景变量或人口变量。本部分探讨了区域分布、学校类别、性别、学校所在地、年级、最高学历、职称和教龄八个背景变量对高中教师教学效能的影响。

在此部分,首先需说明的是,以下图中数据所显示的五个簇为原始数据中的五个簇,而非我们由低到高进行排列后所呈现的簇,与原始簇的对应顺序为:第一水平(最低水平)——原始簇4(中心点均值为2.13)、第二水平(较低水平)——原始簇1(中心点均值为3.26)、第三水平(中等水平)——原始簇3(中心点均值为3.77)、第四水平(较高水平)——原始簇5(中心点均值为4.17)、第五水平(最高水平)——原始簇2(中心点均值为4.63)。

第一水平 8 个样本,占样本总数的 0.92％,其中心点均值为 2.13,为其中最低水平;第二水平共 161 个样本,占样本总数的 18.59％,其中心点均值为 3.26,为其中较低水平;第三水平 299 个样本,占样本总数的 34.53％,其中心点均值为 3.77,为其中中等水平;第四水平 239 个样本,占样本总数的 27.60％,其中心点均值为 4.17,为其中较高水平;第五水平共 159 个样本,占样本总数的 18.36％,其中心点均值为 4.63,为其中最高水平。

1.区域分布

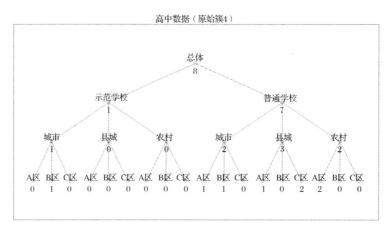

图 3-169

此处对各个水平样本在示范学校/普通学校分布、城乡分布及区域分布情况做一整体说明。

在第一水平中,如图 3-169 所示,共有 8 个教师样本,其中来自示范学校的教师有 1 人,来自普通学校的教师有 7 人。这 1 名来自示范学校的教师,来自城市地区;这 7 名来自普通学校的教师,有 2 名分布在城市,3 名分布在县城,2 名分布在农村。纵观这一水平,来自东部地区(即 A 区)的教师一共有 4 人,来自中部地区(即 B 区)的教师一共有 2 人,来自西部地区(即 C 区)的教师一共有 2 人。

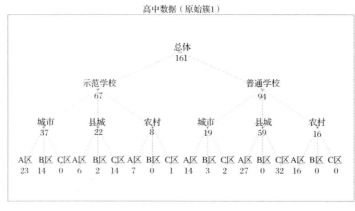

图 3-170

在第二水平中,如图 3-170 所示,共有 161 个教师样本,其中来自示范学校的教师有 67 人,来自普通学校的教师有 94 人。这 67 名来自示范学校的教师,来自城市地区的有 37 人,来自县城的有 22 人,来自农村的有 8 人;这 94 名来自普通学校的教师,来自城市地区的有 19 人,来自县城的有 59 人,来自农村的有 16 人。纵观这一水平,来自东部地区(即 A 区)的教师一共有 93 人,来自中部地区(即 B 区)的教师一共有 19 人,来自西部地区(即 C 区)的教师一共有 49 人。

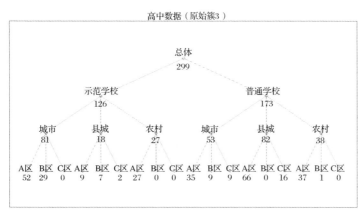

图 3-171

在第三水平中,如图 3-171 所示,共有 299 个教师样本,其中来自示范学校的教师有 126 人,来自普通学校的教师有 173 人。这 126 名来自示范学校的教师,来自城市地区的有 81 人,来自县城的有 18 人,来自农村的有 27 人;这 173 名来自普通学校的教师,来自城市地区的有 53 人,来自县城的有 82 人,来自农村的有 38 人。纵观这一水平,来自东部地区(即 A 区)的教师一共有 226 人,来自中部地区(即 B 区)的教师一共有 46 人,来自西部地区(即 C 区)的教师一共有 27 人。

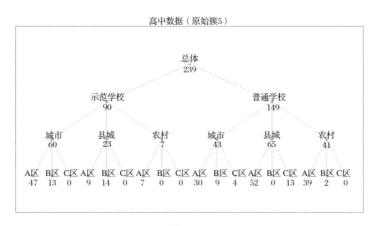

图 3-172

在第四水平中,如图 3-172 所示,共有 239 个教师样本,其中来自示范学校的教师有 90 人,来自普通学校的教师有 149 人。这 90 名来自示范学校的教师,来自城市地区的有 60 人,

来自县城的有 23 人,来自农村的有 7 人;这 149 名来自普通学校的教师,来自城市地区的有 43 人,来自县城的有 65 人,来自农村的有 41 人。纵观这一水平,来自东部地区(即 A 区)的教师一共有 184 人,来自中部地区(即 B 区)的教师一共有 38 人,来自西部地区(即 C 区)的教师一共有 17 人。

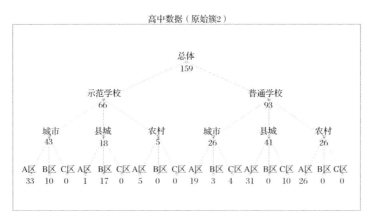

图 3-173

在第五水平中,如图 3-173 所示,共有 159 个教师样本,其中来自示范学校的教师有 66 人,来自普通学校的教师有 93 人。这 66 名来自示范学校的教师,来自城市地区的有 43 人,来自县城的有 18 人,来自农村的有 5 人;这 93 名来自普通学校的教师,来自城市地区的有 26 人,来自县城的有 41 人,来自农村的有 26 人。纵观这一水平,来自东部地区(即 A 区)的教师一共有 115 人,来自中部地区(即 B 区)的教师一共有 30 人,来自西部地区(即 C 区)的教师一共有 14 人。

2.学校类别

高中教师的教学效能有效问卷为 866 份。在这 866 名高中教师中,来自示范学校的教师有 350 名,来自普通学校的教师有 516 名。按我们所预期的假设,示范学校的教师教学效能水平普遍应较高,普通学校的教师教学效能水平整体在一定程度上低于示范学校。

据表 3-47 可知,高中不同学校教师教学效能不存在显著差异。示范学校教师教学效能整体略高于普通学校。就具体维度来看,不同学校教师教学效能在教学认知、教学期望、教学情绪、教学能力、教学策略、教学业绩、教学效能和教学环境上均不存在显著差异。其中,在教学业绩上,普通学校教师教学效能要略高于示范学校,但并不显著。

表 3-47 **高中教师教学效能学校类别差异分析**

	学校类别	均值	标准差	t 值
教学认知	示范学校	3.9257	0.64583	0.231
	普通学校	3.9147	0.71223	
教学情绪	示范学校	3.9810	0.60583	1.001
	普通学校	3.9360	0.67471	
教学期望	示范学校	4.1186	0.60586	0.322
	普通学校	4.1050	0.61254	
教学能力	示范学校	3.9886	0.50936	0.533
	普通学校	3.9686	0.56377	
教学策略	示范学校	4.0211	0.55681	0.953
	普通学校	3.9826	0.60246	
教学业绩	示范学校	3.3121	0.63497	-0.461
	普通学校	3.3328	0.65733	
教学环境	示范学校	4.1029	0.57726	1.362
	普通学校	4.0446	0.64425	
教学效能	示范学校	3.9396	0.47357	0.632
	普通学校	3.9176	0.52045	

不同学校类别在各水平中的具体分布如图 3-174 至图 3-178 所示：

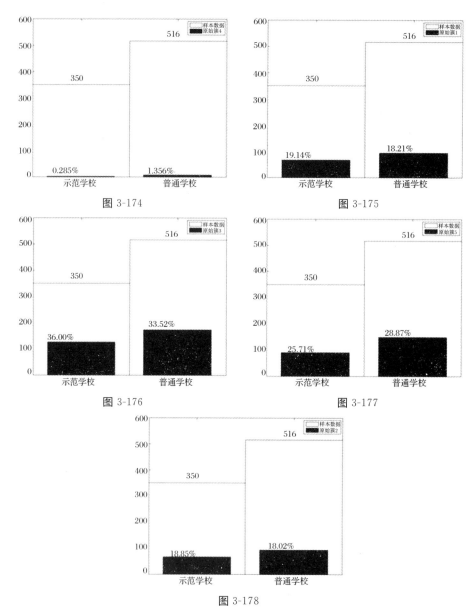

图 3-174

图 3-175

图 3-176

图 3-177

图 3-178

如图 3-174 至图 3-178 所示，在这 350 名来自示范学校的教师中，有 0.285％的教师分布在教学效能的第一水平（即最低水平）中（如图 3-174），19.14％的教师分布在教学效能的第二水平（即较低水平）中（如图 3-175），36.00％的教师分布在教学效能的第三水平（即中等水平）中（如图 3-176），25.71％的教师分布在教学效能的第四水平（即较高水平）中（如图 3-177），18.85％的教师分布在教学效能的第五水平（即最高水平）中（如图 3-178）①。

---

①需说明的是，五幅图中五个教学效能水平人数分布的数据其和应为 100％，实际加起来不足 100％或略超 100％，这是由于数据处理时的四舍五入造成的。后同。

在这 516 名来自普遍学校的教师中,1.356%的教师分布在教学效能的第一水平(即最低水平)中(如图 3-174),18.21%的教师分布在教学效能的第二水平(即较低水平)中(如图 3-175),33.52%的教师分布在教学效能的第三水平(即中等水平)中(如图 3-176),28.87%的教师分布在教学效能的第四水平(即较高水平)中(如图 3-177),18.02%的教师分布在教学效能的第五水平(即最高水平)中(如图 3-178)。

总的来说,示范学校的教师分布在第四水平和第五水平的占到其总数的 44.56%,普通学校的教师分布在第四水平和第五水平的占到其总数的 46.89%。由此可见,在较高及以上的教学效能水平中,普通学校的教师稍好于示范学校的教师。

另一方面,示范学校的教师分布在第一水平和第二水平的占到其总数的 19.425%,普通学校的教师分布在第一水平和第二水平的占到其总数的 19.566%。由此可见,在较低及以下的教学效能水平中,普通学校的教师低于示范学校的教师,但差异并不明显。

3.性别

高中教师的教学效能有效问卷为 866 份。在这 866 名高中教师中,男教师有 372 名,女教师有 494 名。其在每一水平中的具体分布如表 3-48 所示。

表 3-48　高中教师教学效能性别差异分析

	性别	均值	标准差	t 值
教学认知	男	3.9382	0.72976	0.696
	女	3.9049	0.65115	
教学情绪	男	3.9489	0.66986	-0.208
	女	3.9582	0.63128	
教学期望	男	4.0627	0.62020	-2.004*
	女	4.1464	0.59950	
教学能力	男	3.9931	0.54095	0.776
	女	3.9642	0.54341	
教学策略	男	4.0247	0.59380	1.162
	女	3.9781	0.57705	
教学业绩	男	3.3575	0.65481	1.303
	女	3.2996	0.64253	
教学环境	男	4.0618	0.64572	-0.260
	女	4.0729	0.59757	
教学效能	男	3.9305	0.51243	0.207
	女	3.9234	0.49426	

注:* 表示 $P<0.05$,表示差异显著;** 表示 $P<0.01$,表示差异非常显著;*** 表示 $P<0.001$,表示差异极其显著。

　　通过独立样本 t 检验发现,高中男教师和高中女教师的教学效能在总体上不存在显著性差异。具体来说,男性教师在教学认知、教学能力、教学策略和教学业绩上都优于女性教师,而在教学情绪、教学期望和教学环境上则低于女性教师。其中,在教学期望上二者之间差异显著,在其他维度,二者之间差异不显著。

　　在每一个水平内部,男教师和女教师之间的教学效能具体差异如图 3-179 至图 3-183 所示:

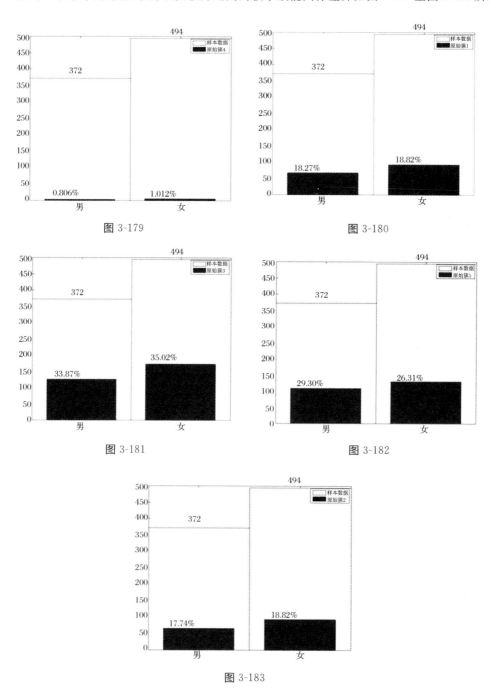

图 3-179　　　　　　　　　　　　　　　　图 3-180

图 3-181　　　　　　　　　　　　　　　　图 3-182

图 3-183

如图 3-179 至图 3-183 所示，在这 372 名男教师中，有 0.806％的教师分布在教学效能的第一水平（即最低水平）中（如图 3-179），18.27％的教师分布在教学效能的第二水平（即较低水平）中（如图 3-180），33.87％的教师分布在教学效能的第三水平（即中等水平）中（如图 3-181），29.30％的教师分布在教学效能的第四水平（即较高水平）中（如图 3-182），17.74％的教师分布在教学效能的第五水平（即最高水平）中（如图 3-183）。

在这 494 名女教师中，1.012％的教师分布在教学效能的第一水平（即最低水平）中（如图 3-179），18.82％的教师分布在教学效能的第二水平（即较低水平）中（如图 3-180），35.02％的教师分布在教学效能的第三水平（即中等水平）中（如图 3-181），26.31％的教师分布在教学效能的第四水平（即较高水平）中（如图 3-182），18.82％的教师分布在教学效能的第五水平（即最高水平）中（如图 3-183）。

总的来说，男教师分布在第四水平和第五水平的占到其总数的 47.04％，女教师分布在第四水平和第五水平的占到其总数的 45.13％。由此可见，在较高及以上的教学效能水平中，男教师稍好于女教师，但二者之间差异并不十分明显。

另一方面，男教师分布在第一水平和第二水平的占到其总数的 19.076％，女教师分布在第一水平和第二水平的占到其总数的 19.832％。由此可见，在较低及以下的教学效能水平中，男教师也稍好于女教师，但二者之间的差异并不明显。

4.学校所在地

高中教师的教学效能有效问卷为 866 份。在这 866 名高中教师中，学校所在地在城市的教师有 365 名，在县城的教师有 331 名，在农村的教师有 170 名。其在每一水平中的具体分布如表 3-49 所示。

表 3-49 高中教师教学效能学校所在地差异分析

	学校所在地	均值	标准差	F 值	事后多重比较
教学认知	城市	3.9767	0.69348	2.293	
	县城	3.8852	0.67000		
	农村	3.8618	0.69445		
教学情绪	城市	4.0128	0.62348	3.284*	1＞2
	县城	3.8872	0.65805		
	农村	3.9588	0.66982		
教学期望	城市	4.1612	0.61719	2.783	
	县城	4.0524	0.60770		
	农村	4.1147	0.58981		

续表

	学校所在地	均值	标准差	F值	事后多重比较
教学能力	城市	4.0274	0.51513	4.058*	1＞2
	县城	3.9121	0.58599		
	农村	3.9935	0.49877		
教学策略	城市	4.0416	0.58255	3.552*	1＞2
	县城	3.9311	0.61049		
	农村	4.0353	0.52459		
教学业绩	城市	3.3110	0.66057	0.293	
	县城	3.3459	0.64612		
	农村	3.3118	0.62718		
教学环境	城市	4.1251	0.60361	3.604*	1＞2
	县城	4.0000	0.64823		
	农村	4.0784	0.57939		
教学效能	城市	3.9698	0.49159	3.147*	1＞2
	县城	3.8748	0.53133		
	农村	3.9340	0.45613		

注：*表示 $P<0.05$，表示差异显著；**表示 $P<0.01$，表示差异非常显著；***表示 $P<0.001$，表示差异极其显著。

据表3-49可知，地处城市的教师教学效能明显优于农村教师和县城教师，县城教师表现最差，城市教师和县城教师二者之间的差异显著。具体而言，在教学情绪、教学能力、教学策略和教学环境上，城市教师高于农村教师，农村教师高于县城教师，城市教师与县城教师之间存在显著性差异。此外，在教学认知、教学期望和教学业绩上，城市、县城和农村教师三者之间不存在显著性差异。

在每一个水平内部，学校所在地为城市、县城和农村的高中教师的教学效能具体差异如图3-184至图3-188所示：

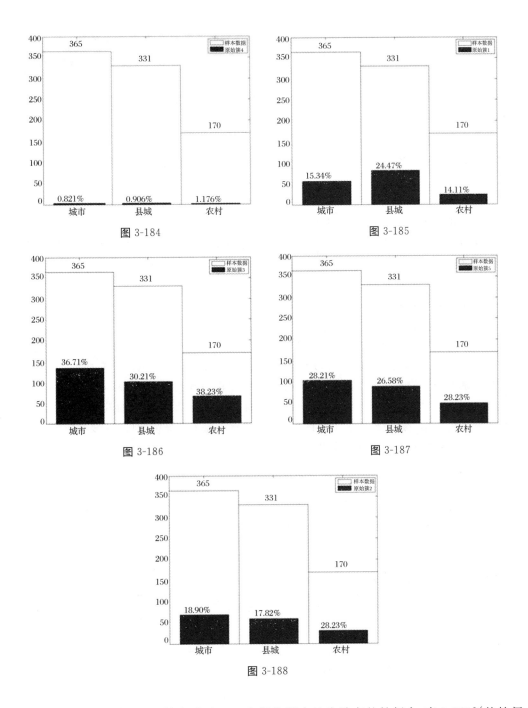

图 3-184

图 3-185

图 3-186

图 3-187

图 3-188

　　如图 3-184 至图 3-188 所示,在这 365 名学校所在地为城市的教师中,有 0.821% 的教师分布在教学效能的第一水平(即最低水平)中(如图 3-184),15.34% 的教师分布在教学效能的第二水平(即较低水平)中(如图 3-185),36.71% 的教师分布在教学效能的第三水平(即中等水平)中(如图 3-186),28.21% 的教师分布在教学效能的第四水平(即较高水平)中(如图 3-187),18.90% 的教师分布在教学效能的第五水平(即最高水平)中(如图 3-188)。

在这 331 名学校所在地为县城的教师中,有 0.906％的教师分布在教学效能的第一水平(即最低水平)中(如图 3-184),24.47％的教师分布在教学效能的第二水平(即较低水平)中(如图 3-185),30.21％的教师分布在教学效能的第三水平(即中等水平)中(如图 3-186),26.58％的教师分布在教学效能的第四水平(即较高水平)中(如图 3-187),17.82％的教师分布在教学效能的第五水平(即最高水平)中(如图 3-188)。

在这 170 名学校所在地为农村的教师中,有 1.176％的教师分布在教学效能的第一水平(即最低水平)中(如图 3-184),14.11％的教师分布在教学效能的第二水平(即较低水平)中(如图 3-185),38.23％的教师分布在教学效能的第三水平(即中等水平)中(如图 3-186),28.23％的教师分布在教学效能的第四水平(即较高水平)中(如图 3-187),28.23％的教师分布在教学效能的第五水平(即最高水平)中(如图 3-188)。

总的来说,学校所在地为城市的教师分布在第四水平和第五水平的占到其总数的47.11％,学校所在地为县城的教师分布在第四水平和第五水平的占到其总数的44.40％,学校所在地为农村的教师分布在第四水平和第五水平的占到其总数的56.46％。由此可见,在较高及以上的教学效能水平中,学校所在地为农村的教师稍好于学校所在地为城市或县城的教师。但三者之间表现差异并不明显。

另一方面,学校所在地为城市的教师分布在第一水平和第二水平的占到其总数的16.161％,学校所在地为县城的教师分布在第一水平和第二水平的占到其总数的25.376％,学校所在地为农村的教师分布在第一水平和第二水平的占到其总数的15.286％。由此可见,在较低及以下的教学效能水平中,较其他两者而言,学校所在地为县城的教师其教学效能的整体水平表现最差。这也印证了上文的发现:学校所在地为县城的教师,其教学效能的整体水平表现最差。这一点值得进一步思索。

5.年级

高中教师的教学效能有效问卷为 866 份。在这 866 名高中教师中,高一年级的教师有335 名,高二年级的教师有 317 名,高三年级的教师有 214 名。其在每一水平中的具体分布如表 3-50 所示。

表 3-50 高中教师教学效能任教年级差异分析

	年级	均值	标准差	F 值	事后多重比较
教学认知	高一	3.9269	0.65879	0.658	
	高二	3.9416	0.70525		
	高三	3.8738	0.69907		
教学情绪	高一	3.9900	0.61466	0.846	
	高二	3.9348	0.65385		
	高三	3.9268	0.68848		

	年级	均值	标准差	F 值	事后多重比较
教学期望	高一	4.1129	0.58417	1.921	
	高二	4.1514	0.59875		
	高三	4.0460	0.65966		
教学能力	高一	3.9867	0.52901	0.587	
	高二	3.9895	0.53882		
	高三	3.9418	0.56816		
教学策略	高一	4.0000	0.57908	0.331	
	高二	4.0139	0.56619		
	高三	3.9720	0.62013		
教学业绩	高一	3.3239	0.69587	0.231	
	高二	3.3091	0.63881		
	高三	3.3481	0.58317		
教学环境	高一	4.0726	0.60026	1.247	
	高二	4.0999	0.61410		
	高三	4.0140	0.65108		
教学效能	高一	3.9342	0.48149	0.647	
	高二	3.9409	0.49676		
	高三	3.8930	0.54007		

依据高中教师任教年级对样本进行单因素方差分析,高二年级的教学效能高于高一年级和高三年级的教学效能,但三者之间不存在显著差异。

其在每一水平内部分布如图3-189至图3-193所示:

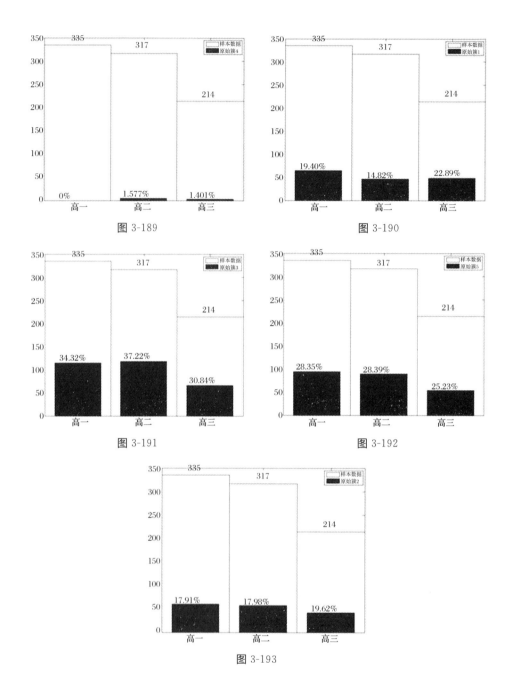

图 3-189

图 3-190

图 3-191

图 3-192

图 3-193

如图 3-189 至图 3-193 所示,在这 335 名高一年级的教师中,有 0％的教师分布在教学效能的第一水平(即最低水平)中(如图 3-189),19.40％的教师分布在教学效能的第二水平(即较低水平)中(如图 3-190),34.32％的教师分布在教学效能的第三水平(即中等水平)中(如图 3-191),28.35％的教师分布在教学效能的第四水平(即较高水平)中(如图 3-192),17.91％的教师分布在教学效能的第五水平(即最高水平)中(如图 3-193)。

在这 317 名高二年级的教师中,有 1.577％的教师分布在教学效能的第一水平(即最低水平)中(如图 3-189),14.82％的教师分布在教学效能的第二水平(即较低水平)中(如图3-190),

37.22％的教师分布在教学效能的第三水平(即中等水平)中(如图 3-191),28.39％的教师分布在教学效能的第四水平(即较高水平)中(如图 3-192),17.98％的教师分布在教学效能的第五水平(即最高水平)中(如图 3-193)。

在这 214 名高三年级的教师中,有 1.401％的教师分布在教学效能的第一水平(即最低水平)中(如图 3-189),22.89％的教师分布在教学效能的第二水平(即较低水平)中(如图3-190),30.84％的教师分布在教学效能的第三水平(即中等水平)中(如图 3-191),25.23％的教师分布在教学效能的第四水平(即较高水平)中(如图 3-192),19.62％的教师分布在教学效能的第五水平(即最高水平)中(如图 3-193)。

总的来说,高一年级的教师分布在第四水平和第五水平的占到其总数的 46.26％,高二年级的教师分布在第四水平和第五水平的占到其总数的 46.37％,高三年级的教师分布在第四水平和第五水平的占到其总数的 44.85％。由此可见,高一、高二、高三年级的教师,在较高及以上的教学效能水平中其表现差异并不明显。

与此相反,高一年级的教师分布在第一水平和第二水平的占到其总数的 19.40％,高二年级的教师分布在第一水平和第二水平的占到其总数的 16.397％,高三年级的教师分布在第一水平和第二水平的占到其总数的 24.291％。由此可见,高一、高二、高三年级的教师,在较低及以下的教学效能水平中其表现还是有一定差异的,高三年级的教师其教学效能的整体水平不及高一和高二年级的教师教学效能水平,这一原因值得探究。

6.最高学历

高中教师的教学效能有效问卷为 866 份。在这 866 名高中教师中,最高学历为大专及以下的教师有 22 名,最高学历为本科的教师有 697 名,最高学历为研究生的教师有 147 名。其在每一水平中的具体分布如表 3-51 所示。

表 3-51　高中教师教学效能学历差异分析

	最高学历	均值	标准差	F 值	事后多重比较
教学认知	大专及以下	3.4773	0.58711	5.566**	1<2,1<3
	本科	3.9168	0.68036		
	研究生	3.9966	0.70346		
教学情绪	大专及以下	3.6667	0.69769	6.483**	1<3,2<3
	本科	3.9321	0.64859		
	研究生	4.1020	0.61142		
教学期望	大专及以下	3.6061	0.45873	13.470***	1<2,1<3,2<3
	本科	4.0921	0.61667		
	研究生	4.2732	0.53987		

续表

	最高学历	均值	标准差	F 值	事后多重比较
教学能力	大专及以下	3.6818	0.52486	5.360**	1<2,1<3,2<3
	本科	3.9673	0.54372		
	研究生	4.0650	0.52113		
教学策略	大专及以下	3.6091	0.64874	5.835**	1<2,1<3
	本科	3.9968	0.57679		
	研究生	4.0626	0.59163		
教学业绩	大专及以下	3.1364	0.63023	2.450	
	本科	3.3117	0.63040		
	研究生	3.4133	0.72306		
教学环境	大专及以下	3.6515	0.43005	8.657***	1<2,1<3,2<3
	本科	4.0536	0.63023		
	研究生	4.1995	0.54850		
教学效能	大专及以下	3.5710	0.44605	9.248***	1<2,1<3,2<3
	本科	3.9150	0.50311		
	研究生	4.0340	0.47503		

注：* 表示 $P<0.05$，表示差异显著；** 表示 $P<0.01$，表示差异非常显著；*** 表示 $P<0.001$，表示差异极其显著。

通过单因素分析，我们发现，在高中，研究生学历的教师的教学效能高于本科学历的教师，本科学历的教师高于大专及以下学历的教师，三者在总体上的差异极其显著。具体来说，在教学期望、教学能力和教学环境上，研究生学历的教师的教学效能要高于本科学历的教师，本科学历的教师高于大专及以下学历的教师，三者之间的差异很显著（在教学期望和教学环境上差异极其显著）。在教学认知和教学策略上，研究生学历的教师的教学效能高于本科学历的教师，本科学历的教师高于大专及以下教师的教学效能，两两之间都存在显著性差异。在教学情绪上，研究生学历的教师的教学效能高于大专及以下教师的教学效能，也高于本科学历的教师教学效能，两两之间存在显著性差异。在教学业绩维度，三者之间不存在显著性差异。

在每一个水平内部，学历不同的教师间具体差异如图 3-194 至图 3-198 所示。

如图 3-194 至图 3-198 所示，在这 22 名最高学历为大专及以下的教师中，有 0% 的教师分布在教学效能的第一水平（即最低水平）中（如图 3-194），45.450% 的教师分布在教学效能的第二水平(即较低水平)中(如图 3-195),40.90％的教师分布在教学效能的第三水平(即中等水平)中(如图 3-196),9.09％的教师分布在教学效能的第四水平(即较高水平)中(如图 3-197),4.545％的教师分布在教学效能的第五水平(即最高水平)中(如图 3-198)。

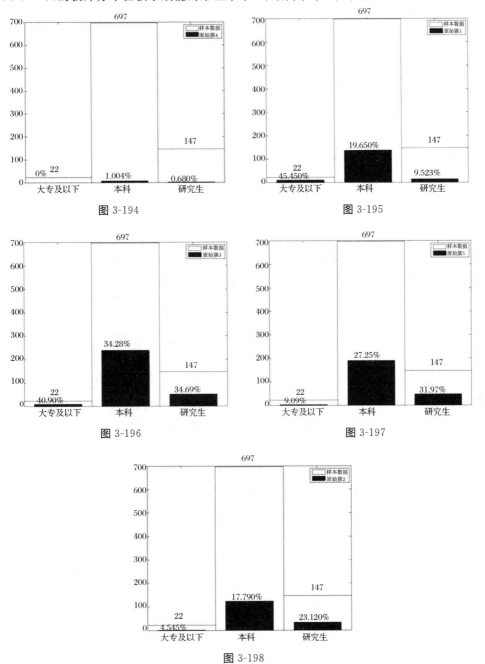

图 3-194

图 3-195

图 3-196

图 3-197

图 3-198

在这 697 名最高学历为本科的教师中,有 1.004％的教师分布在教学效能的第一水平(即最低水平)中(如图 3-194),19.650％的教师分布在教学效能的第二水平(即较低水平)中(如

图 3-195),34.28％的教师分布在教学效能的第三水平(即中等水平)中(如图 3-196),27.25％的教师分布在教学效能的第四水平(即较高水平)中(如图 3-197),17.790％的教师分布在教学效能的第五水平(即最高水平)中(如图 3-198)。

在这 147 名最高学历为研究生的教师中,有 0.680％的教师分布在教学效能的第一水平(即最低水平)中(如图 3-194),9.523％的教师分布在教学效能的第二水平(即较低水平)中(如图 3-195),34.69％的教师分布在教学效能的第三水平(即中等水平)中(如图 3-196),31.97％的教师分布在教学效能的第四水平(即较高水平)中(如图 3-197),23.120％的教师分布在教学效能的第五水平(即最高水平)中(如图 3-198)。

总的来说,最高学历为大专及以下的教师分布在第四水平和第五水平的占到其总数的 13.635％,最高学历为本科的教师分布在第四水平和第五水平的占到其总数的 45.04％,最高学历为研究生的教师分布在第四水平和第五水平的占到其总数的 55.09％。由此可见,在较高及以上的教学效能水平中,较最高学历为大专及以下的教师、本科学历的教师而言,研究生学历的教师表现最好,其次是本科学历的教师,最差的是最高学历为大专及以下的教师。三者之间有一定差异。

另一方面,最高学历为大专及以下的教师分布在第一水平和第二水平的占到其总数的 45.450％,最高学历为本科的教师分布在第一水平和第二水平的占到其总数的 20.654％,最高学历为研究生的教师分布在第一水平和第二水平的占到其总数的 10.203％。由此可见,在较低及以下的教学效能水平中,较其他两者而言,最高学历为大专以下的教师表现最差,三者之间具有一定差异。

7.职称

高中教师的教学效能有效问卷为 866 份。在这 866 名高中教师中,职称为正高级的教师有 11 名,高级教师有 199 名,一级教师有 370 名,二级教师有 228 名,三级教师有 7 名,其他教师有 46 名。其在每一水平中的具体分布如表 3-52 所示。(根据三维视图,教师职称人数为 861 人,而高中教师教学效能有效问卷为 886 份,这其中的 5 份可能未填写职称题项,被作缺失值处理。)

表 3-52 高中教师教学效能职称差异分析

	职称	均值	标准差	F 值	事后多重比较
教学认知	正高级	3.9545	0.61051	0.229	
	高级	3.9447	0.66626		
	一级	3.9230	0.74090		
	二级	3.8969	0.61130		
	三级	4.0000	0.76376		
	其他	3.8478	0.68207		

	职称	均值	标准差	F 值	事后多重比较
教学情绪	正高级	4.1212	0.84686	0.501	
	高级	3.9983	0.62720		
	一级	3.9450	0.67362		
	二级	3.9211	0.61041		
	三级	3.8571	1.03382		
	其他	3.9348	0.60704		
教学期望	正高级	4.2273	0.77915	0.173	
	高级	4.1173	0.61197		
	一级	4.1036	0.62812		
	二级	4.0980	0.56136		
	三级	4.0952	0.81569		
	其他	4.1594	0.64498		
教学能力	正高级	4.1414	0.64424	2.042	
	高级	4.0324	0.52563		
	一级	3.9937	0.56873		
	二级	3.9240	0.49610		
	三级	4.0159	0.70690		
	其他	3.8068	0.55255		
教学策略	正高级	4.1273	0.77600	2.150	
	高级	4.0693	0.57579		
	一级	4.0108	0.59437		
	二级	3.9491	0.55583		
	三级	4.1714	0.68730		
	其他	3.8087	0.59473		

第三章　教学效能的水平与特征

续表

	职称	均值	标准差	F 值	事后多重比较
教学业绩	正高级	3.7500	0.59161	4.152**	1＞3,1＞4, 1＞6,2＞4, 2＞6,3＞6, 4＞6
	高级	3.3945	0.65437		
	一级	3.3507	0.64798		
	二级	3.2577	0.60349		
	三级	3.4643	0.71339		
	其他	3.0217	0.74317		
教学环境	正高级	4.2727	0.53371	0.448	
	高级	4.0369	0.65545		
	一级	4.0694	0.63828		
	二级	4.0731	0.57140		
	三级	4.2381	0.68622		
	其他	4.0652	0.54713		
教学效能	正高级	4.1051	0.62567	1.281	
	高级	3.9661	0.49988		
	一级	3.9347	0.52945		
	二级	3.8893	0.44518		
	三级	3.9911	0.71891		
	其他	3.8139	0.49375		

注：* 表示 $P＜0.05$，表示差异显著；** 表示 $P＜0.01$，表示差异非常显著；*** 表示 $P＜0.001$，表示差异极其显著。

据表 3-52 可知，正高级的教师整体教学效能优于三级、高级、一级、二级和其他职称的教师。具体而言，不同职称教师在教学业绩上存在显著性差异，在其他维度均不存在显著性差异。其中，在教学业绩维度，正高级的教师教学效能优于高级、一级、二级、三级和其他职称级别的教师，高级的教师教学效能优于一级、二级、其他职称的教师教学效能，一级教师的教学效能和二级教师的教学效能又优于其他职称的教师。

在每一个水平内部,职称不同的教师间具体差异如图 3-199 至图 3-203 所示。

如图 3-199 至图 3-203 所示,在这职称为正高级的教师有 11 名中,有 0% 的教师分布在教学效能的第一水平(即最低水平)中(如图 3-199),27.27% 的教师分布在教学效能的第二水平(即较低水平)中(如图 3-200),9.09% 的教师分布在教学效能的第三水平(即中等水平)中(如图 3-201),27.27% 的教师分布在教学效能的第四水平(即较高水平)中(如图 3-202),36.36% 的教师分布在教学效能的第五水平(即最高水平)中(如图 3-203)。

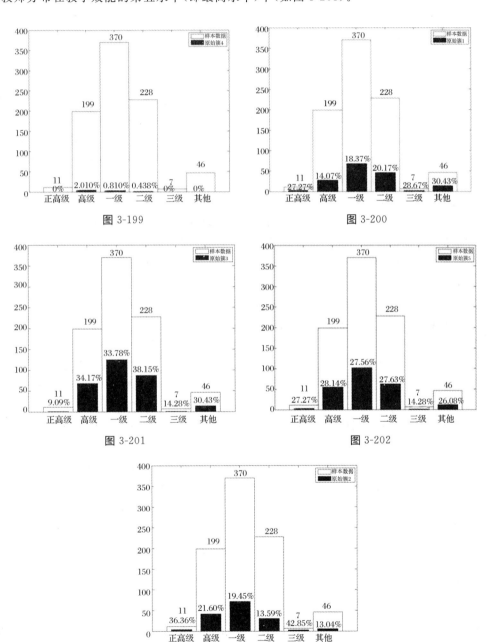

图 3-199　　　　　　　　　　　　图 3-200

图 3-201　　　　　　　　　　　　图 3-202

图 3-203

在这 199 名高级教师中,有 2.010％的教师分布在教学效能的第一水平(即最低水平)中(如图 3-199),14.07％的教师分布在教学效能的第二水平(即较低水平)中(如图 3-200),34.17％的教师分布在教学效能的第三水平(即中等水平)中(如图 3-201),28.14％的教师分布在教学效能的第四水平(即较高水平)中(如图 3-202),21.60％的教师分布在教学效能的第五水平(即最高水平)中(如图 3-203)。

在这 370 名一级教师中,有 0.810％的教师分布在教学效能的第一水平(即最低水平)中(如图 3-199),18.37％的教师分布在教学效能的第二水平(即较低水平)中(如图 3-200),33.78％的教师分布在教学效能的第三水平(即中等水平)中(如图 3-201),27.56％的教师分布在教学效能的第四水平(即较高水平)中(如图 3-202),19.45％的教师分布在教学效能的第五水平(即最高水平)中(如图 3-203)。

在这 228 名二级教师中,有 0.438％的教师分布在教学效能的第一水平(即最低水平)中(如图 3-199),20.17％的教师分布在教学效能的第二水平(即较低水平)中(如图 3-200),38.15％的教师分布在教学效能的第三水平(即中等水平)中(如图 3-201),27.63％的教师分布在教学效能的第四水平(即较高水平)中(如图 3-202),13.59％的教师分布在教学效能的第五水平(即最高水平)中(如图 3-203)。

在这 7 名三级教师中,有 0％的教师分布在教学效能的第一水平(即最低水平)中(如图 3-199),28.67％的教师分布在教学效能的第二水平(即较低水平)中(如图 3-200),14.28％的教师分布在教学效能的第三水平(即中等水平)中(如图 3-201),14.28％的教师分布在教学效能的第四水平(即较高水平)中(如图 3-202),42.85％的教师分布在教学效能的第五水平(即最高水平)中(如图 3-203)。

总的来说,正高级教师分布在第四水平和第五水平的占到其总数的 63.63％,高级教师分布在第四水平和第五水平的占到其总数的 49.74％,一级教师分布在第四水平和第五水平的占到其总数的 47.01％,二级教师分布在第四水平和第五水平的占到其总数的 41.22％,三级教师分布在第四水平和第五水平的占到其总数的 57.13％。由此可见,从总体上说,职称越高的教师群体,其教学效能表现越好。职称在一定程度上,对教师的教学效能水平是有正面影响的。但在其中也发现了一个特殊现象,除正高级教师外,三级教师在第四水平和第五水平的教学效能表现要较高级教师、一级教师和二级教师要好,这一现象也值得探究。

另一方面,正高级教师分布在第一水平和第二水平的占到其总数的 27.27％,高级教师分布在第一水平和第二水平的占到其总数的 16.08％,一级教师分布在第一水平和第二水平的占到其总数的 19.18％,二级教师分布在第一水平和第二水平的占到其总数的 20.608％,三级教师分布在第一水平和第二水平的占到其总数的 28.67％。由此可见,在较低及以下水平的教学效能中,三级教师的表现最差,其次是正高级教师,再次则分别是二级教师、一级教师。这与上文所推断的结果出现了截然相反的情况,原因为何值得探索。

8.教龄

高中教师的教学效能有效问卷为 866 份。在这 866 名高中教师中,教龄为 0—5 年的教师有 157 名,教龄为 6—10 年的教师有 220 名,教龄为 11—15 年的教师有 198 名,教龄为 16—20 年的教师有 132 名,教龄为 21 年以上的教师有 159 名。其在每一水平中的具体分布如表 3-53 所示。

据表 3-53 所知,各教龄段的教师间整体教学效能不存在显著性差异。具体来看,除教学能力、教学策略和教学业绩维度外,其他维度均无显著性差异。其中,在教学能力和教学策略维度,21 年以上教龄的教师表现最好,其教学效能要高于其他教龄段教师,0-5 年教龄的教师表现较差。在教学业绩维度,11-15 年教龄的教师表现最好,其教学效能要高于 6-10 年教龄、0-5 年教龄的教师,三者之间的差异非常显著。

表 3-53 高中教师教学效能教龄差异分析

	教龄	均值	标准差	F 值	事后多重比较
教学认知	0-5 年	3.8567	0.67237	1.254	
	6-10 年	3.9455	0.68528		
	11-15 年	3.9470	0.70600		
	16-20 年	3.8371	0.71914		
	21 年以上	3.9780	0.64225		
教学情绪	0-5 年	3.9130	0.63956	1.260	
	6-10 年	3.9273	0.63849		
	11-15 年	3.9882	0.63493		
	16-20 年	3.8990	0.72627		
	21 年以上	4.0356	0.61233		
教学期望	0-5 年	4.1465	0.57807	0.333	
	6-10 年	4.0864	0.62796		
	11-15 年	4.1103	0.59138		
	16-20 年	4.0833	0.69608		
	21 年以上	4.1310	0.56266		
教学能力	0-5 年	3.8358	0.50630	4.535**	1<2,1<3,1<4,1<5,2<5
	6-10 年	3.9485	0.55524		
	11-15 年	4.0247	0.53844		
	16-20 年	4.0067	0.60388		
	21 年以上	4.0699	0.48182		

续表

	教龄	均值	标准差	F 值	事后多重比较
教学策略	0-5 年	3.8420	0.56525	5.013**	1<2,1<3, 1<4,1<5, 2<5
	6-10 年	3.9618	0.59064		
	11-15 年	4.0434	0.57169		
	16-20 年	4.0439	0.64787		
	21 年以上	4.1082	0.52228		
教学业绩	0-5 年	3.1545	0.70001	4.577**	1<2,1<3
	6-10 年	3.3625	0.61201		
	11-15 年	3.4381	0.58883		
	16-20 年	3.3295	0.72399		
	21 年以上	3.2940	0.61786		
教学环境	0-5 年	4.1104	0.56914	0.903	
	6-10 年	4.0939	0.63090		
	11-15 年	4.0774	0.59102		
	16-20 年	3.9874	0.72914		
	21 年以上	4.0461	0.58036		
教学效能	0-5 年	3.8441	0.46971	1.861	
	6-10 年	3.9146	0.50928		
	11-15 年	3.9670	0.49923		
	16-20 年	3.9197	0.58657		
	21 年以上	3.9792	0.44014		

注:* 表示 $P<0.05$,表示差异显著;** 表示 $P<0.01$,表示差异非常显著;*** 表示 $P<0.001$,表示差异极其显著。

在每一个水平内部,教龄不同的教师间具体差异如图 3-204 至图 3-208 所示。

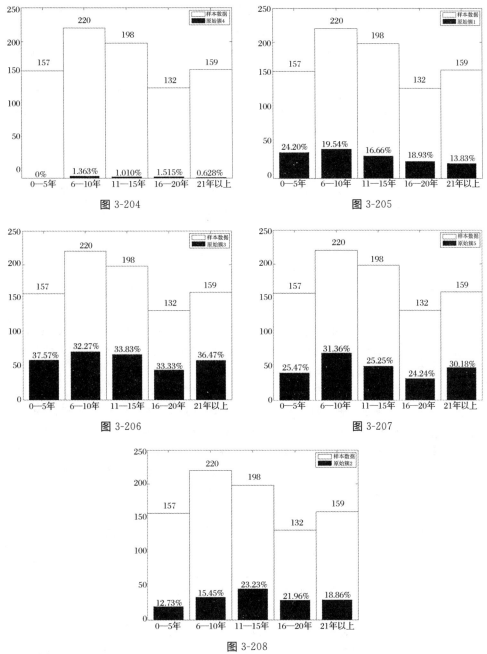

图 3-204

图 3-205

图 3-206

图 3-207

图 3-208

如图 3-204 至图 3-208 所示,在这 157 名教龄为 0—5 年的教师中,有 0% 的教师分布在教学效能的第一水平(即最低水平)中(如图 3-204),24.20% 的教师分布在教学效能的第二水平(即较低水平)中(如图 3-205),37.57% 的教师分布在教学效能的第三水平(即中等水平)中(如图 3-206),25.47% 的教师分布在教学效能的第四水平(即较高水平)中(如图 3-207),12.73% 的教师分布在教学效能的第五水平(即最高水平)中(如图 3-208)。

在这 220 名教龄为 6—10 年的教师中，有 1.363％的教师分布在教学效能的第一水平（即最低水平）中（如图 3-204），19.54％的教师分布在教学效能的第二水平（即较低水平）中（如图 3-205），32.27％的教师分布在教学效能的第三水平（即中等水平）中（如图 3-206），31.36％的教师分布在教学效能的第四水平（即较高水平）中（如图 3-207），15.45％的教师分布在教学效能的第五水平（即最高水平）中（如图 3-208）。

在这 198 名教龄为 11—15 年的教师中，有 1.010％的教师分布在教学效能的第一水平（即最低水平）中（如图 3-204），16.66％的教师分布在教学效能的第二水平（即较低水平）中（如图 3-205），33.83％的教师分布在教学效能的第三水平（即中等水平）中（如图 3-206），25.25％的教师分布在教学效能的第四水平（即较高水平）中（如图 3-207），23.23％的教师分布在教学效能的第五水平（即最高水平）中（如图 3-208）。

在这 132 名教龄为 16—20 年的教师中，有 1.515％的教师分布在教学效能的第一水平（即最低水平）中（如图 3-204），18.93％的教师分布在教学效能的第二水平（即较低水平）中（如图 3-205），33.33％的教师分布在教学效能的第三水平（即中等水平）中（如图 3-206），24.24％的教师分布在教学效能的第四水平（即较高水平）中（如图 3-207），21.96％的教师分布在教学效能的第五水平（即最高水平）中（如图 3-208）。

在这 159 名教龄为 21 年以上的教师中，有 0.628％的教师分布在教学效能的第一水平（即最低水平）中（如图 3-204），13.83％的教师分布在教学效能的第二水平（即较低水平）中（如图 3-205），36.47％的教师分布在教学效能的第三水平（即中等水平）中（如图 3-206），30.18％的教师分布在教学效能的第四水平（即较高水平）中（如图 3-207），18.86％的教师分布在教学效能的第五水平（即最高水平）中（如图 3-208）。

总的来说，教龄为 0—5 年的教师分布在第四水平和第五水平的占到其总数的 38.20％，教龄为 6—10 年的教师分布在第四水平和第五水平的占到其总数的 46.81％，教龄为 11—15 年的教师分布在第四水平和第五水平的占到其总数的 48.48％，教龄为 16—20 年的教师分布在第四水平和第五水平的占到其总数的 46.20％，教龄为 21 年以上的教师分布在第四水平和第五水平的占到其总数的 49.04％。由此可见，在较高及以上的教学效能水平中，教师的表现由好到差排列依次为：教龄为 21 年以上的教师＞教龄为 11—15 年的教师＞教龄为 6—10 年的教师＞教龄为 16—20 年的教师＞教龄为 0—5 年的教师。这说明，中年教师教学效能的整体水平较高，新手教师表现最差。其中，教龄为 21 年以上的教师与教龄为 11—15 年的教师之间差异不明显，教龄为 6—10 年的教师与教龄为 16—20 年的教师二者之间的差别并不十分明显。

另一方面，教龄为 0—5 年的教师分布在第一水平和第二水平的占到其总数的 24.20％，教龄为 6—10 年的教师分布在第一水平和第二水平的占到其总数的 20.903％，教龄为 11—15 年的教师分布在第一水平和第二水平的占到其总数的 17.67％，教龄为 16—20 年的教师分布在第一水平和第二水平的占到其总数的 20.445％，教龄为 21 年以上的教师分布在第一水平和第二水平的占到其总数的 14.458％。由此可见，在较低及以下的教学效能水平中，教师的表现由好到差排列依次为：教龄为 21 年以上的教师＞教龄为 11—15 年的教师＞教龄为 16—20 年的教师＞教龄为 6—10 年的教师＞教龄为 0—5 年的教师。这说明，在较低及以下的教学效能水平中，教龄为 21 年以上的教师表现最好，教龄为 0—5 年的教师即新手教师表现最差。总体结果与上文一致。

第四章

学生学习效能的水平及特征

无论哪个领域,凡是涉及效能问题,其终极指向都绕不开如何测评效能大小、如何评价效能等一系列具有实效意义的问题,对学习效能的研究亦是如此。那么,学习效能是什么,中小学生学习效能的高低究竟应该以什么样的标准进行界定,如何评价学习效能的高低,中小学学生学习效能高低的不同具有怎样的特征,等等一系列问题,是本研究着力加以分析和探讨的。

一、学习效能的理论设想与研究设计

"学习效能是指学生个体对自己能否胜任学习任务的主观判断以及对自身学习效果的客观表征,是影响学生学习动机、学业成就的重要指标,是学生学业负担形成的核心要素。"[①]从主观判断和客观表征两个角度去研究学习效能的依据在哪里,具体的指标体系如何建构,研究工具和分析方法如何运用。

(一)学习效能研究的理论设想

自我效能感由美国心理学家班杜拉1977年最早提出来,指人们对自己是否能成功地完成某一成就的行为能力的主观判断和推测。自我效能感理论产生以来,在学术界一直存在着"一般"与"特殊"的争论。有研究者认为,自我效能是特殊的和情境性的,只有在特定领域、特定任务甚至特定问题的自我效能感才对行为具有预测性。与此观点不同的是,有研究者认为自我效能感只是一种个性特征,意指个体应付各种不同环境的挑战或面对新事物时的一种总体性的自信心。在学习领域,有关学习效能的"一般"与"特殊"依然存在。边玉芳教授通过研究发现,"从一般自我效能感、一般学习自我效能感(基本能力感、控制感)、特定学科的自我效能感(数学自我效能感、英语自我效能感)三种不同层次的自我效能感对学生学习总成绩和学科成绩的作用大小分析,可以基本证实这样的设想:各种层次的自我效能都会对学习成绩产生作用;越特殊的自我效能对相关学习成绩影响越大"[②]。由此可见,自我效能感的一般理论对于特殊领域的效能感研究具有一定的指导意义,影响自我效能感的理论模型对于特殊领域效能感的研究也具有一定借鉴价值。基于这样的认识,我们在研究学习效能的过程中借鉴了班杜拉的三元交互决定论作为本研究的理论依据。

三元交互决定论是班杜拉社会学习理论的重要组成部分,其直接的逻辑产物就是自我效

---

① 靳玉乐.中小学生学习效能的现状及提升策略[J].中国教育学刊,2015(8):34.
② 边玉芳.学习自我效能感:是一般的还是针对特殊领域的?[J].心理科学,2006,29(5):1277.

能感。社会学习理论的基本假设是个人的认知、行为与环境因素三者及其交互作用对人类行为具有决定性影响。"人们不只是由外部事件塑造的有反应性的机体，还是自我组织的、积极进取的、自我调节的和自我反思的。"①在这种理论假设之上，班杜拉提出了环境（E）、个体（P）和行为（B）三者的交互决定论模型。

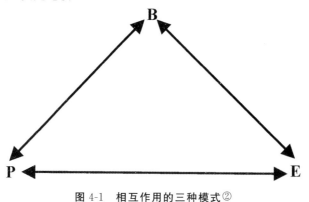

图 4-1　相互作用的三种模式②

在班杜拉看来，人的社会行为是人的内部因素（主要是认知）与环境（主要是社会因素）相互作用（选择与影响）的结果；人的认知不仅会影响行为的组织，而且行为的反馈又会使人产生对结果的认知与调节功能提高；人的行为不仅改变着环境，环境也制约着人的行为。所有的心理和行为变化过程通过改变个体的自我效能感起作用。自我效能感是个体对能够完成任务的一种预期判断，揭示了人与动物的根本区别，即人的能动性。从这个角度来讲，自我效能感的强弱从根本上反映了主体能动性的大小。"人的能动性是其主体性因素（认知、情感、生理等）、行为和环境三者交互作用的产物，同时又对这三者有着能动性作用。"③由此可以判断，自我效能感也受到主体性因素、行为和环境三方面要素的影响，三者的交互作用产生主体的自我效能感。前面已经讨论过，自我效能感有"一般"与"特殊"之分，学习效能感作为自我效能感的"特殊"分支，有自我效能感的"一般"特征，即能力知觉，这种能力知觉的产生取决于诸多方面要素的相互作用。我们认为，就学生的学习效能而言，主体性要素（如态度、动机、期望、能力）、行为性要素（如策略运用、学业评价）和环境性要素（如学习氛围、人际环境）对学生在完成学习任务时的能动性产生交互性影响。基于此，本研究选取了学习态度、学习动机、学习期望、学习能力、学习策略、学业成就以及学习环境七个维度来探讨学习效能。

---

①［美］A.班杜拉.思想和行动的社会基础：社会认识论（上）［M］.林颖等译.上海：华东师范大学出版社，2001：17.

②［美］A.班杜拉.思想和行动的社会基础：社会认知论（上）［M］.林颖等译.上海：华东师范大学出版社，2001：32.

③郭本禹，姜月飞.自我效能理论及其应用［M］.上海：上海教育出版社，2008：33.

（二）学习效能的内涵与指标

1.学习效能的内涵

对学习效能感的研究由来已久,对其内涵的定义也各有不同,如张敏等人认为学习效能感是指学生对自己学习能力的信念,即对自己能否完成学习任务和进行具体学习活动的能力的主观评估[①],张玲也认为学习效能感是指学习者对自己学习能力的一种主观评估,是学习者对自己是否有能力完成学习目标和任务的一种自我判定[②]。袁艳等人则将其内涵扩展到对教育功能和教师功能上,并界定为学生对自己学习行为、学习效果以及对教育功能和教师功能的认识与评价[③]。

综上,虽然学者对学习效能的定义各有不同,但均认为其是一种主观评价,而评价的内容主要是对自己学业活动的评价。因而在现有研究的基础上,我们认为学习效能是指学生个体对自己能否胜任学习任务的主观判断以及对自身学习效果的客观表征,是影响学生学习动机、学业成就的重要指标,是学生学业负担形成的核心要素。

2.学习效能的指标

如前文所述,学习效能的指标包括学习态度、学习动机、学习期望、学习能力、学习策略、学业成就以及学习环境七个维度。在这七个维度中,根据对效能信息加工方式的不同,我们又进行了进一步的整合,形成具有个性特点的个体效能指标和以整合或权衡不同效能信息为主要功能的一般效能指标。个体效能指标主要包括学习态度、学习动机、学习期望三个维度,一般效能指标包括学习能力、学习策略、学业成就和学习环境四个维度。至此,学习效能的"二阶七维度"指标体系初步建立起来。

（1）个人效能指标

个人效能指标即个人自我效能感,指学生对自己能够学好的一种信念,即学生认为需要以什么样的心理状态投入学习才能学好,包含学习态度、学习动机和学习期望三个维度。

学习态度是指学习者对学习活动所具有的一种心理倾向,反映了学习者对待学习的一种有选择性的内部状态,它是由学习者的认知水平、情感体验和行为倾向共同组成的相互关联统一体。该维度包括5个题项,对应的题目序号与考察内容分别是:T1为对学习的价值判断,简述为学习价值,题项表述是"只有好好学习,我才能得到更好的发展/我才能快乐成长";T7为学习的情感体验,题项表述是"我觉得学习是一件有意义的事/有趣的事";T16为学习行为的专注度,表述是"我经常被外界干扰,以致不能专心学习";T15为学习的自觉性,表述是"我总能很自觉地去完成老师布置的作业";T27为学习过程中的坚持性,表述是"学习上遇到难题时,我从不放弃"。

---

①张敏,等.中学生学习效能感的结构与测量[J].心理科学,2003,26(4):717.
②张玲.论中学生学习效能感及培养策略.西南农业大学学报(社会科学版)[J].2012,10(4):176.
③袁艳,王红晨.论学生的学习效能感.海南师范学院学报(人文社会科学版)[J].2001,14(3):118.

学习动机是激发和维持学生的学习潜能和学习行为,并使学生的学习活动朝向某一学习目标的动力机制,是引导学生学习效能提高的内部原因。学习动机维度包括3道题,对应的题目序号与考察内容分别是:T2为学习的兴趣,主要从内部动机进行考察,表述是"我渴望学到更多的知识";T8为师长期望,表述是"我学习是为了不辜负父母或老师的期望";T17为避免惩罚,表述是"如果我不好好学习,就会受到老师或父母的责备"。

学习期望是学生基于以往的学习经验和当前的学习刺激对今后学习活动所要达到何种学习目标以及对教师专业发展到何种程度的意念和心向。学习期望维度包括4道题,对应的题目序号与考察内容分别是:T3为对学习的远景目标,表述是"我学习是为了考上理想的学校";T9为行为发展,表述是"我希望通过学习,变得更有修养";T18为教学态度,表述是"我希望老师上课时更关注我";T24为教学方法,表述是"我觉得老师的教学方法不够灵活"。

(2)一般效能指标

一般效能指标主要是评价学生学习效能的客观指标体系,也是学生个体学习的外化表征,即学生从哪些方面判断并评价自己的学习,包含学习能力、学习策略、学业成就以及学习环境四个维度。

学习能力是学生认识和评判自身学习效能的重要因子,是学生完成学习任务、提高学业成就、解决学业负担问题的必要手段,它包括学生的理解、记忆、接受、应用等基本能力和创新能力。该维度包括4道题,对应的题目序号与考察内容分别是:T5为记忆能力,表述是"对于老师要求背诵的内容,我很快就能记住";T11为理解能力,表述是"对于所学内容,我很快就能理解";T20为应用能力,表述是"我能够用所学的知识解决学习或生活中的问题";T25为创新思维,表述是"我经常采用新颖的方法解决问题"。

学习策略是指学习者为了提高学习效率和学习质量,根据切实的需要而有意识、有目的地对学习过程进行调整和安排,它是学习过程中认知图式、信息加工方式及调控技能综合生成的。该维度包括8道题,对应的题目序号与考察内容分别是:T6为计划策略,表述是"每学期我都制定完整的学习计划";T12为监控策略,表述是"我经常反思自己的学习方法或学习习惯";T21为复述策略,表述是"课上我能认真做笔记";T30为复述策略,表述是"课后我能及时复习";T26为加工组织策略,表述是"我会经常归纳学过的知识";T28为时间管理策略,表述是"我能合理安排学习时间和课余时间";T29为物力资源利用策略,表述是"我经常通过各种途径查找学习资料";T23为人力资源利用策略,表述是"遇到不懂的问题,我经常向老师或同学求助"。

学业成就是指在一定的客观条件下,通过自身的主观努力而获得的学习效果和相关学业成果的总和。学业成就维度包括3道题,对应的题目序号与考察内容分别是:T14为综合素质,表述是"我觉得自己学习成绩不好";T13为教师评价,表述是"在老师心目中我是一个后进生";T22为同学评价,表述是"同学们认为我学习好"。

学习环境是学生学习赖以存在和进行的所有外部条件的总和,包括学校、社会等物化环境和以师师关系、师生关系为纽带的人际环境。学习环境维度包括3道题,对应的题目序号与考察内容分别是:T4为学习氛围,表述是"我们班上的学习氛围非常好";T10为师生关系,表述是"老师不太喜欢我";T19为生生关系,表述是"我和同学们相处得很融洽"。

学生学习过程本身就是主观认知和客观能力的复合体，两者之间的交互印证构成了表征学生学业负担的学习效能向度。毫无疑问，学生学习效能的个人自我效能感和一般效能两者之间相辅相成、和合共生，共同推进着学生学习观念的转变、学习行为的改进，进而在实现"增效"的同时促进学业负担问题的优化解决。

（三）研究过程与方法

1.研究工具

本研究采用问卷调查法，问卷属于自编问卷。问卷设计分为研究对象的个人基本资料和正式问卷两个部分。第一部分主要涵盖性别、学习阶段、学校类别以及学校区位等基本信息；第二部分主要是关于学生学习效能的调查问卷，所有题项均采用李克特五点量表计分方式，从"完全不符合"到"完全符合"，评定为1—5分，所有题项均采用正向计分方式，得分越高，表明学生的学习效能越高。问卷中涉及的反向题在数据处理过程中，都进行了正向化处理。在初步拟定问卷之后邀请教育学、心理学等相关专家进行审查，同时发放1000份问卷进行预测，根据相关专家们提出的修正意见以及问卷的预测结果对问卷进行修订。最终问卷涵盖了30道选择题，包括二阶七维度。二阶是指个人效能指标和一般效能指标，七维度是指学习态度、学习动机、学习期望、学习能力、学习策略、学业成就和学习环境。

2.研究对象

为保证样本的全面性和均衡性，避免方差变异，本研究在全国范围内按照7大经济区域（东北、西北、华北、华东、华中、华南、西南）抽取8个省（自治区）、2个直辖市和1个计划单列市，包括辽宁省、甘肃省、河北省、河南省、广西壮族自治区、山东省、云南省、浙江省、天津市、重庆市和深圳市，按照分层随机抽样的方式选取90所中小学校的学生作为研究对象，共发放问卷14834份，回收有效问卷13477份，有效回收率为90.85%。调查对象的基本情况包括性别、学习阶段、学校类别和学校区位等情况。其中，男生6404人，女生6836人，237人性别信息缺失；小学生4437人（由于受认知水平的限制，小学一二三年级不在调查范围之内），初中生4761人，高中生4279人；示范学校学生4512人，普通学校学生8948人，17人学校类别信息缺失；城市学生6681人，县城学生2790人，农村学生4004人，2人学校所在地信息缺失。

3.研究思路

本研究的主要思路可以概括为外部研究和内部研究。由于学习效能量表由30个题项组成，分属于7个维度，为便于较为清晰、简洁、有条理地分析不同水平的学习效能表现，我们以各维度为着力点，结合各个维度所涵盖的不同题项来描述该维度上学生的学习效能状况，分别从外部和内部展开加以分析。所谓外部主要以学生学习效能在城乡区域、东中西部地区、不同学校类型、不同学业成就、性别和年级等不同背景中的表现来分析该背景因素下学生学习效能的表现状况，以便于大体了解总体学生在不同区域等背景中的学习效能状况。内部研究主要是对所有学生学习效能类型、学习效能程度高低展开分析。因此，首先对不同簇学生的学习效能进行整体说明，通过分析各个簇学生的学习效能均分总分和各维度平均分来描述

各个簇学生的学习效能表现,分析了不同簇学生的学习效能整体表现状况;其次对各个簇学生在具体题项上的选择比例进行系统分析,描述各个簇学生在不同题项上的表现,以此来揭示该簇学生在各个维度上的效能表现,为后续深入分析学习效能的不同水平表现提供启示或借鉴。再次,通过计算每簇学生在学习效能各维度上的得分,并将其与总体学生的学习效能得分情况进行比较,以此来对学生的学习效能水平进行刻画和分析。

4.数据处理

本研究在数据处理上主要采用两种方法,即聚类运算和SPSS16.0数据处理。本研究中共获得有效问卷13477份,采用聚类分析方法对13477份数据进行了处理。聚类分析的目的使同类型学习效能的相似度尽可能高,不同类型学习效能的相似度尽可能低,也就是说聚类分析法可以直观地确定学习效能所表现的不同类型,因此,聚类分析方法是本研究处理数据的主要方法。该方法的运用,为后续进一步揭示学生在某种学习效能类型中的效能表现提供客观依据和基础,同时,也为划分学习效能的不同水平提供参照。对于学生学习效能水平的确定,采用SPSS16.0统计软件,以聚类分析的数据为基础,通过学习效能各簇在各个维度上的均分表现来刻画学习效能的不同水平。

聚类运算。采用K-means算法,以空间中K个点为中心进行聚类,对最靠近它的对象归类。通过迭代的方法,逐次更新各聚类中心的值,直至得到最好的聚类结果。通过运算,小学生学习效能数据被分为三簇;初中生、高中生的学习效能数据各被分为五簇。根据聚类原理,聚类之后每簇数据内部有较大的相似性,而各簇之间又有着较为明显的差异性。基于此,小学生学习效能所得三簇数据和初高中的各五簇数据可分别被理解为他们学习效能的三种及五种不同表现类型。每种学习效能类型上都有相应的中心点和中心点均值,类型即所谓的簇。中心点是将每个点(亦即数据记录)分到离其最近的类簇中心所代表的类簇中,所有点分配完毕之后,根据一个类簇内的所有点重新计算该类簇的中心点(取平均值),从而得到中心点均值,因而中心点均值存在的意义是为了对数据进行分簇,代表的是不同簇,表明这些簇是围绕着该点存在的,对于中心点均值的使用,不易采用大小进行比较区分(中心点均值代表的是不同簇的数据的类型差异,而无法将其视为不同簇之间的水平差异)。因而本研究中,通过计算每簇学生的学习效能均分总分和各簇的平均分总分,来划分学习效能的不同水平。同理,初高中学生的效能数据处理亦与此相似。

SPSS16.0数据处理。通过SPSS16.0统计软件,计算各簇学生学习效能的总体均分和各维度平均分来确定效能水平的高低,确定水平高低的依据在于学习效能量表是学生对自身学习效能的自主判断,其完全不符合到完全符合的选择是学生学习效能的客观表现,因此,通过测算各簇学生学习效能数据的平均分总分,辅之以各维度平均分表现可以作为判定学习效能水平高低的较为可靠的依据。因此,本研究中参照聚类分析的处理结果,第一学习效能水平的学生代表学习效能水平最高,第二学习效能水平次之,以此类推;最终,通过对学生所处学习效能水平的分析,探索了处于该效能水平学生的效能表现特征,并分析了影响效能表现的相关突出因素。

二、小学生的学习效能

通过问卷方式在全国范围内对小学生学习效能的调查，运用大数据和 SPSS 相结合的数据处理方法，以实证方式对小学生学习效能水平进行详细分析和刻画，力求为有效提升小学生的学习效能提供参考，为优化他们的学业负担提供切实可行的对策或方法。

（一）小学生学习效能的水平

学生学习效能的水平分析是本研究的重点之一，本研究以聚类分析的结果为参照，通过计算各簇小学生学习效能的总体均分和各维度平均分来确定小学生学习效能的不同水平，通过数据的分析与处理，小学生的学习效能呈现出三种不同水平，对各水平的表现状况进行相应的分析说明。

1.小学生学习效能的水平划分

小学生学习效能的有效样本数为4437，通过聚类的方法，小学生的学习效能可以分为三簇：第一簇、第二簇和第三簇，这三簇数据的中心点均值分别为 4.31、3.63、2.95，三簇数据对应的学习效能总分均值依次为29.74、25.28、20.92，其中心点均值的大小排列与学习效能总分均值的大小排列一致，依照各簇学习效能总分均值的大小由高到低依次排列出三个等级水平。

第一水平（最高水平），对应第一簇（中心点均值为4.31，学习效能总分均值为29.74）；第二水平（中等水平），对应第二簇（中心点均值为3.63，学习效能总分均值为25.28）；第三水平（最低水平），对应第三簇（中心点均值为2.95，学习效能总分均值为20.92）。

第一水平共1492个样本，占样本总数的33.63%，其中心点均值为4.31，为学习效能最高水平；第二水平有1854个样本，占样本总数的41.78%，其中心点均值为3.63，居于中等水平，即第二水平；第三水平有1091个样本，占样本总数的24.59%，其中心点均值为2.95，为其中最低水平。

2.小学生学习效能的总体描述

为了全面把握小学生学习效能状况，我们首先以学习态度、学习动机、学习期望、学习环境、学习能力、学习策略和学业成就七个维度为指标，对小学生学习效能的整体状况进行了分析。

由表 4-1 可知，小学生具有很高的学习期望，却具有最低的学习动机，反映出小学生无论是对自己主观的期望，还是对教师客观的期望，都抱有很高的期待，这种期待体现在他们自己对求学目标的设定和对自己行为的发展，以及对教师教学态度的期望、对教学方法的改进。而小学生具有最低的学习动机，可能的原因有很多，比如他们的学习动力既不内发地来自自主的需要，也不源自外在的督促，内外动机都处于低水平状态，造成了他们整体的学习动机都处于低水平。但他们又表现出很好的学习态度，说明他们自身是比较矛盾的，尚未形成一致的学习效能倾向，即良好的期望和动机加上良好的学习态度的优异组合，这种理想的组合模式在小学生群体上是不均衡的，也从侧面反映出他们学习效能的发展变化是不稳定的，是变动的。其次，小学生的学习环境、学习能力、学习策略与学业成就之间平均分的表现相差不大。在学习能力与学习策略维度，小学生的学习能力的平均分略高于学习策略，说明小学生

的学习能力要好于对学习策略的运用,即小学生运用的学习能力,如理解能力、应用能力等各项能力的综合水平高于学习策略的使用水平。

表 4-1 小学生学习效能的整体状况

	平均分	标准差
小学生学习效能均分总分	25.70	3.80
学习态度	3.92	0.72
学习动机	3.15	0.71
学习期望	4.00	0.69
学习环境	3.79	0.73
学习能力	3.69	0.74
学习策略	3.63	0.81
学业成就	3.54	0.90

3.小学生学习效能三个等级水平的结构特征

(1)小学生学习效能第一水平整体说明

表 4-2 小学生学习效能第一水平整体说明

变量	第一水平小学生学习效能状况		排序
	平均分	标准差	
学习效能均分总分	29.74	1.73	
学习态度	4.57	0.37	1
学习动机	3.37	0.67	7
学习期望	4.43	0.50	3
学习环境	4.33	0.53	5
学习能力	4.36	0.44	4
学习策略	4.43	0.38	2
学业成就	4.24	0.60	6

由表 4-2 可知,处于第一水平小学生的学习效能整体很高,各个维度上相应的表现都比较均衡。

(2)小学生学习效能第一水平各维度表现

小学生学习效能第一水平有 1492 个样本,占样本总数的 33.63%,其中心点均值为 4.31,为其中最高水平。

①学习态度

小学生学习效能第一水平在学习态度维度的表现如图 4-2 所示:

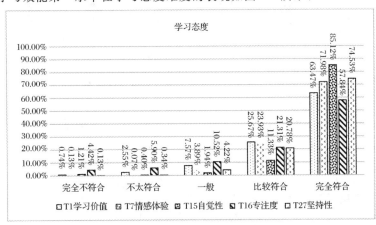

图 4-2　学习态度各题项选择百分比柱状图

学习态度方面,在小学生学习价值的认知上,体现为对"只有好好学习,我才能得到更好的发展/我才能快乐成长"的判断,25.67%的学生选择了"比较符合",63.47%的学生选择了"完全符合",二者总计有89.14%的学生选择了"比较符合"及其以上,反映出该水平学生大多数都认为学习是快乐的;在情感体验层面,"我觉得学习是一件有意义的事/有趣的事"的选择上,有23.93%和71.98%的小学生分别选择了"比较符合"与"完全符合",二者总计有95.91%的学生选择了"比较符合"及以上,说明他们认为学习是有趣的,学习的乐趣性所引发的情感体验是积极向上的;在行为倾向上,大多数学生在自觉性、专注度、学习过程的坚持性上都选择了"比较符合"及以上,说明他们在学习过程中,能调动自己的主观能动性进行学习,且较少的受外界因素的干扰,专注度较好,此外,他们在学习中遇到困难时,也表现出更好的坚持性。这反映出第一水平的小学生主观学习态度都很好,这些都有助于高学习效能的发挥。

②学习动机

小学生学习效能第一水平在学习动机维度的表现如图 4-3 所示:

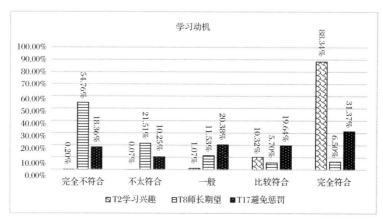

图 4-3 学习动机各题项选择百分比柱状图

小学生在学习动机维度的表现是,在学习兴趣方面,10.32％的学生选择了"比较符合",88.34％的学生选择了"完全符合",总计有 98.66％的学生选择了"比较符合"及以上,说明他们具有很高的学习兴趣;在师长期望方面,有 76.27％的学生都选择了"完全不符合"和"不太符合",其中 54.76％的学生选择了"完全不符合",说明该水平学生的学习不是为了符合父母、老师的期望;在避免惩罚方面,71.39％的学生选择了"一般"及以上,其中选择"完全符合"的有 31.37％,说明大多数小学生的学习都倾向于避免惩罚。

③学习期望

小学生学习效能第一水平在学习期望维度的表现如图 4-4 所示:

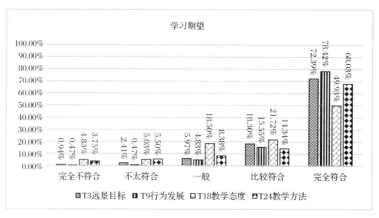

图 4-4 学习期望各题项选择百分比柱状图

由图 4-4 可以较为直观地看出,在对学习远景目标的选择上,90.69％的学生对于远景目标都选择了"比较符合"和"完全符合",其中选"完全符合"的占 72.39％,反映出他们学习是为了实现自己的理想。93.97％的学生在学习对行为发展的作用方面都选择了"比较符合"及以上,说明大多数小学生都希望通过学习,变得更有修养;在教师期望方面,分别有 71.65％和82.37％的学生在教学态度和教学方法层面选择了"比较符合"及以上,反映出小学生对教师的期望一方面希望得到老师更多的关注,另一方面希望老师的教学方法更加灵活。总的来说第一水平的小学生无论是自我的期望还是对教师的期望都处于较高水平。

④学习环境

小学生学习效能第一水平在学习环境维度的表现如图4-5所示：

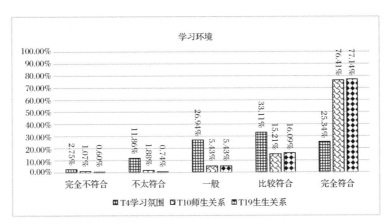

图4-5　学习环境各题项选择百分比柱状图

小学生在学习环境维度的表现是，58.45％的学生对学习氛围选择了"比较符合"及以上，说明一半多的学生都比较热爱学习。在师生关系方面，91.62％的学生选择了"比较符合"和"完全符合"，说明师生关系较好。在生生关系方面，93.23％的同学选择了"比较符合"及以上，说明同学间的关系十分友好。总的来看，处于第一水平的小学生无论是所处的班级环境还是发生人际互动的人际环境都很好，这在客观层面上为小学生高学习效能的发挥提供了支持。

⑤学习能力

小学生学习效能第一水平在学习能力维度的表现如图4-6所示：

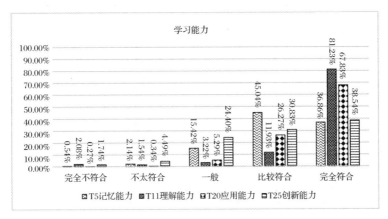

图4-6　学习能力各题项选择百分比柱状图

由图4-6可以看出，97.32％的小学生对于自己的记忆能力都选择了"一般"及以上，说明绝大多数小学生认为自己的记忆能力能够应对日常的学习活动；而在理解能力上，81.23％的学生在该题项上选择了"完全符合"，这说明绝大多数小学生对自己的理解能力非常有信心。

在应用能力上,有94.10%的学生选择了"比较符合"和"完全符合",这反映出小学生认为自己可以将日常所学的知识应用到生活中。在创新思维上,69.73%的学生选择了"比较符合"及以上,这在一定程度上反映出对于学习活动所出现的问题,学生可以从不同的角度加以解答。从以上结果可以看出,该水平的小学生整体的学习能力都较强,而较强的学习能力,是取得优异学习成绩的重要保证。

⑥学习策略

小学生学习效能第一水平在学习策略维度的表现如图4-7所示:

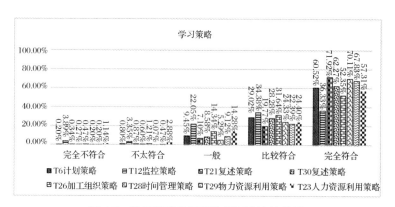

图4-7 学习策略各题项选择百分比柱状图

小学生在学习策略维度的表现上,89.54%的学生在计划策略上选择了"比较符合"及以上,而在监控策略上,做出相同选择的学生比例为70.71%,反映出该水平的学生对监控策略的应用要弱于计划策略。就复述策略而言,91.69%的学生选择了"比较符合"及以上,说明他们可以较好地应用复述策略,但对于高级的认知策略,即加工组织策略,83.99%以上的学生选择了"比较符合"及以上,说明他们可以较为熟练地应用该策略,这在一定程度上反映出,对于该水平学生而言,其复述策略处于较高水平,但是其高级的组织加工策略仍需要进一步加强。在时间资源管理策略上,94.44%的学生都选择了"比较符合"及以上,在物力资源利用上,有90.22%的学生选择了"比较符合"及以上。在人力资源利用策略上,有81.71%的学生也做了相同的选择,这就说明该水平学生能充分地利用好自己身边的各种资源,包括合理利用时间,能够积极地向自己的同学或老师求助,并愿意投入一定的物力来提高学习。整体而言,该水平学生对于各类学习策略的应用处于一个较高层次的水平。

⑦学业成就

小学生学习效能第一水平在学业成就维度的表现如图4-8所示:

该水平小学生在学业成就的表现主要体现在三个方面:第一,81.51%的小学生在评价自己的综合素质时选择"比较符合""完全符合",这在客观上说明,该水平学生的综合素质较好,基本上处在班级的中上水平;第二,93.83%的学生对于教师评价选择了"比较符合""完全符合",反映出该水平学生认为教师对自己持一种正性评价,而在同学评价上,69.1%的学生对于学生评价选择了"一般""比较符合",这说明该水平学生对自己在教师心目中积极形象的确认度要要高于同班同学。总的来说,该水平学生的学业成就较好,并认为自己在教师和同学心目中均有着较为积极的形象。

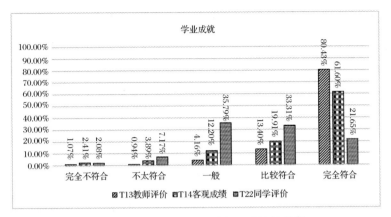

图 4-8 学业成就各题项选择百分比柱状图

（3）小学生学习效能第二水平整体说明

表 4-3 小学生学习效能第二水平表现

变量	第二水平小学生学习效能状况		排序
	平均分	标准差	
学习效能均分总分	25.28	1.65	
学习态度	3.89	0.45	2
学习动机	3.09	0.68	7
学习期望	3.99	0.55	1
学习环境	3.71	0.58	3
学习能力	3.60	0.50	4
学习策略	3.56	0.43	5
学业成就	3.44	0.71	6

由表 4-3 可知，第二水平小学生整体的学习效能稍逊于第一水平，该水平学生具有很高的学习期望和学习态度，学习环境也较好。但学习动机却处于最低水平，学生所表现的学习能力、对学习策略的使用以及学业成就呈现下降趋势，反映出该水平学生在学习能力、学习策略的使用方面有待加强和提高。

（4）小学生学习效能第二水平各维度表现

小学生学习效能第二水平有 1854 个样本，占样本总数的 41.78%，其中心点均值为 3.63，居中等水平。

①学习态度

小学生学习效能第二水平在学习态度维度的表现如图 4-9 所示：

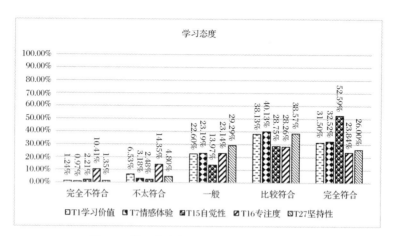

图 4-9　学习态度各题项选择百分比柱状图

　　第二水平小学生在学习态度的学习价值认知维度上，分别有 38.13％和 31.50％的学生选择了"比较符合"和"完全符合"，说明大多数学生对自己的认知水平比较自信；在情感体验上，对于学习是否是一件有趣的事情的判断中，40.13％和 32.52％的学生选择了"比较符合"和"完全符合"，即 72.65％的学生认为学习是有趣的，说明学习能够给他们带来快乐；在学习自觉性、专注度方面，分别有 28.75％和 52.59％的学生在自觉性上选择了"比较符合"和"完全符合"，说明他们具有很高的学习自觉性；分别有 28.26％和23.84％的学生在专注度上选择了"比较符合"和"完全符合"，说明外界会影响他们的学习；分别有 38.57％、26.00％的学生在学习过程中的坚持性方面选择了"比较符合"和"完全符合"，反映出有 64.57％的学生在学习中遇到难题时，能够坚持不放弃。

②学习动机

小学生学习效能第二水平在学习动机维度的表现如图 4-10 所示：

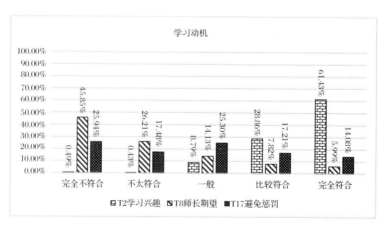

图 4-10　学习动机各题项选择百分比柱状图

第二水平小学生的学习动机上,28.86％和61.43％的学生在兴趣性、求知欲上分别选择了"比较符合"和"非常符合",即有90.29％的学生认为自己的学习兴趣是自发的,是源于内部的;而对于师长期望,有45.85％和26.21％的学生分别选择了"完全不符合"和"不太符合",说明他们认为学习不是为了父母的期望;25.94％和17.48％的学生在避免惩罚上分别选择了"完全不符合"和"不太符合",即有43.42％的学生认为学习不是为了避免惩罚。

③学习期望

小学生学习效能第二水平在学习期望维度的表现如图4-11所示:

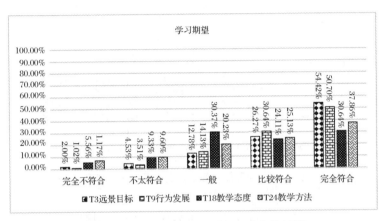

图 4-11 学习期望各题项选择百分比柱状图

第二水平小学生的学习期望上,有26.27％和54.42％的学生在自我期望上分别选择了"比较符合"和"完全符合",说明有80.69％的学生对学习抱有很高的期望。24.11％和30.64％的学生对于教师期望分别选择了"比较符合"和"完全符合",即期望教师的教学态度、教学方法都能够进一步改进,反映出54.75％的学生对教师抱有较高的期望。

④学习环境

小学生学习效能第二水平在学习环境维度的表现如图4-12所示:

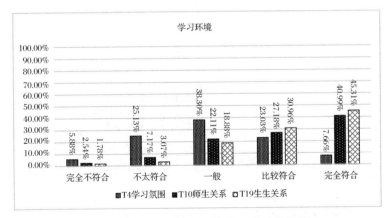

图 4-12 学习环境各题项选择百分比柱状图

关于学习环境由物理环境和人际环境组成,物理环境主要指学习氛围,有 38.30％ 和 23.03％ 的学生对于学习氛围分别选择了"一般"及"比较符合",即有 61.33％ 的学生认为班里的学习氛围处于一般及以上水平;关于人际环境,27.18％ 和 40.99％ 的学生分别选择了"比较符合"和"完全符合",说明有 68.17％ 的学生认为自己的人际环境比较好。

⑤学习能力

小学生学习效能第二水平在学习能力维度的表现如图 4-13 所示:

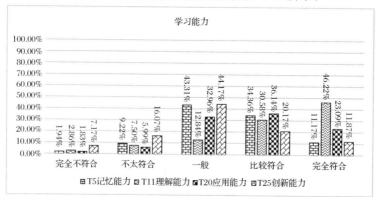

图 4-13　学习能力各题项选择百分比柱状图

关于学习能力,34.36％ 和 11.17％ 的学生在基本能力上分别选择了"比较符合"和"完全符合",说明有 45.53％ 的学生认为自己的学习能力处于较好及以上水平;在创新能力上,20.71％ 和11.87％ 的学生分别选择了"比较符合"和"完全符合",即 32.58％ 的小学生认为自己的创新能力处于较好及以上水平,他们较认可自己的创新能力。

⑥学习策略

小学生学习效能第二水平在学习策略维度的表现如图 4-14 所示:

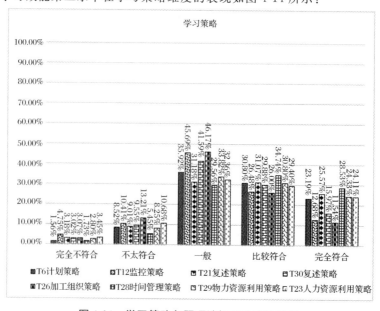

图 4-14　学习策略各题项选择百分比柱状图

关于学习策略,26.48％和12.68％的小学生在元认知策略上分别选择了"比较符合"和"完全符合",二者相加,39.16％的小学生在元认知策略上选择了"比较符合"及以上,说明该水平学生对元认知策略的使用能力还需提高;在认知策略方面,26.00％和11.54％的学生分别选择了"比较符合"及"完全符合",即37.54％的学生对认知策略都能较好使用;29.40％和24.11％的学生在资源管理策略上分别选择了"比较符合"和"完全符合",即一半以上的学生有较强的资源管理策略意识,能够较好地利用时间、人力、物力资源促进学习。

⑦学业成就

小学生学习效能第二水平在学业成就维度的表现如图 4-15 所示:

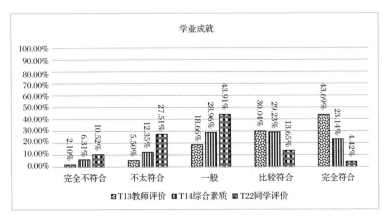

图 4-15　学业成就各题项选择百分比柱状图

关于学业成就,第二水平小学生中,29.23％和23.14％的学生在客观成绩评价上分别选择了"比较符合"和"完全符合",二者相加,说明一半以上的学生认为自己的成绩较好。30.04％和43.69％的学生在教师评价上分别选择了"比较符合"和"完全符合",即73.73％的学生认为教师对他们的评价不是积极的;然而,27.51％和43.91％的学生在同学评价上分别选择了"不太符合"和"一般",说明71.42％的学生感觉其他同学对自己的成绩不是很满意。说明该水平学生对于学业成就的自我感觉比较好,但是同学评价却不高。

(5)小学生学习效能第三水平整体说明

首先从整体上分析小学生第三水平的结构状况,具体见表 4-4。

表 4-4　小学生学习效能第三水平表现

变量	第三水平小学生学习效能状况		排序
	平均分	标准差	
学习效能均分总分	20.92	2.17	
学习态度	3.09	0.58	3
学习动机	2.94	0.71	4

续表

变量	第三水平小学生学习效能状况		排序
	平均分	标准差	
学习期望	3.39	0.65	1
学习环境	3.17	0.64	2
学习能力	2.93	0.57	5
学习策略	2.65	0.52	7
学业成就	2.75	0.81	6

由表 4-4 可知,第三水平小学生的学习效能整体上不及第一水平和第二水平小学生。第三水平小学生学习效能的特征在于他们在学习态度和学习期望上的表现较为突出,说明他们具有很高的学习期望和较好的学习态度。但他们对学习策略的运用却处于低水平,反映出他们尚不能统整各类学习策略积极推动学习,这有可能导致了整体的学业成就表现不好。

(6)小学生学习效能第三水平各维度表现

小学生学习效能第三水平有 1091 个样本,占样本总数的 24.59%,其中心点均值为 2.95,为其中最低水平。

①学习态度

小学生学习效能第三水平在学习态度维度的表现如图 4-16 所示:

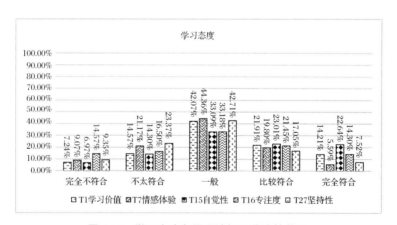

图 4-16 学习态度各题项选择百分比柱状图

根据图 4-16 所示,在学习态度方面,该水平学生呈现出显著的同质性,42.07%和 21.91%的学生在认知水平上分别选择了"一般"和"比较符合",说明 63.98%的学生认为学习能够给他们带来快乐;与此相似,44.36%和 19.80%的学生在情感体验上分别选择了"一般"和"比较符合",两者相加,即 64.16%的学生认为自己的情感体验上比一般人高,认为学习是有趣的,能够带来愉悦的情绪体验；在行为倾向上，分别有33.09％和23.01％的学生认为自己的专注度和坚持性在"一般"和"比较符合"水平，也就是说，56.1％的学生认为自己在学习上具有较高的专注度和较强的坚持性，而23.37％和42.71％的学生在学习过程的坚持性上分别选择了"不太符合"和"一般"，二者相加，66.08％的小学生在学习过程的坚持性一般，说明他们自身的坚持性有待提高。

②学习动机

小学生学习效能第三水平在学习动机维度的表现如图4-17所示：

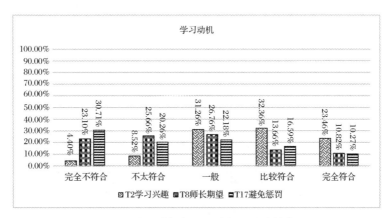

图 4-17　学习动机各题项选择百分比柱状图

由图4-17可知，在学习动机方面，31.26％和32.36％的学生在内部动机上分别选择了"一般"和"比较符合"，说明63.62％的小学生具有较高的求知欲；25.66％和26.76％的学生在师长期望上分别选择了"不太符合"和"一般"，说明一半的学生学习不是为了迎合师长，满足于师长的期望；在避免惩罚方面，30.71％和20.26％的学生分别选择了"完全不符合"和"不太符合"，说明50.97％的学生完全不是为了避免惩罚而学习。总的来说，该水平学生具有较强的学习动机，且主要为内部动机。

③学习期望

小学生学习效能第三水平在学习期望维度的表现如图4-18所示：

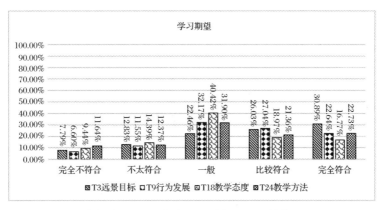

图 4-18　学习期望各题项选择百分比柱状图

由图 4-18 可知,关于学习期望,在自我期望的选择中,22.46％和 26.03％的学生在远景目标上分别选择了"一般"和"比较符合";32.17％和 27.04％的学生在行为发展方面分别选择了"一般"及"比较符合",说明有 48.49％的学生持有较高的学习期望,其中对行为发展的期望大于远景目标;40.42％和 18.97％的学生在教师期望上分别选择了"一般"和"比较符合",说明 59.39％的学生对教师的期望比较高,期待教师能够更加关注自己,教师的教学方法也能够更有趣些。总的来说,该水平学生的学习期望较高。

④学习环境

小学生学习效能第三水平在学习环境维度的表现如图 4-19 所示:

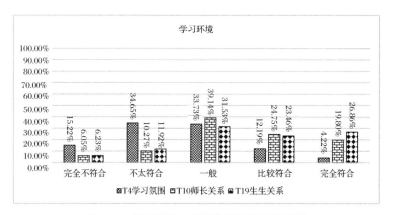

图 4-19　学习环境各题项选择百分比柱状图

关于学习环境,首先是学习氛围方面,34.65％和 33.73％的学生分别选择了"不太符合"及"一般",说明 68.38％的学生对学习氛围不太满意,即班里的大多数学生都不怎么热爱学习;其次,分别有 31.53％和 26.86％的学生对于同学关系选择了"一般"和"完全符合",39.14％和 24.75％的学生对师生关系分别选择了"一般"和"比较符合",说明该水平学生具有良好的人际关系。

⑤学习能力

小学生学习效能第三水平在学习能力维度的表现如图 4-20 所示:

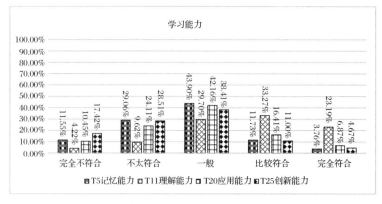

图 4-20　学习能力各题项选择百分比柱状图

关于学习能力，分别有 24.11％和 42.16％的小学生对于基本能力的应用分别选择了"不太符合"和"一般"选项，其中基本能力中的记忆能力，有 29.06％和 43.90％的学生分别选择了"不太符合"和"一般"，28.51％和 38.41％的学生在创新能力上分别选择了"不太符合"和"一般"。但是，有 29.70％和 33.27％的学生在理解能力上选择了"一般"和"比较符合"，也就是说62.97％的学生认为自己的理解能力比较高。总的来说，该水平学生，除理解能力外，其他学习能力有待提高。

⑥学习策略

小学生学习效能第三水平在学习策略维度的表现如图 4-21 所示：

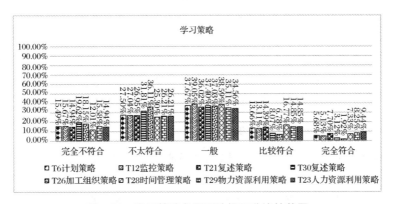

图 4-21　学习策略各题项选择百分比柱状图

关于学习策略，27.50％和 37.67％的学生在元认知策略上分别选择了"不太符合"和"一般"，说明 65.17％的学生认为自己的元认知策略不太高；26.95％和 36.02％的学生在认知策略上分别选择了"不太符合"和"一般"，两者相加，62.97％的学生认为自己的认知水平不太高；26.21％和 34.56％的学生在资源管理策略上分别选择了"不太符合"和"一般"，说明 60.77％的学生认为自己的资源管理策略有待提高。总的来说，该水平学生不太擅长运用学习策略。

⑦学业成就

小学生学习效能第三水平在学业成就维度的表现如图 4-22 所示：

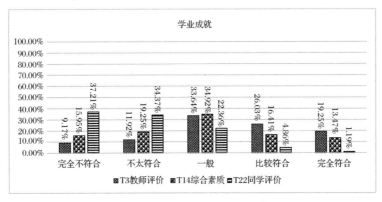

图 4-22　学业成就各题项选择百分比柱状图

关于学业成就,分别有19.25％和34.92％的学生对于成绩评价选择了"不太符合"和"一般",33.64％和26.03％的学生在教师评价上分别选择了"一般"和"比较符合",而在同学评价中,70％多的学生选择了"不太符合"及以下,其中37.21％和34.37％的学生分别选择了"完全不符合"和"不太符合"。这反映出该水平学生的学业成就感不高。

(二)小学生学习效能的特征

所谓突出特征,即抓住事物独具的个性,把它与众不同的地方鲜明地表现出来。这些特征一般由事物的形象、性质、用途与使用功能所决定。在本研究中,小学生学习效能在每个学生个体上均有所体现,且由学习态度、学习动机、学习期望、学习环境、学习能力、学习策略、学业成就7个要素所决定,因而需要以这7个要素为依据来分析不同水平学生的突出特征。就方法而言,首先,本研究通过将每一水平的学生学习效能7个因素的状况与小学生总体学习效能7个因素状况进行比较,以找到该水平与总体水平不一样的地方;其次,将三个水平和总体放在同一框架内进一步进行比较,以期找到不同水平学习效能的突出特征。

1.小学生学习效能第一水平特征分析

小学生学习效能第一水平与小学生总体的学习效能状况的比较,结果如表4-5和图4-23所示:

由表4-5和图4-23可以看出,第一学习效能水平的小学生在学习效能的各个维度上均高于总体水平,学习效能高于总体均分4.03。具体来看,第一学习效能水平的小学生在学习策略、学习能力、学业成就维度的表现较为突出,与总体学生在此维度上的表现相比,分别高于总体0.80、0.68和0.70;而在其他维度上,第一水平的小学生的学习效能虽然也都高于总体水平,但与总体水平的差距在缩小。在第一水平小学生的学习效能中,学习动机维度上的平均分最低,仅高于总体均分0.22。

表 4-5 小学生学习效能第一水平表现

变量	小学生总体学习效能状况		第一学习效能水平小学生学习效能状况	
	平均分	标准差	平均分	标准差
学习效能均分总分	25.71	3.80	29.74	1.73
学习态度	3.92	0.72	4.57	0.37
学习动机	3.15	0.71	3.37	0.67
学习期望	3.99	0.69	4.43	0.50
学习环境	3.79	0.73	4.33	0.53
学习能力	3.69	0.74	4.37	0.44
学习策略	3.63	0.81	4.43	0.38
学业成就	3.54	0.90	4.24	0.60

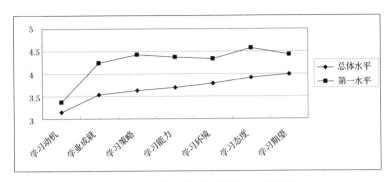

图 4-23　小学生学习效能第一水平表现

2.小学生学习效能第二水平特征分析

小学生学习效能第二水平与总体学习效能相比较,其表现如表 4-6 所示:

表 4-6　小学生学习效能第二水平表现

变量	小学生总体学习效能状况		第二学习效能水平小学生学习效能状况	
	平均分	标准差	平均分	标准差
学习效能均分总分	25.71	3.80	25.28	1.65
学习态度	3.92	0.72	3.89	0.45
学习动机	3.15	0.71	3.09	0.68
学习期望	3.99	0.69	3.99	0.55
学习环境	3.79	0.73	3.71	0.58
学习能力	3.69	0.74	3.60	0.50
学习策略	3.63	0.81	3.56	0.43
学业成就	3.54	0.90	3.44	0.71

由表 4-6 可以看出,第二学习效能水平的小学生各维度的表现虽然都略低于总体水平,但与总体水平十分接近,也就是说第二水平小学生的学习效能可以作为总体小学生学习效能的一个代表。其中,学业成就低于总体均分 0.10,学习能力低于总体均分 0.09,这是该水平表现较为突出的特征。

为较为直观地分析小学生第二水平学习效能表现状况,其各个维度的效能表现如图 4-24 所示:

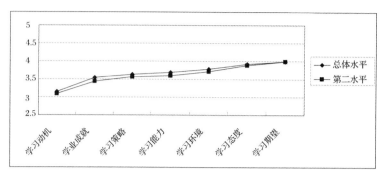

图 4-24　小学生学习效能第二水平表现

3.小学生学习效能第三水平特征分析

第三学习效能水平的小学生与总体小学生的学习效能进行比较分析如下：

由表 4-7 和图 4-25 可知，相对于总体小学生而言，第三学习效能水平的小学生在各个维度上的得分均低于总体水平，说明处于该水平的小学生的学习效能落后于总体水平。具体来看，第三水平小学生所呈现的学习效能模式，在学习策略、学习态度维度上表现较差，分别低于总体均分的 0.98 和 0.83，其学业成就的均分也低于总体 0.80，这可能反映了小学生的学习策略运用水平和学习态度较为明显地影响到学业成就的表现。除此之外，学习动机维度与总体水平相差不大，在均分上低于总体水平 0.22，而在其他四个维度的得分都低于总体水平。因此，第三水平小学生的学习效能的突出特征可概述为学习策略、学习态度表现最差。

表 4-7　小学生学习效能第三水平表现

变量	小学生总体学习效能状况		第三学习效能水平小学生学习效能状况	
	平均分	标准差	平均分	标准差
学习效能均分总分	25.71	3.80	20.92	2.17
学习态度	3.92	0.72	3.09	0.58
学习动机	3.15	0.71	2.93	0.71
学习期望	3.99	0.69	3.39	0.65
学习环境	3.79	0.73	3.17	0.64
学习能力	3.69	0.74	2.93	0.57
学习策略	3.63	0.81	2.65	0.52
学业成就	3.55	0.90	2.75	0.81

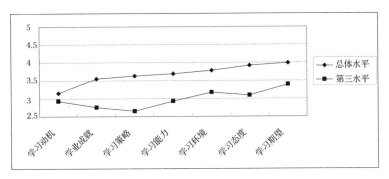

图 4-25　小学生学习效能第三水平表现

4.三种学习效能水平小学生的学习效能状况分析

为了更为清楚地分析第一、第二、第三学习效能水平小学生与总体小学生学习效能情况，我们将四者融合在一个图表中，以观察其差异状况。

表 4-8　**小学生学习效能水平总体状况**

小学生学习效能水平总体状况				
	总体水平	第一水平	第二水平	第三水平
学习效能均分总分	25.71	29.74	25.28	20.92
学习态度	3.92	4.57	3.89	3.09
学习动机	3.15	3.37	3.09	2.93
学习期望	3.99	4.43	3.99	3.39
学习环境	3.79	4.33	3.71	3.17
学习能力	3.69	4.37	3.60	2.93
学习策略	3.63	4.43	3.56	2.65
学业成就	3.54	4.24	3.44	2.75

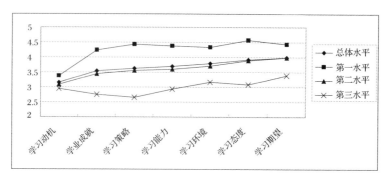

图 4-26　各学习效能水平小学生与总体小学生学习效能的比较

通过表 4-8 和图 4-26 可以看出,以总体学习效能为参照,小学生的学习效能可以划分为三个水平,第一水平的小学生的学习效能高于总体水平,第二水平的小学生的学习效能略低于总体水平,第三水平的小学生的学习效能与总体相比显著落于其后。具体来看,三个学习效能水平的学生在影响学习效能的七个要素上的表现各有不同,其突出特征可以涵盖为以下内容:

(1)第一水平——能力策略型

第一学习效能水平的小学生其突出特征为能力策略型,具体表现为在学习策略、学习能力、学业成就方面表现最为突出,可以反映出该水平的学生,学生的个人学习能力较强,其记忆能力、理解能力、应用能力和创新能力,均有较为出色的表现。此外,可以选择适合自己的学习策略,外在可以掌控好自己的物力、人力资源,以及合理地规划使用时间,内在可以熟练地运用计划、监控策略,以及复述和组织策略。扎实的基本学习能力,加上适合自己的学习策略,赋予了该水平学生高水平的学习效能感,也表现出学习能力、学习策略是影响学业成就的重要因素,这与既往研究相符合;同时,也反映出学习能力的突出和学习策略的运用程度能够影响学生的学业成就。

(2)第二水平——均衡发展型

第二学习效能水平的小学生其突出特征为均衡发展型,从已有的数据来看,第二学习效能水平的小学生各维度的表现虽然都略低于总体水平,但与总体水平十分接近。具体表现为,在个体学习效能感上,该水平学生的学习态度、学习动机和学习期望均与总体持平,这反映出学生认为学习具有一定的价值,但并非能够决定自己的发展,学习带给他们的情感体验处于一种中等水平,在学习的专注度、自觉性和坚持性上,也表现一般;对知识的渴望持一般水平,学习在一定程度上是为了不辜负父母期望,并避免惩罚,同时对自我和对教师均表现出一般性的期望。而在一般学习效能上,学生的基本学习能力处于中等水平,知道运用一定的学习策略,对周围的环境感知也一般,以上因素在学业成就上的表现也是处于中等水平。因此可以看出,该水平的学生虽然在学习效能的各个方面没有特别突出的表现,但大体保持一种均衡发展的态势。

(3)第三水平——态度缺失型

第三学习效能水平的小学生其突出特征为态度缺失型。从已有数据来看,该水平的学生在学习效能的 7 个因素上均表现出较差的状况,特别是在学习策略、学习态度和学习期望维度上,更是偏离小学生总体的学习效能状况。诚然,该水平学生的学习能力、学习策略存在一定的缺憾,但更重要的是,该水平的学生对教师的教学态度和教学方法期望值很低,无论是源自内部的学习动机,还是源于外部的学习动机都处于低水平状态,反映了小学生对学习的认识和学习过程可能多是他控的,不是自主的,且学习态度远远落后于总体均值水平,这在一定程度上反映出,该水平学生对学习持一种"无所谓"的态度。能力和策略的缺失可以通过不断练习来逐步提高,但对学习持一个较为积极的态度是这种逐步提高的前提,因而该水平学生学习效能的突出特征是情感淡漠、态度缺失。

(三)小学生学习效能的影响因素

为了对小学生学习效能进行深度刻画,围绕城乡区域、地域、学校类型、学业成就、性别、年级六个背景因素,对小学生学习效能进行系统分析。

1.小学生的学习效能与城乡区域的差异分析

为了反映小学生学习效能的城乡差异,我们以城市、县城和农村三个区域为参照,对小学生的学习效能进行了分析。

表4-9 小学生学习效能各维度的城乡差异

变量	区域	平均分	标准差	F值	事后检验
学习效能	城市	26.12	3.89	36.89	1>(2)3**
	县城	25.15	3.27		
	农村	25.13	3.68		
学习态度	城市	3.95	0.74	5.67	1>(2)3**
	县城	3.84	0.65		
	农村	3.89	0.72		
学习动机	城市	3.18	0.72	13.35	(1)2>3**
	县城	3.21	0.71		
	农村	3.07	0.69		
学习期望	城市	4.01	0.69	2.56	1>3**
	县城	3.96	0.62		
	农村	3.96	0.69		
学习环境	城市	3.83	0.73	13.01	1>(2)3**
	县城	3.68	0.71		
	农村	3.73	0.73		

续表

变量	区域	平均分	标准差	F值	事后检验
学习能力	城市	3.79	0.74	52.46	1>(2)3**
	县城	3.54	0.69		
	农村	3.56	0.73		
学习策略	城市	3.73	0.80	44.09	1>(2)3**
	县城	3.53	0.82		
	农村	3.49	0.80		
学业成就	城市	3.63	0.92	32.31	1>(2)3**
	县城	3.37	0.81		
	农村	3.42	0.87		

注：* 表示 $P<0.05$，表示差异显著；** 表示 $P<0.01$，表示差异非常显著；*** 表示 $P<0.001$，表示差异极其显著。

由表 4-9 可知，城市的小学生的学习效能显著优于县城和农村的小学生。具体来说，小学生的学习效能在各个维度上体现为：城市小学生在学习态度、学习环境、学习策略等各个维度上的表现要好于县城和农村的小学生。从区域层面看，农村小学生的学习态度、对学习环境的感受、表现的学习能力以及学业成就都要略好于县城学生，即县城学生处于较低水平。但是，县城学生的学习动机处于最高水平。从学习能力和学业成就来看，农村小学生的学习能力优于县城学生，而良好的学习能力是取得良好学业成就的重要保证，这可能使得农村小学生的学业成就好于县城学生。

2.小学生的学习效能与东、中、西部地区的差异分析

为了描述小学生学习效能的区域差异，我们以东部、中部和西部三个区域为参照，对小学生的学习效能进行了分析。

表 4-10　小学生学习效能各维度的区域差异

变量	区域	平均分	标准差	F 值	事后检验
学习效能	东部	111.89	17.60	10.08**	1＞3**
	中部	110.61	16.27		
	西部	109.34	16.78		
学习态度	东部	19.72	3.67	3.00	1＞3**
	中部	19.66	3.51		
	西部	19.43	3.62		
学习动机	东部	9.50	2.15	0.22	——
	中部	9.40	2.10		
	西部	9.43	2.09		
学习期望	东部	16.09	2.78	4.33*	1＞(2)3
	中部	15.84	2.64		
	西部	15.85	2.72		
学习环境	东部	11.41	2.23	1.54	——
	中部	11.31	2.14		
	西部	11.29	2.15		
学习能力	东部	14.91	3.03	11.52**	(1)2＞3
	中部	14.94	2.74		
	西部	14.47	2.93		
学习策略	东部	29.51	6.50	11.81**	1＞(2)3
	中部	28.77	6.07		
	西部	28.51	6.48		
学业成就	东部	10.77	2.80	11.08**	(1)2＞3
	中部	10.68	2.51		
	西部	10.36	2.64		

注：* 表示 $P＜0.05$，表示差异显著；** 表示 $P＜0.01$，表示差异非常显著；*** 表示 $P＜0.001$，表示差异极其显著。

学业负担论纲

就学习效能在东、中、西部地区的表现来看,东部小学生的学习效能整体高于中部和西部。他们在各个维度上的表现,除去学习动机、学习环境层面不显著之外,其他层面都比较显著。具体来说,东部地区小学生对学习的期望、学习策略的使用要优于中部和西部,而东、中部学生在学习能力维度上又优于西部,因此,这就使得东、中部地区小学生的学业成就好于西部地区的学生。

3.小学生的学习效能与学校类型的差异分析

不同类型的学校会有不同的文化氛围,生活在其中的学生也会产生不同的学习效能体验。为此,我们通过示范学校和普通学校的比较,对学生的学习效能进行分析。

由表 4-11 可知,普通学校学生的学习期望高于示范学校,而普通学校在学习态度、学习动机等其他各个层面却不及示范学校。因此,示范学校的学习效能整体上要优于普通学校。

表 4-11　小学生学习效能各维度的学校类型差异

变量	学校类型	平均分	标准差	t 值
学习效能	示范	26.22	3.73	6.85**
	普通	25.41	3.82	
学习态度	示范	3.96	0.72	2.52*
	普通	3.90	0.73	
学习动机	示范	3.23	0.73	6.29**
	普通	3.10	0.69	
学习期望	示范	3.98	0.69	-0.85
	普通	4.00	0.69	
学习环境	示范	3.84	0.70	3.91**
	普通	3.75	0.74	
学习能力	示范	3.79	0.73	6.64**
	普通	3.64	0.74	
学习策略	示范	3.72	0.78	5.50**
	普通	3.58	0.82	
学业成就	示范	3.70	0.89	9.05**
	普通	3.45	0.90	

注:* 表示 $P<0.05$,表示差异显著;** 表示 $P<0.01$,表示差异非常显著;*** 表示 $P<0.001$,表示差异极其显著。

364

4.小学生的学习效能与学业成就（或评价）的差异分析

根据学业成就的得分，将学生划分为三组，分别为高学业成就组（高分组：得分在13—15之间）、低学业成就组（低分组：得分在3—9之间）、中间学业成就组（中间组：得分在10—12之间）。

表4-12　小学生学习效能各维度的学业成就差异

变量	区域	平均分	标准差	F值	事后检验
学习效能	高分组	29.27	2.47	2166***	1>2>3**
	中间组	25.89	2.69		
	低分组	22.49	2.92		
学习态度	高分组	4.41	0.51	741.17***	1>2>3**
	中间组	3.94	0.64		
	低分组	3.48	0.70		
学习动机	高分组	3.37	0.70	137.98***	1>2>3**
	中间组	3.17	0.69		
	低分组	2.93	0.67		
学习期望	高分组	4.28	0.60	224.60***	1>2>3**
	中间组	3.99	0.65		
	低分组	3.75	0.70		
学习环境	高分组	4.21	0.60	518.29***	1>2>3**
	中间组	3.81	0.66		
	低分组	3.40	0.70		
学习能力	高分组	4.23	0.57	872.07***	1>2>3**
	中间组	3.70	0.63		
	低分组	3.22	0.67		
学习策略	高分组	4.19	0.63	748.57***	1>2>3**
	中间组	3.62	0.72		
	低分组	3.16	0.73		
学业成就	高分组	4.58	0.25892	10430***	1>2>3**
	中间组	3.66	0.26492		
	低分组	2.50	0.54083		

注：* 表示 $P<0.05$，表示差异显著；** 表示 $P<0.01$，表示差异非常显著；*** 表示 $P<0.001$，表示差异极其显著。

由表 4-12 可知,高分组的小学生整体的学习效能都显著优于中间组和低分组。具体来说,在各个维度上高分组的小学生都处于领先地位,反映出高分组的小学生在学习效能分类体系上的各个水平都优于中间组和低分组,也即高分组小学生在各个水平上的优异表现推动着小学生循环式地不断获得高的学习效能。

5.小学生的学习效能与性别差异分析

为了探讨学生的性别与学习效能之间的关系,我们以男生和女生为基本维度进行分析,如表 4-13 所示。

表 4-13　小学生学习效能的性别差异

变量	性别	平均分	标准差	t 值
学习效能	男	25.30	3.87	-7.63**
	女	26.18	3.67	
学习态度	男	3.85	0.75	-7.10**
	女	4.01	0.69	
学习动机	男	3.11	0.72	-3.94**
	女	3.19	0.69	
学习期望	男	3.97	0.71	-2.82**
	女	4.02	0.66	
学习环境	男	3.74	0.74	-4.22**
	女	3.83	0.71	
学习能力	男	3.66	0.75	-3.09**
	女	3.73	0.72	
学习策略	男	3.50	0.82	-11.00**
	女	3.77	0.76	
学业成就	男	3.47	0.90	-5.42**
	女	3.62	0.90	

注:* 表示 $P<0.05$,表示差异显著;** 表示 $P<0.01$,表示差异非常显著;*** 表示 $P<0.001$,表示差异极其显著。

从性别差异来看,小学生群体中女生的学习效能整体上要显著好于男生的学习效能。无论是女生的学习态度还是学习能力等各方面都要显著优于男生,促使女生群体在小学阶段的学习效能要显著好于男生群体。

6.小学生的学习效能与年级差异分析

不同年级的学生会不会有不同的学习效能体验？为了探讨这一问题，我们选取四年级、五年级和六年级三个年级为背景因素，对年级与学习效能之间的关系进行深度描述，如表4-14所示。

表4-14 小学生学习效能的年级差异

变量	年级	平均分	标准差	F值	事后检验
学习效能	四年级	25.65	3.59	0.30	——
	五年级	25.76	3.86		
	六年级	25.72	3.98		
学习态度	四年级	3.97	0.71	10.70**	(1)2>3*
	五年级	3.94	0.72		
	六年级	3.85	0.75		
学习动机	四年级	3.10	0.71	7.83**	3>(1)2*
	五年级	3.14	0.71		
	六年级	3.20	0.70		
学习期望	四年级	4.03	0.65	6.40**	(1)2>3*
	五年级	4.01	0.69		
	六年级	3.94	0.72		
学习环境	四年级	3.73	0.72	7.73**	(2)3>1*
	五年级	3.80	0.74		
	六年级	3.83	0.73		
学习能力	四年级	3.67	0.73	1.81	——
	五年级	3.70	0.76		
	六年级	3.71	0.73		
学习策略	四年级	3.63	0.79	1.87	——
	五年级	3.66	0.81		
	六年级	3.60	0.82		
学业成就	四年级	3.53	0.87	2.72	
	五年级	3.51	0.92		
	六年级	3.58	0.91		

注：* 表示 $P<0.05$，表示差异显著；** 表示 $P<0.01$，表示差异非常显著；*** 表示 $P<0.001$，表示差异极其显著。

就学习效能在年级上的表现来看,五年级小学生的学习效能处于最高水平,六年级其次,四年级最末。在具体表现上,各个年级学生的学习效能在各个维度上具有一些差异。学生对学习的态度以及怀有的学习期望,随着年级的升高,逐渐呈下降水平,而在学习动机、学习环境、学习能力方面,随着年级的升高,呈现不断上升态势。可以发现,这几个维度随着年级的升高呈现趋同的下降或上升状态。除此,在学习策略层面,六年级学生对学习策略的运用处于最低水平;在学业成就表现上,五年级学生的学业成就水平最低。

以上对小学生学习效能状况的分析,仅仅是整体上从区域、性别等层面展开的探索,是整体的概述分析,而对表现一定类型,如对于得分相同的小学生来说,并不代表其学习效能的各个方面都相同。因此,对于这种既存的、尚未进行探索的某些类型的学生的学习效能有必要采用不同方法进行纵深分析,因此,本研究运用聚类分析方法,得到相同类型的学习效能的学生,力求综合地、立体地刻画学生学习效能现状,发现存在的问题,提出具有针对性的解决方案。

三、初中生的学习效能

调查结果表明,初中生的学习效能无论在整体水平上,还是区域、不同学校类型上,都有其各自的特征和表现,依据调查结果,有必要对此进行深入分析和说明。

(一)初中生学习效能的水平

学生学习效能的水平刻画是本研究致力于达成的目标之一,本研究以聚类分析的结果为参照,通过计算各簇初中生学习效能的总体均分和各维度平均分来确定初中生学习效能的不同水平,因此,通过数据的分析与处理,初中生的学习效能呈现出五种不同水平,对他们学习效能各水平的表现状况进行以下分析说明。

1.初中生学习效能的水平划分

初中生学习效能的有效问卷为4761份。通过聚类分析的方法,我们将初中生的学习效能分成五簇:第一簇、第二簇、第三簇、第四簇和第五簇,这五簇数据的重点均值分别为4.35、3.65、3.68、3.10、2.58,五簇数据对应的学习效能总分均值依次为30.00、25.77、25.15、21.89、18.65。从以上可以看出,这五簇数据中心点均值的大小排列与学习效能总分均值的大小排列并不一致,中心点均值是对聚合到该水平中的所有数据进行重新计算后所得的平均值,因而中心点均值存在的意义是为了对数据进行水平划分,代表的是不同水平,表明这些水平是围绕着该点存在的,对于中心点均值的使用,不易采用大小进行比较区分(即中心点均值代表的是不同水平数据的类型差异,而无法将其视为不同水平之间的水平差异)。因而本研究中,通过计算每个水平学生的学习效能均分总分和各水平的平均分总分,来划分学习效能的不同水平。因而,此处对于初中生学习效能水平的划分,依照各簇学习效能总分均值的大小由高到低依次排列出五个等级水平。

第一水平(最高水平),对应第一簇(中心点均值为4.35,学习效能总分均值为30.00);第二水平为(较高水平),对应第二簇(中心点均值为3.65,学习效能总分均值为25.77);第三水平(中等水平),对应第三簇(中心点均值为3.68,学习效能总分均值为25.15);第四水平(较差水平),对应第四簇(中心点均值为3.10,学习效能总分均值为21.89);第五水平(最差水平),对应第五簇(中心点均值2.58,学习效能总分均值为18.65)。

第一水平有 857 个样本,占样本总数的 18.00%,其中心点均值为 4.35,为其中最高水平。第二水平有 1215 个样本,占样本总数的 25.52%,其中心点均值为 3.65。第三水平有 723 个样本,占样本总数的 15.19%,其中心点均值为 3.68,为中等偏上水平。第四水平有 1359 个样本,占样本总数的 28.54%,其中心点均值为 3.10,属于中等偏下水平。第五水平共 607 个样本,占样本总数的 12.75%,其中心点均值为 2.58,为学习效能最低的一簇。

2.初中生学习效能的整体状况分析

以学习态度、学习动机、学习期望、学习环境、学习能力、学习策略和学业成就七个维度为指标,对初中生的学习效能整体状况进行了分析。具体分析结果如表 4-15。

表 4-15 初中生学习效能整体表现

	平均分	标准差
学习效能均分总分	24.42	3.86
学习态度	3.61	0.74
学习动机	3.08	0.64
学习期望	3.82	0.69
学习环境	3.81	0.74
学习能力	3.48	0.73
学习策略	3.36	0.84
学业成就	3.27	0.91

由表 4-15 可知,初中生在学习效能表现上,学习期望的平均分最高,达到了 3.82,其次是学习环境和学习态度,可以反映出它们对学习效能的影响最大。而学习动机、学业成就和学习策略对学习效能的影响较小。具体来说,学习期望由自我期望和对教师的期望构成,可以反映出初中生无论是对自我的期望还是对自身的行为发展都有很高的期待;而对教师的期望,体现在对教师的教学态度和教学方法层面,都期待教师有更好的改进。在学习环境层面,对学习效能产生较大影响的可能体现为初中生对学习氛围的评价,也有可能是对生生、师生关系的评价,3.81 的平均分反映了他们整体的学习环境都不错,且基本上差别不大。而学习态度的表现不及学习期望高,可能源于学习态度的形成与表现受到多种因素的影响,既有可能体现为受到对学习价值认识的影响,也有可能受到学习中的情感体验和学习的行为表现等因素的影响。而在学习能力层面,初中生的表现尚有待提升。初中生对学习策略的运用程度以及很低的学习动机等因素的综合影响,使得学业成就的表现欠佳。

3.初中生学习效能五个等级水平的结构特征

以聚簇为基础,初中生的学习效能水平的确定以各簇数据的学习效能均分总分来划分,他们的学习效能呈现出五种不同水平,对他们学习效能各簇的表现状况和各水平的表现状况展开如下分析说明。

(1)初中生学习效能第一水平整体说明

表4-16 初中生学习效能第一水平表现

变量	初中生学习效能第一水平状况		排序
	平均分	标准差	
学习效能均分总分	30.00	1.66	
学习态度	4.57	0.35	2
学习动机	3.31	0.67	7
学习期望	4.46	0.47	4
学习环境	4.60	0.43	1
学习能力	4.39	0.44	5
学习策略	4.50	0.38	3
学业成就	4.17	0.63	6

由表4-16可知,初中生学习效能第一水平中除去学习动机处于最低水平外,其他各个维度的表现都处于较高水平。主要体现在学习环境、学习态度、学习策略对学习效能的影响较大。其次是学习期望、学习能力。而学习动机对学习效能的影响最小,表现处于最低水平。

(2)初中生学习效能第一水平各维度表现

第一水平有857个样本,占样本总数的18%,其中心点均值为4.35,为其中最高水平。

①学习态度

初中生学习效能第一水平在学习态度维度的表现如图4-27所示:

由图4-27可知,第一水平学生学习态度维度各题项选择百分比侧重于"比较符合"和"完全符合"两项,其中"完全符合"选项最为突出。具体来说,第一水平学习态度:包括对于学习价值的认知,体现为"只有好好学习,我才能得到更好的发展/我才能快乐成长"的判断,分别有24.39%和68.61%的学生选择了"比较符合"和"完全符合",说明第一水平学生能够较好地认识到学习的价值性;而在情感体验层面,体现为"我觉得学习是一件有意义的事/有趣的事"的选择,27.42%和67.91%的同学分别选择了"比较符合"和"完全符合",二者相加,95.33%的同学都选择了"比较符合"及以上,即绝大多数的第一水平学生认为学习是快乐的,所带来的是积极的情感体验;而在学习态度的其他层面有96.15%、81.45%和94.63%的同学在自觉性、专注度和学习过程的坚持性上分别选择了"比较符合"及以上,即绝大多数的同学在行为倾向上是非常积极的,常常不会受到外界的干扰,总能够很自觉地去完成老师布置的作业,此外,在学习上遇到难题时,总能够表现出很好的坚持性。这表明该水平学生具有较高的专注度、自觉性、坚持性,具有较好的学习态度。

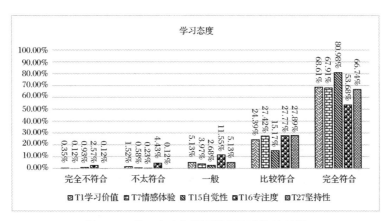

图 4-27　学习态度各题项选择百分比柱状图

②学习动机

初中生学习效能第一水平在学习动机维度的表现如图 4-28 所示:

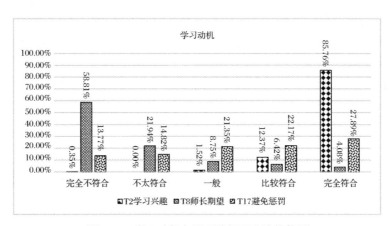

图 4-28　学习动机各题项选择百分比柱状图

由图 4-28 所示,第一水平学生学习动机维度各题项选择百分比最为突出的为:在兴趣求知欲方面,85.76％的学生选择"完全符合";在师长期望方面,58.81％的学生选择"完全不符合"。具体来说,第一水平学习动机:在内部动机上,即兴趣求知欲上,有 98.13％的同学选择"比较符合"及以上,其中选择"比较符合"的有 12.37％,选择"完全符合"的有 85.76％,说明学生学习的兴趣性和求知欲很强,大部分学生渴望学到更多的知识;在外部动机上,58.81％和 21.94％的同学在师长期望上分别选择了"完全不符合"和"不太符合",二者相加,80.75％的同学学习不是为了满足师长期望;在避免惩罚方面,71.41％的同学选择了"一般"及以上,说明避免惩罚在学生的学习中占有部分原因。总的来说,该水平学生具有很高的学习动机,学习主要是出于兴趣性和求知欲,其次是避免惩罚。

③学习期望

初中生学习效能第一水平在学习期望维度的表现如图 4-29 所示：

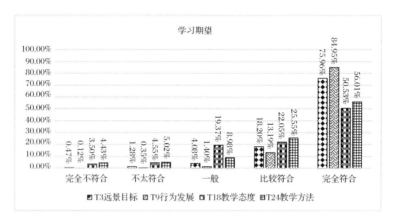

图 4-29 学习期望各题项选择百分比柱状图

由图 4-29 可知,学习期望各题项选择百分比所占比重最大的是"完全符合"。具体来说,在学习自我期望方面,分别有 94.16％和 98.14％的学生在远景目标和行为发展上选择了"比较符合"及以上,分别体现为"我学习是为了考上理想的学校"和"我希望通过学习,变得更有修养",即 94.16％的学生的自我期望非常高;在对教师的期望方面,有 72.58％的学生在教学态度上选择"比较符合"和"完全符合",表现为"我希望老师上课时更关注我";在教学方法上,有81.56％的学生选择了"比较符合"和"完全符合",即"我觉得老师的教学方法不够灵活",说明该水平学生在教学态度方面希望教师可以多多关注自己,同时对教师的教学方法比较不满意。总的来说,第一水平学生的学习期望很高,不论是自我期望还是对教师的期望,都表现出较高的期望度。

④学习环境

初中生学习效能第一水平在学习环境维度的表现如图 4-30 所示:

由图 4-30 可知,学习环境各题项选择百分比最突出的特征是"完全符合"项占绝对大的比重,且由"完全不符合"到"完全符合"呈逐渐增加趋势。在学习环境方面,该水平学生对于学习环境的感知较为复杂,即在"我们班上的学习氛围非常好"的选择上:28.70％、51.93％同学分别选择"比较符合"和"完全符合",二者加之为80.63％,该水平绝大部分学生认为自身班级的学习氛围非常好,说明第一水平学生所处的物理环境较好;但超过 90％的学生认为与教师的关系较差,表现为"老师不太喜欢我"的判断,其中 78.76％的学生选择"完全符合";然而,96.73％的学生在生生关系上选择了"比较符合"和"完全符合",也就是生生关系较好,表现为"我和同学们相处得很融洽"的选择上,其中 83.08％的学生选择"完全符合"。总的来说,第一水平初中生对于学习环境的感知较为复杂,其物理环境感知良好,人际环境中师生关系较差,但生生关系融洽。

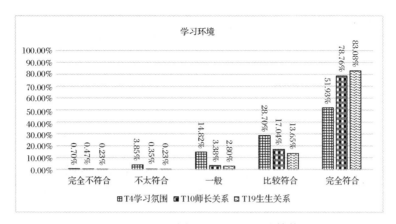

图 4-30　学习环境各题项选择百分比柱状图

⑤学习能力

初中生学习效能第一水平在学习能力维度的表现如图 4-31 所示：

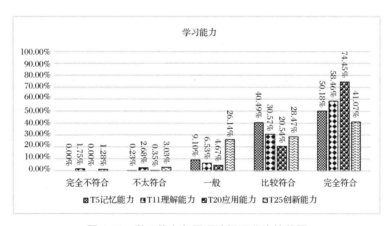

图 4-31　学习能力各题项选择百分比柱状图

　　由图 4-31 可知,学习能力各题项选择百分比所占比重最多的选项是"比较符合"和"完全符合"。具体来说,在基本能力方面,90.67％的学生认为自己的记忆能力很好,其中40.49％、50.18％的学生分别选择了"比较符合"和"完全符合",对于老师要求背诵的内容,都能很快记住;在应用能力方面,表现为"我能够用所学的知识解决学习或生活中的问题",20.54％、74.45％的学生分别选择"比较符合"和"完全符合",二者相加得 94.99％,即该水平的学生应用能力较强。在创新思维方面,69.54％的学生认为自己的创新能力较强,能够经常采用新颖的方法解决问题。总的来说,第一水平学生的学习能力表现较为复杂,记忆能力较好,应用能力很好,且创新思维能力处于较高水平。

第四章　学生学习效能的水平及特征

⑥学习策略

初中生学习效能第一水平在学习策略维度的表现如图 4-32 所示：

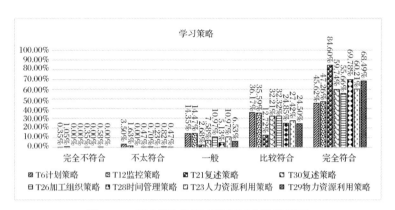

图 4-32　学习策略各题项选择百分比柱状图

由图 4-32 可知,学习策略各题项选择百分比所占比重集中于"比较符合"和"完全符合"。在元认知策略上,计划策略方面体现为"每学期我都制定完整的学习计划",36.17％、45.62％的学生分别选择了"比较符合"和"完全符合",两者相加为 81.79％,即绝大部分的第一水平学生具有较好的计划策略能力;监控策略体现为"我经常反思自己的学习方法或学习习惯",82.85％的学生认为自己拥有较好的监控策略能力。在认知策略方面,97.32％的学生课上能够认真做笔记,91.95％的学生能够及时复习,87.98％的学生能够经常归纳学过的知识,表明该水平中学生有较好的复述策略能力和较好的加工组织策略能力。在资源管理策略方面,94.63％的学生具有较好的时间管理能力,能够合理安排学习时间和课余时间;92.99％的学生具有较好的物力资源利用能力,经常能够通过各种途径查找学习资料;87.63％的学生能够很好地利用人力资源,遇到不懂的问题大部分的学生能够经常向老师或同学求助。总的来说,第一水平学生可以较好地使用各种学习策略,可以较好地应用元认知和认知策略,对于资源管理策略也能够较好地采用。

⑦学业成就

初中生学习效能第一水平在学业成就维度的表现如图 4-33 所示：

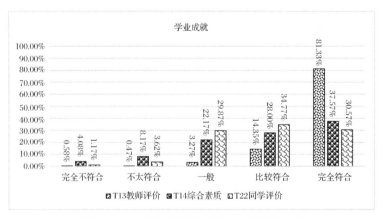

图 4-33　学业成就各题项选择百分比柱状图

由图 4-33 可知,学业成就各题项选择百分比中"比较符合"和"完全符合"所占比重最大。具体而言,在综合素质方面,体现为"我觉得自己学习成绩不好",28.00%、37.57%的学生分别选择"比较符合"和"完全符合",二者相加得 65.57%,表明大部分的第一水平学生在分数排名、获奖情况上表现得不好。在教师评价方面,体现为"在老师心目中我是一个后进生"的判断,14.35%、81.33%的学生分别选择"比较符合"和"完全符合",两者相加得 95.68%,表明绝大部分的第一水平初中生认为自己在教师心中不是一个好学生。在同学评价方面,体现为"同学们认为我学习好",34.77%、30.57%的学生分别选择"比较符合"和"完全符合",二者相加为65.34%,表明大部分第一水平学生认为自己在同学心中学习成绩较好。总的来说,该水平学生对于自身学业成就的评价较为复杂,大多数的学生认为教师对自己的评价处于较好的水平,但对自己的客观学业成就和对同学成绩评价的感知却处于较高水平。

(3)初中生学习效能第二水平整体说明

由表 4-17 可知,第二水平初中生的学习效能在各维度上的表现比较均衡。该水平学生对学习环境的感受与把握处于最高水平,其次是学习期望,对学习效能影响较小的是学习策略和学习动机。

表 4-17　初中生学习效能第二水平表现

变量	第二水平初中生学习效能状况		排序
	平均分	标准差	
学习效能均分总分	25.77	1.44	
学习态度	3.80	0.42	3
学习动机	3.30	0.61	7
学习期望	3.92	0.50	2
学习环境	4.01	0.52	1
学习能力	3.61	0.46	5
学习策略	3.40	0.39	6
学业成就	3.73	0.58	4

(4)初中生学习效能第二水平各维度表现

第二水平有 1215 个样本,占样本总数的 25.52%,其中心点均值为 3.65。

①学习态度

初中生学习效能第二水平在学习态度维度的表现如图 4-34 所示:

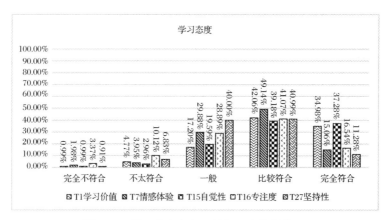

图 4-34　学习态度各题项选择百分比柱状图

由图 4-34 可知,第二水平初中生学习态度各题项选择百分比所占比重集中于"一般""比较符合"和"完全符合"三项,说明第二水平初中生对自己的学习态度感知能力处于一般偏上水平。具体而言,在认知水平方面,体现为"只有好好学习,我才能得到更好的发展/我才能快乐成长",42.06％、34.98％的学生分别选择"比较符合"和"完全符合",两者相加得 77.04％,说明大部分的第二水平初中生认识到学习的价值,其认知水平较高。在情感体验方面,体现为"我觉得学习是一件有意义的事/有趣的事",49.14％、15.06％的学生分别选择了"比较符合"和"完全符合",两者相加得 64.20％,即大部分的第二水平初中生认为学习是有趣的,多为积极的情绪。在行为倾向方面,57.61％的学生认为自己经常被外界干扰,以致不能专心学习,说明第二水平初中生的学习专注度较差;76.46％的学生能够很自觉地去完成老师布置的任务,说明第二水平初中生的学习自觉性较好;52.27％的学生学习遇到困难时,从不放弃,表明该水平学生具有较好的学习过程坚持性。总的来说,第二水平初中生的学习态度处于中等偏上水平,认知水平、情感体验处于较高水平,学习的专注度处于中等偏下水平,但是其学习的自觉性、坚持度较高。

②学习动机

初中生学习效能第二水平在学习动机维度的表现如图 4-35 所示:

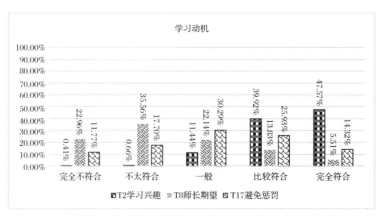

图 4-35　学习动机各题项选择百分比柱状图

由图 4-35 可知,第二水平初中生学习动机各题项选择百分比所占比重分布比较均衡,说明该水平初中生的学习动机感知能力处于中等水平。具体而言,在内部动机方面,体现为"我渴望学到更多的知识",39.92％、47.57％的学生分别选择"比较符合"和"完全符合",两者相加得 87.49％,说明绝大多数的第二水平初中生对学习具有较强的兴趣和求知欲,该水平学生的内部学习动机较强。在外部动机方面,师长期望体现为"我学习是为了不辜负父母或老师的期望",22.96％、35.56％的学生分别选择"完全不符合"和"不太符合",两者相加得58.52％,说明一半以上的第二水平初中生学习不是源于师长期望;避免惩罚体现为"如果我不好好学习,就会受到老师或父母的责备",25.93％、14.32％的学生分别选择"比较符合"和"完全符合",两者相加得 40.25％,说明避免惩罚对第二水平学生的学习起到了部分作用。总的来说,第二水平初中生的学习动机处于中等偏上水平,以内部动机为主,学生具有较强的学习兴趣和求知欲,同时避免惩罚对该水平学生学习也起到了部分作用。

③学习期望

初中生学习效能第二水平在学习期望维度的表现如图 4-36 所示:

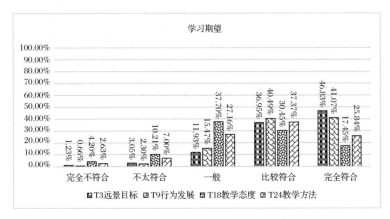

图 4-36　学习期望各题项选择百分比柱状图

由图 4-36 可知,第二水平初中生学习期望各题项选择百分比所占比重侧重于"比较符合"和"完全符合",说明该水平初中生对自己的学习期望感知能力较强。具体而言,在自我期望方面,83.78％的初中生具有较为明确的远景目标,其努力学习就是为了考上理想的学校;81.56％的学生想通过学习,变得更有修养。由此可见,该水平学生的自我期望水平较高。在对教师期望方面,教学态度方面体现为"我希望老师上课时更关注我",30.45％、17.45％的学生分别选择"比较符合"和"完全符合",有 37.70％的学生选择"一般";63.21％的学生认为老师的教学方法不够灵活,期待教师可以改进教学方法。总的来说,第二水平初中生的学习期望处于较高水平,该水平初中生的自我期望水平较高,对教师的期望水平也处于较高水平。

④学习环境

初中生学习效能第二水平在学习环境维度的表现如图 4-37 所示:

由图 4-37 可知,第二水平初中生学习环境各题项选择百分比所占比重集中于"比较符合"和"完全符合",说明该水平初中生对自己所处的学习环境具有较高的感知能力。具体而言,在学习氛围方面,对"我们班上的学习氛围非常好"的判断,40.16％的学生选择"一般",

42.64％的学生选择"比较符合"和"完全符合",说明该水平初中生的学习氛围处于中等水平。在人际关系方面,师生关系体现为"老师不太喜欢我"的判断,39.09％、49.47％的学生分别选择"比较符合"和"完全符合",两者相加得88.56％,即绝大多数初中生认为老师不喜欢自己,师生关系较差;生生关系体现为"我和同学们相处得很融洽"的判断,39.67％、46.75％的学生选择"比较符合"和"完全符合",两者相加为86.42％,说明该水平初中生的同学关系较好,同学间相处得比较融洽。总的来说,该水平学生认为自身的学习环境较好,班级具有较好的学习氛围,师生关系一般,生生关系比较和谐。

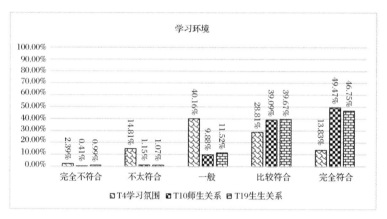

图4-37　学习环境各题项选择百分比柱状图

⑤学习能力

初中生学习效能第二水平在学习能力维度的表现如图4-38所示:

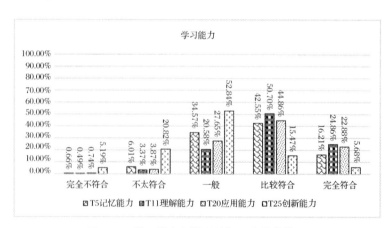

图4-38　学习能力各题项选择百分比柱状图

由图4-38可知,第二水平初中生学习能力各题项选择百分比所占比重集中于"一般"和"比较符合",说明该水平学生对自己的学习能力的感知处于中等偏上水平。具体而言,在基本能力方面,58.76％的学生认为自己具有较好的记忆能力,对于老师要求背诵的内容,能够很快记住;67.74％的学生认为自己具有较好的应用能力,能够用所学的知识解决学习或生活中的问题。在创新能力方面,体现为"我经常采用新颖的方法解决问题",52.84%的学生选择"一般",说明该水平初中生的创新能力处于一般水平。总的来说,该水平学生的基本学习能力综合较好,其记忆和应用能力均较好,但创新能力较差。

　　⑥学习策略

　　初中生学习效能第二水平在学习策略维度的表现如图4-39所示:

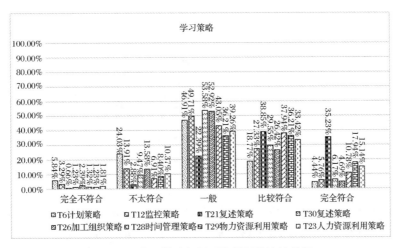

图 4-39　学习策略各题项选择百分比柱状图

　　由图4-39可知,第二水平初中生学习策略各题项选择百分比所占比重集中于"一般"和"比较符合",说明该水平初中生对自己学习策略的感知能力处于中等偏上水平。具体而言,在元认知策略方面,计划策略体现为"每学期我都制订完整的学习计划",24.03%、46.91%分别选择"不太符合"和"一般",说明该水平初中生的计划策略处于中等偏下水平;监控策略体现为"我经常反思自己的学习方法或学习习惯",49.71%、27.33%的学生分别选择"一般"和"比较符合",说明该水平初中生的监控策略处于中等偏上水平,综合起来,该水平学生的元认知策略处于中等水平。在认知策略方面,74.08%学生课上能够认真记笔记,在"课后我能及时复习"中,53.58%的学生选择"一般",29.55%的学生选择"比较符合",说明该水平初中生的复述策略处于中等偏上水平;加工组织策略体现为"我会经常归纳学过的知识"的选择,52.92%的学生选择"一般",29.55%的学生选择"比较符合",即该水平初中生的加工组织策略处于中等偏上水平。在资源管理策略方面,时间管理体现为"我能合理安排学习时间和课余时间"的选择,43.05%、37.94%的学生分别选择"一般"和"比较符合",说明该水平初中生的时间管理策略处于中等偏上水平;54.15%的学生认为自己能够通过各种途径查找学习资料,其物力资源利用能力较强;人力资源利用策略体现为"遇到不懂的问题,我经常向老师或同学求助",39.26%、33.42%、15.14%的学生分别选择"一般""比较符合"和"完全符合",说明该水平初中生的人力资源利用能力处于中等偏上水平。综合来看,该水平学生的学习策略处于一般偏上水平,能够较好地采用元认知学习策略,认知策略处于中等偏上,对于资源管理策略的使用也处于中等偏上水平。

⑦学业成就

初中生学习效能第二水平在学业成就维度的表现如图4-40所示：

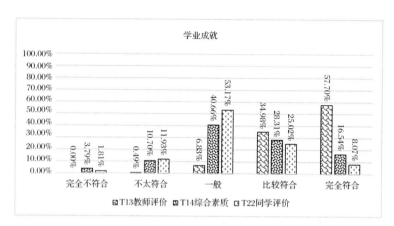

图4-40　学业成就各题项选择百分比柱状图

由图4-40可知,第二水平初中生学业成就各题项选择百分比所占比重侧重于"一般""比较符合"和"完全符合"三个选项,说明该水平初中生对自己的学业成就感知能力较强。具体而言,在综合素质方面,体现为"我觉得自己学习成绩不好"的判断,40.66％、28.31％、16.54％的学生分别选择"一般""比较符合"和"完全符合",说明该水平初中生的客观成绩处于中等偏上水平。在他人评价方面,教师评价体现为"在老师心目中我是一个后进生",34.98％、57.70％的学生分别选择"比较符合"和"完全符合",两者相加得92.68％,即绝大部分第二水平学生认为自己在老师心中不是一个好学生。在同学评价方面,体现为"同学们认为我学习好",53.17％的学生选择"一般",25.02％的学生选择"比较符合",说明大部分该水平学生认为自己在同学心目中成绩一般或较好。总的来说,该水平初中生的学业成就处于中等水平,客观学业成就处于中等偏上水平,该水平学生认为教师对自己的学业印象不好,同学学业成就评价的感知处于中等偏上水平。

(5)初中生学习效能第三水平整体说明

由表4-18可知,学习期望对该水平学生的学习效能影响最大,其次是学习策略、学习环境、学习态度,它们对学习效能的影响较为一致,而学习能力、学业成就、学习动机三个因素对学习效能的影响较小。

表4-18 初中生学习效能第三水平表现

变量	初中生学习效能第三水平状况		排序
	平均分	标准差	
学习效能均分总分	25.15	1.69	
学习态度	3.84	0.42	4

变量	初中生学习效能第三水平状况		排序
	平均分	标准差	
学习动机	2.84	0.54	7
学习期望	4.06	0.51	1
学习环境	3.89	0.61	3
学习能力	3.64	0.50	5
学习策略	3.90	0.44	2
学业成就	2.98	0.71	6

（6）初中生学习效能第三水平各维度表现

第三水平有 723 个样本，占样本总数的 15.19％，其中心点均值为 3.68，为中等偏上水平。

①学习态度

初中生学习效能第三水平在学习态度维度的表现如图 4-41 所示：

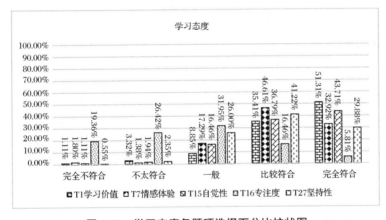

图 4-41　学习态度各题项选择百分比柱状图

由图 4-41 可知，第三水平学生学习态度各题项选择百分比所占比重大都集中于"比较符合"和"完全符合"两项，说明该水平学生对于自己的学习态度感知能力较强。在学习价值上，体现于对"只有好好学习，我才能得到更好的发展/我才能快乐成长"的判断，86.72％的学生选择"比较符合"和"完全符合"，说明该水平学生明确认识到学习对自己的价值。在情感体验上，体现于"我觉得学习是一件有意义的事/有趣的事"的判断，79.53％的学生选择"比较符合"和"完全符合"，说明该水平学生认为学习是有趣的、快乐的，多体现出积极的情绪。在行为倾向上，54.22％的学生专注度处于一般及以上水平，其学习能够专心致志，不受外界的干扰；80.50％的学生拥有很高的自觉性，能够很自觉地去完成老师布置的作业；71.10％的学生在学习过程中的坚持性很强，学习遇到困难时，也从不放弃。总的来说，该水平学生对问题的选择呈现出阶梯式差异，说明该水平学生对学习价值有明确认识，具有较高的学习自觉性和坚持性，说明该水平学生的学习态度良好。

 学业负担论纲

②学习动机

初中生学习效能第三水平在学习动机维度的表现如图 4-42 所示：

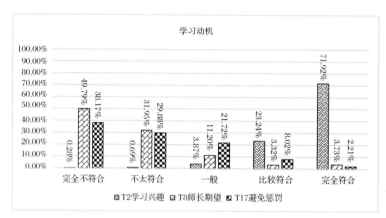

图 4-42 学习动机各题项选择百分比柱状图

由图 4-42 可知,第三水平学生学习动机各题项选择百分比所占比重大多集中于"完全不符合""不太符合""比较符合"和"完全符合"四项,说明该水平学生对自己的学习动机具有较强的感知力。在内部动机上,体现为"我渴望学到更多的知识"的判断,23.24％、71.92％的学生分别选择"比较符合"和"完全符合",两者相加得 95.16％,即绝大部分的第三水平学生对学习有很强的兴趣性和求知欲。在外部动机上,81.74％的学生表示自己学习不是为了不辜负父母或老师的期望,说明该水平学生学习动机并非来源于师长期望;同时,68.05％的学生在"如果我不好好学习,就会受到老师或父母的责备"上选择"完全不符合"和"不太符合",说明第三水平学生的学习动机并非来自避免惩罚。总的来说,第三水平学生的学习动机在学习兴趣层面与第一水平、第二水平具有同质性,具有很强的求知欲,对于师长期望与前面两水平具有统一性,该水平学生学习在一定程度上不是为了师长期望,也不是为了避免惩罚,因此,综合来看,该水平学生的学习动机较强。

③学习期望

初中生学习效能第三水平在学习期望维度的表现如图 4-43 所示：

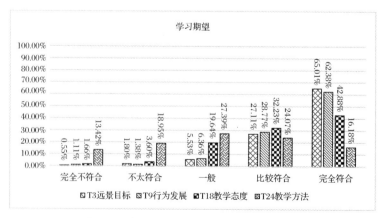

图 4-43 学习期望各题项选择百分比柱状图

由图 4-43 可知,第三水平学生学习期望各题项选择百分比所占比重多集中于"比较符合"和"完全符合"两项,说明该水平学生对自己的学习期望感知能力较强。在自我期望上,92.12％的学生表示自己努力学习是为了考上理想的学校,说明该水平学生具有较强的远景目标;91.15％的学生希望通过学习,变得更有修养,说明第三水平学生的行为发展目标水平较高。由此可见,该水平学生具有较强的自我期望。在教师期望上,75.11％的学生希望老师上课时更加关注自己;在教学方法上,40.25％的学生认为老师的教学方法不够灵活。总的来说,这说明该水平学生具有很高的学习期望,渴望考上理想的学校,变得更有修养,并期望教师的教学方法更灵活,对教师对自己的关注也有较高的期望。

④学习环境

初中生学习效能第三水平在学习环境维度的表现如图 4-44 所示:

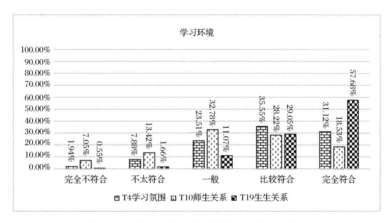

图 4-44　学习环境各题项选择百分比柱状图

由图 4-44 可知,第三水平学生学习环境各题项选择百分比所占比重集中于"比较符合"和"完全符合",说明该水平学生对自己所处的学习环境具有较强的感知力。在学习氛围上,体现为"我们班上的学习氛围非常好"的判断,35.55％、31.12％的学生分别选择"比较符合"和"完全符合",两者相加得 66.67％,即大部分的第三水平学生认为自己的学习氛围较好。在人际环境方面,师生关系体现为"老师不太喜欢我"的判断,46.75％的学生明显认为老师不喜欢自己,说明师生关系不是很融洽;生生关系体现为"我和同学们相处得很融洽",29.05％、57.68％的学生分别选择"比较符合"和"完全符合",两者相加得 86.73％,说明绝大部分第三水平初中生与同学相处比较融洽。总的来说,该水平学生对学习环境较为满意,周围的学习环境较好,师生和生生关系一般,生生关系处于良好的状态。

⑤学习能力

初中生学习效能第三水平在学习能力维度的表现如图 4-45 所示：

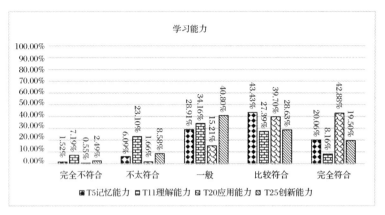

图 4-45　学习能力各题项选择百分比柱状图

由图 4-45 可知,第三水平初中生学习能力各题项选择百分比所占比重侧重于"一般"和"比较符合",说明该水平学生对自己的学习能力的感知一般。具体而言,在基本能力方面,63.49％的学生认为自己的记忆能力较好,对于老师要求背诵的内容能够很快就记住;64.45％的学生的理解能力处于一般及以下水平,对于所学内容很难理解;应用能力体现为"我能够用所学的知识解决学习或生活中的问题"的判断,39.70％、42.88％分别选择"比较符合"和"完全符合",两者相加得 82.58％,即绝大部分的第三水平初中生应用能力较好。在创新思维方面,88.93％的学生处于一般偏上水平,能经常采用新颖的方法解决问题。总的来说,该水平学生的基本学习能力有其特点,其记忆能力较好,理解能力较差,应用能力很好,创新能力处于一般偏上水平。

⑥学习策略

初中生学习效能第三水平在学习策略维度的表现如图 4-46 所示：

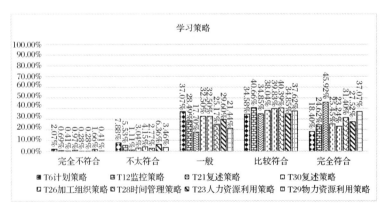

图 4-46　学习策略各题项选择百分比柱状图

由图4-46可知,第三水平初中生学习策略各题项选择百分比所占比重侧重于"一般""比较符合"和"完全符合"三项,说明第三水平初中生对自己的学习策略的感知力较强。具体而言,在元认知策略方面,52.98％的学生认为自己具有较好的计划策略能力,每学期都能制定完整的学习计划;65.28％的学生认为自己具有较好的监控策略能力,能够经常反思自己的学习方法或学习习惯。在认知策略方面,80.77％的学生在课上能认真记笔记,63.49％的学生在课后能够及时复习,说明第三水平初中生具有较好的复述策略能力;63.07％的学生能够经常归纳学过的内容,具有较好的加工组织策略的能力。在资源管理策略方面,分别有40.39％和31.40％的学生分别选择了"比较符合"和"完全符合",说明71.79％的学生具有较好的时间管理能力,能够合理安排学习时间和课余时间;74.69％的学生具有很好的物力资源利用能力,能够经常通过各种途径查找学习资料;62.37％的学生具有很好的人力资源利用能力,遇到不懂的问题,经常向老师或同学求助。总体来说,该水平学生可以较好地使用各种学习策略,可以较好地采用元认知策略,对于各种认知策略也可以较好地使用,而对于资源管理策略的采用也处于较好的水平。

　　⑦学业成就

　　初中生学习效能第三水平在学业成就维度的表现如图4-47所示:

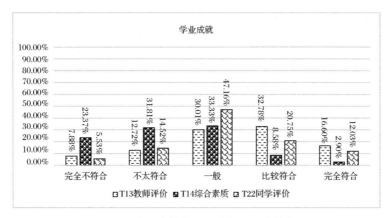

图 4-47　学业成就各题项选择百分比柱状图

　　由图4-47可知,第三水平初中生学业成就各题项选择百分比所占比重分布比较均衡,说明该水平初中生对自己的学业成就感知能力良好。具体而言,在综合素质方面,体现为"我觉得自己学习成绩不好"的判断,23.37％、31.81％的学生分别选择"完全不符合"和"完全符合",说明一半以上第三水平初中生对自己的分数排名、获奖情况比较满意。在他人评价方面,体现为"在老师心目中我是一个后进生",30.01％、32.78％和16.60％的学生分别选择"一般""比较符合"和"完全符合",三者相加得79.39％,说明大多数的第三水平初中生觉得自己在老师心中不是一个好学生;同学评价体现为"同学们认为我学习好",47.16％、20.75％和12.03％的学生分别选择"一般""比较符合"和"完全符合",三者相加得79.94％,说明大多数的第三水平初中生认为自己在同学心中成绩较好。总的来说,该水平学生学业成就处于一般偏上水平,教师对自己的学业印象不好,但是对自身学业成就和同学成就评价的感知却处于一般偏上的水平。

（7）初中生学习效能第四水平整体说明

表 4-19　初中生学习效能第四水平表现

变量	初中生学习效能第四水平状况		排序
	平均分	标准差	
学习效能均分总分	21.9	1.44	
学习态度	3.19	0.43	3
学习动机	2.95	0.59	5
学习期望	3.61	0.51	1
学习环境	3.42	0.59	2
学习能力	3.09	0.48	4
学习策略	2.86	0.39	6
学业成就	2.78	0.66	7

由表 4-19 可知，第四水平初中生学习效能在各维度上的表现比较均衡。具体来说，学习期望对该水平学生的学习效能影响最大，学习环境、学习态度的影响次之，而学习能力、学习动机、学习策略、学业成就对学习效能的影响依次减弱，表明该水平学生相应的能力与策略运用水平需要提升，以此实现较高水平的学习效能。

（8）初中生学习效能第四水平各维度表现

第四水平有 1359 个样本，占样本总数的 28.54%，其中心点均值为 3.10，属于中等偏下水平。

①学习态度

初中生学习效能第四水平在学习态度维度的表现如图 4-48 所示：

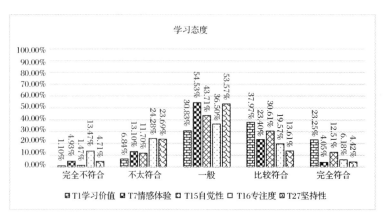

图 4-48　学习态度各题项选择百分比柱状图

如图 4-48 所示，学习态度各题项选择百分比所占比重呈正态分布，"一般"选项所占比重最多。具体而言，在学习态度方面，包括对于学习价值的认知，体现为"只有好好学习，我才能得到更好的发展/我才能快乐成长"的判断,其中 37.97％和23.25％的同学分别选择了"比较符合"和"完全符合",说明大部分第四水平学生能较好地认识到学习的价值。而在学习态度的其他层面,在专注度上,62.25％的学生选择了"一般""比较符合""完全符合";在自觉性上,43.12％的学生选择了"比较符合"和"完全符合",说明他们有很好的学习自觉性,但有超过50％的学生的学习自觉性水平为一般及以下水平;81.97％的学生在学习过程中的坚持性选择了"完全不符合""不太符合""一般",说明其坚持度为一般及以下水平。在情感体验层面,体现为"我觉得学习是一件有意义的事/有趣的事"的选择,54.53％的学生选择"一般",23.40％的学生选择"比较符合",也有18.03％的学生选择"不太符合"及以下,说明第四水平学生在学习中的情感体验不明显,未强烈感知学习的快乐或是不快乐。总的来说,第四水平学习态度呈现出显著的同质性,说明该水平学生的学习态度不好,甚至较差。

②学习动机

初中生学习效能第四水平在学习动机维度的表现如图 4-49 所示:

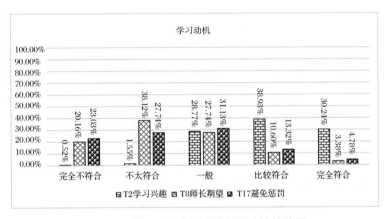

图 4-49　学习动机各题项选择百分比柱状图

由图 4-49 可知,学习动机各题项选择百分比所占比重呈现比较均衡的分布。具体来说,在学习动机方面:首先,在内部动机上,69.17％的学生选择"比较符合"及以上,其中选择"比较符合"的有 38.93％,选择"非常符合"的有 30.24％,说明学生学习的兴趣性和求知欲很强,大部分学生渴望学到更多的知识;其次,在外部动机上,学生在师长期望上选择了"一般"的占27.74％,选择"完全不符合"的占 20.16％,选择"不太符合"的占 38.12％,说明第四水平的大部分学生学习不是为了满足师长期望。在避免惩罚方面,分别有 27.74％、31.13％的同学选择了"不太符合"和"一般",说明一半学生学习不是为了避免惩罚。总的来说,该水平学生具有较高的学习动机,学习主要是出于内部动机,即兴趣性和求知欲。

③学习期望

初中生学习效能第四水平在学习期望维度的表现如图 4-50 所示:

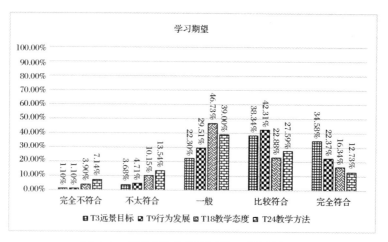

图 4-50 学习期望各题项选择百分比柱状图

由图 4-50 可知,学习期望各题项选择百分比集中于"一般""比较符合"和"完全符合"三个选项。具体来说,在对学习自我期望方面,分别有 72.92％和 64.68％的学生在远景目标和行为发展上选择了"比较符合"及以上,体现出自己希望通过努力学习考上理想的学校和变得更有修养,即多数学生的自我期望非常高。而在对教师的期望方面,就教学态度来看,46.73％的同学选择了"一般",22.88％的同学选择了"比较符合",表现为"我希望老师上课时更关注我";就教学方法来看,39.00％的学生选择了"一般",27.59％的学生选择了"比较符合",体现为"我觉得老师的教学方法不够灵活",对于 39％的学生选择"一般",说明该水平部分学生在教学态度方面希望教师可以多多关注自己,同时对教师的教学方法比较不满意。总的来说,该水平学生的学习期望处于一般水平,对于考上理想学校、变得更有修养、教师对自己的关注以及对教师教学方法的期望不高。

④学习环境

初中生学习效能第四水平在学习环境维度的表现如图 4-51 所示:

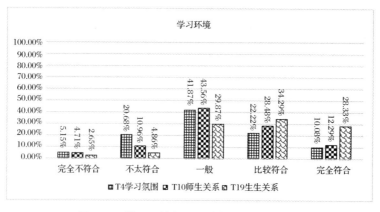

图 4-51 学习环境各题项选择百分比柱状图

由图 4-51 可知,在学习环境方面,就学习氛围来看,分别有 41.87％、22.22％的学生选择"一般"和"比较符合",这表明该水平学生对于学习氛围的感知处于一般偏上水平,说明多数学生认为班级的学习氛围不是很好。在人际关系方面,43.56％的学生对于"老师不太喜欢我"选择"一般",说明该水平学生与教师之间的关系不是很好;分别有 34.29％、28.33％的同学在生生关系中选择了"比较符合""完全符合",二者相加,有62.62％的学生认为自己的同学关系较好,能够和同学相处得很融洽。总的来说,第四水平学生的学习环境处于中等偏下水平,学习氛围不是很好,师生相处得不太融洽,但是生生关系较好。

⑤学习能力

初中生学习效能第四水平在学习能力维度的表现如图 4-52 所示:

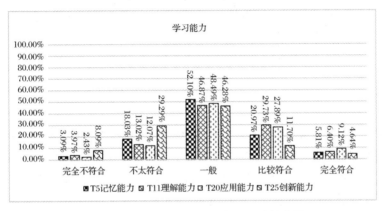

图 4-52　学习能力各题项选择百分比柱状图

由图 4-52 可知,学习能力各题选项选择百分比呈正态分布,大部分初中生选择"一般"这个选项,说明该水平学生对自己的学习能力的感知力较弱。在记忆能力方面,52.10％的学生选择了"一般",20.97％的学生选择了"比较符合",即认为自己的记忆能力稍微高于一般水平,说明该水平学生的记忆能力处于一般偏上水平,也就是"对于老师要求背诵的内容,我很快就能记住"。在创新能力方面,46.28％的学生选择了"一般",29.29％的学生选择了"不太符合",说明该水平学生的创新能力处于一般偏下水平,很少能够用所学的内容解决学习或生活的问题。总的来说,第四水平学生的学习能力水平较低,除了记忆能力处于一般偏上水平,应用和创新能力上均处于一般偏下水平。

⑥学习策略

初中生学习效能第四水平在学习策略维度的表现如图 4-53 所示:

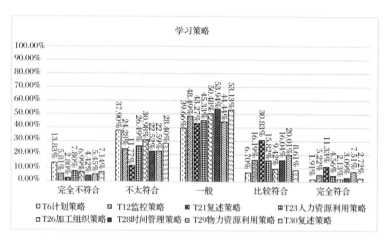

图 4-53　学习策略各题项选择百分比柱状图

由图 4-53 可知,第四水平学生学习策略各题项选择百分比基本上呈正态分布,学生较多选择"一般",说明该水平学生对自己的学习策略能力的感知力也较弱。在计划策略上,即"每学期我都制定完整的学习计划"上,分别有 37.90％、39.66％的学生选择了"不太符合"和"一般"。在监控策略上,即"我经常反思自己的学习方法或学习习惯"中,分别有 24.28％、48.49％的学生选择了"不太符合"和一般"。就复述策略而言,对于"课上我能认真记笔记"有 43.27％、30.83％的学生分别选择了"一般"和"比较符合",表明该水平学生的复述策略处于一般偏下水平,综合得知该水平中学生的复述策略的能力处于一般水平。分别有 30.98％、50.48％的学生对于加工组织策略选择了"不太符合"和"一般",说明大多数学生不能经常归纳学过的知识。对课后及时复习来说,有 53.13％、8.61％的学生分别选择了"一般"和"比较符合"。总的来说,该水平学生的认知策略水平较低。在资源管理方面,分别有 53.94％、16.04％的学生在时间管理策略上选择了"一般"和"比较符合",说明大部分的第四水平学生不能合理安排学习和课余时间。分别有 44.44％、20.01％的学生在物力资源利用策略上选择了"一般"和"比较符合",说明大部分的第四水平学生不善于利用各种途径查找学习资料。分别有26.49％、45.33％的学生在人力资源利用策略上选择了"不太符合"和"一般",说明该水平学生遇到不懂的问题不善于向老师或者同学求助。综合来看,该水平学生对于学习策略的应用能力较差,极不善于采用元认知策略,对于认知策略的采用能力也较差,资源管理策略也呈现出较差的应用状况。

⑦学业成就

初中生学习效能第四水平在学业成就维度的表现如图 4-54 所示：

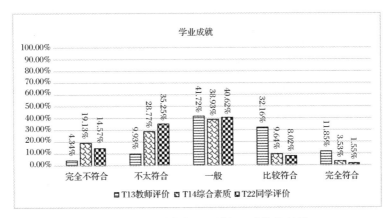

图 4-54　学业成就各题项选择百分比柱状图

　　由图 4-54 可知,第四水平学生学业成就各题项选择百分比所占最大比重仍为"一般"选项,表明该水平学生对自己的学业成就的感知能力较弱。具体来看,86.83％的学生的综合素质处于一般及以下水平,认为自己的分数排名、获奖情况处于一般水平或稍微偏上,觉得自己的学习成绩一般或者偏上,说明该水平学生的客观成绩水平处于一般偏上水平;分别有41.72％、32.16％和11.85％的学生在教师评价这一维度上选择"一般""比较符合"和"完全符合",说明该水平绝大多数学生认为自己在老师心中不是一个好学生;分别有14.57％、35.25％和40.62％的同学在同学评价方面选择"完全不符合""不太符合""一般",说明该水平绝大多数学生认为自己在同学心中学习成绩不好。总的来说,该水平学生的学业成就极差,认为教师对自己的学业印象较差,自身对于学业成就的评价和同学成绩评价的感知也处于极差的状态。

　　(9)初中生学习效能第五水平整体说明

表 4-20　初中生学习效能第五水平整体表现

变量	第五水平初中生学习效能状况		排序
	平均分	标准差	
学习效能均分总分	18.65	2.26	
学习态度	2.59	0.51	5
学习动机	2.89	0.67	2
学习期望	2.85	0.56	3
学习环境	3.12	0.68	1
学习能力	2.61	0.59	4
学习策略	2.18	0.52	7
学业成就	2.42	0.85	6

由表 4-20 可知,初中生第五水平学生的学习效能与总体相比相差较大,在各个维度上的表现差别比较明显。从相应的影响因素来看,学习环境、学习动机、学习期望对该水平学生的影响最大,其次是学习能力、学习态度和学业成就对该水平学业也产生了一定程度的影响,不过与前面几个因素相比,这几个因素的影响相对较小。而学习策略在该水平学生中产生的影响最小。

(10)初中生学习效能第五水平各维度表现

第五水平共 607 个样本,占样本总数的 12.75%,其中心点均值为 2.58,为学习效能最低的一簇。

①学习态度

初中生学习效能第五水平在学习态度维度的表现如图 4-55 所示:

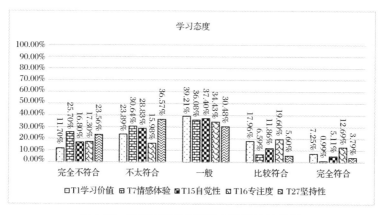

图 4-55　学习态度各题项选择百分比柱状图

由图 4-55 可知,第五水平初中生学习态度各题项选择百分比所占比重集中于"完全不符合""不太符合"和"一般"三个选项上,说明该水平初中生对自己的学习态度感知能力较强。学习态度包括认知水平(学习的价值)、情感体验(爱、憎、快乐、积极)、行为倾向(专注度、自觉性和学习过程的坚持性)。第五水平初中生的认知水平体现为"只有好好学习,我才能得到更好的发展/我才能快乐成长"的判断,23.89% 和 39.21% 的学生分别选择了"不太符合"和"一般",说明 63.10% 的初中生的认知水平处于一般水平之下,反映出该水平学生大多数没有认识到学习的价值;在情感体验上,体现为"我觉得学习是一件有意义的事/有趣的事"的选择上,25.70%、30.64%、36.08% 的学生分别选择了"完全不符合""不太符合"和"一般",三者相加,92.42% 的学生在情感体验上都选择了"一般"及以下,说明该水平大部分学生在学习中有很强的消极情绪;在行为倾向上,分别有 83.03%、67.71%、90.61% 的学生在自觉性、专注度和学习过程的坚持性上选择了"一般""不太符合""完全不符合",说明他们在学习过程中不能很好地调动学习的主观能动性,专注度不高,比较容易受到外界的干扰,不能很好地克服学习中遇到的困难,其学习的坚持性较弱。总的来说,该水平学生具有较差的学习态度。

②学习动机

初中生学习效能第五水平在学习动机维度的表现如图 4-56 所示：

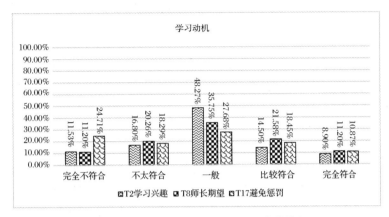

图 4-56 学习动机各题项选择百分比柱状图

由图 4-56 可知,第五水平初中生学习动机各题项选择百分比所占比重呈正态分布,集中于"一般"这一选项上,说明该水平初中生对自己的学习动机的感知能力较弱。初中生的学习动机,包括内部动机(兴趣性、求知欲)和外部动机(师长期望、避免惩罚)两方面。学习的内部动机体现为"我渴望学到更多的知识",16.80%和 48.27%的第五水平初中学生选择了"不太符合"和"一般",二者相加,65.07%的学生在内部动机上低于平均水平,即一半以上的第五水平初中学生内部动机不高,说明该水平初中生在学习方面具有较低的兴趣性和较弱的求知欲;在外部动机方面,师长期望体现为"我学习是为了不辜负父母或老师的期望"的选择,避免惩罚体现为"如果我不好好学习,就会受到老师或父母的责备"的判断,分别有 77.59%、64.42%的第五水平学生在师长期望和避免惩罚上选择了"不太符合""一般""比较符合",说明多数学生在学习中既不是为了师长期望也不是为了避免惩罚。总体上反映出该水平学生具有较低的学习动机。

③学习期望

初中生学习效能第五水平在学习期望维度的表现如图 4-57 所示：

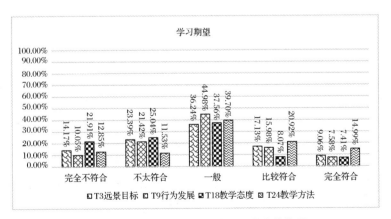

图 4-57 学习期望各题项选择百分比柱状图

　　由图 4-57 可知,第五水平初中生学习期望各题项选择百分比所占比重呈正态分布,集中于"一般"这一选项,说明该水平初中生对自己的学习期望的感知能力较弱。初中生的学习期望包括自我期望(远景目标、行为发展)和对教师的期望(教学态度和教学方法)两方面。在自我期望方面,初中生的远景目标体现为"我学习是为了考上理想的学校"的判断,第五水平学生在"完全不符合""不太符合"和"一般"上所选百分比分别为 14.17%、23.39% 和 36.24%,三者相加为 73.80%,说明绝大部分初中生的远景目标不明晰;行为发展体现为"我希望通过学习,变得更有修养"的判断,第五水平学生在"完全不符合""不太符合"和"一般"上所选百分比分别为 10.05%、21.42% 和 44.98%,三者相加为 76.45%,说明绝大部分第五水平学生行为发展水平不高,总的来说,第五水平学生自我期望水平较低。在对教师的期望上,教学态度体现为"我希望老师上课时更关注我",第五水平学生在"完全不符合""不太符合"和"一般"上所选百分比分别为 21.91%、25.04% 和 37.56%,三者相加即 84.51%,说明绝大部分第五水平学生对老师的教学态度不满意;教学方法体现为"我觉得老师的教学方法不够灵活"的评价,第五水平学生在"一般""比较符合"和"完全符合"上所选百分比分别为 39.70%、20.92% 和 14.99%,三者相加得 75.61%,即绝大多数第五水平学生对老师的教学方法不满意。总的来说,该水平学生学习期望不高,但是对教师的期望却较高,特别是大部分学生都希望教师改进教学方法。

　　④学习环境

　　初中生学习效能第五水平在学习环境维度的表现如图 4-58 所示:

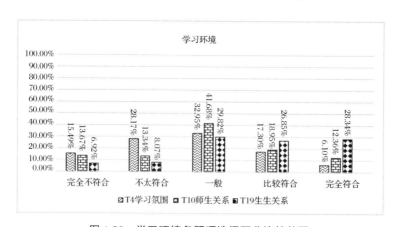

图 4-58　学习环境各题项选择百分比柱状图

　　由图 4-58 可知,第五水平初中生学习环境各题项选择百分比所占比重分布较为均匀,说明该水平初中生对自己的学习环境的感知能力处于中等水平。初中生的学习环境包括物理环境(学习氛围)和人际环境(师生关系、生生关系)。物理环境上,学习氛围体现为"我们班上的学习氛围非常好"的评价,第五水平学生在"完全不符合""不太符合"和"一般"上所选百分比分别为 15.49%、28.17% 和 32.95%,三者相加得 76.61%,即绝大多数第五水平学生认为班里的学习氛围不好。人际环境上,师生关系体现为"老师不太喜欢我"的判断,第五水平学生在"一般""比较符合"和"完全符合"所选百分比分别为 41.68%、18.95% 和 12.36%,三者相加得 72.99%,即第五水平学生师生关系较为恰当;生生关系体现为"我和同学们相处得很融洽"

的判断,第五水平学生在"比较符合"和"完全符合"上所选百分比分别为 26.85％和 28.34％,相加得 55.19％,说明第五水平学生的同学间关系融洽。总的来说,虽然大部分学生所处的学习氛围不太好,但是他们的师生关系和生生关系较好。

⑤学习能力

初中生学习效能第五水平在学习能力维度的表现如图 4-59 所示:

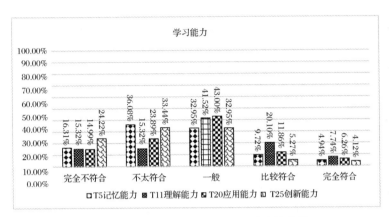

图 4-59　学习能力各题项选择百分比柱状图

由图 4-59 可知,第五水平初中生学习能力各题项选择百分比所占比重集中于"完全不符合""不太符合"和"一般"三个选项上,说明该水平初中生对自己的学习能力的感知能力较强。初中生学习能力包括基本能力(记忆能力、理解能力和应用能力)和创新能力(创新思维)两方面。在基本能力方面,记忆能力体现为"对于老师要求背诵的内容,我很快就能记住"的判断,第五水平学生在"完全不符合""不太符合"和"一般"选项上所选百分比分别为 16.31％、36.08％和 32.95％,三者相加为 85.34％,即第五水平学生的记忆能力较差;理解能力体现为"对于所学内容,我很快就能理解"的选择,第五水平学生在"完全不符合""不太符合"和"一般"上所选百分比分别为 15.32％、15.32％和 41.52％,三者相加得 72.16％,即第五水平学生的理解能力较差;应用能力体现为"我能够用所学的知识解决学习或生活中的问题"的判断,第五水平学生在"完全不符合""不太符合"和"一般"上所选百分比分别为 14.99％、23.89％和 43.00％,三者相加得 81.88％,即第五水平中学生的应用能力较差。在创新能力方面,创新思维体现为"我经常采用新颖的方法解决问题"的选择,第五水平学生在"完全不符合""不太符合"和"一般"上所选百分比分别为 24.22％、33.44％和 32.95％,三者相加得 90.61％,即第五水平学生的创新思维的水平较低。总的来说,该水平学生学习能力较差,无论是基本能力还是创新能力都低于平均水平。

⑥学习策略

初中生学习效能第五水平在学习策略维度的表现如图 4-60 所示:

由图 4-60 可知,第五水平初中生学习策略各题项选择百分比所占比重集中于"完全不符合""不太符合"和"一般"三个选项上,说明该水平初中生对自己的学习策略感知能力较强。具体而言,初中生的学习策略包括元认知策略(计划策略、监控策略)、认知策略(复述策略、加工组织策略)、资源管理策略(时间管理、物力资源利用和人力资源利用)。在元认知策略上,

计划策略体现为"我每学期都能制定完整的计划"的选择,第五水平初中生中,43.49%、34.93%和19.28%的学生分别选择"完全不符合""不太符合"和"一般",三者相加得97.70%,即第五水平学生没有较好的学习计划策略;监控策略体现为"我经常反思自己的学习方法或学习习惯"的评价,25.86%、36.08%和29.65%的学生分别选择"完全不符合""不太符合"和"一般",三者相加得91.59%,即第五水平学生的监控策略水平较低。在认知策略上,复述策略体现为"课上我能认真记笔记"和"课后我能及时复习",前者有19.28%、27.35%和34.76%的学生分别选择"完全不符合""不太符合"和"一般",三者相加为81.39%,后者有35.42%、39.04%和21.75%的学生分别选择"完全不符合""不太符合"和"一般",三者相加得96.21%,即第五水平学生的复述策略水平较低;加工组织策略体现为"我会经常归纳学过的知识",该水平学生中有31.63%、38.39%和25.21%分别选择"完全不符合""不太符合"和"一般",三者相加得95.23%,即第五水平学生加工组织策略的能力较弱。资源管理策略上,时间管理体现为"我能合理安排学习时间和课余时间",该水平学生有23.56%、34.10%和33.61%分别选择"完全不符合""不太符合"和"一般",三者相加得91.27%,即第五水平学生时间管理能力较差;物力资源利用策略体现为"我经常通过各种途径查找学习资料"的判断,该水平学生有25.86%、34.43%和29.49%分别选择"完全不符合""不太符合"和"一般",三者相加得89.78%,即第五水平学生物力资源利用能力较差;人力资源利用策略体现为"遇到不懂的问题,我经常向老师或同学求助"的选择,该水平学生有27.18%、35.26%和29.32%分别选择"完全不符合""不太符合"和"一般",三者相加得91.76%,即该水平学生的人力资源利用能力较差。总的来说,该水平学生不太会使用学习策略,学习策略水平非常低。

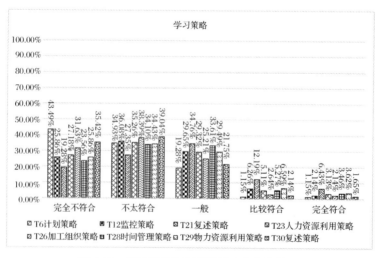

图 4-60　学习策略各题项选择百分比柱状图

⑦学业成就

初中生学习效能第五水平在学业成就维度的表现如图 4-61 所示:

由图 4-61 可知,第五水平中学生在学业成就这个维度上各题项选择百分比侧重于"完全不符合""不太符合"和"一般"三个选项中。具体来看,综合素质体现为"我觉得自己学习成绩不好",32.45%,22.90%和28.17%的学生分别选择"完全不符合""不太符合"和"一般",三者相加,83.52%的学生学习成绩在一般及以下水平,即第五水平学生在分数排名和获奖情况表现得较差。在他人评价方面,体现为"在老师心目中我是一个后进生"和"同学们认为我学习好",前者有 39.70%、18.95% 和 10.38% 的学生分别选择"一般""比较符合"和"完全符合",三者相加得 69.03%,大部分的第五水平学生认为自己在教师心中不是一个好学生;后者有 40.53%、31.47% 和 21.90% 的学生分别选择"完全不符合""不太符合"和"一般",三者相加得 93.90%,即第五水平学生的同学评价方面良好。总的来说,该水平学生的学业成就很低。

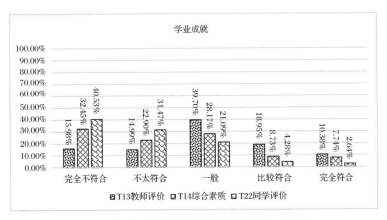

图 4-61　学业成就各题项选择百分比柱状图

(二)初中生学习效能的特征

参照第四章中对于小学生学习效能突出特征的分析理念和方法,本研究也从学习效能的七个要素来确定不同水平学生的突出特征。同样的,在方法上,首先通过将每一水平的学生学习效能七个因素的状况与初中生总体学习效能七个因素的状况进行比较,以找到该水平与总体水平不一样的地方;其次,将五个水平和总体放在同一框架内进一步进行比较,以期找到不同水平学习效能的突出特征。

1.初中生学习效能第一水平特征分析

第一学习效能水平的初中生与总体初中生的学习效能状况进行了比较,结果如表 4-21 和图 4-62 所示。

由表 4-21 和图 4-62 可知,相对于总体初中生而言,第一学习效能水平初中生的学习效能整体上要优于总体初中生水平,其学习效能得分比总体高 5.58,在各个维度上的表现也都高于总体初中生水平。比较突出的是,第一学习效能水平的初中生的学习策略比总体平均分高了 1.14,其表现也最为突出,说明该维度对学生的学习效能影响最大。其次是学习态度比总体均分也高了 0.96,表明它对学习效能产生的影响也较为明显。再次是学习能力和学业成就,比总体高了 0.91,说明它们在很大程度上促进了学习效能的发挥。但处于该水平的学习动机维度的表现仅比总体均分高了 0.23,可以推断出,它对学习效能的影响最微弱。总体来说,学习策略、学习态度、学习能力是该水平学生高学习效能水平发挥的重要因素。

表 4-21 初中生学习效能第一水平表现

变量	初中生总体学习效能状况		第一学习效能水平 初中生学习效能状况	
	平均分	标准差	平均分	标准差
学习效能均分总分	24.42	3.86	30.00	1.67
学习态度	3.61	0.74	4.57	0.35
学习动机	3.08	0.64	3.31	0.63
学习期望	3.82	0.69	4.46	0.47
学习环境	3.81	0.74	4.60	0.43
学习能力	3.48	0.73	4.39	0.44
学习策略	3.36	0.84	4.50	0.38
学业成就	3.26	0.91	4.17	0.63

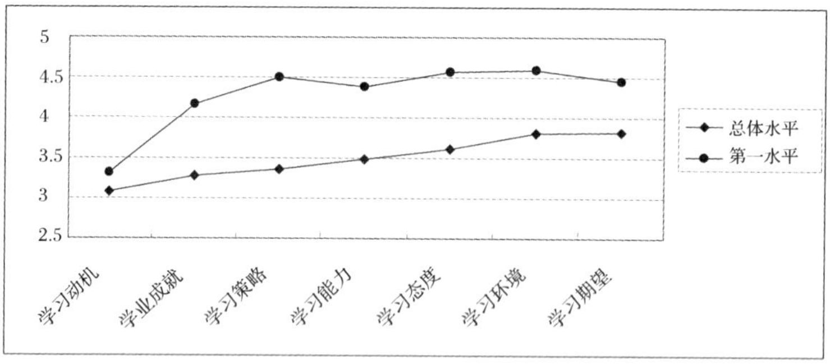

图 4-62　初中生学习效能第一水平表现

2.初中生学习效能第二水平特征分析

第二学习效能水平的初中生与总体初中生的学习效能进行的比较分析如表 4-22 和图 4-63 所示：

由表 4-22 和图 4-63 可知，第二学习效能水平的初中生虽然略高于总体学生的学习效能，但其效能表现与总体比较接近。具体来看，首先，学生在学业成就上的均分高于总体 0.47，成为最显著地影响学习效能发挥的因素。其次，学习动机和学习环境的平均分要分别高于总体 0.22 和 0.20，成为较为明显地影响学习效能的因素。再次，该水平学生在学习态度、学习期望等维度上的表现虽然略高于总体，但与总体表现较为一致。

表 4-22　初中生学习效能第二水平表现

变量	初中生总体学习效能状况		第二学习效能水平 初中生学习效能状况	
	平均分	标准差	平均分	标准差
学习效能均分总分	24.42	3.86	25.77	1.43
学习态度	3.61	0.74	3.80	0.42
学习动机	3.08	0.64	3.30	0.61
学习期望	3.82	0.69	3.92	0.50
学习环境	3.81	0.74	4.01	0.52
学习能力	3.48	0.73	3.61	0.46
学习策略	3.36	0.84	3.40	0.39
学业成就	3.26	0.91	3.73	0.58

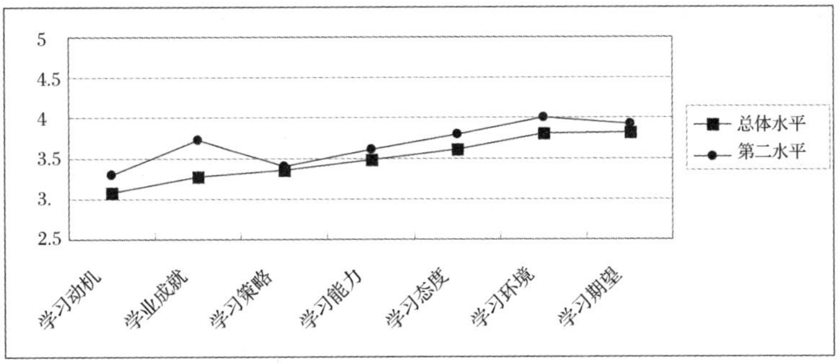

图 4-63　初中生学习效能第二水平表现

3.初中生学习效能第三水平特征分析

第三学习效能水平的初中生与总体学生的学习效能进行的比较分析如表 4-23 和图 4-64 所示：

由表 4-27 和图 4-64 可知,第三学习效能水平的初中生除学习策略维度明显高于总体外,其他各维度的表现与总体学生的学习效能表现比较接近。具体来说,该水平学生在学习策略维度上得分最高,比总体高了 0.54,显著优于总体水平,说明处于该水平的学生群体比总体学生要善于使用各类学习策略。略高于总体的是学习能力、学习态度、学习环境维度,它们的均分略高于总体。但学习动机维度较总体得分低了 0.24,学业成就也比总体得分低了 0.29,一定程度上反映了学生的学习动机会直接影响到学生的学习效能表现。学习环境、学习能力维度的表现与总体较为接近。

表 4-23　初中生学习效能第三水平表现

变量	初中生总体学习效能状况		第三学习效能水平 初中生学习效能状况	
	平均分	标准差	平均分	标准差
学习效能均分总分	24.42	3.86	25.15	1.69
学习态度	3.61	0.74	3.84	0.42
学习动机	3.08	0.64	2.84	0.54
学习期望	3.82	0.69	4.06	0.51
学习环境	3.81	0.74	3.88	0.61
学习能力	3.48	0.73	3.64	0.50
学习策略	3.36	0.84	3.90	0.44
学业成就	3.26	0.91	2.97	0.71

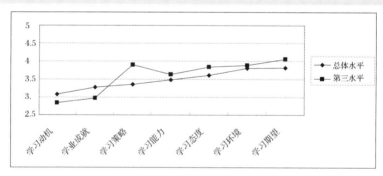

图 4-64　初中生学习效能第三水平表现

4.初中生学习效能第四水平特征分析

初中生第四水平学习效能与总体学习效能进行的比较分析如表 4-24 和图 4-65 所示：

由表 4-24 和图 4-65 可知，第四学习效能水平的初中生与总体效能均分相差 2.53，无论是效能偏低的程度还是表现的效能模式，都低于总体初中生的学习效能表现。具体来说，主要反映为学习策略、学业成就、学习态度三个维度都低于总体水平，仅在学习动机、学习期望维度的表现与总体水平相当。

表 4-24　初中生学习效能第四水平表现

变量	初中生总体学习效能状况		第四学习效能水平初中生学习效能状况	
	平均分	标准差	平均分	标准差
学习效能均分总分	24.42	3.86	21.89	1.44
学习态度	3.61	0.74	3.19	0.43
学习动机	3.08	0.64	2.95	0.59
学习期望	3.82	0.69	3.61	0.51
学习环境	3.81	0.74	3.42	0.59
学习能力	3.48	0.73	3.09	0.48
学习策略	3.36	0.84	2.86	0.39
学业成就	3.26	0.91	2.78	0.66

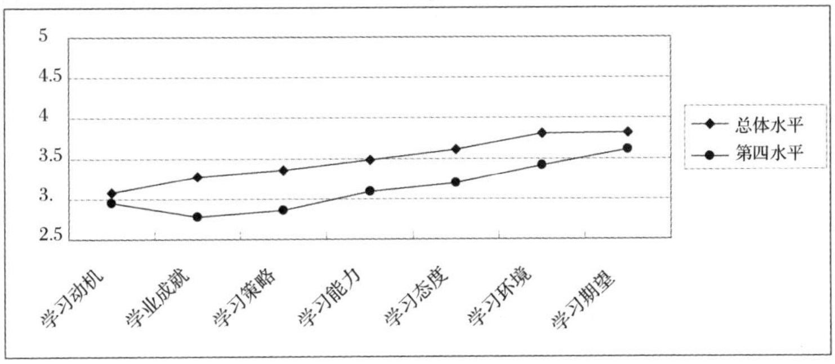

图 4-65　初中生学习效能第四水平表现

5.初中生学习效能第五水平特征分析

第五学习效能水平初中生与总体初中生的学习效能状况进行了比较,结果如表 4-25 和图 4-66 所示:

从表 4-25 和图 4-66 中可以看出,第五学习效能水平的初中生在各个维度上的表现均落后于总体水平,与总体之间的均分总分相差达 5.77。具体来说,第五学习效能水平的初中生在学习动机上与总体学生较为接近,是所有维度中表现最为突出的,仅比总体均分低了 0.19。除此之外,学生在学习策略、学习态度、学习期望的表现相比总体均分分别低了 1.18、1.02 和 0.97,在其他维度的表现也低于总体水平,反映出处于该水平的初中生不善于使用各类学习策略,对待学习的态度和学习期望也可能存在一些问题。总的来说,该水平学生的表现可能

 更多地受到学习策略运用水平以及自身学习态度、学习期望这些因素的影响。

表4-25 初中生学习效能第五水平表现

变量	初中生总体学习效能状况		第五学习效能水平 初中生学习效能状况	
	平均分	标准差	平均分	标准差
学习效能均分总分	24.42	3.86	18.65	2.26
学习态度	3.61	0.74	2.59	0.51
学习动机	3.08	0.64	2.89	0.67
学习期望	3.82	0.69	2.85	0.56
学习环境	3.81	0.74	3.12	0.68
学习能力	3.48	0.73	2.61	0.59
学习策略	3.36	0.84	2.18	0.52
学业成就	3.26	0.91	2.42	0.85

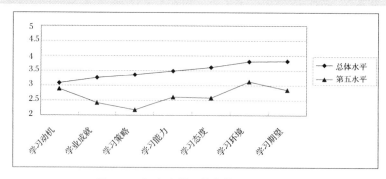

图4-66 初中生学习效能第五水平表现

6.五种学习效能水平初中生的学习效能状况分析

为了更为清楚地分析第一、第二、第三、第四、第五水平初中生与总体初中学生学习效能之间的差异状况,我们将五者融合在图表中,以便更为直观地观察其差异状况。

表 4-26　初中生学习效能总体表现

初中生学习效能水平总体状况						
	总体水平	第一水平	第二水平	第三水平	第四水平	第五水平
学习效能均分总分	24.42	30.00	25.77	25.15	21.89	18.65
学习态度	3.61	4.57	3.80	3.84	3.19	2.59
学习动机	3.08	3.31	3.30	2.84	2.95	2.89
学习期望	3.82	4.46	3.92	4.06	3.61	2.85
学习环境	3.81	4.60	4.01	3.88	3.42	3.12
学习能力	3.48	4.39	3.61	3.64	3.09	2.61
学习策略	3.36	4.50	3.40	3.90	2.86	2.18
学业成就	3.26	4.17	3.73	2.97	2.78	2.42

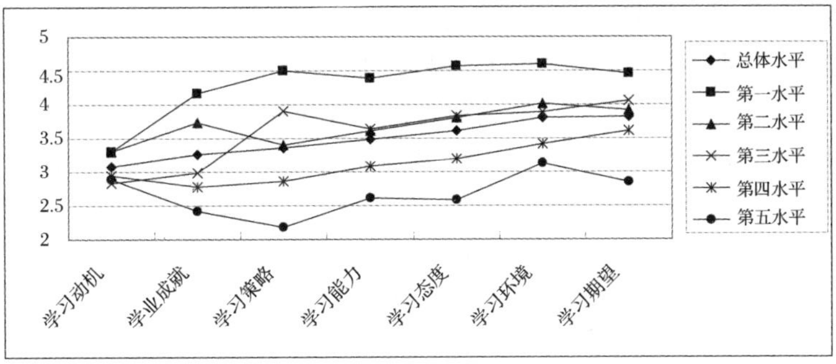

图 4-67　初中生学习效能各水平表现

　　由图表 4-26 和图 4-67 可以看出，以总体学习效能水平为参照，初中生的学习效能可以划分为五个水平。其中，第一学习效能水平、第二学习效能水平、第三学习效能水平的学生得分普遍高于总体水平，第四学习效能水平和第五学习效能水平的学生得分普遍低于总体水平。具体来看，五个学习效能水平的学生在影响学习效能的七个要素上的表现又各有不同。

　　（1）第一水平——效能全能型

　　从表 4-26 和图 4-67 中可以看出，学习效能第一水平的群体，在七个因素指标上均有着出色的表现，其中尤其以在学习策略和学习态度上的表现最突出。可以看出，学习策略的良好运用水平和较好的学习态度是学生高学习效能的重要标志。对于该水平的学生而言，其较高的记忆能力、理解能力、应用能力和创新能力，为其高水平的学习效能提高了基础，能够根据自己的实际情况选择适合自己的学习策略，对自身和教师均抱有较高的期望，认为学习对自己而言有重要价值，并能在学习上表现出较高的专注度、自觉性和坚持性，且有着非常强烈的

学习动机,并与周围的环境有着较高的契合度,其学业成就的表现也处在最高水平,因而该水平的学生基本上属于学习效能全能型学生。

(2)第二水平——情感驱动型

从表4-26和图4-67中可以看出,对于该水平的学生而言,其基本的学习策略和学习能力与总体的差异不是很大,其学习期望也与总体状况几近重合,但是让人诧异的是,该水平的学生却有着较高水平的学业成就。究其原因,是其学习动机、学习态度要显著高于总体状况,更关键的是,该水平的学生认为学习对自己而言有着重要的意义,能够自觉地投入自身的学习,并表现出较高的专注度和坚持性,且感受学习带给自己的快乐。该水平的学生渴求能够得到更多的知识,并期望得到师长的赏识,而不愿意遭受不该有的责备,再加上他们能够处理好自己所处的师生关系和人际关系,以及良好的班级学习氛围,这使得该水平的学生能够取得较高水平的学业成就。此外,可以判断出,积极主动的学习动机和良好的学习环境有助于取得好的学业成就,好的学业成就可能有利于激发学生的学习动机,继而循环式地促进学习效能的提升。但需要注意的是这些都源于其内在动机和态度等情感因素的驱动,因而该水平的学生可以归为情感驱动型。

(3)第三水平——动机缺失型

从表4-26和图4-67中可以看出,处于第三水平学习效能的学生,其学习策略要远远高于总体水平。这意味着该水平的学生善于利用自己身边的物力和人力资源,也能够较好地对自己的学习时间进行恰当的管理。在学习规划上,能够对自己的学习进行好的计划和监控,对于不同的学习内容也能够采用恰当的复述策略和加工组织策略。就其基本的学习能力和创新能力而言,也具有高于总体的水平,其学习态度也较为端正,对教师的教学和自己有着一定的期望,也能和周围的环境融为一体。但是需要重视的是,对于该水平的学生而言,其学习动机要显著低于总体水平,这意味着即使他们具有策略方面的超常优势,但是其内在学习的源泉是枯竭的,没有内在强烈学习动机的支撑,以上的优势都不足以使其具有较高的学习效能水平。因而该水平学生的突出特征表现为动机匮乏。

(4)第四水平——策略匮乏型

从表4-26和图4-67中可以看出,该水平学生的学习动机略低于总体,但是要高于第三水平学生,其学习能力、态度、期望以及对学习环境的感知均要低于总体水平,尤其是该水平学生的学习策略,更是显著低于总体水平。这意味着,对于该水平的学生而言,他们具有一定的内在学习动机,但是其基本的学习能力,比如记忆能力、理解能力、应用能力和创新思维在一定程度上无法满足学习对其的要求。这种内在需求与自身外在条件的不匹配,带来的是其较差的学习态度,对教师和自身期望的降低,以及对周围环境的不适应。更重要的是,该水平的学生无法针对自身的情况选择适合自己的学习策略,这表现为在7个学习效能指标中其学习策略得分较低,这进一步反映在其较低的学业成就上,因而该水平的学生突出的特征表现为策略匮乏。

(5)第五水平——效能失调型

从表4-26和图4-67中可以看出,对于第五水平的学生而言,除学习动机外,其他6个因素均低于前四个水平,对于其突出特征描述,最好从内在7个因素的相互比较中得出。在其内部的学习效能7个因素中,其得分模式表现出很大的不规律性或失调性,即在情感因素上,其学习动机与第四水平不相上下,甚至略高于第三水平,对周围的学习环境也有一定融入度,但是学习态度和学习期望又表现极差。数据表明该水平学生具有一定的学习能力,但是其对学习策略的应用又处于最低谷。这在一定程度上意味着对于该水平的学生而言,其学习效能的绝大多数因素处于效能水平的最低处,且相对而言,其内在的学习效能因子之间也表现出非常大的不协调性。因而对于该水平的学生而言,其突出特征为内在学习效能各因子的失调,可归为效能失调型。

(三)初中生学习效能的影响因素

为了对初中生学习效能进行深度刻画,围绕城乡区域、地域、学校类型、学业成就、性别、年级六个背景因素,对初中生学习效能进行了系统分析。

1.学习效能与城乡区域

以城市、县城和农村三个区域为背景因素,对初中生的学习效能进行分析,目的是揭示学习效能与城乡区域之间的关系,具体结果如下表 4-27 所示:

表 4-27　初中生学习效能各维度的城乡差异

变量	区域	平均分	标准差	F 值	事后检验
学习效能	城市	106.19	17.42	23.46**	1>(2)3**
	县城	102.49	15.57		
	农村	102.79	18.52		
学习态度	城市	18.25	3.69	7.03*	1>(2)3*
	县城	17.93	3.37		
	农村	17.82	3.80		
学习动机	城市	9.23	1.92	5.92*	(1)3>2*
	县城	9.04	1.92		
	农村	9.35	1.93		
学习期望	城市	15.35	2.79	6.23*	(1)2>3*
	县城	15.40	2.55		
	农村	15.06	2.78		
学习环境	城市	11.61	2.22	16.71**	1>(2)3**
	县城	11.21	1.95		
	农村	11.25	2.28		

 学业负担论纲

续表

变量	区域	平均分	标准差	F 值	事后检验
学习能力	城市	14.32	2.90	57.70**	1>(2)3**
	县城	13.31	2.60		
	农村	13.47	3.00		
学习策略	城市	27.46	6.57	19.56**	1>(2)3**
	县城	26.39	6.37		
	农村	26.20	6.94		
学业成就	城市	9.98	2.77	22.89**	1>3>2**
	县城	9.21	2.50		
	农村	9.65	2.70		

注：* 表示 $P<0.05$，表示差异显著；** 表示 $P<0.01$，表示差异非常显著；*** 表示 $P<0.001$，表示差异极其显著。

从表 4-27 可知，就整体而言，初中生的学习效能差异非常显著。城市初中生的学习效能显著优于县城和农村初中生，而农村初中生表现的学习效能又略高于县城初中生。具体来说，在学习环境、学习能力、学习策略和学业成就几个维度上，城市初中生的表现好于县城和农村初中生，且差异非常显著；而县城初中生在学习期望上整体高于城市和农村初中生，但在学业成就上，县城初中生却表现出最低水平，这可能源于农村学生的学习能力略高于县城学生，因此造成了他们学业成就表现的差异。而在学习动机、学习环境、学习能力及学业成就上，农村初中生的表现好于县城初中生，即县城初中生处于比较低的水平。

2.学习效能与东、中、西部地区

为了描述初中生学习效能的区域差异，我们以东部、中部和西部三个区域为参照，对学习效能与区域之间的关系进行分析。

表 4-28 初中生学习效能与区域差异

变量	区域	平均分	标准差	F 值	事后检验
学习效能	东部	107.33	18.14	71.41**	1>2>3*
	中部	103.37	16.63		
	西部	100.79	16.37		

続表

变量	区域	平均分	标准差	F 值	事后检验
学习态度	东部	18.48	3.81	34.02**	1>(2)3*
	中部	17.69	3.59		
	西部	17.58	3.46		
学习动机	东部	9.32	1.93	4.85*	1>3*
	中部	9.16	1.94		
	西部	9.14	1.91		
学习期望	东部	15.46	2.79	16.85**	(1)2>3*
	中部	15.28	2.62		
	西部	14.95	2.73		
学习环境	东部	11.73	2.26	57.48**	1>2>3*
	中部	11.44	2.14		
	西部	10.98	2.08		
学习能力	东部	14.32	3.00	61.92**	1>2>3**
	中部	13.79	2.88		
	西部	13.30	2.70		
学习策略	东部	27.90	6.79	63.32**	1>2>3*
	中部	26.36	6.28		
	西部	25.57	6.42		
学业成就	东部	10.11	2.78	49.76**	1>2>3*
	中部	9.65	2.74		
	西部	9.26	2.54		

注：* 表示 $P<0.05$，表示差异显著；** 表示 $P<0.01$，表示差异非常显著；*** 表示 $P<0.001$，表示差异极其显著。

由表 4-28 可知,东、中、西部的初中生在学习效能上存在着显著差异,即东部地区的学生在学习效能上明显优于中部和西部的学生,而中部地区学生的学习效能又优于西部,三类区域的学习效能表现出阶梯式差异特征。具体表现来看,东部地区学生的学习效能在各个维度的表现几乎都明显高于中部和西部地区,中部地区学习效能的表现又高于西部地区,除去学习动机维度中中部、西部地区差异不显著外,在其他各个维度的表现都具有显著差异。

3.学习效能与学校类型

生活在不同类型学校的初中生与学习效能之间有何关系?为了揭示这一点,我们通过对示范学校和普通学校的对比分析,对学校类型与学习效能之间的关系进行揭示。

表 4-29　初中生学习效能与学校类型差异

变量	学校类型	平均分	标准差	t 值
学习效能	示范	106	17.01	3.63**
	普通	104	17.88	
学习态度	示范	18.18	3.62	1.25
	普通	18.03	3.72	
学习动机	示范	9.3	1.94	2.03*
	普通	9.2	1.92	
学习期望	示范	15.35	2.68	1.45
	普通	15.22	2.80	
学习环境	示范	11.64	2.19	4.19**
	普通	11.35	2.21	
学习能力	示范	14.2	2.87	4.73**
	普通	13.78	2.94	
学习策略	示范	27.34	6.47	2.97*
	普通	26.72	6.78	
学业成就	示范	9.95	2.62	3.09*
	普通	9.69	2.77	

注:* 表示 $P < 0.05$,表示差异显著;** 表示 $P < 0.01$,表示差异非常显著;*** 表示 $P < 0.001$,表示差异极其显著。

由表 4-29 可知,示范学校和普通学校的学习效能存在非常显著的差异,示范学校的学习效能要高于普通学校。具体来看,示范学校在学习动机、学习环境、学习能力、学习策略以及学业成就的表现显著优于普通学校。总体来看,示范学校学生整体的学习效能要优于普通学校。

4.学习效能与学业成就（或评价）

根据学业成就的得分,将学生划分为三组,分别为高学业成就组(高分组:得分在 11—15 之间)、低学业成就组(低分组:得分在 3—8 之间)、中间学业成就组(中间组:得分在 9—10 之间)。

表 4-30　初中生学习效能与学业成就差异

变量	区域	平均分	标准差	F 值	事后检验
学习效能	高分组	116.61	14.59	1366**	1>2>3**
	中间组	102.24	12.67		
	低分组	91.31	14.59		
学习态度	高分组	20.04	3.28	694.51**	1>2>3**
	中间组	17.70	3.10		
	低分组	15.87	3.34		
学习动机	高分组	9.63	1.90	98.82**	1>2>3**
	中间组	9.26	1.85		
	低分组	8.71	1.91		
学习期望	高分组	16.20	2.56	231.99**	1>2>3*
	中间组	15.04	2.50		
	低分组	14.25	2.86		
学习环境	高分组	12.42	1.94	428.30**	1>2>3**
	中间组	11.22	1.98		
	低分组	10.38	2.20		
学习能力	高分组	15.53	2.60	717.36**	1>2>3**
	中间组	13.50	2.35		
	低分组	12.21	2.71		

续表

变量	区域	平均分	标准差	F 值	事后检验
学习策略	高分组	30.36	6.07	596.22**	1>2>3**
	中间组	26.01	5.54		
	低分组	23.31	6.27		
学业成就	高分组	12.41	1.35	9480**	1>2>3**
	中间组	9.51	0.50		
	低分组	6.58	1.50		

注：* 表示 $P<0.05$，表示差异显著；** 表示 $P<0.01$，表示差异非常显著；*** 表示 $P<0.001$，表示差异极其显著。

由表 4-30 可知，高分组、中间组、低分组学生的学习效能间存在非常显著的差异，体现为无论从整体的学习效能来看，还是从其涵盖的不同维度来看，高分组的初中生都优于中间组和低分组，并与低分组的差距较大；中间组的整体学习效能及各维度表现也与低分组间呈现显著的差异，即中间组的学习效能明显好于低分组。其他各个维度上的表现亦是如此，这说明低分组学生的学习效能最低。

5.学习效能与性别

不同性别之间的学生在学习效能上会有什么样的差异？为了揭示这一点，我们以男生和女生为两个基本维度，对性别与学习效能的关系进行深度描述，研究结果如下：

由表 4-31 可知，男女生的学习效能存在着非常显著的差异，即女生的学习效能要显著好于男生。无论是从学习效能的整体水平，还是从学习效能的各个维度上来看，女生在初中阶段表现的学习效能都明显高于男生。除去在学习能力维度，男女生的平均分比较接近，没有明显的差异外，其他维度上女生的表现都要好于男生。由于学习能力是一项综合能力，涉及记忆能力、理解能力、应用能力以及创新思维能力等多元能力，男生在学习能力总体上的优势，或许能够反映出他们在能力的某些方面确实要略好于女生。

表 4-31 初中生学习效能的性别差异

变量	性别	平均分	标准差	t 值
学习效能	男	103.02	18.24	-6.08**
	女	106.02	16.86	
学习态度	男	17.82	3.81	-4.83**
	女	18.34	3.53	

变量	性别	平均分	标准差	t 值
学习动机	男	9.10	1.92	-4.65**
	女	9.36	1.92	
学习期望	男	15.02	15.51	-6.11**
	女	22.89	22.60	
学习环境	男	11.33	11.57	-3.73**
	女	12.27	12.14	
学习能力	男	13.94	13.93	0.13
	女	13.05	12.80	
学习策略	男	26.30	7.02	-6.36**
	女	27.54	7.02	
学业成就	男	9.59	9.97	-4.78**
	女	12.77	12.68	

注：* 表示 $P<0.05$，表示差异显著；** 表示 $P<0.01$，表示差异非常显著；*** 表示 $P<0.001$，表示差异极其显著。

6.学习效能与年级

以七年级、八年级和九年级三个背景因素为基本维度，分析三个年级学生的学习效能在各维度之间的差异，目的是要揭示年级与学习效能之间的关系。

表 4-32 初中生学习效能的年级差异

变量	年级	平均分	标准差	F 值	事后检验
学习效能	七年级	108.43	17.25	69.15**	1>2>3**
	八年级	103.68	17.75		
	九年级	101.32	17.12		
学习态度	七年级	19.02	3.56	107.75**	1>2>3**
	八年级	17.95	3.69		
	九年级	17.14	3.58		
学习动机	七年级	9.28	1.973	0.56	
	八年级	9.22	1.89		
	九年级	9.22	1.90		

续表

变量	年级	平均分	标准差	F 值	事后检验
学习期望	七年级	15.76	2.70	49.18**	1>2>3**
	八年级	15.17	2.75		
	九年级	14.80	2.75		
学习环境	七年级	11.85	2.14	49.64**	1>2>3*
	八年级	11.32	2.20		
	九年级	11.10	2.23		
学习能力	七年级	14.42	2.86	50.34**	1>2>3**
	八年级	13.87	2.97		
	九年级	13.39	2.85		
学习策略	七年级	28.06	6.56	41.28**	1>2>3*
	八年级	26.56	6.85		
	九年级	26.00	6.47		
学业成就	七年级	10.03	2.67	12.48**	1>(2)3*
	八年级	9.59	2.70		
	九年级	9.66	2.79		

注：* 表示 $P<0.05$，表示差异显著；** 表示 $P<0.01$，表示差异非常显著；*** 表示 $P<0.001$，表示差异极其显著。

由表 4-32 可知，初中生三个年级的学习效能整体上差异非常显著，即七年级学生的学习效能要好于八年级学生，九年级学生的学习效能处于最低水平。具体来看，在学习态度、学习期望、学习环境、学习能力、学习策略、学业成就六个维度上，七年级要高于八年级和九年级，八年级要高于九年级。而在学习动机维度，三个年级间没有显著差异，其平均分虽然比较接近，但七年级的表现要高于八年级和九年级。在学业成就层面，八年级学生的学业成就表现处于最低水平。这从侧面反映出，随着年级的升高，学生的学习效能呈现出下降趋势，到九年级的时候，学习效能下降到了最低水平。

通过以上对初中生学习效能的总体状况的描述，可以发现初中学生学习效能水平分布的一些规律，但是囿于学习效能的复杂，因此上面的描述也会存在一定的局限性，比如对于得分相同或者相似的学生而言，相同或者相似的分数并不能完全代表其学习效能各个维度全部相同,因此为了更深入地分析和探究初中生的学习效能,本研究引入聚类分析的方法,得到相同类型学习效能的学生,以便于透彻揭示。

四、高中生的学习效能

调查结果表明,高中生的学习效能状况具有不同于小学和初中生的表现,不同学校类型、不同地域、不同学业成就等的高中生的学习效能状况具有显著差异,对此进行深入分析和探讨,以期为后续研究提供些许启示。

(一)高中生学习效能的水平

学生学习效能的水平划分是本研究的重中之重,本研究以聚类分析的结果为参照,通过计算各簇高中生学习效能的总体均分和各维度平均分来确定高中生学习效能的不同水平。因此,通过数据的分析与处理,高中生的学习效能呈现出五种不同水平,对他们学习效能各水平的表现状况进行以下分析说明。

1.高中生学习效能的水平划分

高中生学习效能的有效问卷为4284份。通过聚类分析的方法,我们将高中生的学习效能分成五簇:第一簇、第二簇、第三簇、第四簇和第五簇,这五簇数据的中心点均值分别为4.13、3.50、3.46、3.03、2.55,五簇数据对应的学习效能总分均值依次为28.59、24.94、24.02、21.56、18.52。从中可以看出,这五簇数据中心点均值的大小排列与学习效能总分均值的大小排列一致,因而,此处对于高中生学习效能水平的划分,依照各簇学习效能总分均值的大小由高到低依次排列出五个等级水平。

第一水平(最高水平),对应第一簇(中心点均值为4.13,学习效能总分均值为28.59);第二水平(较高水平),对应第二簇(中心点均值为3.50,学习效能总分均值为24.94);第三水平(中等水平),对应第三簇(中心点均值为3.46,学习效能总分均值为24.02);第四水平(较差水平),对应第四簇(中心点均值为3.03,学习效能总分均值为21.56);第五水平(最高水平),对应第五簇(中心点均值2.55,学习效能总分均值为18.52)。

高中生学习效能的第一簇有576个样本,占样本总数的13.45%,其中心点均值为4.13,为其中最高水平;高中生第二簇有944个样本,占样本总数的22.04%,其中心点均值为3.50,属于中等偏上水平;高中生第三簇有1002个样本,占样本总数的23.39%,其中心点均值为3.46,属于中等偏上水平;高中生第四簇有1274个样本,占样本总数的29.74%,其中心点均值为3.03,为中等水平;高中生第五簇共有488个样本,占样本总数的11.39%,其中心点均值为2.55,为其中最低水平。

2.高中生学习效能的整体状况分析

以学习态度、学习动机、学习期望、学习环境、学习能力、学习策略和学业成就七个维度为指标,对高中生的学习效能整体状况进行了分析。具体分析结果如表4-33所示。

表 4-33　高中生学习效能各维度表现

	平均分	标准差
学习效能均分总分	23.48	3.19
学习态度	3.34	0.65
学习动机	3.17	0.61
学习期望	3.72	0.61
学习环境	3.77	0.68
学习能力	3.18	0.62
学习策略	3.18	0.70
学业成就	3.13	0.81

　　总体来看,高中生群体的学习环境对学习效能的影响最大,这种影响既有可能体现为对学习氛围等物理环境方面,也有可能体现在师生关系、生生关系等人际环境方面。与之相比,以综合素质评价、教师评价与同学评价为主要参照点的学业成就对学习效能的影响最小。由表 4-33 还可以看出,高中生群体具有较高的学习期望,对学习效能的影响也比较大。这表明高中生已经对自己的发展目标规划和行为发展预期有较高期待,同时对教师的教学态度和教学方法也体现出较高的期待。此外,高中生还体现出较好的学习态度,这说明高中生对学习价值的认知、学习情感的投入以及学习行为的控制等具有了较高的水平。与学习环境、学习期望和学习态度相比,学习能力、学习策略和学习动机三个方面对高中生学习效能的影响相对较小。同时,学习能力、学习策略和学习动机三者之间还呈现出高度一致,基本没有什么差别,这表明元认知策略、认知策略和资源管理策略等学习策略的运用能够帮助学生形成一定的学习能力,同时也可能是较好的学习能力有助于学习策略的运用。同时,学习动机具有一定的催化剂作用,较强的学习动机能够激发学生的学习兴趣,运用一定的学习策略参与学习,最终形成较好的学习能力。

3.高中生学习效能五个等级水平的结构特征

　　以聚簇为基础,高中生的学习效能水平的确定以各簇数据的学习效能均分总分来划分,其学习效能呈现了五种不同水平,对高中生学习效能各簇的表现状况和各水平的表现状况展开分析说明如下。

(1)高中生学习效能第一水平整体说明

表4-34	高中生学习效能第一水平表现		
变量	高中生学习效能第一水平整体状况		排序
	平均分	标准差	
学习效能均分总分	28.59	1.81	
学习态度	4.25	0.43	4
学习动机	3.41	0.59	7
学习期望	4.26	0.50	2
学习环境	4.47	0.50	1
学习能力	3.99	0.50	5
学习策略	4.25	0.41	3
学业成就	3.96	0.64	6

由表4-34可知,第一水平学习效能的学生在各个维度上的表现差别比较明显。从影响因素来看,学习环境对高中生学习效能影响最大,其次是学习期望、学习策略和学习态度。学习能力和学业成就对学习效能也有一定影响,不过相对前面几个要素来看相对较小。学习动机因素对学习效能影响最小。

(2)高中生学习效能第一水平各维度表现

高中生学习效能的第一水平有576个样本,占样本总数的13.45%,其中心点均值为4.13,为其中最高水平。

①学习态度

高中生学习效能第一水平在学习态度维度的表现如图4-68所示:

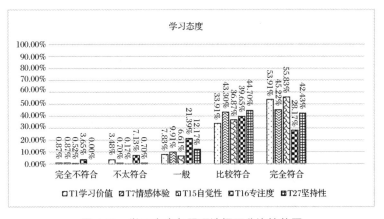

图4-68 学习态度各题项选择百分比柱状图

高中第一水平学生在学习态度的认知(学习的价值)维度上,33.91％和53.91％的学生分别选择了"比较符合"和"完全符合",二者相加,有87.82％的学生在学习的价值上选择了"比较符合"及以上,说明该水平学生的认知水平普遍较高;在情感体验上,43.30％和45.22％的学生分别选择了"比较符合"和"完全符合",换言之,有88.52％的学生对学习有较好的情感体验;在行为倾向上,92.70％的学生在自觉性上,67.82％的学生在专注度上,87.13％的学生在学习过程的坚持性上,都选择了"比较符合"及以上。总的来说,该水平学生具有良好的学习态度。

②学习动机

高中生学习效能第一水平在学习动机维度的表现如图4-69所示:

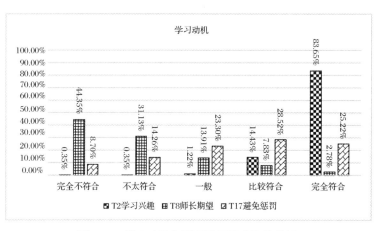

图4-69　学习动机各题项选择百分比柱状图

高中第一水平学生在学习动机上的表现是,14.43％和83.65％的学生在兴趣性、求知欲上分别选择了"比较符合"和"完全符合",即有98.08％的学生认为自己的兴趣性和求知欲很强;而在师长期望上,44.35％和31.13％的学生分别选择了"完全不符合"和"不太符合",说明有75.48％的学生学习不是为了满足师长期望,53.74％的学生在避免惩罚上选择了"比较符合"及以上。总的来说,该水平学生学习动机较强,主要是因为兴趣性和求知欲,避免惩罚也是部分原因。

③学习期望

高中生学习效能第一水平在学习期望维度的表现如图4-70所示:

高中第一水平学生在学习期望维度的表现,首先在自我期望方面,20.52％和71.83％的学生在远景目标上分别选择了"比较符合"和"完全符合",即92.35％的学生在远景目标上选择了"比较符合"及以上;在行为发展上,17.91％和79.13％的学生分别选择了"比较符合"和"完全符合",即97.04％的学生对自己行为发展的期望比较高;在对教师的期望方面,33.57％和28.70％的学生在对教师的教学方法的期望上分别选择"比较符合"和"完全符合",说明62.27％的学生对教师教学方法的期望较高;在对教师教学态度的期望方面,68.87％的学生选择了"比较符合"及以上,其中选择"比较符合"的学生有29.91％,选择"完全符合"的有38.96％。总的来说,该水平学生具有良好的学习期望,反映出他们渴望考上理想的学校,希望老师的教学方法灵活,并能关注自己。

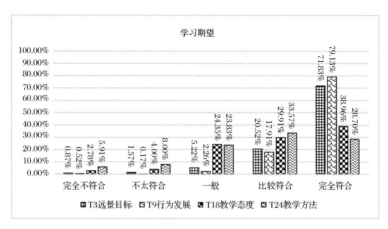

图 4-70　学习期望各题项选择百分比柱状图

④学习环境

高中生学习效能第一水平在学习环境维度的表现如图 4-71 所示：

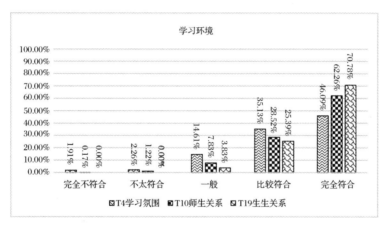

图 4-71　学习环境各题项选择百分比柱状图

　　高中第一水平学生在学习环境上的表现是，有 81.22％的学生在学习氛围上选择"比较符合"及以上，其中 35.13％和 46.09％的学生分别选择了"比较符合"和"完全符合"。在人际环境上，分别有 28.52％和 62.26％的学生在师生关系选择了"比较符合"和"完全符合"，分别有 25.39％和 70.78％的学生在生生关系上选择了"比较符合"和"完全符合"，这表明该水平学生对周围的学习环境非常满意，认为所在班级具有良好的学习氛围，自己的师生和生生关系也处于极佳的状态。

　　⑤学习能力

　　高中生学习效能第一水平在学习能力维度的表现如图 4-72 所示：

　　高中第一水平学生在学习能力上的表现是，较多的学生在记忆能力、理解能力和应用能力上选择了"比较符合"及"完全符合"，说明该水平学生有良好的基本学习能力，即良好的记忆、理解、应用能力；但在创新思维能力方面，分别有 39.65％和 27.30％的学生选择了"一般"

和"比较符合",反映出多数学生的创新思维处于一般水平。总体而言,该水平学生具有良好的基本学习能力,但创新思维能力一般。

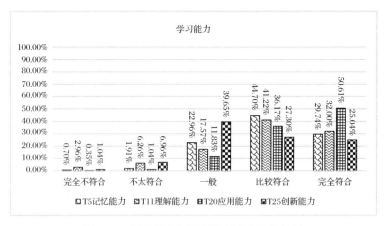

图 4-72　学习能力各题项选择百分比柱状图

⑥学习策略

高中生学习效能第一水平在学习策略维度的表现如图 4-73 所示:

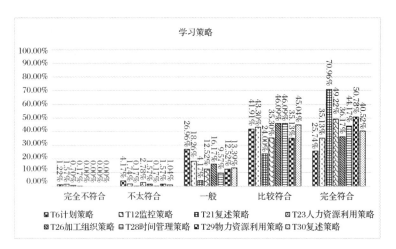

图 4-73　学习策略各题项选择百分比柱状图

　　高中第一水平学生在学习策略上的表现,在加工组织策略上,分别有 46.09% 和 36.17% 的学生选择了"比较符合"和"完全符合",即 82.26% 的学生对自己的加工组织策略非常自信;46.09% 和 44.17% 的学生在时间管理策略上分别选择了"比较符合"和"完全符合",说明 90.26% 的学生具有优秀的时间管理策略;26.96% 和 41.91% 的学生在计划策略上分别选择了"一般"和"比较符合",即 68.87% 的学生的计划策略处于一般水平,即学习的计划性、反思性处于一般水平。总体而言,该水平学生对于学习策略的使用处于一般水平。

⑦学业成就

高中生学习效能第一水平在学业成就维度的表现如图 4-74 所示：

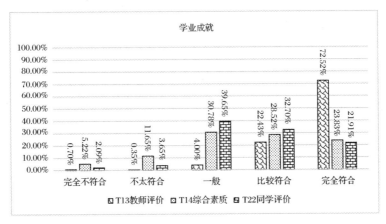

图 4-74　学业成就各题项选择百分比柱状图

高中第一水平学生在学业成就上的表现是,30.78％和28.52％的学生在客观成绩显示即综合素质(分数排名;获奖情况)上分别选择了"一般"和"比较符合",说明59.30％学生成绩处于一般水平;22.43％和72.52％的学生在教师评价上分别选择了"比较符合"和"完全符合",即94.95％的学生认为教师对自己的学习成绩比较满意,反映出该水平学生对自身学业成就的评价感知处于一般状态,而教师评价却很高。

(3)高中生学习效能第二水平整体说明

表 4-35　高中生学习效能第二水平表现

变量	高中生学习效能第二水平整体状况		排序
	平均分	标准差	
学习效能均分总分	24.94	1.36	
学习态度	3.46	0.41	4
学习动机	3.45	0.55	5
学习期望	3.69	0.48	3
学习环境	4.06	0.51	1
学习能力	3.32	0.43	6
学习策略	3.27	0.36	7
学业成就	3.69	0.54	2

从表 4-35 可知,高中生学习效能第二水平在各维度上的表现相对均衡。相比较而言,学习环境要素对学习效能影响最大,学习策略和学习能力两个要素对学习效能影响相对最小。除三个因素之外,学生在学习效能的其他影响因素的表现相对均衡。

(4)高中生学习效能第二水平各维度表现

高中生第二水平有 944 个样本,占样本总数的 22.04%,其中心点均值为 3.50,属于中等偏上水平。

①学习态度

高中生学习效能第二水平在学习态度维度的表现如图 4-75 所示:

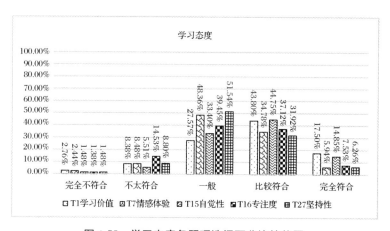

图 4-75　学习态度各题项选择百分比柱状图

高中第二水平学生在学习态度上的表现,首先在学习的价值维度上,27.57% 和 43.80% 的学生分别选择了"一般"和"比较符合",即 71.37% 的学生对自己的学习认知程度比较满意;48.36% 和 34.78% 的学生在情感体验上分别选择了"一般"和"比较符合",即 83.14% 的学生的学习情感体验较好;在行为倾向上,分别有 33.40% 和 44.75% 的学生在自觉性上,39.45% 和 37.12% 的学生在专注度上,51.54% 和 31.92% 的学生在学习过程的坚持性上,选择了"一般"和"比较符合"。总的来说,大多数学生无论是在对学习的认知、学习情感体验,还是学习的行为倾向上,都选择了"一般"和"比较符合",说明该水平学生多数认同学习能够影响未来发展的价值观,认为学习有趣,具有较高的学习自觉性和坚持性,但学习的专注度不高,总体上反映出该水平学生具有良好的学习态度。

②学习动机

高中生学习效能第二水平在学习动机维度的表现如图 4-76 所示:

高中第二水平学生在学习动机维度的表现,首先在内部动机上,43.90% 和 37.75% 的学生在兴趣性、求知欲上分别选择了"比较符合"和"完全符合",也就是说,81.65% 的学生具有较强的内部动机;在外部动机上,分别有 31.50% 和 39.87% 的学生在避免惩罚上选择了"一般"和"比较符合",分别有 30.22% 和 37.01% 的学生在师长期望上选择了"一般"和"不太符合"。综合来看,该水平学生具有很高的求知欲,但学习在一定程度上是为了师长的期望和避免惩罚,反映出该水平学生的学习动机一般。

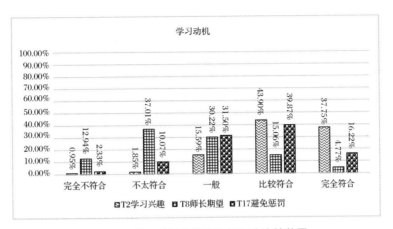

图 4-76　学习动机各题项选择百分比柱状图

③学习期望

高中生学习效能第二水平在学习期望维度的表现如图 4-77 所示：

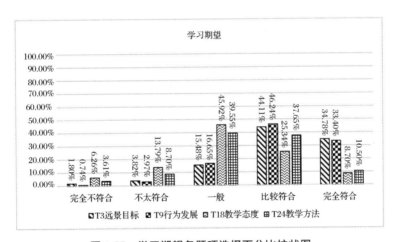

图 4-77　学习期望各题项选择百分比柱状图

　　高中第二水平学生在学习期望上的表现，在自我期望方面，44.11％和34.78％的学生在远景目标上分别选择了"比较符合"和"完全符合"，即78.89％的学生具有明确的远景目标；在行为发展方面，分别有46.24％和33.40％的学生选择了"比较符合"及"完全符合"；在对教师的期望方面，分别有45.92％和25.34％的学生在教学态度上选择了"一般"和"比较符合"，分别有39.55％和37.65％的学生在教学方法上选择了"一般"及"比较符合"。总的来说，该水平学生具有较高的学习期望。期望考上理想学校，无论是对教师还是学生自己都抱有较高的期待。

④学习环境

高中生学习效能第二水平在学习环境维度的表现如图 4-78 所示：

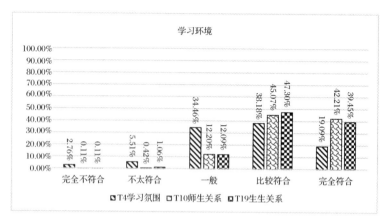

图 4-78　学习环境各题项选择百分比柱状图

高中第二水平学生在学习环境上的表现是，34.46％和 38.18％的学生在学习氛围上分别选择了"一般"和"比较符合"，即 72.64％的学生认为所处的学习氛围比较好；在人际环境上，分别有 45.07％和 42.21％的学生在师生关系上，47.30％和 39.45％的学生在生生关系上，选择了"比较符合"和"完全符合"，反映出该水平学生学习环境较好，特别是师生关系和生生关系都很融洽。总体上，该水平学生的学习环境良好。

⑤学习能力

高中生学习效能第二水平在学习能力维度的表现如图 4-79 所示：

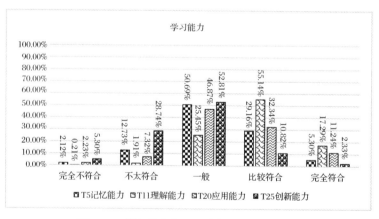

图 4-79　学习能力各题项选择百分比柱状图

高中第二水平学生在学习能力上的表现是，分别有 50.69％和 29.16％的学生在记忆能力上选择了"一般"及"比较符合"，分别有 25.45％和 55.14％的学生在理解能力上选择了"一般"和"比较符合"，分别有 46.87％和 32.34％的学生在应用能力上选择了"一般"和"比较符合"，即 79.21％的学生在基本能力上高于一般水平；在创新能力上，28.74％和 52.81％的学生分别选择了"不太符合"和"一般"，即81.55％的学生的创新能力处于中等偏下水平。反映出该水平学生的记忆、理解、应用均处于良好水平，但是创新能力有待提高。

⑥学习策略

高中生学习效能第二水平在学习策略维度的表现如图4-80所示：

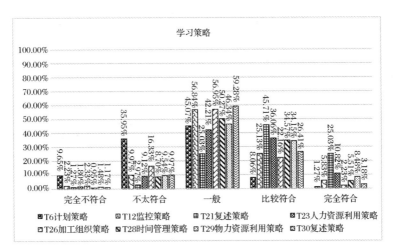

图 4-80　学习策略各题项选择百分比柱状图

高中第二水平学生在学习策略上的表现，在监控策略上，56.84％和25.13％的学生分别选择了"一般"和"比较符合"，即81.97％的学生在监控策略上处于中等水平；在复述策略上，45.71％和25.03％的学生分别选择了"比较符合"和"完全符合"，即70.74％的学生都非常善于使用复述策略；同时，大多数学生在时间管理策略、物力资源利用策略和人力资源利用策略上也选择了"一般"及以上。换言之，该水平学生无论是在元认知策略、认知策略还是资源管理策略的使用上都非常自信，说明该水平学生具有优秀的学习策略。

⑦学业成就

高中生学习效能第二水平在学业成就维度的表现如图4-81所示：

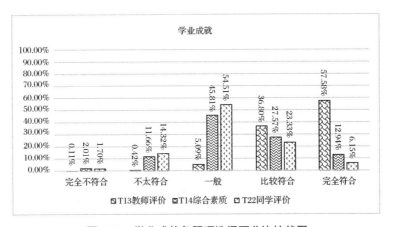

图 4-81　学业成就各题项选择百分比柱状图

高中第二水平学生在学业成就上的表现是,45.81%、27.57%、12.94%的学生在客观成绩显示即综合素质(分数排名;获奖情况)上分别选择了"一般""比较符合"和"完全符合",即86.32%的学生的客观成绩在一般水平以上;同时,大多数学生在他人评价上选择了"比较符合"及以上,说明该水平学生的学业成就良好。具体而言,该水平学生认为教师对自己的学业印象良好,自身对于学业成就的评价和同学成绩评价的感知也处于良好的状态。

(5)高中生学习效能第三水平整体说明

表4-36 高中生学习效能第三水平表现

变量	高中生学习效能第三水平整体状况		排序
	平均分	标准差	
学习效能均分总分	24.02	1.37	
学习态度	3.56	0.40	3
学习动机	2.99	0.51	6
学习期望	3.99	0.44	1
学习环境	3.79	0.54	2
学习能力	3.29	0.42	5
学习策略	3.49	0.37	4
学业成就	2.92	0.61	7

从表4-36可以看出,第三学习效能水平的学生在各维度的表现相对均衡。学习期望成为影响学习效能的最主要因素,其次是学习环境。对学习效能影响最小的是学业成就和学习动机。

(6)高中生学习效能第三水平各维度表现

高中生第三水平有1002个样本,占样本总数的23.39%,其中心点均值为3.46,属于中等偏上水平。

①学习态度

高中生学习效能第三水平在学习态度维度的表现如图4-82所示:

高中第三水平学生在学习态度上的表现是,42.26%和41.16%的学生在学习价值上分别选择了"比较符合"和"完全符合",二者相加,83.42%的学生对于学习的价值非常肯定;在情感体验上,34.27%和46.75%的学生分别选择了"一般"和"比较符合",二者相加,81.02%的学生对情感体验选择了"一般"和"比较符合";在行为倾向上,分别有34.47%和46.75%的学生在自觉性上选择了"一般"和"比较符合",45.45%和36.56%的学生在学习过程的坚持性上分别选择了"一般"和"比较符合",而分别有41.06%和30.57%的学生在专注度上选择了"一般"和"不太符合"。反映出该水平学生的学习态度非常好,无论是认知水平、情感体验、自觉性和学习过程的坚持性都很好,但是学习的专注度有待提高。

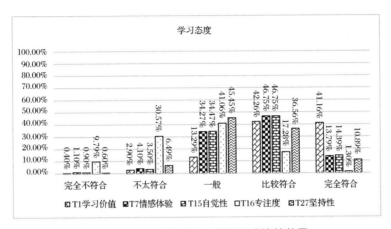

图 4-82　学习态度各题项选择百分比柱状图

②学习动机

高中生学习效能第三水平在学习动机维度的表现如图 4-83 所示：

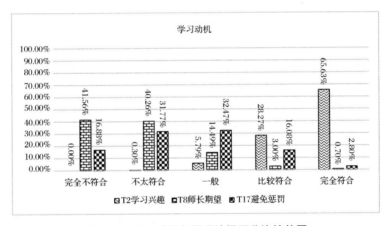

图 4-83　学习动机各题项选择百分比柱状图

　　高中第三水平学生在学习动机上的表现,在内部动机上,28.27％和 65.63％的学生在兴趣性和求知欲上分别选择了"比较符合"和"完全符合",二者相加,即 93.90％的学生的内部动机都很强;在外部动机上,41.56％和 40.26％的学生在师长期望上分别选择了"完全不符合"和"不太符合",即 81.82％的学生学习不是为了满足师长期望;分别有 32.47％和 16.08％的学生在避免惩罚上选择了"一般"和"比较符合"。反映出该水平学生整体的学习动机不怎么受到外界影响,学习也不是为了师长的期望,不是为了避免惩罚,说明该水平学生的学习动机很好。

第四章　学生学习效能的水平及特征

③学习期望

高中生学习效能第三水平在学习期望维度的表现如图 4-84 所示：

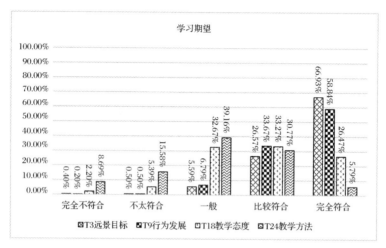

图 4-84　学习期望各题项选择百分比柱状图

高中第三水平学生在学习期望上的表现,在自我期望上,分别有 26.57％、66.93％的学生在远景目标上选择了"比较符合"和"完全符合",分别有 33.67％、58.84％的学生在行为发展上选择了"比较符合"和"完全符合",即 92.51％的学生对自我期望非常高;在对教师的期望上,32.67％、33.27％的学生在教学态度上分别选择了"一般"和"比较符合",有 39.16％和 30.77％的学生在教学方法上分别选择了"一般"和"比较符合",也就是说,多数学生对教师的期望较高,希望教师在教学态度和教学方法上有所改进。总的来说,该水平学生具有很高的学习期望,比如渴望考上理想学校,期望教师能关注自己,对教师教学方法的灵活性也处于高期待水平。

④学习环境

高中生学习效能第三水平在学习环境维度的表现如图 4-85 所示：

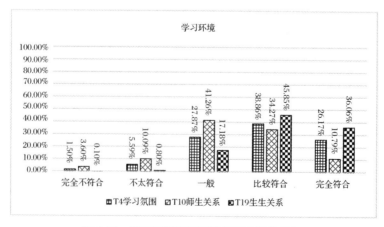

图 4-85　学习环境各题项选择百分比柱状图

高中第三水平学生在学习环境上的表现是,在学习氛围上,27.87％、38.86％和26.17％的学生在学习氛围上分别选择了"一般""比较符合"和"完全符合"。在人际环境上,分别有41.26％和34.27％的学生在师生关系,17.18％、45.85％的学生在生生关系上,选择了"一般"和"比较符合"。这表明该水平学生认为自身的学习环境很好,认为班级具有很好的学习氛围,师生关系和生生关系十分和谐。

⑤学习能力

高中生学习效能第三水平在学习能力维度的表现如图4-86所示:

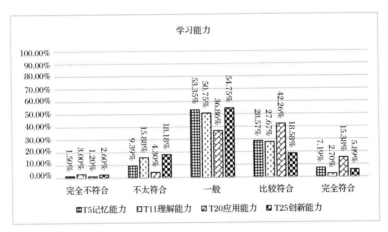

图4-86　学习能力各题项选择百分比柱状图

高中第三水平学生在学习能力上的表现,在基本能力方面,分别有89.11％、81.12％、94.50％的学生在记忆能力、理解能力和应用能力上选择了"一般""比较符合""完全符合",也就是说,大多数学生在基本能力上为一般及以上水平;在创新能力方面,54.75％和18.58％的学生分别选择了"一般"和"比较符合",二者相加,73.33％的学生的创新能力高于一般水平。说明该水平学生的基本学习能力整体较好,具体而言,其记忆、理解和应用能力、创新能力都处于良好水平。

⑥学习策略

高中生学习效能第三水平在学习策略维度的表现如图4-87所示:

高中第三水平学生在学习策略上的表现是,分别有74.73％和81.52％的学生在计划策略和监控策略上选择了"一般"和"比较符合",即多数学生在元认知策略上高于一般水平;53.75％和28.97％的学生在认知策略上分别选择了"一般"和"比较符合",二者相加,82.72％的学生在认知策略上为一般及以上水平;在时间管理、物力、人力资源利用策略上,多数学生选择了"一般"和"比较符合",该水平学生在选择上整体具有一致性。通过相应的题项反映出该水平学生能够较好地采用学习策略,大多数都能够多方式地采用不同类型的学习策略。

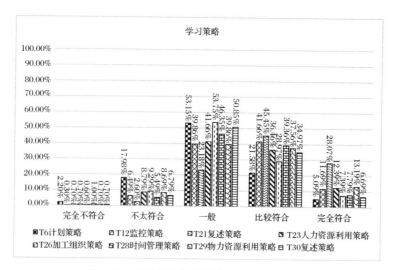

图 4-87 学习策略各题项选择百分比柱状图

⑦学业成就

高中生学习效能第三水平在学业成就维度的表现如图 4-88 所示：

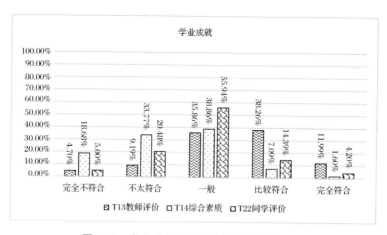

图 4-88 学业成就各题项选择百分比柱状图

高中第三水平学生在学业成就上的表现是，分别有 33.77％和 38.86％的学生在客观成绩显示即综合素质(分数排名；获奖情况)上选择了"不太符合"和"一般"，说明该水平学生的成绩中等偏低；在他人评价方面，分别有 35.86％和 38.26％的学生在教师评价上选择了"一般"及"比较符合"，而 20.48％和 55.94％的学生在同学评价上分别选择"一般"和"不太符合"。表明该水平学生学业成就一般，但是教师评价却较好。

(7)高中生学习效能第四水平整体说明

从表 4-37 可知，第四学习效能水平的学生在各维度表现相对均衡。学习期望对学习效能影响最大,其次是学习环境,学习动机和学习态度对学习效能的影响相对一致。与之相比,学习策略、学业成就和学习能力三个要素对学习效能的影响最小。

表 4-37　高中生学习效能第四水平各维度表现

变量	高中生第四水平学习效能状况		排序
	平均分	标准差	
学习效能均分总分	21.56	1.26	
学习态度	3.01	0.39	4
学习动机	3.07	0.57	3
学习期望	3.59	0.46	1
学习环境	3.45	0.55	2
学习能力	2.89	0.45	5
学习策略	2.77	0.35	7
学业成就	2.78	0.61	6

(8)高中生学习效能第四水平各维度表现

高中生第四水平有 1274 个样本,占样本总数的 29.74%,其中心点均值为3.03,为中等水平。

①学习态度

高中生学习效能第四水平在学习态度维度的表现如图 4-89 所示:

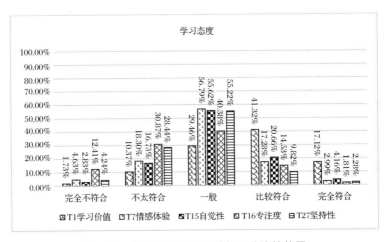

图 4-89　学习态度各题项选择百分比柱状图

高中第四水平学生在学习态度上的表现,在学习的价值上,29.46％、41.32％、17.12％的学生分别选择了"一般""比较符合"和"完全符合",三者相加,即87.90％的学生在学习的价值上都选择了"一般"及以上,说明大部分学生认为学习的价值较高;在情感体验上,56.79％和17.28％的学生分别选择了"一般"和"比较符合",即74.07％的学生在情感体验上比较好;在行为倾向上,55.62％和20.66％的学生在自觉性上分别选择了"一般"和"比较符合",即76.28％的学生的自觉性较高;但是30.87％和40.38％的学生在专注度上分别选择了"不太符合"和"一般",即71.25％的学生专注度不够高,28.44％和55.22％的学生在学习过程的坚持性上分别选择了"不太符合"和"一般",即83.66％的学生的学习坚持性不够好。总的来说,该水平学生在学习价值的认知、学习的情感体验和学习的自觉性上都表现出较好的学习态度,但学习的坚持性和学习的专注度有待提高,从总体上看,反映出该水平学生的学习态度良好。

②学习动机

高中生学习效能第四水平在学习动机维度的表现如图4-90所示:

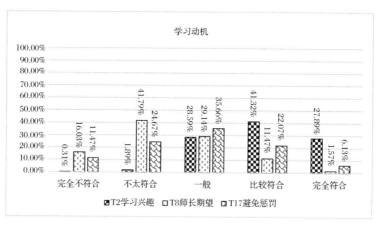

图4-90　学习动机各题项选择百分比柱状图

高中第四水平学生在学习动机上的表现,在内部动机上,28.59％、41.32％和27.89％的学生在兴趣性、求知欲上分别选择了"一般""比较符合"和"完全符合",即97.80％的学生在内部动机上都高于一般水平;在外部动机上,近87％的学生在学习是否是为了不辜负师长期望中选择"一般"及以下,一半以上学生认为学习并不是为了避免惩罚。因此,综合分析来看,该水平学生的学习动机较强,处于良好水平。

③学习期望

高中生学习效能第四水平在学习期望维度的表现如图 4-91 所示：

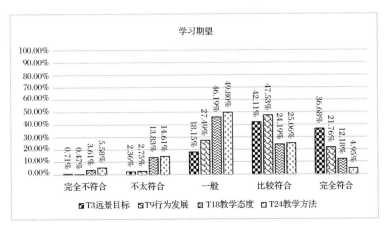

图 4-91　学习期望各题项选择百分比柱状图

　　高中第四水平学生在学习期望上的表现，首先在自我期望方面，42.11％和36.68％的学生在远景目标上分别选择了"比较符合"和"完全符合"，二者相加，78.79％的学生在远景目标上选择了"比较符合"及以上；在行为发展方面，47.53％和21.76％的学生分别选择了"比较符合"和"完全符合"，即 69.29％的学生对自己行为发展的期望较高；在对教师的期望方面，46.19％和 24.19％的学生在教学态度上分别选择了"一般"和"比较符合"，即 70.38％的学生对教师教学态度的期望较高；49.80％和 25.06％的学生在教学方法上分别选择了"一般"和"比较符合"，即74.86％的学生对教师教学方法的期望很高。总的来说，该水平学生具有很高的学习期望，他们渴望考上理想的学校，期望教师的教学方法更为灵活，对教师对自己的关注也有较高的期待。

④学习环境

高中生学习效能第四水平在学习环境维度的表现如图 4-92 所示：

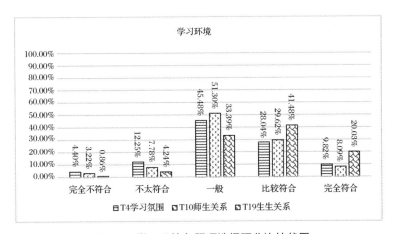

图 4-92　学习环境各题项选择百分比柱状图

高中第四水平学生在学习环境上的表现是,45.48％和28.04％的学生在学习氛围上分别选择了"一般"和"比较符合",即73.52％的学生认为所处的物理环境较好;在人际环境方面,大多数的学生认为自己的师生和生生关系处于非常好的状态,具体而言,分别有51.30％和29.62％的学生在师生关系上选择了"一般"和"比较符合",分别有33.39％和41.48％的学生在生生关系上选择了"一般"和"比较符合"。

⑤学习能力

高中生学习效能第四水平在学习能力维度的表现如图4-93所示:

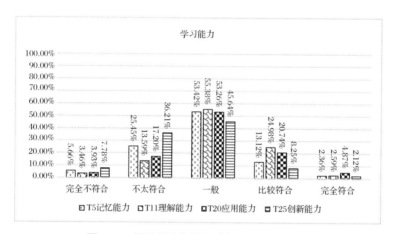

图4-93　学习能力各题项选择百分比柱状图

高中第四水平学生在学习能力上的表现是,78.87％的学生对于记忆能力选择了"不太符合"和"一般",具体而言,25.45％和53.42％的学生在记忆能力上分别选择了"不太符合"和"一般",说明他们的记忆能力一般;55.38％和24.98％的学生在理解能力上分别选择了"一般"和"比较符合",即80.36％的学生在理解能力方面为一般偏上水平,说明他们具有较好的理解能力,53.26％和20.74％的学生在应用能力上分别选择了"一般"和"比较符合",说明74.00％的学生具有较强的应用能力,36.21％和45.64％的学生在创新能力上分别选择了"不太符合"和"一般",反映出该水平学生的创新能力较差。总体来看,该水平学生的记忆能力较好,理解和应用能力均属上乘,但创新能力较差。

⑥学习策略

高中生学习效能第四水平在学习策略维度的表现如图4-94所示:

高中第四水平学生在学习策略上的表现是,49.80％和29.30％的学生在计划策略上分别选择了"不太符合"和"一般",即79.10％的学生不太会使用计划策略;36.61％和49.02％的学生在加工组织策略上分别选择了"不太符合"和"一般",即85.63％的学生不太会使用加工组织策略;在时间管理策略上,27.65％和59.39％的学生分别选择了"不太符合"和"一般"。总的来说,大多数学生对于学习策略选择了"不太符合"和"一般",8个选项具有相近的一致性,说明该水平学生对于学习策略的使用处于中下水平,反映出他们学习策略的应用能力整体上一般。

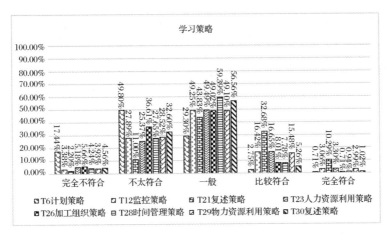

图 4-94　学习策略各题项选择百分比柱状图

⑦学业成就

高中生学习效能第四水平在学业成就维度的表现如图 4-95 所示：

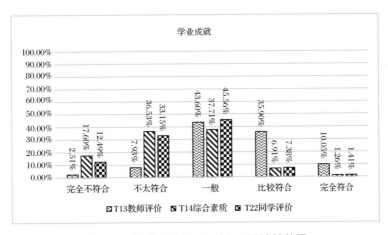

图 4-95　学业成就各题项选择百分比柱状图

　　高中第四水平学生在学业成就维度的表现,有 36.53％和37.71％的学生在客观成绩显示上分别选择了"不太符合"和"一般",也就是说,有 74.24％的学生认为自己的学习成绩不太好;对于同学评价,分别有 33.15％和45.56％的学生选择了"不太符合"和"一般",说明他们对同学评价的感知处于一般水平;而对于教师评价,分别有 43.60％和35.90％的学生选择了"一般"和"比较符合",说明该水平学生认为教师对自己的学业印象较好。总体而言,该水平学生的教师评价处于良好水平,而客观成绩和同学评价处于一般。

　　(9)高中生学习效能第五水平整体说明

　　由表 4-38 可知,处于第五水平的高中生在各维度上的表现差别不是很明显。学习环境因素对学生学习效能影响最大,其次是学习动机和学习期望,这二者的得分情况基本一致。学习能力、学习态度和学业成就对学习效能的影响基本相同。学生在学习策略上的表现最差。

表 4-38　高中生学习效能第五水平各维度表现

变量	高中生学习效能第五水平状况		排序
	平均分	标准差	
学习效能均分总分	18.52	2.03	
学习态度	2.44	0.49	5
学习动机	2.94	0.71	2
学习期望	2.92	0.59	3
学习环境	3.14	0.68	1
学习能力	2.50	0.60	4
学习策略	2.15	0.47	7
学业成就	2.43	0.76	6

(10)高中生学习效能第五水平各维度表现

高中生第五水平共有 488 个样本,占样本总数的 11.39%,其中心点均值为2.55,为其中最低水平。

①学习态度

高中生学习效能第五水平在学习态度维度的表现如图 4-96 所示:

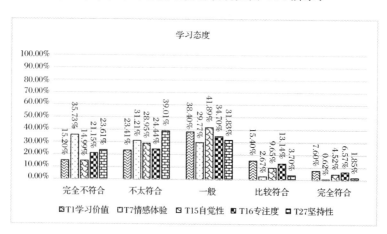

图 4-96　学习态度各题项选择百分比柱状图

高中第五水平学生在学习态度上的表现,首先在对学习的认识上,分别有 23.41% 和 38.40% 的学生在学习的价值上选择了"不太符合"和"一般",即 61.81% 的学生对学习的价值认识水平较低;在情感体验上,分别有 35.73% 和31.21% 的学生选择了"完全不符合"和"不太符合",说明 66.94% 的学生具有较差的学习情感体验;在自觉性上,分别有 41.89% 和28.95%

的学生选择"一般"和"不太符合",表明 70.84％的学生的学习自觉性较差;在专注度上,分别有 34.70％和 24.44％的学生选择"一般"和"不太符合",说明 59.14％的学生的学习专注度较差;在学习坚持性上,分别有 39.01％和 31.83％的学生选择"不太符合"和"一般",也就是说,有 70.84％的学生认为自己的学习坚持性不强。综合来看,说明该水平学生学习态度不佳。

②学习动机

高中生学习效能第五水平在学习动机维度的表现如图 4-97 所示:

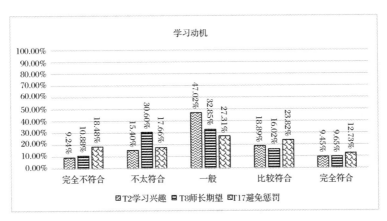

图 4-97　学习动机各题项选择百分比柱状图

高中第五水平学生在学习动机上的表现是,在内部动机(兴趣性、求知欲)上,分别有 47.02％和 18.89％的学生选择了"一般"和"比较符合",即 65.91％的学生的内部动机(兴趣性、求知欲)较好。与此类似,在外部动机(师长期望、避免惩罚)上,分别有 27.31％和 23.82％的学生选择了"一般"和"比较符合",即 51.13％的学生认为避免惩罚是较主要的学习外部动机;30.60％和 32.85％的学生在师长期望上分别选择了"不太符合"和"一般",即 63.45％的学生对师长期望不高。说明该水平学生的学习动机更多的是外在驱动,学习动机处于一般偏下水平。

③学习期望

高中生学习效能第五水平在学习期望维度的表现如图 4-98 所示:

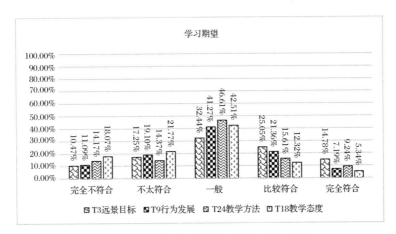

图 4-98　学习期望各题项选择百分比柱状图

高中第五水平学生在学习期望上的表现是,分别有 32.44％和 25.05％的学生在远景目标选择了"一般"和"比较符合",即 57.49％的学生具有较好的远景目标规划;在对教师的期望上,分别有 14.37％和 46.61％的学生选择了"不太符合"和"一般",即 60.98％的学生对教师期望不高。综合来看,该水平学生的学习期望不太高。

④学习环境

高中生学习效能第五水平在学习环境维度的表现如图 4-99 所示:

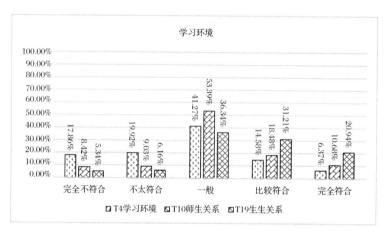

图 4-99 学习环境各题项选择百分比柱状图

高中第五水平学生在学习环境上的表现是,19.92％和 41.27％的学生在学习氛围分别选择了"不太符合"和"一般",即 61.19％的学生对自己的物理环境不太满意;然而,53.39％和 18.48％的学生对自己的师生关系分别选择了"一般"和"比较符合",说明 71.87％的学生对自己的师生关系比较满意;31.21％和 20.94％的学生在生生关系上分别选择了"比较符合"和"完全符合",即 52.51％的学生与同学关系非常融洽。总的来说,该水平学生的物理环境一般,人际环境相对较好。

⑤学习能力

高中生学习效能第五水平在学习能力维度的表现如图 4-100 所示:

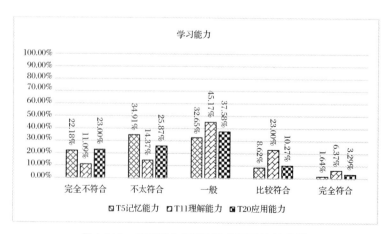

图 4-100 学习能力各题项选择百分比柱状图

高中第五水平学生在学习能力上的表现是，67.56％的学生在记忆能力上，59.54％的学生在理解能力上，63.45％的学生在应用能力上，选择了"不太符合"和"一般"，即大部分学生学习的基本能力不强；在应用能力上，23.00％、25.87％、37.58％的学生分别选择了"完全不符合""不太符合"和"一般"，三者相加，86.45％的学生认为自己的应用能力在一般水平以下，说明该水平学生无论是基本学习能力还是应用能力都处于中等偏下水平。反映出该水平学生整体的学习能力较低。

⑥学习策略

高中生学习效能第五水平在学习策略维度的表现如图4-101所示：

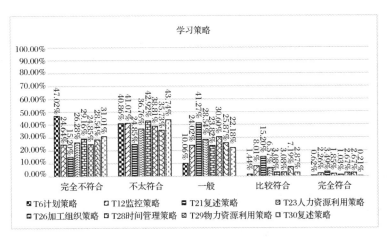

图4-101　学习策略各题项选择百分比柱状图

高中第五水平学生在学习策略上的表现，在计划策略上，47.02％和40.86％的学生分别选择了"完全不符合"和"不太符合"，即87.88％的学生不太会使用计划策略；24.85％和41.27％的学生在复述策略上分别选择了"不太符合"和"一般"，即66.12％的学生在复述策略上水平较低；在物力资源利用策略上，28.54％和35.73％的学生分别选择了"完全不符合"和"不太符合"，即64.27％的学生在物力资源利用策略上选择了"不太符合"及以下。说明他们无论是对自身的元认知学习策略、认知学习策略还是对资源管理策略的使用上都处于中下水平。总体而言，该水平学生对于学习策略的使用处于一般水平。

⑦学业成就

高中生学习效能第五水平在学业成就维度的表现如图4-102所示：

高中第五水平学生在学业成就上的表现是，30.60％和29.57％的学生在客观成绩显示即综合素质（分数排名；获奖情况）上分别选择了"完全不符合"和"不太符合"，即60.17％的学生客观成绩较差；分别有38.19％和32.03％的学生在同学评价上选择了"完全不符合"和"不太符合"，然而分别有42.71％和21.56％的学生在教师评价上选择了"一般"和"比较符合"。反映出该水平学生学业成就较差，然而相对于同学评价而言，对教师评价更为自信。

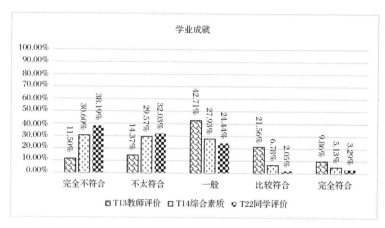

图 4-102 学业成就各题项选择百分比柱状图

（二）高中生学习效能的特征

对高中生学习效能特征的分析,研究思路与小学生、初中生的学习效能特征分析思路相似,都是从学习态度、学习动机、学习期望、学习环境、学习能力、学习策略、学业成就 7 个要素来确定不同水平高中生的突出特征。首先通过将每一水平的学生学习效能 7 个因素状况与高中生总体学习效能 7 个因素状况进行比较,找到该水平与总体水平的不同之处;其次,将五个水平和总体放在同一框架内进一步比较,找到不同水平学习效能的突出特征,并加以刻画和描述。

1.高中生学习效能第一水平特征分析

第一学习效能水平的高中生的学习效能状况与总体高中生的学习效能状况进行了比较,结果如表 4-39 和图 4-103 所示。

从表 4-39 和图 4-103 可以看出,第一学习效能水平的高中生在学习效能各个维度均高于总体水平。具体来看,第一水平上的学生在学习策略维度表现最为突出,平均分比总体平均分高了 1.07。学生在学习态度这一维度上表现也相对突出,与总体学生在这一维度上的表现相比,第一水平上的学生平均分高于总体平均分 0.91。学生在学业成就和学习能力上的表现与总体水平相比相对较高,平均分均高于总体水平 0.80 以上。与上述四个维度相比,虽然第一水平学生在学习环境和学习期望两个维度也要高于总体表现,但是各维度的平均分与总体平均分相比差距有所缩小,分别为 0.64 和 0.54。在所有维度中,第一水平学生在学习动机维度上的平均分最低,仅高于总体平均分 0.24。

<table>
<tr><td rowspan="2" colspan="2" style="text-align:left">表 4-39　高中生学习效能第一水平各维度表现</td></tr>
</table>

变量	高中生总体学习效能状况		第一学习效能水平的 高中生学习效能状况	
	平均分	标准差	平均分	标准差
学习效能均分总分	23.48	3.19	28.59	1.81
学习态度	3.34	0.65	4.25	0.43
学习动机	3.17	0.61	3.41	0.59
学习期望	3.72	0.61	4.26	0.50
学习环境	3.77	0.68	4.41	0.50
学习能力	3.18	0.62	4.00	0.50
学习策略	3.18	0.70	4.25	0.41
学业成就	3.13	0.81	3.96	0.64

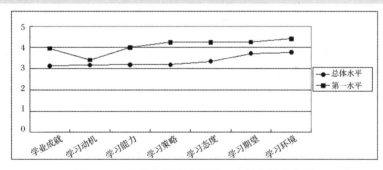

图 4-103　高中生学习效能第一水平各维度表现

2.高中生学习效能第二水平特征分析

　　第二学习效能水平的高中生的学习效能状况与总体高中生的学习效能状况进行了比较，结果如表 4-40 和图 4-104 所示。

　　从表 4-40 和图 4-104 中可以看出，第二学习效能水平的高中生的学习效能略高于学生总体学习效能水平。具体来看，第二学习效能水平的学生在各维度的表现差异明显。通过与总体学习效能各维度上的表现可以看出，学生在学业成就维度上的得分与总体平均分相比高了 0.56。学生在学习环境、学习动机、学习能力、学习态度和学习策略五个维度上的表现也略高于总体水平。在学习环境和学习动机两个维度，学生的表现要好于在学习能力和学习策略维度上的表现。

表 4-40　高中生学习效能第二水平各维度表现

变量	高中生总体学习效能状况		第二学习效能水平的高中生学习效能状况	
	平均分	标准差	平均分	标准差
学习效能均分总分	23.48	3.19	24.94	1.36
学习态度	3.34	0.65	3.46	0.41
学习动机	3.17	0.61	3.45	0.55
学习期望	3.72	0.61	3.69	0.48
学习环境	3.77	0.68	4.06	0.51
学习能力	3.18	0.62	3.32	0.43
学习策略	3.18	0.70	3.27	0.36
学业成就	3.13	0.81	3.69	0.54

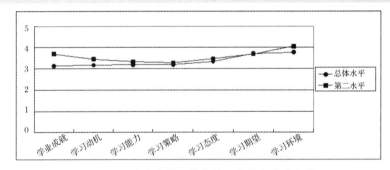

图 4-104　高中生学习效能第二水平各维度表现

3.高中生学习效能第三水平特征分析

第三学习效能水平的高中生的学习效能状况与总体高中生的学习效能状况进行了比较，结果如表 4-41 和图 4-105 所示。

从表 4-41 和图 4-105 可以看出，第三学习效能水平的高中生在学习效能各个维度上的表现与整体水平较为接近。具体来看，学生在学习策略、学习期望、学习态度和学习能力四个维度的表现优于总体水平。在学习环境维度上的得分与总体水平相当。与上述维度相比，学生在学业成就和学习动机两个维度上的表现低于总体水平。

表 4-41 高中生学习效能第三水平各维度表现

变量	高中生总体学习效能状况		第三学习效能水平的高中生学习效能状况	
	平均分	标准差	平均分	标准差
学习效能均分总分	23.48	3.19	24.02	1.37
学习态度	3.34	0.65	3.56	0.40
学习动机	3.17	0.61	2.99	0.51
学习期望	3.72	0.61	3.99	0.44
学习环境	3.77	0.68	3.79	0.54
学习能力	3.18	0.62	3.29	0.42
学习策略	3.18	0.70	3.49	0.37
学业成就	3.13	0.81	2.92	0.61

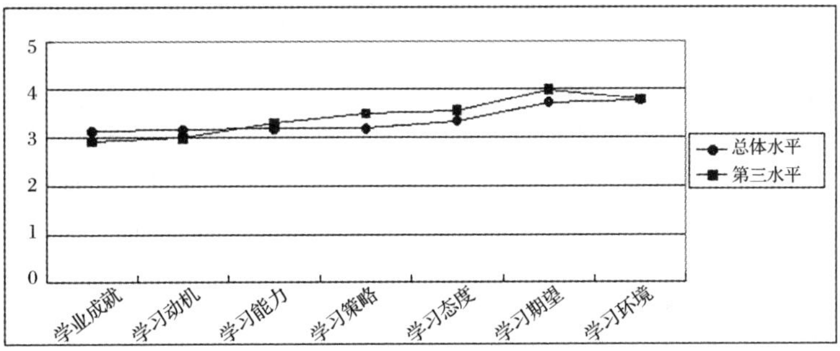

图 4-105 高中生学习效能第三水平各维度表现

4.高中生学习效能第四水平特征分析

第四学习效能水平的高中生的学习效能状况与总体高中生的学习效能状况进行了比较,结果如表 4-42 和图 4-106 所示。

从表 4-42 和图 4-106 可以得知,第四学习效能水平的学生在各维度的得分均低于总体水平,但是差距较小。具体来看,学生在学习动机上的得分与总体得分水平相比低了 0.10。与之接近的是学习期望,学生在此维度的平均分低于总体水平 0.13。除上述两个维度之外,学生在其他维度的得分相差不大,均低于总体得分,其中在学习策略上的表现最差,低于总体平均分 0.41。

表 4-42　高中生学习效能第四水平各维度表现

变量	高中生总体学习效能状况		第四学习效能水平的高中生学习效能状况	
	平均分	标准差	平均分	标准差
学习效能均分总分	23.48	3.19	21.56	1.26
学习态度	3.34	0.65	3.01	0.39
学习动机	3.17	0.61	3.07	0.57
学习期望	3.72	0.61	3.59	0.46
学习环境	3.77	0.68	3.45	0.55
学习能力	3.18	0.62	2.89	0.45
学习策略	3.18	0.70	2.77	0.35
学业成就	3.13	0.81	2.78	0.61

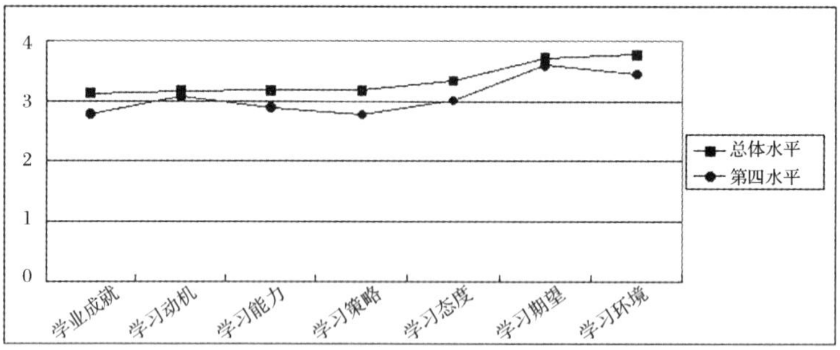

图 4-106　高中生学习效能第四水平各维度表现

5.高中生学习效能第五水平特征分析

第五学习效能水平的高中生的学习效能状况与总体高中生的学习效能状况进行了比较，结果如表 4-43 和图 4-107 所示。

从表 4-43 和图 4-107 可以发现，第五学习效能水平的高中生在学习效能各个维度的表现均低于总体水平。从各维度的具体情况来看，学生在学习动机维度的表现最为突出，表明学习动机对第五学习效能水平的学生影响最大，但是平均分与学习动机总体平均分相比低了0.23。与之相比，学生在学习策略上的表现最低，学生在此维度的平均分与学习策略总体平均分相比低了 1.03。除上述两个维度之外，第五学习效能水平的学生在其他五个维度的表现大致相当，但总体上均低于总体平均水平。

表4-43 高中生学习效能第五水平各维度表现

变量	高中生总体学习效能状况		第五学习效能水平的高中生学习效能状况	
	平均分	标准差	平均分	标准差
学习效能均分总分	23.48	3.19	18.52	2.01
学习态度	3.34	0.65	2.44	0.50
学习动机	3.17	0.61	2.94	0.71
学习期望	3.72	0.61	2.92	0.59
学习环境	3.77	0.68	3.14	0.68
学习能力	3.19	0.62	2.50	0.60
学习策略	3.18	0.70	2.15	0.47
学业成就	3.13	0.81	2.43	0.76

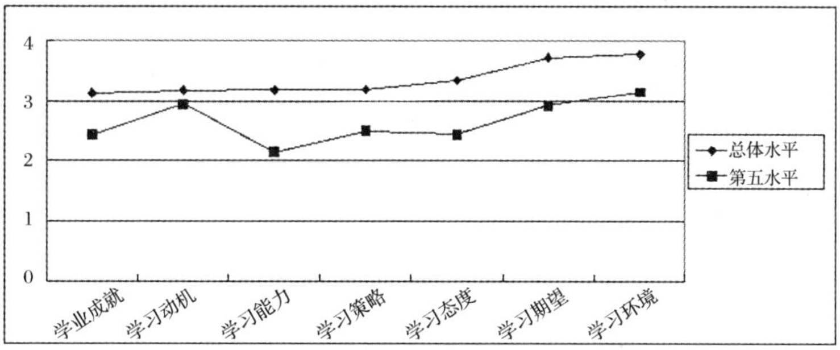

图 4-107　高中生学习效能第五水平各维度表现

6.五种学习效能水平高中生的学习效能状况分析

为了更为清楚地分析第一、第二、第三、第四、第五水平高中生与总体学生学习效能之间的差异状况,我们将五者融合在一个图表中,更为直观地观察其差异状况。

通过表4-44与图4-108可以看出,以总体学习效能水平为参照,高中生的学习效能可以划分为五个水平,其中第一学习效能水平、第二学习效能水平和第三学习效能水平的学生得分普遍高于总体水平,第四学习效能水平和第五学习效能水平的学生得分普遍低于总体水平。具体来看,五个学习效能水平的学生在影响学习效能的七个要素上的表现又各有不同。

表 4-44　高中生学习效能各水平表现

高中生学习效能水平总体状况						
	总体水平	第一水平	第二水平	第三水平	第四水平	第五水平
学习效能均分总分	23.48	28.59	24.94	24.02	21.56	18.52
学业成就	3.13	3.96	3.69	2.92	2.78	2.43
学习动机	3.17	3.41	3.45	2.99	3.07	2.94
学习能力	3.18	4.00	3.32	3.29	2.89	2.50
学习策略	3.18	4.25	3.27	3.49	2.77	2.15
学习态度	3.34	4.25	3.46	3.56	3.01	2.44
学习期望	3.72	4.26	3.69	3.99	3.59	2.92
学习环境	3.77	4.41	4.06	3.79	3.45	3.14

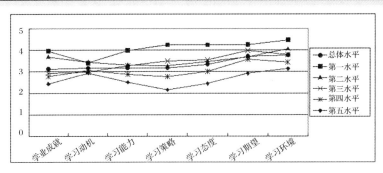

图 4-108　高中生学习效能各水平表现

（1）第一水平——效能全能型

结合表 4-44 和图 4-108 可以看出，对于高中生第一水平的学生而言，其学习效能的各个维度得分均显著高于总体水平，表现出学习效能内部各因素全面发展的趋势。具体而言，对于第一水平的学生来说，他们以基本的学习能力为支撑，这其中包括记忆能力、理解能力、应用能力和创新思维的优异表现，对待学习有着端正的态度，能认识到学习对于自身发展的价值，对学习保持着一贯的学习专注度、自觉性和坚持性，并能在学习上找到自己的乐趣，对知识也保持着高水平的渴求程度，期望教师能够采用灵活的教学方法来刺激自己的学习，对自身保持着较高的期望，同时能够很好地融入自己所处的班级群体，有着良好的师生和生生关系。此外，其学习策略有着无与伦比的优势，这表明他们在把握能力、情感等因素的基础上，能够找到适合自己的学习策略。事实也证明，基于以上的优势，该水平学生的学业成就也处于最高水平，因而该水平学生的突出特征表现为效能全能型。

（2）第二水平——内外互动型

从表 4-44 和图 4-108 可以看出，对于第二水平的学生而言，其学习效能各个内部因素略高于总体学生的学习效能。尽管是略高于总体状况，但是该水平还是表现出显著超过总体水平的学业成就，仔细分析可以发现，该水平学生的内部学习动机和外部学习环境起着关键的作用。具体来说，第二水平的学生，其学习能力和学习策略因素略高于总体，但这种差异性不是很大，这说明该水平的学生不一定具备超出平均水平的记忆能力、理解能力等基本学习能力，对于元认知策略、认知策略和资源管理策略的应用也并没有超乎寻常之处，学生自身对教师和自己的期望与总体水平几近重合。但是该水平的学生有着较为强烈的学习动机，为了避免因学习不好所遭受的惩罚，以及不辜负师长的期望，他们有着较为强烈的知识渴求，并且能感受到班级中积极的学习氛围，能较好地处理自己的生生关系和师生关系。通过内在动机的激励和外在良好学习环境的互动，使得他们保持着较高水平的学业成就，因而该水平的学生属于内在学习动机和外在学习环境交互影响、相互促进的类型。

（3）第三水平——情感支撑型

结合表 4-44 和图 4-108 可以看出，处于第三水平的学生，其学习动机和学业成就均低于总体水平，对学习环境的感知也与总体持平，学习能力略高于总体但不是非常突出，但是其学习态度和学期望却高于总体水平，其学习策略也处于总体水平之上。对于该水平的学生而言，其记忆能力、理解能力、应用能力和创新能力处于中等水平，对于知识的渴求并不强烈，在班级感受到的学习氛围既不是很浓也不会觉得较差，师生关系和生生关系均表现出一般的状况。但该水平的学生能够保持基本的学业成就状况，究其原因是他们在一定程度上也能够结合自己的状况应用学习策略，但这种对于学习策略的应用是有一定的情感支撑的，即该水平的学生能够认识到学习对自身发展的重要性，能够在学习上保持一定的专注度、自觉性和坚持性，并获得了一定的学习乐趣，因而该水平的学生可以归为情感支撑型。

（4）第四水平——效能压抑型

从表 4-44 和图 4-108 中可以发现，对于该水平的学生而言，学生在学习效能各个维度上的得分均显著低于总体学生的学习效能。具体来说，该水平学生有着与总体水平几近持平的学习动机，但其记忆能力、理解能力、应用能力和创新能力没有发挥出来，略低于总体水平，对学习持一种略显消极的态度，无法从学习中获得一定的乐趣；对于学习的专注度、自觉性和坚持性也无法与总体水平相提并论，对于教师的教学方法没有很高的期望，也并不渴求教师对自己给予更多的关注；对班级学习氛围的感受处于一种迟钝的状态，且对师生关系和生生关系也不抱有很高的期望；对于学习策略的运用也是一种被动状态，其学业成就也不高。高中生群体有着异于其他群体的升学压力，该水平学生占有很大比例，且有一定的学习动机，但是在效能的能力和情感层面均是一种自我压抑的状态，因而该水平学生可归类为效能压抑型。

（5）第五水平——整体丧失型

结合表 4-44 和图 4-108 可以发现，对于第五水平的学生群体而言，其学习效能的各个维度得分均处于最低水平。具体而言，该水平学生的基本学习能力无法满足高中学习的要求，面对高中高强度的学业压力，该水平学生的记忆能力、理解能力、应用能力和创新能力均受到很大的挑战，他们自身无法结合自己的实际学习状态以及相应的学习内容，选择适合自己的学习策略，对教师的和自己的期望又很低，对学习也持一种非常消极的态度，没有充分意识到学习对自己的重要性，无法对学习保持一种热情，也就没有强烈的学习动机。此外，该水平学

生对班级的学习氛围感知度很低,无法较好地协调自己的师生和生生关系。总体而言,该水平的学生总体上处于一种效能丧失的状态,其突出特征就表现为效能丧失型。

(三)高中生学习效能的影响因素

为了对高中生学习效能进行深度刻画,围绕城乡区域、地域、学校类型、学业成就、性别、年级六个背景因素,对高中生学习效能进行了系统分析。

1.学习效能与城乡区域

以城市、县城和农村三个区域为背景因素,对高中生学习效能进行分析,目的是要揭示高中生学习效能各维度的城乡差异状况。

表 4-45　高中生学习效能各维度的城乡差异

变量	区域	平均分	标准差	F 值	事后检验
学习效能	城市	101.77	15.29	21.04**	1>(2)3**
	县城	98.53	13.62		
	农村	99.58	14.48		
学习态度	城市	16.98	3.34	9.44**	1>(2)3*
	县城	16.49	3.17		
	农村	16.64	3.25		
学习动机	城市	9.66	1.88	9.09**	1>(2)3*
	县城	9.40	1.77		
	农村	9.42	1.80		
学习期望	城市	14.78	2.51	2.19	——
	县城	14.88	2.37		
	农村	14.99	2.41		
学习环境	城市	11.58	2.15	25.16**	1>3>2*
	县城	11.08	1.89		
	农村	11.26	2.08		

变量	区域	平均分	标准差	F 值	事后检验
学习能力	城市	13.18	2.67	38.04**	1>(2)3**
	县城	12.45	2.30		
	农村	12.59	2.47		
学习策略	城市	25.90	5.87	9.31**	1>(2)3*
	县城	25.07	5.39		
	农村	25.31	5.55		
学业成就	城市	9.69	2.52	20.01**	1>3>2*
	县城	9.16	2.36		
	农村	9.38	2.31		

注：* 表示 $P<0.05$，表示差异显著；** 表示 $P<0.01$，表示差异非常显著；*** 表示 $P<0.001$，表示差异极其显著。

如表 4-45 所示，总体来看，高中生的学习效能城乡差异非常显著，城市高中生的学习效能整体上优于农村和县城的高中生。具体来看，在影响学习效能的各个维度上又体现出一定的差异性。在学习能力维度差异非常显著，城市高中生的表现要优于县城和农村的高中生；在学习态度、学习动机和学习策略三个维度差异显著，城市高中生的表现要优于县城和农村的高中生；在学习环境和学业成就两个维度差异显著，城市高中生的表现要优于农村高中生，农村高中生的表现又优于县城高中生；在学习期望维度，城市、县城和农村的高中生没有差异。

2.学习效能与东、中、西部地区

为了描述高中生学习效能的区域差异，我们以东部、中部和西部三个区域为背景因素，对学习效能进行了分析。

表 4-46　高中生学习效能各维度的区域差异

变量	区域	平均分	标准差	F 值	事后检验
学习效能	东部	100.35	14.95	3.29*	1>3*
	中部	100.12	16.33		
	西部	99.13	12.98		
学习态度	东部	16.64	3.35	0.73	——
	中部	16.72	3.46		
	西部	16.77	3.03		

 学业负担论纲

续表

变量	区域	平均分	标准差	F 值	事后检验
学习动机	东部	9.48	1.86	0.31	——
	中部	9.55	1.80		
	西部	9.51	1.76		
学习期望	东部	14.85	2.48	1.72	——
	中部	14.73	2.64		
	西部	14.95	2.28		
学习环境	东部	11.48	2.09	20.63**	1>(2)3*
	中部	11.15	2.06		
	西部	11.06	1.92		
学习能力	东部	12.86	2.61	14.77**	(1)2>3*
	中部	13.00	2.58		
	西部	12.46	2.26		
学习策略	东部	25.47	5.71	1.08	——
	中部	25.62	6.17		
	西部	25.25	5.24		
学业成就	东部	9.57	2.48	15.13**	1>3*
	中部	9.35	2.49		
	西部	9.13	2.26		

注：* 表示 $P<0.05$，表示差异显著；** 表示 $P<0.01$，表示差异非常显著；*** 表示 $P<0.001$，表示差异极其显著。

如表 4-46 所示，总体来看，高中生的学习效能区域差异显著，东部地区的高中生的学习效能优于中部和西部地区的高中生。具体而言，在学习环境维度差异显著，东部地区的高中生表现要优于中部地区和西部地区的高中生；在学习能力维度差异显著，东部地区和中部地区的高中生表现优于西部地区；在学业成就维度差异显著，东部地区的高中生表现优于西部地区；在学习态度、学习动机、学习期望和学习策略四个维度没有显著差异。

3.学习效能与学校类型

以示范学校和普通学校为基本的学校类型，来分析高中生学习效能，目的是要揭示高中生学习效能的学校类型差异。

表 4-47　高中生学习效能各维度的学校类型差异

变量	学校类型	平均分	标准差	t 值
学习效能	示范	100.00	14.82	0.90
	普通	99.76	14.32	
学习态度	示范	16.73	3.31	0.43
	普通	16.68	3.23	
学习动机	示范	9.62	1.87	3.20*
	普通	9.43	1.79	
学习期望	示范	14.79	2.47	-1.58
	普通	14.91	2.41	
学习环境	示范	11.40	2.04	2.36*
	普通	11.25	2.03	
学习能力	示范	12.90	2.63	2.95*
	普通	12.66	2.43	
学习策略	示范	25.29	5.72	-1.01
	普通	25.47	5.56	
学业成就	示范	9.46	2.46	1.28
	普通	9.36	2.40	

注：* 表示 $P<0.05$，表示差异显著；** 表示 $P<0.01$，表示差异非常显著；*** 表示 $P<0.001$，表示差异极其显著。

如表 4-47 所示，具体来看，示范学校和普通学校的高中生在学习效能上没有差异；在学习动机、学习环境和学习能力三个维度差异显著，示范学校的高中生要优于普通学校的高中生；在学习期望和学习策略两个维度，普通学校的高中生要优于示范学校的高中生；在学习态度和学业成就两个维度，示范学校和普通学校的高中生没有差异。

4.学习效能与学业成就（或评价）

根据学业成就的得分,将学生划分为三组,分别为高学业成就组(高分组:得分在 11—15 之间)、低学业成就组(低分组:得分在 3—8 之间)、中间学业成就组(中间组:得分在 9—10 之间)。

表 4-48 高中生学习效能各维度的学业水平差异

变量	区域	平均分	标准差	F 值	事后检验
学习效能	高分组	110.50	13.30	942.66**	1>2>3**
	中间组	99.19	10.25		
	低分组	90.76	12.55		
学习态度	高分组	18.36	3.20	362.41**	1>2>3**
	中间组	16.52	2.67		
	低分组	15.32	3.15		
学习动机	高分组	9.92	1.86	72.83**	1>2>3**
	中间组	9.49	1.67		
	低分组	9.11	1.84		
学习期望	高分组	15.52	2.39	86.12**	1>2>3**
	中间组	14.80	2.19		
	低分组	14.34	2.56		
学习环境	高分组	12.27	1.90	301.59**	1>2>3**
	中间组	11.16	1.78		
	低分组	10.52	2.03		
学习能力	高分组	14.06	2.47	386.61**	1>2>3**
	中间组	12.58	2.01		
	低分组	11.66	2.40		

变量	区域	平均分	标准差	F 值	事后检验
学习策略	高分组	28.26	5.65	359.10**	1>2>3**
	中间组	25.14	4.58		
	低分组	23.04	5.33		
学业成就	高分组	12.10	1.23	8464**	1>2>3**
	中间组	9.50	0.50		
	低分组	6.77	1.34		

注：* 表示 $P<0.05$，表示差异显著；** 表示 $P<0.01$，表示差异非常显著；*** 表示 $P<0.001$，表示差异极其显著。

如表 4-48 所示，总体来看，高分组、中间组和低分组的高中生学习效能差异极其显著，其中高分组的学生学习效能高于中间组，中间组学生的学习效能高于低分组。具体而言，在学习态度、学习动机、学习期望、学习环境、学习能力、学习策略和学业成就七个维度差异非常显著并且相当一致，高分组的学生表现优于中间组，中间组的学生表现优于低分组。

5.学习效能与性别

为了探讨学生性别与学习效能之间的关系，我们以男生和女生为基本维度进行分析，研究结果如表 4-49 所示。

总体来看，高中生的学习效能具有极其明显的性别差异，女生的学习效能明显高于男生的学习效能。具体来看，在学习态度、学习期望和学习策略三个维度差异非常显著，女生的表现要明显优于男生；在学习动机和学业成就两个维度差异显著，女生的表现要明显优于男生；在学习能力维度差异非常显著，男生的表现明显优于女生；在学习环境维度没有显著差异。

表 4-49 高中生学习效能各维度的性别差异

变量	性别	平均分	标准差	t 值
学习效能	男	98.67	15.50	-5.37**
	女	101.00	13.45	
学习态度	男	16.45	3.48	-4.85**
	女	16.93	3.04	

续表

变量	性别	平均分	标准差	t 值
学习动机	男	9.42	1.89	-2.51*
	女	9.56	1.76	
学习期望	男	14.44	2.61	-10.75**
	女	15.23	2.21	
学习环境	男	11.25	2.13	-1.75
	女	11.36	1.94	
学习能力	男	12.96	2.68	4.82**
	女	12.59	2.31	
学习策略	男	24.89	6.00	-5.74**
	女	25.88	5.21	
学业成就	男	9.27	9.51	-3.14*
	女	2.55	2.31	

注：* 表示 $P < 0.05$，表示差异显著；** 表示 $P < 0.01$，表示差异非常显著；*** 表示 $P < 0.001$，表示差异极其显著。

6.学习效能与年级

不同年级的学生会不会有不同的学习效能体验？为了探讨这一问题，我们选取高一年级、高二年级和高三年级三个年级为背景因素，对年级与学习效能之间的关系进行了深度描述。

表 4-50 高中生学习效能各维度的年级差异

变量	区域	平均分	标准差	F 值	事后检验
学习效能	高一	100.15	15.31	0.36	——
	高二	99.74	14.35		
	高三	99.81	13.47		

变量	区域	平均分	标准差	F 值	事后检验
学习态度	高一	16.91	3.33	14.47**	(1)2>3**
	高二	16.79	3.21		
	高三	16.24	3.17		
学习动机	高一	9.39	1.85	10.15**	3>(1)2*
	高二	9.46	1.77		
	高三	9.71	1.84		
学习期望	高一	15.07	2.48	8.00**	1>(2)3*
	高二	14.76	2.45		
	高三	14.76	2.31		
学习环境	高一	11.46	2.08	9.70**	1>(2)3*
	高二	11.15	2.00		
	高三	11.30	2.01		
学习能力	高一	12.70	2.63	0.64	
	高二	12.79	2.42		
	高三	12.70	2.43		
学习策略	高一	25.30	5.85	0.79	
	高二	25.41	5.60		
	高三	25.58	5.28		
学业成就	高一	9.32	2.45	2.38	
	高二	9.37	2.40		
	高三	9.53	2.40		

注：* 表示 $P<0.05$，表示差异显著；** 表示 $P<0.01$，表示差异非常显著；*** 表示 $P<0.001$，表示差异极其显著。

第四章　学生学习效能的水平及特征

　　如表 4-50 所示,总体来看,学习效能的年级差异不显著,高一年级学生的学习效能高于高三年级,高三年级学生的学习效能高于高二年级。具体来说,在学习态度维度差异非常显著,高一年级和高二年级学生的学习态度明显好于高三年级;在学习动机维度差异显著,高三年级学生的学习动机高于高一年级和高二年级;在学习环境和学习期望维度差异显著,高一年级学生的表现高于高二年级和高三年级;在学习能力、学习策略和学业成就三个维度没有显著差异。

第五章

学业负担与教学效能的关系

作为学生学业负担的直接来源与现实根源，教师教学效能水平构成影响学生学业负担衍生与发展的核心中介。在现今学业负担"顽疾"久治不愈的情形之下，从教学效能路向探寻学业负担问题的解决之道，不失为良策。上文已从学理层面探讨了学业负担与教学效能的理论逻辑理路，从现实向度介绍了我国中小学生的学业负担现状及教师教学效能现状，为学业负担问题的"善治"提供了理论参考与现实依据。然而，数据支持下的学业负担与教学效能关系为何？此为本章所要探求的核心问题。具体观之，本章将既有研究数据上升到学校场域层面，探讨学业负担与教学效能的数据关系，以验证既有逻辑及其理论假设，进而为学业负担问题"善治"的教学效能逻辑路向提供数理逻辑支撑。

一、研究的思路与方法

（一）研究思路

为保证问卷调查结果的准确性和有效性，本研究在问卷设计之初既将学生学业负担问卷及教师教学效能问卷按照科学标准进行了严格设计，并在发放过程中按照严格的分层抽样和随机抽样相结合的方式，以保证研究的严谨性与合理性。然而，由于问卷所得结果不为同一群体作答，因此，不能够直接对学业负担与教学效能的关系进行统计学分析。有鉴于此，课题组设想从学校层面出发来考察学业负担与教学效能的数理逻辑关系。如此考量其原因主要有二：首先，从学生学业负担的形成机制来看，教师的教学成为学业负担形成因子链上的第一层外围影响因子。具体而言，教师的教学效能与学生的学习过程及效果存在着天然的"联姻"，是学生学业负担形成的重要外部动因。在具体教学情境之中，教师此种外围动因效用的发挥，则立足于课堂这一教学场域。然而，在数据分析过程之中，课堂作为变量有其局限性，主要表现在不足以分析出更广阔的结论以及难以进行宏观意义上的教学效能和学业负担之间逻辑关系的推论。这就需要寻求更广阔的文化场域对学业负担和教学效能的关系进行分析。作为教师和学生共同建构的文化场域，学校兼具了宏观意义上的价值传递和微观意义上的价值指导。因此，为寻求恰切的数据分析效果，本研究立足于学校层面，以期从中观意义上建立起关于学业负担和教学效能之间的数据验证逻辑着力点。其次，学生和教师虽分属于不同研究群体，但他们都生成、发展于学校这一学习共同体之中。在此学习共同体场域之内，学校的教师和学生拥有着共同的教学目标、秉持着共同的价值理念、坚守着共同的行为规范。因此，可以将每一学校场域作为一个整体研究对象进行深入解析，以通过学校层面检视学业负担

与教学效能的数理逻辑关系。

本研究对学生的学业负担及教师的教学效能进行分阶段的考察,即对小学、初中和高中分别进行考察。因此,对小学、初中和高中的分析大致相同。在此简述此部分的研究思路与步骤。首先,对教师教学效能的平均水平按照学校进行从高到低的排序。此部分的操作步骤为:以学校名称为因子,教学效能水平为因变量进行单因素方差描述性分析,将得到的结论的均值进行从高到低的排序。其次,将学校进行分层。本研究共对 90 所学校进行了问卷调查,其中小学 30 所,初中 31 所,高中 29 所。因此,按照等分原则分别对不同阶段学校教师的教学效能水平进行分层。其中前十位为高教学效能,后十位为低教学效能,中间则为中教学效能。再次,将第二步骤所得的学校排名与学业负担部分的学校进行一一对应,并为其赋予新的变量标签,即如果该学校的教学效能水平位于高教学效能水平,此学校的标签则变为"1";如果该学校的教学效能水平位于中教学效能水平,此学校的标签则变为"2";如果该学校的教学效能水平位于低教学效能水平,此学校的标签则变为"3"。最后,将通过上述步骤学校所得的新标签与学业负担的总体水平做单因素方差分析,以检视学业负担水平与教学效能水平的差异及关联,据此推断学业负担与教学效能的关系。

(二)研究方法

本研究采用问卷调查法,《中小学生学业负担问卷》和《中小学教师教学效能问卷》均属于参照已有相关研究基础上形成的自编问卷。在问卷发放过程中,按照分层随机抽样的方式选取 90 所中小学校的学生和教师作为研究对象。其中学生学业负担问卷共发放 15500 份,回收有效问卷 13376 份,有效回收率为 86.30%;教师教学效能问卷共发放问卷 3000 份,回收有效问卷 2380 份,有效回收率为 79.33%。

本研究主要是运用单因素方差分析法对学业负担与教学效能的数理关系进行透视。方差分析是由英国统计与遗传学家费希尔(R.A.Fisher)首次提出,用于两个及两个以上样本均数差别的显著性检验。当仅研究一个观测变量对结果的影响时,称为单因素方差分析(One-Way ANOVA)。在采用单因素方差分析过程之中,采用完全随机设计的方法,摒弃个体差异,将研究变量按照随机化原则随机分配到一个处理因素的多个水平中去,通过观察不同变量的实验效应,对各因素间的差异进行比较分析。在本研究之中,通过运用单因素方差分析对不同层次教师教学效能所对应的学生学业负担水平之间的差异进行分析,以检视教学效能与学业负担的数理逻辑关系。

二、学业负担与教学效能关系的实证分析

按照上述研究思路和研究方法,分别对小学、初中和高中阶段学生学业负担与教师教学效能关系进行实证分析,以探寻不同学习阶段学业负担与教学效能的数理逻辑关系。

(一)小学阶段学业负担与教学效能的关系

本研究将小学阶段教师的教学效能水平划分为 3 个层次:高教学效能、中教学效能和低教学效能。本研究对 4396 名小学生的学业负担水平所对应的教师的教学效能层次进行了单因素方差分析,分别进行了描述统计、方差齐性检验、方差分析、事后多重比较,并列出了不同

层次教师教学效能水平所对应的学生学业负担水平的均数分布图。

表 5-1 为不同层次教师教学效能对应学生学业负担水平(小学)的描述统计表。具体可知,全部有效的观察值为 4396 位,均值为 1.7438,标准差为 0.63714,平均数的估计标准误为 0.00961,均值的 95%置信区间为(1.7250,1.7626)。在 4396 名小学生所对应的教师教学效能之中,低教学效能水平教师所对应的学生人数最多,为 1563 人;高教学效能水平教师所对应的学生人数次之,为 1518 人;中教学效能水平教师所对应的学生人数最少,为 1315 人。

表 5-1 不同层次教师教学效能对应学生学业负担水平（小学）的描述统计表

	N	均值	标准差	标准误	均值的 95%置信区间		极小值	极大值
					下限	上限		
高教学效能	1518	1.5620	0.56685	0.01455	1.5335	1.5906	1.00	4.27
中教学效能	1315	1.7839	0.61797	0.01704	1.7505	1.8173	1.00	4.64
低教学效能	1563	1.8866	0.67457	0.01706	1.8531	1.9200	1.00	4.73
总体	4396	1.7438	0.63714	0.00961	1.7250	1.7626	1.00	4.73

表 5-2 不同层次教师教学效能对应学生学业负担水平（小学）的方差齐性检验

Levene 统计量	组间自由度	组内自由度	显著性
24.382	2	4393	0.000

表 5-2 不同层次教师教学效能对应学生学业负担水平(小学)的方差齐性检验结果表明,Levene 方差齐性检验结果等于 24.382,组间自由度为 2,组内自由度为 4393,显著性概率 Sig. 值为 0.000,$P<0.001$。这表明各层次教师教学效能对应学生学业负担水平的方差在 0.001 的显著性水平上差异显著,即各组方差为不齐。

表 5-3 不同层次教师教学效能对应学生学业负担水平（小学）的方差分析表

	平方和	自由度	均方	F	显著性
组间	84.126	2	42.063	108.695	0.000
组内	1700.005	4393	0.387		
总数	1784.130	4395			

表 5-3 不同层次教师教学效能对应学生学业负担水平(小学)的方差分析说明,组间平方和为 84.126,自由度为 2,均方为 42.063,F 值为 108.695,Sig. 值为 0.000,$P<0.001$。这表明不同层次教师教学效能对应学生学业负担水平的组间差异在 0.001 的显著性水平上差异显著。

由于表 5-2 不同层次教师教学效能对应学生学业负担水平(小学)的方差齐性检验结果表明方差不齐,本研究选用 Tamhane 法进行各组均值之间的多重比较。表 5-4 不同层次教师教学效能对应学生学业负担水平(小学)的事后多重比较的结果表明,三个层次教师教学效能对应的学生学业负担水平与其他各组教师的显著性值均小于 0.001。这表明,三个层次教师教学效能对应的学生学业负担水平与其他各组教师在 0.001 显著性水平上差异显著。

表 5-4 不同层次教师教学效能对应学生学业负担水平（小学）的事后多重比较

	(I)教学效能组	(J)教学效能组	均值差(I-J)	标准误	显著性	95%置信区间 下限	上限
LSD	高教学效能	中教学效能	-0.22185*	0.02344	0.000	-0.2678	-0.1759
		低教学效能	-0.32454*	0.02242	0.000	-0.3685	-0.2806
	中教学效能	高教学效能	0.22185*	0.02344	0.000	0.1759	0.2678
		低教学效能	-0.10269*	0.02328	0.000	-0.1483	-0.0571
	低教学效能	高教学效能	0.32454*	0.02242	0.000	0.2806	0.3685
		中教学效能	0.10269*	0.02328	0.000	0.0571	0.1483
Tamhane	高教学效能	中教学效能	-0.22185*	0.02241	0.000	-0.2754	-0.1683
		低教学效能	-0.32454*	0.02242	0.000	-0.3781	-0.2710
	中教学效能	高教学效能	0.22185*	0.02241	0.000	0.1683	0.2754
		低教学效能	-0.10269*	0.02412	0.000	-0.1603	-0.0451
	低教学效能	高教学效能	0.32454*	0.02242	0.000	0.2710	0.3781
		中教学效能	0.10269*	0.02412	0.000	0.0451	0.1603

注:* 表示均值差的显著性水平为 0.05。

根据均值比较的结果来看,高教学效能教师所对应学生学业负担的均值显著低于中教学效能教师所对应学生学业负担的均值,中教学效能教师所对应学生学业负担的均值显著低于低教学效能教师所对应学生学业负担的均值。因此,可以推断出,在小学阶段,教学效能水平越高的教师,其所教学生的学业负担水平越低。

图 5-1 不同层次教师教学效能对应学生学业负担水平(小学)的均数分布图表明,高教学效能教师所对应的学生学业负担的均值最低,中教学效能教师所对应的学生学业负担的均值次之,低教学效能教师所对应的学生学业负担的均值最高,这与事后多重比较的结果相吻合。这在很大程度上表明,在小学阶段,高教学效能教师所对应的学生学业负担水平低于中教学

效能教师所对应的学生学业负担水平,中教学效能教师所对应的学生学业负担水平又低于低教学效能教师所对应的学生学业负担水平。

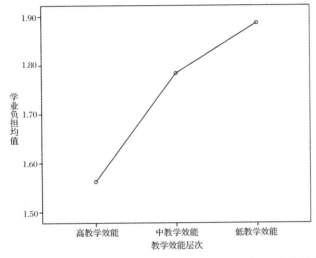

图 5-1　不同层次教师教学效能对应学生学业负担水平（小学）的均数分布图

（二）初中阶段学业负担与教学效能的关系

本研究将初中阶段教师的教学效能水平划分为 3 个层次:高教学效能、中教学效能和低教学效能。本研究对 4687 名初中学生的学业负担水平所对应教师的教学效能层次进行了单因素方差分析,分别进行了描述统计、方差齐性检验、方差分析、事后多重比较,并列出了不同层次教师教学效能水平所对应的学生学业负担水平的均数分布图。

表 5-5　不同层次教师教学效能对应学生学业负担水平（初中）的描述统计表

	N	均值	标准差	标准误	均值的 95% 置信区间		极小值	极大值
					下限	上限		
高教学效能	1515	2.2131	0.74904	0.01924	2.1754	2.2509	1.00	5.00
中教学效能	1404	2.3748	0.71913	0.01919	2.3372	2.4125	1.00	4.73
低教学效能	1768	2.5404	0.74813	0.01779	2.5055	2.5753	1.00	5.00
总体	4687	2.3850	0.75223	0.01099	2.3635	2.4066	1.00	5.00

表 5-5 为不同层次教师教学效能对应学生学业负担水平(初中)的描述统计表。具体可知,全部有效的观察值为 4687 位,均值为 2.3850,标准差为 0.75223,平均数的估计标准误为 0.01099,均值的 95% 置信区间为(2.3635,2.4066)。在 4687 名初中学生所对应的教师教学效能之中,低教学效能水平教师所对应的学生人数最多,为 1768 人;高教学效能水平教师所对应的学生人数次之,为 1515 人;中教学效能水平教师所对应的学生人数最少,为 1404 人。

表 5-6 不同层次教师教学效能对应学生学业负担水平（初中）的方差齐性检验

Levene 统计量	组间自由度	组内自由度	显著性
5.011	2	4684	0.007

表 5-6 不同层次教学效能对应学业负担水平（初中）的方差齐性检验结果表明，Levene 方差齐性检验结果等于 5.011，组间自由度为 2，组内自由度为 4684，显著性概率 Sig.值为 0.007，$P<0.01$。这表明各层次教师教学效能对应学生学业负担水平的方差在 0.001 的显著性水平上差异显著，即各组方差为不齐。

表 5-7 不同层次教师教学效能对应学生学业负担水平（初中）的方差分析表

	平方和	自由度	均方	F	显著性
组间	87.595	2	43.798	80.011	0.000
组内	2564.003	4684	0.547		
总数	2651.599	4686			

表 5-7 不同层次教师教学效能对应学生学业负担水平（初中）的方差分析说明，组间平方和为 87.595，自由度为 2，均方为 43.798，F 值为 80.011，Sig.值为 0.000，$P<0.001$。这表明不同层次教师教学效能对应学生学业负担水平的组间差异在 0.001 的显著性水平上差异显著。

表 5-8 不同层次教师教学效能对应学生学业负担水平（初中）的事后多重比较

	(I)教学效能组	(J)教学效能组	均值差(I-J)	标准误	显著性	95%置信区间 下限	95%置信区间 上限
LSD	高教学效能	中教学效能	-0.16170*	0.02741	0.000	-0.2154	-0.1080
		低教学效能	-0.32727*	0.02590	0.000	-0.3781	-0.2765
	中教学效能	高教学效能	0.16170*	0.02741	0.000	0.1080	0.2154
		低教学效能	-0.16558*	0.02645	0.000	-0.2174	-0.1137
	低教学效能	高教学效能	0.32727*	0.02590	0.000	0.2765	0.3781
		中教学效能	0.16558*	0.02645	0.000	0.1137	0.2174
Tamhane	高教学效能	中教学效能	-0.16170*	0.02718	0.000	-0.2266	-0.0968
		低教学效能	-0.32727*	0.02621	0.000	-0.3899	-0.2647
	中教学效能	高教学效能	0.16170*	0.02718	0.000	0.0968	0.2266
		低教学效能	-0.16558*	0.02617	0.000	-0.2281	-0.1031
	低教学效能	高教学效能	0.32727*	0.02621	0.000	0.2647	0.3899
		中教学效能	0.16558*	0.02617	0.000	0.1031	0.2281

注：* 表示均值差的显著性水平为 0.05。

由于表 5-6 不同层次教师教学效能对应学生学业负担水平（初中）的方差齐性检验结果表明方差不齐，本研究选用 Tamhane 法进行各组均值之间的多重比较。表 5-8 不同层次教师教学效能对应学生学业负担水平（初中）的事后多重比较的结果表明，三个层次教师教学效能对应的学生学业负担水平与其他各组教师的显著性值均小于 0.001。这表明，三个层次教师教学效能所对应的学生学业负担水平与其他各组教师在 0.001 显著性水平上差异显著。

根据均值比较的结果来看，高教学效能教师所对应的学生学业负担的均值显著低于中教学效能教师所对应的学生学业负担的均值，中教学效能教师所对应的学生学业负担的均值显著低于低教学效能教师所对应的学生学业负担的均值。因此，可以推断出，在初中阶段，教学效能水平越高的教师，其所教学生的学业负担水平越低。

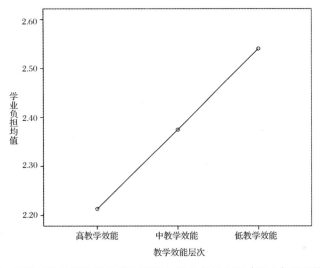

图 5-2　不同层次教师教学效能对应学生学业负担水平（初中）的均数分布图

图 5-2 不同层次教师教学效能对应学生学业负担水平（初中）的均数分布图表明，高教学效能教师所对应的学生学业负担的均值最低，中教学效能教师所对应的学生学业负担的均值次之，低教学效能教师所对应的学生学业负担的均值最高，这与事后多重比较的结果相互吻合。这在很大程度上表明，在初中阶段，高教学效能教师所对应的学生学业负担水平低于中教学效能教师所对应的学生学业负担水平，中教学效能教师所对应的学生学业负担水平又低于低教学效能教师所对应的学生学业负担水平。

（三）高中阶段学业负担与教学效能的关系

本研究将高中阶段教师的教学效能水平划分为 3 个层次：高教学效能、中教学效能和低教学效能。本研究对 4293 名高中学生的学业负担水平所对应教师的教学效能层次进行了单因素方差分析，分别进行了描述统计、方差齐性检验、方差分析、事后多重比较，并列出了不同层次教师教学效能水平所对应的学生学业负担水平的均数分布图。

表 5-9 为不同层次教师教学效能对应学生学业负担水平（高中）的描述统计表。具体可知，全部有效的观察值为 4293 位，均值为 2.8682，标准差为 0.67227，平均数的估计标准误为

0.01026,均值的95％置信区间为(2.8481,2.8883)。在4293名高中学生所对应的教师教学效能之中,低教学效能水平教师所对应的学生人数最多,为1615人;高教学效能水平教师所对应的学生人数次之,为1530人;中教学效能水平教师所对应的学生人数最少,为1148人。

表 5-9 不同层次教师教学效能对应学生学业负担水平（高中）的描述统计表

	N	均值	标准差	标准误	均值的95％置信区间		极小值	极大值
					下限	上限		
高教学效能	1530	2.8698	0.69830	0.01785	2.8347	2.9048	1.00	5.00
中教学效能	1148	2.7661	0.68643	0.02026	2.7263	2.8058	1.00	5.00
低教学效能	1615	2.9393	0.62654	0.01559	2.9087	2.9698	1.00	4.82
总体	4293	2.8682	0.67227	0.01026	2.8481	2.8883	1.00	5.00

表 5-10 不同层次教师教学效能对应学生学业负担水平（高中）的方差齐性检验

Levene 统计量	组间自由度	组内自由度	显著性
7.453	2	4290	0.001

表 5-10 不同层次教师教学效能对应学业负担水平(高中)的方差齐性检验结果表明,Levene 方差齐性检验结果等于 7.453,组间自由度为 2,组内自由度为 4290,显著性概率 Sig.值为 0.001,$P<0.01$。这表明各层次教师教学效能对应学生学业负担水平的方差在 0.001 的显著性水平上差异显著,即各组方差为不齐。

表 5-11 不同层次教师教学效能对应学生学业负担水平（高中）的方差分析表

	平方和	自由度	均方	F	显著性
组间	20.132	2	10.066	22.496	0.000
组内	1919.608	4290	0.447		
总数	1939.740	4292			

表 5-11 不同层次教师教学效能对应学生学业负担水平(高中)的方差分析说明,组间平方和为 20.132,自由度为 2,均方为 10.066,F 值为 22.496,Sig.值为 0.000,$P<0.001$。这表明不同层次教师教学效能对应学生学业负担水平的组间差异在 0.001 的显著性水平上差异显著。

由于表 5-10 不同层次教师教学效能对应学生学业负担水平(高中)的方差齐性检验结果表明方差不齐,本研究选用 Tamhane 法进行各组均值之间的多重比较。表 5-12 不同层次教师教学效能对应学生学业负担水平(高中)的事后多重比较的结果表明,高教学效能教师对应的学生学业负担水平与中教学效能教师对应的学生学业负担水平的显著性值均小于0.001，与低教学效能教师对应的学生学业负担水平的显著性值均小于0.05。中教学效能教师对应的学生学业负担水平与高教学效能教师对应的学生学业负担水平和低教学效能教师对应的学生学业负担水平的显著性值均小于0.001。

表 5-12　不同层次教师教学效能对应学生学业负担水平（高中）的事后多重比较

	(I)教学效能组	(J)教学效能组	均值差(I-J)	标准误	显著性	95%置信区间	
						下限	上限
LSD	高教学效能	中教学效能	0.10368*	0.02612	0.000	0.0525	0.1549
		低教学效能	-0.06951*	0.02386	0.004	-0.1163	-0.0227
	中教学效能	高教学效能	-0.10368*	0.02612	0.000	-0.1549	-0.0525
		低教学效能	-0.17319*	0.02582	0.000	-0.2238	-0.1226
	低教学效能	高教学效能	0.06951*	0.02386	0.004	0.0227	0.1163
		中教学效能	0.17319*	0.02582	0.000	0.1226	0.2238
Tamhane	高教学效能	中教学效能	0.10368*	0.02700	0.000	0.0392	0.1682
		低教学效能	-0.06951*	0.02370	0.010	-0.1261	-0.0129
	中教学效能	高教学效能	-0.10368*	0.02700	0.000	-0.1682	-0.0392
		低教学效能	-0.17319*	0.02556	0.000	-0.2343	-0.1121
	低教学效能	高教学效能	0.06951*	0.02370	0.010	0.0129	0.1261
		中教学效能	0.17319*	0.02556	0.000	0.1121	0.2343

注：* 表示均值差的显著性水平为0.05。

　　根据均值比较的结果来看，中教学效能教师所对应的学生学业负担的均值显著低于高教学效能教师所对应的学生学业负担的均值，高教学效能教师所对应的学生学业负担的均值显著低于低教学效能教师所对应的学生学业负担的均值。因此，可以推断出，在高中阶段，中等教学效能水平的教师，其所教学生的学业负担水平最低，这可能与高中学生所面临的特殊学习任务有重要关联。高教学效能的教师会对其学生的期望有更高的要求，这在无形之中会增加学生的心理压力，进而影响学生的学业负担水平。

　　图 5-3 不同层次教师教学效能对应学生学业负担水平（高中）的均数分布图表明，中教学效能教师所对应的学生学业负担的均值最低，高教学效能教师所对应的学生学业负担的均值次之，低教学效能教师所对应的学生学业负担的均值最高，这与事后多重比较的结果相吻合。

这在很大程度上表明,在高中阶段,中教学效能教师所对应的学生学业负担水平低于高教学效能教师所对应的学生学业负担水平,高教学效能教师所对应的学生学业负担水平又低于低教学效能教师所对应的学生学业负担水平。

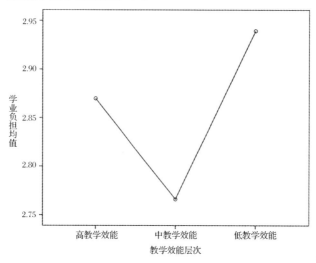

图 5-3　不同层次教师教学效能对应学生学业负担水平(高中)的均数分布图

综上所述,小学阶段和初中阶段的教师教学效能层次越高,其所对应的学生学业负担水平就越低。而高中阶段,处于中教学效能的教师其所对应的学生学业负担的均值最低,高教学效能的教师所对应的学生学业负担的均值次之,低教学效能的教师所对应的学生学业负担的均值最高。

三、学业负担与教学效能关系的学理确证

通过对学业负担与教学效能的数据分析发现,学业负担与教学效能之间关系密切,教学效能构成学生学业负担存在与衍生的重要中介变量。这进一步验证了从教学效能与学业负担的关系中找寻基于教学效能的学业负担治理向度的必要性和可行性。在学理探讨和数理分析的基础上,以学业负担与教学效能的关系思维为纽带找寻学业负担问题治理的行动路向,关键在于进一步确证此二者之间的逻辑关系。具体而言,就是要在把教学效能作为影响学业负担水平变化的中介变量的认知确信、教学效能作为学业负担水平合理生成的关键动力的实践确认和把教学效能作为解决学业负担问题的学理支点的理论确保中,不断优化学业负担与教学效能的关系,不断发挥教学效能之于学业负担问题治理的作用。

基于过程思维,教学活动是一种过程性存在,教学效能正是在这一过程中形成并发挥作用的。这表明,教学效能与学业负担的关系存在于教学活动的过程之中,换言之,教学过程本身与学业负担相伴相行。本质上,教学过程是人与人之间的交流,"这种交流是相互启迪、相互激励的过程,是情绪情感相互濡染的过程,是人格相遇的过程,是思想精神相互贯通的过

程,教学就是对交流引导的过程,就是交流不断深入、拓展的过程"。[①] 由此论之,在教学过程中,教师的教学认知、情绪、期望等主观因素和教学能力、策略、业绩、环境等客观现实必然会影响教学过程的推进与品性,进而触及学生学业活动的质量,此即学业负担生成的教学过程逻辑。因而,把教学效能置于教学过程中进行审视,正是研判教学过程与学业负担关系的应然之思。

(一)认知确信:教学效能作为影响学业负担水平变化的中介变量

从教学效能与学业负担关系生成的学理逻辑审视,发现教师教学效能的高低是影响学生学业负担水平的重要中介变量。通过对相关调查结果的分析,发现在小学和初中阶段,学生学业负担水平均随着其任课教师教学效能水平的提升而降低。而在高中阶段,当教师的教学效能水平处于中等程度时,学生学业负担水平最低,高教学效能水平的学生学业负担次之,低教学效能水平的学生学业负担最高。这种基于数据分析所得的学业负担与教学效能的关系,恰恰是此二者关系的数理逻辑。实际上,教学活动是教师与学生主体的精神相遇及交往的过程,这一过程的开展深受教师教学哲学的影响。教师如何理解教学、如何定位自身、如何看待学生等等,都直接影响教学的效能,而这种教学的效能将直接传导于学生这一受教主体。从这个意义上讲,有什么样的教学就有什么样的学习,教学状态直接影响学生负担。或者说,有什么样的教学效能样态就有什么样的学业负担形态。在实践层面,教学效能与学业负担的关系表征为三个方面:一是教学效能与学业负担在水平层次上的耦合;二是教学效能与学业负担在"教学场"中的互动;三是教学效能与学业负担在学生体认上的对立统一。实践运行中的这三层关系也反证了在学理层面教学效能与学业负担的内在关系。据此而论,调查数据得出来的数理逻辑与理性思辨的学理逻辑具有内在的统一性,这种统一性说明学生的学业负担与教师的教学效能存在着天然的"联姻",学业负担与教学效能之间可谓"唇齿相依""休戚与共"。具体而言,教师教学效能的水平会通过教学这一特殊活动作用于学业负担的价值承担主体——学生,从而影响学生担负何种程度的负担以及确保负担处于何种水平与区间。简言之,教学效能是调控学业负担水平的中介,一定的教学效能水平将会确保学业负担处于合理的范围内。

(二)实践确认:教学效能作为学业负担水平合理生成的关键动力

学校场域中的学业负担与教师的教学有着密不可分的关系。在这个意义上,教师如何体认教学、如何进行教学实践都是影响学业负担的关键因素。这也就是说,探讨教师教学与学生学业负担的关系,并不是只分析教学这种行为如何影响学业负担,重要的是分析教学这种行为的结果——教学效能与学业负担的关系。因此,学生学业负担是否处于合理水平的关键因素是教师教学效能水平的高低。然而,常理和数理都说明,不同的教师拥有差异化的教学效能水平,其所教学生亦呈现出差异化的学业负担水平。与此同时,处于不同年级阶段的教师教学效能水平,其所对应的学生学业负担水平亦呈现出显著差异。具体而言,在小学和初中阶段,教师的教学效能水平越高,学生的学业负担水平则越低。在高中阶段,高教学效能的

[①] 靳玉乐,王桂林.教学过程中的教师期望效应探析[J].教育理论与实践,2002(8):44.

教师所对应学生的学业负担水平并不绝对为低,反而当教师处于中等教学效能水平的时候,学生的学业负担水平最低。这表明,学生的学业负担水平处于动态发展过程之中,学生的学业负担状态与其所处环境场域、文化境遇以及教师教学认知水平、教学情绪状态、教学期望水平、教学能力现状、教学策略水平等教学效能核心要素有密切关联。既然如此,要确保学生学业负担处于合理的水平,就必须抓住教师教学效能这一关键因素。从对教学效能的深入解析中,首先探明影响教学效能的各要素及其相互作用,进而分析构成教学效能的各要素及教学效能整体如何作用于学业负担,最终为厘清基于教学效能的学业负担水平找寻基点。换言之,优化或者解决学业负担问题就是要使其保持在合理的水平和范围之内,在学校场域中,教师教学效能是影响学生学业负担状况的动力所在。因此,基于学理的推演和数理的支撑,着眼于学校和教学求解学业负担问题的治理之道,就是要把教学效能视为学业负担水平合理生成的关键动力。

(三)理论确保:教学效能作为解决学业负担问题的学理支点

教师教学是影响学生学业负担的关键因素和中介,学业负担问题的治理需要教学的在场与担当,更需要教师教学效能作用的有效发挥。在原有的学理探讨和目前的数理分析的基础上,重新构建教学效能的理论模型,是教学效能与学业负担关系深化的必然之思。这一思考包含相互关联的四个维度:一是主观认知维度。要进一步探寻教师如何理解教学,如何确立正确的教学价值观,如何形成自觉的教学哲学的认知逻辑,在此基础上,重塑教师教学的观念系统,为教学效能与学业负担关系的深化确立观念导向。二是客观条件维度。要充分判识教师教学效能的客观表征,厘清教学效能客观层面的形成条件,以教学能力的提高和教学策略的科学为突破口,探讨教学效能提升的条件保障系统,为教学效能与学业负担关系的深化觅得条件支撑。三是主体行为维度。要不断探索教师主体的教学、管理、评价等行为如何正向作用于学生的学业负担,不断以优质高效的教学、科学有效的管理、积极导向的评价等作为教师主体行为的旨趣,在乐教、会教、善教的教学行为的能动开展中为教学效能与学业负担关系的深化找到行动路向。四是交互文化维度。要将教学置于文化的场域中进行审视,更新教学是课堂、班级、课内等狭隘空间中活动的观念,重塑学校文化、教师文化和教学文化等文化场,营造健康和谐的文化氛围,为深化教学效能和学业负担的关系奠实文化土壤。如此,以主观认知为导向,以客观条件为保障,以主体行为为抓手,以文化重塑为牵引,重新确立教学效能与学业负担的关系逻辑,而这种关系逻辑的确立,也生动地表明基于教学效能视点的学业负担治理逻辑在于认知、条件、行为和文化"四维一体"的协同并进中。换言之,在认知、条件、行为和文化"四维一体"的互动逻辑中,重新探讨教学效能和学业负担的关系,是着眼教学效能、优化学业负担的思考径向,而这关键在于把教学效能作为解决学业负担问题的学理支点。

第六章

学业负担与学习效能的关系

在本研究中我们提出了这样的假设：学习效能是学业负担的表征。在前面的章节中，我们通过数据分别对学业负担和学习效能进行了分析。那么，在学习效能和学业负担之间是否存在着关联关系？学习效能是否能够成为学业负担的表征？如果这种关联关系成立的话，学业负担和学习效能各要素之间存在着什么样的关系？为了解决这些问题，在本章中我们试图通过数据来验证学业负担和学习效能的关系，并借此完善学业负担和学习效能之间的关系认知。

一、研究的思路与方法

（一）研究思路

关于学业负担与学习效能之间关系的理论构想，在本研究成题之初既已判定，即在学校场域之中，学生的学业负担水平深受学生的学习效能水平的影响。为验证此理论构想的合理与否，此部分将运用调查所得数据进行分析，以寻求学业负担与学习效能之间的现实逻辑关系。

为保证问卷调查结果的准确性和有效性，本研究在设计问卷之初既将学生学业负担问卷及学生学习效能问卷进行了分别设计，并在发放过程中按照严格的分层抽样和随机抽样相结合的方式，以保证研究的严谨性与合理性。

与此同时，为保证问卷所得数据的有效性及真实性，问卷在发放过程中选择同一学校同一年级中的不同被试进行作答，因此，不能直接对学业负担与学习效能的关系进行统计学分析。上文指出，本研究按照严格的抽样方法获得数据资料，因此，我们设想从学校层面出发来考察学业负担与学习效能的逻辑关系。此外，此次调查共计调查 90 所中小学校，符合研究所需要的基本样本规模。

在具体操作过程之中，本研究对学生的学业负担及学生的学习效能进行分阶段的考察，即对小学、初中和高中分别进行考察。在此简述此部分的研究思路与步骤。首先，对学生学习效能的平均水平按照学校进行从高到低的排序。此部分的操作步骤为：以学校名称为因子，学习效能水平为因变量进行单因素方差描述性分析，将得到的学校学习效能均值进行从高到低的排序。其次，将学校进行分层。本研究共对 90 所学校进行了问卷调查，其中小学 30 所，初中 31 所，高中 29 所。因此，按照等分原则分别对不同阶段学校学生的学习效能进行分层。其中前十位为高学习效能，后十位为低学习效能，中间则为中学习效能。再次，将第二步骤所得的学校排名与学业负担部分的学校进行一一对应，并为其赋予新的变量标签，即如果该学校的学习效能水平位于高学习效能水平，此学校的标签则变为"1"；如果该学校的学习效

能水平位于中学习效能水平,此学校的标签则变为"2";如果该学校的学习效能水平位于低学习效能水平,此学校的标签则变为"3"。最后,将通过上述步骤学校所得的新标签与学业负担的总体水平做单因素方差分析,以检视学业负担水平与学习效能水平的差异及关联,据此推断学业负担与学习效能的关系。

(二)研究方法

本研究采用问卷调查法,《中小学生学业负担问卷》和《中小学学生学习效能问卷》均属于参照已有相关研究基础上形成的自编问卷。在问卷发放过程中,按照分层随机抽样的方式选取 90 所中小学校的学生作为研究对象。其中学生学业负担问卷共发放 15500 份,回收有效问卷 13376 份,有效回收率为 86.30%;学习效能问卷共发放 14834 份,回收有效问卷 13477份,有效回收率为 90.85%。本研究主要是运用单因素方差分析法对学业负担与学习效能的数理关系进行透视。

二、学业负担与学习效能关系的实证分析

学习效能到底能不能成为学业负担的表征? 为验证这一研究假设,我们以学习效能为因变量,通过单因素方差分析法来寻求小学、初中和高中三组学生学业负担与学习效能之间的关系。

(一)小学阶段学业负担与学习效能的关系

根据等分原则,我们将小学阶段学生的学习效能水平划分为 3 个层次:高学习效能、中学习效能和低学习效能。本研究对 4396 名小学生学习效能所对应的学业负担水平进行了单因素方差分析,分别进行了描述统计、方差齐性检验、方差分析、事后多重比较,并列出了不同层次学生学习效能水平所对应的学业负担水平的均数分布图。

表 6-1 不同层次学习效能对应学业负担水平(小学)的描述统计表

	N	均值	标准差	标准误	均值的95%置信区间		极小值	极大值
					下限	上限		
高学习效能	1469	1.5549	0.55018	0.01435	1.5267	1.5830	1.00	4.64
中学习效能	1568	1.6962	0.60062	0.01517	1.6664	1.7259	1.00	4.27
低学习效能	1359	2.0029	0.67961	0.01844	1.9668	2.0391	1.00	4.73
总体	4396	1.7438	0.63714	0.00961	1.7250	1.7626	1.00	4.73

表 6-1 为不同层次学习效能对应学业负担水平(小学)的描述统计表。具体可知,全部有效的观察值为 4396,均值为 1.7438,标准差为 0.63714,平均数的估计标准误为 0.00961,均值的 95%置信区间为(1.7250,1.7626)。在 4396 名小学生之中,中学习效能水平的学生人数最多,为 1568 人;高学习效能水平的学生人数次之,为 1469 人;低学习效能水平的学生人数最少,为 1359 人。

表 6-2　不同层次学习效能对应学业负担水平（小学）的方差齐性检验

Levene 统计量	组间自由度	组内自由度	显著性
32.986	2	4393	0.000

　　表 6-2 不同层次学习效能对应学业负担水平（小学）的方差齐性检验结果表明，Levene 方差齐性检验结果等于 32.986，组间自由度为 2，组内自由度为 4393，显著性概率 Sig.值为 0.000，$P < 0.001$。这表明各层次学习效能对应学业负担水平的方差在 0.001 的显著性水平上差异显著，即各组方差为不齐。

表 6-3　不同层次学习效能对应学业负担水平（小学）的方差分析表

	平方和	自由度	均方	F	显著性
组间	147.257	2	73.629	197.603	0.000
组内	1636.873	4393	0.373		
总数	1784.130	4395			

　　表 6-3 不同层次学习效能对应学业负担水平（小学）的方差分析说明，组间平方和为 147.257，自由度为 2，均方为 73.629，F 值为 197.603，Sig.值为 0.000，$P < 0.001$。这表明不同层次学习效能对应学业负担水平的组间差异在 0.001 的显著性水平上差异显著。

表 6-4　不同层次学习效能对应学业负担水平（小学）的事后多重比较

	(I)教学效能组	(J)教学效能组	均值差 (I-J)	标准误	显著性	95％置信区间 下限	95％置信区间 上限
LSD	高教学效能	中学习效能	-0.14134*	0.02216	0.000	-0.1848	-0.0979
		低学习效能	-0.44808*	0.02297	0.000	-0.4931	-0.4030
	中学习效能	高学习效能	0.14134*	0.02216	0.000	0.0979	0.1848
		低学习效能	-0.30675*	0.02262	0.000	-0.3511	-0.2624
	低学习效能	高学习效能	0.44808*	0.02297	0.000	0.4030	0.4931
		中学习效能	0.30675*	0.02262	0.000	0.2624	0.3511

续表

	(I)教学效能组	(J)教学效能组	均值差(I-J)	标准误	显著性	95%置信区间	
						下限	上限
Tamhane	高学习效能	中学习效能	-0.14134*	0.02088	0.000	-0.1912	-0.0914
		低学习效能	-0.44808*	0.02336	0.000	-0.5039	-0.3923
	中学习效能	高学习效能	0.14134*	0.02088	0.000	0.0914	0.1912
		低学习效能	-0.30675*	0.02387	0.000	-0.3638	-0.2497
	低学习效能	高学习效能	0.44808*	0.02336	0.000	0.3923	0.5039
		中学习效能	0.30675*	0.02387	0.000	0.2497	0.3638

注:* 表示均值差的显著性水平为 0.05。

由于表 6-2 不同层次学习效能对应学业负担水平(小学)的方差齐性检验结果表明方差不齐,本研究选用 Tamhane 法进行各组均值之间的多重比较。表 6-4 不同层次学习效能对应学业负担水平(小学)的事后多重比较的结果表明,三个层次学生学习效能对应的学业负担水平与其他各组学生的显著性值均小于 0.001。这表明,三个层次学生学习效能对应的学业负担水平与其他各组学生在 0.001 显著性水平上差异显著。

根据均值比较的结果来看,高学习效能学生学业负担的均值显著低于中学习效能水平学生学业负担的均值,中学习效能水平学生学业负担的均值显著低于低学习效能水平学生学业负担的均值。因此,可以推断出,在小学阶段,学习效能水平越高的学生,其学业负担水平越低。

图 6-1 不同层次学习效能对应学业负担水平(小学)的均数分布图表明,高学习效能学生学业负担的均值最低,中学习效能学生学业负担的均值次之,低学习效能学生学业负担的均值最高,这与事后多重比较的结果相吻合。这在很大程度上表明,在小学阶段,高学习效能学生的学业负担水平低于中学习效能学生的学业负担水平,中学习效能学生的学业负担水平又低于低学习效能学生的学业负担水平。

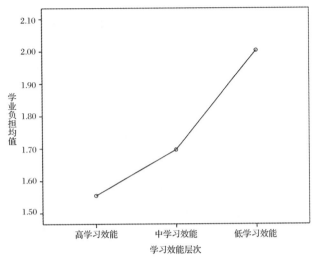

图 6-1　不同层次学习效能对应学业负担水平（小学）的均数分布图

（二）初中阶段学业负担与学习效能的关系

本研究将初中阶段学生的学习效能水平依据等分原则划分为 3 个层次：高学习效能、中学习效能和低学习效能。本研究对 4687 名初中学生学习效能所对应的学业负担水平进行了单因素方差分析，分别进行了描述统计、方差齐性检验、方差分析、事后多重比较，并列出了不同层次学生学习效能水平所对应的学业负担水平的均数分布图。

表 6-5 不同层次学习效能对应学业负担水平（初中）的描述统计表

	N	均值	标准差	标准误	均值的 95% 置信区间		极小值	极大值
					下限	上限		
高学习效能	1536	2.1766	0.77197	0.01970	2.1379	2.2152	1.00	5.00
中学习效能	1553	2.3414	0.71643	0.01818	2.3057	2.3771	1.00	4.73
低学习效能	1598	2.6278	0.69721	0.01744	2.5936	2.6620	1.00	5.00
总体	4687	2.3850	0.75223	0.01099	2.3635	2.4066	1.00	5.00

表 6-5 为不同层次学习效能对应学业负担水平（初中）的描述统计表。具体可知，全部有效的观察值为 4687，均值为 2.3850，标准差为 0.75223，平均数的估计标准误为 0.01099，均值的 95% 置信区间为（2.3635，2.4066）。在 4687 名初中学生之中，低学习效能水平的学生人数最多，为 1598 人；中学习效能水平的学生人数次之，为 1553 人；高学习效能水平的学生人数最少，为 1536 人。

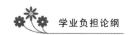

表6-6 不同层次学习效能对应学业负担水平（初中）的方差齐性检验

Levene统计量	组间自由度	组内自由度	显著性
15.004	2	4684	0.000

表6-6不同层次学习效能对应学业负担水平（初中）的方差齐性检验结果表明，Levene方差齐性检验结果等于15.004，组间自由度为2，组内自由度为4684，显著性概率Sig.值为0.000，$P<0.001$。这表明各层次学习效能对应学业负担水平的方差在0.001的显著性水平上差异显著，即各组方差为不齐。

表6-7 不同层次学习效能对应学业负担水平（初中）的方差分析表

	平方和	自由度	均方	F	显著性
组间	163.923	2	81.961	154.324	0.000
组内	2487.676	4684	0.531		
总数	2651.599	4686			

表6-7不同层次学习效能对应学业负担水平（初中）的方差分析说明，组间平方和为163.923，自由度为2，均方为81.961，F值154.324，Sig.值为0.000，$P<0.001$。这表明不同层次学习效能对应学业负担水平的组间差异在0.001的显著性水平上差异显著。

由于表6-6中不同层次学习效能对应学业负担水平（初中）的方差齐性检验结果表明方差不齐，本研究选用Tamhane法进行各组均值之间的多重比较。表6-8不同层次学习效能对应学业负担水平（初中）的事后多重比较的结果表明，三个层次学生学习效能对应的学业负担水平与其他各组学生的显著性值均小于0.001。这表明，三个层次学生学习效能对应的学业负担水平与其他各组学生在0.001显著性水平上差异显著。

表6-8 不同层次学习效能对应学业负担水平（初中）的事后多重比较

	（I）教学效能组	（J）教学效能组	均值差（I-J）	标准误	显著性	95%置信区间 下限	95%置信区间 上限
LSD	高教学效能	中学习效能	-0.16484*	0.02623	0.000	-0.2163	-0.1134
		低学习效能	-0.45128*	0.02604	0.000	-0.5023	-0.4002
	中学习效能	高学习效能	0.16484*	0.02623	0.000	0.1134	0.2163
		低学习效能	-0.28644*	0.02597	0.000	-0.3373	-0.2355
	低学习效能	高学习效能	0.45128*	0.02604	0.000	0.4002	0.5023
		中学习效能	0.28644*	0.02597	0.000	0.2355	0.3373

続表

	(I)教学效能组	(J)教学效能组	均值差(I-J)	标准误	显著性	95%置信区间 下限	上限
Tamhane	高学习效能	中学习效能	-0.16484*	0.02680	0.000	-0.2289	-0.1008
		低学习效能	-0.45128*	0.02631	0.000	-0.5141	-0.3884
	中学习效能	高学习效能	0.16484*	0.02680	0.000	0.1008	0.2289
		低学习效能	-0.28644*	0.02519	0.000	-0.3466	-0.2263
	低学习效能	高学习效能	0.45128*	0.02631	0.000	0.3884	0.5141
		中学习效能	0.28644*	0.02519	0.000	0.2263	0.3466

注：* 表示均值差的显著性水平为 0.05。

根据均值比较的结果来看，高学习效能学生学业负担的均值显著低于中学习效能水平学生学业负担的均值，中学习效能水平学生学业负担的均值显著低于低学习效能水平学生学业负担的均值。因此，可以推断出，在初中阶段，学习效能水平越高的学生，其学业负担水平越低。

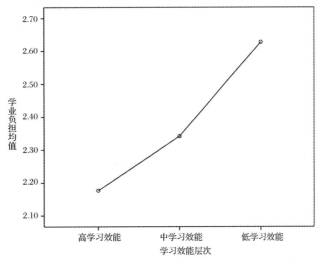

图 6-2　不同层次学习效能对应学业负担水平（初中）的均数分布图

图 6-2 不同层次学习效能对应学业负担水平（初中）的均数分布图表明，高学习效能学生学业负担的均值最低，中学习效能学生学业负担的均值次之，低学习效能学生学业负担的均值最高，这与事后多重比较的结果相吻合。这在很大程度上表明，在初中阶段，高学习效能学生的学业负担水平低于中学习效能学生的学业负担水平，中学习效能学生的学业负担水平又低于低学习效能学生的学业负担水平。

（三）高中阶段学业负担与学习效能的关系

按照等分原则,本研究将高中阶段学生的学习效能水平划分为 3 个层次:高学习效能、中学习效能和低学习效能。本研究对 4293 名高中学生学习效能所对应的学业负担水平进行了单因素方差分析,分别进行了描述统计、方差齐性检验、方差分析、事后多重比较,并列出了不同层次学生学习效能水平所对应的学业负担水平的均数分布图。

表 6-9 为不同层次学习效能对应学业负担水平(高中)的描述统计表。具体可知,全部有效的观察值为 4293 位,均值为 2.8682,标准差为 0.67227,平均数的估计标准误为 0.01026,均值的 95% 置信区间为(2.8481,2.8883)。在 4293 名高中学生之中,中学习效能水平的学生人数最多,为 1607 人;高学习效能水平的学生人数次之,为 1363 人;低学习效能水平的学生人数最少,为 1323 人。

表 6-9 不同层次学习效能对应学业负担水平（高中）的描述统计表

	N	均值	标准差	标准误	均值的 95% 置信区间		极小值	极大值
					下限	上限		
高学习效能	1363	2.7832	0.66310	0.01796	2.7480	2.8185	1.00	4.91
中学习效能	1607	2.8733	0.67270	0.01678	2.8404	2.9063	1.00	5.00
低学习效能	1323	2.9494	0.67115	0.01845	2.9132	2.9856	1.00	5.00
总体	4293	2.8682	0.67227	0.01026	2.8481	2.8883	1.00	5.00

表 6-10 不同层次学习效能对应学业负担水平（高中）的方差齐性检验

Levene 统计量	组间自由度	组内自由度	显著性
0.363	2	4290	0.696

表 6-10 不同层次学习效能对应学业负担水平(高中)的方差齐性检验结果表明,Levene 方差齐性检验结果等于 0.363,组间自由度为 2,组内自由度为 4290,显著性概率 Sig.值为 0.696,$P > 0.05$。这表明各层次学习效能对应学业负担水平的方差在 0.05 的显著性水平上差异不显著,即各组方差为齐。

表 6-11 不同层次学习效能对应学业负担水平（高中）的方差分析表

	平方和	自由度	均方	F	显著性
组间	18.611	2	9.306	20.780	0.000
组内	1921.129	4290	0.448		
总数	1939.740	4292			

表 6-11 不同层次学习效能对应学业负担水平（高中）的方差分析说明，组间平方和为 18.611，自由度为 2，均方为 9.306，F 值为 20.780，Sig.值为 0.000，$P<0.001$。这表明不同层次学习效能对应学业负担水平的组间差异在 0.001 的显著性水平上差异显著。

由于表 6-10 的不同层次学习效能对应学业负担水平（高中）的方差齐性检验结果表明方差齐，本研究选用 LSD 法进行各组均值之间的多重比较。表 6-12 不同层次学习效能对应学业负担水平（高中）的事后多重比较的结果表明，高学习效能学生对应的学业负担水平与中学习效能学生对应的学业负担水平和低学习效能学生对应的学业负担水平的显著性值均小于0.001。中学习效能学生对应的学业负担水平与低学习效能学生对应的学业负担水平的显著性值均小于 0.05。根据均值比较的结果来看，高学习效能学生学业负担的均值显著低于中学习效能水平学生学业负担的均值，中学习效能水平学生学业负担的均值显著低于低学习效能水平学生学业负担的均值。因此，可以推断出，在高中阶段，学习效能水平越高的学生，其学业负担水平越低。

表 6-12 不同层次学习效能对应学业负担水平（高中）的事后多重比较

	(I)教学效能组	(J)教学效能组	均值差 (I-J)	标准误	显著性	95％置信区间 下限	上限
LSD	高学习效能	中学习效能	-0.09011*	0.02464	0.000	-0.1384	-0.0418
		低学习效能	-0.16619*	0.02583	0.000	-0.2168	-0.1156
	中学习效能	高学习效能	0.09011*	0.02464	0.000	0.0418	0.1384
		低学习效能	-0.07609*	0.02484	0.002	-0.1248	-0.0274
	低学习效能	高学习效能	0.16619*	0.02583	0.000	0.1156	0.2168
		中学习效能	0.07609*	0.02484	0.002	0.0274	0.1248
Tamhane	高学习效能	中学习效能	-0.09011*	0.02458	0.001	-0.1488	-0.0314
		低学习效能	-0.16619*	0.02575	0.000	-0.2277	-0.1047
	中学习效能	高学习效能	0.09011*	0.02458	0.001	0.0314	0.1488
		低学习效能	-0.07609*	0.02494	0.007	-0.1357	-0.0165
	低学习效能	高学习效能	0.16619*	0.02575	0.000	0.1047	0.2277
		中学习效能	0.07609*	0.02494	0.007	0.0165	0.1357

注：* 表示均值差的显著性水平为 0.05。

图 6-3 不同层次学习效能对应学业负担水平(高中)的均数分布表明,高学习效能学生学业负担的均值最低,中学习效能学生学业负担的均值次之,低学习效能学生学业负担的均值最高,这与事后多重比较的结果相吻合。这在很大程度上表明,在高中阶段,高学习效能学生的学业负担水平低于中学习效能学生的学业负担水平,中学习效能学生的学业负担水平又低于低学习效能学生的学业负担水平。

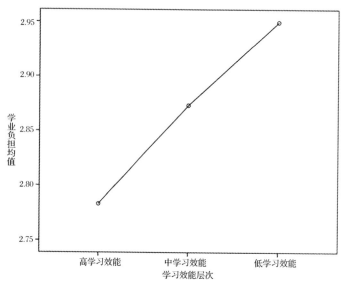

图 6-3　不同层次学习效能对应学业负担水平（高中）的均数分布图

综上所述,无论是小学阶段的学生,还是初中阶段的学生和高中阶段的学生,学习效能层次越高,其学业负担水平就越低。从而能够验证既有假设:学生的学习效能与学业负担之间存在着现实关联,学习效能水平越高,学业负担水平就越低。

三、学业负担与学习效能逻辑关系的确证

通过上述数据分析,我们已经得出这样的结论:学习效能是学业负担的表征,学习效能水平越高,学业负担水平就越低。那么,为什么学习效能能够作为反映学业负担表现的客观结果?学业负担和学习效能各要素之间的关系是什么?把学业负担和学习效能置于共同体的场域中进行分析的合理性在哪?这些问题都需要在理论上进行进一步说明。

（一）学习效能作为反映学业负担表现的客观结果

长期以来,研究者在解决学业负担问题上都有意或无意地采取科学主义态度。科学产生的基础是二元论,即人与存在于其中的世界是二元对立的,人要运用自己的主动性和能动性去认识世界、改造世界。认识世界的结果就是知识。在这种认识论的指导下去探讨学业负担,就会将作为学业负担承受者的学生与造成学业负担的外在要素对立起来,将可量化的客观物作为学业负担的客观表现,比如以作业量或者作业时间来衡量学业负担。可以说,这种取向的学业负担研究舍本逐末,忽视了学习者作为生命体的主观感受,势必导致"人"的不在

场。基于这样的认识,在本研究中,我们采取生存论视角,将学习看作学习者在此的一个生存过程。在这一过程中,学习者能够觉察到自己的存在并且通过他的意识改变存在。将学习过程看作学习者的生存过程,那么学习负担就不是外在于自身生存之外的,而是生存的一部分。也就是说,只要学习者存在,就会有学业负担,并且学业负担只能通过存在被学习者所意识到。

通过前面章节的讨论,我们已经对学业负担和学习效能的关系有了比较明确的结论:第一,学业负担主观感知与学习效能自我认知的契合;第二,学业负担主体担当与学习效能客观存在的统一;第三,学业负担与学习效能主客统一的作用图式。应该说,学习负担和学习效能这三重关系的厘清,既澄清了学业负担与学习效能的逻辑关系,又对探寻学业负担优化之道找到了逻辑起点。依循这三重逻辑关系,我们能否必然得出学习效能是反映学业负担表现的客观结果这一结论呢?为什么不把教育实施者施加到学生身上统一的、可以量化的客观物作为学业负担表现的客观结果呢?我们认为,秉持什么样的哲学观,对待教育问题就会产生什么样的态度。在本研究中,我们将学业负担定义为中小学生在承担学校教育的学习任务、达成学校教育目标的过程中所承载的生命消耗及承载个体对这种消耗的认知和感受。在这一定义的背后,反映的是我们看学业负担问题的哲学视角的转变。从这种意义上审视学业负担,可以得出两个结论:第一,学业负担是学习者存在的一部分,只要学习者存在,学业负担就会伴随其中。学业负担不会消失,有的只是程度不同。第二,学业负担是学习者的一种体验,学业负担程度大小更主要的是通过学习者的效能体现出来,外在客观要素只能起到诱因作用。综上所述,如果从生存论视角来看待学业负担,我们就能够将学习者的体验作为学业负担的外在表现,所以说学习效能作为反映学业负担表现的客观结果这一结论具有学理上的合理性。

通过对学业负担的逻辑分析,我们已经对学习效能作为反映学业负担表现的客观结果这一结论的合理性进行了论证。那么,实证结果能否支持这一结论?从既有调查结果可以看出,无论是小学学生、初中学生还是高中学生,其学业负担水平均随着其学习效能水平的提升而降低。此即证实,学生的学习效能水平与其学业负担水平之间存在着天然的现实关联,学生的学习效能水平越高,其学业负担水平就越低。

(二)基于学业负担优化的学习效能表征

前面已经提到,学习效能是学生个体对自己能否胜任学习任务的主观判断以及对自身学习效果的客观表征,包括主观上的个体学习效能感和客观的一般学习效能。既然学习效能是反映学业负担表现的客观结果,那么就有必要对学习效能与学业负担之间的理论关系进行探讨。在本部分中,我们从优化学业负担角度来探讨学业负担与学习效能各要素之间的关系[①]。

1.学生个体学习效能感的主观图景

个体学习效能是学生对自己能够学好的一种信念,即学生认为需要以什么样的心理状态投入学习才能学好。学生对个体学习效能感的主体认知是其对学习能力的自我信念以及在学习过程中的自我体验,也是学生据以认知自身学习状态和学业负担的内在坐标,它能够规范、激励和调节学生主体的学习活动。学生对自我身心的主体认知包括对学习态度、学习动机和学习期望的体认和觉察。

---

① 罗生全.学业负担与学习效能的关系及优化[J].中国教育学刊,2015(8):41—43.

（1）学习态度——学业负担优化的前提条件

学习态度是指学习者对学习活动所具有的一种心理倾向，反映了学习者对待学习的一种有选择性的内部状态，它是由学习者的认知水平、情感体验和行为倾向共同组成的相互关联统一体。因而，我们可以通过学习者对学习活动价值的认知水平、对学习过程的享受程度以及学习行为的自觉性、探索性、坚持性和专注度等方面来综合地评估或判定他的学习态度。学习活动本身就极具挑战性又容易让人紧张焦虑，并且很多时候略显枯燥乏味，需要学习者付之以良好的认知条件、积极的情感体验以及顽强的学习意志。因此，学习态度是表征学习效能的核心要素，只有当学生真切认识到学习是一件有趣并且有意义的事时，他才会主动自觉地学习，并且在学习过程中表现出极高的积极性、探索性和坚持性。所谓"知之者不如好之者，好之者不如乐之者"，当学生有以学为乐的学习态度时，其学业负担过重问题就迎刃而解了。

（2）学习动机——学业负担优化的动力机制

学习动机是激发和维持学生的学习潜能和学习行为，并使学生的学习活动朝向某一学习目标的动力机制，是引导学生学习效能提高的内部原因，但它并不呈现为某种单一的结构，学生的学习活动是由多种不同动力因素组成的系统的集合，包括内部动机和外部动机。内部动机是由学习活动本身的意义和价值而引起的动机，是学习者把学习活动上升为一种个人需要，在学习过程中能体验到自我满足和自我实现，对学习充满兴趣和求知欲；外部动机是学习活动的助推器，是由学习活动以外的因素诱发的动机。不论是内部动机抑或是外部动机都可以调整和改善学习行为，强化学生积极的学习性向。学习动机是表征学习效能的动力机制，毫无疑问，与学习动机较弱的学生相比，学习动机较强的学生更能坚持学习，更能直面学习过程中的难题，也更能取得较好的学业成就。因此，可以说学习动机与学习效能是一种相辅相成的互促关系。

（3）学习期望——学业负担优化的价值诉求

学习期望是学生基于以往的学习经验和当前的学习刺激对今后学习活动所要达到何种学习目标以及教师专业发展到何种程度的意念和心向，包括学生对自我的期望和对教师的期望。其中，自我期望是学生对自我情感价值、能力发展以及行为发展方面的期望。只有学生相信通过努力学习就能获得进步、提高学业成绩时，他才会以一种积极的、自觉的、能动的心态投入学习。换句话说，学习期望是保证学生"学"的前提，而强烈的学习期望则是保证学生"学好"的必要条件。对教师的期望是指学生对教师在教学态度、教学方法及师生关系等方面所抱有的期望。学习期望是表征学习效能的重要指标，是优化学业负担的价值诉求。学生能对学习有所期望预示着其拥有学习的主观动力和心理动因，后者能够直接推动学生努力学习以达到某种学习目的，进而激发学习动机、改变学生学习态度，使学生由传统被动学习蜕变为主动学习，走出被动学习所造成的学业负担过重的泥潭。

2.学生一般学习效能的客观表征

一般学习效能是评价学生学习效能的客观指标体系，也是学生个体学习的外化表征，即学生从哪些方面判断并评价自己的学习，包括学生在学习过程中依存的学习环境、具备的学习能力和应用的学习策略。

（1）学习环境——学业负担优化的场域依托

学习环境是学生学习赖以存在和进行的所有外部条件的总和，包括社会、学校等物化环境和以师师关系、师生关系、生生关系为纽带的人际环境。社会环境是一本隐形的教材，会对学生产生潜移默化的影响。学校环境在学校建设、学风校风、学习氛围等方面对学生学习产生直接影响。而融洽的师生关系、和谐的生生关系既是学生有效学习的支撑条件,也是学生提高学习效能和学业成绩的价值诉求。物理环境和人际环境的存在并不以独立的方式影响学生学习,而是以相互影响、相互制约的方式共同作用于学生,任何一个场域的异化与错位都将以学业负担的形式反应在学生身上。学习环境是学生学习得以开展的前提条件,众多教育研究表明,在平等、民主、和谐、友好的师生关系和班级气氛中,学生才可能具有高度的学习热情和兴趣,才不会觉得学习是一种压力和负担。由此,建构适应时代发展需求和学习者需求的学习环境是提高学习效能的举措之一。

(2)学习能力——学业负担优化的有力保障

学习能力是学生认识和评判自身学习效能的重要因子,是学生完成学习任务、提高学业成就、解决学业负担问题的必要手段,它包括学生的理解、记忆、接受、应用等基本能力和创新能力。学生是具有独特个性的差异个体,每个学生的学习能力也截然不同。一般来说,学习能力高的学生更能够有效、快捷地掌握教学内容和学习信息,并能及时将其吸收、内化为自身的能力,他们能紧跟甚至超过教师的教学进度,对复杂或较难的学习内容也能轻松驾驭。学习能力是表征学习效能的必要条件。毫无疑问,与那些盲目投入学习时间而学习能力较差的学生相比,学习能力较强的学生更注重学习的效率和效益,也拥有更高的学习效能,他们能很快理解并接受教学内容,并且能够将所学知识应用到现实生活中,达到融会贯通、举一反三并且"高效低耗"的完美学习境地。

(3)学习策略——学业负担优化的基石堡垒

学习策略是指学习者为了提高学习效率和学习质量,根据切实的需要而有意识、有目的地对学习过程进行调整和安排,它是由学习过程中认知图式、信息加工方式及调控技能综合生成的,包括学习者的元认知策略、认知策略和资源管理策略。其中,元认知策略主要指学习过程中的计划、监控和调节策略,表现为学习者能设置学习目标,制定学习计划,及时检查、评估、反思并调整自己的认知活动等。认知策略主要指学习过程中的复述和加工组织策略,如学生采用做笔记、列提纲、画图、做表、提问等方式来提高学习效率。资源管理策略是辅助学生管理可用资源和环境的策略,包含对学业时间、学习场域、学业求助的管理,它能够帮助学生统筹好各方面资源,提供最好的学习条件。大量实证研究表明,学习策略的掌握和运用与学生学习效能感和学业成就之间存在显著正相关,众多研究者一致认为学生有效运用学习策略能够提高其学习效能和学业成就。[①] 学习策略是提高学习效能的关键因子,是影响学习者学习效能的重要变量,也是学习者"学会学习"的重要外部表征,灵活多样的学习策略能够帮助学习者提高学习效率、缩短学习时间、减轻学业负担。

(三)学习效能与学业负担"共同体"场域的逻辑本质

前面已经提到,在对学习效能与学业负担关系进行分析的时候,我们以学校为单位对数据进行处理,试图揭示学业负担与学习效能的逻辑关系。那么,这种研究假设的合理性在哪?我们认为,之所以以学校为单位探讨学习效能和学业负担的关系,最主要的依据是"学校是一个学习共同体"这一逻辑本质的判断。

---

①张林,张向葵.中学生学习策略应用、学习效能感、学习坚持性与学业成就关系研究[J].心理科学,2003
(4):603-607.

从共同体构成要素来看,学校具备成为一个共同体的基本条件。一般认为,共同体成立需要具备三个要素:共同目标、身份认同和归属感①。第一,共同目标是共同体产生的前提。共同体的目标是"满足成员需求",学校的育人目标恰恰就是以促进人的发展为指向的。在学校中,不管是学生的全面和谐发展,还是教师专业发展,最终都是为了满足人的需求。第二,身份认同是共同体生成的基础。简单来讲,"身份认同"就是要回答"我是谁"的问题,是对自我身份的追问和确认。在学校场域中,虽然个体的家庭出生、生活习惯、社会地位等各有不同,但是一旦进入学校当中,个体就会为学校文化所熏陶,接受学校的礼仪,约束自己的行为,形成"教育人"的身份认同。第三,归属感是共同体生成的纽带。归属感是个体对群体的认同、满意和依恋程度的情感体验。在学校当中,来自不同家庭的个体的观念、地位、遭遇、身份等已经日益消弭于学校文化中,成员之间形成了共同的、有约束力的思想信念,此种思想信念"是把人作为一个整体的成员团结在一起的特殊的社会力量和同情"②。在这种思想信念的支配下,教师和学生共同获得了归属感。通过上述分析不难看出,共同目标、身份认同和归属感共同作用,使学校不再是一个空间概念,更成为一种心理概念,成为一个具有实际意义的共同体。

从学校共同体的性质来看,学校共同体在本质上是学习共同体。学习共同体首先是一个共同体,具备一般共同体的基本特征,比如异质性、多元参与、共享观念。除上述一般特征外,学校共同体还具有自身的特殊性。作为一个学习共同体,学校共同体的特殊性体现为"以学习为核心,以人的成长为终极目的"③。学校共同体以人的成长为最终目的,这种成长既包括学生的成长,也包括教师的发展。学习成为达成这一目标的核心。也就是说,学习是教师和学生的生活方式,也是这一共同体的存在方式。在以人的发展为导向的学习生活中,教师和学生获得了各自的身份认同和归属感。由此可见,学校共同体本质上还是学习共同体。这就决定了学校共同体与宗教共同体、科学共同体等其他共同体有本质性差别。在学校这一场域中,学习应该成为一种生活方式。

"学校学习共同体"这一本质的揭示,为解释为什么以学校为单位探讨学习效能和学业负担的关系提供了学理性根据。通过前面的分析,既然"学校学习共同体"能够成立,那么在这一共同体中,学习就应该是一种生活方式。学业负担就演变成对生活压力的一种体验,学习效能就成为学生克服压力的一种主观感受。通过这样一种逻辑演绎,学习效能和学业负担成为学生生活"天平的两端",学习效能高的学生,学业负担就会相应较小。对于生活中同一所学校当中的学生,由于其受到办学理念、历史传统、文化氛围、教师的教学等因素的影响基本相同,所以说学习环境相对一致。在这种氛围当中,学生的学习态度、学习期望、学习动机往往趋同,在学习策略的运用上也会因为教学模式或学习模式的影响而趋向一致。此外,身处同一所学校的学生因为学校评价制度的原因还会养成相对一致的对学业成就的看法。当学生面对学习任务时,往往会产生类似的应激反应和行为模式,进而产生类似的情绪情感体验。由此可见,在学校这一学习共同体中的学生会因为共同目标、身份认同和归属感产生相对一致的学业负担感受和学习效能体验,不同学校之间的学生在学业负担感受和学习效能体验上会有较大差异。

在这种意义上讲,我们可以将每一所学校作为一个整体研究对象进行深入研究,通过学校层面进行考察亦可以探究出学业负担与学习效能之间的逻辑关系。

---

①张志旻,等.共同体的界定、内涵及其生成——共同体研究综述[J].科学学与科学技术管理,2010(10):18.

②[德]斐迪南·滕尼斯.共同体与社会:纯粹社会学的基本概念[M].林荣远译.北京:北京大学出版社,2010:58.

③张爽.学校学习共同体的意蕴与创建[J].中国教育学刊,2011(7):66.

第七章

学业负担的改善与优化

学业负担是一个具有多元主体和多重逻辑的复杂问题,因此我们应以整体的、辩证的、发展的眼光去审视学业负担的改善与优化。具体来说,在教育行政部门层面,进行学业负担政策的价值重建,发挥行政力量的引领和干预作用;在学校教师层面,提升教学效能,直接从教育教学环节作用学业负担;在学生层面,增强学习效能,彰显学生在学业负担优化中的主体作用。三管齐下、内外兼顾,真正实现"减负"与"提质"并行。

一、学业负担政策的价值重建①

　　作为党和国家教育方针路线的具体体现,教育政策对教育事业的改革与发展起着根本性的保证作用。而学业负担政策的完善发展,亦对学业负担问题的"善治"提供重要的政策基础。学业负担政策在深层次上表现为教育观念选择的价值问题,是政策制定者价值观的直接反映,是对当下社会背景和教育现实问题中价值关系的根本性总体认识。学业负担的价值过程决定了通过透视现有政策的价值问题进而厘清其价值特性的必要性,重建其价值关系和价值形态,为学业负担问题解决提供可行方向和可能方案。价值范畴规定了政策的价值本质是特定关系的体现,反映了相关政策主体之间的相互作用关系。学业负担的价值范畴不仅要关注学业负担"是什么"的事实问题,还应关注与学业负担利益相关者的价值问题,表现为"应该是什么"的价值关系。从学业负担形成的逻辑结构上看,学业负担是学生这个根本主体对所承担的具体学业任务表现出的在身体、心理和身心交互等方面的综合反应。受相关主体尤其是教师和家长的观念形态及作用方式的影响,加上外部社会文化和心理的作用,使得这种反应表现出不同的复杂状态。从学业负担的逻辑着力点看,个体所承担的学业负担既表现为个体与所承担任务之间的关系,也表现为个体与外部相关利益者的关系,但规范和制约这两种关系的主体则是抽象为社会或人类的国家主体,即国家教育行政部门出于对个体、社会和国家的三种认知,以政策的形式调节不同主体间利益而产生的相应价值关系。由此,学业负担的根本问题转化为学业负担政策过程的价值关系,作为学业负担承担者的学生主体被动转移为其他相关主体,尤其是代表国家和社会意志的教育行政部门的价值客体。具体而言,教育行政部门以政策制定和执行的方式,以减轻学生学业负担为出发点规范各种教育教学行为,调适各种不合理因素和行为对学业负担加重的影响,进而满足学生主体的价值需要,并通过回应社会诉求和履行国家责任满足多种价值主体的价值诉求。总而言之,无论是学业负担政

---

① 靳玉乐.学业负担政策的价值重建[J].西南大学学报(社会科学版),2015(7):81—86.

策的出发点、过程还是结果，均体现为一定主体的行为，是特定主体以学生学业负担为逻辑线索，在相应观念形态指导下的政策实践过程，整体上体现为人、观念、标准和效果的结合。

学业负担政策的价值判断在于是否能够在正确价值目标的指引下不断实现其价值追求，这不仅是价值特性的实践表现，也是价值形态的实践特性，更是价值功能的实践追求。实际上，对于学业负担政策价值特性及其价值形态的分析，就是要探明学业负担治理的政策逻辑，进而审视当前学业负担政策的价值迷失并探讨基于政策价值重建的政策价值实现路径，最终彰显学业负担治理和优化的政策价值。因此，好的政策本身固然重要，但同样重要的恐怕还有政策的价值何以实现的问题。从政策价值的实现机制看，学业负担政策只有通过一定的价值手段才能达成其价值目标，而这需要规范政策的基本环节，认清不同环节的价值要求，以此从根本上重建学业负担政策。从政策价值的根基来看，学业负担政策的人学基础和人学性质确立了学业负担政策实现的价值立场，所表现出的价值形态也厘清了"价值丛"的内在关系。这些从根本上说明了有价值的学业负担政策应是科学的，体现着不同价值关系的和谐性，能在其实践过程中切实优化学生的学业负担，具体表征为科学样态、过程样态和实践样态三种基本形式。

（一）学业负担政策的科学化要求

科学化是政策存在与衍生的价值基础。学业负担政策的科学化要求，是学业负担政策决策与实施的重要保障和关键推力所在，是学业负担得以有效缓解的核心酵素。因是之故，推进学业负担政策的科学化进程，提升学业负担政策的科学化程度，是学业负担政策目标达成的政策前提。科学意义上的学业负担政策包括合理的意识形态、专业化的决策人员和有效的教育研究成果三个必不可少的条件。

首先，型塑合理意识形态。学业负担政策理论与实践的发展，需要科学、合理的意识形态作为引领，其规范着学业负担政策的决策路径，决定着学业负担政策的实施样态。后现代政策分析理论将"合理的意识形态（rational ideology）"视为政策研究的中心，作为政策出台的理论前提。因是之故，学业负担政策效用的现实发挥，需要转变政策主体"异化"的价值观念，型塑合理的意识形态，为学业负担政策的有效运作提供理念基础。由此而论，学业负担政策的理论前提在于为了谁的问题，这要求应立足价值论将学生发展作为根本价值准则和方向，而不是受决策主体或者社会舆论以及其他利益相关者的影响。学生的成长和发展是一切教育教学的终极旨趣，因而各项关乎教育及其学生的政策都应该是秉持生本理念的，这需要把学生当成真正的人，按照其成长的阶段性、差异性、关键期，既观照学生的短期目标达成，也观照学生长远发展的价值实现。具体而言，学业负担政策主体就是要型塑合理的学生观，准确把握学生智力、情意、认知等的当下状态，科学预测学生在未来一段时间的可能发展状态，真正以人本的政策内化作为政策人的理性规则和价值标准，为外部提供一种关于学生学业发展的合理性解释。

其次，培养专业化决策人员。教育政策主体合理意识形态的型塑，是提升政策主体行为自觉的重要路径，是学业负担政策效用发挥的理念基础，而培养教育政策决策人员的专业性水平，则是学业负担政策效用发挥的关键所在。专业化是一个社会学概念，"可以被界定为一个过程，在这一过程中，一个组织起来的职业，通常但不总是需要专门、深奥的知识和才能以保证工作的质量和对社会的福利,获得履行它的特定工作的排他性权利,控制训练的标准和实施对其成员的培训,同时,有权评估和决定工作如何进行"。本书所指称的专业化是指一个普通的职业群体在一定时期内,逐渐符合专业标准,成为专门职业并获得相应的专业地位的过程。专业化决策人员的培养,是学业负担政策价值实现的重要支撑所在。然而,就当前来看,尽管行政机构承担着现实的决策主体角色,但并不符合专业决策的内在要求,其作用在于提供一种环境、机制,保证政策出台过程的科学性,而政策决策最终应由专业人员做出。鉴于学业负担的价值性质,专业人员除坚守价值精神外,还应把握学生学业发展与有关法律法规之间的关系,能够在政策共同体基础上,运用科学的政策决策方法和技术,做出系统的政策框架和内容体系。

最后,推动教育研究成果的有效支撑。学业负担政策科学性的根本保障在于教育科学研究成果的支撑,相关研究成果应成为政策形成和执行的科学依据,而政策的决策应主动关注或展开问题式或系统性的研究,以研究型政策模式保证学业负担政策的科学性。具体指称的是,将既有教育研究成果运用于学业负担决策与执行之中,是现代国家决策的链条中不可或缺的一环。已有研究成果具有一定的理论前瞻性,教育政策决策者与执行者要充分挖掘既有研究成果中对政策实践具有重要导向与引领意义的观点,以促进教育政策的日臻完善,推进教育政策的有效实施。推动学业负担政策的科学化进程,亦需要既有教育研究成果的有效支撑,诚如社会学研究、心理学研究、伦理学研究等等,为学业负担政策的合理决策与有效执行提供理论支撑。有鉴于此,要加快推动既有教育科学研究成果的现实转化,以使其从理论形态转化为实践样态,为学业负担政策的科学化提升提供有效支撑。

(二)学业负担政策形成的价值共识

学业负担是多元价值共同作用的结果,不同主体对学业负担有差异化的认知,也因其差异化的价值需求的复杂性影响学业负担政策的形成和实践效果。治理学业负担的政策其实需要在各种价值的博弈中做出抉择,不仅其本身就是价值的反映,其形成也是价值筛选的结果。换句话说,能不能妥善协调各种价值之间的"摩擦",以最小的价值损耗形成最大的价值合力,是学业负担政策价值实效达成的重要基础。从这个意义上讲,学业负担政策实践效果的折扣除其自身的科学性外,更重要的是不同价值主体之间的利益没有达成一致,没有对学生学业发展形成根本或一致的看法和态度。从学业负担的次生价值结构看,学生生存与发展是学业负担政策建构的价值追求和标准,家庭、学校、社会等因依存关系的紧密程度而表现出一种价值位阶关系,也即除学生之外的价值主体的利益关照度有层次和优先权之分,家庭的教育需求、社会的人才需求以及学校的发展需求呈现序列化的价值层次,其他影响力量则成为外围的价值诉求观照。由此,学业负担政策的形成应将利益相关者认同政策本身及其价值内容作为基础,使政策内容获得不同价值主体的认可并被接受,在内化为一种自觉行为的基础上达成价值共识,以此作为价值合力形成的观念基础,为学业负担政策作用的发挥提供源源不断的动力。价值共识经历认知共识、评价共识、思想共识和信念共识的过程,而关键在于认知共识和评价共识,其核心是对价值标准的认可和对价值立场、态度、主张及诉求的一致性追求。因而,学业负担政策的制定与出台应观照不同利益诉求者的价值需求,尤其是核心利益群体——家长的教育期望,通过对话、调查、征求意见等方式获得学业负担认知的价值共识,也可以运用低相关利益者和其他影响力量的舆论影响和利益调节,借助第三方力量达成价值共识。一言以蔽之,价值共识的理想形态是其基本理念和措施触及主体的灵魂,使得一种价值观念能够成为一种信念,引领利益相关者遵守规则,成为共同促进学生发展的精神支柱,转化为强大的实践动力。

学业负担政策主体价值共识的达成,需要相关制度的配套辅助。教育政策与教育制度处于一种相互纠葛的复杂关系之中,两者相辅相成、不可分割。教育制度影响和制约着教育政策的效用发挥,而教育政策又反过来保护和牵引教育制度的建构。因此,学业负担政策主体价值共识的达成,需要通过相关制度的革新与创造。首先,建立教育责任分担机制。学业负担问题不仅是一个教育问题,更是一个社会性问题。如果社会问题得不到解决,仅从教育内部着手,其作用必定是有限的。因此,学业负担问题的善治,不能单靠教育行政部门和学校的力量,而应该充分发挥学校、家庭和社会的合力。而社会合力的形成依赖于社会主体责任的分明,此即需要建立责任分担机制,以实现学校、家庭和社会的紧密衔接,形成一体化的"育人"格局,进而发挥不同教育因素的互补作用和多渠道一致影响的叠加效应,从而形成强大的社会合力,促进学业负担问题的有效解决。其次,完善民主参与制度。由于受官僚议程和内部政治等给定条件的限制,我国教育政策活动在行动的选择方式上仍表现出单向度的政府选择模式。这种单向度的政府选择模式忽视社会公众对教育政策制定过程的参与性,忽视教育政策制定过程对社会公众利益需求的回应性,致使利益相关者参与教育政策制定的过程是有限度的、模糊不清的,进而影响我国学业负担政策制定过程的民主化进程,导致学业负担政策并不能够充分地表达和满足公众的需要和利益。而教育政策过程中公民积极有效的参与,是推进教育公平、达致教育政策目标、建构和谐社会的关键所在。有鉴于此,国家要逐步完善民主参与制度,提升公民的参与意识和参与度,以使得公民参与政策决策的渠道得以畅通,利益诉求得以表达,进而使利益主体能够主动地、自愿地承认、认可和遵守教育政策规范,推动学业负担政策的有效执行。

(三)学业负担政策执行的价值创造

学业负担政策的效用发挥,关键在于学业负担政策的有效执行,其影响学业负担政策目标的达成程度,关乎学业负担政策的成败。从价值论的角度来看,学业负担政策是价值综合体,是精神价值、社会价值和制度价值的统一。精神价值满足于政策的价值旨归,一切以促进学生生命成长和精神自由为归宿;社会价值满足于不同利益相关者的价值需求,一切以实现利益相关者的利益诉求为旨归;而制度价值则需要适应现有教育制度或以此为契机调整现有的教育制度,一切以教育制度的完善发展为诉求。虽然多重价值的嵌入丰富了学业负担政策的实践场域,但总体上仍然表现为机构、制度和人三大关键要素。简言之,政策执行是一个动态的过程,它是政策执行者通过一系列行为(建立组织机构、运用政策资源、采取政策行动)将政策观念转化为实际效果,从而实现既定政策目标的活动过程。政策执行在价值创造过程之中扮演着重要的角色、发挥着关键的作用。诚如毛泽东同志所言:"如果有了正确的理论,只是把它空谈一阵,束之高阁,并不实行,那么,这种理论再好也是没有意义的。"移植到政策层面上来,亦有同样的道理。亦即政策文本仅从理论层面加以阐释,而未真正予以执行,那么,政策文本则徒有虚名、毫无意义可言。因是之故,政策主体要有机整合主观因素和客观环境,以推进政策文本的有效执行,进而发挥政策文本的价值作用。

从学业负担政策执行机构现状看,党政机关及相关社会机构影响和作用于学业负担问题本身,不同行政部门"染指"政策形成和执行,这必然导致权威分裂和权力分解,以致不能从根本上认清学业负担价值的多元结构,并加剧价值冲突,分化共识,造成政策的"去实质化"。在深层次上审视,政策执行事实上是价值运行的过程,表现为各种价值的"竞相登场",不同价值或成为政策执行的助推器,抑或成为其制动阀。因此,如何在学业负担政策执行中更大地发挥正向价值的推动作用并同时消解负向价值的阻抗作用,不仅是既定政策价值发挥的要求,其本身也是一个价值再造与创新的过程。当前,学业负担异化为社会问题固然需要借助相关机构"政策丛"和执行力使其回归本位,如果结合教育制度的考察,学业负担问题解决应致力于教育制度框架下的政策工具选择,其是现行教育制度下传到教育理念、运用政策资源、执行政策方案以实现政策目标的过程,是教育内部机构协调配合并可能进行教育制度调整的价值整合过程。鉴于此,学业负担元政策出台后,各下属行政机构需要在政策解释、辅助性政策以及相关机构的条例、规范等方面保持政策精神的内在一致性基础上,充分保证元政策的法理性和价值追求,从政策执行的认知意义上建构新政策、条例和规范,创新政策目标的实施方案。而相关的社会性机构和党政部门的相应政策条例则应满足回归教育本质的政策精神,端正自身的政策主体地位。学业负担政策执行者从教育内部诠释了其强制性、公共性、示范性和影响广泛性等特征,无论是行政机构执行者的政策解释、言论和批示等隐性政策价值,还是学校的教育教学实践均满足于这种精神特质,都有责任和义务宣传乃至创新学业负担本身的理念、要求及归宿,从而实现文本精神的社会辐射、价值增值和实践运行。

二、学业负担改善与优化的教学效能逻辑

学业负担问题的长期存在已经不觉中成了隐忍在全民心中的一块"心病",加之全社会对于该问题解决的殷切期盼,启迪我们必然要从反思已有的研究中找寻突围径向。如前文所述,教师在学业负担的生成过程中发挥着举足轻重的作用,教师教学效能是学生学业负担的直接来源和现实根源,要解决学生学业负担过重问题,关键要厘清学业负担与教学效能的辩证关系,建构起学业负担问题解决的教学效能逻辑体系。因而,探寻学业负担问题解决的教师教学效能逻辑,是根治这一"顽疾"的可行路径。

(一)学业负担与教学效能关系的优化

着眼于学业负担与教学效能关系的固有基础和生成逻辑,关键在于探寻此二者关系的优化之道。具体而言,应着眼于心理互动的体认深化、运行于视域融合的实践确证和求解于关系思维的思维转向,以此实现学业负担与教学效能关系的优化,进而更有利于学业负担问题的解决。

1.心理互动：学业负担与教学效能关系的体认深化

从主观上讲,学生的学业负担存在于主观判断和主体认知的价值机理中。教师教学效能的主观表征和学生的个体差异使得学业负担呈现出动态性、异质性和复杂性。动态性主要指的是因教师的个体心理层面的主观变化作用于学生学习,引起学生学业负担的变化。比如教师的教学认知、教学情绪和教学期望,对于学生学习都将产生直接的影响。异质性主要指的

是因学生个体心理基础的主观差异使得同一学业既可能成为一些学生的负担,也可能成为另一些学生的动力。比如,面对新的学习任务和挑战,不同学生心理承受能力将决定其是否在可受范围内,是否是合理的负担。复杂性是指师生双方基于心理层面的主观变化不可能是同步的,加之双方的心理变化信息不可能即刻被对方所识别和接收,从而使得学业负担因心理的异步性而复杂。由此观之,从主观心理维度审视,学业负担是师生主观判断的局限性所导致的必然结果。因此,着眼于学业负担的心理形成机制,解决学业负担在主观层面的障碍,关键就在于优化学业负担与教学效能关系的心理互动机制。

首先,重塑教师教学哲学。教师教学工作的开展统率于其教学哲学,教学哲学深埋在其内心深处并时刻影响着其教学。学生学业负担在某种程度上是由于教师教学哲学的偏误所致。因此,重塑教师教学哲学就是要确立教师正确的教学质量观、教学目标观、教学实施关和教学评价观,归根结底就是要让教师的一切教学活动开展都围绕着学生健康、良好和持久的发展进行,以此真正实现教学育整全之人的返璞归真。其次,纯化教师教学心态。教师的职业倦怠、教学认知失调、教学情绪失当、教学期望异化等直接影响着教学效能,从而助长了学生学业负担,而这都与其混沌的教学心态密切相关。由此,纯化教师的教学心态就是要使得教师不断增强职业自信,深刻认识到自己所从事的职业与学生未来人生的重要关系,从而不消极怠慢,也不急功近利,在教学心态的纯化中提升教学效能以助力学业负担的解决。再次,历练学生心理品质。学业负担在个体层面表现出的差异,与不同学生的心理基础有重要关系。因此,要着力于学生健全心理的塑造,面对新的或较高难度的学习任务时不焦虑也不苦闷。在不断的历练过程中增强学生心理品质,培养其勇于面对和接收更大挑战和困难的心智,这无疑也可激发其学习的积极性与主动性,从而有助于学业负担在个体心理层面的消解。最后,重视心理交互作用。就师生两个主体心理而言,学业负担集中表现为二者的心理交互作用。因此,应确保教师教学认知、期望、情绪等心理表征的有效传递,同时,学生的兴奋、消极、焦虑等心理表征也应被教师及时捕捉,以此实现教学在心灵共振和情感共鸣中提高效能。于乐教、乐学的过程中,学业负担也就被师生合力击破了。

2.视域融合:学业负担与教学效能关系的实践确证

从客观上讲,学业负担受制于客观存在的现实逻辑。基于学生学习的逻辑:一方面,必要的学业负担是学生学习科学文化知识和人类文明成果所必需的;另一方面,学生承受一定的学业负担是其自身发展和价值实现的本体诉求。基于教师教学的逻辑:一方面,一定时空教师的教学能力、教学策略和教学业绩具有相对稳定性,因为教师的专业发展是过程性的;另一方面,教学条件、教学环境等客观因素也会明显作用于教学。而这两方面共同作用于教师教学效能,也使得学业负担客观存在着。从这个角度分析,探寻学业负担与教学效能的优化之道,就是要从学生的学习和教师的教学这两个客观向度分别展开。

就学生学习的向度来看,应该着力研究一定的或合理的客观学业负担是什么,哪些应该是学生必须要承担的,哪些可能是捆绑附加的。从根本上讲,这关系到课程内容的选择问题,即学生到底应该学些什么的问题。即使对于这一问题的研究还处在"纠结的十字路口",也不能惘视其对于学生学业负担解决的基础性价值。很显然,不论我们是探讨学生学业负担过重的问题也好,还是探讨减轻学生学业负担的问题也罢,首先自然要厘清学生到底在负担着什么,这无疑是前提之思。实际上,如果这一问题得不到妥善解决,即便教学效能再高,恐怕也只会让学生负担着不该负担的负担。此外,关于学生的个人价值实现,应该处理好学力与任务的关系,如果连学校必需的学业任务也不能很好完成,那么去盲目追求各种兴趣班、特长班等,既是舍本逐末,也在客观上加重了其负担。

就教师教学的向度来看,应该着力于教师教学效能客观维度的改善以解决学业负担问题,即从教师教学能力、教学策略、教学业绩和教学环境着手。具体而言,一是要构建基于教师教学效能提升的专业发展体系;教师教学能力、教学策略是其教学效能重要的客观表征,教师教学效能的提升可以有效减少学生的学习时间,同时提高学习的效果,从而成为学生学业负担减轻的"利器"。而教师教学效能的提升有赖于教师的专业发展,因此,在当前助推教师专业发展理应着眼于构建基于教学效能提升的专业发展体系。二是要营造多元包容的教学评价文化氛围;多一把评价的标尺,就多一批好学生;同样,多一种考评的体系,就多一批积极探索的好教师。时下,几乎所有的教师都被"以分数论英雄"的考评文化所裹挟,他们改革的热情与探索的激情在萌芽状态就"夭折"了,陷于无奈泥潭的教师只能想方设法向学生"要成绩",如此,学生只能"被负担"。为此,营造多元包容的教学评价文化氛围,不单纯地为"分数"折腰,意味着挑战传统的评价文化,其难度不言而喻,但这种教学评价文化将催生教师教学的热情和动力,因而有助于其教学效能的提升,应该是解决学生学业负担的必然选择。三是要关注环境助推教师教学效能提升的辅助价值。教学环境对于教师教学效能的提升具有重要的辅助作用,当前教师与学生之间和教师与教师之间的关系都存在某种程度的"失真",他们"明争暗斗",一种变异的教学环境已在悄然形成,这无益于教师教学效能的提升。因此,着眼于良性互动的、和谐共生的教学环境营造,有助于教师相互砥砺,也有助于师生教学相长,最终助力教师教学效能的提升,以此更好彰显其之于学生学业负担解决的价值。

3.关系思维:学业负担与教学效能关系的思维转向

从主客互动来讲,学业负担是其本身的二重属性与教学效能的主客两种表征互动作用而成的。着眼教学效能的视点,学业负担问题的解决,不仅要着眼于其与教学效能的主客两层关系的探讨,而且要关注此二者的互动交互关系进行思考。分而论之,主观层面的互动以心理认知为纽带,是学生心理及其表征与教师心理及其表征的彼此作用;客观层面的互动以教学过程为依托,是学生学习过程与教师教学过程的相依相促;而主客共现层面的互动以文化环境为内核,是文化环境在教师与学生之间的相互渗透。因此,从主客多层互动视角探讨学业负担与教学效能关系的优化之道,就是要以关系思维指引思考路向。

其一,充分发挥心理认知的纽带作用,科学判断学业负担及其与教学效能的关系;由于个体认知水平的差异,教师对自己所承担的教学工作,无论在教学认知、教学情绪、教学期待,还是对学业负担本身的判定等都存在着明显的差别,学生对自己的学习任务,无论在学习认知、学习情绪、学习期待,还是对教师教学的认同度等也存在着明显的差别。因而,由于教师与学生认知的各行其道使得学业负担在教师与学生之间各说各话,其解决也就难以见效。这就是说,在师生双主体的心理认知层面,必须促成教师认知与学生认知的有效沟通,在这种沟通中,一来有助于教师教学在认知、情绪和期待等方面的及时调适,二来也可以促进学生学习在认知、情绪和期待等方面的及时跟进,以此达成心理认知的共振,进而有助于良好教学效能的有效形成和其作用的充分发挥,学生学业负担的解决也就有了共同的心理基础。其二,切实重视教学过程的实际作用,有效提升教学效能对于学业负担解决的价值;具体教学是形成学业负担的直接根源,一是由于教学任务的统一规定性与学生学习需求的差异性之间的矛盾;二是由于教师教学效能的客观表征使得实际教学效果与预设教学目标之间存在矛盾。为此,着眼于师生充分有效互动的教学,就是要尽可能使得统一规定的教学任务更好地契合不同学生个体的学习需求,也就是要尽可能使得教学的预设目标能在具体的教学进程中得以调适、修正,以实现动态教学效果的最优化。而这种充分互动的教学,必须基于教师客观教学效能的跟进,即教学能力的发展、教学策略的适切、教学业绩的提高和教学环境的良性。如此,使得学生学业负担解决的教学主渠道作用有效发挥成为可能。其三,不断关注文化环境的渗透作用,更好发挥良性文化环境的涵泳浸润价值。教学是处于特定文化场域的交往活动,文化环境对于教学实践的影响不容忽视。实际上,学生学业负担也是在特定文化环境背景中形成的,教师的教学效能发挥亦与特定文化环境不无关系。这说明,学生学业负担与教学效能的交互作用必然会受制于并折射出文化环境的印痕,文化环境也必然会植入学业负担与教学效能的关系中。由此,更好地发挥文化环境之于教学效能涵泳浸润的作用,关键就是要构筑以教师和学生为主体的良性文化圈,在教师文化与学生文化的良好型塑中,有效提升教师的教学效能,进而助力于学生学业负担问题的解决。

(二)学业负担改善和优化的教学视点

在优化学业负担与教学效能关系的基础上改善学业负担的教学作为出发于建构关于学业负担的科学认知体系、满足学业负担动态变化的实践诉求和优化学业负担的生成机制,而实践于使教师树立"人本"教育价值观念以建构学业负担的个性化模型,提升教师多层次教学能力以适应学业负担水平的多重变化,培育和发展人际、制度和文化等教学场域以优化学业负担的生成机制。如此,不断使学生学业负担达到合理状态与水平。

1.树立"人本"教育价值观,建构学业负担的个性化模型

教育教学的终极价值是促进人的自由自觉发展,"关注人的潜力如何最大限度地调动起来并加以实现,以及人的内部灵性与可能性如何充分生成"。人的主体性存在并不意味着人的生命的无限发展,而是受到外部价值观念的传导和各种规范,可能导致其生存异化和暴露其精神危机。实际上,学生主体性存在与超越性发展受到教师教育教学价值观的主导和制约。教师的教育教学价值观通过影响教师的教育教学目标、内容建构、形式和方法选择等建构学生"应然"学习状态和"实然"学习过程,在有意识的教育教学中无意识地异化学生的主体存在,使得学生应该承担的学业任务外化为工具性存在,忽略了学生主观的感受和客观的承受范围。个体的自觉觉知程度及其作用发挥限度的现实矛盾是学生学业负担问题产生的主要根源,不仅体现为对学生主体"应然"状态的认知偏失和漠然,未能认清主体存在的根本特性,忽视其潜力巨大的创造本性和超越潜质,更体现为外部价值个体的"喧宾夺主",价值客体人为转化为价值主体,将异化的价值主体的一系列价值观念有意无意地嫁接为学生这一天然价值主体的"当然"状态,进而建构"非人"的关于学生应该学习、如何学习及如何才能学得更好的观念体系、知识体系和行为范式。当前,教学质量=学业成绩的教学质量观的异化,学业成绩=考试分数的教学评价观的异化,教学为本=作业为本的教学过程观的异化,课业增量=追分秘诀的教学哲学的异化,是课业何以从中小学生"助学法宝"沦落为其"成长大敌"的蜕变

路线。这种"变异"的教学价值观正在警醒我们,异化于人的教育教学滋生的学业负担性质不能遮蔽为人的根本属性,当务之急在于找准真正为人的价值观的逻辑起点、价值向度和实现方式,从灵魂深处探寻以人为本的价值体系,真正彰显人本诉求和为人的价值属性。

首先,整体化的共通价值观。教师教育观念的转变是"减负"最深层和最艰难的工作,也是影响"减负"最终效果的关键。只有全体教师确立教育的内在目的与外在目的相统一的观念,切实把教育的本体育人价值放在基础地位,摒弃"工具论"的育人观,才能真正把"减负"工作做好。在深层次上,"为人"的根本价值基点是解决学业负担问题的根本起点,但"人只能通过教育而成其为人",这需要教师人为改变其自身价值观念并确立对学业负担的重新理解。教师通过"人为"的价值革新和价值手段建构"为人"的价值观念,以学生自由自觉发展为根本出发点和价值归属,科学认知作为主体性存在学生的认知特点、情感需求、行为表达和创意特征,真正建构起基于尊重个性、呵护自由、培育兴趣、掌握知识、启迪智慧、享受快乐等的整体教育教学价值观。如是,在全体教师关于教育内外目的相统一学生主体性存在和超越性发展相统一的过程中塑造教师外在诉求与内在转化相一致的整体化共通价值观。

其次,差异化的多元价值观。学生作为独立的个体,具有自主性和能动性,这决定了学生在认知、情感、技能等方方面面都不可能整齐划一,差异性是学生的内在本体属性。而且,作为学习场域中的一员,学生个体又是网络的集合体,因其生命历程、社会浸润和意义生成的差异性,学生学习和成长过程是现实的、具体的和个性化的,具有"人之为人的本性的丰富性、微妙性、多样性和多面性"。因此,教师价值观念的内生向度应是多元的,这种多元要求教师充分理解和认识不同个体的认知、情感和行为。同时,对学生学习任务分配、情感交流和行为互动应观照个性化的特征,促进基于学生个体价值基准的价值外化,塑造具有差异化的学业负担水平观念并外化为有针对性的教学行为。从差异化的视角重塑教师的多元价值观,本质上就是要秉持人人有其才、人人可成才的价值立场,一方面在于发挥"多一把尺子"评价学生的内在价值,不断增强学生自我效能感;另一方面,更是教师教学从"经师"到"人师"跃升的境界追求,从而有效助推其教育教学效能的提升。在这样的价值坚守中,深层意义上的教学相长得以实践和实现。

最后,具身化的交互价值观。苦学、多学、深学等传统价值观的传导演绎为学生学习的量化模式,秉承简单意义上量变到质变的价值观念,不仅成为评价学业负担水平的标准,也成为提升学业质量趋之若鹜的不变砝码。实际上,这种表层意义上对学业负担的衡量错位曲解了价值生成的一般原理,而且遮蔽了学生的当前存在性价值和未来发展性价值,以外显的表象和对学习这一复杂过程的机械化认知为支撑的价值判断,实则导致了学生作为学业负担主体性的"沦丧"。然而,"凡是发生于身体中的事情,没有不被精神所知觉的"。这在深层次上启示,教师"为人"的价值观念不仅应关注学生学业量的表现,更需要深刻理解由此带来的具有个性化的身体表现,进而揭示以"为人"的价值"人为"造成学生额外负担的互动机理。教师树立通过身体反应、情绪感受、精神自主、任务难易、量变质变等的综合测度价值观,就是要其在主观与主观、主观与客观和客观与客观的三层价值交互中,重新反思、理性评价和有效改善自身的教育教学行为,这是提升其教学效能进而改善学业负担的根本基础。

学业负担产生的根源不仅体现为教师自身价值观念对学生学业负担的认识,还体现为如何在认清自身价值观念的基础上采取合理的价值手段转变不合理价值观以不断保持价值观念的理性存在,进而重塑教师教学哲学,"就是要确立教师正确的教学质量观、教学目标观、教学实施观和教学评价观,归根结底就是要让教师的一切教学活动开展都围绕着学生健康、良好和持久的发展进行,以此真正实现教学育整全之人的返璞归真"。这意味着,教师要在不断深刻理解学生个性化发展特征的基础上确立差异化和多元化的学业负担认识,建立起整体化的共识价值观,以学生共同应该承受的学业水平最低标准为起点,以个性化发展为根本目标,建构现实意义中学业负担的个性化模型,真正做到以生命体的"人"为本而不是以工具性的"人"为本。否则,无视真正意义上的"人"的存在,这只能无限制增加学生的学习负担。因而,树立"人本"教育价值观,建构学业负担的个性化模型是优化学生学业负担的观念基础和行动指引。

2.提升教师多层次教学能力,适应学业负担水平的多重变化

教师价值观的生成与嬗变确立了其教学效能的观念基础,是满足不同水平学生不同要求的根本保证,但这并不意味着就能够真实实现或可能实现,更深厚的基础在于教师应具备什么样匹配度的能力结构。深层意义上讲,对人的全面认知、科学分配学业任务、合理教育期望、良好判识个体感受等价值观念体系需要复合的教育教学能力作为保证,以此综合评判学业负担水平的合理程度,而后在教学中予以实现。无论是理论假设还是研究结论,也不论是学理演绎还是现实证据,都深刻地证明了这点:教学能力高的教师更容易提高单位时间的效率,把复杂、枯燥的教学内容简明化、趣味化、深化和升华,并能保证其学术深度,掌控好时间,调控好节奏,灵活运用各种教学方式和教学资源,使学生学的愉快、轻松并体现深度,取得良好的教学效益,达到"高效低耗"的理想教学效果。因此,"教学能力是提高教师教学效能的基础,是教师进行有效教学、达成教学目标、提高教学质量的手段,也是解决学生学业负担问题的必要条件"。同时,教师价值观升华与其教学能力提升处于互动的转化中,高效能教师能够在教学能力的运用中不断更新并升华其原有的观念体系,进而不断改善自身的教学能力结构,达成互惠互利和互促互进的自我认知与改造模式,根据学生个体或整体的认知状态和情绪结构不断调整其教学过程,使学业负担处于动态的合理结构水平中。不过,传统意义对教学能力的理解主要基于教师本体的应然状态,未能很好地契合学生学业发展的根本特征探讨高效能教师所应具备的能力结构及其内部关系。

其一,教学基础胜任力上的能力奠基。教学能力是教师开展教学活动的必要前提,教学能力的水平直接影响教学活动的效果。学业负担指向的教学能力旨趣在于有效促进学生的全面多元发展,提升学生学业发展水平,能够根据学生不同发展阶段的不同水平状态合理分配学习任务、优化学习过程和采取合理的评价指标与方法,这需要教师首先具备教学基础胜任力。教学基础胜任力作为有效教学活动开展的教学能力的基础,没有相应的教学基础胜任力,就不可能有良好的教学能力,也就不可能有有效的教学。简言之,教学基础胜任力是教学能力的基础,也是教学有效性基础的基础。这种基础胜任力体现了教师专业的主体存在,是教师教学专业品性的重要表征。具体而言,教师要具备基本的教学设计、教学交往、教学评价、教学策略、教学管理和教学执行等能力,能够胜任不同学业发展水平学生的教学任务,并能根据教学对象、教学任务以及教学场景变换教学模式和方式,且能处理各种设想、常规乃至突发的教学问题。教师教学能力发展内在诉求着教学基础胜任力的培育和提升,而提升了教学基础胜任力又必然助推教师教学能力的发展,此二者建立起了相依相促的互动关系。这种良性关系的不断深化发展,对于发挥教学能力之于学业负担问题解决的作用自然大有裨益。

其二,教学实践过程中的能力发展。从系统论的角度审视教学,其处于一个不断变化、调适、更新的动态系统过程中，不存在一成不变的万能教学。这是因为，个体知识结构的代际性提升、社会文化演进的观念革新以及教育教学技术手段的持续变革需要教师教学能力与时俱进。在具体教学实践过程中，教师要能根据学生知识结构变化、社会深层变革并运用现代化教育教学手段适应教学新要求，从而具备超强的学习能力、持续的反思能力和突出的科研能力。具体来看，教师在教学实践过程中促成自身教学能力的发展，一是要通过提升学力水平、不间断进修和多元化自学将丰富庞杂的知识体系融入其能力体系，以此提供能力发展源源不断的给养；二是通过反思自身、同事和同行的教学提升自身教学策略选择、教学机智创生和教学执行等复合能力，以此探索能力发展的反思性路径；三是通过研究教学新情况、新问题提升教学效率，转化教学成果，以此在教学实践的有效生成中推进能力发展，最终创新教学、创意学习和创造教育。

其三，教学思想创生下的能力反哺。教学思想是教学活动的内源性动力，其之于教学预设的指引、教学进程的推动、教学生成的提炼、教学反思的开展等都具有不可忽视的隐性力量。一定意义上讲，有什么样的教学思想就会有什么样的教学活动。然而，教学思想的生发和形成不会是凭空的，其产生于创新教学中，是教师主观认知、客观知识和实践创新共同作用的结果。已形成的教学思想不断丰富教师自身的观念体系并指引教师运用于多变的教学场景之中，通过反省监控其能力认知、能力转化和能力发展的各个环节，进而推动其能力效度的提升。在此过程中，基于教师专业自觉发展之上的能力提升孕育了其教学思想的产生，而不断修正凝练而成的教学思想又在引导教学实践的过程中反推了教师能力的发展。在教学思想与教学能力的互动中，具备教学思想产出的教师能革新其观念体系、变革其能力结构，能提升自身的教学水平进而促进学生的学业发展，使学生在乐学、会学的基础上自然而然达成既定的学业目标，从而保证了学生合理学业负担水平的阈限。

总体而言，教师教学能力提升是保证学业负担合理水平的"技术支撑"，只有教师具有适应学生学业水平发展的基础性能力、学习能力、反思能力和科研能力，并将能力转化和升华为教育教学中不断提升的自身思想水平。基于此，教师通过再构自身的能力结构，满足学生个性化发展对学业任务承担的差异化需求，从而根据不同年龄阶段学生制定个性化的学习任务，采取多元化的教育教学方式，提升教育教学的适切性和实效性，进而促进学生学业发展水平，最终使得学生学业负担更趋合理和优化。同时，教师能力提升也应随着外部价值诉求、教育内部革新等动态实际不断融合新内容，尤其是学生代际发展的不同特征，要求教师在价值观不断更新的基础上，深化自身的能力认知，采取合理的方式方法提升其能力水平，进而适应不同时期、不同层次学生对教师胜任力的根本需求，在持续提升其能力水平的过程中不断满足学业负担的变化要求。如此，基于教师教学能力的提升助推其教学时效的提高，进而最大限度地利用课堂时间，减少时间损耗，在增加学生学习机会的同时减轻学生的负担，使学生能够生动、活泼、主动地学习，为学生的自我实现奠定坚实的基础。

3.教学三维场域的协同作用，优化学业负担的生成机制

学业负担的非独立存在汇集了多种教学元素及其相关元素的相互作用，形成了特定客观关系的网络结构，它是实体性存在、关系性存在和文化性存在的集合体，是意义关系、力量关系和斗争关系并存的地方，"因此也是无休止的变革的地方"。教学场域的复杂结构表现为师生之间的多重心理、人际和对话关系，动态体现为实体与非实体及所生成的具有评价导向和教学指向性的制度场域,进而生成具有激励和凝聚、熏陶和潜移默化、自律自省和约束功能的文化场,是教学在场(presence)和教学不在场(absence)的动态统一体。这个动态的有机系统中,作为在场的师生多元关系是其核心关系,深刻体现教与学之间的有效契合,从心理、认知和情绪等方面促进师生之间对学业发展的共生体验,透过相互理解寻求合理的最近发展区,进而保持合理的学业负担水平;作为评价导向和指导教学存在的制度体系是相对刚性的尺度,通过规范教学行为和价值判断教学结果为学业负担立法立规,是在场与不在场的介质;作为潜隐功能存在的文化场有着深刻的内生基因和外发环境,师生多元关系的不断耦合与历练,制度规约的观念变革,以及社会文化的浸润,共同产生无形力量引导、指导及规约各种教学行为。三维场域的存在并非以独立的方式影响教学,而是合力作用于学生的学习,共同导向关于学业本身的理解,并在此生彼长的争斗模式中产生不同的学业负担问题,同时也孕育着变革场域以解决学业负担的机会。教学场域的系统性及其关系结构表明,在厘清这种关系及其层次性的基础上,基于系统思维和方法整体把握不同系统的内在特性及差异,因势利导建构协同作用的互动关系,进而多重优化学业负担是必要的。

第一,主体交互的精神自觉。从心理感知和精神体认的角度来看,教学就是一种精神互动与交流的过程,这一过程借助教学场域的特定情境完成。而从本质上来讲,教学场域的内场是师生在教学生活中建构起来的角色、人际和契约关系,是体验中的精神交互,唯有共同认可自身的角色、地位,才能理所当然承担和完成任务,不但不因外部负担成为精神负担,而且凭借精神愉悦减缓可能的身体负担,如此促进学生学业负担达到合理的水平状态。这就是说,师生主体基于有效交互,形成的关于学业负担的共识性认知,是确保教学场域的学业负担处于合理阈限的基础。此外,从个体差异性看,相同学业任务可能造成不同学生的不同学业负担感受,这取决于个体认知和情绪体验的综合反映。此时,需要彰显主体之间精神交互的主观价值,当构建起基于共同认知的任务水平、执行方式和结果认定时,学业负担将会在过重与过轻中不断调试并最终取得平衡。这种个体差异性也说明,对于学业负担的测度不应是基于单一认知的一概而论,而应基于主体交互的精神自觉之上。因此,"教育中的'减负'不应是行政部门对抽象人学习时间、学业量和学业难度的总体规定,而是要根据受教育者个体的情况而具体决定"。

第二,弹性规引的制度自觉。教学有法而无定法,有法说明教学必须依循一定的规范、要求进行,这是教学限度的体现;无定法说明教学可以根据具体情境和学生的实际情况进行灵活的、能动性的教学,这是教学自由的体现。教学的限度和自由使得教学在此二者的交互中保持一种适度的张力,而这种张力恰恰是教学有效性的重要保证。具体到教学场域而言,其中场是由一系列规范教与学的制度和条例构成的网络,而这些制度和条例一方面指导着教学活动有序、顺利开展,确保了教学的灵动性;另一方面规约着教学自由发挥的阈限,保障了教学之为教学的品性。学业负担是多重主客体交互作用的结果,同时表现出在不同主客体交互作用中的不同状态,因而具有动态性和独特性。正是鉴于学业负担的这种动态变化特征,过于僵化的制度规范必然导致间歇性的学业负担过重与过轻失衡的弊病,最终导致学业负担因为制度的框限而游离于合理的边缘。因此,坚持人本和生本的民主化原则,发挥柔性制度的价值,进行真正的人性管理,以不断释放和增强教学内场的再生能力,在促进理性与非理性的相容并济中实现弹性规引的制度自觉,从而发挥其之于实现学业负担优化的效用。

第三,价值共识的文化自觉。在显性层面,教学活动存在于学校场域,受学校文化、教师观念、教学条件等因素的直接影响;在隐性层面,教学活动存在于整个社会场域之中,受社会环境、社会文化乃至社会价值观等因素的间接影响。而在整个教学场域中,以精神交互塑造的内场和以制度规引形成的中场相互作用,自觉建构起了特定的教学文化体系,并跨越场域边界吸收外界文化因子创生新文化,这些共同营造了教学活动及与其密切联系的学业负担的文化环境。需要注意的是,由于教学场域封闭与开放的统一,加之学业负担生成的主客交互,使得各种文化因子以多种方式渗入正在培植的文化领地,而其中不良文化因子可能成为消解文化价值的重要力量,因此,应着力抵制和避免外部不良文化因子的影响,"为孩子创造宽松的学习环境,给孩子精神上'松绑',使他们能够积极主动、愉快地学习生活、身心健康成长"。总体而言,就是要建构起一种基于共识性的文化自觉价值,并形成能够科学地认同学业负担的文化范式,以此作为潜隐力量浸润、牵引进而提升教学效能,最终使得学业负担得以优化。

诚然,学业负担的产生受多重因素共同作用且形成不同的实然状态,教学场域的分析框架着眼于师生主体交互的内场生成机制、弹性制度规引的中场运行机制和认同文化培育的场域互动范式,在精神自觉、制度自觉和文化自觉的彼此生成和协同作用中,重新研判学业负担的生成机制。在教学场域中审视学业负担,一方面通过厘清这一场域相关因素的相互作用及它们之间的层次关系,为深入理解学业负担产生机制提供了思维范式和可行路径,是从系统的角度重新理解教学场域中学业负担生成的必然之思。另一方面通过梳理教学场域中有关学业负担的各种复杂要素及其作用后的核心关系和关键特征,有助于在关系视域中找准学业负担的症结和病理,为学业负担的准确测度和评判提供了重要的理性支撑。这些,对于深化教学场域中的学业负担认知,确保学业负担的合理水平和范围,乃至匡正和优化学业负担并使其迈向有效治理的路径都无疑是大有裨益的。

三、学业负担改善与优化的学习效能逻辑

中国几十年减负历程都将视野定格在"外围",进而在不断放大了的外因中"打转",以致忽视甚至漠视了学生个体的本体因素对自身学业负担的客观担当。学习负担实质上是个体在与社会和物理环境交互作用过程中产生的学习压力,从内生归因的角度审视,学生学业负担来源于个体学习方式、学习性向和学习效能的差异,学习过程必然伴随不同主体对学业负担的不同感受和体验,如鱼饮水,冷暖自知。虽然学生的学习离不开传统意义上教师对整个教学活动的主导作用,但学生的学习效能才是其中最为关键、直接和核心的要素。学习这一"事件"最终是学生亲历着的,从实质上看,学生减负的机理如同教育的机理,教育说到底是自己教育自己,正如著名教育家叶圣陶所说"教是为了不教",或如哲学家伽达默尔所云"教育即自我教育",减负亦然。因此学习压力中一个重要的系统就是学生的自我系统,该系统中包含着学生的能力、抱负水平、认知风格、兴趣、价值观等与学习有关的个体因素。从这个意义上讲,学生对学业负担的主观感知与其对自身个体学习效能感的自我认知是相互契合、相依相促的。由上论之,学生既是学业负担的承受主体,也是学业负担产生的直接根源,基于学生的学习效能理性审思学生学业负担过重问题应是基本的逻辑起点,而优化学生学业负担就要以学生学习效能为重要着眼点,深入挖掘学习效能之于其优化的重要理论意义和实践价值,确立学业负担问题解决的学习效能出路。因此,解决学生学业负担过重问题需要观照学生本体并着眼其学习本身,在寻觅优化学业负担的学习效能机理的同时实现学业负担问题治理的"内发式"突围之路。

学生的学习效能可以集中反映学生个体在学习过程中的主体认知、外化表征以及二者的交互印证。其中,主体认知是指学生对自己在学习过程中学习态度、学习动机及学习期望等学习品质的觉察和体认,是影响学习心境和学习意志的重要因素。学生对个体学习效能感的主体认知是其对学习能力的自我信念以及在学习过程中的自我体验,也是学生据以认知自身学习状态和学业负担的内在坐标,它能够规范、激励和调节学生主体的学习活动。学生对自我身心的主体认知包括对学习态度、学习动机和学习期望的体认和觉察;外化表征是指学习能力、学习策略和学业成就在学习场域的综合体现,是评价学生学习效能的客观指标体系,也是学生个体学习的外化表征。学生对个体学习效能感的主体认知表明了学生主动学习的心向,学生个体一般学习效能的外化表征为我们提供了判断学习效能的客观指标,学习效能中的七个因素并不是分庭而立、毫无瓜葛的,相反,七者之间息息相关、共生共长。只有当学生树立积极的学习态度、激发合理的学习动机、调适适切的学习期望,才能不断主动改进学习能力和策略,进而主动改善学习环境,取得更优的学习成就。反之,环境、能力、策略、成就等因素的优化,必然引发态度、动机与期望的良性发展。此外,学生个体学习效能感的高低预示着学生能够"自主学习"的程度,而一般学习效能的高低则诠释了学生在多大程度上"学会学习",从个体学习效能感到一般学习效能是学生从"自主学习"走向"学会学习"的过程,二者相互补充、互为依存、不可分割。在学习过程中"学会学习"的缺失必将费时费力、事倍功半,而"自主学习"的丧失则会让学习变成无本之木、无源之水。从这个层面看,既有能自主学习的个体效能感又具备学会学习的一般学习效能是提升学生学习效能、优化学业负担的重要保障。因此,以学习效能优化为逻辑起点解决学业负担问题的关键在于从学生对学业负担的主观感知和客观担当入手,以学习者本身为核心,培育强大的"心理场"以提高学生的个体学习效能感,建构稳定的"学习场"以提高学生的一般学习效能,同时,关注学生学习的开放性,意识到除学生个人因素外,外延因素不可忽略的作用,构建多方参与的"共同体",通过内外合力共同来解决学业负担问题。

(一)以成功体验和成败归因为指引的"心理场"历练

学业负担长期过重不仅会使学生身体承受超负荷运行之苦痛,更会让学生遭遇惨无人道的"精神虐待",产生焦虑、自卑、烦躁等消极的情绪体验,甚至会出现不同程度的神经症状、行为障碍和社交障碍,进而挫伤学生学习的热情和激情,使学生丧失学习的信心和动力。长此以往,学生将陷入习得性无助的心理怪圈之中,把学业失败或负担过重的原因归结为自身不可改变、不可控制的因素,学习上得过且过、破罐破摔,精神上妄自菲薄、自怨自艾,心理之堤不战而溃。据此优化学业负担问题的当务之急就是要培育学生强大的"心理场"。"心理场"是以学生的所有心理活动为要件组成的特定的场,是学生所有学习动力和能量的结合,具有很强的感染性和驱动性。在"心理场"中,学生不受自卑、失败、压力等悲观情绪的束缚,唤回学生学习效能在优化学业负担问题上该有的功效。历练学生强大的"心理场"要以成功体验和成败归因为指引。

首先,成功体验是学生在完成某项学习任务或取得学习进步后产生的自我肯定和满足的愉悦心态,多次成功体验可以增强学习者的信心和自我效能感,让他认识到自我存在和发展的价值,孕育出锐不可当的学习热情和学习动机,从"心理场"上真正悦纳自我。反之,多次失败的经验会挫伤学生的自尊心和自信心,导致学习效能较低。成功体验丰富的关键点在于学生明确自身定位,合理自设目标,并开展合理比较。社会心理学告诉我们,对成败经验的评估并非是一个简单直接的个体化过程,而是一个复杂微妙的社会比较过程。决定学习成功评价的关键不仅仅在于学习效果本身,还要看自己的成绩是否优于他人。因此,同样的学习结果,进行不同的比较,得出的成败体验也就会有差异,甚至有天壤之别。毫无疑问,这些不同的学习成败感又会进一步影响学习效能的高低。可见,科学化、艺术化的成绩和能力的比较不但必需而且相当重要。这就启示我们为了维持、增强学习效能感,学习者应该根据不同的状况灵活机动地选择与运用恰到好处的比较策略、比较对象、比较维度。譬如,在学习者效果不佳时,就可以回避、淡化与优胜者的较量,远离佼佼者,以缓解自卑、失落的痛楚,防止自我效能继续恶化,尽量使宝贵而脆弱的自尊心、自信心得到切实保护。以纵向的自我比较为主,以横向的社会比较为辅,应该是最安全、最合理的比较策略。因为一般来说,只要努力就能进步,而进步就可增强自我效能感,而且还有回旋变通的余地——成绩棒、效能强时可以加大比较广度与力度,着眼于超越对手。反之,进步小、效能弱时,可以收缩比较的幅度与营地,转为自我比较、自我成长。如此一来,弹性化的比较策略极大丰富了学生体验成功的机会,充分保护自我效能感的发展。

其次,要引导学生进行积极的成败归因。归因是指人对自己成败原因的剖析、推论。研究表明:归因方式和学习效能感联系紧密,且不同的归因方式对学习效能感的影响是不同的。如果学生把成功归结于外部不可控因素(如有利的外界环境、良好的机遇、难度较低的任务等),那么他就难以判断在类似情况下其学习行为能否再获成功,其学习效能感也就不会增强;而若将成功归因于各种内因(如自身的勤奋、个人能力、学习动机等)时,学生就会意识到其学习行为在类似情况下获得成功的概率较大,从而大大增强其学习效能感。反之,若把学习中的失败归因于如运气差、任务难度大等外因时,学生的学习效能感不一定会降低;而把失败归结于如自身能力、智力等较稳定的内部因素时,则一定会让学生对学习感到无能为力,进而降低其学习效能感。在不同的情境下采取恰当的归因方式会激发学习者的学习动机,影响他的行为、期望和情感反应。一般而言,在成功的情境下,让学生做出能力、持久努力等内部、稳定的归因,增强其成功的期望和与自我效能感相联系的积极情感,使其继续努力成就任务;在失败情境下,让学生做出临时努力不够和方法不当等内部、暂时的归因,以保护学生的自尊心和自信心,鼓励他们为取得好成绩更加努力,寻找恰当的学习方法。积极的归因会带来自尊、自信、更高的成就动机和成功期望,还可以防止个体产生无助感和行为上的偏差,大大提升学习效能感,由"勤学苦学"之路,走向"善学乐学"之道。

(二)以策略转换和能力提升为依托的"文化场"营造

"心理场"的存在提高了学生的个体效能感,让学生拥有自主学习的能力和心向,但"心理场"终究只能作为学生主观感知的隐形场域,而学生的一般学习效能既是评判学生整体学习效能和优化学业负担的重要指标,也是学生从自主学习上升到"学会学习"的必要条件。鉴于此,学生学习能力、学习策略、学业成就等的提高不能停留于"心理场"的感化和熏陶,需要建构起能够承载学生一般学习效能提高的实体场域——"文化场"。它以提高学生一般学习效能和学业成就为旨归,以学生策略转换和能力提升为依托,以学习过程的效率、效果和效益为价值归属。"文化场"并不是独立存在,而是通过与"心理场"的隔场对话和场域互补来实现潜场(心理场)与显场(文化场)的相得益彰、融会贯通,通过两场的完美结合将其"必然"的融合效应延伸至学生"应然"的学习状态和"实然"的学习过程中,进而"自然"地解决学生学业负担过重问题。文化场是由学习方法、学习策略、学习过程等多种学习要素交织而成的多维学习空间。在文化场内,学生可以对这些学习要素进行不定向的自由选择,各要素的搭配组合(即文化场的运行学业负担与学习效能的关系及优化机制)将最终决定学生的学习效率、学习效能以及学习效果。毋庸置疑,只有当各要素以有序合理的秩序排列组合时,才表现为学生高学习效率、高学习效能以及较低的学业负担。然而,单纯的学习策略或学习能力都不足以影响学生的学习效能,只有当学生对学习策略的运用滋长并内化为自身一种能力时,才能发挥文化场的场域效应并作用于学生的学习效能。

相关研究表明学习效能感与学习策略之间存在相依相促的紧密联系。一方面,学习效能的提升对学习策略的习得与应用有正向促进作用。学习效能感低的学生不愿尝试运用新的策略或技巧,即使这种策略极其有效,并且对已习得的策略和技能的应用缺乏信心,难以根据实际情况自主选择有效策略并付诸实施;学习效能高的学生会主动根据学习需要选择恰当的学习策略,在学习开始前,充分发挥元认知策略的作用,根据对自身的身心状态、学习目标、学习任务等全方位的认识制定学习计划;在学习过程中实施监控和调节,随时对自己的学习时间、资源进行管理,在遇到学业困境时能主动运用学业求助策略;在学习之后能及时对学习效果进行评估和反馈,在整个学习过程中他们都能体验到有效使用学习策略所带来的成就感和满足感,从而在学习策略和学习效能的交互影响中提升自我学习效能。正如班杜拉等人研究所证实,自我效能感通过调控"学习动机"这一中间变量,进而影响学生的学习策略水平及其在学习中策略的运用水平,最终影响学生的学习。另一方面学习策略的习得与应用能最大程度优化学习效率、提升学习效能。在学习中如果学生知觉到学业难度过高,凭自身的已有知识和技能难以应对,就会产生较低的自我效能感,在这种情况下如果他们具有使这些消极的知觉转化为积极动机的策略和技能,那么持续探究问题的兴趣和努力程度也将维持当前水平,甚至在新策略的刺激下上升,这表明学生掌握一定的学习策略有助于提高自我效能感。每个学生都有获得学习成功的愿望,但是求知之路本是一条荆棘之路,面对途中的艰难险阻,力不从心之感只会使人对学习望而却步、裹足不前,注重学习策略的习得与有效运用如同在前进的道路上赋予学习者披荆斩棘的利器和能量,从而激发勇气、提升效率、增强学习效能感。学习策略与学习效能两者之间环环相扣、互相促进,两者间某一因素的优化,都会"牵一发而动全身",实现有效刺激、正向发展、循环推进。因此,培养学习者了解、掌握、运用行之有效的学习理论和策略,提升学习效能感,以便事半功倍地完成学习任务,达到学习目标,进而减轻学业负担,如此看来,重视学习策略隐含的价值,对优化学业负担具有重要意义。

(三)以问题解决和协同学习为旨趣的"网络场"建构

"心理场"和"文化场"的建构丰富了优化学业负担问题的学习效能出路的内涵,然而我们应该认识到,学习从来都不是或者至少不全是学生个体的事,提高学生学习效能、优化学业负担除了可以从学生个人(主体因素)考虑外,还可以扩展优化学业负担问题的学习效能出路的外延,通过外部合力共同来解决学业负担问题。亦如日本学者佐藤学所言,学习过程是学习者从已知世界到未知世界之旅,在此过程中,我们同新的世界、新的他人、新的自我相遇。学习的实践是对话的实践,学习,不仅引导我们从独白的世界走向对话的世界,而且通过这种对话性实践,为我们开辟了构筑"学习共同体"的可能性。在知识持续创生的信息时代和复杂多元的教育情境中,学习共同体已然作为一种"特殊存在",而以问题解决和协同学习为旨趣的"网络场"的构建正是基于共同体中各成员对学习的目的、愿景、价值以及学习任务、方法和过程共同了解基础上的多元关系共同体,通过"网络场"中信息的流动与传递、知识的共享与创生、人际心理的相容与互动,共同解决学习过程中的难题和学业负担过重问题。

"网络场"的建构在于发挥集体效应,使得群体成员相互影响生成动态产物——建立群体水平上的集体效能属性,达到集体大于个体之和的系统整体效应,让学生共同承担和解决学业负担,这首先需要构建学生交流的"生生网络场"。它可以通过其凝聚、约束、激励、导向和辐射作用将分散的个体组织起来,这不仅可以强化学生个体对自我的监督,还可以通过成员间的相互监督,实现学生在学习态度上相互感染、学习动机上相互激发、学习期望上彼此赋予,对彼此的学业困惑和负担感同身受。而且,学习者在团队中经历的"和别人一样的体验"也使得团体成员减少孤独、无助感,从而产生安全感,消除由学业负担引发的个体心理压抑,合理宣泄情感,从而在互动中碰撞、交流,并成长,最终达到消除症状、发展健康人格的目的。团体营造的氛围轻松、愉快、民主,有利于成员提高自我暴露和开放的程度,增加参与积极性,增强信任感和自信心,增强学生对于"生生网络场"的认同感和归属感,进而提高学生集体效能感,而集体效能感是群体对其联合能力的共同信念,由于团体内成员间的交互作用,集体效能感的强度并不是个体效能感的简单线性叠加,呈现出整体大于部分之和的状态,极大地促进学生共同发展。同时,"生生网络场"成员间给予并接受帮助,内部实现多向沟通,集思广益、相互支持,共同探寻解决问题的方法,减少了对指导者的依赖。然而,网络场的存在并不是要将教师排斥在学生的学习舞台之外,而是让教师从台前走向幕后,将舞台交还于学生。教师的这种"隐退"并不意味着教师转向"无为"状态,而是让教师摆脱自己师道尊严的强烈意识,降低自己居高临下的教育者身份,与学生一起作为"网络场"中的一员,以同样是以"学习探究者""助学者"的身份,构建起"师生网络场",在学习场域中发挥"无所不为"作用,引导学生自我教育、自主学习和自我管理。

此外,还应着眼于构建相互关怀的网络场。现代意义上的"网络场",是学生个体寻求个性解放和价值归属的两个方向张力的产物,其本体特征在于网络场中成员的相互理解和关怀,旨在让关怀成为共享价值、主体德性和情感依托,特别是在当下学校盲目追求升学率、教师唯分数马首是瞻的情况下,营造以关怀鼓励为基调的学习环境对学习效能感的提升尤为重要。自我决定理论认为,虽然人们倾向于按照自己的价值观和兴趣爱好去从事工作和完成任务,但同时人们的动机及行为也受到重要他人的影响。当重要他人对自己的行为持不同意见的时候,个体的内部意愿和动机被控制,不利于个体的发展;而当重要他人对自己的行为持关怀和鼓励的态度的时候,个体就能够充分挖掘自己内在的潜能,积极主动地来发展自己。大量教育心理学实验研究证明:来自同伴、教师、家长的积极反馈信息,尤其是和任务情境相联系的鼓励性言语、细致评价可以更好地激起学生积极的学习动机,培养学生独立进取的个性品质,使其体现出独立钻研、积极进取的态势,是提高学生学习效能感的一个重要法宝。另外,在学习自我效能感形成的初期,中小学生对与他们亲近的人所传递的负面信息非常敏感,对其能力的质疑和对学习活动的否定等消极信息非常容易降低他们的学习效能感水平。因此,积极的关注、鼓励和赞赏对增强学生的学习效能感有着不可估量的作用,表扬与肯定能激发学生热爱学习的良好情绪和情感,使其产生愉快的心情,"好心情可以增强效能信念,进而提高动机和成绩,启动一个互相肯定的过程"。教师坚持正向激励的原则,积极向学生提供言语反馈和行动支持,构建"关怀网络场"能够让教师更加体恤学生,使学生的学习态度、学习动机、学习期望等个体学习效能感由关怀而生,学习能力、学习策略、学业成就等一般学习效能由关怀而成,在关怀之中提升学生学习效能进而让过重学业负担烟消云散。

　　总之,学业负担的本质决定减负的主动性掌握在学生手里,要解决学生学业负担过重问题需要以学生自身的学习效能为动力和源泉,厘清学业负担与学习效能之间的逻辑关联,寻觅学业负担问题的学习效能归因。学生既是学业负担的承受主体,也是学业负担产生的直接根源,解铃还须系铃人,学业负担问题的解决需紧扣学业负担本质,彰显学生的主体作用,通过学生自身对学习"心理场"和"文化场"的建立,调整学习态度、优化学习过程与方法来达成"量力负担",同时依仗教师教学效能的提升、相关部门行政力量的干预,建立立体化"网络场",三管齐下,内外兼顾,进而真正实现"减负"与"提质"齐头并进,从根本上解决学业负担超荷问题。

主要参考文献

一、著作类

1.白月桥.素质教育课程构建研究[M].北京:教育科学出版社,2001.

2.蔡进雄.转型领导与学校效能[M].台北:师大书苑有限公司,2000.

3.蔡清田.教育行动研究[M].台北:五南图书出版公司,2000.

4.陈伯璋.课程研究与教育革新[M].台北:师大书苑有限公司,1987.

5.陈伯璋.潜在课程研究[M].台北:五南图书出版公司,1985.

6.陈顺宇.多变量分析[M].台北:华泰书局,2004.

7.陈向明.质的研究方法与社会科学研究[M].北京:教育科学出版社,2000.

8.陈友松.当代西方教育哲学[M].北京:教育科学出版社,1982.

9.储全滋.抽样方法[M].台北:三民书局,1993.

10.张华,等.课程流派研究[M].济南:山东教育出版社,2000.

11.董奇.成长记录袋的基本原理与应用[M].西安:陕西师范大学出版社,2002.

12.方展画.罗杰斯"学生为中心"教学理论评述[M].北京:教育科学出版社,1990.

13.风笑天.社会学研究方法(第二版)[M].北京:中国人民大学出版社,2005.

14.顾明远.教育大辞典·增订合编本(上卷)[M].上海:上海教育出版社,1998.

15.黄甫全,王嘉毅.课程与教学论[M].北京:高等教育出版社,2002.

16.黄济.教育哲学通论[M].太原:山西教育出版社,1998.

17.黄俊英.多变量分析[M].台北:华泰书局,2004.

18.黄显华,霍秉坤.寻找课程论和教科书设计的理论基础[M].北京:人民教育出版社,2002.

19.黄政杰.课程设计[M].台北:东华书局,1991.

20.教育大辞典编纂委员会.教育大辞典(第1卷)[M].上海:上海教育出版社,1990.

21.靳玉乐,黄清.课程研究方法论[M].重庆:西南师范大学出版社,2000.

22.靳玉乐,等.中国新时期教学论的进展[M].重庆:重庆出版社,2001.

23.靳玉乐,于泽元.后现代主义课程理论[M].北京:人民教育出版社,2005.

24.靳玉乐.潜在课程论[M].南昌:江西教育出版社,1996.

25.靳玉乐.现代课程论[M].重庆:西南师范大学出版社,1995.

26.靳玉乐.新课程改革的理念与创新[M].北京:人民教育出版社,2003.

27.李子健,黄显华.课程:范式、取向和设计[M].香港:香港中文大学出版社,1996.

28.林清山.多变项分析统计法(五版)[M].台北:东华书局,2003.

29.林清山.心理与教育统计学[M].台北:东华书局,1992.

30.林生传.教育研究方法[M].台北:心理出版社,2002.

31.林师模,陈苑钦.多变量分析[M].台北:双叶图书出版公司,2006.

32.陆有铨.躁动的百年——20世纪的教育历程[M].济南:山东教育出版社,1997.

33.马春兴.张氏心理学辞典[M].台北:东华书局,1989.

34.马信行.教育科学研究法[M].台北:五南图书出版公司,1999.

35.欧用生.课程研究方法论[M].台北:复文图书出版社,1984.

36.邱皓政.量化研究法(二):统计原理与分析技术[M].台北:双叶图书出版公司,2005.

37.邱皓政.量化研究与统计分析——SPSS中文窗口版数据分析范例解析(第三版)[M].台北:五南图书出版公司,2006.

38.邱皓政.量化研究与统计分析——SPSS中文窗口版数据分析范例解析[M].台北:五南图书出版公司,2000.

39.任钟印.西方近代教育论著选[M].北京:人民教育出版社,2001.

40.沈明来.实用多变量分析[M].台北:九州岛国书文物有限公司,1998.

41.施良方.课程理论——课程的基础、原理与问题[M].北京:教育科学出版社,1996.

42.石中英.知识转型与教育改革[M].北京:教育科学出版社,2001.

43.王文科.课程论[M].台北:五南图书出版公司,1988.

44.吴明隆.问卷统计分析实务——SPSS操作与应用[M].重庆:重庆大学出版社,2010.

45.张绍勋.SPSS For Windows多变量统计分析[M].台北:松岗计算机图书数据股份有限公司,1998.

46.张绍旬,等.SPSS For Windows(上册)统计分析——初等统计与高等统计[M].台北:松岗计算机图书数据股份有限公司,2004.

47.钟启泉,等.为了中华民族的复兴 为了每位学生的发展 基础教育课程改革纲要(试行)解读[M].上海:华东师范大学出版社,2001.

48.钟启泉,张华.世界课程改革趋势研究(上卷)[M].北京:北京师范大学出版社,2001.

49.钟启泉.现代课程论(新版)[M].上海:上海教育出版社,2003.

50.周佩仪.从社会批判到后现代——季胡课程理论之研究[M].台北:师大书苑,1999.

51.周文钦.研究方法实证性研究取向[M].台北:心理出版社,2004.

52.朱慕菊.走进新课程——与课程实施者对话[M].北京:北京师范大学出版社,2002.

53.赵俊峰.解密学业负担:学习过程中的认知负荷研究[M].北京:科学出版社,2011.

二、期刊类

1.艾兴.中小学生学业负担:概念、归因与对策——基于当前基础教育课程改革的背景[J].西南大学学报(社会科学版),2015(4).

2.蔡伟.提高教学时效 减轻学生负担[J].中国教育学刊,2000(2).

3.陈传锋,等.中学生课业负担过重:程度、原因与对策——基于全国中学生学习状况与课业负担的调查[J].中国教育学刊,2011(7).

4.陈艳华.论教师在"减负"过程中作用的发挥[J].学科教育,2001(7).

5.董辉,杨兰.课业负担的学校层面变量研究综述[J].全球教育展望,2012(12).

6.范永丽.中小学课业负担的深层成因与综合防治[J].课程·教材·教法,2014(10).

7.傅粹馨.典型相关分析:与其他同级方法之关系[J].高雄师大学报,1998(9).

8.傅粹馨.典型相关分析简介[J].教育研究,1998(6).

9.傅粹馨.多变量方差分析的显著性校验[J].教育与研究,1997(5).

10.傅粹馨.多元回归分析中之结构系数与逐步回归[J].教育资料与研究,1996(11).

11.傅粹馨.信度、Alpha系数与相关议题之探究[J].教育学刊,2002(18).

12.傅粹馨.影响积差相关系数与信度系数之因素[J].教育学刊,1998(14).

13.傅粹馨.主成分分析和共同因素分析相关议题之探究[J].教育与社会研究,2002(3).

14.傅禄建.简论减轻过重学业负担的六大关系[J].上海教育科研,2005(5).

15.顾志跃.中小学生学业负担问题[J].教育科学研究,2004(11).

16.郭振有."减负"的难为与可为[J].中国教育学刊,2009(4).

17.胡惠闵,王小平.国内学界对课业负担概念的理解:基于500篇代表性文献的文本分析[J].教育发展研究,2013(6).

18.扈中平,刘朝晖.减负:不仅仅是"减"[J].教育研究与实验,2004(3).

19.扈中平.对我国中小学生学习负担的辩证分析[J].课程·教材·教法,2002(6).

20.黄首晶."学生负担过重沦为民族之痛"困境的反思[J].中国教育学刊,2014(1).

21.焦彩珍.初中生数学学习兴趣及自我效能与数学学业成绩的关系[J].数学教育学报,2008(2).

22.靳玉乐,张铭凯.探寻学业负担与教学效能的关系——基于新世纪以来文献的分析[J].课程·教材·教法,2015(5).

23.李红梅,罗生全.学业负担问题解决的教学效能逻辑[J].教育发展研究,2014(10).

24.梁倩,等.多重制度逻辑下的课业负担问题治理[J].教育发展研究,2013(6).

25.刘合荣.学业负担问题:理性的事实判断与缓解策略[J].教育研究与实验,2008(5).

26.刘庆昌.教育改革的正当性之思[J].教育发展研究,2014(21).

27.刘永和."减负"不能这样"综合"论——与鲁林岳先生商榷[J].上海教育科研,2007(12).

28.鲁林岳.综合辩证论"减负"[J].教育研究,2007(5).

29.罗生全,李红梅.学业负担的社会机制[J].教育发展研究,2014(24).

30.罗生全.学业负担与学习效能的关系及优化[J].中国教育学刊,2015(8).

31.马开剑,杨春芳."减负"的内涵与视角[J].当代教育科学,2015(14).

32.么加利.审视"减负"问题[J].江西教育科研,2001(3).

33.秦玉友,赵忠平.多不多?难不难?累不累?——中小学生课业负担调查研究[J].课程·教材·教法,2014(4).

34.苏丹兰.论减负问题的虚拟性、可能性与现实性[J].教育研究与实验,2014(3).

35.王安全.论学生学业负担过重的不确定性[J].内蒙古师范大学学报(教育科学版),2006(8).

36.王博.减轻学生学业负担的政策工具选择与体系设计[J].中国教育学刊,2014(4).

37.文剑冰.课业负担的个体层面变量研究综述[J].全球教育展望,2012(12).

主要参考文献

38.项贤明.教育改革中的问题辨析[J].中国教育学刊,2015(1).

39.肖建彬.学习负担:涵义、类型及合理性原理[J].教育研究,2001(5).

40.肖正德."减负"背景下有效作业的设计策略探究[J].课程·教材·教法,2014(4).

41.谢季宏,涂金堂.检验的统计考验力之研究[J].教育学刊,1998(14).

42.谢利民.顺境下学生负担问题成因分析[J].湖南师范大学教育科学学报,2005(3).

43.辛涛,等.教师个人教学效能感量表试用常模修订[J].心理发展与教育,1995(4).

44.许杰.论我国现行教育价值取向与学生的学习负担[J].教育科学,2003(1).

45.许蔚萍.学业负担过重是教育问题还是社会问题——兼与项贤明先生商榷[J].中国教育学刊,2015(8).

46.杨光,等.课业负担监测预报模型建构研究[J].中国教育学刊,2014(11).

47.杨启亮.基础教育改造中几个基础性问题的解释[J].当代教育科学,2003(7).

48.杨启亮.课业负担过重与学业质量评价失衡[J].课程·教材·教法,2013(1).

49.姚庆霞.对中小学"减负"的辩证思考[J].当代教育科学,2011(8).

50.尹弘飚,李子建.课程实施与教师心理变化[J].全球教育展望,2006(10).

51.昝敏."减负"要重视学习品质的培养[J].人民教育,2000(5).

52.张辰.减轻中小学生过重学业负担:区县政府的思考[J].教育发展研究,2005(11).

53.张灵,黄学军.也谈减轻学生课业负担:差异性假设视角[J].中国教育学刊,2012(2).

54.中国农工民主党上海市委员会课题组.中小学生过重学业负担的综合分析与研究[J].教育发展研究,2006(1).

三、译著类

1.[美]麦克尼尔.课程导论.施良方等译[M].沈阳:辽宁教育出版社,1990.

2.[美]派纳等.理解课程:历史与当代课程话语研究导论[M].张华等译.北京:教育科学出版社,2003.

3.[美]理查德·D.范科斯德等.美国教育基础——社会展望[M].北京师范大学外国语研究所译.北京:教育科学出版社,1984.

4.[美]巴格莱.教育与新人[M].袁桂林译.北京:人民教育出版社,1996.

5.[美]布鲁纳.布鲁纳教育论著选[M].邵瑞珍,张渭城译.北京:人民教育出版社,1989.

6.[美]杜威.民主主义与教育[M].王承绪译.北京:人民教育出版社,2001.

7.[美]杜威.学校与社会·明日之学校[M].赵瑞麟等译.北京:人民教育出版社,2005.

8.[美]小威廉姆·E.多尔.后现代课程观[M].王红宇译.北京:教育科学出版社,2000.

9.[美]泰勒.课程与教学的基本原理[M].施良方译.北京:人民教育出版社,1994.

10.[美]比彻姆.课程理论[M].黄明皖等译.北京:人民教育出版社,1989.

11.[美]乔治·J.波斯纳.课程分析[M].仇光鹏等译.上海:华东师范大学出版社,2004.

12.[美]艾伦·C.奥恩斯坦等.课程:基础、原理和问题[M].柯森译.南京:江苏教育出版社,2002.

13.[美]国家研究理事会.美国国家科学教育标准[M].戢守志等译.北京:科学技术文献出版社,1999.

14.[美]萨乔万尼.道德领导:抵及学校改善的核心[M].冯大鸣译.上海:上海教育出版社,2002.

15.[美]Allan A.Glatthorn.校长的课程领导[M].单文经译.上海:华东师范大学出版社,2003.

16.[美]彼得·圣吉.第五项修炼——学习型组织的艺术与实务[M].郭进隆译.上海:上海三联书店,1998.

17.[美]威廉·F.派纳等.理解课程:历史与当代课程话语研究导论[M].张华等译.北京:教育科学出版社,2003.

18.[美]Anselm Strauss & Juliet Corbin.扎根理论研究方法:质性研究入门[M].吴芝仪,廖梅花译.台北:涛石文化事业有限公司,2001.

19.[美]迈克尔·W.阿普尔.意识形态与课程[M].黄敬忠译.上海:华东师范大学出版社,2000.

20.[美]DeVellis,R.F.量表发展:理论与应用[M].吴齐殷译.台北:弘智文化事业有限公司,1998.

21.[加]迈克·富兰.变革的力量:透视教育改革[M].中央教育科学研究所,加拿大多伦多国际学院译.北京:教育科学出版社,2000.

22.[加]大卫·杰弗里·史密斯.全球化与后现代教育学[M].郭洋生译.北京:教育科学出版社,2000.

23.[英]洛克.教育漫话(全译·注释本)[M].杨汉麟译.北京:人民教育出版社,2006.

24.[英]丹尼斯·劳顿.课程研究的理论与实践[M].张渭承等译.北京:人民教育出版社,1985.

25.[英]菲利普·泰勒等.课程研究导论[M].王伟廉译.北京:春秋出版社,1989.

26.[英]大卫·布莱特.课程设计:教育专业手册[M].黄铭惇,张慧芝译.台北:桂冠图书股份有限公司,2000.

27.[英]James McKernan.课程行动研究[M].朱细文,等译.北京:北京师范大学出版社,2004.

28.[英]罗素.西方哲学史(上册)[M].何兆武,李约瑟译.北京:商务印书馆,1976.

29.[英]斯宾塞.斯宾塞教育著选[M].胡毅,王承绪译.北京:人民教育出版社,2005.

30.[德]F.W.克罗恩.教学论基础[M].李其龙等译.北京:教育科学出版社,2005.

31.[德]赫尔巴特.普通教育学·教育学讲授纲要[M].李其龙译.北京:人民教育出版社,1989.

32.[法]卢俊.爱弥儿——论教育(上卷)[M].李平沤译.北京:人民教育出版社,2001.

33.[苏联]斯卡特金.现代教学论问题[M].张天恩译.北京:教育科学出版社,1982.

34.[捷]夸美纽丝.大教学论·教学法解析[M].任钟印译.北京:人民教育出版社,2006.

35.[以]艾米娅·利布利奇等.叙事研究:阅读、分析和诠释[M].王红艳译.重庆:重庆大学出版社,2008.

四、外文类

1.Airasian, P.W., &Gay, L.R. Educational research: Competencies analysis and application(7th ed.) Englewood Cliffs, N.J.: Prentice-Hall,2003.

2.Anastasi, A.Psychological testing. (6th ed.). New York: Macmillan Publishing,1998.

3.Ashton, P. T. Motivation and the teacher's sense of efficacy. In C. Ames & R. Ames (Eds.), Research on motivation in education: Vol. 2 The classroom milieu . Orlando. FL: Academic Press,1985:141—174.

4.Bartlett, M.S.The goodness of fit of a single hypothetical discriminant function in the case of several groups. Annuals of Eugenics, 1951(16):199—214,1951.

5.Benton, R.L.The redundancy index in canonical correlation analysis. Paper presented at the annual meeting of the Southwest Educational Research Association. San Antonio. (ERIC Document Reproduction Service No. ED 334 215),1991,January.

6.Bird, K.D. Simultaneous contrast testing procedures for multivariate experiments. Multivariate Behavioral Research, 1975(10):343—351.

7.Black, T.H.Evaluation and social science research. London: Sage Publications,1993.

8.Borg, W.R., &Gall, M.D. Educational Research: An introduction(4th ed.). New York: Longman,1983.

9.Comrey, A.L. Factor analytic methods of scale development in personality and clinical psychology. Journal of Consulting and Clinical Psychology, 1988(56):754—761.

10.Comrey, A.L.A first course in factor analysis. New York: Academic Press,1973.

11.Conover, Practical Nonparametric Statistics(2nd ed.). New York: Wiley&Sons,1980.

12.Cortina, J.M.What is coefficient Alpha? An examination of theory and applications. Journal of Applied Psychology, 1993(1):98—104.

13.Creswell, J.W.Educational research: Planning conducting, and evaluating quantitative and qualitative research. Upper Saddle River, N.J.: Pearson Education, Inc,2002.

14.Crocker, L.,Algina,J.Introduction to classical and modern test theory. Chicago: Holt, Rinehart and Winston,1986.

15.Cronbach, L.Coefficient alpha and the internal structure of tests. Psychometrika, 1951(16):297—334.

16.Darling-Hammond, L & Synder,J.Curriculum Studies and the Traditions of Inquiry: The Scientic Tradition. In: Jackson, P.W.(ed.). Handbook of Research on Curriculum. New york: Macmillan Publishing Company,1992.

17.Fullan, M. The New Meaning of Educational Change, (3rd ed.). New York: Teachers College Press, 2001.

18.Gibson, S. & Dembo, M. H. Teacher efficacy: A construct validation. Journal of Educational Psychology, 1984(4):569—582.

19. Giroux, H. A., Penna, A. &Pinar, W. (eds.). Curriculum and Instruction: Alternatives in Education. Berkeley CA: McCuthan,1981.

20.Goodlad, J.I.Organization of the Curriculum. In: Jackson , P.W. (ed.). Handbook of Research on Curriculum. New York: Macmillan,1992.

21.Gorsuch, R.L.Factor Analysis. Hillsdale, NJ: Lawrence Erlbaum,1983.

22.Greenhouse, S.W., & Geisser, S. On methods in the analysis of profile data. Psychometrika, 1959(24):95—122.

23.Gulliksen, H. Theory of mental test. Hillsdale, NJ: Lawrence Erlbaum Associates,1987.

24.Haberman, S.J. Analysis of dispersion of multinomial responses. Journal of American Statistical Association, 1978(77):568—580.

25.Habermas, J.Knowledge and Human Interests. (2nd end.). London: Heinermann, 1978.

26.Hair, J.F., Anderson, R.E., Tatham, R.L., &Black, W.C. Multivariate data analysis (5th ed.). Englewood Cliffs, NJ: Prentice-Hall,1998.

27.Handy, C.Understanding the Organizations. (4th ed.). London: Penguin,1993.

28.Hardy, M.A.Regression with dummy variable. Newbury Park: Sage,1993.

29. Harman, H. H. Modern factor analysis. Chicago: The University of Chicago Press,1960.

30.Henderson, J.G.& Hawthorne, R.D. Transformative Curriculum Leadership. (2nd ed.). New Jersey: Prentice-hall, Inc., 2000.

31.Jenkins, D.Curriculum Research. In: Lewy, A. (ed.). The International Encyclopedia of Curriculum. Oxford: Pergamon Press,1991.

32. Jennings, D. E. Judging inference adequacy in logistic regression. Journal of the American Statistical Association,1986(81):987—990.

33.Johnson, D.E.Applied multivariate methods for data analysis. Pacific Grove, CA: Duxbury Press,1998.

34.Judd, C.M.,Smith, E.R.,&Kidder,L.H. Research methods in social relations. Fort Worth, TX: Halt, Rinehart and Winston,1991.

35.Kaiser, H.F.The application of electronic computers to factor analysis. Educational and Psychological,1960(35):401—415.

36.Kazdin, A.E.,&Bass, D. Power to detect differences between treatments in comparative psychotherapy outcome research. Journal of Consulting and Clinical Psychology,1989(57): 138—147.

37.Kelley, T.L.The selection of upper and lower groups for the validation of test items. Journal of Educational Psychology,1939(30):17—24.

38.Lawton, D.Curriculum Studies and Educational Planning. London: Edward Amold,1983.

39. Lawton, D. Curriculum, Culture and National Curriculum. London: Hodder and Stoughton,1989.

40.Merrican, S. B.Case study research in education: A qualitative approach. San Francisco &London: Jossey-Bass Publishers,1988.

41.Merton, R.K. Sociological Ambivalence and Other Essays. New York: Free Press,1976.

42.Meyer, G.E. SPSS A Minimalist Approach. Orlando: Holt, Rinehart and Winston,1993.

主要参考文献

43.Neuman，W.L.Social research methods：Qualitative and quantitative approaches（5th ed.）. Boston：Allyn & Bacon,2003.

44.Noll，V.H.，Scannell，D.P.，& Craig，R.C. Introduction to educational measurement. (4th ed.). Boston：Houghton Mifflin,1979.

45.Nunnally，J.C. Psychometric Theory（2nd ed.）. New York：McGraw-Hill,1978.

46.Olson，C.L. On choosing a test statistic in multivariate analysis of variance. Psychological Bulletin,1976(4)：579—586.

47.Ornstein，A.C. & Hunkins，F.P. Curriculum：Foundations，Principles and Issues. Pearson Education Inc.,1988.

48.Pedhazur，E.J. Multiple regression in behavior research：Explanation and prediction (2nd ed.). New York：Holt，Rinehart & Winston,1982.

49.Pedhazur，E.J. Multiple regression in behavior research：Explanation and prediction. (3rd ed.). New York：Harcourt Brace College Publishers,1997.

50.Rosemary Rodger. Planning an Appropriate Curriculum for the Under Fives：A Guide for Students，Teacher and Assistants. London：David Fulton Pubblishers,2002.

51.Skibeck，M.Curriculum Organization. In：Lewy，A. (ed.). The International Encyclopedia of Curriculum. Oxford：Pergamon Press,1991.

52.Spicer，J. Making sense of multivariate data analysis. London：Sage,2005.

53.SPSS . SPSS Base 10.0 Applications guide. Chicago：Editor,1999.

54.SPSS .Advanced statistical analysis using SPSS. Chicago：Editor,2000.

55.SPSS Inc. SPSS BASE 8.0-Applications Guide. Chicago：SPSS Inc,1998.

56.Stevens，J.Applied Multivariate Statistics for the Social Sciences（2nd ed.）. Hillsdale, NJ：Lawrence Erlbaum,1992.

57.Stevens，J.Applied Multivariate Statistics for the social science. Mahwah，NJ：Lawrence Erlbaum,1996.

58.Stevens，J.Applied Multivariate Statistics for the social science (4th Ed.). Mahwah, NJ：Lawrence Erlbaum,2002.

59.Stevens，J.Comment on Olson：Choosing a test statistic in multivariate analysis of variance. Psychological Bulletin，1979(2)：355—360.

60.Sudman，S.Applied Sampling. New York：Academic Press,1976.

61.Tabachnick，B.G.，& Fidell，L.S.Using Multivariate Statistics（2nd ed.）. New York：Harper & Row,1989.

62.Thompson，B. A primer on the logic and use of canonical correlation analysis. Measurement and Evaluation in Counseling and Development，1991(24)：80—95.

63.Thompson，B. Canonical methodology mistakes in dissertation：Improving dissertation quality. Paper presented at the annual meeting of the Southwest Educational Research Association.Louisvile,1988.

64.Thompson，B. Guideline for authors. Educational and Psychological Measurement，1994(54)：837—847.

65. Thompson，B. Variable important in multiple regression and canonical correlation. Educational Research，1990(65):107—135.

66. Tinsley，H. E. A.，& Tinsley，D.J. Uses of factor analysis in counseling psychology research. Journal of Counseling Psychology，1987(34):414—424.

67. Tzeng，O.S. On reliability and number of principal components jojinder with Cliff and Kaiser. Perceptual and Motor Skill，1992(75):929—930.

68. Widaman，K.F. Bias in pattern loading represented by common factor analysis and component analysis. Multivariate Behavioral Research，1990(1):89—95.

69. Wiles，J. & Bondi，J. Curriculum Development：A Guide to Practice. Columbus：Charles E.Merrill，1979.

70. Zwick，W.R.，& Velicer，W.F.A comparison of five rules for determining the number of factors to retain.Endocrinology，1986(76):646—656.

五、电子公告类

1.教育部关于推进中小学教育质量综合评价改革的意见.[EB/OL].http://www.edu.cn/zong_he_778/20130619/t20130619_968994_1.shtml.

主要参考文献